ŒUVRES COMPLÈTES

DE

CHATEAUBRIAND

TOME VIII

PARIS. — IMPRIMERIE DE J. CLAYE
RUE SAINT-BENOIT, 7

LOUIS XVIII.

ŒUVRES COMPLÈTES
DE
CHATEAUBRIAND

NOUVELLE ÉDITION
REVUE AVEC SOIN SUR LES ÉDITIONS ORIGINALES

PRÉCÉDÉE D'UNE
ÉTUDE LITTÉRAIRE SUR CHATEAUBRIAND

PAR
M. SAINTE-BEUVE
DE L'ACADÉMIE FRANÇAISE

Vignettes dessinées par C. Staal, Racinet, etc., et gravées par F. Delannoy
G. Thibault, Outhwaitte, Massard, etc.

—◇—

POLÉMIQUE (FIN) — OPINIONS ET DISCOURS POLITIQUES
FRAGMENTS DIVERS

—◇—

PARIS
GARNIER FRÈRES, ÉDITEURS
6 RUE DES SAINTS-PÈRES 6

POLÉMIQUE

POLÉMIQUE

Paris, ce 7 août 1819.

Lorsque le cardinal de Richelieu alloit passer quelques jours à Rueil, on se demandoit : « A qui va-t-il déclarer la guerre ? quelle alliance va-t-il former ? quelle tête élevée va-t-il abattre ? » Nos ministres ont dîné dernièrement à Mont-Huchet. La *Gazette* nous a appris cette importante nouvelle. Des personnes très-bien instruites prétendent que les ministres ont renvoyé leurs gens afin de garder un plus parfait *incognito*, et elles ajoutent qu'un second dîner a dû avoir lieu à Madrid. Que de vastes desseins auront été agités ! que de maires et de sous-préfets foudroyés !

Ne cherchons point à pénétrer des mystères interdits aux profanes ; il suffit que la partie vulgaire de ces dîners nous soit connue. Les ministres vont assez habituellement travailler à Madrid, chez le ministre principal ; celui-ci a bien voulu aller dîner à Mont-Huchet : on reconnoît là cette politesse de l'homme supérieur, qui fait disparoître les distances, console l'amour-propre, accoutume au joug celui qui seroit tenté de le secouer. La seconde cause vulgaire de ces congrès champêtres est le rapatriage des ministres. En vain on aura montré à M. le ministre des finances qu'il accusoit un déficit de 52 millions, lequel n'existoit pas ; en vain on lui aura prouvé qu'il demandoit au moins 21 millions de trop, puisqu'on a fait sur son budget une économie de 21 millions : cette petite erreur de 73 millions auroit coûté à un ministre anglois un peu plus que sa place ; mais en France le cœur l'emporte sur la Charte ; nous sommes bonnes gens, et nous garderons M. le ministre des finances.

Nous savons bien que les partisans de M. le ministre des finances répondent que les erreurs du budget n'étoient que des erreurs apparentes, provenant d'une certaine manière de compter ; qu'en déclarant un déficit aujourd'hui, ce déficit auroit été comblé demain : demain, c'est un peu prompt ; mais il est certain que le déficit eût été rempli au bout d'un certain temps, puisqu'on auroit tôt ou tard été obligé de rendre compte des recettes. En attendant, les fonds seroient restés dans la caisse de M. le ministre des finances. Les auroit-il laissés dormir, ou les auroit-il fait valoir? Dans le dernier cas, que seroient devenus les intérêts d'une somme énorme et disponible? Conviendroit-il qu'un ministre des finances fît en grand ce que fait en petit un receveur général? Il n'est rien de tel pour les contribuables que de leur présenter un budget franc et net ; toute obscurité en finances expose les plus honnêtes gens aux impertinents propos d'une foule oisive : alors le peuple parle de *boni,* de lots, de partages. Heureusement, s'il en étoit besoin, l'honorable médiocrité de nos ministres répondroit victorieusement à la calomnie.

Mais il est bien qustion de finances, à présent que la session est finie ; les ministres ont bien autre chose à penser : il faut que la *correspondance privée* aille son train.

Il est triste d'être né dans ces temps où les gens les plus communs deviennent tout à coup des espèces de personnages. Et que de belles choses ces personnages nous expliqueront! Nous aurons des chaires d'histoire philosophique du droit! Jusque ici on avoit donné des leçons de science, parce que la science est une chose positive ; aujourd'hui c'est la philosophie de la science qu'on apprendra, c'est-à-dire que le maître montrera à ses disciples comment on a des idées, si lui-même par hasard a des idées ; personne ne saura les lois, mais chacun pourra faire l'*Esprit des Lois.*

Enseigner la philosophie des lois, c'est enseigner l'incrédulité des lois. Quand, à travers les déclamations accoutumées, vous aurez remonté jusqu'au droit naturel, vous trouverez que l'homme, en sortant du sein de sa mère, n'est ni riche, ni pauvre, ni roturier, ni noble, ni serviteur, ni maître, ni roi, ni sujet ; grand secret éloquemment commenté par Marat, Danton et Robespierre. Que conclura la jeunesse de ces leçons sur l'état naturel, si utiles dans l'état social? Que tout gouvernement est une tyrannie ; qu'il faut en revenir à la loi agraire, à l'égalité primitive, et bouleverser les constitutions établies, pour les rendre plus conformes aux doctrines philosophiques de M. le professeur.

Les hommes supérieurs retournent souvent à la religion par l'incrédulité : leur pensée vigoureuse, arrivée au néant, ne s'arrête pas au bord de ce vide immense ; elle s'y plonge, le traverse, et va trouver Dieu de l'autre côté de l'abîme. Ces mâles esprits concluent l'existence d'un Être suprême de la difficulté même de la preuve rigoureuse ; ils sentent que l'univers doit avoir un principe, et que si ce principe est inexplicable, il faut s'en tenir aux mystères de la religion. Ainsi Newton, Leibnitz, Clarke, Pascal, Bossuet, descendent des hauteurs de leur génie à la foi du charbonnier. Mais de petits philosophes, tout embarrassés dans les objections communes, regardent les difficultés qu'ils ont apprises comme le plus haut point de la raison ; et trop foibles qu'ils sont pour reconnoître l'insuffisance de la science dans l'excès même de la science, ils restent pitoyablement athées.

Pareille chose vous arrivera pour le code, au moyen des chaires philosophiques : les Cujas, les Barthole, les Pothier, les Domat, les d'Aguesseau, croiront à l'ordre social, après en avoir touché le néant dans l'état de nature ; comme le vulgaire, ils s'inclineront devant le mystère des lois ; mais des milliers d'écoliers, frappés des imperfections qu'ils auront entendu professer par un docteur idéologue, seront les athées des lois, en attendant qu'ils en deviennent les sanglants réformateurs.

Mais voici bien un autre mécompte : on a déterré une brochure ultra-royaliste que l'on soupçonne être l'ouvrage d'un professeur qui vient d'être jugé. Messieurs de la révolution en croyant voler au secours d'un libéral n'auroient-ils sauvé qu'un ultra? Quelle effroyable mystification! Depuis trois semaines nous connoissions cette brochure, que *Le Drapeau blanc* vient d'exhumer ; nous y avions lu les conseils pour *épurer avec hardiesse,* dans un sens peu agréable à la révolution, les injures à la majorité de l'ancien sénat, qui auroit voulu chasser *à jamais le roi légitime,* et les anathèmes contre le jury qui, dit l'auteur, ne pourra *jamais s'acclimater parmi nous,* et les raisonnements contre les machines à rouages, c'est-à-dire contre le gouvernement constitutionnel. Nous y avions lu ce passage et plusieurs autres : « Croit-on que si Alexandre, Guillaume, François et le gouvernement d'Angleterre, n'eussent pas eu à un très-haut degré l'affection et l'attachement de leur nation, ils eussent pu obtenir tous les grands et si utiles résultats dont nous venons d'être les témoins? »

Maintenant, si la brochure est du professeur, à quelle opinion appartient-il? Les libéraux ne doivent plus l'admettre dans leurs rangs ; nous autres royalistes, nous le repoussons également, et pour sa première brochure, et pour ses derniers discours : quant à la brochure, nous déclarons que nous avons horreur du despotisme, que nous voulons le gouvernement constitutionnel et le jugement par jurés ; nous déclarons que nous respectons les souverains étrangers, mais que nous ne nous réjouissons qu'avec mesure *des grandes choses qu'ils ont faites,* lorsque ces grandes choses les ont amenés deux fois dans la cour du Louvre; quant aux discours de M. le professeur, ils nous sont odieux, car nous détestons la démocratie autant que le despotisme. Il n'y a donc que les ministériels qui puissent maintenant s'arranger de lui.

Les pédants autrefois avoient au moins de l'instruction : *Vadius savoit du grec autant qu'homme de France :* aujourd'hui les pédagogues ne savent rien, et ils n'en sont pas moins lourds. Soyez un jeune ou un vieux commis; ayez barbouillé quelques pages que personne n'a lues ; mettez sur votre tête un bonnet de docteur; armez-vous d'une férule et prononcez un galimatias métaphysico-politique : en voilà assez pour mépriser le genre humain et pour daigner gouverner ce petit royaume de saint Louis. Le reste des hommes s'abîme devant vous : à peine, du sommet de votre cerveau, apercevez-vous le stupide vulgaire qui se traîne dans les routes de la vieille sagesse.

La doctrine de la nation nouvelle, en supposant qu'elle signifie quelque chose, veut apparemment dire ceci : que les siècles ne rétrogradent point; que chaque génération amène des changements dans la société; qu'aujourd'hui, par exemple, l'ancien gouvernement est détruit sans retour; qu'on ne peut plus imposer par le rang et la naissance, si les vertus ou les talents n'ajoutent leurs avantages naturels à ces avantages politiques; que l'éducation, descendue dans les classes inférieures de la société, établit entre les hommes une sorte d'égalité qu'aucune puissance ne peut détruire; que ce *nouvel ordre de choses a produit une nation nouvelle,* qui, loin de renoncer aux droits acquis, bouleverseroit le monde si on lui refusoit ce qu'elle est faite pour obtenir.

Tout cela est juste, très-juste; nous l'avons dit nous-même cent fois, et nous sommes loin de le contester : nous avons prêché la Charte, expliqué la Charte avant tous les garçons philosophes qui la recommandent aujourd'hui. Nous avons voulu en tous temps l'égalité des droits, la liberté, le gouvernement constitutionnel. Il est probable que sur tous ces points nous sommes de meilleure foi que nos adversaires libéraux et ministériels. N'importe; ils diront toujours que nous voulons l'esclavage, la féodalité, l'extinction des lumières : quoiqu'on lise le contraire à chaque page, et pour ainsi dire à chaque ligne de nos écrits, ils n'auront pas une seule fois la sincérité d'en convenir.

On voit donc que la doctrine de la *nation nouvelle* se réduit à la vérité exprimée dans cette phrase banale : nous sommes enfants de notre siècle. Si l'on se contentoit de poser en fait qu'il existe une nation nouvelle qui a besoin d'un nouvel ordre politique, il n'y auroit rien de plus simple, et nous serions tous d'accord. Mais l'on conclut de l'existence de cette nation nouvelle qu'il faut mettre à l'écart tout ce qui a tenu à l'ancienne société, pour introduire partout, ou de vieux jacobins ou des philosophes imberbes ; que les vertus, les talents, les services des royalistes doivent être soigneusement écartés ; que l'incapacité parjure est préférable à la capacité fidèle, par cela seul qu'elle est parjure ; en un mot, que le présent doit être absolument détaché du passé. Quant à ce pauvre passé, on parle de le mettre à l'hôpital ou aux Invalides, de lui faire une pension alimentaire, et de le laisser radoter dans un coin jusqu'à ce qu'il soit mort, tout à fait mort.

La grande et misérable erreur de ce système est tantôt de séparer l'ordre moral de l'ordre politique, tantôt de supposer que le premier est variable comme le second. Lorsqu'on raisonne d'après la première idée, on dit qu'il est indifférent qu'un homme ait gardé ou violé ses serments ; qu'il ait été dans le cours de la révolution innocent ou criminel ; qu'il suffit à cet homme de comprendre et de soutenir les nouveaux intérêts politiques pour être utile à la société, laquelle n'a besoin ni de vertus morales ni de vertus religieuses.

Lorsqu'on argumente d'après la seconde idée, c'est-à-dire lorsqu'on suppose que l'ordre moral varie comme l'ordre politique, on soutient qu'il y a des temps où ce qui étoit vice devient vertu, où ce qui étoit injustice devient justice. De là les révolutionnaires n'ont fait que suivre la marche des siècles ; de là les hommes des Cent Jours n'ont point été des ingrats, des parjures, des traîtres : ils ont servi leur patrie, qui est autre chose que le roi s'il est malheureux, que le gouvernement s'il tombe ; de là ceux qui combattent depuis trente ans pour le trône n'ont aucun mérite, parce que la morale n'est plus ce qu'elle étoit jadis et que le devoir a changé.

Si l'on disoit aux inventeurs de ce système qu'ils dégradent la nature humaine en substituant, sans s'en douter, la société physique à la société morale ; si on leur disoit que le présent ne peut sortir que du passé, qui est sa racine ; que la liberté politique ne se peut établir que sur la morale qui en est la base (comme la religion est le fondement de la morale) ; que toujours l'ingratitude sera ingratitude, la trahison trahison, l'injustice injustice, et que des hommes pervers ne feront jamais de bons citoyens, ces vérités reconnues du genre humain feroient sourire de pitié les docteurs de la nouvelle science. Mais nous ne rirons pas, nous, quand la France aura été replongée dans l'abîme par quelques révolutionnaires, aidés de six têtes pensantes, de trois hommes forts et d'un ou deux génies spéciaux.

Et pourtant, qu'il seroit aisé de faire justice ! Renvoyez ces grands hommes sans lesquels la France ne peut marcher, et dans huit jours on ne saura pas qu'ils existent. On peut ménager des talents qui abandonnés à eux-mêmes sont encore une puissance redoutable, gouvernent une partie de l'opinion et créent des centres de résistance en dehors du cercle tracé par le gouvernement ; mais que de petites créatures dont le nom ne passe pas la barrière de Paris ou la porte d'un lycée vous fassent peur, c'est véritablement pitoyable. Livrez à l'oubli ces enfants de l'oubli, et ils vous demanderont grâce, et ils se jetteront à vos pieds pour vous supplier de les rétablir dans leurs emplois, vous promettant d'être plus sages à l'avenir. La cupidité est tout ce qui distingue ces hommes. Sont-ils menacés de perdre une pension, ils pâlissent. Il ne faut pas même leur faire l'honneur de croire qu'ils nous perdent par un vaste calcul, afin de moissonner sur des ruines : ceci supposeroit une combinaison, et ils n'ont pas les facultés nécessaires pour combiner un certain nombre d'idées : ils ont tout simplement l'avidité des commis sans fortune et l'orgueil des hommes de lettres sans talents. Et ce sont là pourtant les conseillers de nos ministres !

Voilà le danger des systèmes qui s'éloignent de la raison et de la vérité : pour les soutenir, il faut appeler au secours la double phalange des pervers et des sophistes. Buonaparte avoit lutté contre la révolution comme un géant contre un autre géant : il l'avoit terrassée, mais elle respiroit encore. C'est dans cet état que les ministres du roi légitime l'ont trouvée : au lieu d'achever de l'étouffer, ils l'ont relevée, soignée, ménagée ; ils l'ont entourée de ses enfants. Elle s'est peu à peu ranimée à l'espérance de l'anarchie ; bientôt, ses forces s'étant accrues, elle s'est emparée du pouvoir administratif par les hommes, du pouvoir armé et du pouvoir politique par les lois. Alors elle a donné le signal à l'Europe, et l'Europe, qui n'a pas encore essayé de nos erreurs, semble vouloir s'y précipiter : fasse le ciel qu'elle n'imite pas nos crimes !

Il faut voir le mal où il est : ce mal n'est point dans les gouvernements constitutionnels ; il est dans les doctrines et les hommes révolutionnaires, que le système ministériel françois a eu le malheur de rappeler et de maintenir. Écoutez la *correspondance privée* et les feuilles libérales et ministérielles, ceux qui les rédigent sentent bien que les événements les accusent : pour se disculper, ils opposent le tableau de la tranquillité de la France à celui de l'agitation de l'Europe ; ils en concluent que le système suivi est excellent, et que ce système n'entre pour rien dans les troubles manifestés chez les puissances voisines.

Faut-il répéter ce que nous avons souvent dit des causes qui maintiennent la paix en France? Ces causes sont la lassitude du peuple, l'action naturelle de la Charte, qui défend contre l'arbitraire la liberté, l'argent et l'enfant du peuple. Mais à ces éléments de repos se trouvent mêlés mille principes de désordre que le plus petit événement peut faire éclater.

Nous ne conspirons pas, disent les révolutionnaires; la France est tranquille! Et pourquoi conspireriez-vous quand on vous sacrifie les principes monarchiques et les hommes monarchiques; quand on vous abandonne religion et légitimité; quand on vous rend à discrétion tous les postes de l'État; quand on vous livre l'argent, les places et les honneurs; quand vous commandez en maîtres; quand vous dictez d'avance les choix que vous voulez que l'on fasse, les partis que vous désirez que l'on prenne; quand les ministres tremblants obéissent à vos ordres et satisfont à vos moindres caprices? A-t-on jamais conspiré contre ses esclaves? La France est tranquille! Eh! sans doute: toutes les fois qu'une faction obtient un triomphe complet, il y a calme dans l'État, parce que les résistances s'évanouissent. Mais qu'est-ce que cela prouve, sinon que les principes de destruction établis pendant ce triomphe n'en produiront que plus sûrement leurs conséquences funestes? L'homme condamné à mort est en paix dans sa prison tandis qu'on prépare son échafaud.

Notre système n'entre pour rien dans les mouvements populaires des nations voisines, disent à leur tour les ministres; et nous, nous leur répondons: Votre système en est la première cause; car c'est vous qui avez rendu la vie à la révolution, c'est vous qui avez donné une nouvelle puissance à des doctrines, à des hommes qui n'en avoient plus. D'un autre côté, en écartant tous les serviteurs fidèles, en vous faisant une loi et comme un triomphe de placer les hommes des Cent Jours, en punissant les services par l'oubli et la misère, en récompensant les outrages par la fortune et les honneurs, vous enseignez la trahison aux peuples, vous rendez la rébellion profitable et vous affoiblissez partout l'estime, le respect, la vénération et l'amour que l'on doit avoir pour le gouvernement royal.

La preuve la plus évidente que le système ministériel est la grande cause de la renaissance de ces principes révolutionnaires par qui les États voisins sont menacés, c'est que le calme renaîtroit à l'instant si l'on abandonnoit ce système. Faites des lois monarchiques, rapprochez-vous des hommes monarchiques, laissez retomber dans leur obscurité quelques misérables jacobins et une douzaine de petits sophistes, les obstacles que vous avez créés vous-mêmes s'évanouiront, et vous marcherez en paix et en sûreté au milieu de la bénédiction des peuples.

On réussiroit d'autant plus facilement que le parti qu'on a la foiblesse de craindre paroît décidément divisé en deux factions, la faction républicaine et la faction militaire, et que la dernière se subdivise encore, à en juger par les généraux qui écrivent aujourd'hui les uns contre les autres.

D'un autre côté les royalistes grandissent tous les jours dans l'opinion publique, et ils offriroient au gouvernement un appui aussi solide que naturel. On se demande comment il se fait que des hommes qui vouloient, dit-on, rétablir les institutions du xe siècle prêchent uniformément des doctrines si sages ; comment il arrive que parmi les journaux royalistes il ne s'en trouve pas un seul qui s'éloigne de la ligne constitutionnelle et qui trahisse une arrière-pensée? Tant de raison dans l'esprit, de modération dans la conduite, de patience dans le malheur, ont enfin produit un effet sensible. La France attentive commence à écouter ces bons citoyens, des sujets fidèles si lâchement calomniés; elle reconnoît qu'eux seuls avoient aperçu et signalé le danger, qu'eux seuls avoient vu les choses sous leur véritable jour. Il est vrai que la faction révolutionnaire redouble de rage contre eux, parce qu'elle est intérieurement persuadée que les affaires pourroient marcher sous leur direction, et que si une fois on leur avoit laissé prouver leur capacité politique, le règne des intrigants, des démocrates et des buonapartistes seroit passé.

Les ministres reviendront-ils aux royalistes? Seront-ils toujours obligés d'avoir de honteuses condescendances pour un parti aussi foible qu'insolent, qui leur reproche ensuite de n'avoir pas tenu les traités secrets? Auront-ils toujours pour amis des hommes dont ils sont obligés de dénoncer eux-mêmes les comités, les intrigues et les complots, ou des hommes qui n'ont à leur offrir que la force de la foiblesse, qu'une obéissance dégoûtante, qu'une de ces volontés passives, viles prostituées qui se vendent à tous les pouvoirs? Abandonnera-t-on enfin un système dont tout fait voir maintenant l'insuffisance et le péril? On ne peut guère l'espérer : l'amour-propre irrité ne cédera pas. Si l'on est trop embarrassé, on en viendra plutôt à un coup d'État. On parle aujourd'hui de faire sentir aux puissances étrangères la nécessité de ce coup d'État pour la France. Un homme puissant seroit chargé d'aller faire à l'extérieur l'apologie du ministère et d'adoucir l'humeur des cabinets européens.

Cette humeur paroît grande, s'il faut en juger par la *correspondance privée :* cette correspondance se plaint que nous *seuls excitons les alarmes des diplomates européens;* « *nous sommes,* dit-elle, *le peuple qu'ils denoncent à leurs souverains; ils adressent à notre égard des circulaires, portent des plaintes et rédigent des mémoires* ». Les ministres se souviennent-ils du temps où ils se glorifioient de l'approbation des diplomates? Qui défendoit alors la dignité et l'indépendance de la France? Étoient-ce les libéraux, les ministériels, ou les royalistes? Ouvrez *La Monarchie selon la Charte,* au chapitre LXXXVI, vous y lirez ces paroles :

« Comment parlerai-je du dernier appui que cherchent les intérêts révolutionnaires? Qui auroit jamais imaginé que des François, pour conserver de misérables places, pour faire triompher les principes de la révolution, pour amener la destruction de la légitimité, iroient jusqu'à s'appuyer sur des autorités autres que celles de la patrie, jusqu'à menacer ceux qui ne pensent pas comme eux, de forces qui, grâce au ciel, ne sont pas entre leurs mains?... Hommes qui vous dites si fiers, si sensibles à l'honneur, c'est vous-mêmes qui cherchez aujourd'hui à me persuader qu'on vous PERMET *tels* sentiments ou qu'on vous COMMANDE telle opinion. Vous ne mouriez pas de honte lorsque vous proclamiez, pendant la session, qu'un ambassadeur vouloit absolument que le projet du ministère passât, que la proposition des chambres fût rejetée. Vous voulez que je vous croie quand vous venez me dire aujourd'hui (ce qui n'est sûrement qu'une odieuse calomnie) qu'un ministre françois a passé trois heures avec un ministre étranger, pour aviser au moyen de dissoudre la chambre des députés! Vous racontez confidemment qu'on a communiqué une ordonnance à un agent diplomatique, et qu'il l'a fort approuvée. Et ce sont là des sujets d'exaltation et de triomphe pour vous! Quel est le plus françois de nous deux: de vous, qui m'entretenez des étrangers quand vous me parlez des lois de ma patrie, de moi, qui ai dit à la chambre des pairs les paroles que je répète ici : « Je dois sans doute au sang
« françois qui coule dans mes veines cette impatience que j'éprouve
« quand pour déterminer mon suffrage on me parle d'opinions pla-
« cées hors de ma patrie; et si l'Europe civilisée vouloit m'imposer la
« Charte, j'irois vivre à Constantinople. . . . .
« Et comment les mauvais François qui soutiennent leurs sentiments
« par une si lâche ressource ne s'aperçoivent-ils pas qu'ils vont direc-
« tement contre leur but? Ils connoissent bien peu l'esprit de la nation.
« S'il étoit vrai qu'il y eût du danger dans les opinions royalistes,
« vous verriez, par cette raison même, toute la France s'y précipiter :
« un François passe toujours du côté du péril, parce qu'il est sûr d'y
« trouver la gloire. »

Sied-il bien aux ministres de se plaindre aujourd'hui de l'influence étrangère? Ils l'ont trouvée parfaite pour soutenir un système déplorable, et lorsque le corps diplomatique, enfin éclairé, voit le danger de ce système, ils se récrient contre *les alarmes des diplomates.*

Les cabinets de l'Europe semblent être maintenant convaincus de la justesse de nos opinions : nous pourrions donc triompher à notre tour, mais nous ne savons pas, nous autres royalistes, démentir notre langage : il ne dépend pas de nous de forcer nos ennemis à nous aimer, mais nous saurons conquérir leur estime. De même que nous demandons la religion, la monarchie légitime, la liberté constitutionnelle, la Charte avec toutes ses conséquences, nous voulons l'indépendance de notre pays : nous sommes trop François pour approuver l'intervention des étrangers dans nos affaires intérieures, lors même que cette intervention seroit favorable à nos intérêts. Nous aimons mieux encore être exclus de toutes les places, être méconnus, persécutés, calomniés, que de devoir nos succès à des influences qui blesseroient la dignité de notre patrie. Nous les attendons, ces succès, de la sainteté de notre cause. Nous croyons que l'Europe périra si elle ne se rattache à nos principes ; mais ce n'est pas à l'Europe que nous nous adressons, c'est à la France : c'est de cette chère et belle France que nous attendons toute justice. Eh! que nous importeroient les honneurs, les dignités, la fortune et la vie, si nous avions cessé d'être François?

Paris, le 15 août 1819.

Des troubles ont éclaté en Allemagne, en Espagne et en Angleterre : une grande faction démocratique s'est formée sous différents noms et en différents pays ; et comme cette faction a pris naissance dans la révolution françoise, il est impossible que la politique de la France ne soit pas l'objet de la sollicitude générale.

Mais comment connoîtroit-on cette politique? le système ministériel doit naturellement se défendre, et par ses agents, et par les moyens que le pouvoir, tout malhabile qu'on le suppose, sait toujours trouver pour ses intérêts. Nous voyons peut-être par la *correspondance privée* un échantillon de la diplomatie de notre cabinet. Là tout ce que la France renferme de plus respectable est constamment calomnié, là les royalistes sont présentés sous les couleurs les plus odieuses, là on cherche à tromper perpétuellement l'Europe sur l'esprit et la nature des partis qui divisent la France. Les ministres françois dans leurs journaux, et jusqu'à la tribune de nos chambres législatives, se sont faits les accusateurs publics des royalistes. Longtemps opprimés par la censure, nous n'avons pu élever la voix en faveur de notre cause; mais, puisque nous pouvons parler maintenant, nous allons nous mettre en garde contre les nouvelles accusations qui pourroient être portées contre nous. Toutefois, en cherchant à éclairer le public, si grossièrement trompé par la *correspondance privée*, en indiquant à l'Europe les erreurs dans lesquelles elle nous sembla être tombée, en lui apprenant à mieux connoître les royalistes, nous déclarons que nous ne prenons point l'Europe pour juge : notre roi et notre patrie, voilà les seules autorités dont nous voulons dépendre. Qu'on ait cru devoir souffrir l'intervention des puissances étrangères dans notre régime intérieur (par les articles mêmes d'un traité); qu'on ait pu solliciter ou recevoir des notes diplomatiques dans lesquelles on loue notre système, où l'on déclare que l'on est content de la marche de notre gouvernement, cela peut convenir à des hommes qui veulent garder leurs places, mais non à des royalistes qui ne demandent point de places et qui ne voudroient pas en conserver à ce prix. Les royalistes ont une idée plus noble de l'honneur françois et de l'indépendance de leur patrie. Ce langage ne donne pas le succès, mais il procure l'estime.

Les gouvernements de l'Europe n'ont jamais connu la révolution : les uns la regardèrent, dans le principe, comme une de ces rébellions faciles à réprimer par la force des armes : les autres la considérèrent comme l'effort généreux d'une nation opprimée qui cherche à recouvrer son indépendance. Les absurdités débitées par nos philosophes et nos révolutionnaires sur la tyrannie des nobles et le fanatisme des prêtres ont été crues plus ou moins sur le continent et même dans la Grande-Bretagne. Par quelle ignorance inexplicable l'Europe voulait-elle trouver en France en 1789 les mœurs et les institutions du xiiie siècle? Autant vaudroit soutenir que l'Angleterre est féodale parce qu'aucun acte législatif n'a aboli ses vieilles coutumes ou ses anciennes lois.

Il advint de cette étrange méprise que l'Europe vit commencer la révolution françoise avec une sorte de bienveillance, comme l'émancipation légitime d'un grand peuple. L'Europe crut que l'on ne demandoit que la suppression de quelques priviléges, abandonnés d'avance par le clergé et la noblesse, que l'exécution de quelques réformes religieuses, qui sembloient nécessaires même à la cour de Rome ; elle crut qu'on n'en vouloit qu'à des branches, et la hache étoit à la racine : c'étoit du renversement total du christianisme et de la monarchie qu'il s'agissoit.

De petites envies, des jalousies trop communes entre les nations rendirent ces premières erreurs plus difficiles à détruire. On étoit assez content de nous voir nous déchirer et nous affoiblir : nos derniers combats sur le continent n'avoient pas été heureux, et l'on affectoit de mépriser nos armes ; on espéroit que nous serions une proie facile, en cas que le mal s'augmentât parmi nous. On opposoit l'ancienne politique à des hommes qui attaquoient la société avec des doctrines nouvelles ; on corrömpoit les peuples de l'Europe en les envahissant, et l'Europe prenoit cette corruption démocratique pour la diffusion des lumières ; elle se persuadoit encore que la révolution vouloit la liberté, lorsque cette révolution se plongeoit dans tous les crimes et rampoit sous tous les maîtres. Nous verrons plus bas si le principe de la révolution a jamais été la liberté.

La tête de Louis XVI abattue, les souverains s'épouvantent et ne s'éclairent point. La crainte, la politique, les ambitions particulières divisent les cours. Des coalitions sont formées et brisées : les nations, au lieu de marcher ensemble au combat, se présentent tour à tour sur le champ de bataille et tombent séparément vaincues. On ne fait rien pour la Vendée, seul point d'où le salut pouvoit venir, soit que, par une suite de ses premières erreurs, l'Europe crût que les royalistes de France n'étoient qu'un petit troupeau d'hommes gothiques sans force et sans capacité, soit qu'elle eût une secrète jalousie contre tous succès non dus à ses armes et qu'elle espérât toujours, même au milieu de ses défaites, obtenir de fructueux triomphes. Ce fut de cette sorte que l'on roula de faute en faute jusqu'au fond de l'abîme. On se vit forcé par la dure nécessité de rechercher l'alliance des maîtres de la fortune ; on prêta des soldats étrangers à la victoire françoise : il fut un moment où l'ennemi, poussé de poste en poste, ne trouva d'abri que dans notre gloire. Enfin, quand l'étendard tricolore eut été arboré sur les murs de Séville et de Moscou, de Naples et de Berlin, de Vienne et de Raguse, l'Europe se réveilla, et vint retrouver dans Paris sa liberté, son honneur et ses drapeaux.

Ainsi le résultat de cette révolution si vantée fut d'amener au Louvre les nations du Caucase et de livrer aux étrangers le vieux Capitole des Francs. A la vue de tout un peuple qui agitoit le drapeau blanc, l'Europe parut enfin se souvenir des Bourbons. Les tombes de Saint-Denis rappelèrent aux rois l'antique race dont la plupart d'entre eux étoient descendus. La fille aînée de la chrétienté fut remise sur le trône : l'Europe jugea, avec raison, que l'on ne pouvoit rebâtir la société politique que sur la légitimité. Elle adopta donc ce grand principe fondamental ; mais, après avoir posé la véritable base de l'édifice, elle éleva sur cette base l'échafaudage de ses anciennes erreurs.

Sous les rapports constitutionnels, l'Europe commit une faute en traitant avec le sénat : le sénat n'étoit point une autorité légale; le corps législatif seul représentoit la nation, et, bien que dépouillé d'une partie de ses droits, il étoit cependant l'héritier direct des anciennes assemblées législatives de la France.

On fut ensuite étonné de voir avec quel respect les étrangers traitoient des choses et des hommes pour lesquels la France n'avoit que de l'horreur ou du mépris. Cet aveuglement est pourtant facile à expliquer : ce fut une pure illusion d'amour-propre.

La France révolutionnaire n'a produit qu'une douzaine d'hommes supérieurs dans les armes et la politique; le reste a été d'une extrême infériorité, car nous ne comptons pas les monstres de 1793 : là où l'on voit de grandes vertus on doit supposer de grandes âmes, parce que la vertu est un principe élevé et sublime; mais le crime est par lui-même d'une nature si basse, que plus il est extraordinaire plus il est à la portée des âmes communes.

Nos étonnants succès n'ont donc point été l'ouvrage de quelques individus, mais le résultat général de l'énergie de la nation, du génie et du courage des François. Les alliés n'avoient pu connoître cette vérité : la France s'étoit comme isolée des autres peuples par son état habituel de guerre, et la grandeur du camp cachoit la petitesse de la cité. Les étrangers prirent de loin pour des personnages tous ces hommes qui figuroient dans *Le Moniteur* : lorsqu'ils les virent de plus près, il eût été trop dur de reconnoître l'illusion. L'Europe voulut justifier à ses propres yeux ses anciens revers : son orgueil créa des géants, pour ne pas convenir qu'elle avoit cédé à des pygmées.

Cet orgueil, fort naturel, se joignant à une grande générosité et à quelques combinaisons politiques, explique l'erreur des alliés en 1814. Ils reconnurent la légitimité, mais ils ne détrônèrent point la révolution : à cela près, leur conduite fut admirable. L'empereur Alexandre voulut se mettre à la tête de toutes les libertés, comme Buonaparte s'étoit fait le chef de toutes les tyrannies. C'étoit marcher d'une autre manière à l'empire du monde : on ne pouvoit prendre un plus noble chemin.

Le 20 mars vint punir tant de magnanimité : il apprit aux alliés quelle faute ils avoient commise en confiant la légitimité à la garde de toutes les illégitimités. La journée de Waterloo tua le despotisme militaire dans la personne de Buonaparte, et laissa malheureusement subsister la démocratie révolutionnaire que ce despotisme avoit appelée à son secours.

Ici se présente un des phénomènes les plus étranges de l'histoire. Les Cent Jours avoient tout appris, avoient montré le fond de tous les cœurs, avoient fait tomber tous les masques : d'un côté étoient les amis, de l'autre les ennemis. Plus de confusion, plus de mélange ; la main de la Providence avoit séparé elle-même l'ivraie du bon grain. Les maîtres du champ moissonné n'avoient plus qu'à choisir, et ils choisirent l'ivraie.

Qui ferma les yeux de tant de souverains ? Puisque la France leur étoit livrée une seconde fois par les révolutionnaires, puisque nous devions être assez malheureux pour subir le joug, pour recevoir des conditions, comment l'Europe ne songea-t-elle qu'à nous demander des *garanties physiques,* lorsque ce n'étoit, pour ainsi dire, que des *garanties morales* qu'elle auroit dû exiger de nous ? Comment les ambassadeurs qui appuyèrent l'élévation de M. le duc d'Otrante pensèrent-ils qu'il pouvoit être le ministre de la légitimité ? Ce désordre dans les idées annonçoit les erreurs qui devoient suivre.

La Providence, pour sauver la France et l'Europe, opéra son dernier miracle : elle fit sortir des colléges électoraux de l'usurpateur la chambre royaliste de 1815. Pour la première fois, après trente années de triomphes et de crimes, la révolution fut enfin attaquée corps à corps. On entendit parler de religion, de morale et de justice : la chambre de 1815 vouloit rétablir sur ces fondements éternels de la société la monarchie légitime et les libertés publiques. La révolution vit le péril : elle rappela ses forces, séduisit le ministère, le rendit favorable à sa cause : tout s'arma pour briser le dernier instrument de salut ; et, chose à jamais déplorable, l'Europe monarchique applaudit à l'ordonnance du 5 septembre !

Mais quelle révolution s'étoit donc opérée dans les conseils ? Les gouvernements étoient-ils devenus plus inaccessibles à la contagion révolutionnaire ? ne mettoient-ils plus aucun intérêt à la tranquillité intérieure de la France ? Ils jugent sans doute mieux aujourd'hui la mesure ministérielle dont ils ne sentirent pas d'abord la conséquence ; ils ne virent qu'un acte de fermeté dans un acte de destruction. C'est de ce moment que les doctrines antisociales se sont ranimées ; c'est de ce moment que les révolutionnaires sont sortis de leur retraite pour s'emparer des pouvoirs ; c'est de ce moment que les principes monarchiques et les défenseurs de ces principes ont été proscrits ; c'est de ce moment que des lois démocratiques ont reporté dans la puissance politique et dans la puissance militaire les hommes et les systèmes qui ont bouleversé l'Europe et la France.

Pendant quelque temps une espèce de vertige sembla troubler la politique générale : on n'eut pas assez d'outrages et de moqueries à prodiguer aux victimes qui s'étoient dévouées pour la cause des rois : correspondances privées, notes diplomatiques, gazettes officielles, se joignaient aux journaux révolutionnaires pour accabler le seul parti qui eût raison dans la cause des monarchies, le seul parti qui, n'attendant rien des monarques dans leur prospérité, leur étoit resté fidèle dans leur malheur.

La constance des royalistes a vaincu la plupart des obstacles. Il faut que ce parti soit puissant en vertus et en vérités pour être sorti d'une position qui sembloit le laisser sans ressources. Le système ministériel est si dangereux et si perfide, qu'il a séparé le nom du roi de la cause des royalistes, et que ceux-ci ont été obligés de combattre, tandis qu'on employoit contre eux jusqu'à l'auguste nom qui fait leur gloire et dont ils tirent leur puissance.

Aussitôt que les royalistes ont eu un organe pour se faire entendre, on a commencé à les écouter ; on les a crus d'autant plus volontiers, que les périls qu'ils avoient annoncés se manifestoient de toutes parts. Le congrès d'Aix-la-Chapelle montra des inquiétudes. On pense généralement qu'il exigea des négociateurs françois la promesse d'une modification politique. Quoi qu'il en soit, M. le duc de Richelieu échoua dans le dessein qu'il avoit pu former pour le repos de la France. Bientôt il abandonne le timon des affaires ; le système ministériel augmente de violence ; les révolutionnaires françois donnent le signal aux révolutionnaires de l'Europe, et la paix des États voisins est troublée.

Il ne nous appartient point de régler ici ces États, de multiplier les inconvenantes leçons que les opinions ministérielles et révolutionnaires se permettent tous les jours d'adresser aux nations et aux souverains. Nous croyons mieux connoître l'Europe par nos liaisons, nos études et nos voyages, que ces prédicateurs politiques, mais nous savons nous renfermer dans notre compétence ; nous ne devons nous occuper des affaires de l'Europe que dans leurs rapports avec celles de notre pays. Nous avons dit que l'état de la France n'étoit connu de l'Europe que par nos ministres, qu'il importoit aux royalistes de tracer un tableau plus fidèle, afin de n'être pas exposés aux nouvelles calomnies de nos infatigables accusateurs : c'est ce que nous allons faire.

Trois opinions, trois systèmes ou trois partis (peu importe le nom) divisent la France : le système ministériel, le système royaliste, et le système révolutionnaire : nous négligerons les subdivisions du parti ministériel et du parti révolutionnaire. Il est bon de remarquer seulement que dans le parti royaliste s'il existe quelques nuances d'opinion, elles sont si foibles qu'on peut à peine les apercevoir et qu'elles ne tombent sous aucune dénomination connue.

Pour bien comprendre ce que c'est que le parti royaliste et le parti révolutionnaire, il faut remonter à une époque reculée.

Dès l'origine de nos malheurs, l'Europe, singulièrement abusée, se figura que le parti de la révolution étoit le parti de la liberté, que ceux qui s'opposoient à cette révolution étoient une petite classe de privilégiés attachés à un régime oppresseur. Depuis la restauration, les révolutionnaires n'ont pas manqué de répéter qu'ils vouloient la liberté et que les royalistes vouloient l'ancien régime, la féodalité ou l'esclavage. Les ministériels, pour justifier leur système et leurs injustices, ont joint leur voix à celle des révolutionnaires; et l'Europe, que l'immortel Burke n'avoit pu détromper, a bien voulu croire sur parole les révolutionnaires et les ministériels, c'est-à-dire la démocratie et la domesticité. Voilà l'erreur.

Voici la vérité : ce n'est point la liberté, c'est l'égalité *absolue* qui a été le principe réel et qui forme encore le vrai caractère de la révolution françoise. Pour s'en convaincre il suffit de remarquer que la liberté a toujours succombé dans nos troubles, qu'elle a subi le joug de Robespierre, du Directoire et de Buonaparte, tandis que l'égalité absolue s'est constamment maintenue. Les révolutionnaires ont conservé cette égalité sous la démocratie de la Convention comme sous le despotisme de l'empire. Les distinctions de Buonaparte n'établissoient pas de véritables rangs, vu qu'il n'avoit fondé ni pairie ni noblesse ayant des droits politiques : c'étoit toujours l'égalité masquée en baron, comte ou duc.

Ce principe de l'égalité absolue existe encore aujourd'hui, et c'est le plus grand obstacle à l'établissement du gouvernement constitutionnel; car l'égalité absolue s'accommode du despotisme, qui nivelle tout, mais ne peut s'arranger d'une monarchie, qui établit une distinction de pouvoirs.

La liberté est le sentiment des âmes élevées : elle produit les grandes actions, crée les grandes patries et fonde les institutions durables; elle se plaît dans l'ordre et la majesté; elle s'allie avec tous les gouvernements, hors avec le despotisme.

L'égalité absolue est la passion des petites âmes : elle prend sa source dans l'amour-propre et l'envie, elle enfante les basses résolutions et tend sans cesse au désordre et au bouleversement.

Principe naturel de la démocratie et du despotisme, l'égalité absolue est d'autant plus dangereuse, quand son esprit domine chez un peuple, qu'elle ne peut être satisfaite qu'en régnant sur des tombeaux. Ce qu'elle attaque est une chose qu'on peut détruire, mais qu'on ne sauroit vaincre. Persécutez tant qu'il vous plaira la noblesse, vous ne l'empêcherez pas d'exister; vous abolirez les droits, vous n'effacerez pas les noms : pour anéantir la noblesse, il faut tuer tous les individus nobles. L'égalité absolue est donc un principe de mort : elle ne peut rien fonder, parce que rien ne peut s'élever auprès d'elle, pas même la liberté, qui est une supériorité réelle, comme la vertu. Aussi remarquez que les révolutions les plus sanglantes et les moins durables sont celles où l'égalité absolue a dominé. Rome établit la liberté avec la distinction des rangs; sa révolution, dans le premier moment, ne coûta la vie qu'à Lucrèce: six cents ans de vertus et l'empire du monde furent le prix de cette modération républicaine.

Ce principe posé, vous allez sur-le-champ découvrir le véritable esprit du parti royaliste et du parti révolutionnaire.

Les royalistes sont en France les hommes qui veulent la liberté, avec l'égalité devant la loi, avec l'égale admission aux places et aux honneurs, avec la faculté d'atteindre à tous les rangs; mais ils repoussent l'égalité absolue, incompatible avec une monarchie constitutionnelle.

Les révolutionnaires veulent l'égalité absolue, et n'ont aucun amour sincère de la liberté.

Ouvrez les écrits des révolutionnaires et des royalistes, vous y remarquerez ces nuances d'opinion fortement prononcées.

Dans les écrits des révolutionnaires, vous distinguerez une haine violente du clergé et de la noblesse, comme de toute supériorité sociale; vous y trouverez le vœu bien formel de la division des propriétés, ce qui conduit à la loi agraire, par la loi agraire à la démocratie, et par la démocratie au despotisme. Mais en même temps ces écrits ne présentent qu'une très-molle défense de la liberté : leurs auteurs ont une tendance naturelle à flatter le pouvoir; tantôt, selon leurs intérêts du moment, ils prêchent la tyrannie ministérielle; tantôt ils attaquent les tribunaux, sollicitent des mesures arbitraires, invitent à proscrire une classe d'hommes et proposent libéralement de faire des ilotes.

Les écrits des royalistes expriment au contraire un vif et sincère amour de la liberté : on y remarque une extrême indépendance d'opinion et de caractère, une franche horreur de l'arbitraire; mais aussi une haine bien prononcée de l'égalité démocratique, un penchant bien décidé aux hiérarchies sociales, sans lesquelles aucune monarchie ne peut exister, un désir bien sincère de voir s'accroître la grande propriété, qui seule fonde les familles et donne à la fois des défenseurs aux rois et aux peuples.

Tels sont réellement et dans leur esprit les deux partis, révolutionnaire et royaliste. Nous les montrons sous leur véritable jour, et ce jour paroîtra peut-être nouveau : tant sur ce point les erreurs étoient étranges !

Les royalistes sont donc les défenseurs de la liberté sans l'égalité absolue ; les révolutionnaires sont les soutiens de l'égalité absolue sans la liberté.

Les royalistes ont toujours soumis au roi leur cœur et leur épée, mais ils n'ont jamais abandonné à personne leurs droits légaux et leur liberté acquise ; les révolutionnaires s'arrangeroient de Constantinople, pourvu qu'il y eût *égalité* d'esclavage.

Révolution dans la bouche des révolutionnaires ne veut pas dire *liberté*, mais *égalité absolue*.

Révolution dans la bouche des royalistes veut dire absence de *liberté, égalité absolue, nivellement complet*, ou *démocratie*.

Les seuls hommes qui veulent véritablement la Charte sont les royalistes, parce qu'elle proclame la légitimité dans le roi qui a donné cette Charte, parce qu'elle fonde la liberté avec la distinction des rangs ; toutes choses reconnues de tous temps des royalistes.

Les révolutionnaires ne veulent point la Charte parce qu'elle établit une monarchie légitime, une noblesse, un pouvoir qui n'est point le despotisme, une liberté qui n'est point la démocratie, une égalité de droit devant la loi qui n'est point une égalité absolue.

Les royalistes ne sont donc point les soutiens d'un arbitraire gothique ; les révolutionnaires ne sont donc point les défenseurs d'une liberté constitutionnelle.

Ainsi s'évanouissent par cette explication de l'esprit du parti royaliste et du parti révolutionnaire toutes les idées fausses que l'on pouvoit en avoir conçues. Mettons maintenant en lumière le troisième parti, et voyons ce que c'est que le système ministériel.

Ce système a son langage, ses prétentions et ses actions : il ne peut pas toujours déraisonner ; mais quand il fait entendre quelque chose de bon sens, il ne fait que répéter la doctrine des royalistes, car (remarque essentielle) toutes les fois que les ministériels et les révolutionnaires veulent en imposer sur leurs vrais sentiments, ils n'ont d'autre ressource que de dire ce que nous avons dit longtemps avant eux.

Cent fois nous avons déclaré que le rétablissement de l'ancien régime étoit impossible, que les éléments de ce régime étoient à jamais détruits, qu'il falloit donc suivre le mouvement politique du siècle, que la Charte satisfaisoit à tous les besoins nouveaux. Nous avons fait un million de fois l'éloge du gouvernement constitutionnel; et si ce gouvernement est maintenant connu et entendu de la France, nous osons dire que c'est nous qui l'avons rendu populaire, par les explications que nous en avons données.

Or donc, quand le système ministériel parle constitution, qu'avance-t-il que nous n'ayons avancé? Mais les ministériels ne sont que des écoliers ignorants qui répètent mal nos leçons, car au fond ils aiment peu les institutions libres. Élevés sous la férule du despotisme, ils violent à chaque moment cette Charte qu'ils n'entendent pas; ils n'ont d'autre but que de garder leurs places, d'autre système que d'établir l'arbitraire. Tous ces hommes de police et d'antichambre à qui l'on a donné la Charte à exécuter en font entre eux des espèces de répétitions, comme des musiciens que l'on forceroit à jouer sur des instruments dont ils n'auroient aucune pratique : c'est une cacophonie effroyable.

Mais quittons la théorie du système ministériel, et voyons comment il agit dans la pratique. La prétention de ce système est de ne verser ni dans le sens des royalistes ni dans le sens des révolutionnaires, d'observer un juste milieu : on va juger si cette prétention a quelque chose de raisonnable,

En premier lieu : on peut maintenir l'équilibre entre deux opinions politiques quand ces deux opinions, différentes sous plusieurs rapports, n'attaquent cependant pas le fond de la chose établie. Mais si dans une *monarchie* deux opinions s'élèvent; si l'une de ces deux opinions, tout erronée qu'on la suppose, est néanmoins *monarchique*, et si l'autre est *démocratique* ou *républicaine*, doit-on tenir la balance égale?

En second lieu : on peut essayer de maintenir l'équilibre entre les deux *opinions* hostiles; mais pour les *faits* et pour les *hommes* il n'y point d'équilibre possible : la trahison et la fidélité, le vice et l'innocence, ne sont point matières semblables que l'on puisse mettre dans la balance. Combien faut-il de vertus pour peser autant qu'un crime? ou combien faut-il de crimes pour égaler le poids d'une vertu?

Que l'on eût pour système de confier les places à des hommes nouveaux, qui n'auroient commis aucun excès, qui n'auroient appartenu à aucune époque de la révolution, qui n'auroient trahi ni la république, ni Buonaparte, ni le roi, qui n'auroient point servi l'usurpateur pendant les Cent Jours, ni suivi à Gand le souverain légitime, on pourroit comprendre en politique cette froide impartialité. Mais placer également un royaliste et un jacobin, celui qui a rempli tous ses devoirs et celui qui les a violés tous, celui qui a fait le bien et celui qui a fait le mal, ce n'est plus un équilibre, c'est tout simplement une monstruosité morale, un véritable crime politique, qui tôt ou tard amèneroit la destruction d'un État.

Eh bien, le système ministériel n'en est pas même à ce point d'impartialité : tout en prétendant qu'il maintient l'équilibre entre les opinions et les hommes, il se jette entièrement du côté démocratique. Toutes les concessions sont faites à la révolution; toutes les lois, du moins les lois principales, sont conçues dans le sens de l'opinion démocratique; les royalistes sont chassés de l'administration, des tribunaux, de l'armée : un service rendu à la monarchie légitime est une cause sûre d'exclusion. Malheur à celui qui a donné le scandale de la fidélité ! Plus la félonie est récente, plus elle est recherchée; on la choisit fraîche et nouvelle, pour qu'elle soit vive et durable : l'ancienne félonie de 1793 est si vieille qu'elle est presque de la fidélité. On demande surtout pour députés les députés des Cent Jours, pour juges et pour préfets les juges et les préfets des Cent Jours. L'obscurité de la trahison ne met pas à l'abri des bienfaits du ministère : si quelque adjoint d'une mairie de campagne a prêté à l'usurpateur un serment inconnu, les ministres vont déterrer ce mérite caché, chercher la vertu antimonarchique à la charrue; la trahison a ses Cincinnatus.

Pour justifier cette indigne partie du système, on dit qu'il faut rattacher les ennemis de la légitimité à la légitimité.

Mais, en employant ces hommes, qui vous oblige à chasser les royalistes? L'admission des premiers est-elle de nécessité l'exclusion des seconds?

Dans tous les temps on a été obligé de capituler avec quelques chefs de factieux; dans tous les temps on a négligé quelques serviteurs, oublié quelques services. Vous falloit-il des victimes choisies, vous pouviez les prendre : les plus fidèles étoient les plus résignées. Mais a-t-on jamais poussé l'absurdité au point d'écarter *tous* ses amis pour ne s'environner que de ses ennemis? Ce spectacle d'ingratitude est pour le peuple la plus violente des tentations et la plus profonde des corruptions morales et politiques. Qui servira si on ne récompense jamais? Qui ne voudra trahir si les honneurs et la fortune sont le prix de la foi violée? Quelle démence de confier la monarchie à la démocratie, la paix du monde à ceux qui n'ont cessé de la troubler ! Le vieux billon de la Convention nationale, frappé au coin ministériel, ne change pas pour cela de valeur et de nature : cette prétendue monnoie royale garde toujours l'empreinte des faisceaux révolutionnaires et du bonnet rouge.

Croyez-vous gagner les ennemis du roi en leur livrant toutes les places? Au 20 mars n'étoient-ils pas comblés de faveurs, et quelle reconnoissance en ont-ils montrée? Aujourd'hui ils seroient encore bien plus prompts à vous trahir : vous leur avez fait de leur défection une vertu patriotique. Pleins de la bonne conscience de leur mauvaise foi, ils marchent la tête haute et le front paré de vos couronnes. Vos bienfaits ne leur prouvent que votre crainte ou votre sottise. Le mépris que vous inspirez est pour vous un asile peu sûr : ces ministres de l'empire romain qui au moment de la catastrophe se cachoient dans des lieux infects y trouvoient-ils un abri?

Ce système ministériel, dont les conséquences sont si funestes, n'a pour appui que les hommes les plus médiocres et ces agents du pouvoir qui reçoivent de leurs émoluments leur conscience et leur pensée. Ce système n'est qu'une machine révolutionnaire, où l'on restaure les vieux jacobins et où l'on en fabrique de nouveaux. Se rassurer sur la paix qui règne en France seroit bien mal comprendre les choses. Cette paix vient, pour le répéter encore une fois, de la lassitude des peuples; elle vient du triomphe complet que la faction révolutionnaire a obtenu au moyen du système ministériel : on ne s'agite pas lorsqu'on triomphe. En France, nous l'avons déjà dit, si nous étions jamais assez malheureux pour éprouver une revolution nouvelle, cette révolution n'arriveroit point par le peuple : quand la loi des élections aura produit une chambre tout à fait démocratique; quand la loi du recrutement aura corrompu l'esprit de l'armée; quand le système ministériel aura chassé tous les officiers royalistes, tous les magistrats royalistes, tous les administrateurs royalistes, une révolution pourroit être l'affaire d'une proclamation. Voilà ce qu'il faut voir, si l'on est homme d'État : tel seroit le résultat certain du système ministériel, si ce système étoit encore de longue durée.

Il est temps que la monarchie européenne songe à son salut : non-seulement elle a à lutter contre la révolution françoise ranimée par notre système ministériel, mais encore contre l'esprit général du siècle et contre un obstacle né d'un changement arrivé dans l'ordre politique.

Avant l'émancipation des États-Unis on ne connoissoit de républiques dans les temps modernes que celles de l'Italie, de la Suisse et de la Hollande : les premières n'étoient que des rendez-vous de plaisirs, les dernières que des pépinières de soldats et de matelots. L'homme qui rêvoit constitution populaire n'avoit d'autre ressource que l'histoire : exilé dans le passé, et citoyen des ruines de Rome, il ne troubloit point la paix du monde. Il pouvoit, au milieu des tombeaux, s'enthousiasmer pour les maximes républicaines, comme cet Athénien qui, s'asseyant au théâtre vide, applaudissoit aux acteurs absents, aux pièces qu'on ne donnoit pas.

Aujourd'hui vous avez devant vous une vaste république de plus en plus florissante : sa population augmente chaque jour ; déjà elle s'avance vers l'océan Pacifique et va chercher la Russie sous les glaces du pôle. Là règne le principe de la souveraineté du peuple. L'esprit démocratique de l'Europe ne puise-t-il pas à cette source toujours ouverte ? Si les rois favorisent encore cet esprit, s'ils appuient les systèmes qui le propagent, s'ils proscrivent les principes et les hommes qui le combattent, comment conserveront-ils leurs couronnes ? Que les colonies espagnoles passent à l'état républicain, le principe monarchique en Europe n'en sera-t-il pas de plus en plus attaqué ?

Les anciens peuples vivoient dans une espèce d'isolement les uns des autres : chaque nation, confinée à son territoire, et pour ainsi dire renfermée dans le cercle de ses lois, n'entendoit parler des nations voisines que quand le commerce ou la guerre amenoit à ses ports ou à ses frontières des marchands ou des soldats.

La croix changea le monde : sur les ruines de l'ancienne société s'établit la grande famille chrétienne, qui reçut dès sa naissance tous les germes de la civilisation par la morale évangélique. Dans cette vaste communauté aucun État ne peut s'ébranler sans menacer d'entraîner les autres dans sa ruine.

Le lien maternel qui unissoit toutes les monarchies européennes étoit donc la religion. A mesure que ce lien s'est relâché, la société s'est disjointe ; et quand la révolution est venue le briser, les empires croulants ont semblé rentrer dans le chaos.

Veut-on renouer ce lien salutaire ? Verrons-nous fonder des institutions politiques sur des bases religieuses ? Rétablira-t-on cette justice éternelle qui est elle seule toute une constitution ? Un souverain qui auroit conçu un pareil projet mériteroit les bénédictions de la terre.

Quoi qu'il en soit, il faut qu'on apprenne une dernière vérité : si la France a été le foyer des doctrines qui ont troublé l'ordre social, la France néanmoins est plus près de l'ordre et du repos qu'aucune autre nation de l'Europe. La maladie est passée pour nous ; elle commence pour nos voisins. A l'abri de toute entreprise militaire par notre force et notre courage, nous ferions encore la loi si on avoit la prétention de nous la donner : ainsi, tranquilles sur notre position extérieure, notre position intérieure est telle que, si nous pouvons être facilement perdus, nous pouvons être encore plus facilement sauvés. Que le système ministériel tombe, avec lui disparoîtra une centaine de jacobins, de petits administrateurs, de petits sophistes qui font seuls tous nos maux. On corrigera les mauvaises lois, on en fera de bonnes; on fondera les institutions aristocratiques qui manquent à nos libertés; on ne persécutera personne, mais on n'éloignera plus les honnêtes gens : avec la paix de la France renaîtra la paix de l'Europe. Comment se fait-il que le bien soit si près du mal et qu'on ne puisse l'atteindre? Aurions-nous mérité que Dieu exerçât sur nous quelques-uns de ces conseils de justice qui échappent à notre vue? La Providence punit les nations obstinées. Alors elle rend impossible la chose la plus facile; elle fait que la folie triomphe de la raison, la stupidité du génie : si les innocents périssent par ses décrets avec les coupables, elle leur donne une récompense dans le ciel; mais les générations passent et sa volonté s'accomplit.

Paris, le 31 août 1819.

On n'est plus occupé à Paris que des élections. Les journaux indépendants présentent leurs listes de députés; les journaux ministériels font l'éloge de ces députés désignés; c'est une merveilleuse concorde : à cette différence près toutefois que les indépendants traitent fort mal les ministériels, et que les ministériels se plaignent tendrement de la cruauté des indépendants.

La faction militaire voudroit nommer des généraux; la faction démocratique voudroit élire de bons jacobins; la faction ministérielle acceptera avec reconnoissance ce que ces fiers alliés consentiront à lui donner.

La position des royalistes est cruelle, nous en convenons. Objet de toutes les calomnies, de toutes les injustices, de toutes les ingratitudes, nous sommes offerts en sacrifice à la révolution, en dérision à la terre. Dans un mouvement de dépit, trop justifié par nos souffrances, nous pourrions être tentés de dire : « Eh bien, notre rôle est fini; nous ne nous ferons plus *mettre en coupe réglée* : que la monarchie se tire de ses lois ministérielles, de ses systèmes ministériels, de ses hommes ministériels, de ses amis de 1793 et des Cent Jours, comme elle pourra : cela ne nous regarde plus. Contents de cultiver notre champ à l'écart, nous échapperons individuellement à la catastrophe. Nous avons déjà vécu sous Buonaparte; un autre usurpateur ne nous traitera pas plus mal. On nous renie? Nous nous éloignons en pleurant, mais nous nous éloignons. Nous n'admettrons jamais en principe le gouvernement de fait, mais nous nous y soumettrons. Nous cesserons d'immoler nos familles, nos biens et notre repos à une fidélité qui importe. »

Un mouvement de dépit peut faire tenir ce langage; mais, après tout, ce ne peut être qu'un mouvement bientôt réprimé. Quoi! vous seriez découragés parce que vos sacrifices sont méconnus! Mais s'ils étoient payés, ces sacrifices, que seriez-vous? Occuperiez-vous ce haut rang que la vertu vous donne, que la postérité vous conservera? Lorsque, dans les champs de la Vendée et de la Bretagne, vos pères, vos frères, vos fils tomboient en criant *vive le roi!* quand ils mouroient dans les prisons, quand ils versoient leur sang sur l'échafaud, songeoient-ils à la récompense que méritoit leur fidelité? Qui de vous n'aime encore mieux être un royaliste pauvre, dépouillé, insulté, oublié, que tel homme dont la fortune est aujourd'hui le mépris et le scandale du monde? S'il en est ainsi, de quoi vous plaignez-vous? Vous avez donc en vous-mêmes une récompense supérieure à tous les biens que l'on pourroit vous offrir; vous occupez donc la meilleure de toutes les places, puisque vous ne la voudriez pas changer contre celle qui vous procureroit richesses et honneurs. Royalistes, vous avez pour vous la force et la justice éternelle et la paix de la bonne conscience : vous êtes donc puissants et heureux.

Mais souvenez-vous de la maxime *Aide-toi, le ciel t'aidera.* Les royalistes peuvent s'apercevoir que nous nous appliquons cette maxime nous-même, que nous donnons à leur service (en accumulant sur notre tête une foule de haines et de vengeances) des moments qu'il nous seroit plus doux de consacrer au repos. Mais quand il s'agit du salut de la monarchie est-il permis de rester tranquille spectateur d'un combat où le plus petit secours peut décider la plus grande victoire? Que les royalistes aillent donc voter à leurs colléges électoraux; qu'ils ne se laissent diviser par aucun intérêt de localité, de liaison ou de famille, c'est là le point capital; qu'ils se fassent entre eux tous les sacrifices d'amour-propre; qu'ils fixent leur choix sur des candidats capables de soutenir la cause royale, et qu'ils ne composent jamais avec cette espèce d'hommes qui, par une double lâcheté, se prosternent devant le crime et reculent devant la vertu.

Paris, le 24 septembre 1819.

Deux choses font les révolutions des empires, à savoir quand les événements sont grands et les hommes petits, ou quand les événements sont commmuns et les hommes extraordinaires. Dans le premier cas, les événements sont trop forts pour les hommes; ils les entraînent, et tout est détruit. Dans le second cas, les hommes sont trop puissants pour les événements; ils les accroissent, mais il les maîtrisent, et tout est fondé.

Nous avons vu des catastrophes étonnantes : une antique religion ensevelie sous la pierre de ses autels, une monarchie de quatorze siècles renversée, un roi assassiné juridiquement par ses sujets, une république de quelques jours, un empire de quelques années. Des armées s'avancent et se retirent comme le flux et le reflux de la mer, le drapeau françois flotte sur les murs du Kremlin, et les peuples du Caucase campent dans la cour du Louvre; la légitimité chasse l'usurpation, et l'usurpation la légitimité; l'une et l'autre abandonnent tour à tour l'exil et le trône; la première se fixe enfin sur les fleurs de lis, la seconde est enchaînée sur un rocher à l'extrémité de la terre : tout rentre dans le silence, tout disparoît, tout s'évanouit; aucun personnage remarquable ne reste sur la scène, et au milieu des débris entassés on n'aperçoit plus que la main de Dieu.

Pourquoi les hommes n'ont-ils rien établi dans le cours de ces changements qui présentoient sans cesse l'occasion de finir une antique société et d'en commencer une nouvelle? Pourquoi? Parce que les hommes étoient inférieurs aux événements, parce que leur génie raccourci n'étoit pas de taille à se mesurer avec la fortune. Chaque personnage de cette révolution croyoit devenir immortel à l'instant même où il tomboit dans l'oubli, comme cet empereur romain qui se faisoit appeler *votre éternité* la veille de sa mort : c'étoit prendre ce titre un jour trop tôt.

Les petits hommes d'État qui ont succédé à ces premiers révolutionnaires et qui nous gouvernent aujourd'hui ont aussi la prétention de travailler pour l'avenir, et, comme leurs prédécesseurs, ils ne sont pas de niveau avec les affaires du siècle. Il s'agissoit de reconstruire l'ordre social tout entier : se sont-ils même doutés de la nature du travail confié à leur inexpérience?

Les uns, jadis attachés à la police, sont cauteleux et madrés comme des esclaves; mais ils ne peuvent conduire les affaires, parce qu'ils ne savent rien par eux-mêmes et qu'ils ne possèdent que le secret d'autrui. Tout leur instinct consiste à donner des chaînes, parce qu'ils en portent, à inventer des conspirations pour multiplier les infâmes et les malheureux; mais, déjoués sans cesse par le gouvernement constitutionnel, qu'ils n'entendent pas, leur ruse est aujourd'hui misérable et leur arbitraire absurde. Les autres sont de petits littérateurs sans talents, qui n'apportent dans la politique que les mécontentements de leur vanité blessée : ils ont fait de méchants ouvrages, ils ne peuvent nous pardonner nos souvenirs.

L'abîme appelle l'abîme : le mal qu'on a fait oblige à faire un nouveau mal ; on soutient par amour-propre les ignorances où l'on est tombé par défaut de lumière. C'est ainsi que le ministère, pour justifier la folie de son système, s'est créé un fantôme menaçant, une France républicaine et impériale à laquelle il sacrifie tout. A force de constance dans l'erreur, il veut réaliser la chimère de sa foiblesse ; plus il fait croître la révolution autour de lui, plus il s'enfonce dans cette révolution pour trouver un abri dans des ruines : il n'est aucun moyen de l'éclairer, car il est aveugle. De toutes les nécessités à subir, l'incapacité est la plus insupportable ; mais elle n'en est pas moins une invincible nécessité, et elle renverse les empires tout aussi sûrement que la violence.

Si les royalistes séparoient leur cause de celle de la monarchie, ils pourroient triompher plus justement que les ministres. Leur amour-propre et leurs intérêts personnels ont été parfaitement satisfaits par le résultat des dernières élections ; et quant à leur opinion touchant la loi, elle est aujourd'hui pleinement justifiée.

Sous le premier rapport, ils ont perdu quelques députés, il est vrai ; mais comment ? Parce que la loi est toute antimonarchique et antipopulaire ; parce qu'elle a mis les royalistes *en coupe réglée,* comme l'a révélé candidement le journal ministériel ; parce que le ministère, toujours si puissant en France quand il est armé du nom sacré du roi, s'est jeté du côté démocratique, et que les royalistes ont eu contre eux le pouvoir exécutif et le pouvoir législatif, le gouvernement et la loi.

Enfin, une cause non moins puissante s'est opposée au succès des royalistes : il est maintenant démontré que cette loi si *populaire,* que cette *élection directe* qui devoit attirer la foule, laisse plusieurs colléges électoraux à moitié vides. Un tiers des électeurs a manqué presque partout.

Les électeurs manquants sont pour la plupart des habitants des campagnes, dans la classe desquels se trouvent les royalistes. Les choix ont été livrés à la minorité des électeurs, minorité qui sort des petites villes et du chef-lieu des départements.

Parmi les royalistes qui ne se rendent point à leurs collèges, les uns sont des hommes ardents, qui, fatigués de tant d'injustices et d'outrages, renoncent à tout, jusqu'au moment où il faudra tirer l'épée pour le roi ; les autres sont des hommes froids ou timides, que la politique laisse indifférents ou qui craignent les persécutions.

Non-seulement les dernières élections ne prouvent pas la foiblesse du parti royaliste, mais elles en démontrent invinciblement la force[1]. Rassemblez les faits : voyez les royalistes obligés de lutter à la fois contre la loi, contre le ministère, contre les agents de ce ministère, contre tous les pouvoirs qu'un gouvernement peut toujours employer; voyez-les lutter encore contre une faction rendue puissante par la protection qu'on lui accorde, contre l'argent, les menées, les intrigues révolutionnaires, contre le comité directeur et les affiliations libérales; voyez le parti monarchique calomnié, découragé, sacrifié, sans moyen de s'entendre et de se réunir; voyez-le s'éloigner des élections, ou par dégoût ou par la crainte d'attirer sur lui de nouveaux orages, de nouvelles persécutions ministérielles et libérales : eh bien, malgré tous ces obstacles (sous lesquels il n'y a presque point de parti qui ne succombât) les royalistes ont encore formé le tiers des électeurs présents dans les différents colléges. Comptez les chiffres; c'est ici de l'arithmétique : il n'y a point d'illusion dans les nombres.

Maintenant, supposez un ministère impartial, qui sans favoriser les royalistes ne les repoussât cependant pas et n'encourageât pas la faction révolutionnaire; un ministère qui ne mît pas tous ses soins à écarter les hommes monarchiques : nous demandons si les royalistes qui composent de fait les deux cinquièmes des électeurs ne viendroient pas tous à leurs colléges et ne balanceroient pas puissamment les choix révolutionnaires?

Jusque ici on a vécu dans un état contre nature. Est-il rien de plus étrange qu'un ministère royal favorisant la démocratie, cherchant des appuis là où il ne peut en trouver, prétendant faire une population monarchique d'un petit nombre de révolutionnaires, tandis qu'il a à sa disposition une nation tout entière de royalistes? C'est vouloir amener péniblement quelques gouttes d'eau sur une montagne aride, tandis que des fleuves abondants coulent et passent à vos pieds.

Les royalistes, toujours justes, toujours conséquents, tout en étant bien persuadés qu'avec un bon ministère ils triompheroient aux élections, n'en concluent rien néanmoins en faveur de la loi. Ils rejettent une loi qui ne porte pas en elle-même sa propre vertu; une loi qui, au lieu de représenter des masses, n'appelle que des individualités, qui ne classe aucun intérêt général, et qui par cette raison est essentiellement destructive du gouvernement royal.

Nous savons que ceux qui parlent aujourd'hui des royalistes comme on en parlait à la Convention n'ont pas commis les excès de nos

---

1. Le journal *La Renommée* dit très-justement : « Les *constitutionnels* ont augmenté leur armée; les *ultras* ont conservé leurs positions; et les *ministériels?*... *intelligenti pauca.* »

anciens révolutionnaires. Non, sans doute : il y a des hommes qui sont restés purs aux yeux de la justice, parce qu'ils ont été trop lâches pour exécuter les forfaits dont ils nourrissoient le désir; mais la justice divine les verra d'un autre œil; le crime du cœur de ces hommes, pesé dans la balance éternelle, s'augmentera de tout le poids de leur infâme innocence.

C'est grand pitié, en de si grandes circonstances, d'entendre de prétendus politiques, qui craignent d'avoir peur de leur peur, vous dire pour se rassurer : « Je vous proteste que ces députés ne sont pas tels qu'on se l'imagine : celui-ci a des idées monarchiques; celui-là est facile à ramener. » Grand Dieu! et c'est une loi que vous pouviez corriger l'année dernière sans trouble, sans effort, en adoptant la proposition d'un noble et respectable pair; c'est une pareille loi qui vous oblige de calculer en tremblant si un homme est meilleur ou pire que sa renommée! Vous vous suspendez à la moindre espérance; et pour peu que vos dédaigneux amis vous permettent de vivre un ou deux jours de plus, vous êtes prêts à leur dire : *Ave.... morituri te salutant.*

Tous ces hommes des Cent Jours qui vont se trouver dans la chambre des députés peuvent être individuellement des gens de talent, des citoyens estimables; mais vous ne prétendez pas sans doute qu'ils soient brûlés du zèle de la légitimité. Qu'ils inclinent à la république ou à la monarchie, ils n'en ont pas moins proscrit les fils de saint Louis. Le gouvernement de fait est leur doctrine avérée. Ainsi, admettons qu'ils servent la race royale tant que cette auguste race possédera l'empire; mais n'est-il pas à craindre qu'ils ne l'abandonnent le jour où d'autres maîtres se trouveroient momentanément investis de la puissance?

Des ministériels se réjouissent au bruit assez répandu qu'un juge de Louis XVI, satisfait de son triomphe, renonce à sa nomination. D'autres prétendent qu'on a écrit à ce député la lettre la plus polie, pour l'inviter à donner sa démission, lui promettant la récompense du sacrifice. Il ne manqueroit plus aux ministres que de devoir leur existence politique au mépris et à la pitié d'un prêtre régicide.

Ce député prêta serment à Louis XVI. A-t-il tenu ce serment? Tiendra-t-il celui qu'il fera à Louis XVIII? Comment se lèvera-t-il dans la chambre des députés? Comment prononcera-t-il entre les mains royales ces trois mots : *Je le jure?* Le premier il a provoqué la mise en accusation du *juste couronné*; il a sollicité le premier l'abolition de la monarchie. Peut-il sans manquer à ses principes reconnoître pour roi le frère de celui dont il demanda et obtint la tête?

Mais n'accusons point le député : accusons le ministère et sa loi;

accusons cet esprit de vertige et d'erreur qui poussa des hommes influents à donner à Louis XVIII Fouché pour ministre. C'est l'ordre de choses établi qui ramène le député de la Convention dans sa sphère naturelle. Si l'on n'eût pas reproduit ses opinions, il fût resté isolé dans le monde, jouissant des qualités privées ou des talents que le ciel a pu lui départir. Vous n'étiez plus son juge depuis que la Charte lui a pardonné. En le laissant à l'écart, en ne le tirant pas de son obscurité, par la force et le résultat inévitable de vos systèmes, il eût passé en paix le reste de ses jours, si la paix peut être dans sa conscience : nul n'auroit eu le droit de scruter et tourmenter sa vie. On prétend que ce député, revêtu d'un caractère sacré, offre chaque matin l'hostie sans tache de la même main dont il immola son roi ; puisse-t-il être racheté par le double sacrifice, par le mérite de ce sang répandu sur la croix et sur l'échafaud !

Ce qui s'est passé au renouvellement de la troisième série a pleinement justifié les royalistes et condamné sans retour la loi des élections. Dans le cours de trois années, cette loi a conduit à la chambre des députés les hommes qui ont amené Louis XVI prisonnier à Paris et les hommes qui ont mis à mort ce roi martyr. Elle a de plus choisi avec affectation les signataires de l'acte qui condamnoit au bannissement perpétuel le monarque régnant et son auguste famille. De sorte qu'il s'est trouvé des affinités singulières avec la Convention et la chambre des Cent Jours, avec la vieille et la nouvelle félonie, avec nos deux espèces de régicides, ceux qui ont tué Louis XVI et ceux qui ont proscrit Louis XVIII : elle nous a rapprochés de la république et de l'empire ; elle nous a donné des conventionnels et des serviteurs de Buonaparte. Voilà la loi telle que les ministres nous l'ont faite.

Certes, les royalistes ne réclament aucune part dans ces triomphes de la loi, dans ces succès du système. Que les ministres se réjouissent, nous leur prédisons que leur joie sera courte.

Quant à nous, nous ne craignons rien. Nos principes sont ceux de la religion, de l'ordre et de la justice : tôt ou tard nous triompherons avec ces principes. La vérité renversera toujours l'édifice de l'erreur et du mensonge. Partout où le paganisme avoit placé ses faux dieux, le ciel envoya un destructeur ; chaque temple païen vit un barbare armé à ses portes. La Providence n'arrêta la torche et le levier que quand la race infidèle fut changée : alors une croix s'éleva sur les monuments, et tout fut dit. Cette Providence, espérons-le, ne laissera pas périr le trône de saint Louis. Les lis, enracinés dans leur sol natal, viennent de porter un nouveau rejeton : Louise-Marie-Thérèse d'Artois, MADEMOISELLE, précède ses frères ; elle vient, sous un nom chéri, nous annoncer des rois. La France est aujourd'hui fière de ses princesses, et montre avec orgueil à l'Europe l'héroïne du Temple.

———

Paris, le 15 octobre 1819.

Il est certain que M. le ministre de l'intérieur s'est fait présenter un rapport sur l'état de la liberté de la presse en France, et il est encore certain que la conclusion du rapport est peu favorable à cette liberté.

Les mesures que l'on vient de prendre en Allemagne raniment l'espérance de ceux qui voudroient nous ramener à la censure. Que les journaux ministériels disent aujourd'hui qu'on ne la rétablira pas, cela ne prouve rien : dans le langage de nos hommes d'État, on sait ce que signifie *jamais*. D'ailleurs, le ministère est obsédé par les anciens agents de police. Ces ennemis du gouvernement représentatif ne cessent de regretter le bon temps de l'arbitraire impérial ; ils craignent toujours qu'on n'aille déterrer quelques-unes de leurs lâchetés. La Charte leur est odieuse, la liberté de la presse leur semble un véritable fléau, puisqu'elle peut tôt ou tard les chasser des affaires : or, ils ont beau être flétris dans l'opinion, ils n'en tiennent pas moins aux emplois : il y a des hommes publics pour lesquels le mépris est une espèce d'aimant qui les attache à leurs places. Posons quelques principes, rappelons quelques faits pour nous mettre en garde contre toute surprise.

Point de gouvernement constitutionnel sans liberté de la presse : nous l'avons dit et répété dans tous nos écrits ; nous croyons l'avoir prouvé [1].

Qu'on s'explique : si l'on compte brûler la Charte, rien de plus conséquent que de supprimer la liberté de la presse ; mais si l'on prétend nous laisser l'une et nous ravir l'autre, c'est une absurdité.

On a vu la censure en France avec la Charte. Comment les choses ont-elles été ? Tout de travers. En 1815 nous avons eu le 20 mars ; en 1816 l'ordonnance du 5 septembre, et le reste.

Ce qu'il y avoit de pis sous la censure, c'est que la liberté de la presse n'était pas supprimée de fait : elle étoit en régie entre les mains d'un ministère qui la refusoit aux royalistes par haine, l'accor-

---

1. *Réflexions politiques; Monarchie selon la Charte; Rapport sur l'état de la France* (12 mai 1815); *Opinion sur le projet de loi relatif à la liberté de la presse* (chambre des pairs).

doit aux révolutionnaires par peur, et l'affermoit aux ministériels moyennant certain servage, peines de corps, corvées et autres travaux domestiques.

Tous les amis du gouvernement constitutionnel, tous les hommes opprimés par le système du moment, ont une grande obligation au *Conservateur :* c'est à cet ouvrage qu'ils doivent en partie l'abolition de la censure. Tant que le ministère put enchaîner l'opinion royaliste, il ne s'embarrassa guère des attaques de la *Bibliothèque historique*, des *Lettres normandes*, etc. Les insultes à la monarchie légitime, les blasphèmes contre la religion, lui sembloient apparemment des bagatelles; mais quand *Le Conservateur* parut, quand il nous fut possible de défendre le trône et l'autel, de repousser les calomnies, de dénoncer la *correspondance privée*, de démasquer certains hommes, alors le ministère s'alarma. Ne pouvant étendre la censure jusqu'aux feuilles semi-périodiques, il abandonna l'empire des feuilles quotidiennes; en désespoir de cause, il se précipita dans la liberté de la presse ; il crut s'y cacher, il s'y noya.

La vérité est que la multitude des journaux lui parut un moyen de salut; il compta sur des écarts : trompé par ses passions et par ses flatteurs, il s'imagina que l'opinion royaliste alloit justifier les accusations révolutionnaires. Il en est arrivé tout autrement : les journaux monarchiques ont montré plus de zèle pour la Charte, plus de chaleur pour les libertés publiques que les gazettes indépendantes ; leur effet sur l'opinion a été prompt et sensible. Or, réunir les sentiments généreux au bon droit, c'est trop fort : si l'on permet plus longtemps la liberté de la presse, toute la France voudra la religion, le roi, la Charte et les honnêtes gens. Vite un remède contre cette peste d'opinion royaliste! La France chrétienne! la France libre! Que deviendroit le ministère? Il n'est qu'un seul moyen de tout sauver : c'est de rétablir la censure.

N'en doutons point, les rapports secrets sur l'état de la liberté de la presse ne peuvent avoir été ordonnés que dans des vues hostiles contre l'opinion monarchique, car les journaux d'une autre opinion ne sont aujourd'hui ni plus impies, ni plus antilégitimes, ni plus calomniateurs qu'ils ne l'étoient sous le régime de la censure : on peut s'en convaincre par les extraits de ces journaux, extraits que M. le cardinal de La Luzerne recueillit et publia au commencement de la dernière session. Ainsi, les royalistes doivent tenir pour certain que tout projet contre la liberté de la presse les menace particulièrement.

La censure rétablie nous remettroit dans la position où nous nous trouvions l'année dernière : licence pour les feuilles révolutionnaires, esclavage pour les journaux monarchiques.

En obtenant la liberté de la presse, les royalistes ont tout obtenu. Tant que cette liberté subsistera, le triomphe leur est assuré. Depuis trente ans, c'est-à-dire depuis le commencement de la révolution, toutes les fois que la presse a été véritablement libre, la France est devenue royaliste; et toutes les fois qu'on a voulu maintenir ou ramener la révolution, il a fallu supprimer la liberté de la presse : la révolution n'a pu se sauver que par des coups d'État contre cette liberté.

Ceci est un fait sans réplique. On se souvient encore des succès de Mallet du Pan, en 1789, 1790 et 1791 ; et pourtant à cette époque il avoit à lutter contre toute une nation en délire. Les révolutionnaires, alarmés, eurent recours à une mesure libérale qui fit taire l'opposition : ils établirent pour loi répressive la proscription, et pour censeur le bourreau. Mallet du Pan fut obligé de fuir; Durozoy paya ses écrits de sa tête.

Après la terreur il y eut liberté de la presse. Quel en fut le résultat? La France devint tellement royaliste que le Directoire ne put prévenir le rétablissement du trône que par le 18 fructidor : les écrivains monarchiques furent condamnés en masse à la déportation[1]. On vit ce qu'on a toujours vu dans la France révolutionnaire : les plus fiers républicains, les plus ardents prédicateurs de l'égalité et de la liberté, crièrent contre la liberté de la presse. Il nous reste des discours de ces temps d'indépendance, discours dans lesquels des ministres démocratiques posent en principe qu'il faut établir la censure, et qu'il est impossible de gouverner avec la liberté de la presse! Enfin, Fouché, pendant les Cent Jours, déclara que si Buonaparte accordoit la liberté aux journaux, la France alloit devenir royaliste.

La preuve nouvelle que nous avons sous les yeux vient ajouter sa force à ces anciennes preuves. Oseroit-on dire que depuis l'établissement du *Conservtaeur* et l'abolition de la censure l'opinion royaliste n'a pas fait d'immenses progrès? Les journaux monarchiques comptent au moins un tiers de plus d'abonnés que les journaux révolutionnaires et ministériels réunis. Il y a deux ans que l'opposition de droite n'obtint aucun député dans les élections par sa propre force; cette année elle en a obtenu plusieurs; et si les électeurs attachés à l'ordre légitime s'étoient tous rendus à leurs colléges, ils auroient, malgré le vice radical de la loi, balancé les choix révolutionnaires. A quoi faut-il

---

1. J'ai développé tout cela dans le discours que je devois prononcer à la session dernière (1827) à la chambre des pairs. On voit donc que j'avois en écrivant *Le Conservateur* les mêmes opinions que je manifeste aujourd'hui.

attribuer ces succès? Aux journaux royalistes. Qui a tué la fameuse *correspondance privée* du *Times?* Les journaux royalistes. Qui a changé l'opinion de l'Europe? Les journaux royalistes. Quel seroit donc leur succès si, au lieu d'être obligés de combattre les ministres du roi, ils soutenoient ces ministres et en étoient soutenus à leur tour?

Mais pourquoi les ministres sont-ils si fatigués par la liberté de la presse? Parce qu'ils se sont mis dans la position la plus étrange. Ils n'appartiennent à aucune opinion ; aucune opinion ne les porte. Qu'ils se rangent du côté du *Conservateur* ou du côté de *La Minerve*, à l'instant ils auront pour eux un des deux partis qui divisent la France. Ils ne seront plus obligés de payer deux pauvres feuilles publiques que leurs infirmités retiennent dans l'état le plus languissant et qui meurent avant qu'on sache qu'elles ont vécu. On ne connoît point en Angleterre de journaux purement *ministériels*. Les ministres sont soutenus tout simplement par l'opinion dans laquelle ils se placent : cela coûte moins et est plus sûr.

Soyons justes : il se peut que les ministres aient eu à se plaindre de quelques attaques personnelles trop violentes ; mais s'ils sont justes à leur tour, ils conviendront qu'en abusant de la censure de la manière la plus odieuse ils avoient préparé ces inévitables récriminations. Comment ont été traités les plus honnêtes gens de la France dans les journaux censurés? Quels services n'ont point été méconnus, quels talents n'ont point été insultés, si ces services, si ces talents se trouvoient dans une opposition que le gouvernement représentatif fait naître? Qui ne se rappelle le déplorable article apporté, au nom d'un ministre, par un gendarme, au *Journal des Débats,* article où l'on outrageoit un prisonnier qui n'étoit pas même en état de prévention? Et ce prisonnier étoit le sauveur de Lyon, ce général Canuel, que les tribunaux ont vengé de la plus stupide comme de la plus noire des calomnies. Les ministres ont-ils oublié cette prétendue conspiration, dans laquelle ils ont voulu nous envelopper? ont-ils oublié les interrogatoires étranges dont nous avons été l'objet? ont-ils oublié la *correspondance privée,* qui pendant trois ans a vomi contre nous les plus lâches calomnies? Les ministres par ces attaques, qu'aggravoient les journaux sous leurs ordres, ne se contentoient pas de marquer une simple dissidence politique, ils ne prétendoient à rien moins qu'à faire tomber nos têtes ; et aujourd'hui ils s'étonnent qu'un peu de chaleur reste encore au fond de l'opinion de ces hommes qu'ils ont si indignement persécutés!

Mais, après tout, faut-il renoncer au gouvernement constitutionnel, abandonner nos libertés, parce que la liberté de la presse moleste et fatigue quelques hommes en place? Faites-vous un bouclier de votre mérite, et les traits que vous lance l'ennemi tomberont à vos pieds. Sans doute, si vous mettez au pouvoir un homme sans capacité ou un homme que la morale réprouve, il sera vulnérable de toutes parts; il souffrira beaucoup des attaques personnelles. Mais ces attaques ont-elles jamais nui à un homme qui valoit quelque chose par lui-même? Les injures du *Morning Chronicle* ont-elles jamais déterminé M. Pitt à demander au parlement un bill de censure? Un homme public, dans un gouvernement constitutionnel, ne doit pas être si chatouilleux. Qu'il nous soit permis d'en appeler à notre propre expérience. S'il y a quelqu'un dans le monde qui ait droit de se plaindre des outrages des journaux, c'est nous. Objet d'une double attaque littéraire et politique, que ne nous a-t-on point dit depuis vingt ans! Qu'en est-il résulté? Les personnes qui nous accordoient leur estime ne nous l'ont pas retirée, et l'on a fait lire un peu plus les ouvrages qu'on vouloit proscrire. Nous pouvons donc assurer que les coups portés à un honnête homme ne font aucun mal : *Pæte, non dolet.*

Si, d'ailleurs, les ministres prétendoient nous enlever la liberté de la presse, de quel moyen se serviroient-ils? D'une loi? Elle ne passeroit pas aux chambres. Il seroit aussi trop fort de venir, après une courte expérience de huit mois, nous demander de nous contredire honteusement, nous prier de sacrifier à l'insuffisance ministérielle la plus nécessaire de nos libertés. Emploieroit-on une ordonnance? Mais une ordonnance ne peut détruire une loi, une loi si récemment, si solennellement portée. Il suffiroit d'un seul journaliste, d'un seul écrivain qui refusât d'obéir, pour déterminer une violente explosion de l'opinion publique. Nous pensons, et nous l'avons dit, que certains hommes d'État voudroient confisquer la Charte au profit de l'article 14; mais nous n'en sommes pas encore là. Ceux qui se figurent qu'on pourroit impunément suspendre la Constitution, torturer les mots de la Charte pour en tirer l'arbitraire, connoissent bien peu la force des choses qui nous entraîne et la capacité des hommes qui croient nous diriger.

Nous le répéterons : si les ministres veulent se soustraire aux petites tribulations que leur cause la liberté de la presse, ils n'ont qu'à se placer dans une des deux opinions dominantes : c'est à eux de choisir l'une ou l'autre. Ne cherchent-ils que la plus forte, il leur est dans ce moment facile de la distinguer. Les révolutionnaires, pour la vingtième fois, laissent échapper le secret de leur foiblesse : ce parti ne peut marcher, ne peut se soutenir, ne peut être quelque chose que par la faveur des ministres. Au second retour du roi il fut abattu; il ne releva la tête qu'après l'ordonnance du 5 septembre; il se crut perdu de nouveau lorsqu'il fut question du second ministère Richelieu; une seule phrase d'un discours royal le fit rentrer en terre; la proposition de M. Barthélemy le consterna; aujourd'hui il est dans les plus mortelles inquiétudes. Il n'y a point d'offres, de promesses qu'il ne fasse au pouvoir : les comités directeurs sont assemblés : délibération sur délibération, message sur message au ministère; tantôt on propose de suspendre toute attaque contre M. le ministre de l'intérieur, tantôt on fulmine contre la résolution de la diète de Francfort; puis, la peur revenant, on déclare qu'on restera neutre. Quand on est si fort, perd-on la tête à ce point? Fait-on dépendre sa destinée d'une politique étrangère, d'une révolution de cabinet? Voyez les royalistes : s'agitent-ils pour un changement de ministère? Sont-ils atterrés par la perte de la faveur? Ils verroient demain s'établir un ministère libéral, que, loin de croire la partie perdue, ils la tiendroient pour gagnée. Ils sont revenus de plus loin : leur force est dans leurs principes, et cette force ne se détruit jamais.

Ils ne s'effrayent donc point, ils n'intriguent donc point : l'Europe les a méconnus pendant trois années, et ils n'ont point été abattus; l'Europe leur rend justice aujourd'hui, et ils ne sont point exaltés par ce succès; ils ne cherchent point dans ce triomphe général de la bonne cause leur victoire particulière : comme ils ne demandent jamais grâce dans l'adversité, ils ne réclament dans la prospérité aucune faveur. Toutes les intrigues consistent à dire hautement et publiquement aux ministres : « Nous sommes prêts à vous seconder si vous abandonnez un système destructeur, si vous cessez de persécuter les hommes monarchiques, si vous nous donnez des lois monarchiques. A ce prix, nous vous servirons de tout notre pouvoir : demain nous passons dans vos rangs; nous écrirons pour vous, nous parlerons pour vous, nous voterons pour vous, nous oublierons tout ce que vous avez fait contre nous. Nous ne vous demandons ni vos places ni vos honneurs; gardez-les, et sauvez la France. »

Le phénomène de l'influence des journaux royalistes parmi nous (phénomène qui pourtant n'en est pas un) ne cesse de confondre les hommes démocratiques. Ces hommes veulent, en théorie, la liberté de la presse; mais aussitôt qu'elle est accordée, ils reculent devant la pratique; ils s'épouvantent des effets qu'ils n'attendoient pas; ils s'étonnent que la liberté de la presse abandonne la révolution, que cette liberté se range du côté de ceux si injustement désignés comme les ennemis de toute idée généreuse. Néanmoins ces hommes, avec un peu d'impartialité, ne devroient-ils pas conclure que les mœurs naturelles de la France sont les mœurs où la foule est le plus facilement ramenée? Si, dans le combat des doctrines, il en est une qui obtienne toujours la victoire, n'est-il pas évident que cette doctrine est la plus forte? Or nulle doctrine ne triomphe à la longue qu'elle ne soit fondée en raison et en justice. Donc l'opinion royaliste, qui domine parmi nous lorsqu'elle est libre, est l'opinion françoise, comme elle est l'opinion juste et raisonnable.

Tout considéré, nous ne voyons que le crime, la bassesse et la médiocrité qui doivent craindre la liberté de la presse; le crime la redoute comme un échafaud, la bassesse comme une flétrissure, la médiocrité comme une lumière. Tout ce qui est sans talent recherche l'abri de la censure : les tempéraments foibles aiment l'ombre.

Paris, le 30 novembre 1819.

Un grand système inventé par les hommes forts a rassuré le ministère. Ce ministère paroît décidé à rester tel qu'il est; mais il prendra notre position et nos principes. Il va, dit-on, mettre les royalistes dans la situation la plus critique : il leur présentera des lois monarchiques! S'ils rejettent ces lois, ils prouveront qu'ils ne veulent que les places et qu'ils n'ont pas les principes qu'ils professent; s'ils approuvent ces lois, ils seront forcés de voter pour le ministère.

Que les ministres ne nous ont-ils toujours tendu de pareils piéges! Oui, s'ils se conduisent ainsi, ils sont assurés de nous faire tomber dans leurs filets; nous parlerons pour leurs lois, nous voterons pour leurs lois. Ils pourront rire, s'ils veulent, en nous voyant marcher derrière eux. Qu'ils prennent notre drapeau : qu'ils se mettent à notre tête : sous l'étendard des lis nous combattrons, quel que soit le général qui nous mène à l'ennemi. Nous ne demandons pas même que le ministère avoue qu'il s'est trompé; il faudroit pour faire cet aveu une force d'esprit ou une générosité d'âme que nous n'exigeons pas du ministère. Il soutiendra, si bon lui semble, que tout ce qu'il a fait jusqu'à présent est adorable; qu'il étoit absolument nécessaire de conduire la monarchie à la démocratie, pour tomber ensuite plus fortement sur la démocratie et la repousser à grands coups vers la monarchie. Nous conviendrons que tout a été fait à point et dans son temps; que la France n'auroit jamais été sauvée si l'on n'eût amené un juge de Louis XVI dans la chambre des députés, afin d'avoir la gloire de l'en chasser. Nous n'abuserons point de ce que le ministère a dit autrefois; nous ne le comparerons point à lui-même; nous serons sérieux et sincères: tout nous sera bon pour la prospérité du roi et de la France. Mais expliquons-nous.

Le ministère n'auroit-il en pensée que de prononcer de grands discours royalistes, que de couvrir de pompeuses paroles des lois vagues et astucieuses? Ne voudroit-il que céder un peu à l'opinion, pour se maintenir aux affaires? Ne voudroit-il qu'étouffer le cri public, que répondre à l'attente européenne? On pourroit le soupçonner, en voyant continuer dans ce moment même la proscription des hommes, tandis qu'on parle de revenir sur les choses. Dans ce cas, nous annonçons au ministère que sa nouvelle tromperie ne réussira pas; que l'on est trop averti pour se laisser surprendre; que les royalistes ne se croiront obligés de voter pour les lois qu'autant que ces lois seront franchement, clairement, incontestablement monarchiques. Si les ministres appellent loi monarchique toute loi qui tendroit seulement à augmenter leur pouvoir, ils doivent s'attendre à ne pas nous trouver de cet avis; ils nous ont forcés à distinguer le roi du ministère.

Nous verrons en peu de temps quel sera le succès du nouveau plan, et comment on parviendra à faire des lois monarchiques sans employer des hommes monarchiques. Ce qu'il y a de certain, c'est que tout ce que nous avions prédit est arrivé; c'est que le système ministériel nous a conduits à l'abîme, et que la loi des élections, amenant régulièrement ses séries, marque avec exactitude le moment de notre politique. La conspiration des *intérêts moraux* de la révolution a parfaitement réussi. Quelques personnes prétendent qu'il y a trahison dans certains hommes, nous croyons qu'il y a incapacité; cela revient au même : en fait de gouvernement, l'incapacité est une trahison.

A l'appui de ce sentiment, remarquez jusqu'à quel point le ministère a perdu sa considération, tant chez les étrangers que parmi nous. Chez les étrangers sa diplomatie ne se compose plus que d'excuses et d'apologies. Nous avons vu la copie d'une circulaire adressée à nos ambassadeurs. Si cette circulaire est authentique, et si la copie en est exacte, comme tout nous porte à le croire, jamais document plus déplorable ne seroit sorti de ce cabinet illustré par le génie des Sully et des Richelieu. Il s'agit dans ce document d'expliquer le résultat des dernières élections. On déclare qu'elles ne sont point aussi mauvaises qu'on le dit; que si quelques choix ont affligé le ministère, la majorité des choix a réalisé les espérances du gouvernement. On fait entendre qu'on est sûr du vote de certains hommes, lesquels, après tout, ont des *vertus privées,* et qui, dans l'intérêt de leur fortune, se rattacheront à la monarchie légitime. Il est question des *ultra-royalistes,* qui continuent à s'*isoler de la nation,* et qui pourtant ont des *talents et de l'esprit*. Singulier aveu! il n'y a pas longtemps que tous les royalistes étoient des stupides. On parle aussi du parti libéral : ce parti, dit la circulaire, ne *tient à rien*, mais il est lié à la masse de la nation par *la consanguinité des intérêts*. Si ce parti ne tient *à rien*, comment est-il lié à la *masse* de la nation? Il a fallu la révolution pour justifier cette manière d'écrire, pour nous apprendre qu'il y avoit des liaisons *de sang* entre les *intérêts*. A cette apologie sans vérité, sans dignité, misérable de raison, pitoyable de style, les étrangers ont fait, dit-on, une réponse froide et sèche, et l'on a été obligé de répliquer d'une manière moins triomphante.

L'attitude si peu noble que nos guides politiques prennent avec les étrangers est-elle plus relevée en France? Qui ne se rit du ministère? Jamais l'autorité a-t-elle été plus dégradée que depuis qu'elle repose entre les mains de ce ministère! Les fonctionnaires publics ont perdu toute influence. A force de voir déplacer les préfets et les sous-préfets, le peuple a fini par les considérer comme des hommes engagés dans la domesticité ministérielle; serviteurs plus ou moins industrieux, que leurs maîtres mettent à la porte quand ils ne sont pas contents de leurs services.

Dans l'armée, le découragement est à son comble. Aucun officier n'est sûr de garder la place qu'il occupe : malheur au militaire, dans quelque grade que ce soit, qui a défendu la cause royale! Un travail sourd se fait de toutes parts : tel corps dont l'esprit étoit excellent il y a six mois n'est plus aujourd'hui reconnoissable. Tout s'altère, se détériore; tout tombe en dissolution. Si l'opinion publique n'avoit soutenu la France, il n'eût pas été nécessaire d'attendre jusqu'aux élections prochaines pour arriver à de grands malheurs.

Les ministres prétendent repousser ces faits accablants par des dénégations; ne pouvant prouver, ils insultent. « Les royalistes, disent-ils, sont des hommes qui, pleins de leurs souvenirs, refusent de se mêler aux intérêts communs de la nation. La violence de leurs accusations contre le ministère ne décèle que l'amertume des regrets d'une ambition trompée. Que les royalistes saisissent le timon de l'État, et dans six mois la France est perdue. »

Voilà le cercle des récriminations dans lequel tourne le ministère. Un bon raisonnement, un fait clair, répondroient mieux qu'une déclamation, qui, fût-elle fondée en vérité, ne prouveroit pas encore la capacité des ministres. Mais n'est-ce pas une chose curieuse que ce reproche d'ambition fait éternellement aux royalistes par ceux-là même qui depuis quatre ans perdent la France pour garder leurs places? Quand les royalistes se compareroient aux hommes d'État qui nous gouvernent, ils pourroient peut-être, sans blesser la modestie, se croire aussi habiles que ces hommes d'État. Et pourquoi les royalistes n'auroient-ils pas cette noble ambition qui vient du sentiment des vertus qu'on peut déployer, comme leurs ennemis ont cette ignoble ambition qui naît de l'envie des talents qu'on ne peut atteindre? Si es royalistes arrivoient au pouvoir, vous prétendez que dans six mois la France seroit perdue : nous pensons, au contraire, qu'elle seroit sauvée. Prenons le public pour juge, en exposant le tableau d'une administration royaliste telle que nous la concevons.

Et d'abord, les seuls hommes qui aient des idées constitutionnelles sur la Charte, les seuls hommes qui entendent parfaitement le jeu du gouvernement représentatif, ce sont les royalistes : nous n'en voulons pour preuve que leurs discours et leurs écrits. Les libéraux inclinent à la démocratie pure ou à la démocratie royale, laquelle conduit également à la république; les ministériels élevés à l'école de Buonaparte ne rêvent que le pouvoir absolu : il n'y a donc que les royalistes à qui la Charte convienne réellement. Dans tous les temps ils abandonnèrent au roi leur vie et leur fortune, mais ils ne lui livrèrent jamais leur honneur et leur liberté. Nous ne connoissons rien de plus indépendant qu'un véritable royaliste.

Il faut dire encore que les royalistes ont été les premiers à déclarer que le retour à l'ancien régime est impossible ; qu'aucun élément de la vieille constitution n'existe aujourd'hui, et que la réédification d'un monument aussi complètement détruit ne pourroit être entreprise sans exposer la France à d'interminables révolutions.

Voilà donc les royalistes arrivés au pouvoir, fermement résolus à maintenir la Charte : tout leur édifice seroit posé sur ce fondement; mais au lieu de bâtir une démocratie, ils élèveroient une monarchie. Ainsi leur premier devoir, comme leur premier soin, seroit de changer la loi des élections. Ils feroient en même temps retrancher de la loi de recrutement le titre VI, et rendroient aussi à la couronne une de ses plus importantes prérogatives. Ils rétabliroient dans la loi sur la liberté de la presse le mot *religion*, qu'à leur honte éternelle de prétendus hommes d'État en ont banni. Ministres, vous fondez une législation athée ; elle produira des mœurs conformes à vos règles.

Après la modification de ces lois capitales, les royalistes proposeroient les lois les plus monarchiques sur l'organisation des communes et sur la garde nationale. Ils affoibliroient le système de centralisation; ils rendroient une puissance salutaire aux conseils généraux. Créant partout des agrégations d'intérêts, ils les substitueroient à ces individualités trop favorables à l'établissement de la tyrannie. En un mot, ils recomposeroient l'aristocratie, troisième pouvoir, qui manque à nos institutions, et dont l'absence produit le frottement dangereux que l'on remarque aujourd'hui entre la puissance royale et la puissance populaire. C'est dans cette vue que les royalistes solliciteroient les substitutions en faveur de la pairie. Ils chercheroient à arrêter par tous les moyens légaux la division des propriétés, division qui dans trente ans, en réalisant la loi agraire, nous fera tomber en démocratie forcée.

Une autre mesure importante seroit encore prise par l'administration royaliste : cette administration demanderoit aux chambres, tant dans l'intérêt des acquéreurs que dans celui des anciens propriétaires, une juste indemnité pour les familles qui ont perdu leurs biens dans le cours de la révolution. Les deux espèces de propriétés qui existent parmi nous, et qui créent, pour ainsi dire, deux peuples sur le même sol, sont la grande plaie de la France. Pour la guérir, les royalistes n'auroient que le mérite de faire revivre la proposition de M. le maréchal Macdonald : on apprend tout dans les camps françois, la justice comme la gloire.

C'est ainsi qu'en agiroient les royalistes relativement aux choses. Mais comment se conduiroient-ils pour les hommes? N'auroient-ils pas des ressentiments à satisfaire?

Les royalistes sont étrangers à la haine. Ils aiment trop leur pays, ils ont trop de jugement, trop de raison pour n'être pas convaincus que la vengeance est un mauvais moyen de gouverner. Il est sans doute quelques hommes qui se sont vendus, corps et âme, au ministère, et qui dans tout changement possible tomberont avec les maîtres dont ils ont servi les passions; mais tout agent du pouvoir qui, ne faisant qu'obéir à un ordre supérieur, l'a exécuté sans blesser l'honneur et la justice, seroit conservé par une administration royaliste. La gloire d'une semblable administration seroit de donner des leçons de modération et de douceur à ceux qui n'ont offert que des exemples de persécution et de violence. Les royalistes ne seroient plus exclus des emplois; la trahison des Cent Jours ne seroit plus entre deux candidats un titre de préférence; mais quiconque auroit des vertus et des talents, quiconque seroit capable d'un retour sincère à la légitimité, seroit reçu avec joie : les royalistes éviteroient de faire sentir aux autres l'injustice dont ils ont été les victimes.

Maintenant, que tout homme impartial ose dire, la main sur le cœur, qu'avec un pareil système on ne concilieroit pas les intérêts et les partis. N'en doutons point : une administration royaliste qui se conduiroit d'après de pareils principes se maintiendroit au pouvoir, obtiendroit l'estime de l'Europe et les bénédictions de la France.

Ici l'on n'a qu'une réponse à nous faire : on nous dira que les royalistes ne suivroient pas le plan que nous venons de tracer. A cette réponse nous n'opposerons que le silence, en remarquant seulement que les royalistes ont toujours été fidèles à leur parole, et que c'est du moins une présomption en faveur de leur bonne foi.

Nous avions souvent expliqué notre pensée sur la Charte et sur l'ordre actuel des choses : il ne nous restoit qu'à examiner l'assertion de ces docteurs si grands par leurs œuvres, lesquels affirment que les royalistes perdroient tout s'ils parvenoient au pouvoir. Le public connoît maintenant nos principes. Qu'il prononce ; au reste, les royalistes ne désirent ni ne demandent le ministère : ils ne sont pas au-dessous des places, comme le disent leurs ennemis, ils sont au-dessus.

Il y avoit à Rome, au temps de la dépravation de l'empire, des citoyens qui conservoient l'intégrité et la piété romaines. Ces graves personnages ne s'affligeoient que des maux de leur patrie ; quant à leur sort particulier, ils se résignoient à la volonté des dieux. Lorsque la tyrannie, importunée de leur vertu, se fatiguoit de les laisser vivre, ils s'en alloient à petit bruit, jugeant qu'il étoit inutile de faire tout le fracas de Caton et de se déchirer les entrailles pour une liberté qui n'existoit plus.

Paris, le 14 janvier 1820.

Il y a près de deux mois que nous nous taisons sur la politique. Nous avons regardé, écouté, attendu ; non que nous ayons jamais été dupe de nos ennemis ; mais si nous avions parlé plus tôt, on nous auroit peut-être accusé d'avoir dérangé des combinaisons heureuses. Il étoit question, disoit-on, de revenir à un système monarchique. Nous n'en croyions rien ; mais nous devions respecter la fortune de la France, et même accorder aux promesses sinon de la confiance, du moins un délai pour se démentir.

Aujourd'hui que toute espérance s'évanouit, il est temps de rompre le silence et de reconnoître notre position.

Avertie d'abord par *Le Conservateur*, et ensuite par les journaux royalistes devenus libres, la France s'épouvanta de ses périls. Elle éleva la voix et appela les honnêtes gens à son secours. Le ministère, qui ne croyoit plus rencontrer d'obstacles, fut obligé de reculer devant les conséquences des principes qu'il avoit posés et les résultats des lois qu'il avoit faites.

Trois ministres sont renvoyés; trois autres leur succèdent, et paroissent vouloir agir d'après un système monarchique. On annonce que la loi des élections sera changée; la désorganisation de l'armée est arrêtée. Il n'est question que de fusion et de conciliation; des paroles de paix sont colportées çà et là par des personnes officieuses : on s'endort sur la foi ministérielle.

Deux mois s'écoulent, et la France, alarmée, ne voit rien paroître. La maladie d'un ministre est le prétexte d'une inaction si funeste. Les royalistes, qui avoient suspendu le combat, s'aperçoivent qu'on s'est encore une fois servi de leur loyauté pour désarmer leur victoire.

Il étoit impossible au ministère de suivre exactement sa première route. L'abîme où aboutissoit cette route paroissoit trop à découvert. Mais comment faire en apparence un sacrifice à l'opinion sans le faire en réalité? Comment revenir ostensiblement sur ses pas sans cependant changer de but? Un merveilleux expédient se présente : on se détermine à s'emparer des principes des royalistes, en continuant de repousser les royalistes, à professer l'amour des choses et à garder la haine des hommes. Retour aux lois monarchiques, éloignement des hommes monarchiques, tel est le nouveau sophisme. Par ce moyen, le ministère prétend se substituer à la primitive opposition monarchique et devenir le seul champion de la royauté contre l'opposition démocratique.

Mais qu'on y prenne garde : dans ce système, tout absurde qu'il est, il n'y a pas même encore de vérité; il n'est pas vrai que l'on veuille sincèrement des lois monarchiques, on se flatte seulement de faire croire à la France qu'on les veut.

Quel bonheur pour le ministère, mais quel malheur pour la France, s'il pouvoit régner avec une chambre qui auroit violé la Charte en prorogeant ses pouvoirs, avec une chambre avilie par une solde accordée à ses membres (car il entre dans le plan ministériel de faire accepter 10,000 fr. par an à chaque député)! Une telle chambre seroit nécessairement un instrument servile du ministre dictateur. La censure rétablie par cette chambre étoufferoit nos plaintes. La révolution, entrée dans la domesticité du ministre, nous tueroit moins violemment : la France s'éteindroit dans une longue agonie; elle mourroit de mépris comme on meurt de la gangrène.

Sans doute on ne se flatte pas d'obtenir de pareilles concessions des royalistes : aussi n'est-ce pas avec eux qu'on prétend faire une loi des élections. On cherche à former une majorité avec des ministériels, s'il en reste, et un certain nombre des membres de la gauche. On fait voir à cette gauche le danger de sa position; on l'invite à se sauver en se perpétuant, en recevant d'honorables salaires, en ôtant aux royalistes la liberté de la presse, qui resteroit de fait aux amis du ministre. Ainsi l'on transforme la politique en une sorte d'escroquerie, au moyen de laquelle on espère tantôt dérober un homme, tantôt filouter une majorité. Lorsqu'il s'agit de créer de nouveau la monarchie, de replacer la pierre angulaire du temple, de raffermir les colonnes de la justice sur leurs bases éternelles, on en est aux tours d'adresse des jongleurs et aux équilibres des funambules. Jadis la France eut de plus nobles destinées, et l'urne du sort n'étoit pas pour elle le sac d'un escamoteur.

Quant à la censure, qu'on voudroit obtenir sous une forme quelconque, et sans laquelle la *dictature* seroit impossible, les royalistes se souviendront des discours qu'ils ont prononcés depuis trois ans contre cette censure : ils ne seront pas inconséquents et ingrats ; ils n'oublieront pas que c'est à la liberté de la presse qu'ils doivent leur existence politique tant en France qu'en Europe. Il y a sans doute des choses horribles dans les pamphlets du jour ; mais qu'on relise les feuilles révolutionnaires et ministérielles de l'époque de la censure, et l'on y trouvera les mêmes blasphèmes. Il est vrai que du bon temps de la censure les ministres étoient épargnés ; ils pouvoient fabriquer des conspirations, insulter les hommes qu'ils avoient fait jeter dans les cachots, gouverner arbitrairement la France, destituer à tort et à travers, tomber dans toutes les fautes de l'incapacité sans avoir de comptes à rendre à l'opinion publique. Alors ils ne se scandalisoient pas des impiétés que laissoit passer une libérale censure : il ne s'agissoit que de la religion et de la monarchie! Mais aujourd'hui on ose dire à nos hommes d'État qu'ils ne sont pas les premiers hommes du monde ; on ose les attaquer comme on attaquoit les royalistes sous la censure! Cette liberté de la presse est une vraie peste : vite des censeurs ! sauvons... Qui? le roi? bagatelle! Le ministère.

En votant pour la censure, les royalistes détruiroient le gouvernement constitutionnel et se remettroient dans la position où ils étoient en 1816 : or ils ne veulent ni violer la Charte ni passer sous le joug. Si la loi actuelle ne suffit pas pour réprimer les délits de la presse, à qui la faute, si ce n'est aux ministres, qui n'ont pas même voulu y placer le nom de la religion? Et d'abord, la font-ils exécuter, cette loi? Non. Est-elle foible, cette loi, est-elle timide, incomplète, on peut en augmenter les pénalités ; on peut imiter l'exemple que vient de nous donner l'Angleterre. Des hommes d'État, amis de l'ordre, sans avoir recours à des mesures d'exception, toujours odieuses, auroient bientôt trouvé le moyen d'arrêter ce débordement d'écrits impies, séditieux et calomniateurs. Mettez à la tête du ministère une vertu active et vigoureuse, et vous verrez s'évanouir devant elle l'audacieuse lâcheté du crime.

Ne nous berçons point de chimères, le ministère n'est point changé : son retour sincère aux principes et aux hommes monarchiques seroit sans doute un grand bonheur pour la France; mais une politique pratique et applicable doit raisonner dans l'ordre naturel et peut compter sur les miracles. Le ministère a été injuste, et dès lors il ne pardonnera pas aux royalistes. On déteste dans l'homme que l'on a persécuté non l'homme lui-même, mais le mal qu'on a fait, et c'est un châtiment de la Providence : notre haine pour nos victimes n'est que le tourment de nos remords.

Au reste, qu'un misérable système soit plus ou moins repoussé, à peine cet accident s'apercevra-t-il dans la grande catastrophe qui nous menace. L'état dans lequel nous vivons depuis six semaines est étrange : un silence profond a succédé au discours du roi. Deux chambres sont inutilement convoquées; une espèce d'interrègne semble advenu; la nation est comme licenciée : on se demande si ce qui étoit est fini, si l'on va commencer une autre monarchie. Tout languit, tout expire : le mouvement cesse; quelque chose d'usé, une impuissance d'être se fait sentir. La religion, âme des institutions humaines, abandonne nos lois athées, nos mœurs perverties, notre politique révolutionnaire, et ne nous laisse en se retirant que le cadavre de la société.

Et comment cette société ne se dissoudroit-elle pas? Jamais la vertu fut-elle exposée à un tentation plus rude? C'est du gouvernement même que descend la corruption ; c'est le ministère du prince légitime qui exige, pour ainsi dire, qu'on ait trahi son roi, qu'on ait fait preuve d'impiété, qu'on ait soutenu toutes les illégitimités, pour obtenir la faveur. Que sous le règne d'un fils de saint Louis on demande, on recommande exclusivement tout ce qui étoit en honneur sous la terreur et l'usurpation, n'est-ce pas porter l'anarchie dans les esprits, l'abomination dans les cœurs, le mal jusque dans la moelle des os? Le ministère, qui, par un jeu cruel de la fortune, dispose aujourd'hui de nos destinées; le ministère, qui pourroit acquérir tant de gloire et qui se prépare tant de malheurs; le ministère, qui pourroit nous sauver et qui s'obstine à nous perdre, cet imprudent ministère, au lieu de comprendre sa position et la nôtre, au lieu de revenir sur ses pas, s'enfonce de plus en plus dans le précipice : il continuera d'intriguer jusque dans l'abîme, et cet abîme se refermera sur lui.

Paris, le 20 janvier 1820.

Le profond silence dans lequel nous étions plongés a été interrompu : nous avons donné quelques signes de vie. A la vérité, ce n'est pas le ministère qui s'est ranimé par sa propre force, le mouvement lui est venu du dehors.

Le système ministériel a rallumé au milieu de nous le volcan révolutionnaire : dans les intervalles des éruptions, comme on n'entend rien, on oublie le danger ; mais tout à coup la terre tremble *et l'abîme élève la voix*. Laissons le langage de la Bible et parlons sans figures. Des pétitions adressées à la chambre des députés, et demandant qu'aucun changement ne soit fait à la loi des élections, ont amené deux séances orageuses. La discussion s'ouvrit le 14. Le rapporteur de la commission évita adroitement de choquer diverses opinions de la chambre, et conclut à l'ordre du jour. Un député se préparoit à monter à la tribune, lorsque le ministre des finances demanda à être entendu pour présenter un projet de loi sur les douanes. Un autre député fit observer qu'on ne pouvoit pas introduire dans une affaire commencée un objet étranger à cette affaire. Que prétendoit-on? refroidir les combattants? Mais cette ruse de guerre, si c'en étoit une, ne pouvoit servir qu'à les échauffer.

Lecture du projet de loi étant faite, un député obtint enfin la parole, et renoua la discussion interrompue. Il s'étonna de voir le ministère repousser ceux qui réclamoient le maintien de la loi des élections, quand le même ministère avoit accueilli les pétitionnaires qui demandèrent l'an dernier le rejet de la proposition de M. Barthélemy.

Un ministre, ne pouvant répondre à cet argument *ad hominem*, se jeta sur la Charte. Après lui un député déclara que dix-neuf millions, que trente millions de signatures alloient incessamment revêtir des milliers de pétitions. En vain on lui objecta que le nombre des habitants de la France ne s'élève pas au-dessus de vingt-huit millions. Il n'en voulut point démordre, et continua de faire signer femmes, enfants et vieillards : « Oui, répéta-t-il, trente millions ! »

M. le général Foy établit très-bien le principe général du droit de pétition. Il parla d'une dictature perpétuelle, et fit entendre que l'on en vouloit à la liberté de la presse : c'est la pure vérité. La séance fut ajournée au lendemain.

Samedi 15, nouveau combat. M. Lainé, dans un discours logique, digne et éloquent, répond à tout : il repousse les pétitions, non parce qu'elles sont inconstitutionnelles, mais parce qu'elles sont de nature négative, et que, n'enseignant rien, elles ne peuvent être déposées à un bureau de renseignements.

La clôture de la discussion est demandée. M. le ministre des affaires étrangères monte encore à la tribune, et se déclare pour la modification de la loi des élections. M. Benjamin Constant réplique. La clôture de la discussion est prononcée. Épreuve par assis et levé, douteuse; appel nominal; dépouillement du scrutin, qui donne 117 boules blanches pour l'ordre du jour, et 112 boules noires contre : majorité, cinq voix.

Trois voix ont donc décidé l'ordre du jour, puisqu'en passant à la gauche elles auroient amené une autre conclusion : or, les ministres présents étant tous trois membres de la chambre des députés, il en résulte que ces trois ministres ont seuls gagné la bataille : dans les anciens combats, souvent la victoire étoit due à la valeur personnelle des généraux. Qu'on dise encore que le ministère n'a pas la majorité lorsqu'il la porte dans son sein, comme ces plantes qui renferment en elles-mêmes leur propre vertu! Ainsi, se levant tour à tour pour la gauche ou pour la droite, trois ministres pourront faire triompher à leur gré les dieux de Carthage ou de Rome.

Ces mémorables séances jettent un grand jour sur notre position politique. Il en faut examiner les résultats.

Dans la discussion générale, la droite et la gauche ont eu presque toujours raison. Elles étoient d'accord sur le principe du droit de pétition; mais elles différoient en ce que la gauche appuyoit les pétitionnaires comme favorables à son opinion, et que la droite les repoussoit comme opposés à la sienne.

Toutefois, dans l'opposition de gauche, c'est ce qu'on appelle le parti Ternaux qui a prévalu. Ce parti vouloit le dépôt des pétitions au bureau des renseignements, et les autres membres de la gauche désiroient le renvoi au ministère de l'intérieur. Les *modérés* l'ont emporté : le parti n'en est donc pas encore à l'*impavidum ferient ruinæ*.

La minorité de droite défend les principes partout où elle les trouve, sans songer à ses intérêts particuliers, et les ministres ont profité cette fois de sa loyauté et de ses talents. Mais dans quelle position s'est placé le ministère! Quoi! repousser l'année dernière un moyen de salut, pour se faire traiter cette année d'une manière si humiliante! La proposition de M. Barthélemy, à l'époque où elle a été faite, auroit, s'écrie-t-on, renversé le ministère. Ainsi vous étiez sur le bord d'un abîme : vous voyiez cet abîme, puisque vous prétendez maintenant l'éviter; mais comme alors vos intérêts étoient compromis, comme un peu de temps vous restoit encore, vous avez mieux aimé augmenter le péril de la France que de nous sauver ; vous avez joué votre patrie contre votre ambition.

Le côté gauche de la chambre des députés s'est trouvé fort ce jour-là de cent douze membres, et le côté droit de cent dix-sept : le premier comptoit quatre absents, et le second en comptoit douze. Si tous ces députés eussent été présents, le scrutin auroit donné cent seize boules contre cent vingt-neuf : majorité pour la droite, treize voix : par conséquent, sept voix passant à la gauche changeroient tous les résultats.

On ne peut s'empêcher d'être épouvanté en songeant que le sort de la nouvelle loi des élections, si toutefois elle est présentée, tient à une chance si douteuse.

Heureusement, et malgré ces trop justes sujets d'alarmes, nous croyons encore que la loi, franchement monarchique, pourroit passer à une petite majorité ; mais pour peu qu'elle soit insidieuse, elle sera probablement rejetée. Dans ce cas qu'arrivera-t-il?

En restant sous l'empire de la loi actuelle, ou un cinquième de la chambre des députés sera renouvelé au mois d'octobre, ou la chambre sera dissoute, et alors il y aura des élections générales. Fasse le ciel que *la fille sanglante de la Convention* n'entre pas !

Aimera-t-on mieux avoir recours à un coup d'État? Quel sera ce coup?

Fera-t-on une loi des élections par ordonnance? Mais cette loi sera donc dans les intérêts d'une des deux grandes opinions qui régissent la France? Frapper un coup d'État dans le vide entre deux partis, ce seroit vouloir tomber le front par terre. Cassera-t-on la chambre des députés pour ne plus la rassembler? Lèvera-t-on l'impôt par ordonnance? Si le ministère veut connoître les bornes de son pouvoir et en finir avec la monarchie, il n'a qu'à tenter un pareil coup d'État.

En attendant l'avenir, voici quelle est notre position : le parti buonapartiste l'emporte sur le parti républicain, dont le nom et les principes ne servent plus que de voile à une faction réelle et puissante. L'administration a tellement fatigué les honnêtes gens et encouragé les pervers, tellement désorganisé tout, tellement dégradé nos institutions, tellement sapé les fondements de la monarchie légitime, qu'on ne semble plus obéir au gouvernement de droit que parce qu'il est le gouvernement de fait. Quel seroit le résultat de cette position, si l'on n'apportoit un prompt remède à nos maux? Écoutez : nous connoissons quatre-vingts hommes qui ont banni les Bourbons à perpétuité, et c'est demain le 21 janvier.

Paris, le 18 février 1820.

Nous venons payer à la mémoire de Mgr le duc de Berry ce tribut de douleurs que la royale famille est depuis longtemps accoutumée à recevoir de nous. Hélas! nous avons entendu le dernier soupir du dernier descendant de Louis XIV par la lignée françoise; nous avons vu un père au désespoir, un frère inconsolable à genoux, en prière devant ces bancs rassemblés à la hâte, sur lesquels expiroit un fils de France; nous avons vu une femme tenant son enfant dans ses bras, et toute couverte du sang de son mari; nous avons vu un vénérable monarque s'approcher pour fermer les yeux du jeune héritier de sa couronne! MADAME étoit là, dominant cette scène de deuil comme une héroïne éprouvée aux combats de l'adversité. Mgr le duc de Bourbon prenoit sa part de la douleur : il croyoit assister à la mort de son fils! Coup affreux qui a frappé l'arbre dans sa racine! Ah, malheureuse France! parce que tu l'avois proscrit dans sa jeunesse, as-tu méconnu ton enfant, et n'a-t-il pu se sauver dans tes bras!

La révolution sembloit rassasiée du sang des Bourbons : elle n'en étoit qu'enivrée; cette ivresse, loin d'apaiser sa soif, en augmentoit l'ardeur. Louis XVI, Mme Élisabeth, Louis XVII, le duc d'Enghien, n'ont pas suffi aux ennemis de la légitimité : ils ont fait un nouveau choix parmi les enfants de saint Louis : en immolant le duc de Berry, ils ont voulu répandre à la fois le sang que ce prince avoit reçu de tant de monarques et celui qui devoit animer le cœur d'une longue postérité de rois.

La main qui a porté le coup n'est pas la plus coupable. Ceux qui ont assassiné Mgr le duc de Berry sont ceux qui depuis quatre ans établissent dans la monarchie des lois démocratiques; ceux qui ont banni la religion de ces lois; ceux qui ont cru devoir rappeler les meurtriers de Louis XVI ; ceux qui ont entendu agiter avec indifférence à la tribune la question du régicide; ceux qui ont laissé prêcher dans les journaux la souveraineté du peuple, l'insurrection et le meurtre, sans faire usage des lois dont ils étoient armés pour réprimer les délits de la presse; ceux qui ont favorisé toutes les fausses doctrines; ceux qui ont récompensé la trahison et puni la fidélité; ceux qui ont livré les emplois aux ennemis des Bourbons et aux créatures de Buonaparte; ceux qui, pressés par la clameur publique, ont promis de changer une loi funeste, et qui ont ensuite laissé trois mois s'écouler, comme pour donner le temps aux révolutionnaires de se reconnoître et d'aiguiser leurs poignards : voilà les véritables meurtriers de Mgr le duc de Berry.

Il n'est plus temps de se le dissimuler : cette révolution que nous avons tant de fois et si inutilement prédite est commencée : elle a même produit des maux qui sont déjà irréparables. Qui rendra la vie à Mgr le duc de Berry ? et avec cette vie précieuse, qui nous rendra les espérances que la gloire et l'amour y avoient attachées ? Un jeune lis nourri dans une terre étrangère verra-t-il éclore la tendre fleur que la foudre semble avoir respectée ?

Si du sang de nos rois quelque goutte échappée...

Autre espérance : si un prince chéri écoutoit nos vœux ! . . . . . Joseph orna les foyers de Jacob dans sa maturité, et transmit aux rois d'Israel les bénédictions célestes.

Paris, ce 3 mars 1820.

Dans la séance du 22 février 1817, nous prononçâmes à la chambre des pairs un discours sur le projet de loi relatif aux journaux; nous y retrouvons ce passage :

« Un ministre défendant à la tribune des députés la loi que je combats dans ce moment m'a désigné comme *un individu qui siége dans une autre chambre* et qui avance des *absurdités* telles qu'on ne doit pas les répéter. Je ne suis pas assez important pour employer à mon tour un langage si haut. Si jamais M. le comte Decazes étoit exposé à ces revers dont j'ai déjà vu tant d'exemples, il peut être sûr que le jour où il seroit rayé du tableau des ministres, son nom ne seroit prononcé dans mes discours qu'avec les égards dus à un homme qui, après avoir été honoré de la confiance de son roi, a éprouvé l'inconstance de la fortune. »

Telles étoient les paroles que nous adressions alors à M. le ministre de la police : nous serons conséquent dans nos sentiments comme nous le sommes dans nos doctrines. Nous ne traiterons ni d'*absurde* ni d'*individu* l'ancien ministre : évitant avec soin toute personnalité, notre sévérité se renfermera dans les bornes de la politique. Bien que la chute du président du conseil n'ait pas été rude, et qu'il soit doucement descendu du pouvoir dans le sein des honneurs, il est pourtant vrai qu'il ne règne plus : dès lors il rentre sous la sauvegarde de de sa vie privée. Il y a plus : nous croyons que la nature avoit fait M. le duc Decazes meilleur qu'il ne s'est montré dans sa carrière publique; il a été trompé par les agents de police et par les petites créatures dont il s'étoit entouré. On doit s'étonner seulement que des hommes d'une capacité si bornée aient exercé une si longue influence. Leur existence politique concordoit apparemment avec un dessein caché de la Providence : ils nous étoient imposés pour châtiment de nos erreurs. Dans ce cas, ils auront eu la durée de la peine prononcée contre nous au tribunal d'en haut ; et comme depuis Robespierre jusqu'à Buonaparte nous avions péché par excès de crime et de génie, il étoit juste que nous fussions condamnés au tourment des fautes et au supplice de la médiocrité.

L'ancien ministre reconnoîtra aujourd'hui dans des ennemis généreux les amis qu'il auroit dû choisir pour sa gloire et pour le bonheur de la France. Les royalistes sont sans fiel : M. le duc Decazes vivra paisiblement au milieu de nous, comme tous ces hommes qui nous ont bannis, persécutés, dépouillés, et auxquels nous n'adressons pas même un reproche.

La blessure que la France a reçue est profonde : cette blessure ne peut être guérie que par le baume de la religion, ne peut être pansée que par une main monarchique. Ne nous faisons pas d'illusion ; rien de ce que nous voyons aujourd'hui n'existe réellement : il n'y a plus de chambres, il n'y a plus de lois, il n'y a plus de ministère, parce qu'il n'y a plus d'autorité. Si tout tient encore ensemble, c'est par la vertu magique du nom du roi et par l'épouvante qu'inspirent les crimes commis autour de nous. On serre les rangs parce qu'on a peur ; on marche sans règle, mais sans désordre, parce qu'on redoute l'avenir. L'esprit de gouvernement est dans la foule, et n'est plus dans l'État : disposition admirable pour qui sauroit en profiter.

On nous a dit et on devoit nous dire que le crime de Louvel est un crime *isolé*. Le crime de Sand est aussi un crime *isolé* ; les étudiants de la Prusse qui écrivent qu'*il faut ici un peu de Sand* sont aussi des fanatiques *isolés* ; les soldats insurgés de l'Espagne sont aussi des factieux *isolés* ; les trente assassins du ministère anglois sont aussi trente assassins *isolés*. Il n'y a pas de complot général ; mais il y a donc peste européenne, et cette peste sort de nos doctrines antisociales.

Malheur à nous ! malheur au monde, si le nouveau ministère alloit conclure de tant de désastres qu'on n'a pas encore assez fait pour les ennemis de la légitimité ! On leur a déjà livré six Bourbons : combien en faut-il pour les satisfaire ?

Le peuple ne lit pas les lois, il lit les hommes, et c'est dans ce code vivant qu'il s'instruit : quand il voit préférer par le gouvernement de droit les partisans du gouvernement de fait ; quand il voit placer à la tête des préfectures les anciens agents de la police d'un régicide ; quand il voit introduire dans les administrations les fauteurs de la république et des Cent Jours ; quand il voit rappeler jusqu'à des infâmes que Buonaparte n'employoit qu'en rougissant dans les œuvres les plus viles de l'espionnage, que voulez-vous que ce peuple pense ? Peut-il croire que les Bourbons règnent encore ? Ne lui semble-t-il pas qu'ils sont sur une mine prête à sauter et que la main d'un Louvel va mettre le feu à la poudre ?

On s'étonne qu'un poignard se soit levé ! Étonnons-nous que mille poignards n'aient pas encore percé le sein de nos princes. Depuis quatre ans on comble de faveurs les prédicants de la loi agraire, de la république et de l'assassinat ; on excite celui qui n'a rien contre celui qui a quelque chose, celui qui est né dans une classe obscure contre celui à qui le malheur n'a laissé qu'un nom ; on souffre que l'opinion publique soit inquiétée par des fantômes, qu'on lui représente une partie de la nation comme voulant rétablir des droits à jamais abolis, des institutions à jamais renversées. Si nous ne sommes pas plongés dans les horreurs de la guerre civile, ce n'est pas la faute de l'administration qui vient de finir.

Quelles précautions avoit-on prises avant la mort de Mgr le duc de Berry ? Quelles précautions a-t-on prises après un meurtre exécrable ? Pas une proclamation pour annoncer à la patrie un si grand malheur ! Rien pour consoler le peuple, pour l'éclairer sur sa position et sur ses devoirs ! On eût dit qu'on craignoit d'exciter l'indignation contre un crime ; on avoit l'air de ménager la délicatesse de ceux qui pouvoient en commettre de semblables. Des autorités ont elles-mêmes semé le bruit que ce crime étoit une vengeance particulière ; et l'on peut remarquer des traces de cette version officielle jusque dans les journaux anglois. On s'est hâté de dérober aux regards de la foule attendrie le visage et la poitrine du malheureux prince : si la censure eût existé, on eût forcé les journaux à garder le silence ; on eût défendu de parler du jeune Bourbon moissonné, comme on défendit jadis aux gardes nationales de porter une branche de lis, de peur de choquer la révolution, de peur d'inspirer trop d'amour pour le roi !

Espérons que les nouveaux ministres éviteront de marcher sur les traces de l'ancien ministère. Avant de les voir agir, ne nous hâtons pas de les accuser : un préjugé peut exister contre eux ; nous-même nous avons particulièrement à nous en plaindre, et c'est pour cette raison même que nous nous sommes abstenu de parler et d'écrire sur le projet de loi de censure, passé à la chambre des pairs. Nous avons voté contre ce projet parce qu'il nous semble funeste ; mais en conservant la rigueur de nos principes, nous avons cru devoir montrer par notre silence la modération de notre opinion : nous avons été adversaire, non pas ennemi. En inquiétant le ministère dans les circonstances graves où nous sommes, on pourroit faire involontairement beaucoup de mal. Désirons la réunion de tous les François, l'oubli de toutes les inimitiés personnelles : attendons. Contentons-nous de dire à présent aux ministres que s'ils suivoient la route que leurs devanciers ont tracée, avant six mois il n'y auroit plus de France.

Les mesures d'exception que l'ancien ministère avoit demandées seront-elles aussi utiles au ministère actuel qu'on le suppose? Nous le souhaitons, mais nous ne le croyons pas. Des gazettes censurées ne lui seront d'aucune ressource : les meilleurs articles perdent leur autorité dès qu'ils ne sont pas l'expression d'une opinion indépendante. Comment le gouvernement se défendra-t-il contre les pamphlets exceptés de la loi de censure? Ces pamphlets pourront être aussi courts et même plus courts qu'un journal quotidien ; ils pourront inonder les cabinets de lecture, les cafés, les tavernes ; ils seront lus d'autant plus avidement que les écrits périodiques seront enchaînés. L'opinion ministérielle des journaux censurés sera bien foible pour repousser de pareilles attaques : et nous, royalistes, que pourrons-nous pour la défense du trône? Nous sera-t-il possible de descendre dans l'ignoble arène des libellistes et des calomniateurs pseudonymes? Une loi répressive auroit obvié à tous ces inconvénients : elle étoit facile à faire ; il eût suffi d'ajouter quatre articles à la loi déjà existante.

Nous savions bien que les révolutionnaires reprocheroient à l'opposition royaliste d'avoir été, en soutenant le dernier projet de loi, relatif aux journaux, infidèle aux doctrines qu'elle a professées. Qu'importent les révolutionnaires? Depuis le nouveau crime que leurs écrits ont inspiré, ils ont perdu tout crédit. Nous qui dans tous les temps dans toutes les circonstances, dans nos premiers comme dans nos derniers ouvrages, avons défendu les libertés publiques; nous qui venons encore de voter contre la censure, n'avons-nous pas été cent fois accusé par la faction démocratique de prêcher la féodalité et l'esclavage? Quel prix pourroit-on donc attacher à l'opinion de ces écrivains qui ne se rendent jamais à l'évidence et qui se font une vertu de la mauvaise foi?

Quelquefois ces mêmes écrivains, par une autre manœuvre, ont voulu nous mettre à part de nos amis. La faction se donne trop de peine : elle ne parviendra point à nous séparer des royalistes, par la raison que nous ne les abandonnerons jamais dans leur adversité et que nous ne leur demandons rien dans leur fortune.

Eh! malheureux qui osez reprocher aux royalistes d'avoir voté pour une censure momentanée, au risque d'être encore opprimés par cette censure, n'est-ce pas vous qui dans tous les temps avez flétri la cause de l'indépendance? N'est-ce pas vous qui par vos excès avez forcé les honnêtes gens de chercher un refuge dans le pouvoir? Si la liberté périt en Europe, ne vous en prenez qu'à vous-mêmes. Quand on vous entend parler vertu et principe sur le tronc sanglant de Louis XVI ou sur le cadavre du duc de Berry, on recule d'horreur, et Constantinople ne semble pas avoir assez de despotisme pour se mettre à l'abri de votre liberté. Oui, ce sont vos exécrables doctrines qui ont assassiné cet enfant de l'exil, ce Français héroïque, ce jeune et infortuné Berry? Et savez-vous que ce prince magnanime aimoit et connoissoit mieux que vous ces droits constitutionnels que vous exigez fièrement des Bourbons, mais que vous ne réclamiez pas dans les antichambres de Buonaparte? Nous l'avons cent fois entendu, ce généreux prince, exposer les avantages de cette liberté de la presse, dont vous avez fait contre sa vie une arme parricide! Ah! si on vous laissoit à vos penchants, des funérailles non encore achevées seroient suivies de bien d'autres funérailles! Et puis vos dignes satellites se précipiteroient à Saint-Denis : ils ne se fatigueroient pas, comme dans leur premier sacrilége, à exhumer tant de gloire, à désensevelir des rois, des reines, des grands hommes inconnus à leur grossière ignorance ; un moment leur suffiroit pour achever leur ouvrage. Dans ces souterrains, jadis si peuplés, où les disciples de la liberté de Marat ont uni la solitude au silence, ils ne rencontreroient plus que quatre tombeaux. Ils n'auroient pas besoin d'antiquaire pour leur apprendre les noms des victimes renfermées dans les nouveaux cercueils : c'est de la science à leur portée! C'est de l'histoire de leur temps et faite par eux!

Prince chrétien! digne fils de saint Louis! illustre rejeton de tant de monarques, avant que vous soyez descendu dans votre dernière demeure, recevez notre dernier hommage. Vous aimiez, vous lisiez un ouvrage que la censure va détruire. Vous nous avez dit quelquefois que cet ouvrage sauvoit le trône : hélas! nous n'avons pu sauver vos jours! Nous allons cesser d'écrire au moment où vous cessez d'exister : nous aurons la douloureuse consolation d'attacher la fin de nos travaux à la fin de votre vie.

Paris, 21 juin 1824.

C'est un des caractères de l'esclave d'applaudir à sa propre dégradation, de parler de son propre métier avec une humilité voisine de la bassesse.

Un journal nous apprend aujourd'hui « que les petites illusions des vanités déchues et des ambitions trompées n'ont plus de refuge que dans les journaux et n'en sortent pas. Le *pouvoir* s'est relevé à la hauteur qui lui appartient, entre le trône et la tribune, et personne en France n'est dupe des gazettes qui dans une monarchie constitutionnelle disparoissent devant l'éloquence parlementaire. »

Le journal qui croit ainsi rehausser *le pouvoir ministériel* aux dépens des gazettes comprend-il lui-même jusqu'à quel point il confond les doctrines de la monarchie constitutionnelle?

Sans doute, les journaux ne sont rien en comparaison du pouvoir social, du trône, de la tribune. Ce ne sont pas même des choses comparables; elles sont de deux ordres différents. Personne n'a jamais pensé à considérer un journal comme un pouvoir politique; c'est un écrit exprimant une opinion; et si cette opinion réunit à elle la pluralité des hommes éclairés et considérés, elle peut devenir un grand pouvoir. C'est le pouvoir de la vérité; il n'y a rien de si haut dans l'ordre moral, il n'y a rien qui ne disparoisse devant cette force éternelle.

Dans l'ordre des choses politiques, les journaux sont un organe par lequel les citoyens expriment leur opinion sur les affaires publiques. C'est bien quelque chose dans une monarchie constitutionnelle. Aussi dans cette Angleterre, que notre adversaire cite avec admiration, des hommes tels que Pitt, Burke, Fox, Liverpool, Canning, etc., n'ont pas cru dégrader leur éloquence parlementaire en la pliant aux formes d'un journal. Ce qui est assez curieux, c'est que de tous nos ministres passés et présents, et de tous ceux qui paroissent aspirer à leur succéder, il n'en est pas un seul qui n'ait écrit dans les journaux lorsqu'il s'en sentoit la force, ou qui dans le cas contraire n'y ait fait écrire ses amis, plus habiles et plus éloquents.

Si notre adversaire eût été un royaliste, même ministériel, nous lui aurions demandé si ce n'est pas par le moyen des journaux, ou des écrits sortis de la plume des rédacteurs des journaux, que les doctrines de la monarchie légitime et constitutionnelle ont repris leur ascendant sur tous les esprits éclairés et sur tous les cœurs généreux.

Paris, 28 juin 1824.

Voulez-vous réussir dans le gouvernement des États, étudiez le génie des peuples : pour toute science, favorisez ce génie.

Avez-vous affaire à une nation brillante, valeureuse, pleine de franchise et d'indépendance, ne blessez pas son caractère par une administration timide, sans éclat, pleine de ruse, avide de pouvoir.

Chez une telle nation, voulez-vous détruire la liberté, appelez la gloire à votre secours. Mais un despotisme obscur, qui sort de l'antichambre d'un ministre et qui pour prix de votre indépendance vient vous offrir non la conquête du monde, mais celle d'un bureau de perception, de timbre ou de tabac, ce despotisme se fera siffler, dût-il prendre l'effronterie pour de la force, en annonçant tout haut son système de corruption.

Notre position, après la délivrance du roi d'Espagne, étoit admirable : le drapeau sans tache avoit retrouvé une armée, la France repris son rang militaire et son indépendance politique en Europe : au dedans tout étoit espérance et prospérité. Quelle main a rapetissé de si hautes destinées?

Nous avons eu le courage et l'honneur de faire une guerre dangereuse en présence de la liberté de la presse, et c'étoit la première fois que ce noble spectacle étoit donné à la monarchie. Nous nous sommes vite repentis de notre loyauté. Nous avions bravé les journaux lorsqu'ils ne pouvoient nuire qu'au succès de nos soldats et de nos capitaines ; il a fallu les asservir lorsqu'ils ont osé parler des commis et des ministres.

L'affaire de *La Quotidienne* a éclaté, l'opinion publique et les tribunaux ont fait justice. La France sait désormais comment les protégés, les amis des ministres entendent la Charte, comment les hôtels même de ces ministres deviennent des espèces de bazars où les consciences sont mises à l'encan. Un ministre a dit à un actionnaire d'un journal : « Vendez-nous un procès. » On le lui a vendu : trouve-t-il aujourd'hui le marché bon?

Parmi les révélations qui sont sorties de la plaidoirie, il y en a une qu'il faut remarquer. En forçant un royaliste éprouvé à abandonner la rédaction d'un journal, on ne vouloit pas qu'il annonçât publiquement sa retraite, afin de tromper sous son nom les lecteurs de ce journal, de faire attribuer à l'opinion monarchique tout ce qu'il plairoit aux agents subalternes de l'autorité de publier en l'honneur de leurs maîtres.

Un ministre avoit dit dans un comité de la chambre que l'achat des journaux étoit une spéculation particulière ; et il se trouve que les propositions se faisoient au ministère de l'intérieur, et que le principal acquéreur est l'ami et le confident de M. le ministre des finances.

Et ce n'étoit pas un seul journal qui étoit attaqué : de nouveaux propriétaires, tous, à ce qu'il paroît, fournis et représentés par un seul homme, se sont introduits dans les feuilles publiques, trois seulement exceptées. A l'aide de ces propriétaires, on prétendoit créer une opinion factice, dépendante d'une volonté unique.

Comme il faut une autorisation du gouvernement pour établir un nouveau journal, et comme on ne donne point ces autorisations; comme les procès en tendance devoient, espéroit-on, abattre les journaux récalcitrants, il devenoit clair que, sans l'indépendance et l'équité des magistrats, nous étions sur le point de perdre la liberté de la presse périodique.

Quelques-uns des écrivains loués à terme par les entrepreneurs sont des commensaux de Fouché et des rédacteurs de la *correspondance privée*. Mais comme le chef de l'atelier n'a cependant pas leur doctrine, il les a forcés, pour les déguiser, à parler de temps en temps de religion et de légitimité. Remercions-le du moins de leur avoir infligé cet honneur.

Combien il faut gémir d'avoir vu sous un ministère royaliste ériger la corruption en système, afin de détruire des institutions qu'on n'osoit pas attaquer de front, afin d'introduire le pire de tous les despotismes, celui qui commence par faire des esclaves en attendant les tyrans!

La liberté des élections a-t-elle été plus respectée que celle de la presse? La chambre des députés avoit été dissoute pour commencer une ère de repos et de fixité pour la France. L'immense majorité des suffrages étoit acquise au gouvernement; il n'y avoit qu'à laisser faire. C'étoit trop bien : on a jugé convenable de jeter des doutes sur la liberté des votes. Et à quoi bon ces déplorables lettres du pouvoir? Les bulletins de l'armée ne suffisoient-ils pas pour *influencer* les élections? Ces circulaires de la victoire et de l'honneur n'avoient-elles pas rallié tous les vœux à la cause du trône? Falloit-il d'autre fauteur des élections royalistes que ce prince légitime qui, par la séduction de ses vertus, fit tomber les portes de la cité devant laquelle l'usurpateur vit expirer ses triomphes?

Une grande mesure, qui étoit une grande justice, se présentoit dans l'ordre des affaires : guérir des souffrances, effacer parmi nous toute distinction morale de propriétés, tel étoit le but qu'elle devoit atteindre. Proposée aux deux chambres dès l'année 1814, une foule d'écrivains en avoient depuis démontré la nécessité. Le noble duc de Richelieu attachoit la gloire de son administration à l'accomplissement de cette mesure, pour laquelle il avoit commencé de nombreuses recherches. Précipité du pouvoir, et bientôt dans la tombe, il ne nous laissa, avec nos regrets, que la tradition de son généreux dessein. Le succès de l'expédition d'Espagne permettoit enfin de fermer les dernières plaies de la révolution. L'accroissement de notre crédit public fournissoit au gouvernement le moyen d'indemniser les émigrés, sans augmenter les impôts.

Que fait-on? Dans une question politique on ne voit qu'une question de finances : ôter à l'un pour donner un jour à l'autre paroît une conception de génie; au lieu de consulter la France, on consulte des banquiers étrangers; on ne paroît pas craindre de déshonorer le malheur par une déplorable association d'idées; et, jetant ainsi une sorte de flétrissure sur une opération que réclame la conscience nationale, on la rend peut-être impossible, ou du moins on la livre aux chances d'une fortune qui jusqu'à présent a peu servi les victimes de la fidélité.

Sont-ce là des fautes? Elles seront toujours commises quand on voudra transformer des hommes d'affaires en hommes d'État. Une seule pensée domine les premiers; la France n'est pour eux qu'un tableau de chiffres; leur politique tient son conseil à la Bourse.

En accordant au crédit public une estime et une attention très-méritées, tant pour ses affinités avec un gouvernement constitutionnel que pour ses rapports avec le commerce et l'industrie, un homme d'État n'en fera cependant pas l'unique objet de ses vues. Il en craindra l'exagération chez une nation continentale, moins maritime qu'agricole, et il se persuadera que le système des emprunts, poussé à son dernier terme, comme il l'est aujourd'hui, n'est pas sans inconvénients dans l'ordre social.

En effet, nous sommes parvenus à cet état de choses que des banquiers trouvent sur leur signature le revenu de tel royaume ou le capital de tel autre. Parmi ces hommes aussi utiles que respectables, il en est nécessairement quelques-uns (car telle est la condition humaine) qui font abstraction de la manière dont leurs fonds peuvent être employés. Aussi voyons-nous que quiconque entreprend de troubler son pays ne manque pas d'or pour agir : on emprunte sur l'hypothèque des spoliations à venir; on donne en nantissement les malheurs futurs de sa patrie; plus il y a de dépouilles, plus il y a de gages : l'injustice et le désordre qui ruinent les finances des gouvernements réguliers font fleurir celles des gouvernements révolutionnaires.

On voit donc que s'il y a en finances des opérations *colossales* qui perdent des ministres, il pourroit aussi y avoir en finances des entreprises gigantesques qui feroient tomber des rois : il faut marcher avec précaution dans cette route, et surtout, quand on est François, mieux connoître le génie de la France.

Si ceux qui administrent l'État semblent complétement ignorer ce génie dans les choses sérieuses, ils n'y sont pas moins étrangers dans ces choses de grâces et d'ornements qui se mêlent, pour l'embellir, à la vie des nations civilisées.

Les largesses que le gouvernement légitime répand sur les arts surpassent les secours que leur accordoit le gouvernement usurpateur; mais comment sont-elles départies? Voués à l'oubli par nature et par goût, les dispensateurs de ces largesses paroissent avoir de l'antipathie pour la renommée; leur obscurité est si invincible, qu'en approchant des lumières ils les font pâlir; on diroit qu'ils versent l'argent sur les arts pour les éteindre, comme sur nos libertés pour les étouffer. Au lieu de donner de la gloire aux hommes de talent, ils leur jettent du pain; mais les artistes ne vivent pas seulement de pain, ils vivent d'estime, d'égards, de réputation; et s'ils enfantent encore des chefs-d'œuvre, ce n'est pas pour des ministres qui les dédaignent, mais pour un monarque éclairé qui les juge, les protège et les admire.

Combien a-t-il fallu de temps à Mgr le duc d'Angoulême pour délivrer le roi Ferdinand? Six mois. Combien en a-t-il fallu à M. le ministre de l'intérieur pour mettre une pierre à l'arc de triomphe? Huit mois : nous nous trompons, elle n'est pas encore posée. Dix ans sont demandés pour achever l'église de la paroisse où reposèrent les cendres de Louis XVI et de Marie-Antoinette. En vain les deux chambres et le roi ont commandé le monument qui doit s'élever sur la place Louis XV.

On bâtit dans tout Paris; mais de vieux règlements de police, que l'on suit avec une rare intelligence et qui sont en harmonie avec la cupidité des entrepreneurs et l'agiotage des terrains, laissent à peine le passage à l'air et aux voitures. Nous n'aurons pas les mœurs, mais nous aurons les rues de nos pères; nous ne serons pas simples et naïfs, nous serons barbares; c'est une manière comme une autre d'entendre la restauration.

Quant aux lettres, quiconque écrit est suspect : pour être un homme d'État, il faut commencer par ne pas savoir le françois : il ne sera pas permis aux corps littéraires de conserver cette liberté de suffrages qui fait la noblesse, le mérite et l'autorité de leurs jugements : l'Académie françoise sera gouvernée comme une préfecture, et le tabouret d'un chef de bureau s'élèvera au-dessus du fauteuil où se sont assis Corneille, Racine, Bossuet, Fénelon, Boileau, La Fontaine, La Bruyère, Voltaire, Buffon et Montesquieu.

D'un autre côté on rogne impitoyablement les pièces pour le théâtre :

on prend sa peur pour du goût, ses intérêts pour de la critique : autant d'écus de plus, autant de vers de moins. « Ah ! grâce pour cette pensée ! elle est noble et grande ! — Retranchez vite ! nous ne voulons pas d'objets de comparaison. »

Encore si la machine étroite dans laquelle on met la France à la gêne ressembloit à ces modèles achevés que l'on examine à la loupe dans le cabinet des amateurs, la délicatesse de cette curiosité pourroit intéresser un moment ; mais point du tout : c'est une petite chose mal faite.

Après avoir montré combien le système que l'on suit est antipathique au génie de la France, nous prouverons dans un autre article qu'il est également contraire à l'esprit de la Charte. Nous jetterons un coup d'œil sur l'avenir ; nous examinerons les projets et les ressources que peuvent avoir les ministres ; ils se sont volontairement blessés : ils n'échapperont pas aux conséquences de leur système.

Paris, 5 juillet 1824.

Nous avons dit que le système suivi aujourd'hui par l'administration blesse le génie de la France : nous allons essayer de prouver qu'il méconnoît également l'esprit de nos institutions.

Voyons d'abord comment on s'y prend pour la rédaction des lois.

Dans une monarchie constitutionnelle, lorsqu'il s'agit de préparer une mesure législative, le gouvernement choisit dans le sein des chambres des hommes qui entendent la matière dont on doit traiter. Une espèce de commission consultative se forme ; cette commission examine le plan, prévoit les objections, propose des changements. La loi ainsi élaborée est apportée à la tribune, forte de l'assentiment des bons esprits qui se sont mis en communauté d'idées et de responsabilité morale avec les ministres : plus de discussions interminables, plus d'amendements sans fin, trop justifiés par la présentation d'une ébauche où le défaut de science n'est égalé que par le vice de rédaction ; quelques discours en sens contraire, une réplique suivie du vote, terminent tout dans une séance.

Nous entendons autrement le gouvernement représentatif.

Pour l'économie d'une loi religieuse, consultons-nous les ecclésiastiques, le banc des évêques à la chambre des pairs ? Non.

Pour une loi en matière civile, assemblons-nous des jurisconsultes et des magistrats pairs ou députés ? Non.

Pour une loi de l'ordre politique, appelons-nous les orateurs et les hommes politiques des deux chambres? Non.

Qui travaille donc aux projets de loi? Chaque ministre avec ses commis. Pas même le conseil des ministres? Nous n'en savons rien; mais ce conseil ne se réduit-il pas à un seul homme?

Voyez aussi quel succès les lois obtiennent aux chambres! Les unes sont rejetées, les autres retirées, les autres amendées à la tribune par les ministres eux-mêmes!

Lorsque Louis XIV fit rédiger ses belles ordonnances, le chancelier Seguier, accompagné de huit conseillers d'État, délibéra avec trente membres du parlement de Paris, présidés par Guillaume de Lamoignon, et parmi lesquels on voyoit les Novion, les Bignon, les Talon, les de Mesmes, les Molé, les Pothier, les Harlay et les Catinat. Nous avons les procès-verbaux de l'ordonnance civile de 1667, modèles de la plus libre comme de la plus savante discussion. Prenons au moins des leçons de la monarchie absolue, si nous ignorons complétement la monarchie constitutionnelle.

Dans cette dernière, on cherche à mettre la loi civile en rapport avec la loi politique.

Nous entendons autrement le gouvernement représentatif. Est-il quelque décret enseveli dans le *Bulletin des Lois,* nous allons le déterrer afin de l'appliquer à notre usage, comme pour nous consoler de la monarchie par le souvenir de la république, et de la liberté par les actes de l'esclavage.

Si quelquefois nous avons l'air de vouloir perfectionner notre système politique, ce n'est pas au profit de tous, mais dans une intention particulière. Ainsi la septennalité, bonne en principe, nous avons trouvé le moyen de ne l'établir que pour l'intérêt du ministère, en n'y joignant pas le changement d'âge, complément et contre-poids du renouvellement septennal. La plupart des lois fondamentales de notre monarchie constitutionnelle sont à faire : y pensons-nous? Point.

Dans une monarchie constitutionnelle, on respecte les libertés publiques; on les considère comme la sauvegarde du monarque, du peuple et des lois.

Nous entendons autrement le gouvernement représentatif. On forme une compagnie (on dit même deux compagnies rivales, car il faut de la concurrence) pour corrompre des journaux à prix d'argent. On ne craint pas de soutenir des procès scandaleux contre des propriétaires qui n'ont pas voulu se vendre; on voudroit les forcer à subir le mépris par arrêt des tribunaux. Les hommes d'honneur répugnant au métier, on enrôle pour soutenir un ministère royaliste des libellistes qui ont poursuivi la famille royale de leurs calomnies. On recrute tout ce qui a servi dans l'ancienne police et dans l'antichambre impériale; comme chez nos voisins, lorsqu'on veut se procurer des matelots, on fait la *presse* dans les tavernes et les lieux suspects. Ces *chiourmes* d'écrivains *libres* sont embarqués dans cinq ou six journaux achetés, et ce qu'ils disent s'appelle l'opinion publique chez les ministres.

Dans une monarchie constitutionnelle, le ministère doit marcher avec ses amis, chercher la majorité chez eux, en les fortifiant de tout ce qu'il peut gagner dans les partis par un esprit de bienveillance et d'équité.

Nous entendons autrement le gouvernement représentatif. Nous frappons nos amis avec une sorte de fureur, aux risques de tout briser. Quant à nos adversaires, tour à tour nous cédons à l'homme qui nous fait peur, ou nous poursuivons le père sur les enfants. Nous parlons haut et sec. Quand nous avons mis dans *Le Moniteur* quelque chose de bien dur, nous nous redressons comme si nous étions Buonaparte; nous affectons son allure, forcés que nous sommes de faire trente petites enjambées pour faire un pas de géant!

S'irriter contre tout ce qui ose avoir un avis différent du nôtre, exiger qu'on porte notre livrée, tel est notre système. Les hommes qui se respectent, les hommes d'indépendance, s'éloignent de nous avec douleur. Obligés alors de nous rapprocher de ce qui est servile, nous devenons chaque jour plus étrangers à notre première opinion. Au lieu de devoir la majorité à la loyauté de nos principes, nous la cherchons dans nos intérêts privés.

Vains efforts! l'honneur, qui est l'esprit public de la France, reprend son empire. Non, ce n'est point l'intérêt personnel qui influera jamais sur l'opinion des chambres législatives dans ce pays; ce qui fera en tous temps la majorité pour nos ministres, ce sont de bonnes lois, c'est une administration appropriée au caractère ouvert, noble et spirituel de la nation. Qu'on parle aux pairs et aux députés de religion, de légitimité, d'indépendance, de gloire, de patrie, et ils voteront tout ce qui renfermera ces éléments de nos prospérités. On persuade les François, on ne les enchaîne pas.

Dans une monarchie constitutionnelle, on fait cas de l'opinion publique; on la ménage, on la regarde comme la puissance qui fait et défait les ministères.

Nous entendons autrement le gouvernement représentatif. Dédain superbe pour l'opinion, mépris des feuilles publiques (que nous achetons pourtant quand elles veulent se vendre), c'est, selon nous, le signe de la force et la marque de la supériorité. Que nous fait le public? La source de notre puissance est dans les intrigues et dans les coteries; et si nous rencontrions quelques obstacles, nous ne craindrions pas pour les vaincre de compromettre ce qu'il y a de plus auguste et de plus sacré. Rions des clameurs de l'opinion. N'avons-nous pas la majorité dans la chambre élective? Ne voyons-nous pas la foule accourir dans nos salons? Que nous ayons commis une injustice, en sommes-nous moins encensés? Qu'importent quelques ambitions déçues qui se plaignent? qu'importent quelques écrivains mécontents et qui nous poursuivent de leurs brochures? qu'importent quelques journaux animés contre notre pouvoir? Nous écraserons nos ennemis sous le poids de notre fortune.

C'est très-bien; mais il faut dire ce que vous ne savez pas : c'est que l'opinion que vous méprisez mine le terrain autour de vous; elle sape les fondements de votre puissance; elle pénétrera du dehors dans la chambre élective; elle y a déjà pénétré. Bientôt elle entrera chez vous; elle étendra sur votre tête sa main redoutable, et, vous saisissant au milieu de vos flatteurs, elle vous jettera à votre porte, où vous attend un public inexorable.

Il y a des athées en politique comme en religion : ils ne croient ni à l'opinion ni aux gouvernements; ils regardent toute constitution écrite comme un chiffon de papier qui n'a de valeur qu'autant qu'il donne de l'autorité. Mais le moment de la chute, le moment de la mort ministérielle arrive : alors il faut confesser ce qu'on a feint de méconnoître; alors on est contraint d'avouer l'existence d'une opinion, puissance invisible qui punit. Les athées en politique éprouvent le sort des athées en religion : la foi leur vient quand il est trop tard.

On avoit cru pendant quelque temps que l'administration actuelle étoit prudente; elle vivoit sur une renommée de circonspection : tout à coup on s'aperçoit que quelque chose de violent et d'inopiné se mêle à sa lenteur; elle se précipite tête baissée dans les plus grandes entreprises; puis, arrêtée par ses adversaires, elle recule, cherche des moyens d'évasion, redevient cauteleuse, se refait petite, et essaie d'échapper par quelque soupirail du lieu où elle étoit entrée en brisant les portes : elle n'a point l'estime des forts, elle a perdu la confiance des timides.

Que faudroit-il penser si tel ministre avoit une antipathie naturelle pour la Charte qu'il ne pût s'en taire et qu'il laissât transpirer son opinion dans des plaisanteries d'aussi mauvais ton que de mauvais goût? Rien ne corromproit davantage les mœurs publiques, ne fausseroit plus les consciences, n'accoutumeroit plus les peuples à mépriser et les gouvernements et les hommes investis de l'autorité que de faire de la monarchie représentative une pure moquerie. Au jour du malheur, les institutions formeroient-elles un rempart autour d'une administration qui pendant sa prospérité ne les auroit pas adoptées avec franchise ; d'une administration qui auroit ri derrière la toile de la foule imbécile, assemblée pour voir des baladins politiques jouant une parade de liberté sur des tréteaux ?

Les choses ne peuvent plus aller comme elles vont ; nous sommes dans une position fausse ; l'opinion royaliste, qui est aujourd'hui l'opinion de l'immense majorité, est séparée des premiers agents du pouvoir, qui se prétendent encore royalistes ; ils se traînent à peine dans la chambre des députés ; ils n'ont pas la majorité assurée dans la chambre des pairs, et les tribunaux ont prononcé sur des actes où ils n'étoient que trop compromis.

Les ministres méprisent l'opinion royaliste ! Mais à qui doivent-ils leur existence politique, si ce n'est à cette opinion ? Que seroient-ils sans elle ? Qui les a portés au pouvoir, sinon leurs amis ? Qui a fait leur réputation, si ce ne sont les journaux dans lesquels ils ont eux-mêmes écrit et dont ils étoient actionnaires ?

La lutte entre l'autorité ministérielle et l'opinion ne peut pas être de longue durée : continuera-t-elle jusqu'à la prochaine session sans amener un changement ? Cela est fort douteux.

Pour étouffer cette opinion, que fera le ministère ? Établira-t-il la censure ? C'est un moyen plus prompt de se précipiter ; les brochures remplaceront les journaux. La censure ne pouvant être que temporaire (puisqu'elle doit cesser à l'ouverture des chambres), la liberté de la presse périodique, vengée par celle de la tribune, agira de nouveau, et son action sera d'autant plus forte, qu'elle aura été plus comprimée.

La censure a perdu tous ceux qui ont voulu s'en servir, parce qu'elle rend le gouvernement représentatif impossible, et que dans la lutte qui s'engage entre les institutions et les ministres, ceux-ci finissent par succomber, heureusement pour nous, heureusement pour la France, car s'ils triomphoient dans cette lutte, leur victoire amèneroit une révolution. Les ministres auroient-ils à donner aux chambres une bonne raison de la censure ? On leur demanderoit de quel mal si grand l'État étoit menacé pour avoir exigé la suspension d'une liberté dont on avoit joui même pendant la guerre d'Espagne. A travers les déclamations accoutumées contre la licence de la presse, on ne verroit que les intérêts de l'amour-propre blessé, que la nécessité de dérober des fautes aux yeux du public. On rappelleroit aux agents du pouvoir le procès de *La Quotidienne,* et lorsqu'ils seroient convaincus d'avoir voulu achever par la force ce qu'ils avoient commencé par la corruption, obtiendroient-ils la sanction des pairs et des députés?

« Eh quoi ! leur diroit-on justement à la tribune, la loi actuelle sur la liberté de la presse ne vous a pas suffi, cette loi qui donne au gouvernement le droit de refuser l'autorisation d'établir un nouveau journal, qui accorde aux tribunaux le pouvoir de supprimer un journal existant, de confisquer une propriété, contre le texte précis d'un article de la Charte ! La plupart des feuilles publiques ont été achetées par vous ou par vos amis : qu'aviez-vous donc fait pour vous effrayer de trois journaux qui restoient libres? Ne pouviez-vous vous contenter de la corruption et des procès en tendance? Certes, cette censure étoit assez rigoureuse ! »

Entêté ainsi qu'il l'est de ses systèmes, le ministère actuel, s'il existe à la session prochaine, représentera-t-il sa loi des rentes? Cette loi sera-t-elle encore attachée à l'idée d'une loi en faveur des émigrés, comme une preuve de cette fatalité qui poursuit quelquefois les plus nobles infortunes? Mais cette loi sur les rentes ou sera la même, ou sera modifiée : si elle est la même, elle rencontrera les mêmes obstacles ; si elle est modifiée, pourquoi n'avoir pas admis les amendements proposés dans l'une et l'autre chambre? Au reste, ne préjugeons rien ; car si la rente tomboit au-dessous du pair, on seroit dans l'impossibilité de revenir à une mesure désastreuse sous tous les rapports.

Pour s'assurer de la majorité dans la chambre héréditaire, fera-t-on, comme on nous en menace, une nomination de soixante ou de cent pairs? Où les prendra-t-on, ces pairs? Dans la chambre élective? Mais alors il faudra des réélections, et on les redoute. Dans les propriétaires, dans les notabilités des provinces et de la capitale? Mais croit-on que des pairs choisis dans la chambre élective ou ailleurs soient si prompts à soumettre leur conscience à ce qu'il plaira aux ministres de leur faire voter? Après avoir tant crié contre un exemple fatal donné par un autre ministre, un ministère royaliste commettroit-il la même faute? A-t-on oublié que la majorité de la chambre des pairs ne fut pas brisée, comme on l'avoit espéré, en recourant à une mesure subversive de la charte ; que le lendemain de leur nomination, les nouveaux pairs firent céder le sentiment de la reconnoissance aux intérêts de la patrie? Un second exemple a confirmé ce que le premier nous avoit appris.

Et voilà ce qu'il y a d'admirable dans nos institutions ! elles portent en elles-mêmes leur principe de conservation. Au moment où l'on prétend s'en servir pour en abuser, elles fournissent le remède contre le mal que l'on médite. Cherchez dans les dernières classes de la société un homme sans nom et sans fortune; faites-le pair, et à l'instant il réclamera l'indépendance et la dignité du rang où vous l'aurez élevé. Que pouvez-vous contre lui? Investi d'une portion de la souveraineté émanée du monarque, il est au-dessus de vos ressentiments : vous passerez, et il transmettra à sa postérité sa puissance héréditaire.

Où en serions-nous enfin, que deviendroit la France si pour faire adopter une loi, si pour maintenir des ministres dans leur place ces ministres attaquoient sans cesse les principes de nos institutions, cassant la chambre des députés, augmentant à l'infini la chambre des pairs, compromettant la prérogative royale et ne sauvant leur existence qu'au prix de celle de la Charte? Mieux vaudroit déclarer qu'on ne veut point de monarchie représentative.

Tous les ministères précédents ont été renversés pour avoir voulu gouverner contre l'esprit de nos institutions ; celui-ci, engagé sur la même pente, tombera dans le même abîme. Qu'on prenne les discours des ministres actuels ; qu'on lise ce qu'ils ont dit sur la liberté de la presse, sur celle des élections, sur la centralisation administrative, sur la nécessité d'une loi communale, sur le devoir de ne placer que des hommes d'une fidélité éprouvée, sur l'instruction publique, sur l'amélioration à apporter au sort du clergé, et demandez-leur ce qu'ils ont fait pour rendre leurs actions conformes à leurs paroles.

Mais ce qui étoit mauvais, dangereux sous des ministres auxquels, à tort ou à raison, on refusoit le nom de royalistes l'est bien autrement sous un pouvoir qui se pare de ce beau titre. Qui pourra-t-on croire désormais quand on voit des hommes en qui l'opinion monarchique avoit placé toute sa confiance fuir devant leurs engagements, oublier leurs principes et ne rien faire de ce qu'ils avoient promis?

Walpole chercha en Angleterre à fonder sa puissance sur la corruption; il ne put faire un grand mal, car il trouva pour lui résister la fortune individuelle. Une aristocratie puissante n'avoit pas besoin de billets de banque, dont il marquoit quelquefois les passages des livres qu'il envoyoit à ses créatures.

Mais si on essayoit de transporter un tel système en France, il indiqueroit dans les imitateurs un esprit bien plus fatal que celui dont le ministre britannique étoit animé. Ces imitateurs rencontreroient pour obstacles à leur dessein non des richesses, mais des vertus; car la noble indigence de presque tous les François ne laisse parmi nous que des vertus à séduire.

Nous ne croyons pas à cette conjuration diabolique pour corrompre le peuple le plus désintéressé qui soit sur la terre ; nous ne pensons pas qu'elle pût réussir ; mais, enfin, supposons un moment qu'elle existe, admettons un moment son succès, quel en seroit le résultat? Nos institutions crouleroient sans doute ; mais passerions-nous sous la domination du génie? Non : nous nous trouverions en face de la médiocrité effrayée de ses propres œuvres, ne sachant pas plus administrer la servitude que la liberté, et aussi incapable de gouverner ce qu'elle auroit fait que ce qu'elle auroit détruit.

La monarchie s'est rétablie sans efforts en France, parce qu'elle est de droit parmi nous, parce qu'elle est forte de toute notre histoire, parce que la couronne est portée par une famille qui a presque vu naître la nation, qui l'a formée, civilisée, qui lui a donné toutes ses libertés, qui l'a rendue immortelle ; mais le temps a réduit cette monarchie à ce qu'elle a de réel. L'âge des fictions est passé en politique ; on ne peut plus avoir un gouvernement d'adoration, de culte et de mystère : chacun connoît ses droits ; rien n'est possible hors des limites de la raison ; et jusqu'à la faveur, dernière illusion des monarchies absolues, tout est pesé, tout est apprécié aujourd'hui.

Ne nous y trompons pas : une nouvelle ère commence pour les nations. Sera-t-elle heureuse? La Providence le sait. Quant à nous, il ne nous est donné que de nous préparer aux événements de l'avenir, que de pressentir ce qui sera, pour éviter des résistances inutiles.

L'homme qui pouvoit seul retarder le mouvement du siècle n'est plus ; le bras qui fendit les rochers du Simplon pour tracer un chemin à notre gloire a été brisé à son tour ; le formidable oppresseur des libertés publiques a été jeté, pour mourir, aux pieds des peuples du Nouveau-Monde, où ces libertés fermentent ; mais en passant il a mûri le siècle ; lui-même, au milieu des vieux empires, étoit une étonnante nouveauté ; et s'il gênoit par son despotisme le développement des idées, il favorisoit par son côté extraordinaire ce qu'il y avoit de grand et d'inconnu dans l'esprit des temps.

L'Atlantique n'est plus qu'un ruisseau que l'on passe dans quelques jours ; l'influence de la politique des États qui peuvent s'établir en Amérique se fera sentir en Europe : celle-ci a déjà changé.

Affranchie de la tutelle de notre épée, l'Allemagne n'a repris que la moitié de sa gothique constitution ; le lien fédératif s'est renoué d'une autre manière ; des gouvernements représentatifs sont venus se placer dans l'union. L'Italie s'est agitée ; mais en voulant réparer ses ruines elle les a fait tomber sur elle. Le Portugal a rétabli son ancienne constitution représentative. L'Espagne, qui avoit pris d'abord la révolution pour la liberté, tôt ou tard retrouvera celle-ci dans ses vieilles cortès. L'Espagnol n'est jamais pressé : ce qu'il ne fait pas aujourd'hui, il le fera demain ; et, dans sa résignation chrétienne, il a quelque chose de la patience du Dieu dont il attend les ordres.

De tels signes ne peuvent laisser de doutes sur le mouvement général des esprits. La France a payé cher ses libertés publiques : heureux les autres peuples si, avertis par son exemple, ils arrivent au même bien avec moins de malheurs !

Ne nous figurons pas que nous puissions rétrograder : il n'y a de salut pour nous que dans la Charte. Qu'avons-nous fait depuis dix ans que nous luttons contre l'esprit de nos institutions ? Nous n'avons réussi qu'à mettre la France dans un état de gêne insupportable : essayons de la bonne foi, ne fût-ce que comme un moyen nouveau d'administration.

Nous l'espérons : le système antinational, antifrançois que l'on a suivi jusqu'ici expirera avec le présent ministère. Tous les hommes valant quelque chose, las de tant de déceptions, las de se faire une guerre qui ne tourne qu'à leur détriment, qu'à l'affoiblissement de l'État, sont prêts à se réunir dans un amour sincère de la légitimité et des libertés publiques.

La monarchie constitutionnelle n'est point née parmi nous d'un système écrit, bien qu'elle ait un code imprimé : elle est fille du temps et des événements, comme l'ancienne monarchie de nos pères. Nous ne sommes plus dans l'âge de la république par nos mœurs, ni dans celui du gouvernement absolu par nos lumières. Toutes les fois qu'on voudra nous conduire à la démocratie ou au despotisme, on trouvera une résistance nationale qui ramènera au gouvernement mixte, parce que nous sommes arrivés à cet état tempéré dans l'ordre social, qui nous rend le joug populaire et le pouvoir arbitraire d'un seul également insupportables.

La Charte n'est contraire à aucun principe monarchique, quoi qu'en puissent dire les esprits étroits ou passionnés ; la religion doit en faire la base ; le clergé doit y trouver sa considération et l'autorité royale y puiser une force nouvelle. En embrassant avec sincérité la monarchie représentative, en ne repoussant aucune de ses conséquences, en gouvernant dans le sens de nos institutions, sans dessein caché, sans arrière-pensée, notre chère et belle patrie s'élèvera bientôt au comble de la prospérité.

Il y a d'autres hommes qui craignent pour la liberté ; ils doutent qu'elle puisse jamais s'établir parmi nous au milieu des doubles ruines de la république et de l'empire. Ces hommes sont trop sensibles aux apparences ; ils prennent les fautes du gouvernement pour des obstacles inhérents à notre position. Pourquoi la liberté ne se maintiendroit-elle pas dans l'édifice élevé par le despotisme et où il a laissé quelques traces ? La victoire, pour ainsi dire parée des trois couleurs, s'est réfugiée dans la tente du duc d'Angoulême; la légitimité habite le Louvre, bien qu'on y voie encore des aigles et les insignes de l'usurpation.

———

Paris, 29 juin 1825.

Paris a vu ses dernières fêtes ; le roi est parti. L'événement politique et religieux, l'époque d'indulgence, de réconciliation, de faveur, le sacre, en un mot, qui, par sa nature même, a tant favorisé les projets ministériels, est passé. Déjà la triste vérité reste seule devant nous, dépouillée des illusions dont on l'avoit environnée pour la rendre un moment supportable. Nous nous retrouvons face à face d'une administration repoussée de la France entière, d'un crédit ébranlé, d'un amortissement dénaturé, sans que les divisions aient cessé, sans que les inquiétudes qui sont au fond des cœurs se soient dissipées.

De quelle espérance bercera-t-on à présent l'avenir? Avec quoi fera-t-on prendre patience à l'opinion? Quels sont les projets désastreux que l'on invitera à voter dans l'attente d'une félicité prochaine et réparatrice? La royauté a désormais tout son lustre; ce qui la regarde est accompli : le cours des choses ordinaires a recommencé pour n'être plus interrompu. La monarchie n'aura plus d'occasion de reprendre, pour ainsi dire, la vie dans elle-même, dans sa propre essence. Il faut que tout lui vienne maintenant de l'administration et des lois. Malheureusement, avec le système que l'on a suivi jusqu'ici, comment conserver tous les résultats heureux de la consécration du roi par les mains de la Religion? Qu'a-t-on fait de ceux de cette autre consécration que M. le dauphin a reçue des mains de la Gloire ?

Nous l'avons dit et répété : toutes les fois que le roi est appelé à se montrer seul sur la scène, sa raison supérieure et sa magnanimité se manifestent.

Charles X arrive au trône : il trouve les libertés publiques follement violées par une double insulte à la magistrature et aux droits de tous les citoyens. Que fait-il? Il abolit la censure : les bénédictions de la France accompagnent cet acte royal.

Charles X vient à Reims sanctifier de nouveau la couronne de saint Louis. Les fauteurs d'un ignoble despotisme se flattoient déjà de l'espoir de voir briser le pacte social. Que fait le roi? Il jure sur l'Évangile de maintenir la Charte constitutionnelle : et la servitude reste écrasée sous le poids de ce serment chrétien.

Qu'aperçoit-on auprès de cette royauté si noble, si sincère, si pure, si françoise? Une administration petite et corruptrice, qui marche dans un sens opposé, qui, après avoir attaqué ouvertement les libertés publiques, les laisse insulter dans ses journaux; qui, violente contre les royalistes, foible avec les révolutionnaires, est ennemie de tous les talents indépendants, envieuse de tous les mérites non soumis, antipathique, sous tous les rapports, à l'esprit du siècle, du pays.

On se demande avec une sorte d'étonnement comment quelque chose de si peu de valeur peut gêner à ce point la destinée d'un grand peuple.

Si certains hommes paroissent caducs aujourd'hui, diront-ils que leur décrépitude anticipée est l'effet de l'opposition de leurs ennemis? Et comment pourroient-ils le dire? Sont-ils courbés sous les coups de leurs adversaires ou sous le poids de leurs triomphes? La loi des rentes et la loi d'indemnité ont-elles été rejetées? Qui donc les cite au tribunal de l'opinion publique, ces hommes, si ce ne sont leurs propres œuvres?

La France peut-elle être travaillée longtemps par ces deux esprits divers, celui de la couronne et celui de l'administration : l'un grand, généreux, noblement affable, en harmonie avec les temps; l'autre étroit, jaloux, disgracieux, en opposition complète avec l'ordre actuel de la société?

Si notre belle patrie n'occupe pas au dehors le rang qu'elle devroit occuper, si elle gémit au dedans sous le double fléau d'une inaction stérile et d'une activité impuissante, si un changement effrayant se fait sentir dans l'opinion, n'en accusez que les premiers agents de l'autorité publique; mais n'espérez point qu'abandonnés de l'opinion ils se retirent jamais volontairement : ils manquent à la fois du génie qui répare ses torts et de la franchise qui les avoue.

Paris, 13 juillet 1825.

Nous approchons de ce mois si fatal à la monarchie; mais cette fois les principes et les intérêts majeurs seront sauvés. L'obstination des rentiers à ne pas se convertir fera leur salut. Qui périra donc?

Une loi dont tous les vices sont signalés à la tribune, dont tous les résultats sont prévus et annoncés, passe, on ne sait trop comment. La lassitude de l'opposition, l'approche du sacre, le désir de la concorde au commencement d'un nouveau règne, laissent sortir des chambres le projet fatal. On prend cela pour un triomphe; on met les 3 pour 100 sur la place : personne n'en veut; on s'étonne; on attend, persuadé que les rentiers comprendront enfin que 4 fr. en valent 5 : un mois s'écoule ; le public s'obstine dans son bon sens.

Alors on se fâche : on fait une ordonnance sur les cautionnements, qui, quoi qu'on en dise, est fort peu légale; on établit, afin de favoriser des levées de rentes, une espèce de syndicat de receveurs généraux, qui manque de toutes les conditions voulues par le Code pour être, ou une société anonyme, ou une société en nom collectif; on fait en sorte que les certificats d'emprunt restent certificats d'emprunt pour la Banque, inscriptions de rentes pour ceux qui veulent les convertir; on laisse une maison étrangère mettre en coupon les 3 pour 100, pour les vendre à l'encan et en détail, au grand discrédit de l'honneur françois : il ne manquoit plus que de voir les 3 pour 100 et leurs coupons aussi mal reçus à Londres, Amsterdam et Francfort qu'à Paris, et c'est ce qui arrive.

En vain 100 millions, plus ou moins, ont été employés à l'opération et confection de ces projets, par des prêts sur dépôts de rentes ou certificats d'emprunts, par emprunts sur lingots et affaires faites avec différentes caisses : ces efforts, qui affectent radicalement le crédit et démontrent aux yeux de tous le vice de la loi, ont pu à peine jusqu'ici élever au-dessus de 76 cette valeur que l'on nous disoit être, pendant la discussion de la loi, à 79, 80 et même 82, sur les différentes places de l'Europe.

N'oublions pas que la hausse dans les 3 pour 100 n'est pas le but, mais le moyen de la loi. Quand les 3 pour 100 monteroient à 82 et à 84, cela ne signifieroit rien pour l'opération de M. le ministre des finances, si cette hausse ne produisoit pas de conversions. La hausse, ainsi que l'amoindrissement du prix des reports, n'est qu'une tentation au jeu; et si l'on n'est pas tenté, il n'y a pas de conversion. Il est probable que personne n'entre dans les 3 pour 100 pour y rester; car personne n'est assez fou pour consentir à réduire son revenu d'un cinquième, quand il peut le conserver intégralement : il n'y a donc que les spéculateurs qui puissent risquer l'aventure des 3 pour 100, afin de jouer sur le capital. Mais ceux-là ne possèdent qu'une bien petite partie de la rente : aussi voyons-nous que la foible hausse des 3 pour 100 n'a jusqu'à présent rien décidé pour le succès de la loi. La menace ridicule d'un remboursement impossible n'a pas eu un résultat plus heureux qu'une hausse si chèrement achetée et si péniblement produite.

Il y a quelques jours que les conversions paroissoient ne pas s'élever à la somme de 4 millions. Les journaux ministériels, désespérant de l'affaire, avouent eux-mêmes que la conversion pourroit bien être assez foible, mais que cela est fort égal à M. le ministre des finances, lequel n'a *jamais désiré une conversion considérable.*

Quoi! M. le ministre des finances n'a jamais désiré une conversion considérable! Quoi! tous ces combats dans les chambres, toutes les mesures financières qu'il a prises pendant la session et après la session, toutes ces mesures que nous venons de rappeler à l'instant, ne prouvent pas que M. le ministre des finances désiroit une conversion considérable! Ne s'est-il pas flatté lui-même à la tribune de l'espoir de voir la conversion s'élever à 50 millions? Il n'auroit fait et dit tout cela, d'après ses journaux, que pour constater un fait, *le refus des rentiers à toute conversion.* Nous sommes bien accoutumés au revirement d'opinion, au changement de langage de M. le ministre des finances; mais ceci, il faut l'avouer, passe de beaucoup tout ce que nous avons vu : c'est vraiment le sublime du genre.

Parmi les preuves que le journal ministériel apporte du peu d'intérêt que le ministre avoit à la conversion, c'est que celui-ci n'a point dit aux établissements publics sous sa dépendance : « Convertissez-vous. » Qu'est-ceci? Veut-on parler des caisses publiques, du domaine, des contributions, de la loterie, etc. Rêvons-nous? Avons-nous bien lu? Nous ne parlons pas des hospices et des biens des communes, car on nous répondroit sans doute qu'ils dépendent de l'intérieur. Imprudents défenseurs d'un homme que rien ne peut plus défendre aujourd'hui, vos apologies l'accusent bien plus que nos reproches, et le dévouement de votre domesticité vous empêche de sentir ce qu'il y a de dangereux pour votre maître dans vos paroles!

Quel est l'intérêt du gouvernement? nous dit encore le journal ministériel. C'est qu'il y ait peu de conversion, afin que les 3 pour 100 de l'indemnité puissent avoir un cours élevé. Ce tendre intérêt qui prend subitement pour les émigrés est tout à fait touchant. Tant qu'on a espéré la conversion des 3 pour 100 à 75, on s'est bien donné de garde de parler des 3 pour 100 de l'indemnité, de peur de nuire à la hausse des premiers par l'apparition des seconds. Ceux-ci au contraire étoient profondément oubliés, et tout ce qu'on savoit de l'indemnité, c'est qu'on alloit payer la commission, les maîtres des requêtes et même, assure-t-on, les préfets qui auront un jour à se mêler de cette affaire. Mais voici que les 5 pour 100 ne veulent pas se convertir, et à l'instant on prouve, en dépit des efforts inouïs que l'on a faits pour obtenir leur conversion, que l'on ne vouloit pas cette conversion, afin de réserver tout le bénéfice de la caisse d'amortissement au 3 pour 100 de l'indemnité. Vit-on rien de plus merveilleux et de plus souple qu'un pareil esprit? Qui peut-on tromper par ces gambades? On est bien malade quand on en est réduit là.

M. le ministre des finances abandonne sa loi lorsque sa loi l'abandonne; quoi qu'il fasse, il ne pourra jamais détacher sa destinée de cette loi ; un peu plus tôt ou un peu plus tard, elle l'entraînera dans sa chute. Lorsqu'on a perdu les moyens de marcher, on se traîne encore quelque temps, mais il faut finir par rester sur la place.

Quand toute la victoire de M. le président du conseil se fût réduite, comme nous l'avons supposé, à la conversion d'une trentaine de millions de rentes, c'est-à-dire à la conversion de la dette flottante, non-seulement son opération eût été manquée, mais elle l'eût été de la manière la plus désastreuse : 30 millions de 5 pour 100 convertis en 3 à 75 ne procureroient point le soulagement dont on avoit flatté les contribuables, lesquels n'en seroient pas moins obligés de fournir un fonds d'amortissement, tandis que les 77 millions de cet amortissement, placés par la loi en face de quelques chétifs 3 pour 100, deviendroient la proie d'une poignée de joueurs à la bourse.

Un tel résultat d'une telle loi seroit-il tolérable? Et que sera-ce si ce résultat n'est pas même la conversion de 30 millions de rentes? Seroit-il possible d'avoir fait tant de mal au crédit et à l'opinion, pour avoir manqué d'une manière si déplorable le but qu'on s'étoit proposé?

Au moment de la chute, M. le président du conseil s'emportera-t-il en de nouvelles violences? Nous réserve-t-il l'essai d'une censure impossible ou d'un remboursement plus impossible encore? Ces enfantines colères auront un terme. Attendons l'événement; il n'est pas loin. Le bon sens du public sauvera le crédit; car si les 5 pour 100 ne bougent pas, ils sont assurés de rester 5 pour 100, jusqu'à ce que l'intérêt de l'argent soit réellement réduit dans les transactions commerciales : or nous sommes bien éloignés de ce moment ; car l'intérêt de l'argent, au lieu de baisser, augmente aujourd'hui par un nouveau développement de l'industrie et de la liberté des peuples.

Que les rentiers tiennent donc ferme : les 3 pour 100 avorteront; le roi et les chambres remédieront au vice que la dernière loi a introduit dans l'emploi des fonds non divisés de la caisse d'amortissement; les projets de M. le ministre des finances seront à jamais écartés, et nous en aurons été quittes pour la peur. A la vérité, l'éducation de notre nouveau Colbert nous aura coûté quelques millions ; mais enfin de bons parents payent quelquefois les fredaines d'un fils de famille, quand il a promis d'être sage, de ne plus jouer, et surtout de ne plus recourir à ces Harpagons *qui,* dit Molière, *pour ne charger leur conscience d'aucun scrupule, prêtent leur argent au denier dix-huit.*

Paris, 29 juillet 1825.

Les déplorables lois de finance qui depuis deux ans inquiètent toutes les fortunes, en ébranlant le crédit public, pourront avoir, comme nous l'avons déjà remarqué, des conséquences funestes pour l'honneur et la dignité de notre patrie.

Mais comme la Providence place toujours le bien auprès du mal, elle a fait sortir du système ministériel et des mesures employées au soutien de ce système un autre résultat, qui tourne au profit de nos institutions. La Charte a poussé de vigoureuses racines; les esprits les moins disposés au régime constitutionnel ont senti le besoin d'un abri contre les entreprises ou les fautes d'hommes violents et incapables. Et où pouvoit-on le trouver, cet abri, si ce n'est dans les libertés publiques?

L'immense service que la liberté de la presse vient de rendre dans la question financière la recommande à jamais à ceux qui en méconnoissoient la valeur. Depuis la restauration, la liberté de la presse a triomphé dans quatre occasions décisives : la première, lorsqu'elle courut au secours de la royauté légitime, gravement menacée, et arrêta le gouvernement au penchant de l'abîme; la seconde, lorsque, après avoir combattu pour la couronne, elle combattit pour la Charte exposée à une réaction; la troisième, lorsque, défendant les tribunaux qui l'avoient défendue, elle fit entendre ses plaintes au nouveau souverain, qui la délivra et la rendit généreusement à la France; la quatrième, enfin, lorsque, attaquant sans relâche les vices de la loi de conversion, elle a éclairé les rentiers et sauvé le crédit public.

Ces résultats incontestables l'emportent sur toutes les déclamations que l'on pourroit élever contre la liberté de la presse, si d'ailleurs son existence n'étoit liée avec celle du gouvernement représentatif.

Quel mal cette liberté a-t-elle fait, en opérant tant de bien! A-t-elle excité des troubles? Toute-puissante quand elle est l'organe de la vérité, elle ne peut plus rien quand elle n'exprime et ne sert que des passions.

L'entreprise d'Espagne a été exécutée en sa présence : l'épreuve étoit rude. Depuis le commencement de la monarchie on n'avoit point encore fait la guerre avec la faculté de contrôler la conduite des hommes et d'interpréter les événements. Cette guerre offroit de plus deux dangers qui lui étoient propres, et que la liberté de la presse sembloit devoir rendre plus grands. Le drapeau blanc reparaissoit à la tête de nos armées, pour la première fois après la restauration du trône : comme il eût convenu aux souvenirs et aux espérances d'empêcher les victoires de ce drapeau! La guerre d'Espagne étoit en outre une guerre de principes, une guerre qui touchoit à la révolution : comme elle devoit réveiller les partis!

En effet, à cette époque ils ont usé largement de la permission de tout dire. Qu'en est-il advenu? La France n'en a été que plus triomphante au dehors et plus paisible au dedans.

Il est vrai que cette liberté de la presse, que la couronne et l'État avoient si noblement supportée, parut quelque temps après intolérable à l'incapacité, au pouvoir. Le courage, l'honneur et la gloire de M. le dauphin et de son armée n'avoient pas eu besoin de la censure ; il fallut l'établir pour sauver les ministres et leurs commis.

Qui souffre donc de la liberté de la presse? La médiocrité et quelques amours-propres irascibles. Mais, dans le dernier cas, quand la susceptibilité se trouve unie au talent, c'est encore un bien pour l'État que cette susceptibilité, mise à l'épreuve, s'aguerrisse par le combat.

Point de monarchie représentative sans liberté de la presse; point de liberté de la presse sans l'assujettissement des personnes aux investigations de cette liberté.

Or, si un homme s'emportoit à la moindre contradiction; si pour une plaisanterie, bonne ou mauvaise, il étoit toujours prêt à demander la suppression de la liberté qui protège toutes les autres, y auroit-il rien de plus pitoyable que de sacrifier la constitution de l'État à la vanité d'un homme?

Mais il arrive, relativement à la liberté de la presse, ce qui arrive par rapport à toutes les espèces de libertés : elles sont d'abord assez gênantes à ceux qui en usent pour la première fois; elles ont leur poids comme l'esclavage; elles forcent les talents, les caractères à se soumettre à des contraintes; mais ces contraintes finissent par devenir utiles. On s'habitue à entendre des vérités, à écouter l'opinion, et l'on se corrige. Nous avons déjà fait des progrès sous ce rapport : nous craignons beaucoup moins les attaques personnelles; et si nous avons quelque chose à craindre, c'est plutôt d'y devenir insensibles que d'en être puérilement blessé.

Les avantages négatifs de la liberté de la presse ne sont pas moins considérables que ses avantages positifs. Qui pourroit dire les fautes qu'elle a empêchées depuis dix ans, et combien la crainte qu'elle inspiroit aux autorités a prévenu de sottises? Supposez tel homme aujourd'hui en possession de faire sans entrave tout ce qu'il voudroit, où en serions-nous? Qui doute, par exemple, que beaucoup de mal n'eût pu s'opérer s'il eût été possible aux journaux du pouvoir de prêcher tous les matins la beauté de la conversion, de menacer les rentiers d'un remboursement, de vanter ou de taire les mesures prises par l'administration, tandis que les journaux indépendants, enchaînés par la censure, n'auroient pu démontrer les inconvénients de la conversion, l'impossibilité du remboursement et le danger des mesures ministérielles?

Mais la morale, dit-on, mais la religion, blessées par tant de publications impies!

Et l'on produit de longues listes de réimpressions de Voltaire et d'autres auteurs.

Nous devons d'abord faire observer que cette objection n'est applicable, sous aucun rapport, à la presse périodique, déjà soumise à une loi d'exception dont personne ne conteste l'extrême sévérité.

D'abord toutes les publications dont on s'alarme, ou dont on feint de s'alarmer, n'existoient-elles pas autrefois sous la censure? Ne nous arrivoit-il pas de Suisse et de Hollande des Rousseau, des Voltaire, des Diderot, des Helvétius? Ne voyoit-on pas, sous cette même censure, des productions d'un libertinage que l'on ne connoît plus, même aujourd'hui? Si l'incrédulité étoit presque générale sous le régime de la censure; si la révolution a éclaté malgré la censure, et peut-être en partie à cause de la censure, n'accusons pas la liberté de la presse des désastres et des ouvrages dont nous nous plaignons si haut.

Ensuite, est-il bien certain que toutes ces éditions, si soigneusement énumérées, se soient véritablement écoulées? Est-il bien certain qu'on n'en retrouvât pas une bonne partie dans les magasins des libraires? Est-il bien certain qu'elles n'aient pas ruiné quelques-uns des entrepreneurs, et qu'enfin toutes ces masses de bons, de médiocres, de mauvais livres, n'aient pas été chercher des lecteurs parmi les nègres de Saint-Domingue et chez les nouveaux républicains de l'Amérique, dont la plupart ne savoient pas le françois et dont un grand nombre ne savent pas lire?

Il y a ici erreur: on a pris des spéculations commerciales de librairie pour une augmentation de lecteurs dans l'intérieur de la France. Or, on voit par le relevé des abonnements des journaux que la quantité de lecteurs depuis trente ans n'augmente ni ne diminue. Que l'on parcoure le royaume, on trouvera bien chez les libraires des exemplaires des éditions énoncés, mais on en trouvera très-peu de vendus. On n'en verra point, comme on nous le dit, dans la cabane du pauvre et dans les boutiques du peuple; on aime mieux savoir ce qu'il faut penser des 3 pour 100 que d'exhumer quelques tristes facéties de Voltaire du fond d'une édition compacte, possession non disputée dans chaque province d'une demi-douzaine d'amateurs. Enfin, pour être juste, quand on rappelle le nombre des mauvais livres, il faut citer aussi celui des bons ouvrages. Combien depuis quelques années a-t-on fait paroître d'éditions de Bossuet, de Massillon, de Fénelon et de tant d'autres écrivains monarchiques et religieux? Parmi les productions modernes, quelles sont celles qui ont eu le plus de vogue et de succès, celles qui sont devenues populaires et qui, imprimées et réimprimées, comptent peut-être plus de cent mille exemplaires en Europe? N'est-ce pas celles-là même qui ont eu pour but de défendre le trône et le roi, l'autel et ses ministres? Le mal est donc neutralisé par le bien. Loin d'empêcher la lecture et la multiplication des écrits condamnables, la censure ne seroit qu'un stimulant pour les lecteurs et les imprimeurs; elle feroit vendre ce qui est maintenant oublié dans la poussière des librairies.

Que l'on cesse de faire des choses saintes un moyen de parvenir aux places; que le clergé, charitable et éclairé, soit le premier à s'élever contre ces petites coteries d'hypocrites persécuteurs qui font à la religion un tort incalculable; qu'il se montre ami de nos institutions; qu'il les embrasse pour les sanctifier, pour les rendre vénérables par l'ascendant moral de son caractère, alors il n'aura rien à redouter de la liberté de la presse, et trouvera partout des disciples et des défenseurs. L'Évangile est la Charte (Charte divine!) qui a émancipé le genre humain. Ceux qui sont chargés de l'annoncer à la terre ne peuvent dire anathème aux libertés publiques. Quand le clergé, dont les vertus sont incontestables, aura fait pour la nouvelle monarchie ce qu'il a fait pour l'ancienne, les publications impies viendront se perdre dans le respect qu'il inspirera, même à ses ennemis, et se briser contre sa salutaire et pacifique puissance.

Paris, 8 août 1825.

Le terme de la conversion est déjà expiré depuis trois jours; le grand secret est connu; la quotité des rentes converties et à convertir est de 30 millions 688,268 francs.

Il faut retourner en arrière et jeter un coup d'œil sur l'immense échafaudage élevé jusqu'aux nues pour construire un monument qui n'est pas même sorti de terre.

La première loi de finance de M. le président du conseil ayant été rejetée par la chambre des pairs, ce ministre ne parut que plus ardent à suivre son projet; il en varia seulement la forme, et le présenta de nouveau à la tribune parlementaire. Il ne s'étoit point laissé convaincre par la première discussion: les lumières que fit jaillir la seconde ne l'éclairèrent pas davantage. Selon lui, son plan reposoit sur des nécessités, sur des besoins manifestés par l'état des choses.

Il falloit, disoit-il, faire baisser le taux de l'intérêt de l'argent en France, en réduisant l'intérêt de la dette nationale.

Il falloit forcer les capitaux à refluer dans les provinces et vers l'agriculture.

Il falloit, enfin, créer une valeur au-dessous de 5 pour 100, afin de ne plus racheter les effets publics au-dessus du pair.

On prouva à M. le ministre des finances que le taux de l'intérêt de l'argent, en France, n'étoit ni à 3 et 1/2 ni à 4 pour 100; que les emprunts des villes et les emprunts chez les notaires montroient évidemment qu'il étoit à 5 et au-dessus.

On lui prouva qu'en abaissant l'intérêt de la dette publique il ne feroit pas descendre l'intérêt de l'argent dans les affaires particulières; que ce n'étoit pas l'État qui pouvoit amener l'affoiblissement de l'intérêt de l'argent, quand cet intérêt n'étoit pas amoindri dans les opérations commerciales, mais bien la réduction de cet intérêt dans les transactions privées, qui devoit conduire le gouvernement à la réduction de l'intérêt de la dette générale.

On prouva à M. le président du conseil que son opération, loin de faire refluer les capitaux dans les provinces, les attireroit à Paris par l'appât de l'agiotage; ce qui est encore devenu plus vrai par l'établissement du syndicat des receveurs généraux.

Quant à la nécessité de créer une valeur en 3 pour 100, pour ne pas racheter les 5 au-dessus du pair, on démontra à M. le président du conseil que ce n'étoit pas là le remède à un mal dont il se plaignoit, d'ailleurs, beaucoup trop tôt; qu'il suffisoit de déclarer que la caisse d'amortissement ne rachèteroit plus les effets publics au-dessus du pair, et qu'alors on puiseroit dans cette caisse, hors de proportion avec le montant de la dette. des sommes qui iroient à la décharge des contribuables ou à la liquidation de l'indemnité.

M. le ministre des finances parloit de l'Angleterre et s'appuyoit de son exemple : on lui fit voir qu'il étoit d'une ignorance complète sur ce point; qu'il ne se plaçoit ni dans l'ancien ni dans le nouveau système financier de la Grande-Bretagne; que les Anglois n'étoient arrivés aux 3 pour 100 qu'en opérant par le passé sur des annuités, et qu'ils déploroient dans le présent une réduction d'intérêt qui les avoit encombrés du capital d'une dette énorme.

A la chambre des pairs, deux amendements qui auroient tout sauvé furent repoussés par les ministres : l'un, proposé par M. le comte Roy, changeoit en des 5 pour 100 les 3 pour 100 de l'indemnité; l'autre, rédigé par M. le comte Mollien, avoit pour but de détruire l'emploi arbitraire du fonds d'amortissement.

C'étoit là de la raison, du bon sens, de l'évidence ; les hommes qui parloient avoient toutes les connoissances requises dans ces matières : mais qu'importoient la raison, le bon sens, l'évidence, la puissance des autorités ? Soit que toute la loi ne renfermât qu'une affaire, comme plusieurs orateurs le prétendoient, soit qu'il y eût des raisons inconnues, soit que l'entêtement et l'amour-propre dominassent les motifs d'intérêt public, on n'écouta rien.

L'esprit de conciliation, le besoin de l'union et de la paix au commencement d'un règne, l'espérance des cérémonies augustes qui alloient consacrer de nouveau le pacte social, produisirent l'effet que le ministre désiroit : la loi fut votée.

Mais soudain, et au grand étonnement de ceux qui pensoient que toute la question avoit été décidée dans l'urne, commença une lutte violente entre M. le président du conseil et le public. Le premier avoit vanté à la tribune le bon sens de la France ; la France eut à cœur de justifier et de mériter cet éloge : personne ne voulut de la conversion.

M. le ministre attendit, croyant à quelque méprise, ne pouvant comprendre que l'opinion repoussât sa loi : il fallut bien qu'il se convainquît enfin de la vérité.

Alors furent employées ces mesures extraordinaires dont la France gardera longtemps le dégoûtant souvenir : prêts faits ou à faire par les caisses publiques, par la Banque, sur dépôt de rentes, ou sur certificats d'emprunts, ou sur lingots; ordonnance pour les cautionnements ; syndicat des receveurs généraux ; enfin, tous ces moyens dont l'emploi suffisoit seul pour démontrer le vice de l'opération.

Après trois mois d'un combat aussi pénible, le terme de la conversion expire, et pour tout résultat il se trouve que la rente flottante est à peine convertie et, que le tout se réduit à avoir transformé en 3 pour 100, pour la plus grande facilité de l'agiotage, un jeu de bourse qui avoit lieu en 5 pour 100.

Telle est la partie historique d'une loi déplorable dans son principe, plus déplorable encore dans son exécution. Présentons maintenant à nos lecteurs le résumé des conséquences financières et politiques de cette loi.

Conséquences financières :

302,070,107 francs ont été employés à produire et à soutenir la conversion de la rente.

Ces immenses ressources n'ont produit que la conversion d'une somme de 30,688,268 francs, sur laquelle nous arrêterons dans un moment l'attention de nos lecteurs.

Supposez maintenant que la loi de conversion eût été abandonnée à son cours naturel, que 302,070,107 francs n'eussent pas été employés à faire marcher cette loi, nous demandons s'il y eût eu quelque conversion ; nous demandons si l'on peut appeler conversion réelle, conversion véritable, conversion produite par l'habile structure de la loi, par la nécessité dont cette loi étoit pour la France, une conversion de 30,688,268 francs, procurée par un emploi de 302,070,107 francs !

On n'avoit jamais vu, on ne reverra jamais l'étonnant et déplorable spectacle d'un ministre occupé publiquement pendant un an d'une affaire de bourse, pour faire réussir une opération repoussée du public, employant à cet effet les mesures les plus insolites, se colletant dans *Le Moniteur* avec les rentiers, les menaçant d'un remboursement impossible, et dont il avoit lui-même combattu l'idée ; leur disant que les 5 pour 100 *sont exclus de la sphère du crédit;* qu'ils ne figurent plus au grand-livre *que pour mémoire; que les propriétaires qui ont apporté un milliard 500 millions au trésor royal en échange de rentes aujourd'hui classées, n'éprouvent d'autre appréhension que d'en être chassés par le remboursement.* On n'avoit jamais vu, si ce n'est au temps de Law et de l'abbé Terray, un ministre faisant du crédit à coups de gazettes et d'ordonnances, et finissant par être trompé, même dans ses tristes plans.

Voilà pourtant ce que le gouvernement d'un grand peuple a présenté au monde depuis un an, et plus particulièrement depuis six mois !

Le procès-verbal officiel nous présente une conversion de rentes 5 pour 100 de 30,688,268 francs, c'est-à-dire à peu près 24 millions de rentes 3 pour 100. Cette somme se partage en deux catégories : l'une comprenant les rentes véritablement converties dans le délai légal, l'autre renfermant les *demandes* en conversion qui s'étendent au delà du délai légal.

Si bon nombre de ces dernières sommes n'a pu être converti avant le délai expiré, ce n'est pas uniquement parce que le temps a manqué pour effectuer les inscriptions nouvelles, mais parce que les demandes n'étoient pas accompagnées des justifications nécessaires.

Ainsi on trouve 4,209 francs en six extraits qui sont au transfert ; 22,500 en cinq parties, dont les extraits d'inscription sont à la caisse des dépôts et consignations ; 5,225 en quatre parties, qui proviennent de cautionnements, et dont les extraits sont déposés dans les bureaux de l'agence judiciaire du trésor ; 1,200 dont l'extrait d'inscription est adiré ; 920,150 francs de rentes pour 4,136 parties, dont les extraits d'inscription sont suppléés par une déclaration du contrôleur en chef de la dette inscrite, qui atteste avoir entre les mains les certificats du dernier emprunt, dont l'inscription produira ladite somme de 920,150 francs ; on trouve 10,667 francs formant deux dotations de majorat, dont les extraits d'inscription ne sont pas joints aux demandes déposées au ministère de la justice ; on trouve 673,650 francs dont la propriété est constatée appartenir à 2,572 parties par des certificats du dernier emprunt dont la Banque est dépositaire ; on trouve enfin 25,651 francs pour treize parties qui n'ont point fourni les extraits d'inscription.

Ce seul relevé fait voir combien de questions épineuses s'élèvent pour toutes ces rentes *à convertir*, qui figurent néanmoins en chiffre de la *rente convertie*. Il seroit très-naturel qu'il en résultât des impossibilités complètes de conversions, ou que ces conversions fussent retardées jusqu'à des époques successives abandonnées à l'arbitraire des parties intéressées.

Le résultat de cette position, c'est qu'il n'y a réellement pas 30,688,268 fr. de rentes 5 pour 100 de convertis ; que la caisse d'amortissement n'agit peut-être dans ce moment que sur une vingtaine de millions de rentes 3 pour 100, plus ou moins, et que les conversions *en suspens,* comme s'exprime le procès-verbal, ne pourront s'effectuer que par une fiction, laquelle peut reculer à l'infini la borne fixée par la loi et par l'ordonnance du 1er mai, en exécution de ladite loi.

Une difficulté encore plus sérieuse se présente pour les rentes à convertir : si les 3 pour 100 tomboient au-dessous de 75 avant l'époque extra-légale de la conversion des *demandes*, le gouvernement seroit-il obligé de les livrer à 75, et par conséquent de subir la perte et de remplir la différence du *déficit?*

D'une autre part, si la nouvelle valeur éprouvoit une dépréciation probable, ceux qui ont demandé des conversions sans les avoir réalisées, n'ayant plus le motif d'intérêt qui avoit déterminé leur première résolution, ne pourroient-ils pas retirer leurs demandes? Quel moyen auroit-on de les forcer à la conversion, le terme général étant expiré?

Ces doutes, qui naissent dans les esprits à la lecture du procès-verbal, augmentent singulièrement la misère de l'opération.

A qui appartiennent enfin les rentes converties? Le procès-verbal annonce 16,393 parties : c'est peu, très-peu ; mais encore ces 16,393 parties sont-elles distinctes, sont-elles des parties prenantes? Il est fort permis d'en douter.

Il est naturel de penser que les 30,688,268 francs de rentes 5 pour 100, converties ou non, appartiennent presque en totalité à des capitalistes précédemment engagés dans les opérations de M. le ministre des finances. On suppose en effet qu'ils possèdent environ 21 millions de rentes 3 pour 100. La masse des rentiers, c'est-à-dire la France, n'est donc presque pour rien dans la conversion, si ce n'est pour le mal que lui a fait et lui fera la loi?

Mais ne prenant que le fait matériel, et supposant que la conversion se monte à la somme de 30,688,268 francs de rentes 5 pour 100, il s'ensuit que la rente flottante auroit seule été convertie, la rente déclassée ayant été évaluée par M. le président de la commission de la caisse d'amortissement de 25 à 30 millions. La loi n'a donc produit qu'un changement dans le nom du jeu : c'est un grand pharaon en 3 pour 100, au lieu de 5 pour 100, que le gouvernement tient avec un amortissement de plus de 77 millions; mais ici la perte est pour le banquier.

Parmi tous les biens que nous devrons à l'administration, il faut compter l'augmentation du déclassement de la rente. Ce déclassement étoit d'un neuvième de la dette publique lors de l'entrée de M. le président du conseil au pouvoir : il est aujourd'hui d'un quart de cette dette.

Admettons maintenant que les 30,688,268 francs de rentes convertis ne soient pas même, ce qui est la vérité, entièrement convertis; admettons que la plus grande partie de ces rentes appartienne à des banquiers étrangers, ou intéressés dans les opérations actuelles, y aura-t-il eu jamais opération plus rudement avortée, plus franchement repoussée par l'opinion, plus honteusement stigmatisée par quiconque a la moindre autorité en finances?

Il faut rechercher à présent ce que deviendront ces 24 millions 3 pour 100 de rentes flottantes, de rentes séparées de la grande masse des rentes; aliment d'agiotage, valeur nouvelle moralement dépréciée et sans cours sur les places étrangères.

Deux résultats opposés sont à prévoir :

D'abord il faut huit années à la caisse d'amortissement pour racheter les 24 millions de rentes 3 pour 100 de la conversion, en supposant qu'il n'y eût point de concurrence; mais si les 6 millions ou même les 3 millions 3 pour 100 du premier cinquième de l'indemnité viennent bientôt à la Bourse, ils absorberont l'amortissement, qui ne portera plus sa puissance sur les 3 de la conversion.

D'un autre côté, la connexion des deux rentes 5 pour 100 et 3 pour 100 étant rompue par l'expiration de la faculté de convertir, les 5 pour 100, privés de la caisse d'amortissement, pourront tomber au-dessous du pair et retrouver alors cet amortissement, qu'ils enlèveront, comme les 3 de l'indemnité, aux 3 de la conversion.

Quant aux 25 millions formant la somme des prêts et des achats employés à la confection de la conversion, ils retourneront promptement à leur destination spéciale, et ne pourront plus soutenir les 3 pour 100 de la conversion.

Il est probable alors que toutes les valeurs tendant à prendre leur niveau, les 3 de la conversion tomberont à 67 et au-dessous : ce n'est même qu'en se rapprochant de leur pair, c'est-à-dire de 60 francs, qu'ils pourront se classer et cesser d'être flottants : ils deviendront des 5 pour 100.

Dans cette chance, l'accroissement du capital n'aura pas lieu, ne sera pas un dédommagement de la perte de l'intérêt ainsi qu'on l'avoit proclamé.

Les 3 pour 100 de l'indemnité, affectés par la même cause, resteront à peu près à leur pair, c'est-à-dire à 60, s'ils ne tombent encore plus bas. Les 400 millions à produire par la hausse, qui devoient compléter le fameux milliard, s'en iront en fumée comme toutes les promesses de M. le ministre des finances.

L'autre résultat, qui seroit celui de l'élévation des 3 pour 100 de la conversion, forceroit de supposer que les 3 de l'indemnité n'arriveront pas de longtemps à la Bourse, que les 5 pour 100 seront maintenus au-dessus du pair, que les 77 millions de la caisse d'amortissement resteront en proie aux 24 millions (s'ils sont réels) de rentes 3 pour 100 de la conversion.

C'est l'état monstrueux que tous les discours de l'opposition ont prédit : tous ont annoncé que si la conversion étoit foible, l'amortissement retiré aux anciens créanciers de l'État, dont il étoit la garantie, seroit livré à des agioteurs et à des banquiers cosmopolites. C'est à quoi sans doute les chambres s'empresseront de remédier.

Non-seulement, dans la supposition de la hausse des 3 pour 100 de la conversion, il faut que la caisse d'amortissement leur reste entière, mais il faut encore continuer à user des moyens du syndicat et des autres ressources appelées, dans l'argot, les *absorbants*; il faut que le gouvernement, toujours inquiet, s'évertue de liquidation en liquidation pour l'amener à bien ; que, semblable à ces négocians qui ont de mauvaises affaires, il trouve des expédients pour reculer de mois en mois le moment critique, en accroissant sa détresse et ses périls. Il doit même craindre le trop grand succès de ses efforts ; car si le cours fictif de la rente 3 pour 100 s'élevoit trop haut, il y auroit catastrophe par la multitude et l'empressement des ventes.

Comment a-t-on pu se mettre volontairement dans une pareille position? Et si, dans sa position, il arrivoit le plus petit accident en Europe, que deviendroient nos fonds? Comment trouveroit-on à emprunter? À quel taux faudroit-il acheter l'honneur et l'indépendance de la France?

Ainsi, quant aux 3 pour 100 de la conversion, ou ils descendront, ou ils monteront : s'ils descendent, le rentier converti, à qui l'on a promis un accroissement de capital en dédommagement de la réduction de l'intérêt, sera trompé et victime d'une déception ; s'ils s'élèvent (les 3 pour 100) par l'effet de l'amortissement détourné de sa destination primitive, ce sera le trésor (et par conséquent les contribuables) qui supportera les pertes produites par la loi. Ce dilemme est sans réplique.

Que l'auteur de cette loi déplorable, ou plutôt que l'homme qui l'a adoptée sans la comprendre, fasse dire maintenant par ses journaux qu'il est satisfait, très-satisfait, qu'il a obtenu ce qu'il vouloit, qu'il est même étonné de son succès, peu importe : l'amour-propre humilié affecte le succès dont il n'a pas la conscience. Jamais *Te Deum* chanté pour une bataille perdue n'a trompé personne : les fanfaronnades sont les consolations de ceux qui n'en ont point d'autres ; laissons-les à qui de droit.

Si l'on menace les rentiers d'un remboursement, nous citerons à M. le ministre des finances ses propres paroles, l'aveu qu'il a fait lui-même de l'improbabilité d'un remboursement, dans le cas où la conversion seroit peu considérable.

Si les journaux ministériels nous disent que les 3 pour 100 de l'indemnité vont profiter de la foible conversion des 3 pour 100, nous leur répondrons qu'il ne sied pas à un ministre qui s'est obstiné aux deux catégories, qui a repoussé les commissions départementales, qui a rejeté l'amendement de M. le comte Roy ; qu'il ne sied pas, disons-nous, à ce ministre de montrer un si vif intérêt dans une cause que d'autres ont mieux servie que lui.

Qu'avoit-on besoin en effet d'une foible conversion pour refouler la puissance de l'amortissement vers les 3 de l'indemnité! Si telle avoit été en effet l'intention secrète du ministre, il étoit parfaitement inutile d'avoir recours à une conversion des 5 pour 100 ; il suffisoit de créer les 3 pour 100 de l'indemnité, et c'est ce qu'on fit remarquer à la tribune de la chambre des pairs. Mais il faut bien trouver quelque chose à balbutier dans la défaite, et ne pas rester court devant l'événement.

Non-seulement M. le président du conseil est condamné par le mal qu'il a fait, mais encore par le bien qu'il a détruit : il peut se vanter d'avoir détérioré les plus belles finances de l'Europe, finances que nous envioit l'Angleterre, finances qui nous promettoient toutes les ressources, toutes les prospérités qu'un État peut désirer ; car avec un peuple brave et industrieux tout est succès dans la paix et dans la guerre, quand on a du crédit et de l'argent.

Il suffiroit de laisser aller toutes seules nos finances pour qu'elles parvinssent au plus haut point de prospérité. En peu d'années ce qu'il y avoit de trop dans notre dette auroit disparu ; on seroit arrivé à la réduction de l'intérêt des capitaux par l'élévation naturelle des fonds et l'accroissement de l'industrie. Pourquoi ces rêves ? pourquoi cette activité stérile, cette inquiétude d'esprit qui ressemble à la fièvre, cette agitation sans nécessité, ces perturbations de la fortune publique, lorsque pour consolider cette fortune il suffisoit de dormir en paix ? Le motif puéril de l'élévation des 5 pour 100 au-dessus du pair peut-il être admis un moment par un homme d'un esprit mûr et de quelque expérience ?

Les intérêts matériels des finances ont été sauvés par le bon sens des rentiers, secondé des efforts de la liberté de la presse ; mais le crédit de la France n'est pourtant plus le même ; on ne menace pas pendant deux ans les finances d'un peuple par des lois et des mesures inopportunes, sans que le crédit n'en soit profondément affecté. Qui peut vous garantir d'un ministre qui sans cesse remue, qui laisse et reprend ses doctrines, change tous les matins de principes et d'amis, se plaît dans les nouveautés et les aventures, se mêle d'affaires de bourse et s'entoure de banquiers agioteurs ; qui peut s'assurer, disons-nous, que ce ministre ne reniera pas demain la loi qu'il a voulue aujourd'hui ?

Dans cette perplexité, les capitaux étrangers iront chercher des établissements plus solides pour se mettre à l'abri de pareils caprices. Trouvera-t-on sûreté à rester dans une rente toujours traitée en ennemie, écornée sous l'ancien gouvernement, consolidée, c'est-à-dire réduite au tiers sous la république, avec déclaration que désormais *elle seroit non remboursable,* et pourtant *convertie* sous nos yeux par M. le ministre des finances, et grossièrement outragée dans le journal officiel.

M. le président du conseil quittera les finances après avoir augmenté la rente déclassée, entamé les 5 pour 100, créé une valeur d'agiotage, dénaturé la caisse d'amortissement, augmenté la dette de l'État de manière à ce qu'elle soit devenue inremboursable, et rendu difficile, sinon impossible dans l'avenir, tout emprunt sur des bases raisonnables.

Si à ces conséquences financières de la loi on joint les conséquences morales et politiques, alors on voit s'accroître d'une manière effrayante la somme des maux que nous signalons.

N'est-ce rien que d'avoir condamné trente millions d'hommes pendant l'espace de deux années à ne s'occuper que d'affaires de bourse, à oublier tous ces graves intérêts sur lesquels repose l'édifice religieux, moral et politique de la société? Qui pourroit dire la part que le système de Law eut à la corruption du règne de Louis XV, règne qui prépara la chute de la monarchie?

N'est-ce rien que d'avoir divisé l'opinion royaliste pendant deux années; que d'avoir semé partout la discorde, changé et dénaturé l'opinion?

La couronne a-t-elle à se louer des mesures imprudentes que nous déplorons? Dans un étrange entêtement, on ne fut pas même arrêté par la mort de l'auguste auteur de la Charte; on ne fut point épouvanté de l'idée de réduire la rente au moment où le sceptre changeoit de main, de l'idée d'attacher une mesure impopulaire au commencement d'un nouveau règne. On ne sentit pas ce qu'il y avoit de dangereux, nous osons dire de moralement coupable, après une révolution de plus de trente années, à venir troubler les finances de l'État au moment même où elles avoient atteint une prospérité que l'on attribuoit avec justice au retour des souverains légitimes.

Et quand le trésor se seroit trouvé dans une crise, il eût encore été d'un bon citoyen, d'un bon François, d'un bon royaliste, d'éviter de toucher aux rentes sous la restauration. De quel nom faut-il donc qualifier une mesure prise de sang-froid, sans besoin, sans nécessité; une mesure qui, loin d'améliorer les finances, tendoit à les renverser, alors même que leur état florissant passoit toutes les espérances?

En exposant ainsi le trône, le ministre compromettoit les lumières et l'honneur des chambres. Il falloit être bien sûr du succès pour s'obstiner à une conversion combattue à la tribune par les hommes les plus habiles. Qu'apprendra-t-on aux pairs et aux députés? Qu'une opération qu'on leur vantoit comme le chef-d'œuvre de l'*expérience et du génie* a été repoussée par le public. N'ont-ils pas le droit de dire à l'auteur de cette opération funeste : « Nous vous avons accordé nos suffrages de confiance, et par amour pour le roi, dont vous nous prononciez sans cesse le nom, nous avons voté votre loi : qu'avez-vous fait de notre vote? qu'avez-vous fait du crédit de la France? »

Si la nouvelle France a le droit de se plaindre, l'ancienne n'a pas moins été blessée. La connexité de la loi de l'indemnité et de la loi de la conversion est une flétrissure que ne méritoient pas les victimes de la plus noble cause.

Enfin, les dernières mesures financières ont paralysé dans le passé le gouvernement, et le rendent impuissant dans l'avenir; remarque qui n'a point échappé aux journaux anglois.

Pendant cinq ans la caisse d'amortissement est affectée au service des nouvelles rentes, et ne peut être détournée de son emploi; pendant cinq ans on ne sera occupé qu'à soutenir le mal qu'on a fait et à prévenir des catastrophes; ainsi, pendant ces cinq années il faudra se résoudre à dévorer toutes les humiliations que l'on voudra nous faire subir. On réglera sans nous ce qui concerne les Amériques et la Grèce, dont il nous appartenoit de commander les destinées. Notre pavillon sera insulté par des corsaires; nous n'oserons pas avoir une politique à nous; nous ne serons ni pour ni contre l'alliance; nous nous traînerons derrière l'Angleterre, sans pourtant embrasser son système; nous laisserons tomber nos forteresses en face de ces forteresses nouvelles que l'étranger élève à grands frais à quelques pas de nos frontières, et dont ses généraux vont tous les ans visiter les travaux. Les alliés ont conservé presque entières les armées dont ils nous environnent; ils entretiennent incessamment leurs arsenaux et en augmentent le matériel : et nous, nous allons jouer à la Bourse! et 302,070,107 francs qui auroient fait tant de bien à notre marine et à notre armée ont été employés sans succès à soutenir une seule opération désastreuse de finance!

Quant à l'Espagne, n'en parlons plus; elle deviendra ce qu'elle pourra. Tous les fruits d'une expédition miraculeuse ont été gâtés par cette main qui flétrit ce qu'elle touche. Au moment de la délivrance du roi Ferdinand, nous pouvions tout; aujourd'hui nous ne pouvons rien. Les victoires de M. le dauphin sont venues se perdre, sinon se faire oublier, dans les 3 pour 100.

L'univers change autour de nous; de nouveaux peuples paroissent sur la scène du monde; d'anciens peuples ressuscitent au milieu des ruines; des découvertes étonnantes annoncent une révolution prochaine dans les arts de la paix et de la guerre : religion, politique, mœurs, tout prend un autre caractère. Nous apercevons-nous de ce mouvement? marchons-nous avec la société? suivons-nous le cours du temps? nous préparons-nous à garder notre rang dans la civilisation transformée ou croissante? Non : les hommes qui nous conduisent sont aussi étrangers à l'état des choses de l'Europe que s'ils appartenoient à ces peuples dernièrement découverts dans l'intérieur de l'Afrique. Que savent-ils donc? La bourse! et encore ils la savent mal.

Disons-le : un homme coûte trop cher à la France ; un grand génie seroit encore-trop payé à ce prix. Sommes-nous condamnés à porter le poids de la médiocrité, pour nous punir d'avoir subi le joug de la gloire?

Lorsqu'on voit les agents du pouvoir marchander des procès, des opinions et des hommes, attaquer l'indépendance des tribunaux et les libertés publiques, alarmer le crédit par l'imprudence de leurs combinaisons ; lorsqu'on est forcé de reconnoître dans leurs actes un mélange de foiblesse et d'obstination, de témérité et d'impuissance, la patience est au moment d'échapper : rien n'empêcheroit d'exprimer des sentiments énergiques, n'étoit la crainte d'enfler de petits orgueils. La supériorité qui s'égare gémit quand l'opinion l'abandonne ; mais l'infériorité qui tombe trouve une preuve de son mérite dans les vérités qu'on lui dit et se fait une grandeur de l'indignation publique.

Paris, ce 14 août 1825.

Nous avions espéré lire aujourd'hui dans *Le Moniteur* quelque chose de satisfaisant des dépêches de M. de Mackau. Nous y avons trouvé simplement un paragraphe conçu en ces termes :

« Les dépêches venues par *La Béarnoise* confirment la nouvelle annoncée par le télégraphe.

« Les intentions du roi sont complétement remplies ; 150 millions sont assurés aux anciens colons de Saint-Domingue, et notre commerce jouira dans cette île d'avantages doubles de ceux accordés aux nations les plus favorisées ; en un mot, l'ordonnance du roi a été acceptée avec respect et reconnoissance : le président Boyer faisoit les préparatifs nécessaires pour que l'ordonnance fût entérinée au sénat avec la solennité convenable. »

Il faut convenir que cette courte note du *Moniteur* n'est pas bien propre à éclaircir les doutes que l'on pourroit avoir ; une répétition à peu près textuelle de la dépêche télégraphique, lorsque les dépêches *in extenso* sont arrivées, est une chose assez inattendue et peu instructive. Seulement nous apprenons de plus que le président Boyer faisoit les *préparatifs nécessaires pour que l'ordonnance fût entérinée au sénat avec la solennité convenable.*

Nous ne connoissons pas assez la Constitution de Saint-Domingue pour découvrir ce que c'est qu'un entérinement au sénat d'Haïti d'une ordonnance du roi de France, et les préparatifs que cet acte parlementaire exige : tout cela est fort singulier. En attendant un plus ample informé, raisonnons sur ce que nous savons.

C'est par la Bourse que nous avons appris l'affaire de Saint-Domingue. La Bourse est la route des nouvelles que l'on veut donner à la France et à l'Europe. On vit jadis un grand peuple soumettre la terre pour faire croître sa gloire au Capitole; nous, nous verrions un ministre se servir, au besoin, du monde entier pour faire hausser de quelques centimes nos 3 pour 100 à la Bourse.

Cependant, comme cette affaire de Saint-Domingue touche à la politique la plus élevée; comme elle intéresse non-seulement la couronne de France, mais toutes les couronnes; comme elle entre profondément dans les entrailles du gouvernement représentatif, retirons-la du théâtre des 3 pour 100 pour la porter au tribunal de l'opinion publique.

Saint-Domingue, au moment de nos troubles révolutionnaires, brisa les liens qui l'attachoient à la France. Un gouvernement sorti du sein de cette colonie agit depuis ce jour pour elle et sans nous, dans une indépendance complète. Toute la colonie n'entra point néanmoins dans ce mouvement : la population blanche, autrement dite *européenne*, propriétaire de la presque totalité du sol, fut proscrite et égorgée; ses biens furent ravis. Voilà les premiers faits.

Un homme en France, après avoir conquis l'Italie et l'Égypte, rêve de conquérir le trône vacant. Il le prend d'assaut à Saint-Cloud. Il lui faut avec ce trône un royaume plus étendu que celui de nos rois; le vaste héritage de Louis XIV est trop étroit pour sa fortune nouvelle. Lui, qui doit reculer nos limites d'un côté au delà du Rhin, de l'autre aux bords du Tage, laissera-t-il Saint-Domingue, colonie françoise, hors des lois de la France? Non; mais cette fois, trahi par son génie, ou plutôt par la foiblesse de ses lieutenants, il perdit son armée et la colonie; les droits seuls de la couronne restèrent intacts; si bien que la légitimité les retrouva, les reprit, et sembla les tenir en réserve pour des jours de force et de bonheur. Voilà d'autres faits. Maintenant, de Buonaparte descendons à M. le ministre des finances.

Tandis que ce ministre remuoit 300 millions pour ses 3 pour 100, il se tournoit aussi vers Saint-Domingue. Envisageoit-il cette île comme un bon effet d'agiotage? Un acte est proposé, accepté, nous dit-on, et conclu. D'un côté, il porte pour la colonie 150 millions à donner à la France? De l'autre que donne la France? Quelque chose apparemment; car dans un acte de vente il faut bien spécifier et l'objet qu'on vend et le prix dont on le paye. Or, ce que nous vendons, nous, ce sont nos droits.

Ces droits sont donc bien réels, puisqu'on nous les achète; ils ont donc quelque prix, puisqu'on les évalue à 150 millions, somme énorme pour le gouvernement de Saint-Domingue.

Si la colonie se croit et se dit libre; s'il étoit impossible de la rappeler dans notre administration, soit par des avantages, des traités, des règlemens favorables, soit par des concessions nécessitées par la marche du temps, pourquoi donc méconnoît-elle sa situation au point qu'elle pense agir avec sagesse en nous payant 150 millions? Ou nos droits sont illusoires, et dès lors ils n'ont aucun prix; ou nos droits sont positifs, et dès lors nous devons examiner comment on pouvoit les céder, et s'ils ont été cédés à un bon prix.

Quatre opinions existent en France relativement à Saint-Domingue.

La première auroit voulu qu'on fît la conquête de la colonie à main armée.

La seconde, trouvant que cette conquête étoit impossible, demandoit au moins qu'on ne reconnût jamais une république de nègres révoltés.

La troisième désiroit qu'on reconnût purement et simplement l'indépendance du gouvernement de Saint-Domingue comme gouvernement de fait, et que l'on conclût un traité avec lui.

La quatrième, et c'est la nôtre, admettoit qu'il y a des nécessités auxquelles on doit se soumettre; que l'on pouvoit émanciper Saint-Domingue à certaines conditions, mais seulement au moyen d'une loi proposée par le roi et votée par les chambres, conformément au droit public de la France, ancien et moderne.

Aucune de ces opinions n'a été satisfaite par l'ordonnance à laquelle M. le ministre des finances a mis si singulièrement son *visa*.

Ceux qui vouloient la conquête de Saint-Domingue prétendoient qu'elle étoit facile; que notre position différoit entièrement de celle où s'étoit trouvé Buonaparte.

Ceux qui vouloient qu'on ne s'occupât point de Saint-Domingue prétendoient que la discorde se mettroit tôt ou tard dans ce refuge d'esclaves armés, et que la république noire se détruiroit de ses propres mains.

Ceux qui vouloient la reconnoissance pure et simple de Saint-Domingue soutenoient qu'avec un traité nous aurions trouvé ce que ne nous donnera pas, selon eux, l'ordonnance.

Ceux enfin qui vouloient une loi d'émancipation disoient qu'avec cette loi tous les intérêts auroient été mis à l'abri.

En effet, l'ordonnance présente des difficultés immenses : elle sort du principe jusque ici admis. Dans notre ancien comme dans notre nouveau droit public, une province ne peut être concédée que par les pouvoirs législatifs, c'est-à-dire par le roi uni à la nation, comme cela s'est vu sous le roi Jean et sous François Ier.

Il n'y a aucun doute que si le gouvernement représentatif avoit une plus longue existence parmi nous, M. le président du conseil seroit exposé à être mis en accusation pour avoir cédé Saint-Domingue par un seul acte administratif.

Qu'on annonce demain que M. Canning vient d'abandonner Gibraltar ou le cap de Bonne-Espérance par un acte du conseil revêtu de la signature de S. M. B., et vous verrez ce qui arrivera en Angleterre. Le ministre imprudent n'auroit, pour sauver sa tête, que la plus prompte fuite.

Et que l'on ne vienne pas invoquer l'article de la Charte qui donne au roi le droit de faire des traités : il n'est pas applicable à l'espèce. Il n'y a pas ici de véritable traité; ce n'est point un gouvernement quelconque de droit ou de fait avec lequel on a négocié ; ce n'est point un traité conclu et signé par 'deux parties contractantes : c'est une seule partie qui se dépouille de ce qui lui appartient, moyennant une somme d'argent; c'est un contrat de vente d'une nature tout extraordinaire, dans lequel non-seulement les tiers intéressés, les colons, ne sont point appelés à stipuler pour leurs droits, mais au bas duquel la partie même qui paye n'a pas été admise à apposer sa signature.

Sous ce rapport politique, les embarras qui naissent de l'ordonnance sont effrayants. La France, restant souveraine *de droit* de Saint-Domingue (et c'est ce que nous font entendre les journaux ministériels), devient responsable de tous les actes du gouvernement *de fait* établi dans cette île. Elle pourra être importunée de réclamations de toutes les puissances étrangères qui se croiroient lésées dans leurs relations commerciales. Il faudra qu'elle veille à ce que le gouvernement haïtien ne contracte pas des alliances qui pourroient être vues avec jalousie de telle ou telle puissance ou blesser les articles de tel ou tel traité, etc.

Sous un point de vue politique plus élevé, on peut prédire que la république de Saint-Domingue aura tôt ou tard des sœurs dans les Antilles et dans la mer des Indes. Les cabinets feront bien de se hâter de prendre les mesures les plus efficaces pour le salut des colons. On doit aussi s'attendre à des nouveautés singulières dans les relations diplomatiques.

La république de Saint-Domingue ne sera-t-elle qu'une colonie françoise, se gérant à la vérité par ses propres lois, mais n'étant point un État indépendant de la France, n'ayant par conséquent d'ambassadeurs ni à notre cour, ni auprès des puissances étrangères? Est-il probable que le gouvernement de Saint-Domingue pousse à ce point la condescendance?

De tout ceci, il faut bien se persuader que nous arriverons à un changement capital dans la police européenne. La création des républiques du Nouveau Monde, fortifiée par la reconnoissance d'un État nègre indépendant, introduira nécessairement dans la diplomatie des principes et des hommes dont les vieilles monarchies sentiront en peu d'années l'influence. Ici s'ouvre un horizon immense, où nous doutons que la vue de M. le ministre des finances ait pénétré. Il est probable qu'il n'a aperçu dans tout cela que quelques millions et des moyens de popularité à la Bourse : il s'est bien trompé.

Enfin, par l'ordonnance, où est la garantie des deux parties?

Pour Saint-Domingue? Une ordonnance peut toujours être rappelée par une ordonnance, et les journaux ministériels, en commentant l'acte, ont soin de faire remarquer que la France sera toujours prête à ressaisir ses droits, en cas de besoin. Si cela est, la république d'Haïti a payé un peu cher un droit éventuel.

La garantie pour la France? Saint-Domingue en 1789 rapportoit à peu près 40 millions au fisc : s'il s'agissoit d'un traité avec un État indépendant, le gouvernement françois pourroit dire qu'il a généreusement abandonné ses avantages ; mais il s'agit d'un marché, et alors n'étoit-il pas juste de stipuler dans ce marché un dédommagement égal au sacrifice que l'on faisoit?

Dira-t-on que le privilége accordé pour notre commerce à Saint-Domingue est une compensation de l'ancien revenu de cette colonie?

Mais ce droit est un privilége que nous nous donnons aux dépens des autres puissances ; ces autres puissances ne réclameront-elles pas quelque jour, soit auprès du gouvernement de Saint-Domingue, soit auprès du nôtre? Il seroit étrange que pour n'avoir pas voulu faire la guerre à Saint-Domingue nous fussions à une époque quelconque obligés de la soutenir contre l'Angleterre!

Le gouvernement de Saint-Domingue pourra-t-il tenir le marché? Il est pauvre ; ses revenus, qui vont toujours diminuant, ne se sont guère élevés dans la dernière année au-dessus d'une trentaine de millions : il est difficile avec cela de payer 150 millions de capital.

Ce gouvernement est républicain, et l'on sait ce que sont les républiques. Il y a des corps qui délibèrent et qui ne sont pas toujours soumis au pouvoir exécutif. Ce pouvoir exécutif peut lui-même changer et refuser de tenir les clauses du marché. Quelles seront vos ressources? La guerre? Mieux vaudroit l'avoir faite avant de reconnoître l'indépendance de la colonie. Le rappel de l'ordonnance? Qu'importera ce rappel à Saint-Domingue, quand elle sera puissance indépendante reconnue par toute l'Europe?

Rentrerons-nous dans nos droits? Il ne sera plus temps : il est des droits qui n'existent plus dès qu'on les a une fois cédés. Montrer qu'on peut y renoncer, c'est les perdre. Louis XVIII, d'auguste mémoire, a donné sur ce point un grand exemple : la postérité connoîtra sa réponse à Buonaparte, qui lui demandoit une renonciation à ses droits; les Stuarts au contraire acceptèrent une pension de Guillaume, et l'Angleterre se ferma pour eux.

Si encore vous receviez les 150 millions à la fois, vous auriez une garantie dans la possession actuelle de cette somme.

Si vous aviez demandé et obtenu une concession de territoire, vous aviez une hypothèque; mais 150 millions à payer en cinq années et dans l'état où se trouve l'Amérique, et dans les éventualités de l'Europe, et dans la position financière où notre administration a placé la France, et avec la plaie de l'Espagne en contact avec nous!

C'est une sorte de manie de M. le président du conseil de fixer à tout un terme de cinq années; il semble qu'il ait fait un pacte pour ce laps de temps.

La garantie pour les colons, où est-elle?

D'abord, on n'a pu disposer de leurs biens, en vertu d'un article de la Charte, qu'avec une juste et préalable indemnité.

Or, 150 millions sont-ils la valeur de ces biens? Il y a deux espèces de propriétés, la propriété de la terre et la propriété de l'esclave; ces biens dans les colonies ne peuvent pas être évalués à un revenu fixe de 3 et 4 pour 100 comme les biens des émigrés en France, mais sur un intérêt commercial de 15, et quelquefois de 20 et 30 pour 100.

Par une loi discutée dans les deux chambres, tous les intérêts auroient été examinés, toutes les objections prévues ou détruites.

Il n'y a que deux manières de disposer légitimement de la propriété d'autrui : ou en justice comme fondé de pouvoir des propriétaires, ou par un acte législatif avec une indemnité.

Enfin, ces 150 millions, représentant une propriété qu'on peut évaluer hardiment à 600 millions, comment seront-ils distribués? On a trouvé avec justice qu'une loi étoit nécessaire pour régler et répartir l'indemnité des émigrés, et comment admettroit-on qu'une ordonnance suffît pour régler et répartir l'indemnité des colons?

Et où sont ces colons? On connoît ceux à qui M. le ministre de l'intérieur vouloit retrancher des secours; mais il en est beaucoup d'autres aux États-Unis, à la Louisiane, dans l'île de Cuba, dans les Amériques espagnoles. Ont-ils leurs titres? Ces titres n'ont-ils point péri dans la dévastation de Saint-Domingue? Comment prouveront-ils qu'ils avoient tant de nègres? et comment prouverez-vous qu'ils ne les avoient pas?

Toutes ces objections disparoissent dans l'hypothèse de ceux qui vouloient un traité pur et simple, parce qu'il y auroit eu alors force majeure; dans l'hypothèse de ceux qui auroient voulu une loi toutes ces choses auroient été réglées.

On nous parle de la dignité de l'ordonnance : c'est très-bien de faire parler la couronne avec dignité; mais avant tout il faut éviter de la compromettre; car la dignité cesse là où il est possible qu'elle ne puisse être maintenue.

Si le gouvernement de Saint-Domingue, si les puissances étrangères, comme nous l'avons dit plus haut, venoient à faire des difficultés sur l'ordonnance, et qu'il fallût ou la retirer en partie ou la défendre en totalité, la dignité seroit perdue ou la paix de la France seroit exposée.

M. le ministre des finances auroit dû ne pas mettre son esprit dans tout cela. D'une ignorance complète dans ces matières, il auroit dû en confier au moins le rédaction à des gens du métier. Mais tel est son génie : il se précipite dans les mesures dont il n'aperçoit jamais au premier coup d'œil les conséquences, et il est confondu lorsque les objections s'élèvent de toutes parts. On distinguoit dans M. le président du conseil l'homme d'État de l'homme d'affaires : l'homme d'affaires s'est noyé à la Bourse, et l'homme d'État a fait naufrage à Saint-Domingue.

Il est encore un moyen de remédier à la faute grave que vient de commettre M. le président du conseil, c'est de changer l'ordonnance en loi à la prochaine session. Mais certes elle ne passeroit pas sans amendement, si elle étoit discutée; et comme il y a maintenant un autre gouvernement en possession de l'ordonnance, l'affaire se compliqueroit singulièrement.

Partons bien de ce principe, qu'une colonie ne peut être cédée que par une loi, quand elle n'est pas emportée par les stipulations d'un traité imposé par la force dans l'État et par le droit de guerre. Encore dans les traités où il est question de finances, l'intervention des chambres est commandée : témoin ce qui nous est arrivé après les Cent Jours.

N'admettons jamais qu'un ministre, que tout un conseil, dans un gouvernement représentatif, puisse être seul juge de la convenance qu'il y a à céder une partie du territoire de la monarchie; qu'il puisse décider qu'il est bon de toucher à l'intégralité des droits et des possessions de la couronne : cela ne pouvoit pas être même dans l'ancien gouvernement. Répétons-le en finissant : c'est le roi uni aux deux chambres, uni à la nation, qui dans ce cas est le juge suprême de la nécessité de l'acte de séparation; et alors personne ne craindra de voir notre territoire traité comme nos finances : jamais la France et son roi ne demanderont la conversion ou la réduction de notre gloire.

Paris, le 16 août 1825.

Nous n'avons pas fini avec l'affaire de Saint-Domingue : nous ignorons quelle en sera la suite à Saint-Domingue même; nous ne savons pas quelle est la prépondérance du président Boyer sur le corps politique du gouvernement; nous ne pouvons pas prévoir ce que pensera ce corps politique, lorsqu'il lira l'interprétation que les journaux ministériels donnent à l'ordonnance royale; mais en attendant les événements, nous voulons revenir encore sur un principe que nous avons posé, parce que toutes les fois qu'on agite une question nouvelle, on ne parvient à l'éclaircir dans les esprits qu'en insistant sur les arguments, qu'en les répétant, qu'en les étendant, qu'en les rappelant dans la mémoire de ceux qui pourroient déjà les avoir oubliés.

Pour défendre l'ordonnance sur Saint-Domingue, on est obligé de se retrancher dans cette seule assertion : que l'ordonnance est un traité, et qu'aux termes de la Charte la couronne a le droit de faire des traités.

Quelques hommes honorables et indépendants, qui désapprouvent d'ailleurs toute la mesure, paroissant incliner à cette opinion, nous croyons devoir la combattre de nouveau.

Qu'est-ce qu'un traité, d'après la définition de tous les légistes? C'est une convention sur quelque affaire d'importance entre deux parties, qui concluent, signent, ratifient ou rompent cette convention.

Or, l'ordonnance relative à Saint-Domingue n'a aucun de ces caractères : il n'y a point ici de contrat bilatéral; on ne nomme même pas dans cette ordonnance le gouvernement d'Haïti, on ne parle que des habitants de Saint-Domingue, personnage collectif dont on ne se forme qu'une idée confuse. Cette ordonnance par sa nature même est d'ailleurs susceptible d'être rappelée par une autre ordonnance; une seule partie a contracté, une seule partie peut défaire ce qu'elle a fait : est-ce là le caractère du traité?

Ce que l'on approuve même dans cette ordonnance, la dignité du langage, l'accent du souverain et du maître, détruit toute idée de traité : là où l'on commande, on ne traite pas.

Par une de ces contradictions si communes chez les écrivains ministériels, si nous prétendions que l'ordonnance est un traité avec des esclaves noirs révoltés, ils jetteroient les hauts cris, ils soutiendroient que l'acte royal est une pure et simple ordonnance, une concession gracieusement octroyée par le roi à ses sujets de Saint-Domingue. Mais disons-nous que l'ordonnance n'est pas un traité, qu'en cédant Saint-Domingue par une ordonnance les ministres ont outre-passé leurs pouvoirs, à l'instant on s'écrie que l'ordonnance est un traité; car il faut bien couvrir les ministres avec quelque chose, même, en désespoir de cause, avec la Charte.

Est-ce par un acte du conseil britannique, signé Georges III et contre-signé d'un ministre, que les États-Unis ont été émancipés? Non : c'est par un traité de paix, en due forme, signé par les plénipotentiaires des deux parties, ratifié de part et d'autre par les chefs des deux gouvernements et approuvé par les résolutions parlementaires.

L'ordonnance relative à Saint-Domingue est, au contraire, une simple déclaration en vertu de laquelle trois ministres contre-signataires ont pris sous leur responsabilité la cession d'une portion du territoire françois, à des conditions quelconques. Or, nous avons soutenu et nous soutenons que, dans l'ancien comme dans le nouveau droit public, la cession d'une province ne s'est jamais faite qu'avec l'assentiment des pouvoirs politiques de l'État.

Le roi Jean ayant conclu pour sa délivrance un traité avec Édouard III, en 1359, et par lequel il lui abandonnoit en toute souveraineté la Guienne, la Normandie et plusieurs autres provinces, les états généraux, convoqués par Charles V, alors régent du royaume, rejetèrent le traité. Le régent fit plus, il se rendit au palais; on lut au peuple, assemblé au pied de l'escalier de marbre, le traité apporté de Londres. Le peuple, d'une voix unanime, s'écria avec indignation : « Ledit traité n'est point passable, ni faisable; nous ferons bonne guerre au roi anglois! »

En 1468, les états généraux n'étant pas rassemblés ne purent délibérer sur le traité de Péronne; mais, dans leur absence, les députés du parlement de Paris et des cours souveraines, convoqués par Louis X à Senlis, différèrent pendant plus de quatre mois l'enregistrement du traité, qui sans nul doute eût été rejeté par les états généraux.

Dans la même année 1468, et sous le même roi Louis XI, les états généraux, convoqués, décidèrent unanimement que la Normandie ne pouvoit, sous quelque prétexte que ce fût, être séparée du domaine de la couronne : il s'agissoit de la donner en apanage au prince Charles, frère unique du roi.

Enfin, sous François Ier, le premier président de Paris, Jean de Selves, traitant de la rançon du roi, dit à Charles Quint ces paroles, qu'il est bon de rappeler, parce qu'en même temps qu'elles constatent un fait elles témoignent de l'ancienneté d'une doctrine :

« Si l'argent ne suffit pas, et que Votre Majesté désire encore des provinces, demandez celles qui, appartenant au roi sans être du domaine de la couronne, *peuvent être cédées sans qu'il soit besoin du consentement des états généraux.* »

Si telle étoit la doctrine sous l'ancienne monarchie, on ne prétendra pas sans doute qu'elle ait pu être affoiblie sous la monarchie constitutionnelle.

Disons plus : si l'on s'obstinoit à vouloir que l'ordonnance royale fût un traité, encore est-il vrai, comme on vient de le voir, que pour céder par un traité une partie des possessions françoises il falloit anciennement la ratification des états généraux, à plus forte raison si dans ce traité il se trouve des conditions fiscales qui tiennent à la nature de l'impôt.

Or, une question de finance de la plus grave nature se mêle à l'affaire de Saint-Domingue. L'ordonnance dit bien que le gouvernement de cette île payera en cinq années une somme de 150 millions pour indemnités aux colons ; mais elle ne dit pas en *combien d'années* cette somme sera répartie à ces colons, comment et en quelle proportion elle leur sera distribuée, etc.

Si des colons ont perdu leurs titres (et cela est extrêmement probable) ; si d'autres sont morts sans héritiers connus ; si d'autres, établis sur les bords du Missouri ou de l'Orénoque, ne se trouvent plus, entre les mains de qui séjourneront les sommes disponibles? Qu'en fera-t-on? A quel service de l'État seront-elles appliquées? Quoi! 150 millions, s'ils sont jamais payés, ou partie de ces 150 millions, demeureront à la disposition d'un ministre! il n'en rendra aucun compte aux chambres!

C'est pourtant ce qui arrivera si l'ordonnance n'est pas convertie en loi, et si des mesures législatives ne sont pas ajoutées à cette ordonnance : 150 millions resteront en dehors du budget, hors de la connoissance des pairs et des députés, contre les articles positifs de la Charte, contre toutes les dispositions précises de toutes les lois de finance.

Même précipitation, même ignorance de la matière se fait remarquer dans les avantages commerciaux stipulés pour la France. Régler qu'à tout jamais les droits perçus sur les marchandises seront réduits de moitié pour le pavillon françois, comparativement aux droits perçus pour tous les autres pavillons, est une condition impossible à tenir à la longue, une condition qui deviendroit une source de discordes. Aussi, dans tous les traités du commerce, les priviléges ont toujours été renfermés dans des limites déterminées.

De plus, les avantages stipulés sont en grande partie illusoires. L'Angleterre, par exemple, n'a point de concurrence avec nous pour les vins, les huiles, les farines, les soieries, la bijouterie, etc.; et comme elle peut donner ses cotonnades à un prix fort inférieur au nôtre, ces cotonnades pourront supporter un droit dont la moitié sera encore un droit excessif pour les mêmes marchandises d'origine françoise.

Enfin, les ports espagnols de Saint-Domingue étant entre les mains de la république d'Haïti, pourront recevoir les marchandises étrangères à un tarif différent du tarif imposé dans les anciens ports françois, et se répandre de là dans le reste de l'île.

Étourdi par l'affiche de la dépêche télégraphique à la Bourse, on n'a pas aperçu d'abord tout ce que l'affaire de Saint-Domingue renfermoit de grave; mais nous osons assurer que plus on l'approfondira, plus on s'apercevra qu'elle soulève les questions les plus ardues. Elle a fait faire un pas immense à la politique du monde par la reconnoissance d'une république de nègres; elle aura tôt ou tard les conséquences les plus graves pour les populations noires des Antilles et des États-Unis. Que deviendra, par exemple, l'île de Cuba, entre la république noire de Saint-Domingue et les républiques blanches du Mexique et de la Colombie? Comment se fait-il que l'Angleterre et les États-Unis, qui ont reconnu l'indépendance des colonies espagnoles, n'aient pas reconnu celle de Saint-Domingue, d'une bien plus ancienne date en Amérique? Ils y voyoient donc des inconvénients que nous n'y avons pas vus. Le moment a-t-il été choisi avec prudence par nos ministres pour prononcer cette reconnoissance?

Cette reconnoissance apportera encore des changements inévitables dans les relations diplomatiques, et elle nous a fait prendre un grand parti. Enfin, elle touche, par rapport à nous seuls, à toutes nos opinions, à tous nos principes monarchiques, à notre droit public, à notre pacte constitutionnel et à notre ordre de finances.

M. le président du conseil s'est précipité, avec sa légèreté ordinaire, dans une entreprise dont il n'a pas vu les conséquences; c'est ce qui lui arrive presque toujours. Il ne doute de rien : il avance avec témérité, et tout à coup il recule, ou plutôt ses mesures se perdent dans des résultats dont lui seul ne s'étoit pas douté. A des projets qui ne sont pas mûris il joint une action irréfléchie. Le petit intérêt du moment lui ôte toute prévision de l'avenir. Croit-il faire monter les 3 pour 100, il s'empresse d'afficher à la Bourse une dépêche télégraphique sur une affaire qui se lie aux plus grands intérêts du monde. Combien il se repentiroit de cette pétulance s'il nous parvenoit aujourd'hui des nouvelles annonçant quelques retards dans des négociations qu'il a crues terminées! Comment se présentera-t-il aux chambres avec la chute des 3 pour 100, l'affaire Ouvrard et l'affaire de Saint-Domingue?

Quant à celle-ci, il n'y a que trois moyens de rentrer dans le principe de la constitution octroyée par Louis XVIII et jurée par Charles X :

1° Convertir l'ordonnance royale en loi à la prochaine session;

2° Demander un bill d'indemnité ou acte d'abolition pour les ministres;

3° Mettre en accusation les mêmes ministres.

Cette sévère franchise déplaira sans doute aux partisans de l'arbitraire; mais nous croyons bien mériter de notre pays en expliquant ces doctrines constitutionnelles, encore trop peu connues, dont les générations nouvelles doivent se pénétrer, et qui feront la sûreté comme la gloire du trône et de la France.

Paris, le 25 août 1825.

C'est aujourd'hui la fête d'un saint, d'un grand homme, d'un roi père de la race auguste qui règne sur la France; c'étoit aussi celle du vénérable auteur de la Charte. Il a manqué pour la première fois à l'amour reconnoissant de ses peuples; et ce jour, qui s'écouloit au milieu de l'allégresse publique, a passé en silence au milieu des regrets.

Charles X nous console; un autre Louis auprès de lui a paré un nom antique d'une gloire nouvelle. Pourquoi donc la France n'a-t-elle point retrouvé sa joie? C'est qu'un aveugle ministère ne cesse d'attaquer l'ouvrage de Louis XVIII.

Louis XVIII, en confiant l'expédition d'Espagne au fils de son choix, nous avoit replacés à notre rang politique et militaire parmi les nations, et ce ministère nous en a précipités.

Sortis de l'alliance continentale, l'Angleterre veut bien nous traîner à la suite de ses vaisseaux.

Nous osons avouer qu'il nous étoit impossible de reconquérir Saint-Domingue, parce que la Grande-Bretagne ne l'auroit pas souffert. (*Voyez* les journaux ministériels.)

Nous émancipons une république d'esclaves révoltés, et nous hésitons à traiter avec les républiques des Amériques espagnoles.

Nous laissons périr la Grèce à notre porte, reconnoissant la légitimité du grand-turc en Morée, abandonnant la nôtre à Saint-Domingue pour le despotisme nègre avec Ibrahim, pour le libéralisme nègre avec Boyer. Qui sait si nous ne verrons pas un jour, sous l'étendard du croissant et du bonnet de la liberté, des légions africaines nous apporter d'un côté le Coran et de l'autre les droits de l'homme?

Le crédit public avoit été fondé sous Louis XVIII. Une main inhabile en a dérangé toutes les bases, en inquiétant toutes les fortunes.

Le sage monarque, déjà penché sur sa tombe, avoit laissé de tristes ministres couvrir leurs fautes en silence, en suspendant la plus précieuse de nos libertés : Charles X nous l'a rendue ; mais déjà elle fait sentir son poids aux médiocrités alarmées ; on parle de nous la ravir de nouveau. Qu'on y prenne garde ; il n'est aujourd'hui au pouvoir de personne de renverser impunément nos institutions!

Les anomalies du système actuel frappent tous les yeux : au dehors, une politique qui menace le principe de toutes les monarchies, et qui marche au républicanisme ; au dedans, des coteries qui rêvent un arbitraire impossible.

Dans l'administration se trouve un mélange presque inexplicable d'agitation et d'apathie. D'une part, rien ne se fait ; les magistrats sont obligés de se plaindre qu'on ne leur envoie pas les pièces nécessaires ; nos chemins se détériorent ; nos monuments reçoivent à peine une pierre tous les six mois : d'une autre part, nous sommes menés en hâte, et sans qu'on nous laisse respirer, de la réduction des rentes à la conversion, de la conversion à la cession de Saint-Domingue, de la cession de Saint-Domingue à un procès qui peut soulever les plus graves questions religieuses.

Tout cela est-il le résultat d'une profonde combinaison, d'un système lié dans toutes ses parties et conçu par une vaste tête? Non ; c'est le fruit d'une imprudence sans exemple, la résolution d'un moment, l'inspiration du quart d'heure : l'entêtement vient donner ensuite de la durée à un mal enfanté dans l'esprit à la fois le plus téméraire et le plus léger qui fut jamais.

On ne peut se le dissimuler : l'avenir qui s'ouvroit si brillant devant nous s'est obscurci ; on se demande quel seroit le résultat d'un seul événement en Europe. Toutes les opinions entre lesquelles on s'est plu à partager la France sont également inquiètes : royalistes purs, royalistes constitutionnels, anciens ministériels, libéraux, tous sont blessés dans leurs intérêts ou dans leurs principes ; les rentiers ont tremblé pour leur fortune ; les indemnisés voient, comme on le leur avoit prédit, s'évanouir le milliard si prôné à la tribune ; les colons de Saint-Domingue auront pour tout équivalent de leur capital une année de leur revenu, si jamais encore les 150 millions sont exactement payés par la république haïtienne. L'indépendance des tribunaux a été stigmatisée ; la liberté de la presse est l'objet de la haine des ennemis du roi, et la liberté des consciences accordée par la Charte aura bientôt à s'expliquer à la barre des tribunaux.

Disons-le : si un pareil état de choses produit par un seul homme se prolongeoit, il pourroit avoir des conséquences funestes. Puisse saint Louis nous toucher de ses mains miraculeuses et nous guérir de notre nouveau mal !

Paris, le 4 septembre 1825.

Bessières n'est plus : tout homme estimable ou non estimable qui, à tort ou à raison, lève, par un motif ou par un autre, l'étendard contre un gouvernement établi se condamne éventuellement à la mort. La société attaquée se défend contre cet homme, le prend, le tue ; c'est à la fois le droit naturel et le droit politique : il n'y a rien à dire contre et sur ce fait, en tant que fait.

Moralement parlant, l'homme sera plus ou moins criminel, s'il est royaliste, et qu'il se soit révolté contre son roi ; s'il est républicain, et qu'il ait pris les armes contre la république. Mais la justice ne connoît point de l'ordre moral, ou du moins elle n'en connoît que ce qui trouble l'ordre social : elle ne frappe que lorsqu'il y a action accomplie ou commencée : le reste, elle l'abandonne à l'opinion humaine et à la sentence de Dieu.

Ainsi, Bessières et ses adhérents ont péri : dans le droit rigide, il n'y a pas une objection à faire, en supposant toutefois qu'ils ont été *convaincus* et *jugés*. Que le roi du ciel les ait traités avec plus de miséricorde que les princes de la terre, c'est tout ce qu'on peut leur souhaiter à présent.

Mais de cette exécution découle des conséquences si graves pour l'ordre monarchique absolu et pour l'ordre monarchique constitutionnel, qu'il est important de les examiner.

Bessières s'étoit insurgé contre les cortès ; seul il avoit conservé et défendu contre elles Mequinenza ; il avoit porté la guerre jusqu'aux campagnes de Madrid, et quand notre armée entra dans cette capitale, Bessières marchoit d'accord avec nos soldats. Mequinenza, restée en sa puissance, servit de communication à nos troupes entre l'Aragon et la Catalogne.

Ainsi voilà l'identité reconnue : c'est un *royaliste* que l'on vient de fusiller avec sept autres royalistes.

Par qui cet acte de rigueur a-t-il été accompli? Par les cortès? Non : par le gouvernement absolu, pour lequel Bessières et ses compagnons avoient tout fait.

On ne leur a tenu compte d'aucun souvenir ; le passé n'a sollicité aucune miséricorde ; aucun mouvement de reconnoissance ne s'est fait apercevoir ; aucun attendrissement n'a réveillé le droit de grâce ; tous les services rendus pendant de longues années ont été effacés par le crime d'un moment : Bessières a été fusillé.

Mais n'auroit-il point cru seconder des vues, des désirs secrets, en se précipitant dans son projet désespéré? N'auroit-il pas cru deviner une pensée? N'auroit-il pas voulu délivrer le pouvoir d'une modération dont on abhorroit jusqu'à l'espérance? Peut-être ; mais il falloit réussir : Bessières a été fusillé.

Mais ceux qui ont porté les armes contre l'ancienne monarchie espagnole ; ceux dont Bessières a contribué à délivrer cette monarchie, et qui auroient fusillé Bessières, les Abisbal, les Morillo, les Ballesteros, etc., n'ont-ils pas leur pardon? N'est-ce pas avoir été bien doux pour les uns, bien sévère pour les autres?

Si Bessières avoit suivi le parti des constitutionnels, et qu'ensuite il n'eût pas tenté, par excès d'un autre zèle, de rendre l'arbitraire plus arbitraire encore, il vivroit donc aujourd'hui paisible, avec la fortune, les grades, les honneurs conquis sous les drapeaux des cortès? Sans doute.

Telles sont les réflexions qui vont se présenter aux amis et aux ennemis des rois. Les uns gémiront, les autres feront éclater leur joie ; et, pour point de comparaison, le général La Fayette reviendra bientôt enrichi, paré, couronné des mains d'une république reconnoissante.

Mais si des royalistes ont été condamnés, des constitutionnels ne l'ont-ils pas été pareillement? C'est justice pour tous!

Ces justices-là ne consolent guère ; et pour les exercer il faut de certaines conditions.

La force peut abattre ; elle passe d'une exécution à un champ de bataille. L'homme qui expose sa vie croit avoir le droit de mépriser celle des autres ; il contient l'indignation par la terreur ; il fait du silence avec de la gloire.

Mais la foiblesse doit y regarder de plus près : ses violences irritent, parce qu'elles flétrissent en même temps qu'elles tuent. Pour porter l'épée, il faut un bras ; il faut aller à la bouche du canon, quand on veut apprendre à fusiller. Un ministre absolu qui casse la tête à des citoyens par sa fenêtre et du coin de son feu s'expose à voir briser les portes du palais.

On a pendu des constitutionnels comme on vient de fusiller des royalistes. C'est justice pour tous !

Qu'on y fasse attention : dans la théorie des échafauds, suivant Machiavel, il n'est pas bon de tuer indistinctement ; il faut tuer dans un système, pour un intérêt, pour une abstraction même : l'impartialité politique en fait de sang est funeste. Aussi voyez-vous que les puissances despotiques, comme les factions populaires, égorgent toujours avec un but et sous l'empire d'une pensée.

Mais quand on prend au hasard dans toutes les opinions, que l'on frappe à droite et à gauche, royalistes et constitutionnels, amis et ennemis, cela ne va pas loin. Un gouvernement devroit surtout éviter, autant que possible, ces manières-là, lorsqu'il en est réduit à l'extrême malheur de garder pour sa sûreté des baïonnettes étrangères.

Nous pensons donc que les ministres espagnols eussent mieux agi, dans les intérêts et dans les sentiments généreux d'un Bourbon, s'ils avoient fait appliquer le droit de grâce à Bessières, en considération de ses services passés ; nous pensons que cet acte de mansuétude (dont Naples donne en ce moment un exemple heureux) eût été plus utile aux monarchies en général, et à la monarchie de Ferdinand en particulier, que la stricte justice exercée envers des hommes d'ailleurs si criminels ; le pardon n'eût laissé qu'un traître où la condamnation ne va montrer qu'un martyr.

Recherchons maintenant les enseignements que l'on peut tirer de cet événement pour la monarchie constitutionnelle.

Bessières a pris (à ce que l'on présume) les armes pour l'absolutisme ; il ne jugeoit pas son roi assez maître de ses volontés : il a péri victime de son erreur.

Or, supposez qu'il eût existé des institutions en Espagne, que fût-il arrivé à Bessières ?

Auroit-on vu paroître ce décret du 22 août, qui rappelle celui du 17, et dans lequel il est dit, article 2 : « Tous les individus susdits (Bessières et ses compagnons), aussitôt qu'ils auront été pris, seront passés par les armes, sans autre délai que le temps nécessaire pour qu'ils se préparent à mourir chrétiennement. »

Bessières auroit-il pu être mis ainsi hors la loi par une ordonnance au simple contre-seing d'un ministre ? Eh quoi ! la justice humaine n'a-t-elle pas aussi ses délais nécessaires, ses indulgences, ses instances charitables? Condamne-t-elle sans entendre? Quoi! pris, et par ce seul fait, fusillé sans procès, ou tout au plus avec quelque vaine forme de tribunal!

On a vu en France, dans l'ordre civil, à la gloire immortelle de la monarchie représentative, un tribunal, le plus auguste des tribunaux, employer un temps considérable à juger... qui? Louvel!

Dans l'ordre militaire, on a vu en France prononcer lentement, et avec toutes les précautions d'un tribunal institué, sur le sort de plusieurs hommes accusés de s'être révoltés contre leur souverain; on a vu les juges écouter attentivement, patiemment les plaidoiries publiques, trouver des innocents parmi les coupables, graduer les peines et implorer, avec un succès toujours assuré auprès des descendants d'Henri IV, la miséricorde royale.

Que les amis du trône qui pourroient encore parmi nous conserver quelques préjugés apprennent par le sort de Bessières à bénir la Charte; qu'ils se souviennent de la prétendue conspiration du bord de l'eau, dans laquelle on enveloppoit jusqu'à l'héritier de la couronne; qu'ils se rappellent le procès du général Canuel, et qu'ils disent quelle eût été la destinée de tant de royalistes, si tout eût été, comme en Espagne, abandonné à la seule volonté d'un ministère et de ses passions!

Infortuné Bessières, vous avez voulu prendre les armes contre la pensée même de ces institutions qui vous auroient peut-être sauvé, qui du moins ne vous auroient laissé périr ni sans défenseur ni sans consolation sur la terre!

Depuis l'époque de l'accession de la maison d'Autriche au trône d'Espagne, l'action unique du monarque a été substituée à l'action de la loi. Les anciennes cortès ont péri, et la justice criminelle a cessé d'avoir les garanties nécessaires.

Le roi fait la loi et l'exécute; il crée le délit et la peine; il définit le crime, désigne le coupable, le condamne à mort, et tout cela dans le même décret. Il n'y a rien à blâmer, car elle est devenue la constitution de l'État. Mais les conséquences d'une pareille constitution sont inévitables.

Dans un pays où une volonté suprême fait tout, les volontés intermédiaires se constituent pouvoir en vertu du même droit : le sceptre absolu inféode leur poignard, et elles établissent leur justice sur les grands chemins et dans les bois.

Dans un pays où la liberté des opinions n'est pas légale, on ne peut exprimer sa pensée que par des actes; on s'insurge quand il n'est permis ni d'écrire ni de parler; on se jette dans des entreprises funestes quand on n'a aucune ressource pour manifester la vérité. Si depuis 1815 jusqu'à 1819 les royalistes en France n'avoient pu faire entendre leur voix, qui sait si, dans leur désespoir, ils n'auroient pas été poussés à des extrémités déplorables? La Charte leur fournit heureusement un moyen de combattre leurs ennemis ; ils triomphèrent sans devenir coupables ; il n'en coûta que la retraite de quelques ministres.

Il paroîtroit, d'après tous les rapports, que le système ministériel est sur le point de faire en Espagne le mal qu'il fait en France ; mais, se trouvant placé dans un autre ordre de choses politique, chez une nation d'un esprit différent, il produit des effets encore plus marqués.

Il n'existoit que deux partis au delà des Pyrénées, les absolutistes et les negros, c'est-à-dire des royalistes et des constitutionnels à la manière des passions du sol et des intérêts nationaux.

Au milieu de ces deux grandes divisions sont venus, assure-t-on, s'interposer des ministres, lesquels auroient formé, à l'aide des places, un parti ministériel en dehors des deux masses de la nation.

Partout où se formera un pareil parti ministériel qui n'appartiendra ni aux supériorités intellectuelles ni à l'une des grandes opinions du pays, ou qui étant sorti d'une de ces opinions l'aura abandonnée, ce parti se fera reconnoître à des traits propres à sa nature.

Des nuances doivent sans doute exister entre un parti ministériel à Madrid et un parti ministériel à Paris : ici, par exemple, les opinions sont moins absolues, plus diverses et plus conciliables qu'en Espagne : par conséquent cette différence politique doit en produire une dans le mode d'action des individus ; mais en général le caractère du parti ministériel, tel que nous venons de le définir, restera le même : ce parti sera en tous lieux foible, envieux, irascible, corrupteur ou persécuteur, parce qu'il sent qu'il ne convient à personne.

Pourquoi le parti ministériel parmi nous ne se montre-t-il pas aussi violent qu'en Espagne? C'est qu'il ne le peut. Délivrez-le des institutions dont il est muselé, et qu'il essaye de déchirer sans cesse, et vous verrez ce qu'il fera. Il n'en est aux outrages, aux injures, aux calomnies, aux ingratitudes, aux destitutions, que faute de mieux. Donnez-lui la censure, et il augmentera le poids de son oppression ; supprimez la Charte, et il vous enverra aux galères ou à l'échafaud, si vous avez attiré sa haine. Et il ne faut pour cela ni fanatisme ni passions véhémentes, comme de l'autre côté des Pyrénées. L'amour-propre en France suffit à tout : implacable dans sa vengeance, il vous étoufferoit pour justifier une faute, comme ailleurs on vous feroit disparoître pour cacher un crime.

Ne comptez pas sur la bonhomie de la sottise ; en politique la sottise est féroce. La médiocrité a son fanatisme; c'est une religion fort répandue, qui a ses dieux, ses autels, ses sacrifices : elle choisit ordinairement les plus belles victimes.

L'Espagne auroit pu être heureuse : il ne s'agissoit d'abord pour fermer les plaies de la révolution que d'écouter les sages conseils de son glorieux libérateur. Ensuite, pour ne pas lutter inutilement contre ses vieilles mœurs, il eût suffi de lui rendre ses vieilles lois, de lui restituer ses anciennes cortès. Elle eût adoré la liberté si elle l'avoit reconnue pour espagnole, pour sa propre fille. Le monarque, appuyé par la loi, n'en eût été que plus respecté et plus puissant. Le clergé, possesseur des grandes richesses territoriales, le clergé réformé et sorti des intrigues du cloître, auroit repris des mœurs politiques, restauré le crédit en payant les dettes de l'État, et répandu au dehors cet esprit d'administration qui le distingue; les grands, cessant d'être les esclaves de la cour, se seroient ressaisis de leur influence aristocratique, tandis que les villes qui députoient aux cortès auroient ranimé les libertés populaires. D'une autre part, le régime municipal romain, introduit de tout temps au delà des monts, est excellent, et les communes en Espagne jouissent d'une entière indépendance. Toutes les bases de la monarchie constitutionnelle se seroient donc trouvées fondées, et peut-être mieux qu'en France, et cela sans révolution, sans spoliations, sans victimes, sans malheurs, en rétablissant seulement le passé; le temps auroit fait le reste. D'autres desseins ont prévalu.

Puisse le trône du petit-fils de Louis XIV, puissent nos nobles et infortunés voisins profiter de la mort de Bessières! On ne peut guère l'espérer. Quant à nous, elle n'a pas même servi à nos misères du jour; elle n'a pu faire monter les 3 pour 100. On conçoit que la dépouille d'un royaliste devienne matière d'agiotage; mais son sang, à quoi est-il bon dans une monarchie?

Paris, le 17 septembre 1825.

Il y avoit dans le moyen âge, au milieu des guerres perpétuelles, des trêves qu'on appeloit *trêves de Dieu* : on pourroit nommer *trêves du roi* les espèces de repos que l'opinion laisse trois ou quatre fois l'an aux ministres. Lorsque la monarchie célèbre quelques-unes de ces pompes qui commandent la joie ou la douleur, on oublie un moment les auteurs de tous nos maux, pour porter ses vœux vers un trône révéré. Quel François ne donneroit volontiers de son sang pour voir se convertir en paix durable ces trêves du roi, paix qui tourneroit à l'honneur et à la prospérité de la patrie? Avec quel plaisir on cesse de combattre! avec quel dégoût, quelle lassitude on reprend les armes! Combien il est dur de répéter éternellement les mêmes vérités à des hommes inaccessibles aux remords, endurcis aux reproches! Comme de vieux soldats qui reprennent au lever du jour leur sac pour continuer leur route, nos ministres chargent tous les matins leurs épaules du poids de l'animadversion publique, et cheminent ainsi jusqu'à la couchée : pourvu qu'ils dorment, ils comptent pour rien leur fardeau.

Bien qu'il fût si commode de se taire ou si doux de n'avoir que des louanges à donner, c'est un devoir impérieux de continuer l'opposition contre ces agents de l'autorité suprême qui mettent en péril tout ce qui nous est cher. Écoutez-les; ils vous diront que la France est florissante au dedans, puissante au dehors : ils prennent la fertilité du sol, les bienfaits de la Charte, la force naturelle de la nation pour leur ouvrage; illusion commune à tous les ministres qui cherchent à se tromper sur leurs fautes.

Rien ne périt immédiatement, donc tout va bien et tout ira bien.

On bâtit des maisons, on projette des canaux, on remue des millions, on négocie des emprunts, on fait des affaires à la Bourse, on satisfait la cupidité de quelques joueurs, de quelques banquiers; on achète quelques suffrages avec des places, quelques écrivains par de l'argent : donc la prospérité publique est à son comble.

Mais portez un œil attentif au fond des choses, vous trouverez un crédit ébranlé, les éléments de la morale et de la politique déplacés et corrompus, les libertés publiques compromises, l'indépendance des tribunaux attaquée et, plus que tout cela, une opinion détériorée. Prêtez l'oreille, et vous entendrez (car il n'est plus temps de le dire), vous entendrez jusque dans les classes populaires des propos qui vous feront connoître où votre système conduit la monarchie.

Quant à vos plans extérieurs, si jamais vous en avez eu, ils tendent à créer des républiques qui menaceront dans l'avenir les couronnes, et, en vous ôtant la force et la gloire, ils renferment dans le présent des principes de division qui peuvent à tout moment éclater. Ne croyez pas qu'avec de petites ruses, de petites négociations secrètes, vous arrêtiez le mouvement du monde. Vous êtes encore en paix, mais tout s'agite autour de vous : les Amériques, la Grèce, l'Espagne, sont des foyers dont les flammes tôt ou tard s'étendront au dehors. Le seul changement d'un homme sur les trônes ou dans les cabinets peut amener un ébranlement soudain. Ce qui existe aujourd'hui n'est point un état de choses où l'on puisse rester : on est dans l'accident, dans le passage ; tout marche rapidement vers une révolution générale. Malheur à ceux qui, ne l'ayant pas prévue ou n'ayant pas su la diriger, auroient livré au naufrage les intérêts sacrés qu'il étoit possible de sauver et qu'ils étoient chargés de défendre!

On nous dira : « Si les choses sont telles que vous les peignez, si le mal a dépassé le ministère, s'il attaque à présent parmi nous les sources mêmes de la vie sociale, les racines de la monarchie, comment continuez-vous votre opposition? comment accroissez-vous l'inquiétude et le mécontentement par vos cris? comment n'êtes-vous pas assez bon François pour faire à la paix publique le sacrifice de vos ressentiments plus ou moins justifiés, de vos opinions plus ou moins raisonnables? »

Nous répondrons : Si les hommes qui sont à la tête de l'administration étoient capables d'un mouvement généreux; si, descendant dans leur conscience, ils cherchoient franchement ce qu'il peut y avoir de vrai dans les reproches que les opinions les plus opposées leur adressent, à l'instant même nous cesserions notre opposition, tant nous sommes effrayés des périls que nous avons signalés!

Nous espérions alors que les hommes du pouvoir, n'ayant pas assez de noblesse pour abandonner des places où ils ont fait tant de mal, auroient du moins assez de repentir pour essayer de réparer leurs fautes; nous nous flattions de les voir mettre un terme aux divisions des royalistes, de les voir abandonner un système de corruption, de les voir embrasser toutes les libertés de la Charte, de les voir chercher un remède à leurs opérations de finance, de les voir compter pour quelque chose la sûreté de la couronne dans les transactions diplomatiques.

Mais pouvons-nous attendre de leur orgueil un tel retour à la vérité, un aveu si candide de leur premier égarement? Non : nous les connoissons mieux. Ils regarderoient le silence de l'opposition comme un triomphe; ils tourneroient contre nous notre générosité, notre désir de la concorde, notre amour de la patrie. Délivrés de tout obstacle, ils avanceroient à pas précipités dans la carrière de perdition où ils nous conduisent; et nous croyant subjugués par la force de leur raison, terrassés par la puissance de leur génie, ces prétendus géants étoufferoient la monarchie sous les montagnes de sottises que l'opposition muette leur permettroit d'entasser.

Paris, le 6 octobre 1825.

Nous le savons, les vérités que nous disons blessent. On veut dormir au bord de l'abîme ; après tant de révolutions, on regarde comme des ennemis ceux qui avertissent des nouveaux dangers. La voix qui nous réveille est importune, et il est reconnu qu'il n'y a que des hommes passionnés ou trompés dans leur ambition qui trouvent que tout va mal, lorsqu'il est évident que tout va bien.

On faisoit la même observation, on tenoit le même langage lorsque *Le Conservateur* proclamoit des vérités qui n'ont point été perdues. Qu'y a-t-il de changé dans la position des choses depuis cette époque? Cette position est bien loin de s'être améliorée. Que des *hommes* aient abandonné leurs doctrines, renié leurs amis, trafiqué de leur conscience, cela prouve-t-il que ceux qui sont restés fermes doivent les imiter ou se taire?

Ce n'est pas la première fois que ceux-là luttent seuls contre des autorités malfaisantes plus ou moins redoutables ; ce ne seroit pas la première fois qu'ils auroient préparé des triomphes dont le résultat ne seroit pas pour eux. Ils ne l'ignorent pas ; et s'ils n'avoient été mus que par une ambition personnelle, ils auroient pris une autre route ; elle leur étoit ouverte, large, facile, honorable même dans le sens des âmes communes et des esprits ordinaires ; mais alors le mal se fût fait en paix, on eût ruiné à l'aise le crédit, semé la corruption, étouffé les libertés publiques sans trouver de résistance ; on eût élevé un monde républicain sans que la monarchie eût su où on la menoit. L'opposition eût manqué d'unité et de centre ; et des hommes qui veulent encore l'honneur, la prospérité, l'indépendance de leur patrie, dispersés, isolés, découragés, auroient laissé la victoire à l'incapacité triomphante.

Placé dans cette alternative, il falloit choisir : or, jamais honnête homme n'a hésité entre ses intérêts particuliers et les intérêts de son pays.

En Angleterre, un citoyen voulut énoncer des idées qu'il croyoit utiles ; il cacha son nom, et l'on ignore encore quel fut *Junius*. Aujourd'hui, l'anonyme n'est qu'une convenance, et non pas un voile. Le masque ne rend pas hardi, il rend insolent : nous ne chercherions jamais à le mettre entre nous et l'outrage que nous aurions fait, si jamais, comme Junius, nous pouvions aller jusqu'à l'outrage.

Mais de quoi s'agit-il ici? D'hommes qui ne vaudroient pas même la peine qu'on s'occupât d'eux si la puissance de faire du mal n'appartenoit spécialement à la médiocrité vaine.

« Bientôt, dit-on, si le feu prenoit à Paris, on accuseroit les ministres d'avoir allumé ce feu; on dira bientôt qu'ils ont causé la dernière sécheresse. »

C'est attribuer à l'opinion royaliste la manière d'argumenter de l'opinion ministérielle; c'est confondre les crédulités populaires avec les persuasions raisonnables des classes éclairées, dans lesquelles l'opinion prend aujourd'hui naissance.

Non, ce n'est point l'opinion royaliste qui attribuera aux hommes du pouvoir la *dernière sécheresse*, mais c'est l'opinion ministérielle qui se vante tous les jours d'être la cause de ces prospérités natives de la France, qu'il est hors de son pouvoir de détruire.

Les ministres ne nous ont pas maintenus au dehors au rang que nous devions occuper, et ils ont mis en danger tous les principes de la monarchie. Au dedans ils ont essayé de tout corrompre, de nous ravir nos plus précieuses libertés, d'enchaîner l'indépendance des tribunaux, de dépouiller la fortune publique de sa sûreté et de ses gages, d'acheter les consciences, de diviser l'opinion monarchique, de pactiser avec tous les principes. Mais si les moissons sont abondantes, les vendanges heureuses; si le soleil a été bienfaisant; si les semences de la Charte, quoi qu'on ait fait pour les étouffer, ont fructifié parmi nous, les ministres vous diront que ces biens, qu'ils n'ont pas pu nous enlever, sont l'ouvrage de leur génie. N'étendent-ils pas leur puissance jusque sur le temps? Ne lui ont-ils pas ordonné de s'arrêter pendant cinq années, pour achever leur victoire? Il leur falloit cinq ans de paix en Europe, de sommeil en France, pour couronner un édifice qui au bout de cinq mois tremble déjà dans ses fondements.

L'heure de la justice a sonné. Cette opinion publique que vous avez tant dédaignée, tant insultée, est en face de vous. Qu'en dites-vous maintenant? Y croyez-vous enfin? Mépriserez-vous encore ceux qui peuvent l'éclairer? Vous avez voulu la guerre, vous l'avez : êtes-vous satisfaits?

La session approche; les députés ne reviennent pas comme ils sont partis; ils ont à demander compte au ministère des lois qu'ils ont votées : l'esprit des provinces est encore peut-être plus opposé à ce ministère que l'esprit de la capitale. En vain l'autorité bureaucratique compte sur des divisions : les hommes qui combattoient jadis sous différents étendards se sont réunis dans de communs sentiments de liberté religieuse et monarchique, et ils y resteront pour leur salut commun. Un corps de doctrines a commencé à se former, et tous les bons esprits s'y rallient; des vérités importantes ont été révélées, et sont désormais tombées dans le domaine public.

Ministres, vous avez cru qu'on pouvoit repousser toutes les légitimités naturelles, que l'on pouvoit renier les doctrines, les services, les talents, sans blesser la légitimité politique; et vous avez commis une prodigieuse erreur. Cherchant une popularité qui vous fuit dans toutes les opinions, tantôt vous avez essayé de remonter vers le temps passé, et vous n'avez pas fait assez pour ceux qui vous appeloient dans cette région des tombeaux, où l'on ne rencontre que des ombres et des ruines; tantôt vous vous êtes livrés au cours du temps, et vous avez franchi la borne où les monarchies pouvoient s'arrêter et où le système républicain commence. Nous répéterons ici une vérité que nous avons dite, parce que nous croyons qu'elle deviendra fondamentale et qu'elle comprend tout notre avenir.

La découverte du système républicain représentatif renferme le germe de la destruction des monarchies : mettez-vous à la queue du siècle, et vous arriverez à la république; mettez-vous à sa tête, et vous entrez dans le port de la monarchie constitutionnelle.

Que si, consterné à l'aspect d'un système qu'on pouvoit ne pas créer, mais qu'on n'est plus maître de détruire, on en est réduit à espérer le bouleversement de ces républiques dont il eût été si facile de faire des monarchies constitutionnelles, comment ces républiques nous sauroient-elles gré des relations forcées qu'on établiroit avec elles? Saisi de terreur ou de haine toutes les fois qu'on reconnoîtroit un état populaire, il seroit dur que chaque acte de reconnoissance ne fût au fond qu'une lâcheté ou une malédiction.

La France, après l'expédition d'Espagne, fut remise entre les mains des ministres, riche, brillante, rajeunie, glorieuse, prépondérante en Europe; leurs mains débiles ont tout gâté, jusqu'aux bienfaits et aux espérances du sacre.

Qu'ont donc à faire les hommes qui nous gouvernent? A se retirer ou à se jeter dans des violences. Mais détruire la liberté de la presse, casser la chambre des députés, ce seroit pour eux se précipiter dans l'abîme, au lieu d'y descendre. Ne souhaitons pas de mal à ces hommes funestes : qu'ils aillent, s'ils le peuvent, dormir en paix après avoir flétri le présent et compromis l'avenir.

Paris, ce 17 octobre 1825.

Enfin, les partisans du ministère en sont réduits à leur dernier argument, à cet argument religieusement déposé et gardé dans les bureaux depuis qu'il y a des ministres, à cet argument qu'on va prendre dans les cartons poudreux, quand toute autre ressource est épuisée. On promène l'antique relique autour du ministère assiégé, pour écarter l'ennemi : si elle ne sauve pas les infortunés ministres, on la remet solennellement à sa place pour servir à leurs successeurs. Ceux-ci, comme des rois débonnaires, prennent à leur service la maison de leurs devanciers. « Le ministère est mort, vive le ministère! » Les gratifications recommencent; on essuie ses larmes, et le monde va son train.

Cet argument héréditaire dans la famille ministérielle est celui-ci :

« Vous dites que les ministres sont incapables : nous le pensons aussi; qu'ils vont mal, que même ils ne peuvent plus aller : c'est notre opinion. Mais qui mettrez-vous à leur place? Où trouverez-vous un meilleur ministère, un ministère qui ne succombe pas sous les difficultés dont celui-ci est écrasé? Donc il faut s'en tenir à ce qu'on a et garder les ministres actuels. »

Depuis et avant la restauration, voilà ce qui est constamment répété à chaque changement présumé du ministère.

Écartons ce qu'il y a de bizarre et presque de ridicule dans cette manière de raisonner; ne disons pas qu'en pressant l'argument on arriveroit à cette conséquence absurde : qu'il ne faut jamais changer de ministres, même lorsque leur inaptitude est prouvée, et que l'incapacité doit avoir pour un empire tous les effets de la nécessité. Renfermons-nous dans la simple question personnelle.

Qui pourroit, demandez-vous, remplacer les ministres du moment?

Nous répondons : Tout le monde.

Ne voulez-vous pas choisir parmi les talents signalés et les supériorités avouées, eh bien, outre ces capacités reconnues dans les chambres et hors des chambres, il y a cent hommes de sens et de jugement infiniment supérieurs aux membres actuels du conseil, et qui conduiroient cent fois mieux la monarchie.

De quoi s'agit-il pour réussir beaucoup mieux que le ministère actuel?

De ne pas faire ce qu'il fait, et de défaire autant que possible ce qu'il a fait.

Ainsi la route d'un ministre des finances est toute tracée : il renverroit MM. les receveurs généraux dans leurs départements respectifs; il abandonneroit à leur force naturelle les 3 pour 100, lesquels iroient se niveler à leur pair réel, et deviendroient des 5 pour 100; il proposeroit aux chambres, à la session prochaine, l'amendement de M. Mollien et celui de M. Roy, convertis en projet de loi, savoir : la division du fonds d'amortissement par les divers effets, et le changement des 3 pour 100 de l'indemnité en 5 pour 100; il cesseroit de tracasser et de menacer les rentiers, mettroit un terme aux prêts des caisses publiques et à cette préoccupation journalière de la bourse et de l'agiotage. Rentré dans les voies simples et consciencieuses, le crédit auroit repris sa solidité première; les rêves de l'imagination de M. le ministre des finances s'évanouiroient devant le bon sens de son successeur, non pas, il est vrai, sans qu'il nous en eût coûté plusieurs millions en faux calculs, machines, prestiges et fantasmagories financières.

A l'intérieur, la tâche ne seroit pas plus difficile : il suffiroit de ne plus rester dans ce sommeil d'où l'on ne sort que pour demander, avant de se rendormir, s'il n'y a pas quelques procès à vendre. Le nouveau ministre ne croiroit pas que tout consiste, dans un État bien constitué, à acheter des journaux et des suffrages; il ne seroit pas tout à fait persuadé qu'il est inutile de savoir lire, et que c'est un abus d'ajouter une pierre à des bâtiments commencés; il ne seroit pas bien convaincu qu'un administrateur doit passer son temps à s'ennuyer de sa besogne, à la maudire, à menacer sans cesse de s'en aller, bien entendu qu'il n'en feroit rien, et qu'il tiendroit obstinément à son ennui, comme d'autres tiennent à leurs plaisirs; il ne prendroit pas la rudesse pour de la franchise, et le cynisme du pouvoir pour de la force; il donneroit des signatures, répondroit aux préfets, mettroit à jour leur correspondance, dût-il bâiller en écrivant. Il ne faut à l'intérieur qu'un homme laborieux, expédiant beaucoup d'affaires, prévenant, affable, toujours prêt à s'enquérir, à écouter, aimant l'économie publique, les sciences, les lettres et les arts. Or, des administrateurs de cette espèce, il y en a une foule en France, dans tous les états de la société.

A la guerre, quel est le colonel qui n'en remontreroit au ministre actuel?

A la justice, tout magistrat instruit, qui ne prétend pas mener des juges comme des caporaux, qui respecte l'indépendance des tribunaux et les arrêts des cours, est un ministre convenable.

Il fut un moment où de grandes choses étoient à faire dans les relations étrangères, où la liberté et la monarchie pouvoient s'allier pour jamais : la limite de ce puissant système a été franchie sans être aperçue; on a remis, faute de lumière et de courage politique, l'avenir entre les mains du hasard, lorsque la Providence permettoit de préparer les voies de cet avenir. Aujourd'hui la France, ne tenant plus les rênes des affaires extérieures, n'a plus besoin dans cette partie que d'un homme qui défende notre honneur, s'il ne peut rien pour notre gloire.

Qu'un ministère ainsi composé d'hommes sages et modérés paroisse ; qu'il s'annonce comme l'ami de la religion, du trône et des libertés publiques, comme l'ennemi de toute corruption ; qu'il témoigne à chacun un esprit de conciliation et de bienveillance ; qu'il ne frappe personne et se contente de réparer les injustices : ce ministère mettra un terme à nos divisions ; l'opposition royaliste cessera à l'instant même. Quant à nous, nous le déclarons : nos amis fussent-ils tous exclus de ce ministère, nous sommes prêts à le soutenir de toute l'influence que nous pouvons exercer sur la partie considérable de l'opinion dont notre journal a l'honneur d'être l'organe.

Sans doute un ministère quelconque rencontrera toujours quelques adversaires ; mais il n'est pas vrai de dire qu'une opposition puisse se soutenir quand elle n'a pas un fondement raisonnable. Or, aura-t-on toujours à combattre et à repousser un syndicat, une conversion de rentes, une indemnité avortante, une émancipation de colonies par ordonnance, des entreprises sur les libertés publiques et sur l'indépendance des tribunaux? Aura-t-on toujours devant soi des hommes parjures à leurs principes, infidèles à leurs amis, haineux, envieux, persécuteurs, foibles et violents, antipathiques au génie de la France, boitant, appuyés sur un système contradictoire qui tend au despotisme au dedans et au républicanisme au dehors? Non, sans doute : de pareils hommes ne se rencontreront pas deux fois.

Des ministres marchant dans la route honorable que nous avons indiquée auroient à coup sûr une immense majorité dans les chambres et en dehors des chambres, majorité d'estime et de confiance. Qu'on prenne de pareils ministres, et nous répondons qu'un quart d'heure après la retraite de M. le président du conseil la France sera aussi tranquille, les affaires marcheront avec autant de facilité que dans les temps les plus prospères de la monarchie. Le ministère tombé ne fera faute à personne ; il ne laissera aucun vide, et ces hommes dont on ne peut se passer rentreront dans le profond oubli dont ils n'auroient jamais dû sortir.

Mais, dit-on, si les ministres doivent se retirer devant les clameurs de cinq ou six journaux, alors la France est donc gouvernée par les journaux ?

L'Angleterre est-elle gouvernée par les journaux, bien autrement libres qu'en France? et pourtant les ministres anglois se retirent quand les feuilles publiques de divers principes politiques se trouvent être d'accord sur l'incapacité ministérielle. Le vice radical de cet éternel raisonnement des ennemis de la liberté de la presse, c'est de prendre les journaux pour la cause de l'opinion, tandis qu'ils n'en sont que l'effet. Ayez des ministres habiles, monarchiques et nationaux, et vous verrez si les journaux parviendront à les rendre impopulaires : loin de là, ces journaux deviendroient eux-mêmes impopulaires en attaquant des hommes que le public auroit pris sous sa protection.

Mais poussons les choses à l'extrême : supposons que l'on doive résister à une opinion aussi générale que celle qui existe contre le ministère actuel, qu'arrivera-t-il ?

Supprimera-t-on la liberté de la presse ?

C'est le moyen le plus sûr de faire tomber immédiatement le ministère.

Dissoudra-t-on la chambre des députés, ou augmentera-t-on la chambre des pairs si les ministres y ont perdu la majorité ?

Est-on sûr des élections ? Est-on certain qu'une augmentation de la chambre héréditaire, tout en affoiblissant le principe de la pairie, procureroit une majorité ?

Marchera-t-on, comme on le fait aujourd'hui, en narguant l'opinion publique, et laissant les journaux libres d'user de leur droit constitutionnel, et par conséquent de dire, dans les limites de la loi, tout ce qu'ils voudront ?

Très-bien ; mais les journaux ne se lasseront point ; le combat est à mort entre l'opinion et le ministère : or, est-il possible de se maintenir longtemps dans une lutte aussi violente ? Ce combat de tous les jours, de toutes les minutes, n'a-t-il pas des inconvénients ? Les partisans du ministère ne s'en plaignent-ils pas amèrement ? Or, comme l'oppression de l'opinion, comme l'établissement de la censure ne sauveroit pas le ministère et exposeroit la monarchie en attaquant le principe de nos institutions, il est évident que c'est le ministère qui doit céder la place à l'opinion : c'est ce qui arrivera un jour plus tôt, un jour plus tard.

Ne soyons pas trop rigoureux. Il y a dans le ministère deux ou trois hommes qui ne sont coupables que de foiblesse, qui gémissent intérieurement du système que l'on suit. L'opinion publique ne repousse pas invinciblement ces ministres, et elle les verroit sans peine faire partie d'un nouveau conseil.

Quant au ministère tel qu'il existe aujourd'hui, non-seulement il doit se retirer pour les mille raisons que chacun connaît, mais encore pour une raison qui domine toutes les autres. Ce ministère n'est point le ministère du règne actuel ; héritage d'un règne évanoui, il manque de l'action nécessaire à une monarchie renouvelée.

Sans doute, des hommes supérieurs peuvent occuper des emplois sous des souverains successifs; mais alors même il faut que, par une flexibilité de talent extrêmement rare, ils se rajeunissent, pour ainsi dire, avec la couronne refleurissante. Chaque prince a son génie particulier : si vous ne pouvez vous plier à ce génie, vous n'êtes plus qu'un obstacle au bien, qu'une entrave au gouvernement que vous avez la prétention de faire marcher.

Or, les ministres actuels sont-ils des hommes extraordinaires, ou qui aient seulement le bon sens qui s'applique à tout? Se sont-ils conformés au caractère du nouveau monarque? Conviennent-ils à un roi chevalier qui voit tout par lui-même, qui se montre à ses peuples, qui prend connoissance de toutes les affaires, et qui, assis à son conseil avec son auguste fils, n'a pas besoin de s'en reposer sur un président inutile? Il faut à ce roi des ministres en harmonie avec ses qualités et ses vertus, loyaux et sincères comme lui, et qui pour bien gouverner n'auroient qu'à suivre l'inspiration de ses pensées et à deviner les vœux de son cœur. La présente administration est vieillie, flétrie, usée : laissée par la tombe à un monarque plein de vie, on sent que la mort a pesé sur cette administration; le moment est arrivé de la retirer du lit de parade où elle a été trop longtemps exposée.

Paris, ce 23 octobre 1825.

Les Grecs semblent encore avoir échappé à la destruction dont ils étoient menacés à l'ouverture de la dernière campagne : ils se sont montrés plus intrépides que jamais. Le siége de Missolonghi, soit que ce siége ait été levé ou qu'il se soutienne encore, soit que la ville foudroyée doive succomber ou sortir triomphante du milieu des flammes; ce siége, disons-nous, attestera à la postérité que les Hellènes n'ont point dégénéré de leurs ancêtres. Si des gouvernements étoient assez barbares pour souhaiter la destruction des Grecs, il ne falloit pas laisser aux derniers le temps de déployer un si illustre courage. Il y a trois ou quatre ans qu'une politique inhumaine auroit pu nous dire que le fer musulman n'avoit égorgé qu'un troupeau d'esclaves révoltés; mais aujourd'hui seroit-elle reçue à parler ainsi d'un sang héroïque? L'univers entier s'élèveroit contre elle. On se légitime par l'estime et l'admiration qu'on inspire : les peuples acquièrent des droits à la liberté par la gloire.

Il n'est pas étonnant que la défense ait été moins forte dans le Péloponèse. Quand on a parcouru ce pays, quand on sait que les paysans grecs, opprimés, dépouillés, égorgés par les Turcs, ne pouvoient avoir chez eux ni poudre, ni fusils, ni armes d'aucune espèce, on conçoit comment une troupe de villageois, pourvus, pour tout moyen de défense et d'attaque, de bâtons et de pierres, aient été étonnés à l'aspect de troupes régulières de Nègres et d'Arabes. Mais leurs montagnes leur serviront de rempart; ils s'accoutumeront à voir marcher des soldats à demi disciplinés; ils apprendront la guerre; et si Ibrahim n'est pas continuellement secouru, il pourroit rester dix ans dans les vallées du Péloponèse sans être plus avancé le dernier que le premier jour.

Sur la mer, les Grecs ont maintenu leurs avantages. Les Turcs, malgré la supériorité de leurs vaisseaux, ne cherchent plus même à tenir devant un ennemi qui ne leur oppose pourtant que de frêles embarcations. L'audacieuse entreprise de Canaris sur le port d'Alexandrie a été au moment de tarir cette source de peste et d'esclavage que l'Afrique fait couler vers la Grèce.

On nous dit que des flottes russes vont venir à leur tour dans la Méditerranée juger des coups et assister à la lutte de quelques chrétiens abandonnés de la chrétienté entière, contre un peuple de barbares qui a menacé le monde chrétien, et qui fait encore peser son joug sur une grande partie de l'Afrique, de l'Asie et de l'Europe. Le spectacle est digne en effet de l'admiration des hommes : mais nous plaindrions les spectateurs qui pourroient en être les témoins sans en partager l'honneur et les périls.

En attendant que les cabinets se réveillent, nous, simples particuliers, nous qui n'avons aucune raison pour séparer la justice et l'humanité de la politique, formons des vœux pour nos frères en religion. Que tous ceux dont le cœur palpite au nom de la Grèce, que tous ceux qui apprécient à sa juste valeur le grand nom de chrétien, que tous ceux qui estiment le courage, qui aiment la liberté, détestent l'oppression et ont pitié du malheur, que tous ceux-là s'empressent de soutenir une cause que la civilisation ne peut abandonner sans une lâche ingratitude : la foi de nos pères et la reconnoissance du genre humain doivent prendre sous leur protection la maison de saint Paul et les ruines d'Athènes.

Une autre campagne en Grèce peut avoir lieu; il faut pourvoir d'avance aux besoins des braves qui seront appelés sur le champ de bataille : déjà nous avons ouvert un asile aux deux enfants de Canaris; leur mère a été massacrée; leur père, qui, décidé à mourir pour la patrie, les regarde déjà comme orphelins, sera-t-il abandonné par nous? Pouvons-nous mieux répondre à la touchante confiance qu'il nous témoigne, qu'en lui fournissant les moyens de recevoir dans ses mains triomphantes les chers gages qu'il a déposés dans le sein de l'honneur françois? Ce sont les orphelins de la Grèce qui implorent eux-mêmes aujourd'hui à nos foyers notre piété nationale : qui mieux que des François peut sentir la sympathie de la gloire et du malheur?

Paris, le 24 octobre 1825.

La presse périodique est une force immense sortie de la civilisation moderne : on ne l'étoufferoit ni par la violence ni par le dédain. Née des besoins de la société nouvelle, elle a pris son rang parmi ces faits que les hommes n'abandonnent plus, une fois qu'ils en sont saisis ; elle a remplacé pour nous la tribune populaire des anciens ; elle est à l'imprimerie ce que l'imprimerie a été à l'écriture. Il n'est au pouvoir de personne de la détruire, pas plus que d'anéantir les grandes découvertes qui ont changé la face du monde. Il faut vivre, quoi qu'on en ait, avec la boussole, la poudre à canon, l'imprimerie, et, de nos jours, avec la machine à vapeur : c'est fort malheureux sans doute, mais c'est comme cela ; qu'y faire?

Ainsi la presse périodique proclame aujourd'hui des vérités qui n'étoient autrefois renfermées que dans des livres ; elle les rend familières et les met à la portée de tous.

Pour nous, qui ne connoissons que le salut du prince et de la patrie, qui ne demandons rien, qui ne craignons personne, qui sommes habitués aux persécutions, et qui nous croyons au-dessus des injures, nous continuerons à énoncer sans déguisement ce qui nous paroîtra utile au trône et à la France.

Le monde, comme on le mène, va à la république : nous l'avons dit, nous le répétons ; et ce crime de lèse-monarchie est dû en grande partie au ministère actuel.

Il y avoit un moyen assuré d'éviter tout péril, c'étoit d'arrêter le monde dans la monarchie constitutionnelle. Or, les amis du ministère nous disent que la Charte n'est qu'un cadre disloqué, et qu'*il faut que la royauté se convertisse en despotisme*. De l'autre côté de ce despotisme d'un moment, on se trouveroit face à face avec la république.

Dans le discours d'adieux du président des États-Unis au général La Fayette, discours, d'ailleurs, remarquable de tous points, nous lisons ce passage : « Pendant ce long espace de temps (il auroit dû dire pendant ce court) le peuple des États-Unis, pour qui et avec qui vous avez pris part aux batailles de la liberté, a joui pleinement de ses fruits et a été l'un des plus heureux dans la famille des nations, voyant sa population s'accroître et son territoire s'agrandir, agissant et souffrant selon les conditions de sa nature, et jetant les fondements *de la plus grande, et, nous l'espérons sincèrement, de la plus bienfaisante puissance qui ait jamais réglé les intérêts humains sur la terre.* »

Le général La Fayette répond : « Avoir été, dans les circonstances les plus critiques, adopté par l'Union comme un fils chéri ; avoir participé aux travaux et aux périls de la noble lutte qui avoit pour objet l'indépendance, la liberté et l'égalité des droits ; avoir pris part à la fondation de l'*ère américaine, qui a déjà traversé, et qui doit encore, pour la dignité et le bonheur de l'espèce humaine, traverser chaque partie d'un autre hémisphère.* »

Le chef d'un puissant État raconte des faits, un citoyen adoptif exprime des vœux : voilà où l'on en est pour les idées de république.

Parmi les rois de France qui ont été l'objet des éloges du président des États-Unis, on eût désiré trouver le nom de Louis XVI, principal auteur et innocente victime de la liberté américaine.

Et les États-Unis ne sont plus seuls à influer sur l'esprit des peuples ; ils ont créé autour d'eux tout un monde républicain, qui bientôt va tenir son congrès général à Panama. Les discours qui seront prononcés dans cette réunion retentiront au delà des mers. Que produiront-ils? La seule déclaration des droits de l'homme par les États-Unis nous donna les sanglantes saturnales de 1793.

Les esprits, toutefois, étoient-ils préparés, comme ils le sont aujourd'hui, à recevoir des impressions populaires? N'y avoit-il pas encore en 1789 des ordres politiques, des grands propriétaires, des corporations, d'antiques mœurs, de vieilles habitudes, de récents souvenirs, qui luttoient contre les nouvelles doctrines? Depuis cette époque la révolution a fait rouler sur la France son pesant niveau ; tout en a été écrasé, choses et hommes. Les illusions du passé ont disparu ; les appuis du trône ont été brisés ; chaque individu, devenu libre par ses malheurs, a appris à ne conter que sur lui-même, à ne s'estimer que par ses qualités propres, et cette légitimité naturelle, qui remplaça la légitimité politique absente, a fondé dans les esprits une indépendance désormais invincible.

En même temps ce sentiment de liberté ne vient plus des agrégations démocratiques, des masses passionnées et tumulaires ; ce ne sont plus les classes ignorantes, mais les classes éclairées qui penchent aux réformes. Si des révolutions devoient encore avoir lieu, il est probable qu'elles s'effectueroient avec moins de violence, moins d'effusion de sang, moins d'injustices, moins de spéculations ; ce seroit un changement politique élaboré et amené à point par le temps, comme le soleil mûrit un fruit. La république représentative a ses formes toutes trouvées ; et cette république, qu'on auroit pu repousser à jamais avec la monarchie représentative, franchement admise, seroit là pour en consacrer les libertés méconnues.

Il y a des hommes qui ne veulent rien voir, ou qui ne peuvent rien voir de ce qui se passe autour d'eux. Tout annonce qu'une révolution générale s'opère dans la société humaine, et ceux qui devroient en être le plus persuadés ont l'air de croire que tout va comme il y a mille ans.

Dans l'ordre moral, l'affoiblissement de la foi chrétienne a rendu les mœurs moins puissantes ; le système politique a été ébranlé par les coups que l'on a portés au système religieux.

Dans l'ordre physique, le développement inouï de l'industrie, la diffusion des lumières parmi les classes inférieures de la société, ont multiplié les ressources des peuples, en même temps qu'elles les ont rendus indociles à tout pouvoir qui ne se fonde pas sur la raison.

Jetez un regard sur le monde, et voyez le spectacle qu'il vous présente.

Des républiques occupent une immense partie de la terre sur les rivages des deux Océans ; chez ces peuples, qui ont toute la vigueur de la jeunesse, dans ces pays vierges encore, la civilisation perfectionnée de l'ancienne Europe va prêter ses secours à une nature puissante et énergique. Les machines de l'Angleterre exploiteront les mines de l'Amérique, découverte pour ainsi dire une seconde fois. Des bateaux à vapeur remonteront tous ces fleuves destinés à devenir des communications faciles, après avoir été d'invincibles obstacles. Les bords de ces fleuves se couvriront en peu de temps de villes et de villages, comme nous avons vu sous nos yeux de nouveaux États américains sortir des déserts du Kentucky. Dans ces forêts, réputées impénétrables, bientôt passeront, sur des chemins de fer, comme sur les routes de la Grande-Bretagne, ces espèces de chariots enchantés marchant sans chevaux, transportant à la fois, avec une vitesse extraordinaire, des poids énormes et cinq à six cents voyageurs. Sur ces fleuves, sur ces chemins, descendront, avec les arbres pour la construction des vaisseaux, les richesses des mines qui serviront à les payer ; et l'isthme qui unit l'une et l'autre Amérique rompra sa barrière pour donner passage à ces vaisseaux dans l'un et l'autre Océan.

La nouvelle marine, qui emprunte du feu son mouvement, ne borne pas ses efforts à la navigation des fleuves, elle affronte aussi les mers :

les distances s'abrègent; il n'y a plus de courants, de moussons, de vents contraires, de ports fermés en certaines saisons de l'année.

L'art de la guerre subira à son tour une altération notable : l'embouchure des rivières est défendue par des forteresses mobiles qui vomissent des feux et des eaux bouillantes; des projectiles d'une force et d'une forme inconnues sont inventés; la vapeur lance le boulet plus vite et plus sûrement que la poudre, et il est impossible de dire, avec les essais qui se multiplient, à quels résultats inattendus ces nouveaux arts peuvent arriver.

Et tandis que l'Amérique se transforme et vient, monde nouveau et civilisé, mettre son poids dans la balance des empires, le gouvernement britannique fait découvrir les régions hyperboréennes et achever la reconnoissance de la terre. Une compagnie de marchands anglois complète son occupation de l'Inde, réunit à ses territoires le royaume d'Aracan, et s'approche des frontières de la Chine, dont on déclare déjà la conquête assurée avec une armée de trente mille hommes.

Cette Grèce, jadis héroïque, libre et riante; cette Grèce, toujours héroïque, mais aujourd'hui opprimée et désolée, voit encore l'Angleterre placée à ses avant-postes; celle-ci la recevra dans ses bras lorsqu'elle aura été repoussée de ceux de tous les princes chrétiens.

Que faisons-nous au milieu de ce mouvement du monde? Nous opposons au congrès de Panama la réunion de tous les commis des finances autour d'un ministre. Aux discours du président des États-Unis, aux proclamations prochaines des nouveaux gouvernements libres, nous répondons par des projets de censure et des procès en tendance. Nous ne cherchons pas sous le pôle des routes ignorées, nous n'avons pas la prétention de donner dans l'Inde un royaume à nos marchands; et peu nous importe la Grèce; il nous suffit de connoître les rues qui mènent à la Bourse et de conquérir un franc sur quelques misérables rentiers. Quand on mesure nos hommes d'État à l'échelle des événements, c'est véritablement alors que leur petitesse effraye.

Tout nous oblige donc à croire que l'espèce humaine marche à de nouvelles destinées; mais si un homme d'État ne pouvoit, sans être atteint de folie, essayer de remonter le torrent des siècles, il seroit encore plus insensé de s'y livrer aveuglément.

A une époque qui n'est pas encore fort éloignée, on a pu établir dans les Amériques espagnoles le système monarchique avec une véritable liberté. L'Angleterre n'avoit point encore tranché la question; nous osons assurer qu'elle l'eût plus mûrement examinée, si l'on eût continué à lui opposer les raisons, le calme et la fermeté qui l'avoient empêchée d'abord de se précipiter trop vite dans la route qu'elle a depuis suivie. Elle eût fini par reconnoître elle-même que ses intérêts commerciaux pouvoient également être assurés, sans compromettre dans une postérité assez rapprochée son existence monarchique. Il étoit encore possible de réveiller dans certains cabinets les idées généreuses qui leur étoient naturelles, et dont les traces existent partout dans les documents diplomatiques; idées qui n'ont été étouffées, au grand malheur de l'espèce humaine, que par des conseils rétrécis.

Les bases étoient posées; le double travail de tempérer les uns, d'éclairer les autres, s'avançoit : encore un peu de patience, et un ouvrage immense qui décidoit de la nature de l'avenir, qui donnoit une grande gloire à la France, pouvoit s'achever. Soudain tout a été interrompu ; l'intérêt des peuples et des rois a été immolé à de basses envies. L'Angleterre, dégagée de toute représentation raisonnable, a reconnu les républiques espagnoles avant de s'être bien assurée que toute autre forme politique n'étoit pas incompatible avec l'indépendance et la liberté de ces nouveaux États : de ce jour le destin du monde a été changé.

Alors quelques administrateurs parmi nous, ne se doutant pas de ce qu'ils faisoient, ne sachant pas qu'ils confirmoient le plus vaste de tous les systèmes, croyant ne prendre qu'une mesure populaire de commerce, croyant ne jouer qu'un coup heureux à la Bourse; quelques administrateurs, disons-nous, par une sorte d'étourderie politique naturelle à la légèreté de leur esprit, ont achevé l'ouvrage commencé : ils ont, sans mesure législative, lancé à leur tour dans le monde une république de la plus formidable espèce pour la sûreté domestique et pour celle des colonies, pour les intérêts de la propriété et pour la stabilité de l'ordre monarchique.

Et quels sont les hommes qui ont versé dans ce système républicain? Sont-ce des hommes amis de la liberté des peuples, des hommes qui aient favorisé cette liberté dans leur patrie, des hommes qui aient maintenu nos institutions, qui en aient voulu le développement et appelé toutes les conséquences? Non : ce sont les auteurs de la censure, les admoniteurs de l'indépendance des tribunaux, les marchands de procès, les brocanteurs d'opinions, les trafiquants de conscience, les joueurs à la Bourse, les convertisseurs de rentiers, les petits tyrans domestiques dont les élèves brûleroient avec joie la Charte en place de Grève par la main du bourreau. Voilà les hommes qui devoient propager sur la terre le système républicain ! Et nous, que l'on accuse d'un trop grand penchant aux idées constitutionnelles, nous que l'on voudroit bien accuser encore de n'être pas royaliste, si la chose étoit possible, c'est nous qui défendons la monarchie contre le républicanisme ministériel !

Tel est le malheur d'un État quand il est conduit par des ministres sans principes arrêtés ; ils flottent au hasard ; et, selon les besoins du jour, ils abondent tantôt dans une opinion, tantôt dans une autre : despotes à l'intérieur, républicains au dehors ; double moyen d'amener des catastrophes.

Mais les événements échappent aux mains qui ne peuvent les diriger ; tandis que l'on reste stationnaire ou que l'on se jette tête baissée dans des abîmes, le temps fuit, et le monde s'arrange malgré nous.

Qu'un ministre tombe à l'intérieur dans des erreurs considérables, qu'il protège les méchants, qu'il écarte les gens de bien, qu'il propose de mauvaises lois, qu'il prenne de fausses mesures, il y a remède à tous ces maux ; mais ce qui ne se répare point, ce sont les fautes commises au dehors. Des guerres longues et sanglantes ne rétabliroient pas ce qui souvent n'auroit coûté qu'une dépêche diplomatique ; on ne peut pas faire aujourd'hui, par exemple, que l'Amérique ne soit pas républicaine : on verra tôt ou tard où cela conduira l'Europe monarchique, si l'Europe monarchique surtout brise le sceptre constitutionnel : la gloire même ne soutient pas longtemps l'arbitraire des baïonnettes. Nous le savons : on se réfugie dans des espérances d'anarchie ; on pourra reconnoître des républiques, mais en leur souhaitant intérieurement malheurs, troubles et destructions. Ces lâches espérances d'une *politique* qui ne sait rien vouloir ni rien oser ne reposent pas même sur l'expérience des faits. L'anarchie des nouvelles républiques ne seroit pas moins funeste aux monarchies que l'ordre même de ces républiques. L'anarchie de la France populaire pendant cinq années a-t-elle empêché cette France de troubler l'Europe ? Et après les exemples de nos agitations révolutionnaires, le monde a-t-il été guéri des idées démocratiques ? Les États-Unis n'ont-ils pas continué de nourrir partout ces idées ? et l'Amérique presque entière ne vient-elle pas de devenir républicaine ?

N'espérons pas non plus que des mœurs qui seroient devenues facilement monarchiques constitutionnelles, si on l'avoit voulu, refusent de se plier à des institutions populaires dans une république représentative. Cette sorte de république ressemble de bien près à la monarchie ; elle souffre, comme elle, les grands propriétaires, les grandes corporations, même religieuses ; le luxe, le commerce, l'élégance et la politesse de la vie.

Il y a deux espèces de liberté : l'une qui appartient à la jeunesse des peuples, l'autre qui peut être le fruit de leur vieillesse : l'une est une vertu d'innocence, une sorte d'instinct de l'ordre religieux ; l'autre est une vertu de philosophie, une connoissance savante qui résulte de l'ordre intellectuel ; celle-là se confond dans le cœur avec l'amour exclusif de la patrie : des habitudes simples lui servent de compagnes ; celle-ci s'associe dans l'esprit avec la bienveillance pour tous les hommes : elle jouit des arts de la civilisation ; on arrive à la première par les mœurs, à la seconde par les lumières. Ce furent ces deux espèces de liberté qui inspirèrent à Fabricius et à Tacite une égale haine des tyrans.

Qu'on cesse donc de s'en reposer, pour la sûreté monarchique de l'Europe, sur les heureux malheurs qui pourroient affliger les républiques américaines : les larmes de ces républiques, pas plus que leurs prospérités, ne feroient notre joie. Ne pouvant désormais rien empêcher, le seul parti qui reste à prendre, c'est de combattre, autant que possible, les conséquences de nos œuvres.

Nous devons d'abord sûreté à nos compatriotes d'outre-mer : il n'y a qu'un moyen efficace de les mettre à l'abri, c'est de donner graduellement la liberté aux nègres de la Martinique et de la Guadeloupe. Il ne faut pas que la révolte soit mieux traitée que la fidélité ; il est de meilleurs titres à l'indépendance que des massacres, des spoliations et des incendies. Quoi qu'il arrive désormais, l'émancipation de Saint-Domingue a fini le système colonial, et c'est de cette vérité qu'il faut partir.

Ce n'est pas pour les ministres que nous parlons en agitant ces questions importantes, mais pour le trône légitime, pour la France, pour l'Europe monarchique. Les ministres nous entendroient-ils ? Ont-ils su ce qu'ils faisoient ? Uniquement occupés de leur existence, la baisse d'un centime à la Bourse leur paroît bien plus importante que la création de tout un monde républicain.

On trouvera peut-être que des matières aussi graves mériteroient d'être traitées dans des feuilles moins fugitives que celles d'un journal, on se trompe : dans le temps où nous vivons, on lit peu les livres et beaucoup les ouvrages périodiques, qui suffisent au besoin du jour. Les pensées se communiquent plus vite par ce moyen que par tout autre écrit. Les écrivains seuls ne recueillent aucun fruit de leur travail, et ils peuvent dépenser inutilement pour eux beaucoup de temps et de talent dans ces combats sans nom et sans gloire : mais il ne s'agit pas des écrivains, et ils doivent immoler leur amour-propre au profit de la société. On se souviendra longtemps des services qu'a rendus *Le Conservateur*, et il en reste encore de plus grands à rendre.

Mais quelles sont nos raisons particulières pour tirer l'opposition de son champ de bataille habituel, la Bourse, le syndicat, l'indemnité, et pour la porter dans des régions si élevées?

Apparemment que nous espérons effrayer les ministres de ce qu'ils ont fait, les amener à quitter leurs places?

Nous connoîtrions bien mal les hommes, si nous nourrissions une pareille espérance. En général, qui effraye-t-on, et surtout en France, par des prédictions dont l'accomplissement peut n'être pas immédiat! « Quoi! nous pourrions être républicains un jour? radotage! Qui est-ce qui rêve aujourd'hui la république? Ne nous disputerions-nous pas des places électives? Dans notre amour-propre françois, quel individu ne troubleroit l'État pour arriver à la présidence? La France peut-elle jamais devenir un État fédératif? Le monde est las des révolutions; on n'en veut plus; et si par hasard quelques fous s'avisoient de troubler le repos public, on sauroit y mettre bon ordre. Et enfin, les choses arrivent-elles jamais comme on les prévoit? Que d'événements peuvent déranger tous vos calculs! Les républiques nouvelles ne peuvent-elles se déchirer? etc. »

Voilà ce que nous opposeront le rétrécissement de l'esprit, l'imprévoyance de la légèreté et la pusillanimité de caractère qui fait qu'on ferme les yeux de crainte d'avoir peur; voilà l'oreiller sur lequel on se rendormira jusqu'au moment du réveil. Peut-être se dira-t-on de plus, intérieurement : « Qu'importe d'ailleurs? je n'y serai plus. »

Si nous sommes convaincu que cette grande et haute opposition paroîtra fort indifférente au ministère, elle nous est donc suggérée par quelque autre raison *personnelle;* car il est clair qu'on n'est dans l'opposition que par *intérêt.* Nous aurons apparemment été saisi d'une frayeur subite de la république; l'ombre sanglante de la Convention nous sera apparue; nous nous serons vu proscrit de nouveau, et dans notre terreur panique, nous aurons cru devoir sonner l'alarme.

Vous vous trompez encore : et pour donner plus de poids aux vérités que nous avons énoncées, pour montrer combien elles procèdent de notre amour très-désintéressé de la monarchie légitime, nous allons faire notre profession de fo .

Attaché à la famille royale par amour, fidélité, devoir, honneur, nous avons eu le bonheur de lui rendre quelques services, et nous sommes toujours prêt, s'il étoit nécessaire, à faire pour elle des sacrifices que ne feroient pas ceux dont les systèmes sont aujourd'hui écoutés. Partout où sera la couronne, là nous serons : nous vivrons et nous mourrons pour sa cause sacrée.

Attaché à l'ordre monarchique par raison, nous regardons la monarchie constitutionnelle comme le meilleur gouvernement possible à cette époque de la société.

Mais si l'on veut tout réduire aux intérêts *personnels*, si l'on suppose que pour nous-même nous croirions avoir tout à craindre dans un État républicain, on est dans l'erreur.

Nous traiteroit-il plus mal que ne nous a traité la monarchie? Deux ou trois fois dépouillé pour elle et par elle, l'empire, qui auroit tout fait pour nous si nous l'avions voulu, nous a-t-il lui-même plus rudement renié? Nous avons horreur de la servitude; la liberté plaît à notre indépendance naturelle : nous préférons cette liberté dans l'ordre monarchique, mais nous la concevons dans l'ordre populaire. Qui a moins à craindre de l'avenir que nous? Nous avons ce qu'aucune révolution ne peut nous ravir ; sans place, sans honneurs, sans fortune, tout gouvernement qui ne seroit pas assez stupide pour dédaigner l'opinion seroit obligé de nous compter pour quelque chose. Les gouvernements populaires surtout se composent des existences individuelles, et se font une valeur générale des valeurs particulières de chaque citoyen. Nous serons toujours sûr de l'estime publique, parce que nous ne ferons jamais rien pour la perdre, et nous trouverions peut-être plus de justice parmi nos ennemis que chez nos prétendus amis. Le temps des ingratitudes républicaines est passé, parce qu'on a reconnu que l'ingratitude est stérile, et, en dernier résultat, funeste.

Ainsi, de compte fait, nous serions sans frayeur des républiques, comme sans antipathie contre leur liberté : nous ne sommes pas roi, nous n'attendons point de couronne; ce n'est pas notre cause que nous plaidons. Nous aimons à le répéter : notre dévouement à la légitimité est sans bornes comme sans intérêt personnel. Nous mourrons dans les doctrines les plus sincères du royalisme; royalisme d'autant plus assuré qu'il est dépouillé pour nous de toute illusion, qu'il n'est point fondé sur un penchant servile, et qu'il vient du choix réfléchi d'un esprit sans préjugés politiques. Eh bien, c'est dans les intérêts de l'ordre monarchique légitime et constitutionnel que nous résumerons en quelques lignes cet article.

La lutte du ministère actuel contre l'opinion est la lutte de l'intérêt matériel de quelques hommes contre l'intelligence humaine : c'est un compte à régler entre le nombre des suffrages et le nombre des idées ; une balance à établir entre l'orgueil de l'ignorance et les lumières de l'esprit. On a essayé de former au milieu de la nation une minorité qui devînt par sa position une majorité suffisante à l'existence des autorités du jour ; mais il est arrivé qu'en immolant tout à cette existence, d'ailleurs impossible, le mal que l'on a fait a dépassé le ministère. Il n'est plus question en réalité de ce ministère moralement anéanti, mais de la vie même de la monarchie.

On a dit sous un autre ministère, et à propos de ce ministère : « Que les choses étoient conduites de sorte, et si bien préparées pour une révolution, que chacun pourroit un matin se mettre à la fenêtre pour voir passer la monarchie. »

Nous disons aux ministres actuels : « En continuant de marcher comme vous marchez et de favoriser le système républicain, toute la révolution pourroit se réduire dans un temps donné à une nouvelle édition de la Charte, dans laquelle on se contenteroit de changer seulement deux ou trois mots. »

Paris, le 28 octobre 1825.

Il est loin de notre intention d'entrer en lice avec les chevaliers du ministère. Il y a tantôt une vingtaine d'années que ces champions de l'arbitraire ministériel, depuis Fouché jusqu'aux espions de nos jours, nous insultent pour notre attachement à des principes généreux. Les pauvres gens ! si jamais nous pouvions et voulions les payer, ils insulteroient demain, en notre honneur et gloire, les hommes qui les nourrissent aujourd'hui.

Un seul raisonnement mérite néanmoins d'être relevé.

Nous sommes républicain parce que nous avertissons la monarchie qu'on la mène à la république ! Un homme s'avance vers un abîme qu'il ne voit pas : je le saisis par le bras, je l'arrête au bord du gouffre, et il s'écrie que j'ai voulu l'y précipiter ! Admirable logique de la mauvaise foi et de l'ingratitude ! Un journal indépendant royaliste a très-bien fait sentir l'absurdité de ce raisonnement.

Fidèle à la conduite que nous avons toujours tenue depuis la restauration, nous avons cru devoir avertir la couronne des dangers que tous les amis du monarque voyoient et que personne n'osoit clairement signaler.

Les hommes que l'opinion royaliste trompée a portés au ministère n'auront plus d'excuse à présent. Nous avons levé le bandeau qui leur couvroit les yeux ; et s'ils ne peuvent éviter l'écueil dont ils se sont trop approchés dans les ténèbres, qu'ils abandonnent le gouvernail à des pilotes plus habiles.

On n'a point détruit et l'on ne pouvoit pas détruire ce que nous avons dit de l'influence que doivent avoir les républiques américaines sur le monde monarchique européen. Nous aurions pu entrer à ce sujet dans des considérations beaucoup plus étendues. Quand il n'y auroit que les mines possédées par les nouveaux États populaires, ce seul accident renferme pour eux un principe extraordinaire de puissance. Ils ont dans leur sein les sources de l'or ; avec de l'or, on achète des vaisseaux, des armes et des hommes. Il sera donc possible à ces républiques d'avoir des soldats étrangers à leur paye en Europe même. Des nègres pourront solder et commander des blancs, faire des descentes sur les côtes de notre continent, pour se joindre à leurs auxiliaires. Carthage n'envoyoit-elle pas des Ibériens et des Gaulois en Italie ?

Ces riches républiques américaines pourront encore appeler à elles tous les talents de l'Europe, dans quelque genre que ce soit, et les employer à leur usage. Elles se sont déjà servies de lord Cochrane ; et toutes foibles, toutes naissantes qu'elles sont, ne bloquent-elles pas dans ce moment même les ports de la vieille Espagne ?

La création des nouveaux peuples diminue aussi l'importance relative des anciens peuples.

Autrefois il n'y avoit dans le monde civilisé que l'Europe ; dans cette Europe, il n'y avoit que cinq ou six grandes puissances, dont les colonies n'étoient que des appendices plus ou moins utiles.

Aujourd'hui il y a une Amérique indépendante et civilisée ; dans cette Amérique il y a six grands États républicains, deux ou trois plus petits, et une monarchie constitutionnelle. Ces neuf ou dix nations, jetées tout à coup dans un des bassins de la balance politique, rendent comparativement le poids des monarchies européennes plus léger. Ce n'est plus une querelle entre la France, l'Autriche, la Prusse, la Russie et l'Angleterre, qui fera le destin de la société chrétienne. La diplomatie, le principe des traités de commerce et d'alliance, le droit politique, vont se recomposer sur des bases nouvelles. Les vieux noms, les vieux souvenirs perdent aussi de leur autorité au milieu des récentes générations, au milieu des jeunes espérances d'un univers qui se forme dans d'autres idées.

L'Angleterre souffrira moins que les puissances continentales européennes de cette création nouvelle, en raison de sa liberté, de son industrie, de son commerce et de ses diverses possessions. Elle regarde des deux côtés les Amériques sur les deux Océans ; elle compte dans l'Inde plus de 80 millions de sujets ; elle étend ses colonies sur les côtes de l'Afrique, dont elle est au moment de découvrir et de traverser l'intérieur, comme elle explore les régions polaires. Le cinquième continent se peuple par elle ; dans l'océan Pacifique elle a créé de plus petits royaumes, défendus par une marine, du canon et des forteresses ;

elle les a créés sur ces mêmes rives habitées il n'y a pas encore cinquante ans par les sauvages meurtriers du grand navigateur qui le premier nous révéla leur existence.

Que falloit-il faire pour ne pas être envahi en Europe par la souveraineté du peuple, pour éviter la lutte entre des républiques dans la force de l'âge et des monarchies affoiblies par le temps et les révolutions? Nous le répéterons jusqu'à satiété, parce que la question étoit là tout entière : il falloit favoriser autant que possible l'établissement des monarchies constitutionnelles en Amérique et maintenir franchement celles qui existent en Europe. Nous allons montrer par un grand exemple la foiblesse de la monarchie absolue et la force de la monarchie constitutionnelle.

En 1701, Louis XIV, le puissant, le glorieux Louis XIV met son petit-fils sur le trône des Espagnes. Il est obligé de lui fournir des soldats, des généraux et des ministres : Philippe V n'avoit rien trouvé. Charles Quint avoit renversé les institutions nationales au delà des Pyrénées, et Philippe II en avoit dispersé jusqu'aux débris.

La monarchie, devenue absolue, marche avec la nouvelle dynastie, et s'enfonce de plus en plus dans l'abîme. Riche de tous les trésors du Mexique et du Pérou, conservant encore des possessions précieuses dans la mer des Indes et dans la mer Atlantique, l'Espagne tombe dans un état de pauvreté et de langueur presque sans exemple. Les provinces d'outre-mer qui devoient augmenter sa puissance lui deviennent un fardeau ; après avoir retrouvé un moment de gloire dans son combat contre le conquérant de l'Europe, comme la vie près de s'éteindre jette une vive lumière, cette noble Espagne semble expirer aujourd'hui, dépouillée de superbes colonies qui deviennent des États indépendants.

A peu près dans le temps où un fils de France alla régner à Madrid, un petit électeur du Hanovre fut appelé au trône de Londres : il y arrive sans appui et sans force extérieure, et soudain il devient un roi puissant. Ses successeurs combattent avec avantage le pavillon de la France ; l'Angleterre perd ensuite des colonies importantes, mais elle est si loin d'être affoiblie par cette perte, qu'elle lutte corps à corps pendant vingt ans avec la révolution françoise, enrôle l'Europe entière sous ses drapeaux, triomphe et est chargée de garder sur un rocher celui qui avoit enchaîné le monde.

Buonaparte est arrivé à la fin des monarchies absolues comme pour les continuer à force de gloire : l'arbitraire avoit enfanté par un dernier effort ce qu'il avoit de plus brillant pour arrêter les peuples sur la pente de la liberté. Buonaparte a succombé : qui oseroit essayer d'accomplir l'œuvre que n'a pu achever sa main formidable?

L'Angleterre a-t-elle été épuisée par ses efforts gigantesques? Non. La voilà plus florissante que jamais, qui se rajeunit avec la société, prend la route nouvelle ouverte devant le genre humain, et se place, pour ainsi dire, à la tête des nations que la Providence appelle sur la scène du monde.

Qui a produit cette différence de destinée entre deux grands royaumes, lors de leur changement de dynastie et après ce changement?

Philippe V rencontra le despotisme en Espagne, et George Ier la liberté en Angleterre; l'un trouva la monarchie absolue, l'autre la monarchie représentative.

Nous l'avons, cette monarchie représentative, nous l'avons, grâce à la généreuse race de nos rois légitimes. Gardons précieusement ce don inappréciable de nos dignes souverains: loin de chercher à entraver les institutions qu'ils nous ont octroyées, loin d'en redouter les effets, favorisons le développement de ces institutions, promulguons les lois qui doivent en compléter l'édifice. Que cet édifice, nous l'avons déjà dit, ait la religion à sa base, la couronne à son sommet et la liberté entre la religion et la couronne, alors nous pourrons, comme l'Angleterre, échapper à l'influence de ce monde républicain qu'une politique sans prudence a laissé créer devant nous. Jouissons dans la monarchie représentative de toutes les libertés raisonnables que pourroit nous offrir un système populaire; et nos mœurs, notre caractère, nos habitudes, donneront la préférence à un ordre de choses qui nous assurera la prospérité de l'avenir, sans nous isoler de notre gloire historique, sans briser la chaîne des traditions, sans nous séparer du passé.

Mais qu'on abandonne promptement la route que l'on suit; qu'on ne s'endorme pas; qu'on ne vienne pas se rassurer par l'horreur qu'inspirent les crimes de 1793! La révolution, qui est partout, n'a plus cette couleur effrayante: son masque aujourd'hui est riant, et elle affecte l'air de la monarchie. Si l'on regardoit comme ennemis ceux qui nous dénoncent sa présence, nous pourrions la trouver un matin assise tranquillement dans le palais où on l'auroit laissée pénétrer.

Enfin, que notre roi bien aimé touche nos maux et guérisse nos plaies avec ce sceptre bienfaisant à qui la France doit toutes ses libertés, depuis Louis le Gros jusqu'à Charles X. La légitimité et la monarchie constitutionnelle, voilà nos trésors: qu'ils ne soient pas dissipés par des mains qui n'en connoissent pas la valeur.

Paris, 3 novembre 1825.

Encore une *trêve du roi!*
Paix aujourd'hui aux ministres!
Gloire, honneur, longue félicité et longue vie à Charles X!

On voudroit bien nous faire passer à ses yeux pour des mécréants, des gens suspects, des loups déguisés en bergers, des alliés secrets des jacobins, des demi-révolutionnaires; on a beau faire, on n'y parviendra pas. Notre prince connoît par le cœur ses amis et ses ennemis : il nous a vu dans son armée, il nous a rencontré à Gand ; il nous rencontreroit demain pour lui sur la brèche s'il y avoit assaut à repousser. Nous avons encore dans les veines quelques vieux restes d'un sang fraternel qui a coulé au pied du trône. On peut nous enlever la faveur, mais il n'est au pouvoir de personne de nous ravir la bienveillance intérieure et l'estime de notre roi : voilà le désespoir de nos ennemis.

Mais nous sommes dans l'opposition : c'est nous qui divisons tout ; sans nous, il n'y auroit qu'une seule opinion parmi les royalistes. Qu'on nous donne tous les jours un texte comme celui de la Saint-Charles, et l'on verra si nous disputons quelque chose.

Que pourroit-on dire de notre roi? Parleroit-on de l'honneur? il en est le modèle ; de la bonté? cette vertu semble avoir été inventée pour lui; de la vérité? elle se retrouveroit dans sa bouche si elle étoit perdue sur la terre; de l'humanité? quel est le malheureux qu'il n'ait pas secouru? de la générosité politique? il a aboli la censure et juré la Charte.

C'est à nous surtout, vieux compagnons d'exil de notre monarque, qu'il faut demander l'histoire de Charles X.

Vous autres François, qui n'avez point été forcés de quitter votre patrie; vous qui n'avez reçu *un François de plus* que pour vous soustraire au despotisme impérial et au joug de l'étranger, habitants de la grande et bonne ville, vous n'avez vu que le prince heureux : quand vous vous pressiez autour de lui, le 12 d'avril 1814; quand vous touchiez, en pleurant d'attendrissement, des mains sacrées et libératrices; quand vous retrouviez sur un front ennobli par l'âge et le malheur toutes les grâces de la jeunesse, comme on voit la beauté à travers un voile, vous n'aperceviez que la vertu triomphante, et vous conduisiez le fils des rois à la couche royale de ses pères.

Mais nous, nous l'avons vu dormir sur la terre, comme nous sans asile, comme nous proscrit et dépouillé. Eh bien ! cette bonté qui vous charme étoit la même; il portoit le malheur comme il porte aujourd'hui la couronne, sans trouver le fardeau trop pesant, avec cette bénignité chrétienne qui tempéroit l'éclat de son infortune comme elle adoucit celui de sa prospérité.

La Saint-Charles succède à la Saint-Louis. Sous quelque nom que l'on cherche nos rois, on rencontre toujours de grands et d'illustres princes : Charlemagne, Charles V le sage, Charles VII le victorieux, Charles VIII le courtois, nous amènent à Charles X le loyal, le bon, le chevalier et, pour tout dire, le chrétien. Notre auguste souverain est pour nous la source des plus touchants souvenirs comme des plus douces espérances; d'une main il nous présente le passé, de l'autre l'avenir : on ne peut contempler ce pieux monarque sans se rappeler la religion de Louis XVI, son frère, la sagesse de Louis XVIII, son autre frère, la gloire du dauphin, son fils et la vertu de la dauphine, sa fille adoptive. A l'ombre de son sceptre croît aussi, près de sa noble et courageuse mère, cet autre rejeton d'une tige, hélas! si promptement coupée.

On peut considérer la Saint-Charles de cette année comme la première célébrée en France depuis l'avénement du roi au trône. L'année dernière le roi ne permit pas qu'on interrompît son deuil. Nous-mêmes nous n'aurions pu nous défendre de quelque tristesse. La mémoire du vénérable auteur de la Charte vivra à jamais dans la reconnoissance nationale; mais les bénédictions que nous donnons aujourd'hui à cette mémoire peuvent s'allier avec les témoignages de notre amour pour notre nouveau souverain. Les pompes de Reims ont succédé à celles de Saint-Denis; les réjouissances du sacre se prolongent dans celles de la Saint-Charles.

Si la voix populaire appelle Charles X Charles le loyal, le bon, le chevalier, le chrétien, elle pourroit aussi l'appeler Charles le bien reçu, car c'est un des caractères particuliers du roi que de faire éclater des transports d'allégresse sur son passage. Il arrive en France : quel jour que celui de son entrée dans Paris! Il monte au pouvoir suprême : quelles acclamations au Champ-de-Mars, lorsqu'il y parut moins brillant encore de sa couronne nouvelle que d'une liberté qu'il venoit de rendre à son peuple! Aujourd'hui offrons au ciel les vœux les plus ardents pour l'enfant de saint Louis, pour l'héritier d'Henri IV.

Souvenons-nous que nous devons la fin de tous nos malheurs au retour de nos princes légitimes; souvenons-nous que nous devons tout, en France, à la race antique de nos rois. Ces rois, nés, pour ainsi dire, avant la nation, en ont été comme les pères; ils l'ont protégée dans son berceau; ils l'ont plusieurs fois délivrée des armes étrangères; ils l'ont formée à la guerre, aux arts, aux lettres, à la politique, à la liberté; ils en ont été tout à la fois les législateurs et les capitaines, et ils l'ont amenée par la main, à travers une longue suite de siècles, à cette grandeur immortelle où elle est parvenue de nos jours. Protecteurs des talents, ils ont fait naître autour d'eux les grands hommes. Buonaparte lui-même fut nourri dans une école royale, comme si sa gloire devoit être encore un fruit de la couronne.

Les bienfaits de Charles X s'accroissent de tous les bienfaits dont nous ont comblés ses aïeux : la fête d'un roi très-chrétien est pour les François la fête de la reconnoissance. Livrons-nous donc aux transports de gratitude qu'elle doit nous inspirer! Ne laissons pénétrer dans notre âme rien qui puisse un moment rendre notre joie moins pure! Malheur aux hommes qui ont...! Nous allions violer la trêve! Vive le roi!

Paris, le 7 décembre 1825.

Les deux lettres qu'on va lire, l'une d'un Grec de Napoli de Romanie, l'autre du brave Canaris à son jeune fils, confié aux soins du comité grec, donneront à nos lecteurs une idée des sentiments qui animent aujourd'hui les malheureux Hellènes. Nous ne connoissons rien d'aussi touchant et d'aussi héroïque; et si quelque chose de funeste et d'extraordinaire n'aveugloit dans ce moment la politique européenne, rien ne seroit plus propre à lui faire prendre un parti plus prudent et plus généreux.

La postérité pourra-t-elle jamais croire que le monde chrétien à l'époque de sa plus grande civilisation a laissé des vaisseaux sous pavillon chrétien transporter des hordes de mahométans des ports de l'Afrique à ceux de l'Europe, pour égorger des chrétiens? Une flotte de plus de cent navires, nolisée par de prétendus disciples de l'Évangile, vient de traverser la Méditerranée, amenant à Ibrahim les disciples du Coran, qui vont achever de ravager la Morée. Nos pères, que nous appelons barbares, saint Louis, quand il alloit chercher les infidèles jusque dans leurs foyers, prêtoient-ils leurs galères aux Maures pour envahir de nouveau l'Espagne?

L'Europe y songe-t-elle bien? On enseigne aux Turcs à se battre régulièrement; les Turcs, sous un gouvernement despotique, peuvent armer toute la population. Si cette population armée se forme en bataillons, s'accoutume à la manœuvre, obéit à ses chefs; si elle a de l'artillerie bien servie; en un mot, si elle apprend la tactique européenne, on aura rendu possible une nouvelle invasion des barbares, à laquelle on ne croyoit plus. Cette remarque a déjà été consignée dans une brochure pleine de faits, de talent et de raison, par M. Benjamin Constant. Qu'on se souvienne, si l'expérience et l'histoire servent aujourd'hui à quelque chose, qu'on se souvienne que les Mahomet et les Soliman n'obtinrent leurs premiers succès que parce que l'art militaire étoit, à l'époque où ils parurent, plus avancé chez les Turcs que chez les chrétiens.

Non-seulement on fait l'éducation des soldats de la secte la plus fanatique et la plus absurde qui ait jamais pesé sur la race humaine, mais on les approche de nous. C'est nous, ce sont les chrétiens qui prêtent des barques aux Arabes et aux nègres d'Abyssinie, pour envahir la chrétienté, comme les derniers empereurs romains transportèrent les Goths des rives du Danube dans le cœur même de l'empire.

C'est en Morée, à la porte de l'Italie et de la France, que l'on établit ce camp d'instruction et de manœuvres ; c'est contre des adorateurs de la croix qu'on leur livre que les conscrits du turban vont apprendre à faire l'exercice à feu. Établie sur les ruines de la Grèce antique et sur les cadavres de la Grèce chrétienne, de ce poste avancé, la barbarie enrégimentée menacera la civilisation. On verra ce que sera la Morée, lorsque appuyée sur les Turcs de l'Albanie, de l'Épire et de la Macédoine, elle sera devenue, selon l'expression énergique du Grec, une nouvelle régence barbaresque. (Voyez la lettre ci-après.) Les Turcs sont braves, et ils ont derrière eux, sur le champ de bataille, le paradis de Mahomet. Dieu nous préserve de l'esclavage en guêtres et en uniforme et de la fatalité disciplinée !

Et cette nouvelle régence barbaresque, n'en prenons-nous pas un soin tout particulier ? Nous lui laissons bâtir des vaisseaux à Marseille ; on assure même, ce que nous ne voulons pas croire, qu'on lui cède, pour ces constructions, des bois de nos chantiers maritimes. D'un autre côté, elle achète aussi des vaisseaux à Londres ; elle aura des bateaux à vapeur, des canons à vapeur et le reste. Les Turcs ont conservé toute la vigueur de leur férocité native ; on y ajoutera toute la science de l'art perfectionné de la guerre. Vit-on jamais une combinaison de choses plus formidable et plus menaçante ?

Sait-on bien ce que c'est pour les Osmanlis que le droit de conquête, et de conquête sur un peuple qu'ils regardent comme des esclaves révoltés ? Ce droit, c'est le massacre des vieillards et des hommes en état de porter les armes, l'esclavage des femmes, la prostitution des enfants, suivie de la circoncision forcée et de la prise du turban. C'est ainsi que Candie, l'Albanie et la Bosnie, de chrétiennes qu'elles étoient, sont devenues mahométanes. Un véritable chrétien peut-il fixer les yeux sans frémir sur ce résultat de l'asservissement de la Grèce? Ce nom même, qu'on ne peut prononcer sans respect et sans attendrissement, n'ajoute-t-il pas quelque chose de plus douloureux à la catastrophe qui menace cette terre de la gloire et des souvenirs? Qu'iroit désormais chercher le voyageur dans les débris d'Athènes? Les retrouveroit-il, ces débris? Et s'il les retrouvoit, quelle affreuse civilisation retraceroient-ils à ses yeux? Du moins le janissaire indiscipliné, enfoncé dans son imbécile barbarie, vous laissoit en paix, pour quelques sequins, pleurer sur tant de monuments détruits; le spahi discipliné, ou le Grec musulman, vous présentera sa consigne et sa baïonnette.

La cour de Rome, dans les circonstances actuelles, s'est montrée humaine et compatissante; cependant, nous osons le dire, si elle a connu ses devoirs, elle n'a pas assez senti sa force. Qu'il eût été touchant de voir le père des fidèles réveiller les princes chrétiens, les appeler au secours de l'humanité, se déclarer lui-même, comme Eugène III, comme Pie II, le chef d'une croisade pour le moins aussi sainte que les premières! Il auroit pu dire aux chrétiens de nos jours ce qu'Urbain II disoit aux premiers croisés (nous nous servons de l'éloquente traduction de M. Michaud, dans son excellente *Histoire des Croisades*) :

« L'impiété victorieuse a répandu ses ténèbres sur les plus riches contrées de l'Asie; Antioche, Éphèse, Nicée, sont devenues musulmanes; les hordes barbares des Turcs ont planté leurs étendards aux rives de l'Hellespont, d'où elles menacent tous les pays chrétiens. Quelle nation, quel royaume pourroit leur fermer les portes de l'Occident? . . . . . . Quelle voix humaine pourra jamais raconter les persécutions et les tourments que souffrent les chrétiens? La rage impie des Sarrasins n'a point respecté les vierges chrétiennes; ils ont chargé de fers les mains des infirmes et des vieillards; des enfants arrachés aux embrassements maternels oublient maintenant chez les barbares le nom du Dieu véritable..... Malheur à nous, mes enfants et mes frères, qui avons vécu dans les jours de calamité! Sommes-nous donc venus dans ce siècle pour voir la désolation de la chrétienté et pour rester en paix lorsqu'elle est livrée entre les mains de ses oppresseurs?..... Guerriers qui m'écoutez, vous qui cherchez sans cesse de vains prétextes de guerre, réjouissez-vous, car voici une guerre légitime! »

Que de cœurs un pareil langage, une pareille politique, n'auroient-ils pas ramenés à la religion!

Elle eût surtout formé un contraste frappant, cette politique, avec celle que l'on suit ailleurs : on refuse tout secours aux Grecs, qu'on affecte de regarder comme des rebelles, des républicains, des jacobins, des révolutionnaires ; lord Cochrane a pu faire ce qu'il a voulu en Amérique, et on lui ôte le moyen d'agir en faveur de la Grèce.

Jamais, non jamais, nous ne craignons pas de le déclarer, politique plus hideuse, plus misérable, plus dangereuse par ses résultats, n'a affligé le monde. Quand on voit des chrétiens aimer mieux discipliner des hordes mahométanes que de permettre à une nation chrétienne de prendre (même sous des formes monarchiques) son rang dans le monde civilisé, on est saisi d'une sorte d'horreur et de dégoût. Mais qu'on ne s'y trompe pas : on laisse les Turcs égorger les Grecs, quand une seule dépêche diplomatique suffiroit pour leur délivrance. Eh bien ! ce sang chrétien retombera tôt ou tard sur la chrétienté. Que la France particulièrement y réfléchisse : elle a laissé partager la Pologne, qui servoit de barrière aux peuples du Nord, et les Cosaques ont campé dans la cour du Louvre !

(Traduite du grec.)

« Nauplie (Napoli de Romanie), le 24 août [5 septembre 1825].

« Mon cher ami,

« J'ai reçu votre lettre du 25 mai passé dans un moment d'embarras. C'étoit l'arrivée du fils du pacha d'Égypte avec douze mille soldats bien aguerris et bien disciplinés, commandés par des officiers habiles, que la fausse civilisation européenne a fournis au sectateur de Mahomet pour coloniser la Grèce par des enfants noirs de l'Afrique et de l'Arabie, et qui, profitant de quelques circonstances intérieures de la Morée, s'est avancé jusqu'aux portes de Nauplie, car il est devenu sensible au point d'honneur, et il a dû tenir sa parole, donnée à un certain commandant, de venir le saluer au golfe de l'Argolide. Le preux chevalier s'est trouvé présent au poste fixé. Vous concevez donc que je ne pouvois vous répondre alors, et je devois attendre des jours plus sereins. Le pacha s'est retiré, après s'être donné le plaisir de brûler Argos. Depuis lors, nos affaires ont commencé à prospérer un peu : on a renfermé le pacha dans le plateau de Tripolitza, et nos guérillas se forment chaque jour davantage à l'art d'attaquer un ennemi discipliné. Dans le continent de la Grèce, on est parvenu à resserrer l'ennemi, bien plus nombreux mais moins discipliné, dans deux points, celui de Salone et celui de Missolonghi, où nos braves luttent à présent corps à corps avec des forces triples. La flottille grecque n'a eu qu'à se présenter pour faire fuir ignominieusement celle du sultan. En Candie, on a surpris l'importante forteresse de Graevonsa, et l'insurrection s'y propage, de manière que le pacha d'Égypte, au lieu d'acquérir le Péloponèse, va perdre peut-être l'importante île de Candie. Vous voyez donc que la balance penche en notre faveur; mais l'ennemi nous menace de ses grands renforts qu'il attend, soit d'Égypte, soit de la Haute-Albanie et de la Macédoine, et il se montre cette année et plus systématique et plus persévérant; et, ce qui est plus étonnant, il s'appuie sur des ingénieurs et des militaires européens. La marine marchande européenne nous est tout à fait hostile : c'est elle qui transporte les troupes de l'ennemi et qui lui fournit des vivres et des munitions. La fleur des matelots mahométans est composée de chrétiens. Je ne vous parle point des cabales et des intrigues étrangères, qui ne nous laissent pas un moment tranquilles; et cependant nous ferons face à tous ces ennemis, soit mahométans, soit chrétiens, soit blancs, soit noirs. Nous nous flattons qu'à la fin nous triompherons, et que malgré la politique cruelle qui veut en Grèce une *nouvelle régence barbaresque* nous lui épargnerons cette honte éternelle. Il est vrai que cela nous coûte extrêmement cher, et la Grèce est dévastée en tous sens. Il ne nous reste à présent pas une ville, et nos plantations sont abîmées. Mais nous voulons être libres et chrétiens, ou, autrement, nous cesserons d'exister. Vous me parlez, dans votre lettre, de parents et de propriétés! *Hors de la Grèce armée, un Grec ne peut plus rien posséder; et je regarde mes parents comme morts.* Je ne puis même correspondre avec eux. Les Turcs ont pris le parti de mahométaniser tout le pays sous leur domination, et dans les circonstances actuelles je ne puis même penser aux moyens de faire échapper mes parents de mon pays.

« Voilà où nous en sommes réduits. Que le bon Dieu maudisse ceux qui ont tant contribué à nos malheurs ! »

(*Traduite du grec.*)

« De Napoli de Romanie, 5 septembre 1825.

« Mon cher enfant,

« Aucun des Grecs n'a eu le même bonheur que toi, celui d'être choisi par la société bienfaisante (le comité grec françois) qui s'intéresse à nous pour apprendre les devoirs de l'homme. Moi je t'ai fait naître, mais ces personnes recommandables te donneront une éducation qui rend véritablement homme. Sois bien docile aux conseils de ces nouveaux pères, si tu veux faire la consolation des derniers moments de celui qui t'a donné le jour.

« Ton père, C. Canaris. »

Ce billet, de l'illustre Canaris, est adressé à cet enfant plein d'esprit et d'intelligence que l'on a vu a la seconde représentation de *Léonidas*, dans la loge de Mgr le duc d'Orléans, et qui a été applaudi avec enthousiasme par toute la salle.

Paris, le 31 décembre 1825.

L'année expire, le rayon de joie qui l'avoit éclairée au moment du sacre s'est promptement évanoui : tous les François, les yeux attachés sur la couronne, attendent que ce phare, qui ne les égara jamais, brille de nouveau pour les sauver au milieu des écueils.

Si ce n'étoit cette espérance, on pourroit être justement alarmé de voir l'année nouvelle s'ouvrir sous les auspices les moins favorables. Les choses se compliquent de manière qu'il devient presque impossible de voir à quelques pas devant soi.

Dans les circonstances difficiles, lorsqu'un État a été conduit habilement à l'extérieur et à l'intérieur, que tout est prospérité dans les finances et union dans les esprits, que l'opinion générale est prononcée en faveur de l'administration publique, que des hommes d'un talent incontestable sont à la tête des affaires, on attend sans crainte ce que l'avenir peut amener. Mais quand le crédit public a été altéré dans sa source ; quand des lois funestes ont mécontenté les diverses classes de citoyens ; quand l'incapacité des ministres est telle que ces ministres mêmes se la reprochent mutuellement, et qu'elle est avouée de leurs propres créatures ; quand ces ministres sont devenus impopulaires au point de gâter toutes les mesures où on leur suppose une influence, quand ils reçoivent des leçons à la barre des tribunaux, et quand l'improbation publique les poursuit jusque sur les théâtres, alors on ne peut s'empêcher d'être alarmé des chances qui semblent menacer le repos de l'avenir.

M. le ministre des finances demandoit cinq ans de paix pour accomplir ses bouleversements ; et dans l'espace de moins d'un an les deux plus grands événements politiques qui pouvoient arriver dans les deux mondes ont eu lieu : les nouvelles républiques américaines ont été reconnues par l'Angleterre, et l'empereur Alexandre est mort!

Quelle est la politique du ministère? Que pense-t-il de ces deux grands événements?

Pour l'Amérique, que veut-il? Reconnoître les républiques nouvelles?

Pourquoi n'a-t-il pas essayé de les transformer en monarchies constitutionnelles sous des princes de la maison de Bourbon? Il fut un moment où la chose étoit possible : le Mexique même l'avoit offert. Le principe monarchique en Europe eût été sauvé. La France, avec ses liaisons continentales, peut-elle aujourd'hui reconnoître franchement les républiques nouvelles de l'Amérique? Le peut-elle tandis que nous occupons encore militairement la Péninsule au delà des Pyrénées, et que des Bourbons règnent sur les trônes de France et d'Espagne? On devine bien ce que le ministère voudroit, et ce qu'il n'ose faire ; le penchant de sa politique est combattu par le sentiment de sa foiblesse. Notre position à l'égard de l'Amérique espagnole est la pire de toutes ; car nous ne sommes ni amis ni ennemis : nous avons tous les inconvénients qui résultent des demi-partis, et nous attirons sur nous cette déconsidération de l'étranger, si fatale à l'honneur et à la prospérité des États.

En Europe, comment sommes-nous placés pour attendre les résultats de la mort d'Alexandre? Elle ne produira aucun événement. Dieu le veuille! Et si pourtant elle alloit développer une politique nouvelle, que ferions-nous? Nous verrions sans doute le cabinet de Saint-James, moins confiant que nos ministres, augmenter les forces de terre et de mer de l'Angleterre dans la Méditerranée ; et nous, songeons-nous à mettre notre armée sur un pied respectable? Une partie de cette armée est au delà des monts ; et si nous retirons nos troupes, que deviendra l'Espagne? Nos places frontières sont-elles réparées, approvisionnées? Avons-nous un matériel de guerre suffisant? L'argent, où le prendrions-nous? Dans un nouvel emprunt? Mais, après les funestes résultats du système de M. le président du conseil, à quel taux le ferions-nous cet emprunt, et quelle seroit la garantie des prêteurs? La caisse d'amortissement? Mais la caisse d'amortissement n'est-elle pas livrée au 3 pour 100 de la conversion, tandis que la dette nationale, que les vieux 5 pour 100 en sont privés, et que les 3 pour 100 de l'indemnité périssent? Si dans ce moment même les Grecs ne sont pas exterminés, les affaires d'Orient ouvriront une immense carrière à la politique. Aurons-nous l'humiliation d'être les spectateurs impuissants d'une lutte où nous aurions dû être les premiers engagés?

Il faut gémir sur le sort de la France! Quels ministres sont chargés de la conduire à travers tant de périls! quels hommes pour se mesurer à la hauteur des choses qui s'amoncellent autour de nous! Croyez-vous qu'ils songent enfin à s'en éloigner, dans la crainte d'en être écrasés? Loin de là : s'ils croyoient les choses aussi importantes, aussi menaçantes qu'elles le sont, ils les regarderoient comme une heureuse distraction à l'attention publique; ils s'enfouiroient dans la grandeur des événements, et s'y feroient si petits qu'on ne les verroit plus.

Mais ils n'en sont pas même là; ils n'ont pas même l'instinct de la chose du moment, le sentiment de ce qui existe; ils ne comprennent pas la position où nous sommes; ils reposent dans cette sécurité de l'incapacité qui se contemple dans son mérite et s'admire dans ses œuvres. Qu'ont-ils vu, qu'ont-ils pu voir dans les républiques du Nouveau Monde, dans la mort d'Alexandre? Des accidents naturels, qui ne font rien à la France, qui ne valent pas la peine d'y penser. A quoi songent-ils donc? A la session prochaine, comme ils songeoient il y a deux mois aux 3 pour 100. Alexandre est mort : peu importe. Il est bien plus essentiel de savoir dans quel esprit ce député arrive du fond de son département; il faut l'épier à la descente de sa voiture, le prévenir, apaiser son humeur par tous les moyens : cela fait, le ministère est sauvé, et avec le ministère, la France, l'Europe, le monde.

Et c'est au milieu des ténèbres de la politique extérieure que la session va s'ouvrir : que feront et que diront les ministres? S'ils présentent des lois importantes, seront-elles votées? M. le président du conseil auroit-il aujourd'hui le crédit de faire adopter un plan de finances quelconque, à moins que ce ne fût un plan qui le condamnât lui-même? Pourroit-il venir aujourd'hui nous parler à la tribune de ses prévisions, de la certitude qu'il auroit du succès de ses opérations? Chaque mot tombé de sa bouche feroit rire ou pleurer.

Paris, le 11 janvier 1826.

Il ne faut juger le dernier événement de Pétersbourg ni avec des passions, ni avec des systèmes, mais avec la raison.

Voilà une insurrection militaire pour Constantin dans la ville, dans le corps de troupes où on lui supposoit le moins de partisans. Ce n'est peut-être qu'une échauffourée, qui n'aura aucune suite; mais c'est peut-être aussi un mouvement qui peut se répéter dans toute l'armée, sur tous les points de l'empire, et particulièrement à Moscou, en Pologne et en Bessarabie. Voilà deux mille soldats qui ont un dessein, qui l'exécutent avec ordre, et qui refusent de reconnoître et d'écouter leur empereur Nicolas; des soldats qui se forment en bataillon carré, qui tirent les premiers, et contre lesquels on est obligé d'employer le canon. Au régiment de Moscou viennent se réunir les *leib*, grenadiers, les marins de la garde et le peuple. Le général commandant de Saint-Pétersbourg est tué; deux autres généraux sont blessés. Il est rare que dans une bataille sanglante on perde autant d'officiers supérieurs; le tout finit par la déroute des insurgés: deux cents hommes, nous dit-on, restent sur le champ de bataille; et l'on sait que les bulletins officiels ne comptent pas exactement les morts: on en croira ce qu'on voudra.

Cependant, après la victoire, nous voyons les troupes fidèles obligées de bivouaquer autour du palais impérial pour le garder. Constantin, d'un autre côté, ne paroît pas avoir quitté Varsovie: pourquoi n'a-t-on encore de lui aucun manifeste pour blâmer et apaiser les troubles? Le grand-duc Michel est arrivé à Pétersbourg le jour même où l'on proclamoit Nicolas empereur: ce n'est donc pas sur le message dont il pouvoit être porteur que la proclamation avoit eu lieu? Que renfermoit *le manifeste de Nicolas I*er*, pièce qui, très-remarquable* selon l'Étoile, *expose avec beaucoup de détail et de clarté l'historique de la renonciation de Constantin, et les actes qui la constatent y sont annexés en entier.* Il sembleroit pourtant que cette pièce n'a pas paru assez claire à une partie du peuple et à un grand nombre de soldats, puisqu'ils ont pris les armes. Pourquoi ne nous a-t-on pas donné hier, ou du moins ce matin, cette pièce *remarquable?*

Quelle sera pour l'Europe la conséquence de ce mouvement? Une inquiétude fort motivée pour l'avenir: on pourra craindre le retour de ces scènes violentes. La Russie, mêlée désormais au système de l'Europe, ne sauroit être troublée sans que le monde s'en ressente. Qu'il arrive quelque autre accident dans d'autres États, et de cette complication d'événements naîtra une politique nouvelle, dans laquelle on sera malgré soi entraîné. La France, avec une partie de son armée en Espagne, avec l'état de son matériel de guerre et la dégradation de ses places frontières, avec son crédit ébranlé et ses déplorables opérations de finances, avec le mécontentement général de l'opinion, avec l'impopularité et l'incapacité de ses ministres, est-elle dans une position à attendre les grands événements que l'on peut prévoir?

Espérons que l'union de la famille impériale de Russie, que les vertus de ses princes étoufferont ces semences de discorde; mais n'est-il pas probable aussi que le cabinet de Saint-Pétersbourg sera obligé de satisfaire l'opinion du pays? Une guerre religieuse et populaire, appelée par tous les vœux des Russes, peut mettre fin, comme dans l'ancienne Rome, aux divisions intestines, et devenir le gage d'une réconciliation complète. Les soldats, occupés ailleurs, n'auront plus qu'à suivre avec joie l'empereur et les princes qui marcheront à leur tête. La Russie a été trop longtemps jouée à Constantinople par une double politique : le sentiment de son honneur comme de sa sûreté finira tôt ou tard par déterminer ses résolutions.

De ces considérations élevées, n'est-ce pas trop descendre que de retomber à notre ministère? Que pense-t-il de tout cela? Rien. Qui sait pourtant? Il voit peut-être des raisons de sûreté pour lui dans les troubles extérieurs. Si les nations se battent au dehors, on nous dira que c'est le moment de rester tranquille, le moment de faire le mort pour profiter de ces divisions; on nous dira que si l'on marche vers l'Orient, ou si l'on s'agite à Varsovie, on ne viendra pas nous troubler chez nous. Nos grands ministres croient peut-être que la France, dans une monarchie représentative, avec un gouvernement public, peut s'anéantir au milieu des peuples, laisser, s'il y a lieu, partager la Grèce, et se tapir sous le portefeuille de M. le président du conseil. Ils sont gens à rêver cela, à s'applaudir de la profondeur de leur politique. Ils bravent pour leur compte tous les événements : ils n'ont pas besoin de se courber pour les éviter, leur petitesse leur permet de passer dessous, mais du moins devroient-ils songer au trône, qui, plus élevé, peut se trouver exposé à la violence de la tempête.

En attendant, remercions nos rois de nous avoir donné ces institutions qui ne font pas dépendre le sort de la couronne et celui des peuples du caprice d'une garde prétorienne ; ces institutions qui établissent dans l'État une autre force que la force des baïonnettes; ces institutions où les intérêts publics, publiquement discutés, enseignent à tous leurs devoirs et apprennent à chacun ses droits. Ce sont pourtant ces institutions, aussi utiles au trône qu'à la nation elle-même, contre lesquelles des hommes sans jugement conspirent : l'absolutisme leur semble le chef-d'œuvre de l'esprit humain, la censure le port de salut. Ils appellent de tous leurs vœux, ils favorisent de toutes leurs intrigues un ordre de choses qui mèneroit en peu de temps à la perte de la monarchie légitime.

Paris, le 19 juillet 1826.

Nous avons exprimé nos regrets sur la manière dont la session a fini à la chambre des pairs. Depuis douze ans la noble chambre elle-même fait entendre les mêmes plaintes et les mêmes réclamations au sujet du budget. Il est dur de voter un milliard sans oser demander les améliorations que l'on croiroit nécessaires, dans la crainte de ne plus trouver personne à la chambre des députés ou d'entraver le service public.

Nous avons déjà remarqué que M. le président du conseil a répondu dans les dernières séances de la chambre héréditaire comme il répond presque toujours, c'est-à-dire qu'il n'a répondu à rien. Il est venu à propos des affaires de la Grèce lire une lettre de M. le contre-amiral de Rigny, qui disculpe les Français d'avoir pris part à un négoce infâme; mais l'auteur de l'amendement adopté par la chambre des pairs avoit-il accusé les François? N'avoit-il pas dit, au contraire : « Je veux croire qu'aucun navire françois n'a taché son pavillon blanc dans ce damnable trafic; qu'aucun sujet des descendants du saint roi qui mourut à Tunis n'a eu la main dans ces abominations : mais quel que soit le criminel, que je ne cherche point, le crime certainement a été commis. Or, il me semble qu'il est de notre devoir rigoureux de le tenir au moins sous le coup d'une menace. »

La lettre explicative de l'ancien ministre des affaires étrangères, citée par M. de Rigny, avoit déjà été citée textuellement par les journaux ministériels. Que disoit-elle, cette lettre? Rien que de très-naturel : qu'il ne falloit pas prendre un pacha qui voyage paisiblement avec ses esclaves, ou qui les envoie d'un port à l'autre sous un pavillon chrétien, pour un marchand qui vend de malheureux prisonniers de guerre et qui fait la traite des blancs. Il n'étoit pas question, dans l'amendement adopté, des canons qui ont foudroyé Missolonghi. M. le président du conseil a donc battu la campagne. Que ne répondoit-il plutôt à l'article des vaisseaux de guerre bâtis à Marseille pour le pacha d'Égypte, sous le prétexte d'une odieuse neutralité? Que ne s'attachoit-il à prouver que la caisse militaire d'Ibrahim n'a pas été portée par un bâtiment françois d'Alexandrie en Morée, et qu'il dise si cet argent de moins pour la solde des troupes égyptiennes n'auroit pas pu changer le sort de la campagne?

La vérité est que M. le président du conseil a été vivement blessé de l'amendement en faveur des Grecs, non par le côté matériel qu'il affecte de défendre, mais par le côté politique. Il a très-bien senti que la chambre des pairs, en se prononçant dans cette question, condamnoit la diplomatie du ministère, et donnoit le signal à l'opinion européenne. En effet, la chose est arrivée ainsi : c'est depuis le vote de la chambre des pairs que l'enthousiasme pour la Grèce a réveillé les princes chrétiens et forcé les gouvernements à désavouer, du moins des lèvres, si ce n'est du cœur, une politique aussi misérable que barbare.

Rien de satisfaisant en réponse aux calculs de M. le comte Roy : quand un homme aussi habile que ce noble pair se croit obligé d'annoncer qu'il tait une partie des maux qu'il voit; quand le noble comte, qui s'est retiré de la caisse d'amortissement pour ne pas mentir à ses principes, garde un douloureux silence; quand un noble baron signale les dangers de notre position extérieure, sans qu'on daigne s'expliquer sur cette position, on est obligé de convenir que l'on est conduit par cette espèce de despotisme de l'incapacité entêtée qui, bravant les forces morales, se retranche dans le fait de son existence physique.

M. le président du conseil a parlé de ses ennemis : en Angleterre, un ministre parle de ses adversaires; car lorsqu'il a des ennemis, et des ennemis nombreux, il est un inconvénient pour le monarque, un obstacle au gouvernement, et il se retire. Mais quels sont donc les ennemis que M. le président du conseil veut signaler? Seroit-ce par hasard ses anciens amis? A-t-il rejeté leur personne et renié leurs principes de manière à les obliger de s'éloigner de lui? A-t-il porté les premiers coups, et ne fait-on que les lui rendre? S'est-il imaginé qu'il pouvoit changer d'opinion, rompre les liaisons les plus intimes, blesser l'amitié et l'honneur, frapper au hasard sur tous les royalistes, sans distinction de talents, de services, de position sociale ; commettre des fautes de toutes les espèces, se contredire à toutes les phrases comme dans tous les faits? S'est-il imaginé qu'il pouvoit agir de la sorte, et que tout cela seroit trouvé bon, parfait, admirable?

Il fut un temps où M. le président du conseil n'avoit à combattre que cette opposition naturelle qui éclaire le pouvoir. L'immense majorité du public étoit pour lui; il trouvoit dans ses amis cette partie de popularité qui lui manque et qui lui manquera toujours. Il vivoit en paix et en joie sous le bouclier d'une opinion que lui apportoient des hommes qui disposent à tort ou à raison de cette opinion. Qu'il descende maintenant dans sa conscience; qu'il se demande quand et comment les divisions ont commencé! depuis quelle époque les vieux serviteurs du roi et les amis des libertés publiques se sont à la fois retirés de lui! Qu'il dise si depuis le jour de l'isolement volontaire où il s'est placé il a eu un seul moment de repos! Il a conservé le pouvoir; mais quel pouvoir! et à quel prix l'a-t-il acheté!

Avant la session il se flattoit d'avoir la majorité dans les chambres ; il faisoit déclarer par ses journaux, dont il vient de parler lui-même avec tant de mépris, qu'il dédaignoit l'opinion extérieure; que c'étoit à la tribune qu'il solderoit tous ses comptes; que la majorité des votes dans les chambres le dédommageroit des suffrages qu'il ne pouvoit obtenir à l'extérieur. Et il n'a rien payé à la tribune; et il n'a point eu la majorité décisive sur laquelle il comptoit. Les lois principales n'ont pu passer : la loi sur les délits commis dans les échelles du Levant a été retirée, parce qu'un amendement généreux y avoit été introduit; la grande loi des successions a été perdue, et la cour des pairs n'a point étouffé le procès des marchés Ouvrard.

Voilà donc le ministère remis entre les mains de l'opinion publique, par l'opinion législative, plus nu, plus foible, plus pitoyable qu'il ne l'étoit encore avant l'ouverture de la session.

Lorsqu'on jette les regards dans l'intérieur de la France, tout afflige : querelles religieuses, division des royalistes, ingratitude et corruption érigées en système, malaise général, inquiétude des esprits, incertitude de l'avenir; au dehors, on cherche en vain des consolations. La noble nation de saint Louis tourne un regard attristé vers l'armure dont elle s'est dépouillée après tant de combats et se demande comment on n'a pu puiser dans la seule vue de ce trophée une politique digne de sa gloire.

Qui mène le monde aujourd'hui, en supposant que le monde n'aille pas tout seul? Ce n'est certainement pas la France. Depuis 1824 nous nous sommes placés à la suite de l'Angleterre, sans tirer du moins de cette politique les avantages matériels qu'y trouvent nos orgueilleux patrons. Ainsi, quand on a vu la Grande-Bretagne proclamer de si beaux principes de liberté au sujet des colonies espagnoles et désavouer ces mêmes principes relativement à la Grèce, nos ministres, qui ne nous faisoient pas profiter du commerce des nouvelles républiques espagnoles, se sont montrés fièrement ennemis subalternes des Grecs. La borne de leur vue ne leur permettoit pas de découvrir les motifs des contradictions britanniques.

Pourquoi, dans la question de la Grèce, le cabinet de Saint-James favorisoit-il les idées du cabinet autrichien? C'est que l'Angleterre étoit alors dominée par son esprit d'opposition à la Russie. Mais pour nous, n'étoit-il pas absurde d'entrer dans cette politique? Nous devions être Grecs, non-seulement par humanité, par religion, par honneur, par mille sentiments généreux; mais nous devions l'être encore par tous les intérêts militaires et commerciaux de la France.

Vous verrez toujours l'Autriche et l'Angleterre, malgré la différence de leur politique de théorie, s'unir dans la politique pratique, par la raison qu'elles ne peuvent rien l'une contre l'autre, et que, rivales de la France et de la Russie, elles augmentent leur pouvoir par leur union. Cette seule observation prouve, pour quiconque a deux idées diplomatiques dans la tête, que notre alliance naturelle est ailleurs. La Prusse et la Russie nous sont unies par convenance; nous pouvons entrer dans leur politique pratique sans admettre leurs théories politiques, comme l'Angleterre penche vers l'Autriche sans partager les haines anticonstitutionnelles, d'ailleurs très-récentes, du prince de Metternich.

Un ministre qui perd de vue ou qui ignore la position dans laquelle les traités de 1814 et de 1815 ont laissé la France et les puissances alliées devroit, s'il a quelque pudeur, renoncer aux affaires. La Russie s'est agrandie de presque toute la Pologne, de la Finlande et des postes militaires au revers du Caucase; la Prusse vient jusqu'aux limites de notre sol; les Pays-Bas s'enferment dans une ceinture de forteresses, et ces forteresses, bâties en partie avec l'argent des alliés, sont des espèces de têtes de pont, d'ouvrages avancés que l'Europe a sur Paris, dont elle a appris le chemin : l'Autriche a englouti Venise et domine le reste de l'Italie; l'Angleterre a gardé, dans la Méditerranée, Malte et les Iles Ioniennes; dans l'Océan, le cap de Bonne-Espérance et l'Ile-de-France : maîtresse ainsi des ports de la Méditerranée et des mers de l'Inde, elle embrasse tout l'Orient.

Rentrée dans ses anciennes limites, la France a perdu, avec ses colonies, quelques-unes des places qui faisoient sa sûreté : plus de quarante-cinq lieues de ses frontières sont totalement ouvertes à l'ennemi.

Et c'est dans une pareille position que nous ne savons ni profiter des bonnes chances, ni choisir les alliances qui diminueroient contre nous le nombre des chances fâcheuses ! Favorables en théorie à la politique autrichienne, favorables en pratique à la politique angloise, nous faisons tout juste le contraire de ce qu'il faudroit faire. Nous devrions nous rapprocher de l'Angleterre par nos théories constitutionnelles et nous en éloigner par nos intérêts matériels; ou bien, adoptant un système complet, nous devrions reconnoître l'indépendance des colonies espagnoles, et, plus conséquents que l'Angleterre, nous déclarer en même temps pour l'indépendance de la Grèce.

Il est possible que la politique européenne soit au moment de changer relativement aux Hellènes. Et nous, très-humbles amis de nos voisins, nous qui ne voulons pas nous troubler la tête de tant de choses, nous ferons comme on fera.

Maintenant il n'est plus possible de dire que les Hellènes sont des révoltés, des révolutionnaires, ni même des républicains. L'assemblée nationale de la Grèce a décrété que le gouvernement de la Grèce seroit une monarchie constitutionnelle. Nous convenons que cela est encore assez malsonnant. Pourquoi cette assemblée n'a-t-elle pas voté un bon despotisme, bien conditionné, avec l'accompagnement obligé de la censure, le droit d'appréhender au corps quiconque s'avise de penser? Alors quelque légitimité chrétienne auroit consenti à remplacer la légitimité turque. Comme cela, les principes auroient été conservés dans toute leur pureté, et l'on auroit visité les ruines d'Athènes sous la protection des espions de police, tout aussi bien que sous la sauvegarde des eunuques noirs.

Quoi qu'il en soit, des ministres étrangers semblent avoir adopté ce projet de note collective et d'intervention commune, qui n'est pas d'eux, et qu'ils avoient d'abord dédaigneusement repoussé. Si les Grecs peuvent encore tenir une campagne, il est possible qu'ils échappent à leur ruine; alors nous ne serions pas étonnés de voir notre ministère déposer le turban pour la croix, se placer dans les bagages de l'opinion populaire triomphante et se vanter à la cantine d'avoir remporté la victoire. Si l'Angleterre surtout devient grecque, il sera grec, sans avoir l'honneur ou le profit du salut de la Grèce.

Par le mouvement de cette grande politique des choses, qui écrase aujourd'hui la petite politique des hommes, voici qu'un gouvernement libre est sur le point de reparoître à Lisbonne. Nos ministres l'avoient-ils prévu? Hélas! qu'ont-ils imaginé au delà des 3 pour 100? Dans cette question, ils suivoient encore l'Angleterre; mais ce seroit une erreur de croire que l'Angleterre ait poussé à l'établissement des cortès en Portugal. Nous savons, de science certaine, que la Grande-Bretagne s'étoit toujours repentie d'avoir laissé s'établir un gouvernement constitutionnel à Lisbonne, parce qu'elle trouve dans une représentation nationale des obstacles à ses intérêts. Ce furent les cortès qui renvoyèrent les Anglois officiers dans l'armée portugaise, qui détruisirent les priviléges que l'Angleterre s'étoit fait donner pour l'exportation des vins de Porto et l'importation des marchandises angloises.

Le cabinet de Saint-James ne se soucie des Chartes étrangères qu'autant qu'elles favorisent ses marchands. M. Canning, si longtemps ennemi de notre révolution et des radicaux de son pays, a cherché la popularité industrielle; voilà tout. Sa politique n'est point romantique; il a rudement déclaré à l'Espagne que l'Angleterre n'avoit jamais pris les armes pour les Bourbons, et il a tout aussi rudement fait arrêter les secours que l'on préparoit sur la Tamise pour les Hellènes. Pourvu que son pays soit libre, il fera tout aussi bien servir à la prospérité de l'Angleterre l'esclavage des nations que l'indépendance des hommes. Il préfère Bolivar au Grand-Turc ; mais il sera contre les Grecs avec les marchands de Londres, comme il sera pour les républiques espagnoles avec les marchands de Liverpool. Si la fortune change et amène d'autres intérêts, il sera pour les Grecs et contre les républiques. Selon le caractère du mouvement de la Colombie, il restera ce qu'il est aujourd'hui ou deviendra un autre homme.

Or, comme il est plus aisé d'asservir une petite cour despotique et d'acheter un ministre favori que de corrompre une assemblée nationale, la politique de l'Angleterre ne s'opposoit point du tout à la politique autrichienne à Lisbonne depuis l'abolition des cortès. Et voilà aussi pourquoi, par la raison opposée, la France faisoit bien, en 1823, de favoriser auprès du vieux roi, prince d'ailleurs très-généreux, le rétablissement d'un gouvernement constitutionnel. On peut donc regarder la constitution dont on parle pour le Portugal comme le résultat des opinions personnelles de l'empereur du Brésil : notre ministère, que l'Angleterre n'aura pas prévenu, parce que l'Angleterre ne se mêloit point de cette constitution, aura été tout aussi ébahi de la nouvelle qu'incapable d'en calculer les suites. Ces suites peuvent être immenses par rapport à l'Espagne, si toutefois quelque intrigue secrète ne parvient à entraver l'exécution du noble dessein de don Pèdre.

Que conclure de tout ceci ? Que nous n'occupons ni par la force des idées, ni par l'ascendant moral, ni par la puissance des armes, le rang que nous sommes destinés à occuper en Europe. Le ministère auroit fait à l'extérieur une France semblable à lui-même, chétive, petite, humiliée, si la France pouvoit jamais perdre sa grandeur. Nos hommes d'État, qui dans l'intérieur de la France marchandent sans honte des procès et frappent sans pudeur des gens de bien, feroient mieux de transposer leur politique : qu'ils emploient au dehors leur argent et leur arrogance, et qu'ils se soumettent au dedans à l'empire de l'opinion.

Une chose les trompe : c'est cette prétendue bienveillance qu'ils croient rencontrer dans les cours, et dont ils se vantent à la tribune ; ils ne voient pas que l'Europe est gouvernée aujourd'hui par des princes ou par des ministres qui ont traversé la révolution, et qui tous veulent, plus ou moins, jouir en paix des derniers jours de leur existence ; ils ne voient pas que les États n'ont point encore réparé le désordre de leurs finances et qu'il ne leur convient pas d'agir. De là la politique à l'ordre du jour renfermée dans cette phrase, que répètent à l'envi tous les cabinets : *Conservons, avant tout, la paix en Europe!* Un ministère qui dit à son tour : « Ne remuons pas, à cause de mes 3 pour 100, de ma bourse, de mon syndicat, de mon indemnité, et surtout à cause de ma place, » est un ministère qui dans toutes les dépêches des cabinets étrangers doit lire autant d'éloges que la France lui donne de témoignages de son improbation.

Mais la nature s'arrête-t-elle? Mais les idées restent-elles stationnaires? Mais les peuples se taisent-ils? Mais les lumières sont-elles tout à coup étouffées? Non : en Europe, les vieilles générations sont prêtes à disparoître ; en Amérique, des nations nouvelles se forment, et cette Amérique, qui a reçu de nous des constitutions, nous les renvoie. Le mouvement est donné, et ne sera point suspendu ; nous serons surpris, au milieu des divisions politiques et religieuses que le ministère a fait naître, par des révolutions qui seront les dernières de l'ancien ordre de choses. Ces révolutions arrivent ; elles sont à notre porte. Puisque nous refusons de prendre pour pilotes le talent, la raison, le bon sens et l'expérience, il ne nous reste qu'à nous abandonner, les yeux fermés, à la tempête : nous n'avons pas voulu conduire les événements, nous serons conduits par eux.

Paris, le 11 octobre 1826.

L'intérêt que nous portons à la cause de la Grèce nous avoit empêché jusque ici de parler des négociations entamées par les cabinets. Nous savions très-bien que la voix de la raison commençoit à se faire entendre : aujourd'hui que des feuilles publiques ont laissé transpirer quelque chose de ce changement d'opinion, nous pouvons dire qu'en effet le changement a lieu, mais qu'il est encore loin d'être arrivé à un résultat. Ce que l'on propose, ou proposera, est-il acceptable par la Porte ou par les Grecs? Il n'y a jusqu'à présent de certain dans tout cela que le triomphe de l'opinion des peuples. Il est fâcheux pour les gouvernements de n'avoir pas pris l'initiative dans une pareille question.

On a traité de jacobins et de révolutionnaires les hommes qui ont élevé la voix en faveur de ces millions de chrétiens que les puissances chrétiennes laissoient égorger, et maintenant on adoptera les plans ou une partie des plans présentés par ces mêmes hommes! On viendra essayer, peut-être trop tard, et avec des demi-mesures, ce qu'on auroit opéré facilement au commencement des troubles de la Grèce!

On aura laissé massacrer des milliers d'individus de tout âge et de tout sexe dans le cher espoir du rétablissement de la tyrannie mahométane ; et à présent qu'il est démontré qu'on peut dépeupler la Grèce, mais non la soumettre, on viendra *humainement, charitablement, chrétiennement,* tendre la main au reste des victimes : on auroit désiré qu'elles restassent esclaves ; elles ont la folie de préférer la liberté : qu'y faire ?

Nous avons dit dans un autre article que nos ministres étoient gens à se *vanter à la cantine* d'un succès qui ne seroit pas le leur : notre prédiction se vérifie. Vous verrez que le salut de la Grèce, si jamais la Grèce est sauvée, sera sorti de leur génie. Admirez déjà les symptômes d'humanité : on a mis à la disposition d'un préfet quelque argent pour les familles fugitives jetées sur nos rivages. Si l'on eût accordé aux Hellènes pour se défendre le secours que l'on ne peut guère leur refuser dans l'exil, le calcul eût été meilleur : ils ne seroient pas restés à la charge du gouvernement : Missolonghi eût été sauvé. Mais on aime mieux jeter un morceau de pain à un Moraïte proscrit que de donner un mousquet à un Grec libre.

Quoi qu'il en puisse advenir des négociations entamées, soit que M. le président du conseil convertisse en 3 pour 100 la liberté de la Grèce comme celle de Saint-Domingue, et que Athènes paye une indemnité à Sa Hautesse ; soit que tout se réduise à des pourparlers sans résultats, les gens de bien qui, dans les diverses parties de l'Europe, ont plaidé une cause sainte au milieu de toutes les calomnies, ces gens de bien doivent se réjouir : si la chaîne de la Grèce est brisée, cette délivrance sera leur ouvrage. Ils trouveront dans un succès dû à l'opinion qu'ils ont formée par leur persévérance la récompense de leurs efforts. Ne cessons jamais de réclamer les droits de la justice, lors même que nos intentions sont méconnues, lors même que la sottise, l'hypocrisie, l'envie, affectent des craintes ou des airs dédaigneux. Tôt ou tard la vérité triomphe, et ceux qui lui faisoient obstacle sont renversés par le mépris public ou emportés par le cours du temps.

Paris, le 20 octobre 1826.

Nous nous sommes jusque ici abstenu de parler du ministre étranger qui depuis un mois habite Paris : son séjour se prolongeant, notre silence finiroit par paroître de l'affectation : force nous est donc de le rompre.

Nous ne voulons pas manquer aux convenances de l'hospitalité, mais nous ne pouvons aussi partager l'espoir qui a valu à ce ministre la faveur d'une opinion qui pourroit en dernier résultat se trouver trompée. Nous ne voyons pas partout la *perfide* Angleterre, mais aussi nous ne voyons pas partout l'Angleterre *bienveillante*, et marchant à la tête des libertés du monde. Nous pensons que toute sa *bienveillance* est dans son intérêt : aujourd'hui pour les colonies espagnoles, demain contre elles, s'il y a lieu ; témoin sa conduite envers la Grèce. Si on ne part de ce point, on sera déçu, et l'on regrettera de s'être précipité dans des éloges qu'il faudra rétracter.

Les journaux anglois nous mettent d'ailleurs à l'aise pour la franchise ; ils disent ce qu'ils pensent des choses et des individus de la France avec une liberté que nous imiterons, à la grossièreté près. Ils ouvrent leurs colonnes à des *correspondances privées* que des journaux françois n'accepteroient jamais, si d'ailleurs les Anglois pouvoient, comme nous, se calomnier les uns les autres dans des gazettes étrangères.

Tout le monde connoît la vie publique de l'hôte célèbre qui est venu nous visiter, ses talents comme poëte, comme écrivain, comme orateur et comme politique. Laissant le passé de côté, nous dirons, quant au présent, qu'il y avoit, ce nous semble, pour l'Angleterre autre chose à faire que ce que le ministère anglois a fait. Nous pensons qu'il pouvoit favoriser les libertés publiques dans l'Amérique espagnole, sans exposer en Europe les principes sur lesquels repose la triple monarchie d'Édouard le Saxon, de Guillaume le Normand et de Guillaume le Hollandois. Nous croyons qu'on pouvoit ouvrir des débouchés au commerce de la Grande-Bretagne dans le Nouveau Monde sans amener la catastrophe industrielle dont l'Angleterre a été et est encore victime ; nous croyons qu'on pouvoit réformer le système des douanes des trois royaumes sans être obligé de reculer, comme on l'a déjà fait, et sans produire une diminution notable dans l'impôt : voir vite et voir loin sont deux choses. Qu'il renaisse en Angleterre des Burke, des Fox et des Sheridan, et nous pensons qu'une telle opposition auroit bientôt trouvé le côté foible du nouveau système !

Mais cela n'est pas notre affaire. Le public françois se contente de demander dans quel dessein le très-honorable ministre anglois est venu à Paris. Dans notre opinion, il n'est venu dans aucun dessein particulier : il regarde autour de lui, il profite de son voyage pour voir où nous en sommes dans ce pays, pour se faire une idée des partis et des opinions, de ce qu'il y a à craindre ou à espérer de la France, pour étudier la capacité, les talents et le caractère des personnages en pouvoir. Sous tous ces rapports, il doit être content. On lui dit tous les jours que nos hommes d'État resteront éternellement en place : que peut-il désirer de mieux? Si c'est là notre secret, si le ministre d'une puissance peu amie emporte ce secret, le voilà certes bien à l'aise, ce ministre, pour se conduire en Europe comme il voudra, sans s'embarrasser de la France.

Mais ne fait-on rien autre chose dans l'intérieur des cabinets? Si l'on savoit à quoi se réduisent les mystères de la diplomatie, on s'en soucieroit moins, et souvent on en riroit. On cause vraisemblablement, dans les rencontres fortuites ou préparées, de toutes sortes de choses; beaucoup moins du Portugal qu'on ne le pense; un peu plus de l'Espagne, afin de l'amener, si faire se pouvoit, à reconnoître l'indépendance de ses colonies, vieux plan qui depuis trois ans traîne dans toutes les chancelleries de l'Europe. On parle peut-être davantage de la Russie, et surtout à cause des coups de canon qu'elle vient de tirer. Qui sait où porte un boulet lancé par une puissance qui compte une armée de sept cent mille hommes? Peut-être, forcé par le cri des peuples, s'occupe-t-on de la pacification de la Grèce : c'est encore peut-être quelque vieux plan d'*hospodarat,* qui se changeroit selon l'occasion en *protectorat.* On laisseroit la Russie occuper (si la Turquie ne l'a pas déjà satisfaite) la Valachie et la Moldavie; l'Angleterre *protégeroit* la Grèce; et nous, nous écririons peut-être des dépêches pour offrir nos bons services à tout le monde, sans demander un village ou une obole. Verroit-on jamais rien de plus désintéressé, de plus bénin, de meilleur pour la sûreté de la France, s'il y avoit quelque vérité dans tous ces *on dit?*

Mais avons-nous besoin de quelque chose, et n'avons-nous pas nos 3 pour 100 pour les présenter à nos amis et à nos ennemis? En faut-il davantage à la gloire de M. le président du conseil et à la nôtre? Voyez monter ces 3 pour 100, que l'on disoit frappés de réprobation : ils sont déjà, après un an de sueurs et de travaux, à 68; il ne reste plus que 7 à gagner pour arriver à 75, hausse qui ne profiteroit pas aux pauvres premiers convertis qui se sont dépêchés de revendre dans la descente à 60. Mais n'est-il pas certain que si pendant quelques années on sacrifie encore la caisse d'amortissement aux 3 pour 100, et que le syndicat et les banquiers cosmopolites continuent à les remorquer, il faudra bien que ces 3 pour 100, bon gré, mal gré, soient amortis, et que la dernière inscription de cette rente soit nécessairement achetée, à la volonté du vendeur, à 100 et au-dessus par la caisse d'amortissement? Alors, qui pourra nier que les 3 pour 100 se soient élevés par le *crédit public* au pair du 5? Oh! la belle opération! 80 millions sacrifiés pendant plusieurs années à l'amortissement de 20 millions de rentes en 3 pour 100 ! Quel génie il a fallu pour enfanter cette œuvre financière !

Et le milliard des émigrés, que devient-il? Si l'on prenoit une moyenne proportionnelle entre les sommes réclamées et les sommes à réclamer, les demandes pourroient s'élever de 12 à 1,500 millions; et l'on a tout juste un milliard à donner en *principe*.

Ce milliard en *théorie* étant en 3 pour 100 en *pratique*, et ces 3 pour 100 de l'émigré ne se vendant pas au-dessus, et peut-être se brocantant au-dessous de 60, le milliard se trouve réduit à 600 millions, sur lesquels il faut défalquer les fonds de réserve : somme totale, 400 ou 450 millions; et il faudroit peut-être pour un acquittement tolérable une somme d'un milliard 500 millions. Oh! la belle opération! quel succès! quel génie!

Et l'indemnité de Saint-Domingue? 30 millions reçus sur 150 à recevoir, reste 120 millions que vraisemblablement on ne touchera pas si tôt. Oh! la belle opération! quel succès! quel génie! Tout cela ne fait rien à M. le président du conseil; et s'il meurt jamais politiquement, il compte expirer sur un monceau de boules blanches, comme Vert-Vert sur un tas de dragées.

D'ailleurs, détracteurs que nous sommes, rivaux mordus du serpent de l'envie, ne devons-nous pas voir la prospérité dans la plus-value de l'impôt? qu'avons-nous à répondre?

Rien du tout, si c'est le ministère qui a fait la terre, l'air, l'eau et le soleil de la France; si c'est lui qui a fait la Charte, où repose dans les libertés publiques un fonds de prospérité que l'on ne peut nous ravir, si le filon de nos richesses naturelles et industrielles est abondant. Les impôts, qui grâce au temps ne nous manquent pas, exploitent merveilleusement ce filon : reste à savoir s'il est inépuisable. Voulez-vous qu'il y ait encore une plus grande plus-value dans l'impôt, ajoutez une taxe à toutes celles dont nous sommes écrasés, et vous aurez le plaisir de publier à chaque trimestre la preuve de la prospérité de la France : ce jeu-là pourroit réussir quelques mois; mais après !

Voulez-vous savoir où en est la prospérité produite par les opérations du ministère? Supposez demain l'apparence d'une guerre pour la France, et vous verrez ce que deviendra toute cette machine financière, construite à si grands frais et si déplorablement inventée! Vos fonds tomberont, vos impôts diminueront, et il ne restera que le néant d'un système financier où tout est illusion, fantasmagorie et réelle misère.

La France est dans ce moment tranquille pour des regards qui ne veulent pas plonger au fond des choses; mais il n'y a pas deux hommes qui aillent ensemble : la France paye l'impôt; mais chaque jour la position des propriétaires s'empirera. La France est mâle et robuste; mais pourtant ses enfants guerriers sont dégoûtés du service militaire. La France a encore des forteresses; mais elles croulent de toutes parts. La France pourroit jouer un rôle important en Europe; mais elle suit la politique la moins propre au sentiment de sa force.

Cette France, que des adulateurs à gages veulent voir si paisible, est remplie des éléments de troubles que le ministère y a jetés; elle s'avance vers l'avenir le plus obscur et peut-être le plus orageux : mais elle dort en marchant, et la flatterie et la sottise prennent ce dangereux sommeil pour du repos. Les talents qui consoloient notre belle patrie s'éteignent tour à tour; quelque chose d'étroit nous étouffe : cet état est trop opposé au tempérament de la France pour qu'il dure longtemps.

Aussi sommes-nous à l'apogée de cette prospérité ministérielle, objet de l'admiration des valets du pouvoir : cette prospérité ne peut plus que descendre. Les élections viendront dans deux ou trois ans; et quand elles ne viendroient pas, nous vieillissons : le temps où nous devons disparoître est proche. Si nous étions jeunes, nous pourrions dire : « Allons toujours comme cela une vingtaine d'années, et puis nous verrons. » Mais, dans deux ou trois ans, nous serons arrivés aux jours de grâce, à ces jours où l'on ne compte plus. Rien de ce qui nous succédera ne suivra notre système : le monde appartiendra à des générations nouvelles.

Ministres, songez-y bien : si vous êtes encore en place ou sur la terre, vous répondrez alors de ce que vous aurez fait; vous répondrez de la désunion politique que vous avez établie entre les serviteurs du roi, des divisions religieuses commencées sous votre administration, de la corruption que vous avez répandue, des injustices dont on aura eu à se plaindre, et qui ont laissé au fond des cœurs tant d'amertume; de l'indifférence, plus déplorable encore, que vous aurez fait naître sur des choses d'où dépend la vie de la France monarchique, et enfin du chemin que vous aurez laissé faire aux idées républicaines. Songez-y bien, vous êtes arrivés trop tard au pouvoir pour vous y perpétuer; vous avez fait un mal immense, car le mal se fait vite, et vous n'avez ni le génie ni le temps de le réparer.

Paris, 3 novembre 1826.

On a beaucoup parlé ces derniers jours de l'occupation de Lisbonne par nos voisins insulaires. Si cette nouvelle se confirmoit, elle mériteroit de fixer l'attention publique.

On sait que le gouvernement constitutionnel du Portugal, sous le vieux roi, s'étoit débarrassé de la protection de la Grande-Bretagne, qu'il avoit renvoyé tous les officiers anglois servant dans les troupes portugaises et aboli les priviléges commerciaux arrachés par un allié puissant à un peuple malheureux. Le parti anglois étoit réduit à un très-petit nombre de négociants à Porto, à Lisbonne et à Coimbre. Le parti françois, au contraire, étoit devenu extrêmement populaire dans ces mêmes villes et dans les campagnes, grâce au dévouement et à l'habileté de M. Hyde de Neuville. Tous les corps de l'État, et même le clergé, inclinoient vers la France. Il ne restoit donc plus qu'à nourrir ces sentiments nationaux, de telle sorte que les Anglois ne pussent arriver que *de force* sur les rives du Tage, jamais du *consentement* et par l'*autorité* du gouvernement portugais.

Arriver de force en Portugal n'étoit pas chose aisée pour la politique du cabinet de Saint-James. L'Europe est inquiète, et l'équilibre continental est dérangé toutes les fois que les Anglois mettent le pied en terre ferme.

Mais arriver en Portugal à la réquisition des autorités de Lisbonne changeroit l'état de la question et mettroit les Anglois fort à l'aise. Ils nous diroient : « Nous occupons le Portugal comme vous occupez l'Espagne, comme l'Autriche occupe le royaume de Naples. Qu'avez-vous à répondre ? »

Rien du tout, en vérité, sinon qu'une occupation angloise, effectuée sous les yeux de l'armée françoise, tandis que nous avions tous les moyens politiques moraux et militaires de prévenir cette occupation, seroit une chose sans exemple dans notre histoire, une chose aussi humiliante pour notre diplomatie que déplorable pour la France.

Quand un gouvernement prépare un mouvement militaire, il en avertit ordinairement les autres puissances, ce qui donne lieu à un échange de notes. L'armée angloise auroit-elle reparu sur le continent ? Si cet événement de la plus sérieuse nature a eu lieu, en avons-nous été prévenus ? M. Canning auroit-il fait entendre *raison* sur ce point à nos ministres bénévoles ? Il nous seroit impossible de le croire. Mais si nous n'avions été prévenus de rien, et si par hasard les Anglois étoient à Lisbonne, comment nous serions-nous ainsi laissé surprendre? Ici on se trouveroit nécessairement placé entre la foiblesse et l'incurie.

Si le Portugal étoit occupé, le ministère françois seroit responsable en notre pays d'avoir laissé les Anglois aborder au continent, et d'autant plus responsable que nous avions une armée aux avant-postes.

Mais auroit-il donc fallu faire la guerre à l'Angleterre pour l'empêcher de mettre garnison dans Lisbonne?

C'est déplacer la question : il falloit se conduire avec assez d'habileté à Lisbonne pour qu'on n'y désirât pas les troupes de la Grande-Bretagne, ou pour qu'on y préférât, en cas de besoin, notre protection à celle de l'Angleterre.

Voyez un peu ce qui résulteroit pour la France de l'occupation du Portugal par les Anglois.

S'il arrivoit, par une raison ou par une autre, que nous fussions obligés d'évacuer l'Espagne, pourrions-nous le faire tant que les Anglois tiendroient le Portugal? L'honneur françois ne pousseroit-il pas un cri d'indignation si nos troupes sortoient de Barcelone, de Cadix, de Madrid, tandis que les troupes angloises resteroient à Lisbonne? car, enfin, ce n'est certainement pas pour remettre le Portugal au nombre des colonies angloises que M. le dauphin a remporté ses généreuses victoires.

D'un autre côté, le cas de l'occupation de Lisbonne par les Anglois échéant, pourrions-nous demeurer en Espagne avec une armée aussi foible que celle que nous y avons aujourd'hui? La plus simple prévoyance ne nous obligeroit-elle pas de renforcer nos garnisons, et même de les porter sur la frontière de la Galice, de Zamora et de l'Estramadure? Mais si nous renforcions ces garnisons, les cours étrangères n'en prendroient-elles pas ombrage? N'augmenterions-nous pas en même temps les frais, déjà si considérables, de notre occupation militaire? Complication d'embarras de toutes parts.

Raisonnons maintenant dans une autre hypothèse. Supposerons-nous que les deux gouvernements françois et anglois se soient entendus, qu'ils se soient dit : « Nous occuperons respectivement le Portugal et l'Espagne; nous évacuerons ces deux royaumes quand cela nous conviendra, d'un commun accord, ensemble, et le même jour? »

Qui seroit la dupe dans cette convention? Bien évidemment la France. L'Angleterre, déjà maîtresse au Brésil, doit désirer l'être encore en Portugal, où elle trouvera moyen de faire payer ses troupes et de se dédommager de ses *soins* par des avantages commerciaux. Nous, nous n'avons qu'à perdre à rester en Espagne.

Ainsi l'Angleterre nous forceroit, par une convention en apparence équitable, à évacuer l'Espagne ou à y rester à sa volonté :

A l'évacuer, en nous déclarant qu'elle va sortir du Portugal, peut-être au moment même où il nous conviendroit de demeurer en Espagne;

A y rester, en nous notifiant qu'elle veut prolonger le séjour de ses troupes en Portugal.

Dans ce dernier cas, elle obtiendroit un double avantage : elle affoibliroit notre armée sur nos frontières du nord, en retenant une partie de nos troupes en Espagne, et elle nous obligeroit à continuer nos sacrifices d'argent : car, encore une fois, si les Anglois restoient à Lisbonne, il n'y auroit aucun moyen sûr et honorable pour nous d'évacuer l'Espagne.

Bien d'autres inconvénients résulteroient de l'occupation du Portugal par l'Angleterre. Le cabinet de Saint-James pourroit prendre sur le cabinet de Madrid, par ce voisinage, une influence que nous avons achetée assez cher pour désirer la conserver. Ce même voisinage pourroit susciter des troubles sur les frontières espagnoles; ces troubles pourroient exiger la présence des troupes de Georges IV. Quel parti prendrions-nous alors? Laisserions-nous faire la police par des patrouilles angloises dans un pays où les soldats du roi de France veillent à la sûreté d'un petit-fils de Louis XIV?

Nous espérons encore que les Anglois ne règnent pas à Lisbonne; nous espérons que s'ils ont paru dans cette ville, ils n'auront agi fortuitement que pour rétablir l'ordre, et qu'ils se seront bientôt retirés; nous espérons surtout que l'on s'empressera de donner à la France les éclaircissements qu'elle a droit d'attendre. Cette affaire du Portugal est très-obscure; on la glisse dans les feuilles ministérielles en passant, comme une chose qui ne vaut pas la peine qu'on s'en occupe, et pourtant elle est d'une importance majeure.

Les troupes angloises ont-elles de nouveau, oui ou non, débarqué sur le continent? Sont-elles, oui ou non, en Portugal?

Et qu'on ne vienne pas nous dire que quelques soldats de marine sont seulement descendus de leur vaisseau. *Un seul* soldat anglois stationné sur les bords du Tage résout la question comme *mille* soldats : il n'y a pas loin, pour la marine angloise de Corck ou de Gibraltar à Lisbonne.

Perdons notre argent au 3 pour 100, si telle est notre folie, mais ne jouons jamais avec l'honneur de la France. Que malheureusement la nouvelle de l'occupation du Portugal par les Anglois se trouve vraie, et ce sera une preuve de plus de l'impuissance, de l'incapacité de ces ministres trop étrangers à la prospérité et à la gloire de leur patrie.

Paris, ce 18 décembre 1826.

La politique ministérielle a agi avec tant d'habileté qu'elle a fini par rappeler sur le continent européen la puissance angloise; faute énorme qui annule ce qui pouvoit faire dans les traités de Vienne et de Paris une espèce de contre-poids aux préjudices causés à la France par ces traités; faute que les puissances continentales ne cesseront désormais de reprocher à la déplorable administration qui désole la France. Sans doute il ne faudroit pas écouter ces puissances dans tout ce qui pourroit nuire à la liberté ou à l'honneur de notre pays; mais ce seroit une insigne folie de nous croire isolés sur le continent et de nous placer de sorte que la politique insulaire et la politique continentale eussent également à se plaindre de nous : ne marchons ni derrière M. Canning, ni derrière M. de Metternich.

Nous demandions s'il étoit possible pour nous de rester avec si peu de forces en Espagne, tandis que l'Angleterre va occuper le sol et les ports du Portugal avec ses troupes et ses vaisseaux. Cinq mille Anglois vont d'abord descendre à Lisbonne; parmi ces troupes se trouvent des régiments de l'infanterie de la garde de Georges IV et des corps de cavalerie, ce qui n'annonce pas le projet d'une occupation stationnaire et de peu d'importance. Peut-on jamais prévoir les cas fortuits d'un mouvement militaire dans les événements d'une guerre civile? Tout en désirant la paix, ne peut-on pas dire, comme M. Canning vient de le dire, qu'il y a deux positions où l'on est toujours obligé de recourir aux armes, savoir : quand l'honneur national et la foi publique sont compromis? Si nous n'avions pas de troupes en Espagne, l'occupation du Portugal par les Anglois seroit fâcheuse, sans être d'un danger immédiat; mais la présence du drapeau blanc dans la Péninsule complique la question et préoccupe tous les esprits.

C'est pourtant dans ce moment qu'on paroît diminuer l'effectif de notre armée : des Prussiens occupent, assure-t-on, des villages en France; nos places frontières tombent en ruine : mais aujourd'hui bornons-nous à l'Espagne.

On ne peut nier que le mouvement des Portugais réfugiés n'ait eu pour lui l'assentiment du parti que nos armes ont fait triompher en Espagne. Ces masses si ingouvernables, et qui suivent les impulsions de ceux qui les dirigent sans obéir à l'autorité légale, ont les Anglois en horreur; le gouvernement espagnol n'a pas plus de penchant pour cette nation, et la reconnoissance des républiques espagnoles par la Grande-Bretagne est une plaie récente et vive dans le sein de tout Espagnol, quelles que soient la classe et l'opinion auxquelles il appartienne.

Maintenant que l'Angleterre nous déclare ouvertement son allié, et qu'elle nous félicite d'avoir fait, d'accord avec elle, tout ce que nous avons pu faire pour empêcher l'invasion du marquis de Chaves, de quel œil allons-nous être vus en Espagne? Si une guerre s'engageoit, non entre nous et l'Angleterre, mais entre l'Espagne et le Portugal; si les Anglois, pour mieux assurer la paix intérieure du Portugal, mettoient garnison dans les places frontières de l'Espagne, dans quelle position nous trouverions-nous?

Nous sommes les alliés de l'Angleterre, mais nous le sommes aussi de l'Espagne; si les Anglois entroient en Espagne, nos soldats tireroient-ils sur les Espagnols ou sur les Anglois, ou bien regarderoient-ils l'arme au bras, derrière les remparts, les combats de leurs doubles alliés? Le marquis de Lansdown et lord Holland ont demandé dans la chambre des pairs de quelle nature étoit notre *coopération,* et si lorsque nous pouvions agir nous nous sommes contentés de parler: les troupes angloises feroient-elles les mêmes interpellations aux nôtres sur le champ de bataille? Les Espagnols, de leur côté, ne nous sommeroient-ils pas de venir à leur secours?

Mais, dit-on, il n'y aura pas de guerre entre le Portugal et l'Espagne: ces dangers sont donc imaginaires. Dieu le veuille! Dieu fasse qu'on puisse compter sur quelque chose avec les passions de ces peuples du Midi, qui trompent tous les calculs de la raison! Mais, nous le répétons, comment serons-nous vus maintenant du peuple espagnol? Nos foibles garnisons ne seront-elles point insultées? Nos soldats seront-ils obligés de faire feu sur les sujets d'un roi, d'un Bourbon qu'ils sont venus délivrer, ou de supporter les insultes d'une population fanatique?

La prévoyance la plus commune nous oblige donc à augmenter le nombre de nos troupes en Espagne, ou à évacuer ce pays.

Si nous renforçons nos garnisons, nous nous exposons aux représentations les plus vives et à une augmentation de dépenses militaires; si nous retirons nos troupes, laisserons-nous-donc le Portugal aux mains des Anglois? L'arrivée des gardes du roi d'Angleterre à Lisbonne sera-t-elle le signal de la retraite des gardes du roi de France à Madrid? Les victoires de M. le dauphin auroient-elles pour résulat définitif le rappel des Anglois sur le continent et l'occupation du Portugal par cette nation? L'honneur ne permet plus à notre ministère d'évacuer l'Espagne; la sûreté ne nous permet plus d'y rester aussi foibles : notre double politique nous met aux prises avec les Anglois et les Espagnols, et cette impossibilité de notre ministère de prendre un parti sur quoi que ce soit nous crée partout des ennemis.

Quand on apprendroit demain que l'insurrection portugaise est apaisée, que le marquis de Chaves est battu, ou que les Anglois, descendus à Lisbonne, ont empêché l'occupation de cette capitale par les ennemis de la Régence, notre position n'en seroit pas beaucoup meilleure : les Anglois resteront désormais en Portugal; et tant qu'ils y resteront, pouvons-nous honorablement sortir d'Espagne ?

Notre rôle dans tout cela sera toujours misérable, et la France ne se trouve point placée au rang qu'elle doit occuper. Il est remarquable que M. Canning dans son discours n'a pas même fait un compliment à la France; notre alliance méritoit cependant bien un petit mot d'encouragement. M. le ministre des finances n'a pas osé lui-même avouer franchement l'Angleterre, et dans le discours de la couronne il a fait dire seulement à la couronne : « D'accord avec *nos alliés*. » Cette petite précaution diplomatique aura été peu agréable à l'Angleterre, qui a si hautement avoué le roi de France, et il est probable que cette précaution n'aura pas eu beaucoup de succès auprès de MM. les ambassadeurs résidant à Paris.

Il est certain que la tendance de tous les gouvernements en Europe est vers la paix : le caractère des monarques et des ministres, la lassitude des peuples, le délabrement des finances en tous les pays, expliquent assez cette tendance générale; mais ce seroit s'abuser que de croire que rien ne peut détruire ce penchant à la paix, surtout si l'Angleterre continuoit à voir l'Espagne au fond des affaires du Portugal.

Aurions-nous pu, à une certaine époque, prévenir les malheurs dont le Portugal est aujourd'hui affligé ? Oui, sans doute, nous l'aurions pu, si l'on avoit continué à suivre une politique digne à la fois de la grandeur et de la générosité de la France. Que de choses seroient connues si le gouvernement constitutionnel avoit dans nos chambres législatives l'action qu'il devroit avoir !

M. le président du conseil pense-t-il à l'avenir ? Croit-il maintenant au péril de sa politique ? Oui, mais seulement pour le 3 pour 100. Il aura été mille fois plus occupé d'une dépression d'agiotage de cinquante sous que des atteintes qui pourroient être portées à la dignité de son pays. Toutes ses sollicitudes sont pour la Bourse. L'alarme est au camp, mais seulement dans l'intérêt des banquiers, du syndicat, des joueurs à la hausse et à la baisse : pas une idée au delà. Les fonds ont descendu; qu'ils remontent vite, tout sera sauvé ! Qu'importe la gloire de la France exposée dans la Péninsule, qu'importe la liberté de la France menacée par une loi sur la presse ! le 3 pour 100 va-t-il bien ? A l'aide d'un amortissement de 80 millions, à l'aide du syndicat, à l'aide des prêts sur dépôts de rentes et des efforts de la compagnie financière, 20 millions de rentes 3 pour 100 à 75 sont à 67 : victoire! tout prospère, tout est à l'abri, gloire, honneur, liberté!

On a parlé de division dans le conseil : peu importe. La France ne s'embarrasse guère des querelles de la petite famille ; elle voudroit être libre, glorieuse, paisible : tôt ou tard elle le sera, quand son excellent monarque, instruit par la voix publique et les humbles doléances de ses peuples, aura secoué son manteau royal et appelé d'autres mains au soutien de la couronne.

FIN DE LA POLÉMIQUE.

POLITIQUE

OPINIONS ET DISCOURS

PRÉFACE

DES OUVRAGES POLITIQUES.

J'ai dit dans l'*Avertissement général* de l'édition de mes Œuvres complètes que mes écrits politiques contiennent l'*histoire abrégée de la restauration*, et que, rangés par ordre chronologique, ils représentent, comme dans un miroir, les hommes et les choses qui ont traversé l'ère récente de la monarchie.

J'ai dit encore dans ce même Avertissement : *Mes ouvrages politiques se diviseront en trois parties : les Discours prononcés aux chambres, les Ouvrages politiques proprement dits, et la Polémique.*

Les *Discours* et les *Opinions* que je donne aujourd'hui dans ce volume offrent le tableau des lois promulguées ou proposées en France depuis ma nomination à la chambre des pairs, c'est-à-dire depuis le retour de Gand.

Les ouvrages proprement dits *Politiques*, et qui touchent aux circonstances du jour, sont une sorte de relation des événements : l'histoire de la restauration est pour ainsi dire renfermée entre le petit écrit *De Buonaparte et des Bourbons*, et la brochure intitulée : *Le Roi est mort, vive le Roi !* le temps qui sépare ces deux écrits est rempli par les *Réflexions politiques*, le *Rapport fait au Roi dans son conseil à Gand*, *La Monarchie selon la Charte*, etc., etc.

Ces ouvrages ont exercé sur les événements une influence qui n'a point été niée : Louis XVIII avoit la bienveillante générosité de dire que la brochure *De Buonaparte et des Bourbons* lui avoit valu une armée. On sait assez quelle tempête éleva contre moi *La Monarchie selon la Charte*.

Enfin, ce que j'appelle la *Polémique*, choix des divers articles de controverse politique échappés à ma plume, est l'histoire des opinions en France depuis le commencement de la restauration jusqu'au jour où j'écris cette Préface (1826).

Ces trois genres d'ouvrages divers se placent dans un principe commun, dans celui des libertés publiques; les vérités fondamentales de la monarchie constitutionnelle y sont sans cesse rappelées : mes seuls chapitres, articles et opinions relatifs à la liberté de la presse forment peut-être sur cette matière le corps de doctrine le plus complet qui existe.

Les Muses furent l'objet du culte de ma jeunesse; ensuite, je continuai d'écrire en prose avec un penchant égal sur des sujets d'imagination, d'histoire, de politique, et même de finances[1]. Mon premier ouvrage, l'*Essai historique*, est un long traité d'histoire et de politique. Dans le *Génie du Christianisme*, la politique se retrouve partout, et je n'ai pu me défendre de l'introduire jusque dans l'*Itinéraire* et dans *Les Martyrs*. Mais, par l'impossibilité où sont les hommes d'accorder deux aptitudes à un même esprit, on ne voulut sortir pour moi du préjugé commun qu'à l'apparition de *La Monarchie selon la Charte*. Les imprudences ministérielles, en essayant d'étouffer cet ouvrage, ne le firent que mieux connoître, et les journaux anglois, bons juges en fait de gouvernements constitutionnels, achevèrent ce qu'une irritation, d'ailleurs excusable, avoit commencé.

Il y a loin sans doute d'*Atala* à *La Monarchie selon la Charte;* mais mon style politique, quel qu'il soit, n'est point l'effet d'une combinaison. Je ne me suis point dit : « Il faut pour traiter un sujet d'économie sociale rejeter les images, éteindre les couleurs, repousser les sentiments. » C'est tout simplement que mon esprit se refuse à mêler les genres et que les mots de la poésie ne me viennent jamais quand je parle la langue des affaires. Plusieurs volumes de politique réunis dans cette édition de mes Œuvres attesteront cette vérité.

Quoi qu'il en soit, ces *Opinions*, ces *ouvrages* sur *les choses du jour*, cette *Polémique*, rangés par ordre de dates, formeront un monument de quelque utilité pour l'histoire.

Considérés sous un autre point de vue, ces discours attesteront les progrès de la société; ils prouveront que nous ne sommes plus aux éléments de la

---

1. Voyez *Essai historique sur les révolutions,* tome I, à la fin du chap. XXIII. On trouve au bas de la page, la note suivante :

« Je n'ai pas attendu à être membre de la chambre des pairs pour m'occuper de l'économie politique : on voit que je savois ce que c'étoit que la liquidation d'une dette et un fonds d'amortissement quelque trentaine d'années avant que ceux qui parlent aujourd'hui de finances sussent peut-être faire correctement les quatre premières règles de l'arithmétique. »

PRÉFACE.

politique, et que des vérités qui auroient semblé téméraires à Montesquieu lui-même sont devenues des vérités usuelles et communes.

Je commence le premier volume de la *Politique* par la publication des *Opinions* et des *Discours*. Si je n'avois trouvé en moi les sentiments manifestés dans ces opinions, il m'auroit suffi d'être membre de la chambre des pairs pour avoir appris à soutenir les intérêts d'une politique généreuse.

Le principe de l'aristocratie est la liberté, comme le principe de la démocratie est l'égalité; mais par une suite de la révolution, le corps aristocratique, nouvellement reconstruit en France, a eu besoin d'un plus grand effort et d'un concours singulier de circonstances pour défendre son noble principe.

L'aristocratie est fille du temps; elle sort du droit politique; elle peut être anéantie, tandis que la démocratie, qui vient du droit naturel et qui réside dans les masses populaires, ne périt point et est toujours présente, active ou passive à toutes les révolutions d'un État. Séparée de l'aristocratie, la démocratie ne tend à la liberté qu'en courant vers son principe, l'égalité : la liberté n'est pas pour elle un but, mais un moyen. Aussitôt que la démocratie a rencontré l'égalité qu'elle cherche, elle fait bon marché de la liberté. Or, comme le pouvoir d'un seul s'accommode admirablement du nivellement des rangs, il consent très-volontiers à l'union avec le peuple, et le despotisme s'établit par le haut et le bas de la société.

L'aristocratie est donc la source la plus sûre de la liberté. Mais l'aristocratie, ouvrage des siècles, ayant été renversée parmi nous, il étoit à craindre qu'elle fût lente à se régénérer, et que conséquemment une des principales sauvegardes de la liberté se relevât avec peine. Par un bonheur extraordinaire, il est arrivé que les qualités individuelles ont suppléé dans la chambre héréditaire à ce qui lui manquoit en années : l'aristocratie des talents a formé l'anneau de la chaîne qui rattachera la pairie nouvelle à l'aristocratie des temps.

D'un autre côté, la plupart des grands noms historiques et des hautes dignités sociales sont venus se joindre aux capacités naturelles et former avec celles-ci les racines de la nouvelle aristocratie. Il s'est élevé un arbre d'une espèce inconnue sur ces racines, et cet arbre a déjà porté des fruits excellents.

Des éléments en apparence hétérogènes, et qu'on n'auroit jamais crus susceptibles de s'amalgamer, avoient des affinités secrètes. Quand les partis qui ont administré le royaume, voulant ou servir des amis, ou neutraliser des adversaires, ont introduit successivement dans le premier corps de l'État les talents de la France, ils ne se doutoient guère de ce qu'ils faisoient. Ces talents n'ont pas plus tôt été en présence les uns des autres qu'ils se sont reconnus et mêlés. Toutes les gloires sont solidaires : la chambre héréditaire, qui en renferme de diverses sortes, s'est trouvée forte d'une aristocratie individuelle à laquelle le pouvoir ministériel n'avoit point pensé.

Il manque cependant à la chambre des pairs deux choses : l'influence qui résulte de la grande propriété et la publicité des débats parlementaires.

Quant au premier point, il n'est pas aussi fâcheux qu'il le semble au premier coup d'œil. D'abord, de très-grands propriétaires de l'ancienne et de la nouvelle France sont membres de la pairie; ensuite le temps des grandes propriétés est passé, là où ces grandes propriétés ont été détruites.

Les grandes propriétés européennes et même américaines ont eu trois sources : la conquête, une prise de possession sans titre, la confiscation et la violence des lois; elles se sont encore accrues aux dépens de la petite propriété, par les successions de famille, et par des acquisitions particulières. Or, la grande propriété ayant été morcelée en France, il n'est plus possible de la réunir, puisqu'il faudroit, ou qu'une partie de la nation fît la conquête de l'autre, ou que l'on confisquât les immeubles au profit du petit nombre, ou qu'enfin une conquête étrangère vînt imposer un nouveau partage inégal des terres.

Les substitutions, que je voudrois voir établies plus impérieusement pour la pairie, ne recomposeront que lentement les propriétés, si elles les recomposent jamais; car elles sont aujourd'hui opposées au penchant des mœurs et à l'esprit des familles. L'industrie, le commerce, l'économie, le hasard, la faveur du prince, élèveront sans doute encore quelques grandes fortunes; mais elles seront isolées, mais elles n'amèneront point un système de grande propriété, et au bout d'une ou deux générations, ces fortunes rentreront, par la loi de l'égalité des partages, dans la catégorie des propriétés moyennes.

Enfin, la différence entre les propriétés particulières avant la révolution et les propriétés particulières depuis la révolution n'étoit pas aussi grande en étendue qu'on se l'imagine. Si les corps étoient riches dans l'ancien régime, les individus l'étoient peu. Dans l'aristocratie, par exemple, c'est-à-dire dans la noblesse, cent cinquante familles, tout au plus, possédoient de grandes propriétés territoriales; encore ces familles étoient-elles à moitié ruinées, comme on a pu s'en convaincre par l'état des dettes fourni aux débats de la loi d'indemnité. Quant au reste de la noblesse, lorsqu'un gentilhomme avoit de vingt-cinq à trente mille livres de rente, il étoit cité dans sa province; dix mille livres de rente passoient pour une fortune; à mille écus de rente on étoit réputé très à l'aise, et un cadet qui avoit quinze cents francs à dépenser par an étoit *richissime*. La pauvreté du gentilhomme étoit devenue proverbiale, et cette pauvreté étoit le plus bel ornement de l'ancienne noblesse. La révolution a plus détruit de colombiers que de châteaux : aussi son crime social n'est pas d'avoir violé tel genre de propriété, mais la propriété elle-même. Celui qui a été dépouillé de la chaumine de son père a été plus maltraité et éprouve peut-être des regrets plus amers que celui à qui l'on a ravi des foyers de marbre.

Tout considéré, si l'on réunit les grandes fortunes militaires actuelles, les grandes fortunes qui se sont formées par un moyen quelconque depuis une trentaine d'années, les grandes fortunes de banque, les grandes fortunes conservées de l'ancien régime, on trouvera que la grande propriété individuelle est à peu près aussi considérable en 1826 qu'elle l'étoit en 1789.

On dit que la grande propriété est favorable à la liberté : cela demande explication. Jetez les yeux autour de vous en Europe, vous verrez qu'il n'y a presque point d'État, si foible et si petit qu'il puisse être, où les grands propriétaires ne soient plus nombreux, proportion gardée, qu'en France. Dans ces pays où la grande propriété existe (l'Angleterre exceptée), les nations sont-elles plus libres? La grande propriété maintient la liberté chez les peuples régis par des lois constitutionnelles; elle favorise le despotisme dans les gouvernements absolus.

Pour résumer tout ceci et pour conclure, l'absence de la grande propriété dans une partie de la chambre héréditaire ne nuit pas autant à l'esprit aristocratique qu'elle le devroit faire, à cause de la diminution générale de toutes les fortunes de la France, et parce que les individus de l'ancien corps aristocratique étoient en général assez pauvres. Il y a cependant parmi les pairs des indigences qui, bien qu'honorables aux personnes, n'en sont pas moins scandaleuses pour la dignité de la couronne, la grandeur de la monarchie et la considération de la première dignité de l'État.

Mais s'il y a quelque raison, dans l'ordre actuel des choses, à la médiocrité de la propriété d'une partie de la chambre des pairs, il n'y a point de compensation au défaut de publicité des séances de cette noble assemblée. La France perd les instructions qu'elle recevroit, si elle étoit témoin des débats admirables qu'amène la présentation des lois à la tribune des pairs : science, clarté, convenance, éloquence improvisée ou écrite de toutes les sortes, brillent au plus haut degré dans ces débats. La chambre héréditaire renferme dans son sein la plupart des hommes qui depuis trente années, à différentes époques, ont déployé des talents utiles à la patrie. La religion, les lois, la guerre, les sciences, les lettres, l'administration ont leurs représentants dans ce corps illustre. Il seroit difficile de traiter un sujet, de quelque nature que ce soit, qui ne trouvât sur-le-champ un pair capable de l'approfondir.

J'ai assisté aux séances du parlement britannique au temps des Burke, des Sheridan, des Fox et des Pitt; j'ai vu attaquer et défendre, il y a peu d'années, à Westminster, la question de l'émancipation des catholiques : les discussions dans la chambre des pairs en France sont indubitablement plus fortes que les discussions dans la chambre des pairs en Angleterre.

C'est une grande erreur de la Charte d'avoir fermé la chambre des pairs lorsqu'elle ouvroit la chambre des députés. Même dans le système de précaution qui dictoit cet article, on se trompoit encore; car si l'on craint les effets de la tribune, ce ne sont pas les séances secrètes de la chambre héréditaire qui feront le contre-poids des séances publiques de la chambre élective.

La publicité des séances de la chambre des pairs diminueroit encore les inconvéniens qui résultent de l'article 38 de la Charte, combiné avec la septennalité. Cet article fixe à quarante ans l'âge éligible du député. La septennalité, excellente en principe, mais pernicieuse sans le changement d'âge et sans une plus grande garantie des droits électoraux, est venue ajouter son vice au vice de l'article 38. De sorte que le citoyen, qui n'est guère élu député avant d'avoir atteint quarante-cinq ou cinquante ans, et qui charge encore ces années de la période septennaire, peut difficilement avoir appris ou conservé l'éloquence. On ne commence point une carrière à quarante-cinq ans; quelques exemples extraordinaires ne font point règle. La septennalité, telle qu'elle est établie, frappera nécessairement d'une paralysie ministérielle la chambre élective. Cette chambre s'enfoncera tellement dans la vieillesse, qu'un homme qui seroit élu deux fois sous l'empire du renouvellement septennal pourroit regarder sa seconde élection comme un arrêt de mort.

La chambre des pairs, au contraire, se rajeunit par l'hérédité : ses membres ont non-seulement voix délibérative à trente ans, mais ayant le droit de parler avant cet âge (à vingt-cinq ans), ils peuvent ainsi, au milieu d'une assemblée savante et expérimentée, se former de bonne heure aux affaires et à l'éloquence politique.

La chambre héréditaire a déjà joué un grand rôle ; chaque jour l'importance de ce rôle augmentera. Elle a opposé, en certaines occasions, des résistances décentes et courageuses à des lois qui lui sembloient contraires aux intérêts publics. Outre que ces résistances étoient fondées en justice, elles résultoient encore de l'indépendance naturelle à l'aristocratie, fortifiée de cette autre indépendance qui naît de la conscience du talent.

Élevé à cette noble école, j'ai prononcé, comme pair ou comme ministre, es opinions qu'on réunit ici sous les yeux du public : membre de l'opposition, je défends dans ces discours les principes de la religion, de la légitimité et des libertés publiques ; ministre, je m'efforce de maintenir les droits de la France et la dignité de la couronne. Je puis me rendre du moins ce témoignage à moi-même : la liberté et l'honneur de mon pays n'ont point péri entre mes mains [1].

---

1. Il ne manque à cette collection de mes *Opinions* que mes deux opinions relatives aux *délits commis dans les échelles du Levant;* elles sont placées en tête de l'*Itinéraire*, tome V, p. 56, avec ma Note sur la Grèce.

POLITIQUE

OPINIONS ET DISCOURS.

DISCOURS

PRONONCÉ LE 22 AOUT 1815,

A L'OUVERTURE DU COLLÉGE ÉLECTORAL,

A ORLÉANS.

Messieurs, lorsque Louis XVI, de sainte et douloureuse mémoire, convoqua les états généraux, il voulut remédier à un mal que la France regardoit alors comme insupportable, mais qui nous paroît bien léger, aujourd'hui que l'expérience nous a rendus meilleurs juges de l'adversité. Comme il arrive presque toujours aux médecins peu habiles, d'une blessure facile à guérir nous fîmes une plaie incurable. L'Assemblée constituante eut des intentions sages, mais le siècle l'entraîna. Avec moins de talents et plus d'audace, l'Assemblée législative attaqua la monarchie, que la Convention renversa. Les deux conseils se détruisirent par leurs propres factions. Sous le tyran, le peuple se tût, et ne retrouva la voix que sous le roi légitime. Au retour de Buonaparte, la Convention sembla sortir avec lui du tombeau : les deux fantômes viennent de rentrer ensemble dans l'abîme, laissant, en témoignage de leur apparition, des calamités sans nombre et six cent mille étrangers sur le sol de France.

Si l'on ne considéroit, messieurs, que les résultats de ces assemblées, on pourroit se sentir découragé; mais nos fautes doivent nous servir de leçons. Le moment est venu d'employer à l'affermissement de la monarchie cette même force populaire qui a servi à l'ébranler. Jamais les députés de la nation n'ont été rassemblés dans des circonstances plus graves : le roi a voulu les avertir lui-même de l'importance des fonctions qu'ils auront à remplir, en rapprochant le peuple du trône, en confiant quelques colléges électoraux au noble patronage des princes de son sang.

Mais il ne faut pas vous le dissimuler, messieurs, tout dépend des choix que la France va faire. L'Europe nous attend à cette dernière expérience; elle est venue pour ainsi dire se placer au milieu de nous, afin d'assister à des résolutions qui décideront de son repos autant que du nôtre. Le peuple françois va voir des rois aux tribunes de ses conseils : après avoir jugé les princes de la terre, il sera jugé par eux à son tour. Il s'agit de savoir si nous serons déclarés incapables de nous fixer à ces institutions que nous avons cherchées à travers tant d'orages, si nos succès seront regardés comme un jeu de la fortune, nos calamités comme un châtiment mérité, ou si, nous renfermant dans une liberté sage, nous conserverons l'éclat de notre gloire et la dignité de nos malheurs.

Que faut-il faire, messieurs, pour arriver à ce dernier but? Une chose facile : choisir les bons, écarter les méchants, cesser de croire que l'esprit, le talent, l'énergie, sont le partage exclusif de quiconque a manqué à ses devoirs, et qu'il n'y a d'habile que le pervers. Que la France appelle à son secours les gens de bien, et la France sera sauvée. L'Europe ne se sentira complétement rassurée que quand elle entendra nos orateurs, trop longtemps égarés par des doctrines funestes, professer ces principes de justice et de religion, fondement de toute société; nous ne reprendrons notre poids dans la balance politique qu'en reprenant notre rang dans l'ordre moral.

Permettez, messieurs, que je vous parle avec la franchise du pays où je suis né : ce n'est plus le moment de garder des ménagements qui pourroient devenir funestes. Sans doute il faut éteindre les divisions, cicatriser les blessures, jeter sur les fautes de nos frères le voile de la charité chrétienne, nous interdire tout reproche, toute récrimination, toute vengeance, et, à l'exemple de notre roi, pardonner le mal qu'on nous a fait. Mais il y a loin, messieurs, de cette indulgence nécessaire, à cette impartialité criminelle qui, obligée de faire un choix, le laisseroit tomber également sur le bon ou sur le mauvais citoyen, ne mettroit aucune différence entre les principes et les opinions, les actions et les paroles. Si, en dernier résultat, il étoit égal d'avoir commis ou de n'avoir pas commis de crime, d'avoir gardé ou d'avoir violé son serment; si lorsque l'orage est passé on traite de la même sorte et celui qui a produit cet orage et celui qui l'a conjuré; si l'un et l'autre jouissent du même degré de confiance, de la même part de dignités et d'honneurs, l'honnête homme, messieurs, ne sera-t-il pas trop découragé? Ne rendons pas le devoir si difficile. Voulons-nous réparer les désastres de la patrie, ne laissons plus dire à ceux qui profitoient de nos revers que la vertu est un *métier de dupe*, expression dérisoire qui échappe quelquefois à la lassitude du malheur comme à l'insolence de la prospérité. Enrichissons-la, cette vertu, de notre estime et de nos faveurs, elle nous rendra nos dons avec usure.

Laisser à l'écart les artisans de nos troubles, c'est justice. La justice n'est point une réaction, l'oubli n'est point une vengeance. Il ne faut pas qu'un homme se croie puni parce qu'il n'est pas récompensé du mal qu'il a fait. Ceux qui ont amené dans vos murs ces étrangers que le bras de vos aïeux arrêta jadis à vos portes mériteroient-ils d'obtenir vos suffrages? Toutefois, si de tels hommes se fussent rencontrés parmi vous, vous auriez pu les voir se présenter, et même avec un front serein; car dans ce siècle le vice a sa candeur comme la vertu, et la corruption sa naïveté comme l'innocence.

Mais, grâce à l'excellent esprit de ce département, vous ne serez point, messieurs, réduits à faire ces distinctions pénibles : on ne compte ici que des sujets dévoués à leur roi. Déjà vos colléges d'arrondissement présentent à votre élection des candidats aussi distingués par leurs talents que par leur conduite courageuse et leur noble caractère. Heureux embarras des richesses, qui ne vous laissera que le regret de ne pouvoir tout nommer et tout choisir! La fidélité au trône de saint Louis est chez les Orléanois une vertu héréditaire : ils conservèrent leurs remparts pour Charles le Victorieux, comme ils ont gardé leur cœur pour Louis le Désiré. Qui ne sait, messieurs, que votre ville pendant nos tempêtes fut le refuge de tous les François persécutés? Le prêtre fugitif y trouva un autel, le serviteur du roi un asile pour y prier leur Dieu, pour y pleurer leur maître! N'est-ce pas vous encore qui les premiers demandâtes la liberté de l'illustre orpheline, aujourd'hui l'orgueil et la gloire de la France?

Pour moi, messieurs, je regarderai comme un des plus beaux jours de ma vie celui où j'ai été appelé à présider votre collége électoral. Le roi, qui tient compte à ses fidèles sujets même de leur zèle, a trop payé par cet honneur mes foibles services. J'ai du moins quelque titre à votre bienveillance ; car j'ose croire qu'il n'y a point d'homme qui entre mieux que moi dans vos sentiments, qui apprécie davantage votre loyauté. Comme vous, je donnerois mille fois ma vie pour le meilleur des princes ; et mon cœur a toujours battu, mes yeux se sont toujours remplis de larmes au cri d'amour et de salut, au cri françois de *Vive le roi!*

OPINION

SUR LA

RÉSOLUTION RELATIVE A L'INAMOVIBILITÉ DES JUGES,

PRONONCÉE A LA CHAMBRE DES PAIRS
LE 19 DÉCEMBRE 1815.

§ Ier.

Messieurs, la *résolution* qui vous a été transmise par la chambre des députés mérite toute votre attention ; la controverse qu'elle a excitée, les discours remarquables qu'elle a produits, annoncent assez que ce n'est pas une de ces propositions qu'on doive adopter ou rejeter légèrement.

Je vais essayer de la traiter à fond, d'en développer les différentes parties avec exactitude, fidélité, impartialité. Si j'ose aujourd'hui paroître à cette tribune avec un peu de confiance, c'est que, depuis plusieurs années occupé de recherches historiques, je me trouve sur un terrain qui m'est assez connu et où je crains moins de m'égarer. Je serai long, beaucoup trop long peut-être : c'est une espèce de rapport complet que je vais vous faire. Je vous demande, messieurs, toute votre patience : la gravité du sujet me servira d'excuse auprès de vous.

Dans la *résolution* soumise à vos lumières, on doit examiner deux choses distinctes, et qui pourtant ont entre elles une liaison intime : premièrement, l'inamovibilité des charges de judicature en France ; secondement, les raisons pour lesquelles on pourroit désirer que cette inamovibilité fût suspendue pendant un an.

Ceux qui sont d'avis d'adopter la *résolution,* ceux qui veulent la rejeter, conviennent tout d'abord que l'*inamovibilité* est une chose excellente ; mais ils ne sont pas d'accord sur le moment où elle s'est introduite dans notre magistrature : chacun s'est fait un système plus ou moins favorable au sentiment qu'il veut établir. Voyons si, en remontant aux sources, nous ne parviendrons pas à fixer nos idées de manière à pouvoir, en toute connoissance de cause, accueillir ou repousser la *résolution*.

Messieurs, je vais d'abord vous surprendre, car je m'écarte de toute opinion reçue ; mais j'espère bientôt appuyer la mienne sur des faits irrécusables.

Je soutiens donc que de tous temps la magistrature a été amovible et inamovible en France ; les deux principes ont été constamment placés l'un auprès de l'autre. Depuis Clovis jusqu'à Philippe de Valois, ces deux principes marchèrent ensemble ; depuis Philippe de Valois jusqu'à Charles VII, l'inamovibilité disparut de fait, bien qu'elle existât de droit. On essaya vainement, sous Louis XI, de la remettre en vigueur, en la faisant passer à une autre classe de citoyens. Elle triompha sous François Ier, se fixa sous Charles IX, et régna seule enfin sous Henri IV.

Ainsi, l'inamovibilité de notre justice n'a point été en France, comme on l'a avancé, un développement des lumières et de la prérogative royale ; bien au contraire, car lorsque la prérogative s'étendit sous les Valois, le côté amovible de la magistrature prit le dessus. Les Grecs et les Romains, si éclairés d'ailleurs, n'ont point connu l'inamovibilité des charges de judicature. L'Égypte, où on la retrouve, lui dut peut-être la permanence de ses institutions, comme l'éternité de ses monuments. Presque toutes les nations modernes l'ont ignorée, et les Anglois ne l'ont reçue qu'en 1759 : ainsi leur belle constitution a fleuri pendant soixante-dix années, sans être appuyée sur l'inamovibilité judiciaire. Celle-ci est née parmi nous au milieu de la barbarie (ce qui est fort engendre ce qui est durable) ; elle a été suspendue dans les âges moyens, et, chose étrange ! cette *inamovibilité* qui fait notre gloire, après être sortie, comme on va le voir, des sources les plus pures, n'a été rétablie que par la corruption et la vénalité.

L'inamovibilité de la justice, qui a donné à notre magistrature tant de grandeur, tire parmi nous son origine de trois principes sacrés et inamovibles : la royauté, la propriété, la religion.

La royauté, héréditaire sous la première race, troublée sous la seconde par des révolutions, héréditaire de mâle en mâle sous la troisième, en vertu de la loi salique, est la première source de notre immuable justice. Les rois chez les Francs et chez les Germains, leurs pères, étoient les premiers magistrats : *Principes qui jura per pagos reddunt,* dit Tacite. Ainsi, quand saint Louis et Louis XII rendoient la justice au pied d'un chêne, ils ne faisoient que siéger à l'ancien tribunal de leurs aïeux. La justice devint naturellement inamovible dans ces grands magistrats héréditaires; elle prit ainsi dans son air quelque chose d'immortel et d'auguste, comme ces générations royales qui la portoient dans leur sein et la faisoient régner sur le trône.

La seconde source de notre magistrature inamovible est, comme je l'ai dit, la propriété. Voici, messieurs, une chose remarquable et qui distingue les peuples d'origine germanique de toutes les nations de l'antiquité. Ils attachèrent la justice au sol; ils en firent une fille de la terre, et la rendirent immuable comme la propriété. Sous la première race, les *leudes* ou les *fidèles,* appelés par Tacite les *compagnons du prince,* avoient le droit de juridiction dans les domaines qu'ils possédoient en *propre*. On en voit la preuve dans une ordonnance de 595, aux Capitulaires de Baluze. Le droit de juridiction dans les *propres* se composoit, pour le leude ou le seigneur, du droit de magistrature, inamovible en sa personne, et des différents droits d'amende judiciaire au civil et au criminel, tels que le *fredum* et autres. Ensuite les rois, en distribuant des terres aux leudes, concédèrent avec ces terres le droit de justice. La première charte où l'on trouve une pareille concession est du règne de Dagobert Ier, en 630. Trente ans après, l'usage de donner des justices en propriété étoit devenu général, comme on l'infère des *Formules* de Marculfe.

Enfin, on aperçoit encore sous la première race la troisième source de la magistrature inamovible, je veux dire la religion. Le clergé à cette époque possédoit des *propres;* il pouvoit hériter; il jouissoit en outre des biens de l'Église; et dans ces deux natures de propriété il exerçoit comme juge inamovible tout droit de juridiction. Les évêques et les abbés, qui avoient tant contribué à l'établissement des Francs dans les Gaules, obtinrent aussi, comme les leudes, de grands fiefs, avec ce droit de juridiction qu'emportoit toujours la terre, même lorsque le domaine étoit encore amovible. Tout cela se confirme par le traité des Andelys, dans Grégoire de Tours, et par plusieurs chartes mérovingiennes, sans s'appuyer sur celle de Clovis, de 496, que dom Bouquet croit supposée.

Voilà pour la première race.

Au commencement de la seconde, l'inamovibilité resta la même dans le roi, les prélats et les grands possédant des *propres*. Il paroît même que Charlemagne rendit une loi en faveur de l'immutabilité des offices de judicature; sous les successeurs de ce grand homme, l'établissement des fiefs et de la noblesse multiplia considérablement la magistrature inamovible et héréditaire. L'orgueil, ou, si l'on veut, la vanité avoit donné lieu à un phénomène historique qui ne s'est reproduit chez aucune autre nation. Des priviléges particuliers se trouvant attachés aux concessions du prince, les leudes imaginèrent de changer leurs *propres,* ou leurs *alleux,* en bénéfices, c'est-à-dire de donner leur propriété au roi, pour la recevoir ensuite de sa main : alors la noblesse se trouva investie d'une magistrature inamovible à double titre, et par le roi et par la propriété. De là cet axiome de l'ancien droit françois, que la justice est patrimoniale. Le droit de juger découloit si invinciblement de la seigneurie, qu'il passoit même aux femmes héritières de ces seigneuries : en 1315, la comtesse Mahaut siégea comme pair de France dans le procès du trop fameux Robert d'Artois.

Voilà pour la seconde race.

Sous la troisième, cette magistrature ne fit d'abord que se confirmer et s'étendre : les ducs, les comtes, les barons, les évêques, les abbés, devenus presque indépendants de l'autorité royale, furent plus que jamais des juges inamovibles. L'établissement de la première pairie, sous Hugues Capet, vers la fin du xe siècle, consolida de plus en plus le fondement de notre justice ; car la pairie en variant dans ses différents âges n'en conféra pas moins à chaque pair de France le droit d'une magistrature inamovible et héréditaire.

Tel est, messieurs, le principe de l'inamovibilité, et je crois l'avoir suffisamment établi. Quel caractère auguste ne dut-il point faire prendre à notre justice lorsqu'elle se montra aux yeux des peuples ainsi appuyée sur le sceptre, l'épée et la croix ! Aussi régla-t-elle tout en France. Chez les autres nations de la terre, le droit civil naquit du droit politique ; chez nous seuls, et par l'effet de notre magistrature inamovible, le droit politique découla du droit civil. Nous devons tout aux ordonnances de nos rois-magistrats, aux arrêts de nos cours de judicature, rien ou presque rien aux assemblées de la nation. C'est dans cet esprit, messieurs, c'est par cette route qu'il faut étudier et chercher le secret de nos mœurs. En faisant naître nos constitutions de la garantie et des résultats de notre magistrature inamovible, on comprendra pourquoi la forme du gouvernement a été si stable chez les François ; pourquoi ce gouvernement a présenté cette longue suite de rois héréditaires ; pourquoi nous n'avons presque jamais montré de jalousie du pouvoir politique, excepté comme par hasard et dans des moments de vertige. Le peuple voyoit dans ses chefs, à commencer par le roi, des juges, et non pas des maîtres : de là son attachement aux grands corps de judicature et son indifférence pour nos états généraux. Il trouvoit dans notre magistrature inamovible tous les biens qu'il pouvoit réclamer : droits de citoyen, sûreté de propriété, maintien des lois, défense contre l'oppression : chose admirable ! la justice étoit pour nous la liberté !

Le principe général et les trois origines particulières de notre inamovilité judiciaire étant reconnus, j'espère, messieurs, vous montrer maintenant, avec la même clarté, l'existence de notre magistrature amovible.

On la trouve, messieurs, auprès de la première, dans le berceau de la monarchie, à la cour, chez les leudes et parmi le clergé ; elle y offre un singulier spectacle. Les rois de la première race rendoient la justice, comme les anciens Hébreux et les Pélasges, à la porte de leur palais. Autour du roi étoient placés les officiers de la couronne, les ducs, les comtes, les farons, ou les barons ; deux officiers recevoient les requêtes. Un comte-juge étoit le rapporteur. Ce conseil s'appeloit *placita*, dont notre mot *plaids* conserve l'étymologie. Ces juges ou conseillers de la justice du roi étoient temporaires et amovibles ; ils prononçoient sur tout ce qui regardoit l'ordre public et connoissoient des appels dans les causes particulières.

Tandis que le roi, magistrat inamovible, entouré des juges amovibles, exerçoit cette justice paternelle à la porte de son palais, le leude offroit dans ses bois le spectacle de la justice armée. L'épée à la ceinture, la hache dans une main, le bouclier dans l'autre, il dictoit ses arrêts sur le prix d'une tête abattue, sur la longueur et la profondeur d'une blessure. Il étoit assisté à ce tribunal militaire par des juges appelés *rachinburges* et *scabini*. Ils devoient être au moins au nombre de sept : *congreget secum septem raginburgios,* dit la loi salique. Ces rachinburges étoient choisis par le peuple, et amovibles, *populi consensu*. Pour les élever au nombre de douze, on choisissoit des notables, *boni homines*. Les ordonnances des Mérovingiens, les lois salique et ripuaire règlent dans le plus grand détail les devoirs de ces magistrats amovibles.

Enfin, auprès de la justice paternelle du roi, de la justice armée du comte, étoit placée la justice chrétienne du prélat. Celui-ci se faisoit assister dans ses fonctions par un vidame et des clercs, juges amovibles à la volonté de l'évêque. Il prononçoit le plus souvent ses sentences pacifiques au pied de l'autel, dans quelque église où des affranchis avoient reçu la liberté. Les crimes moraux tomboient sous sa compétence, et les malheureux ressortissoient de droit à son tribunal : les veuves et les orphelins étoient sous sa juridiction particulière. Il jugeoit d'après le droit romain ; et dans les terres de ses bénéfices, régies par les lois des barbares, il apportoit les adoucissements d'un esprit éclairé. La sainteté de la vie de ces premiers évêques des Gaules, leurs lumières, leur charité, rendirent leurs décisions vénérables, et donnèrent une grande prépondérance à la juridiction ecclésiastique.

Sous la seconde race, des cours d'assises furent régulièrement établies. Des envoyés royaux, *missi dominici, missi regii,* furent chargés par Charlemagne de l'administration de la justice amovible. Le chef du domaine royal, *major villæ,* devint juge ; le comte du palais, *comes palatii,* fut le président de la justice du prince pour les laïques, et l'apocrisiaire pour les ecclésiastiques. Ces officiers étoient amovibles : ils délibéroient en présence de Charlemagne, magistrat inamovible, qui, au rapport d'Hincmar et d'Éginhard, rendoit si admirablement la justice daus son palais d'Hérystal : *lite cognita, sententiam dicebat.*

Les comtes, de leur côté, imitèrent dans leurs domaines cette forme de la justice du prince ; mais ce bel ordre se perdit sous Charles le Chauve. Les seigneurs n'obéirent plus aux envoyés royaux ; on ne porta plus les jugements en appel à la cour du roi ; les lois salique, ripuaire, bourguignone, romaine, s'ensevelirent dans l'oubli, et des coutumes bizarres devinrent les lois des François.

Alors commence la troisième race : elle jeta les fondements de nos mœurs dans les ténèbres les plus épaisses de la barbarie. Ce fut au foyer du château, près du chêne allumé pour la fête, au milieu des guerres de seigneur à seigneur, dans les chasses et dans les bois, que s'établit le patronage de la féodalité ; source d'une infinité de lois fantasques, mais principe d'un grand nombre de vertus. On vit sortir de la nuit féconde qui couvroit la France des rois d'une majesté naïve, des pontifes qui mêloient l'honneur chevaleresque à la sainteté de la tiare, des chevaliers qui joignoient la candeur du prêtre à l'héroïsme du guerrier, des magistrats simples et incorruptibles qui seuls représentoient la gravité chez une nation brillante et légère.

Chaque seigneur conserva dans ses domaines des cours d'assises où il étoit juge souverain, inamovible et héréditaire. Quand il tenoit ses assises, il appeloit ses *pairs :* il en falloit au moins deux pour rendre un jugement. Lorsque le seigneur ne pouvoit siéger, il déléguoit un magistrat amovible, appelé *bailli,* d'un mot grec qui signifie précepteur. Outre ces cours d'assises seigneuriales, il y avoit encore dans l'ordre de la noblesse des justices féodales, dont les juges amovibles prononçoient en matière de fiefs.

Les juridictions ecclésiastiques continuèrent à être administrées comme elles l'étoient sous la seconde race, mêlant le droit romain au droit coutumier, parce que les prélats étoient à la fois princes de l'Église et seigneurs de fiefs.

La magistrature nationale, ou, ce qui étoit la même chose, la magistrature royale, se forma sous les mêmes principes que celle des seigneurs. Le parlement succéda aux *placita* de Grégoire de Tours et de

Frédégaire, au *mallum imperatoris* des Capitulaires, différent lui-même du *publicum mallum*, qui se tenoit d'abord au mois de mars et que Pépin le Bref fixa au mois de mai. Une ordonnance de l'an 1294, citée par Budée, nous montre le parlement de Paris à peu près tel qu'il existoit au commencement de la révolution. C'est vers l'an 1000 que l'on trouve le mot barbare *parlamentum* employé pour *colloquium*, et pour signifier en particulier le conseil de la justice, tandis qu'auparavant il vouloit dire ces assemblées populaires que l'on réunissoit au son de trompe ou de la cloche, *ad sonum tubæ, ad sonum campanæ*.

Dans ce parlement ancien nous voyons des juges inamovibles et des magistrats amovibles, savoir : le roi lui-même, qui y assistoit souvent ; les pairs, les barons, les chevaliers, les prélats, tous sous le nom de *conseillers jugeurs*; ensuite des hommes instruits tirés de la classe des clercs et des bourgeois, et appelés *conseillers rapporteurs*. D'ambulatoire qu'il étoit, le parlement devint permanent à Paris, en vertu de l'ordonnance de Philippe le Bel, du 18 mars 1303. Ce même roi voulut aussi rendre les offices inamovibles dans la justice de robe ; ses intentions ne furent pas suivies. Au reste, à cette époque le parlement n'étoit pas perpétuel. Il y avoit par an deux parlements : l'un commençoit à l'octave de Pâques, l'autre à l'octave de la Toussaint. Ces deux classes de *conseillers jugeurs*, juges inamovibles, et de *conseillers rapporteurs*, magistrats amovibles, établirent peu à peu la distinction de la noblesse d'épée et de la noblesse de robe. Celle-ci ravit bientôt à la première cet exercice du droit de juger, qui avoit fait sa grandeur féodale, et auquel elle devoit une partie de son origine. La renaissance du droit romain, la multiplication des titres écrits, le conflit des juridictions ecclésiastiques et laïques, les appels de *défaut de droit*, de *faux jugement* et *d'abus*, l'extension des justices royales, tout cela rendit impossible et insupportable aux nobles l'exercice des fonctions judiciaires; ils abandonnèrent peu à peu le parlement, et Philippe le Long en exclut les prélats, *se faisant scrupule*, dit-il, *de les empêcher de vaquer à leurs spiritualités*.

C'est ici l'époque, messieurs, d'une grande révolution dans l'ordre judiciaire en France ; ici se perd, par la retraite des nobles et des prélats, l'inamovibilité de la magistrature. Non que le principe ne subsistât toujours dans le roi et dans les pairs; mais il *dormit*, pour me servir d'une expression que l'on employoit en parlant de la noblesse, lorsqu'elle avoit dérogé momentanément. Tout passa dans les mains des juges amovibles, et au parlement et dans les justices seigneuriales.

Sous Charles V, les conseillers et les présidents du parlement ne tenoient point leurs charges à titre d'offices. Les gens de robe devenus juges n'avoient que de simples commissions; ils étoient payés par jour, selon leur travail, et le roi les changeoit comme il le vouloit.

Les troubles du règne de Charles VI, sans rendre les juges inamovibles, rendirent le parlement perpétuel. On fit encore un pas vers l'inamovibilité, et la noblesse de robe attira peu à peu dans ses mains l'héritage complet de la noblesse d'épée. Dans les désordres où les Anglois, le duc de Bourgogne et Isabeau de Bavière plongeoient la France, on oublia de renouveler les rôles de conseillers et de juges; ceux-ci, profitant de cet oubli, se perpétuèrent dans leurs commissions; toutefois ces commissions ne furent point des offices à vie : ce furent seulement des offices tenus pendant le règne du prince qui les avoit accordés. Des hommes habiles et très-instruits d'ailleurs n'ont pas suivi rigoureusement la vérité historique lorsqu'ils ont avancé que l'inamovibilité fut établie, ou, pour parler plus correctement, fut rétablie dans le parlement sous Louis XI. Il est vrai qu'il donna, en 1467, un édit pour rendre perpétuels les offices de judicature; mais il n'en tint compte : on le voit changer sans cesse les officiers du parlement par pur caprice, et pour prouver, comme le dit un historien, *qu'il était le maître*. Si dans l'ordonnance du 21 septembre 1468 il commande que l'on entretienne *en charges, sans aucunement les muer*, ceux qui les possèdent, il ajoute : *sinon toutefois qu'aucuns d'eux soient trouvés autres que bons et loyaux*. Si en 1483, quelque temps avant sa mort, il fit promettre à son fils de conserver en charges tous ceux qu'il en avoit pourvus, il n'en est pas moins vrai qu'à la fin de l'édit de 1468 il avoit ordonné que les charges et offices fussent confirmés à l'avénement de son fils à la couronne. Il n'y a donc point encore là, messieurs, de véritable inamovibilité dans la magistrature de robe.

Sous les règnes de Charles VIII et de Louis XII, et même sous celui de Louis XI, la vénalité des charges, si fâcheuse dans son principe, si avantageuse dans ses conséquences éloignées, commença à s'introduire, puisque les arrêts de 1493 et de 1508 proscrivent la vente des offices de judicature, et que les états généraux firent des remontrances à Louis XI sur ce sujet; mais ce ne fut que sous le règne de François Ier que la vénalité de ces offices devint légale. Elle fut consacrée sous Henri II par l'ordonnance de 1554. François II l'attaqua, ou plutôt Catherine de Médicis, qui, par des vues politiques, voulut rendre au parlement son ancienne forme d'élections. Deux édits de Charles IX, de 1568 et 1569, confirmèrent la vénalité. Henri III, nonobstant son ordonnance dite de Blois, renouvela les dispositions des édits de Charles IX. Les charges de judicature tombèrent aux parties casuelles, et devinrent un objet de commerce entre les particuliers. Il ne manquoit plus, pour compléter le système, que de rendre les charges héréditaires : c'est ce que fit Henri le Grand par son édit de 1604 : tout officier de judicature payant chaque année au roi le soixantième de la finance de sa charge pouvoit faire passer cette charge à sa veuve et à ses héritiers. Louis XIV et Louis XV mirent la dernière main à cet ouvrage du temps et du gouvernement de tant de rois. Et voilà, messieurs, ainsi que je l'ai annoncé dans l'exposé de ce discours, comment on revint, par les voies les moins pures, au principe si pur de l'inamovibilité. Vous voyez à présent jusqu'à quel point sont fondés en raison ceux qui, pour mieux combattre la proposition soumise à votre examen, se font un système complet de magistrature inamovible, et ceux qui pour la soutenir seroient tentés de nier ce principe.

§ II.

Or, maintenant, messieurs, la première partie de la question étant bien connue, les raisons que l'on peut donner pour rejeter la *résolution* de la chambre des députés me semblent perdre de leur importance. En effet, la conséquence de la *résolution,* si vous l'adoptez, sera de mettre pendant un an l'ordre judiciaire dans l'état où il s'est trouvé durant tant de siècles; je veux dire qu'il restera à la fois amovible et inamovible : inamovible de droit par la Charte, comme il l'étoit autrefois dans le roi, les pairs et les juges d'épée; amovible de fait, mais pour le court espace d'un an, tel qu'il existoit dans les juges de robe. Or, si notre magistrature a été dans cette position depuis Clovis jusqu'à Charles IX, sans qu'on ait éprouvé ces malheurs qui seroient aujourd'hui, nous dit-on, le résultat d'une amovibilité temporaire, espérons que la France ne périra pas pour être sous le rapport de la justice pendant douze mois précisément comme elle a été pendant douze siècles.

Si je descends du principe général aux raisons particulières de ceux qui combattent la *résolution,* il me paroît qu'elles ne sont pas tout à fait sans réplique. En commençant par celles qu'on tire de la Charte, on dit que la *résolution* est inconstitutionnelle, qu'elle empiète sur la prérogative royale. S'il en étoit ainsi, messieurs, il faudroit la rejeter à l'instant. Heureusement de telles assertions sont faciles à détruire. Qu'il me soit permis de rappeler que j'ai un peu étudié la Charte; j'en ai été le premier commentateur; je l'ai défendue lorsqu'elle étoit attaquée : je crois donc avoir acquis le droit d'en parler librement, sans qu'on puisse me soupçonner d'y être moins attaché que ceux qui combattent la *résolution*.

Eh bien, messieurs, cette *résolution* ne donne pas, selon moi, la plus petite atteinte à la Charte. Il est certain, comme on l'a remarqué, que l'article 57, comparé à l'article 58, laisse une certaine liberté, et que la proposition peut être regardée comme un moyen terme qui sert à lier ces mots de *nomination* et d'*institution* employés dans les deux articles.

Mais, sans tenir à cette interprétation, il est de principe qu'on ne viole pas la Charte parce qu'on supplie l'autorité royale d'en suspendre temporairement un article. Vous-mêmes, messieurs, ne venez-vous pas de concourir à la formation de quelques lois dont le but est d'arrêter l'action de plusieurs dispositions de la Charte, notamment des dispositions 4 et 8? Combien d'ordonnances nécessaires sans doute, et toutes autorisées par l'article 14, n'ont-elles pas néanmoins dépassé les limites du pouvoir constitutionnel! La chambre des députés a-t-elle le droit de demander qu'on ajoute une nouvelle dérogation à ces dérogations, que le temps et nos malheurs ont impérieusement exigées? Qui oseroit le nier? L'article 19 de la Charte accorde aux deux chambres *la faculté de supplier le roi de proposer une loi sur quelque objet que ce soit, et d'indiquer ce qui leur paroît convenable que la loi contienne*. Vous ne voulez pas sans doute, messieurs, vous priver d'un aussi beau privilége, qui ajoute à votre dignité, parce qu'il annonce une pleine confiance en votre raison : contester aux chambres le droit de proposition, ce seroit une véritable infraction à la Charte.

D'ailleurs, il faut faire une distinction entre une constitution établie et une constitution qui commence : on doit craindre de toucher à la première; mais pour mettre la seconde en mouvement on est quelquefois obligé de se placer en dehors de cette même constitution. N'est-ce pas ce qu'on a fait cette année pour la formation de la chambre des députés? Cette chambre n'auroit pas pu exister telle qu'elle est si la prévoyance du roi, qui s'élève si haut, avoit cru qu'il n'étoit pas possible de s'éloigner de la lettre de la Charte. Il en est ainsi, messieurs, de la partie de la constitution qui regarde l'ordre judiciaire : cette partie n'est pas achevée, elle n'a pas encore reçu son entière exécution. Il ne s'agit pas d'enlever aux juges, par la suspension temporaire de l'institution royale, un caractère déjà imprimé; il s'agit de savoir comment on les revêtira de ce caractère. La Charte pose en principe l'inamovibilité; mais elle ne dit pas dans quel délai, avec quelle précaution on appliquera ce principe : elle en laisse le soin à la prudence de la loi. C'est donc une loi sur cet important sujet que la *résolution* demande ; elle cherche très-justement à diriger notre attention vers le choix des juges. L'inamovibilité, inconnue dans les gouvernements républicains et dans les empires despotiques, convient aux monarchies tempérées, qui se composent de pouvoirs indépendants ; elle est dans l'intérêt de l'État, dans l'intérêt des justiciables ; mais son excellence dépend de la bonté des choix ; car si les choix sont mauvais, l'inamovibilité, le plus grand des biens, deviendroit le plus grand des maux.

Voilà les raisons qui établissent la légalité et le but constitutionnel de la *résolution*. Quant à la prérogative royale, loin que cette *résolution* la resserre, elle tend visiblement à l'augmenter. Le roi, par la Charte, ne peut nommer que des juges inamovibles : avec la *résolution*, il joindra à ce pouvoir celui de l'amovibilité. Et quel pouvoir ! qu'il est immense ! disons-le franchement, qu'il seroit dangereux, s'il étoit confié à tout autre prince qu'à un roi dont l'Europe entière admire la modération et la sagesse ! Vous ne doutez pas, messieurs, que lorsque le roi, par l'article 27 de la Charte, pouvoit nommer des pairs à vie et des pairs héréditaires, la prérogative royale ne fût plus étendue que quand l'ordonnance du 18 août a semblé restreindre cette prérogative à la faculté de conférer la seule pairie héréditaire. La *résolution* des députés fait pour la justice, en sens contraire, tout justement ce qu'a fait l'ordonnance du 18 août pour la pairie ; elle ne retranche pas, elle ajoute à la prérogative royale.

Mais, enfin, des propositions multipliées ne servent, dit-on, qu'à inquiéter le gouvernement. Jusque ici je n'en connois que deux qui aient été portées d'une chambre à l'autre chambre : personne ne nie d'ailleurs qu'il n'y ait des inconvénients attachés à notre genre de constitution. Si nous nous plaignons à présent, que sera-ce quand la presse et les journaux seront libres ; quand le public se mêlera de nos débats, blâmera, approuvera nos discours, censurera les lois, les nominations, les ministres, les actes du ministère ? Il faudra bien pourtant, tôt ou tard, arriver là, car nous voulons un gouvernement représentatif.

On ajoute encore « que des *résolutions* annoncent une défiance peu respectueuse ; qu'elles sont pour les ministres une espèce de leçon, un reproche tacite fait à leur vigilance ; qu'il n'est pas bon que le pouvoir législatif prenne l'initiative dans des mesures qui sont du ressort du pouvoir exécutif. »

Je n'ignore pas tous ces raisonnements : on pourroit même, pour les fortifier, citer ce qui se passa il y a quelques années dans le parlement d'Angleterre. Le gouvernement britannique avoit fait de mauvais choix; l'opposition attaqua le ministère. Le ministre laissa parler les orateurs ; ensuite il se leva, et dit : « Les choix sont mauvais, très-mauvais, plus mauvais peut-être encore qu'on ne le suppose ; mais qui oseroit soutenir dans la chambre des communes que le gouvernement n'a pas le *droit* de faire de mauvais choix ? »

La réponse est péremptoire ; elle est tirée de la nature même de la monarchie ; toutefois seroit-elle bonne pour les circonstances où nous nous trouvons? Quand cette réponse fut faite, la constitution angloise existoit-elle depuis longtemps, ou étoit-elle nouvellement établie ? Falloit-il créer un ordre de choses tout entier, expliquer, fonder, fixer cet ordre par des lois urgentes, nées des besoins du moment? Avoit-on été obligé de violer tant d'articles du pacte constitutionnel? Étoit-ce après vingt-sept ans de malheurs, de bouleversements, de révolutions inouïes dans l'État et dans les mœurs, que le ministre anglois tenoit ce langage?

D'ailleurs, messieurs, il n'est pas question ici d'attaquer des choix ; on cherche seulement un moyen de les rendre plus faciles au chef honorable de la justice. Je ne vois rien dans les *propositions* des chambres qui sorte des bornes de la plus stricte convenance. N'est-il pas tout simple que, dans la multitude des affaires qui accablent les ministres, quelques-unes se dérobent à leur sollicitude? Qui songe à leur en faire un crime? N'est-il pas tout simple que les chambres, sans cesse occupées du bien public, suppléent par une *résolution* à ce qui semble avoir échappé à l'œil du gouvernement? Je suppose qu'avant la loi sur la suspension de la liberté individuelle, un pair eût sollicité cette suspension, aurions-nous trouvé détestable, comme proposition, ce que nous avons déclaré excellent comme loi? Enfin, si le droit de proposition ne doit pas être exercé, pourquoi est-il dans la Charte? Il y est comme droit de nature, il y est comme une sorte de faculté consultative du pouvoir législatif au conseil exécutif, comme un soulagement à l'attention, une aide aux travaux des ministres. Après tout, une proposition des chambres, souvent utile, ne peut jamais être dangereuse au gouvernement, puisqu'il en demeure le dernier juge : s'il la trouve bonne, il la fait vivre en la changeant en loi; s'il la condamne, elle expire au pied du trône. Usons donc, sans en abuser; de tout ce que la Charte nous a permis, et ne voyons pas le mal où il n'est pas.

On s'écriera peut-être : «Eh bien, nous admettons que la *résolution* n'est pas inconstitutionnelle ; vous conviendrez du moins qu'elle est de nature à produire les résultats les plus funestes. » Je n'en conviens pas du tout; mais je sais qu'on élève beaucoup d'objections. Pour montrer mon impartialité, je vais même proposer une difficulté considérable, qui jusque ici avoit été oubliée, mais qu'un pair vient d'indiquer dans son discours.

On pourroit dire : « Vous demandez la suspension de l'institution royale pendant un an, sous prétexte qu'il y a de grandes réformes à faire parmi les juges, et qu'après les bouleversements de la révolution, il faut se donner le temps de connoître et de bien choisir les hommes. Mais est-ce la première fois que l'on a vu des troubles en France? et nos rois ont-ils jamais ordonné les réformes dont vous parlez? Sous Charles VI, Isabeau de Bavière créa un parlement; Morvilliers en fut le premier président. Ce parlement reçut le serment de fidélité que les Parisiens prêtèrent à Henri V, roi d'Angleterre; il procéda à la condamnation du dauphin, légitime héritier du trône; cependant le dauphin, devenu Charles VII, pardonna tout et ne changea pas les magistrats. Après la Ligue, après la Fronde, aucun membre du parlement ne perdit sa place : on pourroit dire, il est vrai, qu'à cette dernière époque les juges étoient inamovibles. »

Voilà, je pense, messieurs, l'objection historique dans toute sa force. Mais, malgré l'autorité de ces exemples, comment comparer les temps et les hommes que nous venons de rappeler avec les temps et les hommes que nous avons vus? Qu'y a-t-il de commun entre la Fronde et nos derniers malheurs? Sous Charles VI, sous Henri IV, pendant la minorité de Louis XIV, il y avoit faction, et non pas révolution en France : les esprits étoient agités; les mœurs restoient immobiles; la morale, la religion surtout, étoient entières. On peut se relever de tous les crimes quand les bases de la société ne sont pas détruites; on peut revenir à toutes les vertus quand l'esprit de famille n'est pas changé, quand les mœurs domestiques sont demeurées les mêmes malgré les altérations du gouvernement. Si au contraire la révolution est faite dans la famille comme dans l'État, dans le cœur comme dans l'esprit, dans les principes comme dans les usages, un autre ordre de choses peut s'établir; mais il ne faut plus s'appuyer sur des analogies qui n'existent pas et prendre le passé pour la règle du présent.

Quels avoient été, messieurs, les principes et l'éducation de ces juges factieux sous les règnes de Charles VI, Henri IV et Louis XIV? quelles étoient les lois particulières auxquelles ils se soumettoient? les mœurs, la religion qu'ils conservoient dans leur famille, la morale qu'ils transmettoient à leurs fils? les exemples de vertus domestiques qu'ils donnoient, tout en étant emportés par les tempêtes de l'État? A l'époque des calamités du xive siècle, ils ne recevoient ni présents, ni visites, ni lettres, ni messages, relativement aux procès. Ils ne mangeoient ni buvoient jamais avec les plaideurs ; on ne pouvoit leur parler qu'à l'audience : le commerce leur étoit défendu. Les juges ne pouvoient être sénéchal, prévôt ni bailli dans le lieu de leur naissance. La justice étoit gratuite ; les conseillers au parlement recevoient cinq sous parisis par jour de service ; le premier président avoit mille livres, les trois autres présidents cinq cents livres : joignez à cela deux manteaux qu'on donnoit chaque année à ces magistrats ; voilà quelle étoit leur fortune. Il falloit trente ans de service pour obtenir, à titre de pension, la continuation d'un traitement si modique. Lorsque ces légistes n'étoient point de service, et que conséquemment ils n'étoient point payés, ils retournoient enseigner le droit dans leurs écoles. Aussi le roi Jean disoit d'eux : « *De quels gages, tout modiques qu'ils sont, la modeste sincérité des officiers de notre cour est contente.* » Sous Charles VI, les juges étoient si pauvres, que le greffier du parlement ne put dresser le procès-verbal de quelques fêtes qui eurent lieu à Paris, parce qu'il n'avoit pas de parchemin, et que sa cour n'étoit pas assez riche pour en acheter. Toutes les dépenses du parlement, vers le milieu du XIVe siècle, s'élevoient à la somme de onze mille livres, qui, à quatre livres quatre sols le marc, faisoient environ cent soixante-cinq mille francs de notre monnoie d'aujourd'hui.

Plus tard, et en se rapprochant de notre siècle, Henri de Mesme, fils du premier président de Mesme, nous fait connoître ainsi ses mœurs et ses études : « L'an 1545, dit-il, je fus envoyé à Toulouse pour étudier en lois, avec mon précepteur et mon frère, sous la conduite d'un vieux gentilhomme tout blanc, qui avoit longtemps voyagé par le monde. Nous étions debout à quatre heures, et, ayant prié Dieu, allions à cinq heures aux études, nos gros livres sous le bras, nos écritoires et nos chandeliers à la main. »

« Les mœurs innocentes de ces magistrats, dit Mézeray, et leur extérieur même, servoient de lois et d'exemple... Un grand fonds d'honneur faisoit leur principale richesse : ils croyoient leur fortune sûre et honorable quand elle étoit médiocre et juste. »

Les factions de l'État pouvoient quelquefois, messieurs, égarer de pareils hommes ; mais l'expiation suivoit de près la faute : l'ambitieux Brisson mourut pour son roi.

Pairs de France, j'aperçois au milieu de vous les descendants de ces magistrats vénérables ! Ils pourroient vous dire qu'à l'époque même de la révolution ils retrouvoient dans leurs familles cette religion, ces bonnes mœurs, cette science, cette gravité, cet amour de la justice, qui commençoient à disparoître dans les ordres de l'État. Les Nicolaï, les Lepeletier, les Lamoignon, les Molé, les d'Aligre, les

Seguier, les Barentin, les d'Albertas, les d'Aguesseau, s'étoient conservés comme les antiques monuments de la monarchie : vieillis auprès de la loi, ils étoient restés purs et inaltérables comme elle.

Ah, messieurs! quel plaisir nous trouverions à comparer, s'il étoit possible, la magistrature que la révolution a fait naître à cette magistrature qui rendit le dernier soupir avec Malesherbes! Autrefois en France, lorsque le roi, grand justicier de son royaume, venoit à mourir, toute justice étoit suspendue ; il falloit renouveler les offices de judicature : le parlement paroissoit aux obsèques du prince et entouroit le cercueil. Bientôt le cri de la perpétuité de notre empire : *Le roi est mort, vive le roi!* se faisoit entendre. Les tribunaux se rouvroient, et la justice renaissoit avec la monarchie.

Messieurs, les tribunaux ne se sont point rouverts après la mort de Louis XVI ; on n'a point entendu autour de son cercueil le cri de *vive le roi!* Comme autrefois, les magistrats ont suivi le monarque au lieu de la sépulture, mais on ne les en a point vus revenir : ils se sont ensevelis dans la tombe de leur maître, et pendant quelques années la justice est remontée au ciel avec le fils de saint Louis.

Les troubles sous Charles VI, la Ligue et la Fronde, n'avoient point détruit le parlement et bouleversé les sanctuaires de nos lois. De nos jours, au contraire, notre antique justice a fait naufrage comme le reste de la France. Il s'est formé de ses débris des tribunaux où tout est nouveau, jusqu'au code d'après lequel ils prononcent sur l'honneur, la vie et la fortune des citoyens. Qui vous répond de vos juges? La religion? Mais n'est-elle pas aujourd'hui séparée de tout, comme elle étoit autrefois dans tout? La morale? Mais pourroit-on dire que sous le rapport des mœurs nous sommes ce qu'étoient nos pères? L'éducation? Mais les bonnes études n'ont-elles pas péri au milieu de nos discordes? Parmi les magistrats qui composent le nouvel ordre judiciaire, il en est sans doute qui auroient fait honneur même à notre ancien barreau; cependant nous ne pouvons pas nous le dissimuler, la voix publique s'élève de toutes parts. Tant d'hommes depuis vingt-cinq ans ont échappé à la vue dans le tourbillon révolutionnaire! Ne leur demandons pas des vertus qui ne sont pas de leur siècle; faisons une ample part au temps et au malheur; oublions beaucoup de choses; usons d'une grande indulgence. Mais sera-ce employer trop de rigueur que de vouloir connoître un peu les juges avant de les choisir? Et pour les connoître, ne faut-il pas prendre le temps nécessaire? Trop d'empressement nous exposeroit à donner à l'iniquité l'inamovibilité de la justice.

On nous dit : « Si vous retardez l'institution royale, vous jetterez l'inquiétude dans une multitude de familles : le juge pendant un an ne saura comment juger : dénoncé par la partie condamnée, il craindra toujours d'être dépouillé. D'une part, vous ferez des juges hypocrites; de l'autre, vous vous exposerez à perdre des magistrats recommandables. En France, on ne veut point rester incertain de sa destinée. Aucun homme ne se souciera d'occuper une place qu'une calomnie peut lui ravir : il refusera de se soumettre à cette honteuse défiance de la loi. »

Voilà de grandes paroles, messieurs; mais tout cela est-il bien juste? Je ne sais si les magistrats se soulèveront contre ce délai d'une année; je sais qu'ils n'ont point murmuré quand Buonaparte s'est donné cinq ans pour confirmer l'inamovibilité. De plus, une mesure générale n'est insultante pour personne : on n'est pas persécuté parce qu'on n'est pas définitivement fixé dans la place que l'on occupe. Si l'amovibilité étoit une chose si fâcheuse, on n'accepteroit jamais de places amovibles, et elles le sont presque toutes en France. Dans l'ordre des choses mêmes dont nous parlons, les juges de paix sont amovibles, les tribunaux de commerce et une partie des cours prévôtales sont amovibles, les conseils de guerre sont amovibles, et pourtant dans toutes ces sortes de magistratures on ne se croit pas déshonoré. Enfin, messieurs, si les juges réclamoient contre la suspension momentanée de l'institution royale, combien le ministre de la justice devroit se plaindre, lui qui, magistrat suprême, est placé à la tête d'une inamovibilité dont il ne partage pas les honneurs!

Quant à ces hommes qui jugeront contre leur conscience, si je ne me trompe, ce n'est pas la question. Il ne s'agit pas de ce que le magistrat fera, mais de ce qu'il a fait, mais de sa conduite passée, mais de savoir s'il n'a point commis de crimes qui le rendent indigne de s'asseoir sur les fleurs de lis. Si un an d'inquiétude suffit pour en faire un juge prévaricateur, il faut convenir qu'il étoit bien près de la corruption. De bonne foi, perdra-t-il sa place au bout de l'année parce qu'il aura été dénoncé par un plaideur mécontent, parce qu'il se sera trompé dans le jugement d'un procès? Non, sans doute. Mais il la perdra si l'on vient à découvrir ce qu'on ne sait pas aujourd'hui; s'il a surpris la religion du ministre de la justice; si l'on apprend que dans le cours de la révolution il a tenu une conduite honteuse; si la morale, l'humanité, la justice, ont de graves reproches à lui faire.

La suspension de l'institution royale ne servira, dit-on, qu'à rendre le juge hypocrite! Ce juge a donc des vices à cacher, des vertus à feindre. Nous craignons avec raison l'hypocrite d'un an : craignons donc aussi de donner l'inamovibilité à cet hypocrite, puisque nous n'en ferions qu'un juge vicieux, et vicieux tout à son aise le reste de ses jours à la tête des tribunaux.

D'ailleurs, messieurs, l'objection tombe par un seul fait. Les juges depuis le retour du roi, à l'exception de quelques cours, sont demeurés amovibles. Toujours menacés d'être renvoyés avant d'avoir reçu l'institution royale, en ont-ils plus mal jugé? Leur reproche-t-on des prévarications insignes? Ont-ils montré cette inquiétude dont on fait tant de bruit? Non, messieurs : ils sont restés tels qu'ils étoient, ni meilleurs ni pires. Ceci nous amène à remarquer que la suspension de l'institution royale pendant un an ne changera presque rien à l'état de votre magistrature actuelle : il y a en effet dix-huit mois que cette magistrature, inamovible par le droit, est amovible par le fait.

Allons plus loin : admettons, ce que je ne crois pas, que la suspension de l'institution royale jette en effet quelque désordre dans la magistrature. Mais ce mal passager, ce mal d'un an, pourroit-il être comparé à ce mal dont on ne sortiroit que par la mort; à ce mal qui empoisonneroit peut-être pour toujours les sources de la justice, si l'on venoit à se tromper sur les choix, mais par une de ces erreurs qui peuvent échapper à l'attention la plus soutenue comme à la volonté la plus sage?

Suspendre pendant un an l'institution royale n'est pas une chose insolite en France. Nous avons une foule de lois relatives aux choix des magistrats. « *Voulons*, dit une ordonnance du 5 février 1388, *que nul ne soit président et conseiller si premièrement il n'est témoigné à nous par notre chancelier et par les gens de notre parlement être suffisant à exercer ledit office.* » L'ordonnance de Moulins, de 1566, recommandoit pour la haute magistrature une *enquête de capacité et de prud'homie des pourvus*. L'ordonnance de 1560 avoit établi cette enquête pour les juges inférieurs.

Ce droit d'enquête existoit de temps immémorial dans les parlements; il s'étendoit souvent, pour le magistrat proposé, au delà d'une année. Les cours souveraines exerçoient ce droit sur les tribunaux subalternes, comme elles l'exerçoient sur elles-mêmes. Il falloit faire preuve de bonne vie et mœurs, d'attachement au roi et à la religion. L'institution eût-elle été donnée, si l'enquête n'étoit pas favorable, les parlements refusoient l'enregistrement des *provisions*, et le ministre n'insistoit pas.

Et pourtant, messieurs, de quoi s'agissoit-il alors? De nommer çà et là quelques juges à quelques places vacantes dans les tribunaux existants. Aujourd'hui il n'est question que de recréer tous les tribunaux et de constituer à la fois quelques milliers de juges. Une sage suspension dans les choix semble en pareil cas naturellement indiquée. L'intégrité du ministre de la justice, favorisée par cette longueur de temps, pourroit alors établir en France des tribunaux dignes de la gravité des Harlay et des L'Hospital, et de la science des Loyseau, des Pasquier et des Du Tillet. En précipitant la nomination des juges inamovibles, on contrarieroit toutes les traditions, tous les usages et toutes les lois de nos aïeux. Il y a une chose curieuse à observer : tandis que la chambre des députés adoptoit la *résolution* pour la suspension de l'institution royale, on prenoit la même mesure dans un royaume voisin, où notre ordre judiciaire a naguère été établi. Ce pays avoit aussi autrefois son sénat inamovible, presque héréditaire, et le corps judiciaire le plus renommé de l'Europe après les parlements de France.

« L'enquête objectera-t-on, avoit lieu autrefois avant la nomination : elle étoit donc sans inconvénient, puisqu'elle ne menaçoit que le juge ; mais la suspension, venant après la nomination, tourne contre le justiciable. » Pour le prouver, on ajoute que le juge, incertain de son sort, deviendra très-dangereux, surtout dans un moment où des lois terribles ont été remises entre ses mains.

Ceci, messieurs, n'est qu'un nouveau développement de l'objection générale à laquelle j'ai déjà essayé de répondre. C'est toujours supposer que par la suspension de l'institution royale les juges vont devenir des espèces de démons ; qu'ils se hâteront de faire tout le mal possible ; qu'ils persécuteront la veuve, dépouilleront l'orphelin, favoriseront la richesse et le pouvoir, condamneront l'indigence et la foiblesse. Grand Dieu ! s'il en est ainsi, ne rendons jamais de pareils juges inamovibles, de peur qu'ils ne fassent toute leur vie le mal qu'ils vont faire dans une année.

Pour nous rassurer, on soutient que l'inamovibilité transformera tout à coup leur caractère, les bons deviendront excellents, les médiocres meilleurs, les méchants moins mauvais. Eh bien, je reconnois ces heureux effets de l'inamovibilité ; mais je dis qu'elle ne les opère qu'avec le temps, que ces métamorphoses ne sont ni l'ouvrage d'un jour ni même d'une année ; tout ne changera pas comme d'un coup de baguette, parce que vous vous hâterez d'instituer à la fois les juges, au risque de faire des choix funestes. L'inamovibilité ne confère pas si vite toutes les vertus ; je pourrois trop aisément le prouver.

On s'est jeté enfin sur les principes généraux : on a affirmé, dans l'une et l'autre chambre, que l'indépendance de la justice est la sauvegarde de la liberté ; que toutes les espèces de tyrannie, la tyrannie du forum comme celle du sérail, ont toujours essayé de décroître l'inamovibilité.

Tout cela est vrai, mais pourquoi perdre son temps à le soutenir, puisque personne n'avance le contraire? D'un bout à l'autre de ce discours je n'ai cessé, messieurs, de vanter l'inamovibilité : j'ose le dire, aucun de vos orateurs ne l'a admirée plus que moi et n'en a fait un aussi grand éloge. Mais, encore une fois, attaque-t-on l'inamovibilité parce qu'on demande un an pour trouver des hommes dignes de veiller à l'arche sainte des lois? Puisqu'on met en avant les principes généraux, qu'on se souvienne donc aussi que si la liberté se conserve par la justice, elle peut se perdre par le juge. Que nous serviroit une magistrature inamovible, si nous avions des magistrats infidèles, prêts à violer leurs serments, à se précipiter dans les bras du premier tyran heureux, à lui porter en présent une inamovibilité changeante comme la fortune? Nous n'avons pas besoin, ajoute-t-on, de recourir à cette suspension afin d'apprendre à mieux connoître le juge : s'il trahit ses devoirs, il est des lois pour le punir. Eh! s'agit-il de se mettre en garde contre des délits ordinaires? Nous pouvons frapper un juge prévaricateur, mais aurions-nous quelque moyen de l'atteindre si, faute de le connoître, nous avions eu le malheur de le consacrer? Un magistrat ennemi du gouvernement, qui empoisonneroit l'opinion autour de lui, useroit de son influence secrète pour corrompre la multitude, protégeroit ou ne puniroit pas les rebelles, sans toutefois se compromettre légalement, et n'aspireroit qu'au moment de se rendre coupable d'une de ces hautes forfaitures qui ruinent les peuples et font périr les rois. Nous châtierions ce magistrat pour son iniquité dans de petites causes; mais il seroit hors de notre puissance quand il auroit précipité sa patrie dans ces grands procès que l'on finit par perdre à l'appel des nations, comme au tribunal de Dieu.

Voici mes deux dernières considérations : c'est dans l'intérêt du ministre de la justice lui-même que la *résolution* doit être accueillie. Si elle étoit rejetée, surtout après avoir été connue du public, de quel poids immense le ministre ne se trouveroit-il pas chargé? Au contraire, la responsabilité qui pèse sur sa tête sera considérablement allégée par la suspension de l'institution royale.

Enfin, messieurs, c'est ici la première *résolution* que vous recevez de la chambre des députés : elle est grave, utile dans son but ; elle a été pesée avec maturité, soutenue et attaquée par les hommes les plus respectables, adoptée après un long examen. Je pense qu'il seroit heureux qu'une conviction intime vous la fît recevoir à votre tour : toute concordance de sentiments entre les deux chambres est désirable et d'un bel exemple aux François.

Je me résume : la résolution pour la suspension de l'inamovibilité n'est point opposée au système de notre ancienne justice amovible et inamovible à la fois; elle n'est point contraire à la Charte; elle augmente la prérogative royale; elle donne le temps de faire de bons choix; elle est favorable au ministre de la justice. Je vote pour son adoption, à moins que quelques-uns de messieurs les pairs, ou les ministres eux-mêmes, n'aient un meilleur projet de loi à nous proposer.

OPINION

SUR LA RÉSOLUTION DE LA CHAMBRE DES DÉPUTÉS

RELATIVE AU DEUIL GÉNÉRAL DU 21 JANVIER,

PRONONCÉE A LA CHAMBRE DES PAIRS
LE 9 JANVIER 1816.

Messieurs, qu'il me soit permis de vous rappeler, dût-on m'accuser d'un peu d'orgueil, que je reçus l'année dernière, à pareille époque, une bien douce récompense de ma fidélité à mon souverain légitime. Cette récompense fut d'être officiellement chargé d'annoncer la pompe funèbre que la France alloit célébrer en mémoire du roi-martyr et les monuments que la piété de Louis XVIII vouloit fonder pour éterniser ses regrets. Je fus redevable de ce choix à un ministre dont l'amitié m'honore, et qui, s'il a des ennemis, doit en chercher le plus grand nombre parmi les ennemis du roi. Vous aurez sans doute oublié, messieurs, ou peut-être n'aurez-vous jamais lu le programme que je traçai alors de la fête expiatoire : comme il renferme des dispositions qui se rattachent à la *résolution* de la chambre des députés, comme ces dispositions sont à moitié l'ouvrage du roi, souffrez que je remette sous vos yeux quelques traits du tableau.

« Tandis que les restes mortels de Louis XVI et de Marie-Antoinette seront portés à Saint-Denis, on posera la première pierre du monument qui doit être élevé sur la place Louis XV.

« Ce monument représentera Louis XVI, qui déjà, quittant la terre, s'élance vers son éternelle demeure. Un ange le soutient et le guide, et semble lui répéter ces paroles inspirées : *Fils de saint Louis, montez au ciel!* Sur un des côtés du piédestal paroîtra le buste de la reine dans un médaillon ayant pour exergue ces paroles si dignes de l'épouse de Louis XVI : *J'ai tout su, tout vu, et tout oublié.* Sur une autre face de ce piédestal on verra un portrait en bas-relief de Mme Élisabeth ; ces mots seront écrits autour : *Ne les détrompez pas*, mots sublimes qui lui échappèrent dans la journée du 20 juin, lorsque des assassins menaçoient ses jours en la prenant pour la reine. Sur le troisième côté sera gravé le Testament de Louis XVI, où on lira en plus gros caractères cette ligne évangélique :

JE PARDONNE DE TOUT MON CŒUR
A CEUX QUI SE SONT FAITS MES ENNEMIS.

« La quatrième face portera l'écusson de France avec cette inscription : *Louis XVIII à Louis XVI*. Les François solliciteront sans doute l'honneur d'unir au nom de Louis XVIII le nom de la France, qui ne peut jamais être séparée de son roi...

« Ce monument ne sera pas le seul consacré au malheur et au repentir. On élèvera une chapelle sur le terrain du cimetière de la Madeleine. Du côté de la rue d'Anjou, elle représentera un tombeau antique ; l'entrée en sera placée dans une nouvelle rue que l'on percera lors de l'établissement de cette chapelle. Pour mieux envelopper les différentes sépultures, l'édifice entier se déploiera en forme d'une croix latine, éclairée par un dôme qui n'y laissera pénétrer qu'une clarté religieuse. Dans toutes les parties du monument on placera des autels où chacun ira pleurer une mère, un frère, une sœur, une épouse, enfin toutes ces victimes, compagnes fidèles, qui pendant vingt ans ont dormi auprès de leur maître dans ce cimetière abandonné. C'est là qu'on viendra particulièrement honorer la mémoire de M. de Malesherbes. On nous pardonnera peut-être d'associer ici le nom du sujet au souvenir du roi. Il y a dans la mort, le malheur et la vertu, quelque chose qui rapproche les rangs.

« Le roi fondera à perpétuité une messe dans cette chapelle ; deux prêtres seront chargés d'y entretenir les lampes et les autels. A Saint-Denis, une autre fondation plus considérable sera faite au nom de Louis XVI, en faveur des évêques et des prêtres infirmes qui après un long apostolat auront besoin de se reposer de leurs saintes fatigues. Ils remplaceront l'ordre religieux qui veilloit aux cendres de nos rois. Ces vieillards, par leur âge, leur gravité et leurs travaux, deviendront les gardiens naturels de cet asile des morts, où eux-mêmes seront près de descendre. Le projet est encore de rendre à cette abbaye les tombeaux qui la décoroient, et auprès desquels Suger faisoit écrire notre histoire, comme en présence de la Mort et de la Vérité. »

Voilà, messieurs, ce qui fut commandé par le roi. Une ordonnance déclara de plus qu'à l'avenir le 21 janvier seroit un jour consacré par des cérémonies religieuses. La première pensée de ce grand sacrifice de paix appartient donc à notre souverain, comme tout ce qui s'est fait de bon et de noble depuis la restauration de la monarchie. Et pourtant dans le programme dont je viens de lire quelques passages que de choses déjà vieillies, que de réflexions qui ne sont déjà plus applicables au moment où je vous parle ! *Dum loquimur fugerit invida ætas !* Combien, lorsque je retraçois la pompe de Saint-Denis, il y avoit alors d'espoir au milieu du deuil de la patrie ! Combien le repentir de quelques hommes paroissoit sincère ! Qu'il étoit doux pour le roi de leur pardonner !

Mais quand leur seconde trahison nous forçoit de quitter le sol natal, auroient-ils jamais cru que nous nous retrouverions ici, à cette époque du 21 janvier, pour célébrer la seconde fête expiatoire ! Ils espéroient n'entendre plus parler de ces morts qui les accusent à la face du Dieu vivant. Ce Dieu pour les confondre a renfermé dans le court espace d'un an des événements qu'un siècle entier pourroit à peine contenir ; les hommes et les choses se sont précipités, se sont écoulés comme un torrent : toute la terre a pour ainsi dire passé en France entre deux pompes funèbres. Partis d'un tombeau, nous sommes revenus au pied de ce tombeau ; et de tant de projets conçus il n'est resté que ceux que Louis XVIII avoit formés pour les cendres du roi son frère.

La chambre des députés veut partager les œuvres de notre souverain ; elle veut unir la douleur du peuple à celle du roi : elle nous invite à nous joindre à son touchant hommage. Pairs de France, vous qui tenez la place de l'antique noblesse, à l'exemple du pieux Tanneguy, vous vous empresserez de concourir aux obsèques d'un monarque que des ingrats abandonnèrent. J'ai vu, messieurs, les ossements de Louis XVI mêlés dans la fosse ouverte avec la chaux vive qui avoit consumé les chairs, mais qui n'a pu faire disparoître le crime ! J'ai vu le squelette de Marie-Antoinette intact, à l'abri d'une espèce de voûte qui s'étoit formée au-dessus d'elle comme par miracle ! La tête seule étoit déplacée ! et dans la forme de cette tête on pouvoit encore reconnoître (ô Providence !) les traits où respiroit avec la grâce d'une femme toute la majesté d'une reine ! Voilà ce que j'ai vu, messieurs ! voilà les souvenirs pour lesquels nous n'aurons jamais assez de larmes ; voilà les attentats que les hommes ne sauroient jamais expier ! Quand vous élèveriez à la mémoire de ces grandes victimes un monument pareil aux tombeaux qui bravent les siècles dans les déserts de l'Égypte, vous n'auriez encore rien fait : tout cet amas de pierres ne couvriroit pas la trace d'un sang qui ne s'effacera jamais !

Mais remarquez, messieurs, la puissance de la religion, de cette religion appelée à notre secours par notre monarque et par la chambre des députés ! Elle seule peut égaler les marques de la douleur à la grandeur des adversités; elle n'a besoin pour cela ni de pompes magnifiques ni de mausolées superbes : quelques larmes, un jeûne, un autel, une simple pierre où elle aura gravé le nom du roi, lui suffiront. Laissons-la donc mener le deuil : cherchons seulement si dans la résolution soumise à votre examen ainsi que dans les adresses que l'on prépare rien n'a été oublié.

Je crois, messieurs, apercevoir une omission. Au milieu de tant d'objets de tristesse on n'a pas assez également départi le tribut de nos larmes. A peine dans les projets divers a-t-on nommé ce roi-enfant, ce jeune martyr qui a chanté les louanges de Dieu dans la fournaise ardente. Est-ce parce qu'il a tenu si peu de place dans la vie et dans notre histoire que nous l'oublions? Mais que ses souffrances ont dû rendre ses jours lents à couler, et que son règne a été long par la douleur! Jamais vieux roi, courbé sous les ennuis du trône, a-t-il porté un sceptre aussi lourd? Jamais la couronne a-t-elle pesé sur la tête de Louis XIV descendant dans la tombe autant que le bandeau de l'innocence sur le front de Louis XVII sortant du berceau? Qu'est-il devenu, ce pupille royal laissé sous la tutelle du bourreau, cet orphelin qui pouvoit dire, comme l'héritier de David : « Mon père et ma mère m'ont abandonné? » Où est-il, le compagnon des adversités, le frère de l'orpheline du Temple? Où pourrois-je lui adresser cette interrogation terrible et trop connue : *Capet, dors-tu? Lève-toi!* — Il se lève, messieurs, dans toute sa gloire céleste, et il vous demande un tombeau. Malédiction sur les scélérats qui nous obligent aujourd'hui à tant de réparations vaines! Qu'elle soit séchée la main parricide qui osa se lever sur cet enfant de saint Louis, roi oublié jusque ici dans nos annales, comme il le fut dans sa prison! La France rejette enfin les hommes qui ont eux-mêmes rejeté une amnistie sans exemple. Ils ont méconnu leur second père; la patrie ne les connoît plus! Leur propre fureur a effacé la clause du Testament de Louis XVI qui les mettoit à l'abri : la justice a repris ses droits, et le crime a cessé d'être inviolable.

Je vote, messieurs, pour l'adoption pleine et entière de la *résolution* de la chambre des députés, et je regrette que nos règlements nous interdisent de la voter par acclamation. Je propose, en outre, d'ajouter à la *résolution* cet amendement, qui complétera les expiations du 21 janvier :

« Le roi sera humblement supplié d'ordonner qu'un monument soit élevé à la mémoire de Louis XVII, au nom et aux frais de la nation. »

OPINION

SUR

LA RÉSOLUTION RELATIVE AU CLERGÉ,

PRONONCÉE A LA CHAMBRE DES PAIRS
LE 10 FÉVRIER 1816.

Messieurs, une idée aussi funeste qu'elle est étrange tomba dans la tête de quelques-uns de ces milliers de *législateurs* qui découvrirent tout à coup qu'après une existence de quatorze siècles la France n'avoit pas de constitution ; ils imaginèrent de séparer entièrement l'ordre religieux de l'ordre politique, et cela fut regardé comme un trait de génie. Dieu, qui a fait l'homme, ne se trouva plus mêlé aux actions de l'homme, et la loi perdit ce fondement que tous les peuples ont placé dans le ciel. On fut libre de recevoir ou de rejeter le premier signe du chrétien ; de prendre une épouse à l'autel de Dieu ou au bureau du maire ; de choisir pour règle de conduite les préceptes de l'Évangile ou les ordonnances de police ; d'expier ses fautes aux pieds du prêtre ou du bourreau ; de mourir dans l'attente d'une autre vie ou dans l'espoir du néant : tout cela fut réputé *sagesse*.

Et néanmoins, tandis qu'on renonçoit à la religion on prétendoit à la liberté. Mais qu'y eut-il de plus libre et pourtant de plus religieux que Rome et Athènes ? Tout peuple qui ne cherche pas dans les choses divines de garanties à son indépendance finit toujours par la perdre, quelles que soient les révolutions dans lesquelles il se plonge pour la conserver. Eh ! sans le roi, messieurs, que nous fût-il resté de nos excès et de nos malheurs ? — des crimes et des chaînes !

Si l'Angleterre, malgré les tempêtes dont elle fut agitée sous Charles Ier, parvint à fonder sa constitution, c'est qu'à cette époque les Anglois étoient chrétiens. C'étoit la Bible à la main qu'ils prêchoient l'indépendance ; loin d'être irréligieux, ils étoient fanatiques. Avec le fanatisme, leurs niveleurs établirent la liberté ; avec l'impiété, nos révolutionnaires arrivèrent à la servitude. N'est-ce pas une chose singulière, messieurs, que d'avoir été esclaves sous des républicains philosophes et de nous retrouver libres sous un roi très-chrétien?

Ce titre nous rappelle que nous nous sommes enfin soumis à l'autorité de ces princes qui nous ont placés au premier rang de la religion, comme au premier degré de la gloire. Si l'Église nous a reconnus pour ses fils aînés, pendant un assez grand nombre de siècles, ne cesserons-nous point d'être ingrats envers notre mère? La *résolution* que la chambre des députés nous a transmise a pour but de rendre au clergé non l'éclat qu'il avoit autrefois, mais cette indépendance sans laquelle le culte n'est plus qu'un fardeau pour le peuple : cette *résolution* d'une haute nature mérite, messieurs, la plus sérieuse attention.

Nous avons un privilége, dans la chambre des pairs, qu'on ne sera peut-être pas tenté de nous disputer : c'est d'appartenir par la maturité de notre âge à des temps qui ne sont plus. Nous pouvons raconter aux générations nouvelles quelle étoit jadis la splendeur de nos temples. Comment cette Église des Gaules, si puissante et si vénérable, a-t-elle été détruite? vous le savez, messieurs. Les raisonnements les plus forts, les calculs les plus précis, l'éloquence la plus énergique ou la plus entraînante, tout échoua contre les passions. Un homme, devenu depuis trop fameux, s'opposa lui-même au premier envahissement du patrimoine de l'Église. « Ils veulent être libres, s'écria-t-il, et ils ne savent pas être justes? » Mot qui condamne aujourd'hui cet homme, ses adhérents et ses œuvres.

Un reste de pudeur ne permit pas de plonger d'abord le clergé tout entier dans la misère. On accorda aux prêtres desservants 81 millions sous le titre de salaire ; 72 millions furent destinés à des pensions religieuses. Ces deux sommes excédoient les revenus ecclésiastiques, qui s'élevoient à peu près à 150 millions : elles ne furent pas longtemps payées. Les révolutions forcent presque toujours à achever le mal quand on l'a commencé ; il semble à tout oppresseur qu'il se condamneroit en réparant : il est trop vrai que chez les hommes souvent une demi-injustice accuse et une iniquité complète absout.

Vinrent ensuite, messieurs, ces temps de terreur où l'on auroit pu dire ce qu'un orateur disoit de la persécution sous Dioclétien, que l'Église tout entière quittoit la terre pour monter au ciel. Au massacre des Carmes succéda la déportation de plus de trente mille prêtres. Le clergé se divisa en deux grandes classes de persécutés : l'une suivit le monarque dans son exil, l'autre resta cachée dans les ruines de la monarchie. Les consolations de la religion furent ainsi partagées entre le sujet et le roi. J'ai vu cette Église errante qui pleuroit au bord des fleuves étrangers : *Super flumina... sedimus et flevimus!* Vous avez vu, messieurs, celle qui gémissoit dans les débris du temple : tous les témoins des tribulations de l'Église sont donc rassemblés ici ; et il est inutile de peindre des malheurs qui sont les nôtres.

L'Église gallicane chanceloit, affoiblie par ses blessures. Tout à coup un homme arrive d'Égypte ; ses destinées sont mystérieuses comme celles de ces monuments du désert où sont gravés des caractères que l'on n'entend plus. Une vieille forteresse en ruine l'a empêché de conquérir l'Asie, il vient conquérir l'Europe. Il a vu les sphinx, les pyramides, la plaine des tombeaux ; il s'est entretenu avec les peuples de l'Aquilon et de l'Aurore. Il prend tous les masques, parle tous les langages, affecte tous les sentiments. En arrivant, il gagne une grande bataille, assassine un grand prince, étouffe la voix de son crime par celle de ses victoires, met les rois de la terre à ses pieds, force le souverain pontife à passer les Alpes et présente à l'huile sainte un front qui n'étoit point courbé sous le triple poids du bonnet rouge, du turban et de la couronne.

De toutes les choses entreprises par Buonaparte, celle qui lui coûta le plus fut indubitablement son concordat. Personne, ou presque personne autour de lui, ne vouloit le rétablissement des autels ; et il étoit beaucoup moins ennemi des prêtres que son conseil. Supérieur aux hommes qui l'environnoient, il sentoit qu'il ne pouvoit rien fonder sans la religion ; mais, au milieu des esprits forts qui lui avoient ouvert le chemin du trône, il se croyoit obligé de conserver les honneurs de l'impiété. Contraint de marcher dans cette route tortueuse, avec ceux-ci il se moquoit de la religion, mais il disoit qu'il étoit bon de s'en servir comme d'un moyen politique ; avec ceux-là il déclamoit contre les athées, promettoit de rendre à l'Église tout son éclat, mais faisoit entendre qu'il se trouvoit forcé de garder d'abord certains ménagements. Il trouvoit ensuite dans son propre caractère des obstacles invincibles à une véritable restauration du culte. Si d'un côté la force de sa tête et son intérêt personnel lui faisoient apercevoir les avantages qu'il tireroit de la religion, de l'autre sa jalousie de tout pouvoir le poussoit à persécuter ce clergé qu'il prétendoit rétablir. Ainsi, détruisant lui-même son ouvrage, il a plus nui tout seul à la religion que les révolutionnaires ensemble. Cet homme, si parfait dans le mal, étoit incomplet pour le bien ; rien ne sortoit pur de ses mains. Il étendit sur les prêtres ce système d'avilissement dans lequel il n'étoit que trop habile. Comptant peu sur l'attachement des âmes nobles, il cherchoit à créer autour de lui la bassesse pour faire naître la fidélité : il espéroit que la vertu tombée seroit obligée de le suivre, comme l'innocence déshonorée n'a souvent d'autre ressource que la protection de son corrupteur.

Les prétendues lois qui devoient rétablir la religion en France furent de véritables lois de proscription. Par les lois organiques du concordat (lois que la cour de Rome n'a jamais reconnues), les évêques se virent enlever l'organisation de leurs séminaires. La conscription fut établie jusque dans le Saint des saints, et bientôt on la vit figurer comme un article de foi dans le catéchisme.

Ce n'étoit pas assez que la révolution eût dépouillé les autels, il falloit encore s'opposer à ce que les églises pussent jamais posséder : les deux fameux articles 73 et 74 de ces mêmes lois organiques rassurent toutes les craintes de la sagesse du siècle. Par ces articles, les fondations qui ont pour objet l'entretien des ministres et l'exercice du culte ne peuvent consister qu'en rentes sur l'État : les immeubles ne sont point susceptibles d'être affectés à des titres ecclésiastiques.

Un décret du 30 décembre 1809, article 40, fixe le traitement des vicaires à 500 francs au plus et à 300 francs au moins : presque partout on a pris le *minimum*. Plusieurs autres lois et décrets portent que les pensions ecclésiastiques seront précomptées sur les traitements des desservants : elles l'étoient avec rigueur sur ce misérable viager de 300 ou de 500 francs.

Les écoles secondaires ecclésiastiques furent soustraites à la puissance ecclésiastique : la religion cessa d'exercer une autorité salutaire sur les vivants ; et l'on voulut priver les morts eux-mêmes des respects dont le christianisme se plaît à environner la tombe. Buonaparte, qui versoit le sang des François pour sa gloire, s'empara de leurs cendres à son profit ; il mit les cimetières en régie et afferma nos funérailles.

Dieu a brisé son fléau ; mais sommes-nous instruits par le châtiment ? Qu'avons-nous fait depuis que nous sommes libres pour le rétablissement de la religion ? Au sortir de la captivité, ne voulons-nous point rebâtir le temple ? Jetons les yeux autour de nous, et considérons l'état de l'Église.

Depuis que la France est rentrée dans ses anciennes limites, elle ne renferme plus, d'après les circonscriptions établies par le concordat, que cinquante diocèses, neuf archevêchés et quarante-un évêchés. Le nombre des desservants se compose environ de cent neuf vicaires généraux, de quatre cent vingt chanoines, de quatre cent quatre-vingt-dix curés de première classe, de deux mille quatre cents curés de seconde classe, de vingt-six mille six cent soixante succursalistes.

Il y a dans ce moment cinq archevêchés et huit évêchés vacants, et à peu près cinq mille succursales.

La totalité des places à remplir, y compris celles des vicaires et prêtres employés dans les hôpitaux, maisons de charité, etc., étoit en 1815 d'environ quarante-six mille ; il n'y avoit que trente-quatre mille prêtres en état d'être employés : il en manquoit donc douze mille.

Or, messieurs, si vous calculez la probabilité des décès, douze années suffiront pour emporter ces trente-quatre mille vieux prêtres, qui, brisés par un long martyre, retournent chaque jour à ce Dieu pour lequel ils ont tant combattu. Il peut se faire qu'en 1828 il ne reste pas un seul membre de l'ancien clergé, calcul d'autant plus effrayant que depuis 1801 jusqu'à ce jour les ordinations n'ont donné que six mille prêtres.

Quant au traitement, le trésor fournit pour les cardinaux, archevêques, évêques, grands-vicaires et chanoines, un peu plus de 1,400,000 francs ; pour les curés de première et de seconde classe, et pour les succursalistes, à peu près 11 millions. Les bourses, les congrégations religieuses et autres petites dépenses, emportent environ 600,000 francs. 5 millions sont affectés de plus au payement de quelques pensions ecclésiastiques. Les départements contribuent en outre aux frais du culte pour 2,600,000 francs. En réunissant toutes ces sommes, on trouve que l'État fait au clergé en 1816 une rente viagère de 20,600,000 francs : et l'on a dépouillé ce clergé d'une propriété qui rapportoit en 1789 150 millions de revenus! et l'Assemblée constituante elle-même lui avoit alloué par an la somme de 153 millions !

Les archevêques, évêques, grands-vicaires, chanoines et curés, ont donc aujourd'hui des traitements qui suffisent à peine, chez les uns à la décence, chez les autres aux premiers besoins de la vie.

Les succursalistes, avec 500 francs, sont dans la misère.

Les vicaires, ne recevant rien du trésor, vivent d'aumônes ou meurent de faim.

Cinq mille paroisses sont privées de tout secours religieux. Dix mille sont sans presbytère. Le cinquième des diocèses est sans maison épiscopale, sans édifice pour les séminaires.

Les églises presque partout tombent en ruine, et des calculs dont on ne peut contester l'exactitude démontrent qu'avant peu d'années les deux tiers de la France seront sans prêtres et sans autels.

« En 1799, disoit l'abbé Sieyès dans un projet de décret sur le clergé, il sera fait un dénombrement exact des évêques, curés et vicaires survivants; leurs revenus nets seront convertis en rentes viagères. » Je viens, messieurs, de faire ce dénombrement seize ans après l'époque fixée : que vous semble-t-il du revenu *net* et des *survivants?*

Dans la triste situation de nos finances, qui ne nous permet pas de venir immédiatement au secours des pauvres prêtres, la *résolution* de la chambre des députés nous offre du moins une première ressource. Il s'agit d'autoriser les églises à recevoir des dotations en fonds de terre. Tant que la religion ne possédera rien en propre, elle se montrera toujours aux yeux de la foule sous la forme d'un impôt, et non avec les charmes d'un bienfait. « Rendez sacré et inviolable l'ancien et nécessaire domaine du clergé, dit Montesquieu ; qu'il soit fixe et éternel comme lui. » Qu'est-ce, en effet, que des prêtres salariés, messieurs? Que peuvent-ils être pour le peuple, sinon des mercenaires à ses gages, qu'il croit avoir le droit de mépriser? Reconnoître que la religion est utile; interdire en même temps aux églises le droit de propriété, est-ce raisonner conséquemment? Soyons de bonne foi, et disons plutôt : « Nous ne voulons pas de religion. » Mais disons aussi : « Nous ne voulons pas de monarchie. » Dans ce cas, c'est même trop que de payer les prêtres : il est inutile de grever le peuple d'un impôt pour une chose qui n'est bonne à rien. Qu'après l'exil, la déportation, le massacre du clergé, on combatte encore vaillamment contre sa puissance tombée ; qu'en voyant la misère profonde de nos ecclésiastiques, sans abri, sans pain, sans vêtements, on leur rappelle la pauvreté des apôtres, tout en jouissant soi-même d'un abondant superflu, c'est là, il faut en convenir, du dévouement et du courage! S'apitoyer, au contraire, sur les malheurs du clergé, en faire des tableaux touchants, dire qu'il faut qu'il soit bien traité, qu'il ait de bonnes pensions : tout cela pour conclure par le fameux *mais,* n'est-ce point au fond la même opinion? On pourroit alors s'épargner tous ces frais d'éloquence.

Mais pourquoi les prêtres ne seroient-ils pas salariés? répondent ceux qui combattent la *résolution :* les militaires, les juges, les administrateurs le sont bien.

Si l'on veut traiter la religion comme une institution humaine, ne discutons plus ; nous ne pouvons plus nous entendre. Alors s'il plaît au gouvernement, sous un prétexte quelconque, de retrancher le salaire des prêtres, tous les temples vont se fermer. Le gouvernement ne supprimera jamais ce salaire? Mais l'Assemblée constituante avoit solennellement déclaré que la première dette de la France, que la dette la plus sacrée, la plus inviolable, étoit celle que nous avions contractée envers l'Église : le vent a emporté toutes ces belles déclarations ! Il faudra donc que la religion, toujours à la veille de sa ruine, suive le cours de nos révolutions et ne soit pas même à l'abri du caprice d'une législature ou de l'humeur d'un ministère. On supprime un tribunal, on licencie une armée, sans exposer la sûreté d'un royaume ; mais chasse-t-on les pontifes du sanctuaire sans mettre la société en péril ? La prêtrise n'est point un état, c'est un caractère : ne confondons point des choses si différentes. Un soldat, un magistrat, que le trésor public ne soutient plus, peuvent changer de profession et se créer un nouveau moyen d'existence : mais le prêtre privé de son traitement, que deviendra-t-il ? *sacerdos in æternum !*

On nous objecte encore que, n'étant plus un corps politique, le clergé seroit dangereux s'il acquéroit une existence considérable.

Sans doute le clergé n'est plus un corps politique ; mais c'est parce que nous raisonnons toujours comme s'il l'étoit, que nous tombons dans une confusion d'idées d'où naissent ensuite nos objections. Distinguons les choses, pour nous bien comprendre nous-mêmes.

Le clergé a perdu les droits qui le rendoient un ordre dans l'État ; il n'est plus *corps*, mais il est demeuré *corporation*. A ce dernier titre, il peut administrer, comme toute autre communauté, les biens attachés aux fondations qu'il dessert. Et remarquez que ce n'est même jamais que comme *corporation*, et non comme *corps*, qu'il a géré les biens des églises. Son rang politique dans nos états généraux étoit étranger à son administration.

Cela, bien entendu, nous explique pourquoi en Angleterre, sous une constitution libre, l'Église est encore un propriétaire riche et puissant, sans que le royaume en soit troublé. C'est que dans ce royaume le clergé a cessé d'être *corps*, et qu'il est resté *corporation*, ainsi que le nôtre aujourd'hui. Les évêques anglicans sont admis, il est vrai, dans la chambre des pairs ; mais ils y siègent comme individus, et non comme représentants d'un corps politique. Toutes les objections s'évanouissent par cette simple explication.

Le clergé, cessant d'être un ordre, n'est plus que l'organe nécessaire d'une religion qui n'est ennemie d'aucune forme de gouvernement : les seuls États démocratiques existant aujourd'hui en Europe, les petits cantons suisses, professent la religion catholique : ainsi la plus ancienne religion a produit la plus ancienne liberté. « Nous devons au christianisme, dit encore l'auteur de l'*Esprit des Lois*, et dans le gouvernement un certain droit politique, et dans la guerre un certain droit des gens, que la nature humaine ne sauroit assez reconnoître. »

A en juger par les inquiétudes que l'on affecte de répandre, il semble que si l'on permet les dotations en faveur des églises, le clergé va soudain envahir toutes les propriétés de la France.

Les conjectures s'évanouissent devant les faits ; examinons les faits. Depuis l'année 1801 jusqu'à l'année 1816 les legs en faveur des hospices se sont élevés à la somme de 20 millions. Les églises deviendront-elles plus riches dans le même nombre d'années, surtout lorsque la France, diminuée d'un tiers, ne possède plus cette pieuse Belgique à qui l'on doit plus de la moitié de ces dons faits à nos hôpitaux? La loi de Buonaparte, qui est à peu près celle que l'on vous propose ici, excepté qu'elle ne permet qu'en rentes sur l'État ce qu'on vous demande de permettre en biens fonds, cette loi a-t-elle apporté des trésors aux établissements religieux? En admettant que les églises soient aussi favorisées que l'ont été les hospices pendant les seize dernières années, elles se trouveront propriétaires de 20 millions dans seize ans d'ici, c'est-à-dire qu'elles auront 800,000 livres de rentes. Si vous supposez qu'à cette époque il existe quarante-six mille prêtres en France, autant qu'il y a de places à remplir, chaque prêtre jouira d'un revenu d'à peu près 17 livres par an, de 29 sous par mois et de 9 deniers par jour. Que de richesses, messieurs! combien il faut se mettre en garde contre la future opulence de l'Église!

Rassurons-nous cependant. C'est un des caractères de ce siècle de craindre les maux impossibles et d'être indifférent à ceux qui vivent pour ainsi dire au milieu de nous. Ces terreurs de la puissance à venir du clergé ressemblent à celles que Buonaparte prétendoit avoir de l'autorité du saint-siége. Il étoit maître de Rome, il tenoit Pie VII dans la plus odieuse captivité, et il ne parloit que de l'ambition des Grégoire, des Boniface et des Jules. « Ceux qui crient aujourd'hui au papisme, disoit le docteur Johnson, auroient crié au feu pendant le déluge. »

Les confesseurs ont un autre sujet d'alarmes. Chaque confesseur, affirme-t-on, deviendra le spoliateur secret d'une famille : nulle sûreté désormais pour les fortunes ; on va commettre de toutes parts le crime de restitution! Mais, messieurs, fréquente-t-on beaucoup dans ce siècle les tribunaux de la pénitence? Je ne sache pas que jusqu'ici nous ayons infiniment à nous plaindre des dangers du repentir. Hélas! j'ai toute une autre crainte, et je la crois mieux fondée. Je pense que les dotations seront rares, foibles, insuffisantes ; nous ne changerons pas l'esprit du siècle. Ceux qui craignent de voir renaître le fanatisme peuvent se tranquilliser : pour être fanatique il faut croire en quelque chose ; on n'est pas persécuteur quand on est indifférent ; et lorsqu'on a affecté de si grandes frayeurs sur les divisions du midi, que l'on prétendoit être religieuses, on ne se souvenoit pas que nous sommes bien plus près de faire la guerre à Dieu que pour Dieu.

On nous dit souvent que sous les rapports politiques il faut marcher avec le siècle ; qu'il faut suivre le mouvement de l'Europe et ne pas essayer de faire rétrograder l'esprit humain : je suis complétement de cette opinion ; mais soyons donc conséquents, et suivons aussi le mouvement de l'Europe sous les rapports religieux. Quel exemple ne nous offre-t-elle pas dans ce moment même ! L'empereur de Russie vient de donner une constitution à la Pologne : on sait que ce prince professe en politique, comme en toute autre matière, les opinions les plus généreuses. Or, écoutez, messieurs, l'article 30 de cette nouvelle constitution :

« Les catholiques romains, ainsi que les ecclésiastiques du rit grec uni, auront, au lieu des sommes que le gouvernement leur payoit sous le nom de *compétence,* un revenu annuel de 2 millions de florins polonois en biens nationaux. Ils en useront comme d'une propriété inaliénable. Ces nouveaux fonds, joints à ceux que le clergé possédait déjà, seront répartis entre toutes les églises, de façon que le sort des pauvres prêtres soit amélioré, que l'entretien du culte, des séminaires et des maisons d'éducation soit assuré.... Les champs et prés que l'on avoit pris au clergé comme biens nationaux, pour les incorporer au domaine de la couronne, seront rendus à l'Église. On retranchera des lois et des ordonances tout ce qui pourroit porter atteinte à la discipline de l'Église et à ses droits reconnus. »

Voilà, messieurs, comme on fonde les empires ; voilà comme on établit la liberté en établissant la religion, en réparant les injustices. Alexandre d'ailleurs se montre aussi magnanime que sage, car il n'est pas même de la communion dont il se déclare le protecteur. Et qu'on ne dise pas que c'est ici une mesure dictée par la nature des choses en Pologne ; non, messieurs : c'est le résultat de l'esprit qui anime en ce moment les souverains : témoin ce fameux traité où les maîtres de trois puissants empires s'associent sous la protection du Dieu des chrétiens, reconnoissent que toute puissance vient de lui, et que les malheurs qui frappent les rois et les peuples naissent de l'oubli de la religion. Ainsi nous sommes sûrs que l'Europe entière applaudira à tout ce que nous ferons en faveur du culte de nos pères ; que les souverains alliés croiront notre révolution finie ; qu'ils seront plus prompts à retirer leurs soldats, quand ils nous verront retourner à ce Dieu qu'ils adorèrent au camp de Vertus, au milieu de leurs bataillons prosternés.

Si j'examinois les divers articles de la *résolution*, j'aurois quelques amendements à proposer : je désirerois, par exemple, que les donations fussent faites aux églises, aux établissements religieux, et non pas nominativement au clergé. C'est bien, il est vrai, le sens général de la *résolution*, mais la pensée du législateur n'y est pas assez clairement exprimée. Soyons toujours justes dans le mot, il n'y aura rien de faux dans la chose. C'est par une locution vicieuse qu'on dit *les biens du clergé*. Le clergé n'a jamais rien possédé ; il ne peut posséder rien. Ce sont les églises qui sont seules propriétaires ; le clergé n'est que l'administrateur d'un patrimoine dont un tiers appartient à l'autel, un tiers aux pauvres, et dont le dernier tiers est destiné à l'entretien des ministres.

Voilà les principes, messieurs ; il est nécessaire de s'en écarter moins que jamais, car on ne peut se dissimuler qu'il est survenu de graves changements dans les relations extérieures de l'Église de France. Homme privé, je suis sans alarmes sur les prétentions de la cour de Rome ; pair de France et ministre d'État, je ne puis oublier que les parlements n'existant plus, que le concordat ayant étendu en deçà des Alpes l'action immédiate du saint-siége, les libertés de l'Église gallicane sont plus exposées et le clergé plus nécessairement placé sous l'influence d'une autorité temporelle étrangère. Peut-être même que, sans faire une loi expresse sur les dotations en fonds de terre, il eût mieux valu rapporter simplement l'ordonnance de 1749 et les articles 73 et 74 des lois organiques du concordat, en laissant subsister l'article 15 de la Convention du 15 juillet 1801, l'article 809 du livre III, titre II, du Code Civil, quelques règlements particuliers sur les fabriques qui semblent autoriser les donations en général sans en spécifier la nature, et l'ordonnance du roi du 10 juin 1814. L'Église se fût ainsi retrouvée dans la situation où elle étoit en 1748, pouvant acquérir avec l'agrément du roi : on eût évité par là des explications inutiles et des détails de loi qui peuvent avoir aujourd'hui des difficultés.

Enfin, il me paroîtroit juste que l'on pût léguer aux autels où nous venons expier nos passions tout ce que la loi permet de donner à l'objet même de ces passions.

Mais ce n'est ici qu'une *résolution* de la chambre des députés, et non un projet de loi du gouvernement. Perdre le temps à l'amender me semble tout à fait inutile. Cette *résolution* sera transmise au roi, qui la modifiera selon les desseins de sa sagesse. Il est même à désirer que le gouvernement transforme en un seul et unique projet de loi les propositions diverses sur le clergé dont les chambres s'occupent aujourd'hui. Ces propositions s'enchaînent si naturellement, que la question du divorce et celle de l'éducation publique peuvent en partie s'y rattacher : réunies sous un même titre, elles composeroient une espèce de code ecclésiastique qui consoleroit la piété et assureroit le sort de la religion.

Il ne s'agit donc dans ce moment que d'adopter le principe renfermé dans la *résolution* : le gouvernement fera le reste. Oui, messieurs, pour la gloire de la religion et la perpétuité de l'autel, reconnoissons vite que les églises de France peuvent reprendre parmi nous cet antique droit de propriétaire dont elles étoient investies, même avant l'établissement de nos aïeux dans les Gaules. Quoi! le plus pauvre de nos paysans possède souvent un champ, un sillon, un arbre, et le clergé, qui a défriché nos forêts, planté nos vignes, enrichi notre sol de tant d'arbres étrangers, qui a transporté l'abeille de l'Attique sur les coteaux de Narbonne et le ver à soie de la Chine sur les mûriers de Marseille, le clergé ne glanera pas un épi dans ces vastes campagnes si longtemps fécondées de ses sueurs et quelquefois arrosées de son sang! Serons-nous donc pour le prêtre plus avares que la Mort? Elle lui donnera au moins quelques pieds de terre, qu'elle ne lui reprendra jamais! Quoi! ceux qui élevèrent tant de monuments utiles à la patrie, qui bâtirent des villes entières, n'auront pas un toit à eux pour y soigner leur vieillesse! Quoi! ces hommes qui dans les jours de paix s'occupoient à creuser nos canaux, à tracer nos chemins, à jeter des ponts sur nos fleuves; ces hommes qui, dans les temps de calamités payoient la rançon de nos rois, rachetoient les esclaves, secouroient les pestiférés, versoient généreusement le trésor de l'Église au trésor de l'État, ces hommes recevront l'aumône dans les hospices qu'ils ont fondés! Qui voudra se dévouer aux fatigues de l'apostolat, si les prêtres, comme les parias des Indes, n'ont à espérer que la pauvreté et le mépris? et qu'ont-ils fait pour être traités de la sorte? — Ce qu'ils ont fait? ils ont été nos pères et nos législateurs, eux qui sont aujourd'hui nos victimes! Notre monarchie est, pour ainsi dire, l'ouvrage de leurs mains. Depuis ce premier évêque qui baptisa Clovis, jusqu'à ces derniers évêques qui suivirent Louis XVI à son baptême de sang, le clergé n'a cessé de travailler à la grandeur ou de s'associer aux malheurs de la France. C'est lui qui a adouci la férocité de nos mœurs, c'est lui qui nous a transmis les lumières de Rome et de la Grèce. Nos meilleurs et nos plus grands ministres, Suger, d'Amboise, Richelieu, Mazarin, Fleury, sont sortis de son sein; la France lui doit une foule de savants, d'orateurs et d'hommes de génie, et pour compter le nombre de ses bienfaits il faudroit pouvoir compter le nombre des misères humaines.

Messieurs, je vous l'avouerai, je désire ardemment que le principe de la *résolution* soumise à votre examen soit adopté, pour l'honneur de notre patrie, pour l'honneur même de cette chambre. Qui protégera les autels, si ce ne sont les pairs de France! La noblesse a conservé son rang, le clergé l'a perdu : ne reconnoîtra-t-elle plus dans leur adversité les antiques rivaux de sa puissance? ne tendra-t-elle point la main aux anciens compagnons de sa gloire? Il y a vingt-cinq ans que les tribunes de nos assemblées ne cessent de retentir de lois spoliatrices, sacriléges, inhumaines : hélas! elles ont toutes été accueillies! Aurions-nous le malheur de rejeter la première proposition religieuse qui semble annoncer la fin de cette longue série d'injustices et signaler notre retour aux principes de l'ordre social? Il y a vingt-cinq ans que toutes les fois qu'on parle de réparation on vous dit que le temps n'est pas propice; qu'il faut aller doucement, avec prudence ; qu'il faut attendre, qu'il faut ajourner la proposition : et toutes les fois qu'il s'agissoit de dépouiller les citoyens, de les bannir, de les égorger, il y avoit toujours urgence; il falloit passer les nuits : un jour de perdu mettoit la patrie en danger! Le moment du mal est toujours venu, le moment du bien jamais! Un peuple qui a proscrit les prêtres, pillé les temples, profané les vases sacrés, violé les tombeaux, dispersé les reliques des saints, ne seroit-il pas marqué du sceau d'une réprobation éternelle si quand cet affreux délire est passé il repoussoit encore toute idée de religion? A quoi nous auroit donc servi notre expérience? Serions-nous condamnés, après la destruction de la monarchie, après le meurtre de Louis XVI, à entendre faire contre la religion les mêmes raisonnements, les mêmes plaisanteries que l'on faisoit avant ces horribles malheurs? Alors il ne reste plus qu'à s'envelopper dans son manteau et qu'à pleurer la fin prochaine de la France.

Éloquents défenseurs de l'Église, vous que j'aperçois ici, vous qui soutîntes les premiers assauts de l'impiété dans notre première assemblée, que disiez-vous alors? Qu'un royaume est perdu quand il abandonne le culte de ses aïeux; que la chute de l'autel entraîne la chute du trône. On vous traitoit de fanatiques, de petits esprits, d'hommes agités par vos intérêts personnels. Eh bien, trop véridiques prophètes, qui oseroit dire aujourd'hui que vous vous êtes trompés? Et vous qui étiez si ardents à solliciter le triomphe d'une fausse sagesse, qu'êtes-vous devenus? Mes yeux vous cherchent en vain : l'abîme que vous aviez ouvert s'est refermé sur vous.

Ah! messieurs, si, par une fatalité inexplicable, on devoit encore reproduire les sophismes de Thouret, de Barnave, de Chapellier, de

Mirabeau, je m'écrierois, en empruntant ces belles paroles d'un pair de France, de M. l'abbé de Montesquiou :

« Quel génie destructeur a passé sur cet empire ! Voyez les malheurs qui se répandent ! Il semble qu'il y ait ici le département des douleurs ! Il y a des hommes qui se sont consacrés à accabler de chagrins leurs concitoyens. Dès qu'on les voit paroître, on dit : Allons ! encore un sacrifice ! encore un malheur de plus !... Qu'allez-vous faire ? me disoit-on quand je suis monté à cette tribune. Le sort en est jeté : des comités particuliers ont tout décidé. Eh bien, il faut descendre de cette tribune et demander au Dieu de nos pères de vous conserver la religion de saint Louis, de vous protéger ! Les plus malheureux ne sont pas ceux qui souffrent l'injustice, mais ceux qui la font. »

Et moi aussi, messieurs, je descends de cette tribune, mais non pas accablé de douleur comme jadis l'orateur du clergé : j'espère que votre décision va remplir l'Église de joie. Tout annonce que nous commençons à revenir à ces vérités éternelles dont on ne s'écarte jamais impunément. La religion n'est plus objet de risée ; on ne rougit plus de s'avouer disciple de l'Église, et chacun interrogé sur sa foi ose faire la réponse des premiers fidèles : « Je suis chrétien. »

Considérant que le gouvernement en nous représentant la *résolution* sous la forme d'un projet de loi y pourra faire les changements qui me semblent indispensables, je vote pour la *résolution* ; mais si quelques-uns de messieurs les pairs avoient à proposer un amendement qui consistât à réduire les divers articles de la *résolution* à un seul article renfermant le principe des dotations en fonds de terre et la liberté entière de l'administration ecclésiastique, je me rangerois à cet amendement.

DISCOURS

PRONONCÉ A L'OCCASION

DES

COMMUNICATIONS FAITES A LA CHAMBRE DES PAIRS

PAR M. LE DUC DE RICHELIEU,

SÉANCE DU 22 FÉVRIER 1816.

Messieurs, un mois juste s'est écoulé depuis le moment où vous fûtes appelés à Saint-Denis : vous y entendîtes la lecture du Testament de Louis XVI. Voici un autre Testament : lorsqu'elle le fit, Marie-Antoinette n'avoit plus que quatre heures à vivre. Avez-vous remarqué dans ces derniers sentiments d'une reine, d'une mère, d'une sœur, d'une veuve, d'une femme, quelques traces de foiblesse? La main est ici aussi ferme que le cœur; l'écriture n'est point altérée : Marie-Antoinette du fond des cachots écrit à madame Élisabeth avec la même tranquillité qu'au milieu des pompes de Versailles. Le premier crime de la révolution est la mort du roi; mais le crime le plus affreux est la mort de la reine. Le roi du moins conserva quelque chose de la royauté jusque dans les fers, jusqu'à l'échafaud : le tribunal de ses prétendus juges étoit nombreux ; quelques égards étoient encore témoignés au monarque dans la tour du Temple; enfin, par un excès de générosité et de magnificence, le fils de saint Louis, l'héritier de tant de rois, eut un prêtre de sa religion pour aller à la mort, et il n'y fut pas traîné sur le char commun des victimes. Mais la fille des césars, couverte de lambeaux, réduite à raccommoder elle-même ses vêtements, obligée, dans sa prison humide, d'envelopper ses pieds glacés dans une méchante couverture, outragée devant un tribunal infâme par quelques assassins qui se disoient des juges, conduite sur un tombereau au supplice, et cependant toujours reine !... Il faudroit, messieurs, avoir le courage même de cette grande victime pour pouvoir achever ce récit.

Une chose ne vous frappe-t-elle pas dans la découverte de la lettre de la reine?

Vingt-trois années sont révolues depuis que cette lettre a été écrite. Ceux qui eurent la main dans les crimes de cette époque (du moins ceux qui n'ont point été rendre compte de leurs œuvres à Dieu) ont joui pendant vingt-trois ans de ce qu'on appelle prospérité. Ils cultivoient leurs champs en paix, comme si leurs mains étoient innocentes ; ils plantoient des arbres pour leurs enfants, comme si le ciel eût révoqué la sentence qu'il a portée contre la race de l'impie. Celui qui nous a conservé le Testament de Marie-Antoinette avoit acheté la terre de Montboissier : juge de Louis XVI, il avoit élevé dans cette terre un monument à la mémoire du défenseur de Louis XVI ; il avoit gravé lui-même sur ce monument une épitaphe en vers françois à la louange de M. de Malesherbes. N'admirons point ceci, messieurs, pleurons plutôt sur la France. Cette épouvantable impartialité qui ne produit ni remords, ni expiations, ni changements dans la vie, ce calme du crime qui juge équitablement la vertu, annoncent que tout est déplacé dans le monde moral, que le mal et le bien sont confondus, qu'en un mot la société est dissoute. Mais admirons, messieurs, cette Providence, dont les regards ne se détournent jamais du coupable. Il croit échapper à travers les révolutions ; il parvient au bonheur et à la puissance : les générations passent, les années s'accumulent, les souvenirs s'éteignent, les impressions s'effacent ; tout semble oublié. La vengeance divine arrive tout à coup ; elle se présente face à face devant le criminel, et lui dit en l'arrêtant : « Me voici ! » En vain le Testament de Louis XVI assure la grâce aux coupables : un esprit de vertige les saisit ; ils déchirent eux-mêmes ce Testament ; ils ne veulent plus être sauvés ! La voix du peuple se fait entendre par la voix de la chambre des députés : la sentence est prononcée, et, par un enchaînement de miracles, le premier résultat de cette sentence est la découverte du Testament de notre reine !

Messieurs, c'est à notre tour à prendre l'initiative. La chambre des députés a voté une adresse au roi pour protester contre le crime du 21 janvier ; témoignons toute l'horreur que nous inspire le crime du 16 octobre. Ne pourrions-nous pas en même temps renfermer dans cet acte de notre douleur la proposition de M. le duc de Doudeauville ? Dans ce cas, la *résolution* de la chambre pourroit être ainsi rédigée :

« La chambre des pairs, profondément touchée de la communication que Sa Majesté a daigné lui faire par l'organe de ses ministres, arrête :

« Que son président, à la tête de la grande députation, portera aux pieds de Sa Majesté les très-respectueux remerciements des pairs de France. Il lui exprimera toute la douleur qu'ils ont ressentie à la lecture de la lettre de Marie-Antoinette et toute l'horreur qu'ils éprouvent de l'épouvantable attentat dont cette lettre rappelle le souvenir; il dira en même temps à Sa Majesté que la chambre des pairs se joint de cœur et d'âme à celle des députés dans les sentiments exprimés par cette dernière chambre relativement au crime du 21 janvier, suppliant le roi de permettre que le nom de la chambre des pairs ne soit point oublié sur les monuments qui serviront à éterniser le regret et le deuil de la France. »

OPINION

PRONONCÉE A LA CHAMBRE DES PAIRS,

LE 12 MARS 1816,

SUR LA RÉSOLUTION DE LA CHAMBRE DES DÉPUTÉS

RELATIVE AUX PENSIONS ECCLÉSIASTIQUES

DONT JOUISSENT LES PRÊTRES MARIÉS.

Messieurs, vous avez entendu le rapport de votre commission sur la *résolution* de la chambre des députés relative aux pensions ecclésiastiques dont jouissent les prêtres mariés. C'est à regret que je viens combattre ce rapport. J'aurois aimé à céder à l'autorité des hommes distingués dont j'ai le malheur de ne pas partager l'opinion; mais dans tout sujet qui intéresse ou la conscience ou l'honneur, quand on n'est pas convaincu, il est impossible de garder le silence. J'espère donc que mes honorables collègues me pardonneront de vous exposer des doutes que j'avois déjà soumis à la supériorité de leurs lumières.

Je suivrai, messieurs, dans l'ordre de mon discours, les deux divisions admises par votre commission. J'examinerai la *résolution* : 1° sous le rapport des lois ou de la justice légale; 2° sous le rapport de la religion ou de la justice morale.

Pour parler d'abord du premier, sans rechercher si le sacrement de l'Ordre étoit un empêchement dirimant au mariage des prêtres dans le XIIe siècle, j'irai droit au but, et je ne remonterai pas plus haut que l'année 1789. A cette époque les biens des églises de France furent envahis, et l'État fit au clergé des pensions et des traitements. Nous n'avons à nous occuper que de ce qui regarde les pensions.

A qui furent-elles accordées, ces pensions? Elles le furent aux archevêques, évêques, aux chanoines prébendés ou semi-prébendés, aux officiers ecclésiastiques pourvus de titres dans des chapitres supprimés; à tous autres bénéficiers, comme abbés, prieurs, etc., etc.;

aux curés qui avoient des bénéfices ; aux religieux et religieuses de tous ordres.

Faisons deux grandes classes de ces ecclésiastiques pensionnés, et disons, ce qui est la vérité, que les pensions furent données aux religieux et aux religieuses, et aux prêtres bénéficiers ; les organistes et autres officiers laïques sont hors de la question.

Pourquoi fit-on des pensions aux religieux et religieuses? Parce qu'ils avoient apporté des dots en entrant dans certains ordres monastiques, parce qu'on leur avoit au moins ravi une propriété commune, le toit qui les mettoit à l'abri, l'asile où ils passoient leurs jours.

Pourquoi les bénéficiers furent-ils pensionnés? Parce qu'ils remplissoient ou étoient censés remplir des fonctions religieuses particulières ; fonctions pour lesquelles ils touchoient les revenus de leurs bénéfices. En les privant de ces revenus, sans avoir eu le droit de les affranchir de leurs engagements spirituels, il parut juste de leur donner un salaire qui leur tînt lieu du revenu supprimé.

La loi supposa en outre que les bénéficiers ne vivoient que de leurs bénéfices ; que, ne pouvant comme prêtres embrasser une profession civile, il falloit bien les nourrir, puisqu'on leur ôtoit tout moyen d'existence.

La preuve que ce fut là l'esprit de la loi, c'est que les prêtres qui n'avoient point de bénéfice n'eurent point de pension, parce qu'ils furent considérés comme ne remplissant aucune fonction religieuse particulière, et parce que, vivant sans le secours d'un bénéfice, ils furent censés jouir d'un patrimoine qui suffisoit à leurs besoins.

Or, messieurs, je soutiens, contre l'avis de la commission, que tout prêtre anciennement bénéficier, aujourd'hui pensionné, qui a contracté mariage, n'a plus sa part dans le contrat que la nation a passé avec les églises ; je soutiens qu'il a perdu les deux titres de sa possession.

Il a perdu le premier titre, celui en vertu duquel il recevoit une somme subrogée au revenu qu'il touchoit pour les fonctions ecclésiastiques dont il étoit chargé comme bénéficier, puisqu'en effet il a cessé de remplir ces fonctions.

Il a perdu le second titre, celui qui provenoit de son impossibilité de vivre sans bénéfice, puisque, ayant renoncé à son caractère de prêtre, il a recouvré la faculté de gagner sa vie par une profession civile.

Votre commission me répond, messieurs, que la pension n'a point été faite pour l'acquittement d'une fonction ; que cette pension est individuelle et indépendante de toute considération étrangère. Si le prêtre a manqué à ses devoirs religieux, la loi civile ne peut connoître de ce délit. Elle ne voit qu'un fait : un prêtre a reçu une pension du gouvernement : que ce prêtre soit devenu l'homme le plus méprisable du monde, n'importe, il est toujours le créancier de l'État.

Cette réponse, messieurs, ne me semble pas péremptoire : en mettant en avant un principe, on en oublie un autre, pour le moins aussi sacré.

Un contrat entre deux parties est toujours synallagmatique lorsque le contraire n'est pas déclaré par une clause précise. De plus, un contrat entre deux parties est fait d'après des conditions expresses ou tacites : *expresses,* il n'y a pas matière à discussion ; *tacites,* elles sont sujettes à être interprétées.

Si dans le contrat bilatéral une des parties manque à ses engagements, l'autre partie est nécessairement déliée de ses obligations. Or, j'espère prouver dans un moment que le prêtre bénéficier marié a manqué à ses engagements, quoiqu'on ait essayé d'établir le contraire.

Dans le contrat passé entre l'État et les églises les conditions tacites sont d'une extrême évidence ; elles sont même expresses, ainsi que je le montrerai bientôt, mais je veux bien dans ce moment ne les considérer que comme tacites. L'intention des deux parties contractantes a nécessairement été que les pensions et les traitements du clergé fussent départis selon l'esprit et les principes de l'administration ecclésiastique ; car l'État, en prenant les biens de l'Église n'a pu prétendre changer la destination de ces biens, représentés par les traitements et les pensions qui les ont remplacés. Ces traitements et ces pensions doivent donc toujours former ces trois parts si connues, savoir : les frais du culte, le soulagement des pauvres, l'entretien des desservants de l'autel.

On dira peut-être que cette supposition probable est pourtant gratuite de ma part. Non, messieurs, et je l'appuie sur un témoignage irrécusable : ce témoignage sera celui-là même dont votre commission s'est servie pour établir une opinion contraire à la mienne. Qui connoîtra l'esprit de la loi, si ce ne sont les législateurs qui l'ont faite? Or, écoutez Mirabeau ; il suffira seul : « Qu'il soit déclaré, » dit-il dans la fameuse séance du 2 novembre 1789, « que tous les biens ecclésiastiques sont à la disposition de la nation, à la charge de pourvoir d'une manière convenable *aux frais du culte, à l'entretien de ses ministres et au soulagement des pauvres.* »

Cette opinion passa à la majorité de cinq cent soixante-huit voix contre cinq cent quarante-six.

Voilà donc, messieurs, le principe bien reconnu dans le contrat primitif. Il est donc clair que les pensions ont été faites aux bénéficiers aux mêmes titres qu'ils recevoient les revenus de leurs bénéfices. Si vous supposiez qu'il y a quelque chose de personnel et d'individuel dans la pension, il faudroit reconnoître que les membres du clergé étoient propriétaires, principe que vous n'admettez pas. Lorsqu'un abbé avoit autrefois résigné son bénéfice, il n'en retiroit plus rien, parce qu'il ne remplissoit plus les fonctions qui le faisoient jouir de ce bénéfice : d'où l'on doit conclure que si un prêtre bénéficier s'est marié, en se débarrassant de ses obligations religieuses, il a résigné de fait la pension qui représentoit les émoluments de ses charges ecclésiastiques. Les canons sont d'accord avec cette doctrine : un prêtre bénéficier qui se fût marié, outre les autres châtiments, eût encore été privé de ses bénéfices : il doit donc perdre aujourd'hui en se mariant la pension subrogée à ses bénéfices. Ce sont tellement là les notions du sens commun, que même pendant la terreur les autorités locales vouloient retenir les pensions ecclésiastiques des prêtres mariés : votre commission vous a rappelé ce fait curieux.

Pressé de toutes parts par les principes, on croit y échapper en disant : « On pouvoit peut-être admettre ce que vous soutenez avant la promulgation de la loi qui autorise le mariage des prêtres : mais après la publication de cette loi vous n'avez plus aucun droit de dépouiller les prêtres mariés, puisqu'ils n'ont fait qu'user d'une faculté que vous leur avez donnée. »

Loin d'être contre moi, cet argument est en ma faveur. On a permis aux prêtres d'opter entre la prêtrise et le mariage ; ils ont choisi le dernier : donc on ne leur doit plus la pension qui leur étoit accordée en partie sur ce fondement que la loi primitive, les renfermant dans leur profession religieuse, les privoit de tout moyen d'exister par une profession civile.

On dit encore (et en vérité je ne puis me défendre d'une certaine honte en agitant cette question), on dit que la femme du prêtre n'a peut-être épousé ce prêtre que parce qu'il avoit une pension ; qu'elle a contracté de bonne foi, que des enfants sont survenus, etc.

Des enfants ! Messieurs, pardonnez tout ceci, c'est bien malgré moi que j'en parle ; mais dans la thèse que je soutiens je suis obligé de prévoir les objections. J'ai lieu de craindre qu'on ne m'oppose celles que je viens d'indiquer, car elles m'ont déjà été faites : j'accours donc au poste où mon expérience m'a appris que je pourrois être attaqué.

Eh bien, messieurs, les femmes, les enfants des prêtres ont donc des droits aux pensions de leurs maris et de leurs pères ? Peut-on manquer de foi à ces innocentes familles ? Non, il ne faut manquer de foi à personne ; mais on ne doit rien aux femmes et aux enfants des prêtres mariés. Dans l'usage ordinaire, lorsqu'un homme pensionné par l'État vient à mourir, on paye à sa veuve le quartier de la pension commencé et non échu au moment de la mort du défunt. Il ne peut être ici question des droits de succession, de douaire, de reprises matrimoniales. Que la femme d'un prêtre l'ait épousé à cause de la pension dont jouissoit ce prêtre, c'est un motif qui n'est ni fort touchant pour lui ni fort puissant devant la loi. Nos pères, messieurs, étoient aussi bons justiciers que nous; ils ne firent point de pensions aux prêtres qui s'étoient mariés pendant les troubles de la Ligue; les enfants de ces prêtres ne réclamèrent point la survivance des bénéfices paternels. Par une suite de la licence qu'amènent les guerres civiles, les bénéfices se trouvèrent placés entre les mains de quelques seigneurs protestants; mais cet abus fut de courte durée.

On prévoit un autre embarras : on imagine que le prêtre marié aura peut-être emprunté sur sa pension; qu'il aura peut-être donné pour gage le titre de cette pension; que va devenir cette créance? Peut-on léser les intérêts du créancier? En vérité, c'est se forger des difficultés à plaisir. On trouve quelquefois le moyen de se faire faire une avance à courte date sur des appointements considérables; mais que peut-on avoir emprunté sur des pensions de 2 à 300 francs? Une pension de 200 livres de rente, qui s'éteint à la mort du titulaire, peut-elle même devenir un gage solide et réel, surtout quand cette pension étoit déclarée *insaisissable*, comme votre commission vous l'a dit? De plus, si un homme a fait de mauvaises affaires, si un créancier, par avidité, a risqué des sommes sur de mauvais titres, la loi doit-elle entrer dans toutes ces considérations? Enfin, de deux choses l'une : ou le prêtre marié a quelque chose au delà de sa pension, ou il n'a rien : s'il a quelque chose, le créancier a son recours naturel sur les biens du débiteur; s'il n'a rien, la *résolution* de la chambre des députés laisse au prêtre dépourvu une pension à titre de secours : voilà le gage du créancier. Si vous dites que cette pension à titre de secours deviendra insaisissable comme étant alimentaire, ne dites donc plus qu'on a pu emprunter sur les anciennes pensions ecclésiastiques, lorsque vous soutenez que ces pensions n'étoient elles-mêmes qu'individuelles et alimentaires.

Voici un autre raisonnement : « Les délits des prêtres mariés sont une pure affaire de discipline religieuse. Ce n'est que par les saints canons ou dans le for de la conscience qu'un prêtre marié peut être condamné. Avoit-on le droit de décréter le mariage des prêtres? Le prêtre a-t-il pu se croire dégagé de la loi ecclésiastique par la loi civile? Ce n'est pas là la question. Il suffit qu'à tort ou à raison vous ayez autorisé le mariage des prêtres pour qu'il vous soit interdit de punir la faute que votre loi a non-seulement permise, mais encouragée. »

Eh bien, j'admets un moment ce raisonnement. Puisque vous convenez que le délit du prêtre marié est de la compétence de l'autorité ecclésiastique, je demande que ce prêtre marié soit replacé sous la juridiction de son évêque : renfermé dans un séminaire, et soumis aux pénitences canoniques, rien ne s'opposera alors à ce qu'il touche sa pension. Vous sentez aussi bien que moi, messieurs, combien tout ceci est dérisoire. On parle de discipline ecclésiastique ; mais si l'évêque vouloit user de son pouvoir sur le prêtre marié, que celui-ci réclamât la liberté du citoyen, n'est-il pas clair qu'il échapperoit à la poursuite spirituelle ? Sa femme même viendroit le redemander et le disputer à l'autel. Voyez donc dans quelle jurisprudence vous vous trouvez engagés : une de vos lois autorise le scandale ; et si vous dites que c'est à l'Église à le faire cesser, une autre loi est là pour le protéger contre l'Église.

Écoutons maintenant un syllogisme singulier : un prêtre s'est marié sous la protection de la loi civile ; mais la loi ecclésiastique rendant son caractère ineffaçable, il est toujours prêtre : donc il a toujours droit à sa pension ecclésiastique.

Ainsi, pour lui conserver cette pension on fait valoir deux lois opposées, la loi civile et la loi ecclésiastique : la loi civile, qui lui dit : « Mariez-vous ; et comme je vous en donne la permission, je n'ai plus le droit de vous ôter la pension que vous recevez à titre ecclésiastique » ;

La loi ecclésiastique, qui lui dit : « En vain vous êtes marié ; vous n'avez pas cessé d'être prêtre, et à ce titre vous avez droit à votre pension ecclésiastique. »

N'est-ce pas une chose satisfaisante, et tout à fait merveilleuse, de voir un homme qui ne peut, quoi qu'il fasse, échapper à une pension, et qui la reçoit, bon gré mal gré comme étant prêtre et comme n'étant plus prêtre ?

Ici finit, messieurs, ce que j'avois à dire touchant la *résolution* considérée sous le rapport des lois ou de la justice légale. Il me semble démontré, dans toute la rigueur du principe, que vous avez le droit de retirer les pensions ecclésiastiques dont jouissent illégalement les prêtres mariés. Combien ce droit va vous paroître encore plus incontestable quand il sera appuyé de toutes les raisons tirées de la religion ou de la justice morale !

Éloignons, j'y consens, l'indignation, les souvenirs, les tableaux pathétiques; mais vous ne pouvez cependant rejeter les considérations morales. Ce n'est pas le tout d'envisager une loi sous le rapport du principe abstrait, il faut encore considérer les effets moraux de cette loi. S'il existoit dans notre Code une loi qui favorisât l'assassinat, l'adultère, l'impiété, le mensonge, ne vous hâteriez-vous pas de faire disparoître cette loi? Eh bien! vous en avez une qui consacre l'assassinat de la morale publique, qui applaudit au sacrilége, qui souille l'autel, qui autorise la violation des serments les plus sacrés : cette loi, c'est la loi qui permet le mariage des prêtres. Voulez-vous faire croire que vous en adoptez les principes, en laissant les oblations de l'autel à ces lévites qui ont abandonné le Dieu de Jacob pour suivre des femmes étrangères? N'y a-t-il pas dans ces seules expressions: *pensions ecclésiastiques aux prêtres mariés*, une alliance de mots révoltants? Voulez-vous encore une fois violer les mœurs pour respecter la loi? C'est ce que l'on fit à Rome sous Tibère, lorsque le bourreau outragea la fille de Séjan afin de maintenir la loi qui défendoit de mettre une vierge à mort.

Étudiez, messieurs, les lois qui permettent aux prêtres de se marier, lois que votre commission vous a pertinemment énumérées, vous verrez qu'elles ne se contentoient pas d'ouvrir aux religieux les voies du siècle, mais qu'elles accordoient encore des espèces de primes d'encouragement pour le sacrilége, les mauvaises mœurs et le scandale. Elles vouloient que les prêtres mariés continuassent à célébrer les saints mystères, non pour conserver, mais pour détruire la religion. Le peuple, même dans ces temps d'impiété, chassa du temple cette race impure. Voulons-nous, messieurs, continuer les primes de la Convention? Laisserons-nous toujours au prêtre marié des pensions d'autant plus odieuses que les vicaires ne reçoivent rien du gouvernement? Quels termes de comparaison offerts aux yeux de la foule! Un homme dépouillé pour avoir rempli tous ses devoirs, un homme récompensé pour les avoir violés tous!

On a adopté une singulière manière de raisonner. S'agit-il des prêtres qui ont respecté leur caractère, on vous dit: « Oui, ils sont pleins de vertu, nous compatissons à leurs peines, il faudra trouver un jour le moyen de faire quelque chose pour eux; mais à présent cela n'est pas possible. »

S'agit-il des prêtres mariés, on vous dit: « Oui, ce sont des hommes dignes de mépris; il est même fâcheux qu'on ait parlé d'eux, car c'est leur donner une importance qu'ils ne méritent pas; l'opinion en a fait justice, personne ne les défend; mais il ne faut pas leur retrancher leurs pensions. »

Ainsi, messieurs, accordons tout au prêtre apostat, refusons tout au prêtre fidèle !

Je sais qu'à l'égard de celui-ci on insiste beaucoup sur les vertus apostoliques ; on le renvoie à ces trésors de l'Évangile qui coûtent si peu à prodiguer ! Que l'on cesse enfin de nous présenter ce lieu commun dérisoire. Il ne nous est pas permis, à nous qui avons proscrit et immolé les prêtres, il ne nous est par permis, les mains pleines de leurs dépouilles, les pieds pour ainsi dire dans leur sang, de nous ériger en prédicateurs, pour recommander le détachement des biens du monde aux malheureux qui survivent. Ne faisons point l'éloge de la douleur à ceux qui souffrent ; ne parlons point d'abstinence à ceux qui ont faim ; ne disons point à ceux qui ont froid qu'un manteau est inutile, et à ceux qui portent le poids de la chaleur du jour que l'ombre n'est pas désirable. Les hommes généreux trouveront peut-être quelque justesse dans ces réflexions, et ils n'emploieront plus un langage qui n'encourage à la vertu qu'en blessant l'humanité.

Il me seroit trop facile, messieurs, de vous faire la peinture du pauvre vicaire persécuté pendant nos troubles, et toujours fidèle à son Dieu, consacrant aujourd'hui à nos autels le reste de ses jours et de son martyre, sans recevoir la moindre rétribution de l'État. J'opposerois à cet homme vénérable le prêtre marié, apostat, persécuteur pendant la révolution, aujourd'hui pensionné, défendu comme un honorable créancier de l'État, excitant pour sa famille illégitime une pitié que l'on n'accorde pas au prêtre réduit à l'aumône. Et dans quel amas de boue et de sang a-t-on été obligé de fouiller pour retrouver des titres déplorables ! Quelles lois votre commission a-t-elle été obligée de citer à l'appui d'une cause qu'elle soutient en gémissant ! Les lois de la Convention ! Messieurs, on vous a lu il y a quelques jours le Testament de la reine ; aujourd'hui on vous parle du mariage des prêtres : voilà le fruit de lois de 93 ! Et dans cette année de malédiction ne trouverez-vous pas au nombre des juges de votre roi quelques prêtres affreux, auteurs et complices de ces lois qui permettent aux ecclésiastiques d'enfreindre leur premier devoir ? Joseph Lebon n'étoit-il pas un prêtre de cette tribu ? N'étoit-il pas un prêtre aussi, ce François Chabot marié à une religieuse, qui ne vouloit pas qu'on donnât des défenseurs à Louis XVI, qui demandoit contre les émigrés une loi *si simple, qu'un enfant pût les mener à la guillotine ?* N'étoit-ce pas encore un prêtre apostat, ce Jacques Roux, qui, refusant de recevoir le Testament de Louis XVI, répondit à l'infortuné monarque : « Je ne suis chargé que de te conduire à la mort. » Tels furent ces prêtres législateurs, ces prêtres qui décrétèrent à leur profit le sacrilége, qui publièrent les lois en vertu desquelles ils jouissent encore aujourd'hui de ce déshonneur légal que personne ne leur conteste.

Faut-il, pour compléter le tableau, placer à côté de ces prêtres abominables ceux qui semblent un peu moins odieux, à force d'être ridicules ? Non, messieurs, ce seroit descendre trop bas : je vous épargnerai le récit des turpitudes de ces curés-époux, comme les appelle la commission, qui chantoient l'office divin auprès de leurs femmes assises avec eux dans le sanctuaire, qui se présentoient avec ces mêmes femmes à la barre de la Convention, qui se montroient à la suite de ces pompes où l'on faisoit boire dans les vases sacrés des ânes revêtus d'ornements pontificaux. Sommes-nous désormais à l'abri de tous ces scandales ? Nous devrions l'être ; mais il n'en est pas ainsi : il n'y a pas plus de quinze jours qu'un prêtre s'est présenté chez un vicaire d'une paroisse de Paris pour faire publier les bans de son mariage. Un autre prêtre, argumentant aussi de la loi, a voulu adopter son fils naturel. Inscrivons vite le nom de ces honnêtes gens sur la liste des pensionnaires ecclésiastiques.

On prétend que parmi les prêtres mariés il s'en trouve quelques-uns plus foibles que coupables : la lâcheté est une méchante excuse d'une mauvaise action ; et je ne sais si l'on est en France plus indulgent pour la bassesse que pour le crime. Quoi qu'il en soit, il y a sans doute des prêtres mariés qui sont dignes de pitié ; j'en connois qui se condamnent eux-mêmes, qui ont horreur de ce qu'ils ont fait : aussi ne demandent-ils point leur pension ; ils sont les premiers à convenir qu'ils n'y ont plus aucun droit. De tels hommes méritent qu'on les plaigne : ils sortent, comme je l'ai dit ailleurs, de la classe des coupables, pour entrer dans celle des infortunés. Malheureusement ils sont en bien petit nombre ; on n'aperçoit dans la plupart des prêtres mariés aucun signe de repentir ; loin d'abjurer leurs erreurs, ils les justifient. Ils sont et doivent être, par leur position, ennemis d'un ordre de choses qui les condamne. On les rencontre à chaque pas dans nos troubles politiques ; ils corrompent nos administrations partout où ils se trouvent. Objets de scandale pour la morale publique, il est à craindre qu'ils n'élèvent leur famille hors de cette religion qu'ils ont trahie. Ne protégeons donc plus les hommes qui, dans toute la vérité du langage chrétien, ont immolé leur Dieu tandis qu'on immoloit leur roi : abandonnons à eux-mêmes les déicides comme les régicides.

Pour me résumer, messieurs, je dirai donc :

1° Que les prêtres mariés, en manquant à leurs devoirs, en cherchant un nouveau moyen d'existence dans la vie civile, ont renoncé, d'après tous les principes de la justice légale, à leurs pensions ecclésiastiques : ces pensions leur avoient été données aux mêmes titres que les bénéfices, comme on le voit par l'analogie des choses et par les expressions mêmes du contrat primitif ; ils auroient été autrefois privés de leurs bénéfices s'ils s'étoient mariés : donc ils doivent perdre aujourd'hui leurs pensions pour la faute qui leur auroit enlevé leurs bénéfices.

2º Ils ont perdu incontestablement leurs droits à une pension ecclésiastique, par tous les principes de la justice morale : l'intérêt de la religion et des mœurs ne permet pas qu'on leur continue cette pension.

J'ajouterai, messieurs, une troisième considération tirée de vous-mêmes. Certainement tout ce que vous ferez sera bien fait ; si vous croyez qu'on doive laisser les pensions ecclésiastiques aux prêtres mariés, vous n'obéirez sans doute qu'à ce que vous croirez être la stricte justice, et vous vous mettrez au-dessus des vains murmures de l'opinion. Mais enfin vous ne pouvez pas faire que cette opinion n'existe pas ; vous ne pouvez pas même l'attribuer à l'esprit de parti, car personne n'estime les prêtres mariés ; vous ne pouvez pas non plus traiter certains sujets aussi librement que vous en traiterez quelques autres, parce qu'ils touchent aux points les plus délicats de la religion, de la conscience et de l'honneur. Ceci doit être l'objet de mûres réflexions, surtout la *résolution* que vous examinez ayant passé dans l'autre chambre à une majorité immense : malgré les diverses manières de considérer les objets, on s'est réuni sur ce point. Rien n'est plus satisfaisant pour les bons François qu'un accord parfait de principes entre les branches de la législature : les députés viennent de nous donner un nouvel exemple de l'esprit de conciliation qui les anime, en adoptant l'amendement unique auquel nous avons réduit leur *résolution* sur les dotations du clergé.

Heureux si la déférence qu'ils ont témoignée pour vos lumières incline votre esprit à recevoir leur nouvelle *résolution !* Je sais qu'il en coûte toujours un peu d'adopter une mesure lorsqu'elle a quelque apparence de rigueur : après tant de divisions, il est tout simple que l'on désire la concorde ; après tant de fautes, il est naturel d'invoquer l'oubli. Moi-même, messieurs, qui ai fait entendre des vérités sévères, pensez-vous que je n'aie pas souffert en parlant ainsi ? Je connois toute notre fragilité ; je ne suis point assez insensé pour demander que nous soyons tous des héros de vertus : les hommes ne sont point faits comme cela ; aujourd'hui forts, demain foibles, le moins imparfait est celui qui peut dire : Je fus brave un tel jour. Cependant des législateurs sont quelquefois obligés de mettre des bornes à leur indulgence : défenseurs de la morale et de la religion, nous ne devons pas soutenir ceux qui les blessent, si nous voulons sauver la société et rendre le repos à notre patrie.

Par toutes ces considérations, messieurs, et malgré mon respect pour l'autorité des nobles pairs mes collègues, je ne puis conclure comme la commission ; je me crois obligé en conscience à voter pour la *résolution*, telle qu'elle nous a été transmise par la chambre des députés.

Je vote donc pour la *résolution*.

OPINION

SUR LE

PROJET DE LOI RELATIF AUX ÉLECTIONS,

PRONONCÉE

A LA CHAMBRE DES PAIRS, SÉANCE DU 3 AVRIL 1816.

Messieurs, je parois à cette tribune lorsque la chambre, fatiguée, est suffisamment instruite; j'y parois à l'instant où l'un de vos orateurs les plus éloquents vient d'en descendre. Je sens tout le désavantage de cette position; mais aussi n'est-ce pas un motif de plus à votre indulgence? Beaucoup de patience fait supporter un peu d'ennui : daignez m'écouter.

Intégralité du renouvellement de la chambre des députés, nécessité d'une loi d'élection, tels sont les deux points principaux dont je vais avoir l'honneur de vous entretenir.

Le renouvellement partiel change le principe du gouvernement représentatif, composé de trois pouvoirs, monarchique, aristocratique et démocratique; il en fait disparoître le dernier. Il donne à la chambre des députés une perpétuité d'existence de la plus dangereuse nature. Il tend à faire des députés eux-mêmes des espèces de pairs populaires, comme nous sommes des pairs royaux : ainsi il y a chaos et confusion dans les éléments.

Si vous dites que le pouvoir de dissoudre la chambre des députés, dont le roi est investi, rétablit la nature des choses, on répond que ce pouvoir placé contradictoirement auprès du renouvellement partiel ne peut être exercé que par une espèce de coup d'État. Ce pouvoir, toujours manifesté au moment de la tempête, sera donc placé dans notre constitution comme ces signaux de détresse employés par les vaisseaux en péril, et qui ne servent trop souvent qu'à annoncer le naufrage.

Par le renouvellement partiel, vous entretiendrez une fièvre lente dans la France ; vous laisserez la carrière ouverte à l'intrigue et à l'ambition ; vous placerez les ministres dans la position la plus pénible : chaque année, étrangers, pour ainsi dire, à la chambre des députés, comment connoîtront-ils l'esprit de cette chambre ? comment seront-ils jamais sûrs de la majorité ? A peine commenceront-ils à s'entendre et à marcher avec les nouveaux députés, que le renouvellement partiel viendra tout détruire, déranger toutes les combinaisons, briser tous les liens de la concorde, changer la face de l'avenir. Le ministère, toujours harcelé, toujours incertain du lendemain, sera dans l'impossibilité d'étendre ses vues au delà d'une année. Il lui faudra renoncer à ces vastes plans, qui se déroulent avec lenteur et qui ne peuvent s'accomplir qu'autant que le gouvernement est stable et l'opinion publique fixée.

Ainsi point de ministère durable, ou du moins tranquille, avec le renouvellement partiel : point d'hommes de génie dont les desseins soient assurés. Si ce système, à la fois changeant et perpétuel, s'oppose par son côté mobile au repos et à la gloire d'un État, par son côté fixe il peut produire les plus grands malheurs. Qui nous garantit qu'un jour il ne se formera pas une coalition fatale entre un ministère ambitieux et une chambre ambitieuse et perpétuelle? Dans ce cas, le cinquième que cette chambre recevroit tous les ans seroit facilement ou séduit, ou enfin divisé, de manière à n'offrir qu'une opposition impuissante. Toutes les libertés de la France périroient dans cette combinaison oligarchique, qui donneroit des tuteurs aux rois et des maîtres au peuple. Prenons-y garde, messieurs, une assemblée populaire qui ne se renouvelle point en entier tend elle-même à la tyrannie, ou devient l'instrument du despotisme : le long parlement d'Angleterre et le corps législatif de Buonaparte vous offrent l'un et l'autre un exemple de cette effrayante vérité.

Mais une chambre élue pour cinq ans ne voudra-t-elle pas aussi gouverner l'État? Se confiant en sa durée, ne voudra-t-elle point se mêler d'administration, faire et défaire les ministres selon son humeur et ses caprices ? Et comment le pourroit-elle, puisque le roi peut toujours la dissoudre ?

Toutes les grandes raisons sont donc pour le renouvellement intégral; mais il arrive que l'on fait contre le renouvellement le raisonnement que je vous ai déjà dénoncé au sujet de quelques autres projets de loi. On l'admet en théorie : on le loue, on l'estime, on le considère, mais on n'en veut point. « Vous avez raison, nous dit-on, cent fois raison ; mais il nous faut le renouvellement partiel. » Et pourquoi, puisque vous convenez que l'intégral est meilleur? Pourquoi ? Les *circonstances!*

Voici encore les *circonstances*. Me seroit-il permis de les examiner un peu?

Il y a des gens, excellents d'ailleurs, mais foibles, qui, ne s'étant pas fait une idée bien nette du gouvernement représentatif, s'effrayent à la plus petite résistance, à la moindre chaleur dans les propositions ou dans les discours. Ils croient que tout est perdu si un projet de loi a subi des modifications, s'il n'a pas passé précisément tel que l'ont présenté les ministres, si les ministres eux-mêmes ont été l'objet de quelque attaque; comme si tout cela n'étoit pas de la nature du gouvernement représentatif! Il faut ou abolir cette sorte de gouvernement, ou prendre son parti. Vous n'empêcherez jamais un homme de penser tout haut à la tribuue, si vous lui donnez le droit d'y paroître. Vous n'empêcherez jamais une chambre d'amender une loi, si vous ne parvenez pas à en diriger la majorité : si ce sont là des maux, ils sont sans remède.

Ces personnes timides disent donc : « Les circonstances exigent du calme : cette chambre des députés est admirable, mais ne pourroit-on la rendre encore meilleure? Usons du renouvellement partiel; par ce moyen nous verrons bientôt arriver des hommes comme il nous les faut; alors la majorité sera tranquille, et la chambre des députés perfectionnée. »

Ceci est une manière de voir les objets aussi bonne qu'une autre : examinons seulement si ceux qui raisonnent ainsi en faveur du renouvellement partiel ne se font aucune illusion, s'ils obtiendroient le résultat qu'ils espèrent, si en voulant la fin ils ne se trompent pas sur les moyens.

Et d'abord les séries sortantes doivent être tirées au hasard à la fin de la session, dans le sein de la chambre.

Quels noms la main du hasard choisira-t-elle dans l'urne? Aveugle qu'elle est, la fortune ne pourra-t-elle pas exclure ce que l'on désireroit conserver, et conserver ce que l'on voudroit exclure?

Est-on sûr ensuite que les députés sortis ne seront pas réélus, ou qu'ils ne seront pas remplacés par des hommes d'une opinion peut-être encore plus vive?

Je n'entre point dans des mystères dont on a cependant parlé assez clairement pour qu'il me fût permis de soulever quelques voiles, mais je pense qu'on se tromperoit complètement si l'on comptoit sur des influences dont l'événement prouveroit le peu de force. Il y a dans l'esprit françois une certaine liberté qui échappera presque toujours à une direction étrangère, et une vanité qui tourne au profit de l'indépendance des opinions. Rien ne seroit à mes yeux plus légitime qu'une influence exercée pour éloigner de la tribune publique tout homme exagéré dans ses sentiments; mais cette influence seroit de nul effet, et par la nature du caractère françois, et par la position des choses. Il n'y a dans nos provinces que des hommes d'une opinion franche et prononcée ; ceux que nous appelons si improprement des modérés, c'est-à-dire, d'aveugles complaisants de la puissance, indifférents au bien et au mal, pourvu qu'ils conservent leur repos, ceux-là, s'il en existe dans les départements, n'auroient pas une voix aux élections.

Si donc vous récapitulez toutes les probabilités, vous verrez que le renouvellement partiel ne vous donnera à la prochaine session qu'à peu près les mêmes députés que vous avez aujourd'hui.

Si ce ne sont pas les mêmes hommes, à coup sûr ce seront des hommes dans la même opinion ou dans une opinion diamétralement opposée.

Enfin, si l'on pouvoit supposer une chose impossible, si l'on admettoit que les quatre-vingts députés sortants fussent tous ceux dont l'opinion est la plus animée, que les quatre-vingts députés rentrants fussent tous nouveaux et tous choisis dans l'opinion intermédiaire, cela ne produiroit pas encore un changement de majorité, dans le sens de l'opinion que cette majorité manifeste aujourd'hui.

Il ne me reste plus rien qu'à combattre l'objection constitutionnelle.

Votre commission a établi que les chambres n'ont pas le droit de prendre l'initiative, surtout quand il s'agit de changer un article de la Charte. C'est une théorie, très-bonne peut-être ; mais enfin c'est une théorie : aucun article de la Charte n'interdit en effet, dans ce cas particulier, l'initiative aux deux chambres, et il reste toujours l'article 19, en vertu duquel elles ont la faculté de proposer une loi sur quelque objet que ce soit. Voilà un fait et un droit; et un fait et un droit valent mieux que des doctrines ingénieuses uniquement fondées sur une manière particulière de voir.

Or, si les chambres ont la faculté de proposer une loi sur quelque objet que ce soit (et la Charte n'est pas exceptée), à plus forte raison peuvent-elles se permettre d'amender un article dans un projet de loi.

De plus, je crois qu'on n'a jamais contesté en principe le droit que les trois branches de la législature (et chacune d'elles en particulier) ont de proposer la modification des lois constitutionnelles. Allons plus loin encore, et disons que la véritable doctrine sur cette matière me semble être précisément le contraire de celle que la commission veut établir ; car si l'initiative peut être quelquefois accordée aux chambres, c'est précisément en ce qui concerne la Constitution. Ce sujet, par sa nature même, est de leur directe et absolue compétence. Quand l'opposition, en Angleterre, fit la fameuse motion de la réforme parlementaire (réforme qui portoit surtout sur les élections), s'avisa-t-on jamais de lui répondre qu'elle demandoit une chose inconstitutionnelle? Non, sans doute; on écarta seulement la motion par le vote de la majorité.

Nous disons donc en principe rigoureux, comme en vertu de l'article 19 de la Charte, que la chambre des députés eût été parfaitement autorisée à faire usage de l'initiative touchant la loi qui nous occupe. Mais ce raisonnement n'est que surérogatoire ; car, enfin, ce n'est pas la chambre, c'est le roi qui a pris l'initiative sur la question du renouvellement intégral : on vous l'a prouvé, je vais le prouver encore.

L'argumentation la plus subtile ne peut, messieurs, détruire l'autorité de cette fameuse ordonnance du 13 juillet, qu'on vous a déjà tant de fois citée.

On cherche à en éluder la force, en disant que le projet de loi d'élection, rentrant par son article 15 dans la disposition de l'article 37 de la Charte, maintient le renouvellement partiel et neutralise ainsi l'ordre de révision sur lequel repose une partie de notre système.

Mais, messieurs, cette ordonnance du 31 juillet n'a point été rappelée, elle n'a pu l'être ; elle est devenue une espèce de loi fondamentale de l'État, puisque la chambre actuelle des députés n'existe que par l'autorité de cette ordonnance. Comment donc l'une de ses principales dispositions seroit-elle détruite parce que dans un projet de loi il se trouve un article en opposition avec cette disposition ? Les ministres eux-mêmes ont si peu pensé que cette disposition fût anéantie, qu'ils n'ont pas fait la moindre observation lorsque les députés ont amendé l'article du projet et substitué au renouvellement partiel le renouvellement intégral, en usant du droit de révision accordé par l'ordonnance du 13 juillet. Si les ministres avoient cru que la Charte étoit attaquée, l'initiative du roi en péril, ils se seroient sans doute hâtés de prendre la parole ; et pourtant dans tout le cours de la discussion ils n'ont pas monté une seule fois à la tribune ! Les croyez-vous moins zélés que vous pour le maintien de la Charte? Et prétendez-vous être plus scrupuleux que les auteurs mêmes du projet de loi?

Par une autre conséquence d'un autre principe, tout projet de loi qui est présenté aux chambres tombe de droit sous la puissance de l'amendement. Or, comment soutiendra-t-on que dans un projet de loi il y a tel article qui peut être amendé et tel article qui ne le peut pas? Établira-t-on en principe que quiconque propose un amendement sans en avoir reçu l'ordre prend traîtreusement l'initiative? Alors il faut prier le gouvernement d'avoir l'extrême bonté de mettre à la marge de ses projets une marque qui nous enseigne notre devoir et nous apprenne ce qui nous est permis et ce qui nous est défendu ; cela lui épargneroit beaucoup de soins, et à nous beaucoup de discours.

On a bien entrevu cette objection, et pour la prévenir on explique le mot amender. Amender, dit-on, c'est modifier, et non pas remplacer un principe par un principe directement opposé.

Et voilà comme les meilleurs esprits, les esprits les plus raisonnables et les plus éclairés, les hommes les plus recommandables sous tous les rapports peuvent errer en voulant échapper à une vérité qui les presse ! Il suivroit de cette définition des amendements qu'il y a des articles non amendables, et nous retournerions par cette route à la doctrine curieuse des amendements permis et non permis. En effet, messieurs, il y a tels articles d'une loi pour lesquels il n'existe aucune nuance, et qu'on ne peut amender qu'en les changeant. C'est ce qui arrive, par exemple, dans le cas actuel : il est clair que le renouvellement doit être partiel ou intégral ; il n'y a pas de milieu. Si l'on ne vouloit pas que cet article fût atteint par l'amendement, il falloit l'omettre ; on eût inféré du silence de la loi que le roi tenoit, sur le point du renouvellement, au principe établi par la Charte ; mais dès lors que le roi a permis que l'article du renouvellement partiel fût introduit dans le projet de loi, cet article, par une conséquence nécessaire, se trouve soumis au droit d'amendement et à la révision commandée par l'ordonnance du 13 juillet.

Enfin, si le roi avoit trouvé inconstitutionnels les amendements de la chambre des députés, il les eût gardés, et il n'eût pas envoyé la loi amendée à la chambre des pairs. Bannissons donc toute crainte. Le roi a pris évidemment l'initiative sur la question du renouvellement intégral : le roi n'a point rejeté les amendements ; le roi paroît désirer que nous nous occupions de la loi d'élection, puisqu'il a daigné nous en soumettre le projet.

Je sais que l'on a été jusqu'à murmurer officieusement que les ministres désirent nous voir repousser la loi. Messieurs, cela n'est pas possible : il seroit aussi trop bizarre de supposer que des hommes d'État sollicitent eux-mêmes le rejet de leur propre loi ; car alors pourquoi l'avoir faite, ou pourquoi ne l'avoir pas retirée ? Il ne faut donc attacher aucune importance à ces propos de la malveillance ; des calomnies ne valent pas la peine d'être réfutées.

Examinons maintenant ce qui arriveroit si nous adoptions l'avis de la commission, c'est-à-dire si nous rejetions le projet de loi amendé.

La loi fondamentale du gouvernement représentatif n'existant pas, nous serions régis par l'article 37 de la Charte, qui consacre le renouvellement.

Or, comment ce renouvellement s'exécuteroit-il sans loi d'élection? On auroit recours à une ordonnance. Une ordonnance a pu suffire au commencement de la présente session, parce qu'il y avoit force majeure, parce que les événements commandoient ces mesures extraordinaires, que l'article 14 de la Charte autorise dans les temps de danger; mais aujourd'hui quelle nécessité si violente justifieroit un pareil coup d'État?

Vous ne voulez pas, dites-vous, manquer à la constitution en admettant le renouvellement intégral; par cette raison vous écartez la loi proposée, et vous ne vous apercevez pas qu'en rejetant cette loi vous allez bien autrement compromettre la Charte! Car, de deux choses l'une : ou la prérogative royale sera suspendue, et par conséquent la Charte blessée, si vous n'exécutez pas le renouvellement ordonné chaque année par la Charte; ou si vous exécutez ce renouvellement, vous ne pouvez le faire qu'en convoquant des colléges électoraux qui sont hors de la Charte, et en vertu d'une ordonnance contraire également à la lettre et à l'esprit de cette Charte.

Vous ne pourrez jamais sortir de ce dilemme : quoi que vous fassiez, la Charte sera violée, si vous n'adoptez pas la loi d'élection. Êtes-vous libres d'ailleurs de refuser cette loi? Le préambule de l'ordonnance du 13 juillet dit positivement qu'une loi d'élection sera faite dans le cours de la présente session. Fidèle à l'esprit de son ordonnance, le roi a proposé cette loi; il a consenti à la recevoir amendée par la chambre des députés; enfin, il vous a saisis vous-mêmes de cette loi par son ordonnance du 4 mars : quelle suite de volonté! quelle persévérance! Pouvez-vous méconnoître ces ordres réitérés et vous dérober au plus pressant des devoirs?

Vous avez si bien senti dans le premier moment le poids de vos obligations, que vous n'avez pas pensé à faire la moindre difficulté sur la manière dont la loi vous est parvenue. Est-ce aussi pour rejeter cette loi que vous avez nommé une commission de sept membres? Hâtons-nous, messieurs, de sortir des exceptions et de rentrer sous l'empire de la loi. Il est temps et plus que temps de mettre un terme à cet état provisoire dans lequel nous vivons. Que le gouvernement soit sobre de mesures extraordinaires; qu'on cesse de nous placer éternellement entre la Charte et une ordonnance, dans la crainte de nous faire manquer malgré nous à l'une ou à l'autre. De nouvelles élections, exécutées sans loi dans ce moment, soit qu'elles fussent partielles, soit qu'elles fussent générales, enlèveroient la France au pouvoir légal de la Charte, pour la livrer à l'empire d'une espèce de dictature ministérielle. Croyez-vous, après ce qui a été dit dans la chambre des députés, que les amis de la liberté constitutionnelle ne soient pas justement alarmés? Dans quel principe le projet de loi a-t-il été fait? de quelle manière l'a-t-on interprété et défendu? J'honore les ministres, je remettrois volontiers mon sort entre leurs mains ; mais, messieurs, ni vous ni moi ne serions disposés à leur faire le sacrifice des libertés de la patrie, sacrifice qu'ils ne demandent point, et qu'ils n'accepteroient pas sans doute.

Vivement émus, les députés ont senti qu'il falloit mettre le plus tôt possible la France à l'abri du caprice des hommes. Nous convient-il, messieurs, quand le roi veut lui-même nous sauver de l'arbitraire en nous proposant une loi, quand la chambre des députés nous demande cette loi au nom de tous les citoyens, nous convient-il de la refuser à notre généreux monarque, aux interprètes des besoins du peuple? Vous sentez-vous assez de courage pour prendre sur votre responsabilité tout ce qui peut arriver dans l'intervalle d'une session à l'autre, dans le cas où vous repousseriez la loi d'élection? Ah! si par une fatalité inexplicable, des colléges illégaux, convoqués par une ordonnance illégale, alloient nommer des députés dangereux pour la France, quels reproches ne vous feriez-vous point! Pourriez-vous entendre le cri de douleur de votre patrie? pourriez-vous ne pas craindre le jugement de la postérité?

Le puissant orateur qui a parlé avant moi à cette tribune vous a dit qu'il falloit renouveler prochainement un cinquième de la chambre des députés : il veut donc une loi d'élection ; car il est trop noblement attaché aux principes de la liberté constitutionnelle pour réclamer une ordonnance.

Un autre noble orateur a demandé du ton le plus solennel si quand les passions s'agitent, si lorsque toutes les calamités pèsent sur nous, c'est bien le moment de s'occuper d'une loi d'élection.

Ces paroles sombres et mystérieuses veulent dire sans doute que dans ce moment il seroit dangereux d'assembler les colléges électoraux.

Mais alors, messieurs, pourquoi ceux qui manifestent cette crainte soutiennent-ils le renouvellement partiel? Car ce renouvellement admis, avant trois mois la session finie, il faudra convoquer les colléges électoraux. Au reste, si, comme on vous l'a dit, le roi seul donne la loi, à quoi bon tant de raisonnements, et que font ici les pairs de France, puisqu'on n'a pas besoin d'eux pour faire des lois?

Je ne relève pas, messieurs, les rapprochements inattendus entre les gouvernements révolutionnaires promettant la liberté et changeant le gouvernement, et les chambres actuelles examinant avec respect quelques articles de la Charte ; je ne relève pas ce qu'on a dit de l'Europe attentive. Quant à moi, messieurs, je dois sans doute au sang françois qui coule dans mes veines cette impatience que j'éprouve quand, pour déterminer mon suffrage, on me parle des opinions placées hors de ma patrie; et si l'Europe civilisée vouloit m'imposer la Charte, j'irois vivre à Constantinople.

Mais cette Charte, messieurs, c'est le descendant de saint Louis, c'est le frère de Louis XVI, c'est un François qui nous l'a donnée. Je la chéris comme le garant de ma liberté, comme le présent de mon roi ! C'est pour cela que je la veux tout entière; c'est pour cela que je demande une loi d'élection.

J'espère, messieurs, que vous ne désavouerez pas ces sentiments. Plus le haut rang de la pairie semble nous éloigner de la foule, plus nous devons nous montrer les zélés défenseurs des priviléges du peuple. Attachons-nous fortement à nos nouvelles institutions, empressons-nous d'y ajouter ce qui leur manque. Pour relever l'autel avec des applaudissements unanimes, pour justifier la rigueur que nous avons déployée dans la poursuite des criminels, soyons généreux en sentiments politiques; réclamons sans cesse tout ce qui appartient à l'indépendance et à la dignité de l'homme. Quand on saura que notre sévérité religieuse n'est point de la bigoterie; que la justice que nous demandons pour les prêtres n'est point une inimitié secrète contre les philosophes; que nous ne voulons point faire rétrograder l'esprit humain : que nous désirons seulement une alliance utile entre la morale et les lumières, entre la religion et les sciences, entre les bonnes mœurs et les beaux-arts, alors rien ne nous sera impossible, alors tous les obstacles s'évanouiront, alors nous pourrons espérer le bonheur et la restauration de la France. Trois choses, messieurs, feront notre salut : le roi, la religion et la liberté. C'est comme cela que nous marcherons avec le siècle et avec les siècles, et que nous mettrons dans nos institutions la convenance et la durée.

Je vote pour la loi amendée, me réservant de proposer moi-même quelques amendements quand on en viendra à la discussion particulière des articles.

PROPOSITION

RELATIVE AUX PUISSANCES BARBARESQUES,

FAITE A LA CHAMBRE DES PAIRS,

SÉANCE DU 9 AVRIL 1816.

(La chambre a décidé qu'il y avoit lieu de s'occuper de cette proposition.)

Messieurs, je vais avoir l'honneur de vous soumettre un projet d'adresse au roi. Il s'agit de réclamer les droits de l'humanité et d'effacer, j'ose le dire, la honte de l'Europe. Le parlement d'Angleterre, en abolissant la traite des noirs, semble avoir indiqué à notre émulation l'objet d'un plus beau triomphe : faisons cesser l'esclavage des blancs. Cet esclavage existe depuis trop longtemps sur les côtes de la Barbarie; car par un dessein particulier de la Providence, qui place l'exemple du châtiment là où la faute a été commise, l'Europe payoit à l'Afrique les douleurs qu'elle lui avoit apportées et lui rendoit esclaves pour esclaves.

J'ai vu, messieurs, les ruines de Carthage ; j'ai rencontré parmi ces ruines les successeurs de ces malheureux chrétiens pour la délivrance desquels saint Louis fit le sacrifice de sa vie. Le nombre de ces victimes augmente tous les jours. Avant la révolution les corsaires de Tripoli, de Tunis, d'Alger et de Maroc, étoient contenus par la surveillance de l'ordre de Malte : nos vaisseaux régnoient sur la Méditerranée, et le pavillon de Philippe-Auguste faisoit encore trembler les infidèles. Profitant de nos discordes, ils ont osé insulter nos rivages ; ils viennent d'enlever la population d'une île entière : hommes, femmes, enfants, vieillards, tout a été plongé dans la plus affreuse servitude. N'est-ce pas aux François, nés pour la gloire et pour les entreprises généreuses, d'accomplir enfin l'œuvre commencée par leurs aïeux? C'est en France que fut prêchée la première croisade ; c'est en France qu'il faut lever l'étendard de la dernière, sans sortir toutefois du caractère des temps et sans employer des moyens qui ne sont plus dans nos mœurs. Je sais que nous avons pour nous-mêmes peu de chose à craindre des puissances de la côte d'Afrique ; mais plus nous sommes à l'abri, plus nous agirons noblement en nous opposant à leurs injustices. De petits intérêts de commerce ne peuvent plus balancer les grands intérêts de l'humanité; il est temps que les peuples civilisés s'affranchissent des honteux tributs qu'ils payent à une poignée de barbares.

Messieurs, si vous agréez ma proposition, et qu'elle se perde ensuite par des circonstances étrangères, du moins votre voix se sera fait entendre; il vous restera l'honneur d'avoir plaidé une si belle cause. Tel est l'avantage de ces gouvernements représentatifs par qui toute vérité peut être dite, toute chose utile proposée : ils changent les vertus sans les affaiblir ; ils les conduisent au même but en leur donnant un autre mobile. Ainsi nous ne sommes plus des chevaliers, mais nous pouvons être des citoyens illustres ; ainsi la philosophie pourroit prendre sa part de la gloire attachée au succès de ma proposition et se vanter d'avoir obtenu dans un siècle de lumières ce que la religion tenta inutilement dans des siècles de ténèbres.

Veuillez maintenant, messieurs, écouter ma proposition :

Projet d'adresse au roi.

Qu'il soit présenté une adresse au roi par la chambre des pairs : dans cette adresse, Sa Majesté sera humblement suppliée d'ordonner à son ministre des affaires étrangères d'écrire dans toutes les cours de l'Europe, à l'effet d'ouvrir des négociations générales avec les puissances barbaresques pour déterminer ces puissances à respecter les pavillons des nations européennes et à mettre un terme à l'esclavage des chrétiens.

PROPOSITION

FAITE A LA CHAMBRE DES PAIRS,

SÉANCE DU 23 NOVEMBRE 1816,

TENDANT A CE QUE LE ROI SOIT HUMBLEMENT SUPPLIÉ DE FAIRE EXAMINER CE QUI S'EST PASSÉ AUX DERNIÈRES ÉLECTIONS, AFIN D'EN ORDONNER ENSUITE SELON SA JUSTICE.

SUIVIE

DES PIÈCES JUSTIFICATIVES ANNONCÉES DANS LA PROPOSITION.

AVERTISSEMENT.

Dans la proposition que j'eus l'honneur de faire à la chambre des pairs, le 23 du mois dernier, j'annonçai des pièces justificatives. La proposition ayant été écartée, il me restoit à prouver, par respect pour messieurs les pairs, que je n'avois rien annoncé légèrement. Il m'importoit encore de montrer aux personnes qui m'avoient remis les pièces justificatives que j'avois fait tout ce que j'avois pu faire, que je n'avois trompé ni l'intérêt de la chose publique ni l'estime qu'elles m'avoient témoignée en voulant bien me confier une affaire d'une si haute importance.

J'avois envoyé en conséquence à l'imprimeur de la chambre des pairs ma proposition, les pièces justificatives annoncées dans la proposition et l'analyse de ces pièces. Étant allé lundi, 2 de ce mois, à dix heures du matin, chez M. Didot pour corriger des épreuves, je le trouvai alarmé des menaces qu'on étoit venu lui faire relativement à l'impression de ma proposition. Il me représenta qu'étant père de famille, il craignoit de se compromettre en continuant cette impression. Je respectai ses motifs; je ne voulus point exposer à des persécutions un homme estimable et dont les talents font tant d'honneur à son art. En conséquence, M. Didot me rendit deux cent cinquante exemplaires déjà tirés de ma *Proposition* et de *l'Analyse* des pièces justificatives; il me remit encore une épreuve des pièces justificatives elles-mêmes et le reste du manuscrit.

Mon imprimeur, M. Lenormant, ayant déjà été poursuivi pour la publication d'un de mes ouvrages, je ne voulus pas l'exposer aux nouvelles chances de ma fortune. Je cherchai et je trouvai enfin un imprimeur *assez hardi* pour imprimer la *Proposition d'un pair de France*.

Je crois devoir rappeler l'état actuel de notre législation relativement à la liberté de la presse.

L'article 8 de la Charte déclare que « tous les François ont le droit de publier et de faire imprimer leurs opinions, en se conformant aux lois qui doivent réprimer les abus de cette liberté ».

La loi relative à la liberté de la presse, du 21 octobre 1814, dit, article 1er, que « tout écrit de plus de vingt feuilles d'impression pourra être imprimé librement et sans examen ou censure préalable » ;

Articles 2 et 3, que « il en sera *de même, quel que soit le nombre de feuilles, des opinions des membres des deux chambres* ».

Une ordonnance du roi, du 20 juillet 1815, exempte même de la censure tout écrit au-dessous de vingt feuilles d'impression.

Si malgré ces lois un pair de France en plein exercice de ses fonctions ne peut pas faire imprimer ses opinions chez l'imprimeur de la chambre même sans exposer cet imprimeur à être inquiété dans sa famille et menacé dans son état; si, au moins, dans le cours d'une session, nous n'avons pas la liberté de penser, de parler, d'écrire sur les affaires qui occupent les chambres, et de publier ce que nous avons pensé et écrit, alors, je le demande, où sommes-nous? où allons-nous? que devient la Charte? que deviennent les lois et le gouvernement constitutionnel?

Je ne me plains pas, en ce qui me touche personnellement, de ce nouveau genre d'abus, pas plus que je ne me plains des libelles qu'on imprime tous les jours contre moi, avec ou sans la protection de la police. Je trouve très-bon qu'on m'attaque, quoique je ne puisse me défendre; mes intérêts ne me feront jamais abandonner mes principes. Je suis donc charmé que la liberté de la presse existe pour quelqu'un : cela empêche du moins la prescription. Mais je me plains dans ce moment, pour l'honneur des chambres, pour la dignité de la pairie, pour les droits de tous les François. Ce qui m'arrive aujourd'hui peut arriver demain à tout pair, à tout député qui aurait le malheur de faire une proposition ou d'émettre une opinion contraire aux vues des ministres. Les deux chambres vont s'occuper d'une loi sur la liberté de la presse : je livre le fait que je viens de raconter aux méditations de leurs sagesses.

PROPOSITION

FAITE A LA CHAMBRE DES PAIRS.

Messieurs, les meilleures lois sont inutiles lorsqu'elles ne sont pas exécutées ; elles deviennent dangereuses lorsqu'elles le sont mal. Vous allez bientôt vous occuper de donner à la France un bon système d'élection : il importe que vous le mettiez à l'abri des passions qui tendroient à le détruire. C'est pour cette raison que j'appelle aujourd'hui votre attention sur la manière dont les élections ont été conduites. Je ne viens point vous proposer de porter une accusation : vous ne pouvez jamais être accusateurs. Espérons que vous ne serez plus forcés de reprendre la noble mais terrible fonction de juges. Je ne viens point non plus vous demander d'examiner la légalité des dernières élections : la chambre des députés les a reconnues valides, et conséquemment elles le sont. On vous diroit d'ailleurs que ce n'est pas de votre compétence. Mais il est du devoir de chaque branche de la législature, et plus particulièrement de celui de la chambre des pairs, de veiller à ce qu'aucune atteinte ne soit portée aux lois constitutives de l'État. Vous êtes, messieurs, les gardiens héréditaires de la Charte. Il paroît que la liberté des dernières élections a été violée ; que plusieurs citoyens ont été désignés nominativement à l'exclusion et privés ainsi arbitrairement du plus beau de leurs droits. Vous ne pouvez pas être tranquilles spectateurs d'un délit qui attaque nos constitutions dans leurs fondements.

J'ai donc l'honneur de vous proposer, messieurs, de présenter une adresse au roi. Dans cette adresse, le roi sera humblement supplié de faire examiner ce qui s'est passé aux dernières élections, afin d'en ordonner ensuite selon sa justice.

Si vous croyez, messieurs, devoir délibérer sur ma proposition, j'aurai l'honneur d'en développer les motifs le jour qu'il vous plaira de fixer, et de déposer sur le bureau les pièces justificatives ; elles sont importantes et nombreuses.

Paris, ce 23 novembre 1816.

(La chambre a déclaré qu'il n'y avoit pas lieu de s'occuper de la proposition.)

ANALYSE

DES PIÈCES JUSTIFICATIVES.

Les pièces et les documents annoncés dans la proposition précédente sont de deux espèces.

Les uns peuvent être appelés généraux, pour ne pas les nommer officiels. L'authenticité d'un grand nombre de ces documents est déjà prouvée par ce qui s'est passé à la chambre des députés : ce sont des circulaires de ministres, des lettres de préfets, des réclamations de plusieurs électeurs et de différents individus; réclamations faites auprès du ministre de la justice, du ministre de l'intérieur et du ministre de la police.

Les autres documents consistent en récits, notes et lettres particulières. Ces récits, notes et lettres, dont j'ai les originaux, forment une masse de renseignements par lesquels on auroit pu remonter aux preuves, établir les faits et indiquer les témoins.

On trouve d'abord dans les documents généraux une espèce de circulaire, signée du ministre de la police générale. Je ne puis dire si elle a été envoyée dans tous les départements, ce qui sembleroit probable; mais je suis sûr du moins qu'elle l'a été dans un très-grand nombre.

On se demande pourquoi une lettre du ministre de la police, à propos des élections libres d'un peuple libre. Que la police écrive secrètement à ses agents secrets pour les engager à veiller à la tranquillité publique pendant le cours des élections, elle fait ce qu'elle doit; mais est-ce bien à ce ministère qu'il convient de parler publiquement de l'esprit dans lequel les élections doivent être faites? Cela n'est-il pas choquant pour la dignité nationale? Que diroit-on en Angleterre si le magistrat de *Bow-street* et de *Old-Bailey* s'avisoit de donner des avis aux comtés au moment des élections parlementaires? Quel singulier maître que la police en fait de morale, de constitution, de liberté!

On lit dans cette circulaire : « Sous le rapport de la convocation, point d'exclusions odieuses ; point d'applications illégales des dispositions de haute police pour écarter ceux qui sont appelés à voter. »

On lit encore : « Sous le rapport des élections, ce que le roi veut, ses mandataires doivent le vouloir ; il ne faut que des députés dont les intentions soient de marcher avec le roi, avec la Charte et avec la nation ; les individus qui ne possèdent pas ces principes tutélaires ne doivent pas être désignés par les autorités locales. Sa Majesté attend des préfets qu'ils dirigent tous leurs efforts pour éloigner des élections les ennemis du trône et de la légitimité, qui voudroient renverser l'un et écarter l'autre, et les amis insensés qui l'ébranleroient en voulant le servir autrement que le roi veut l'être. »

Qu'on ne se permette pas d'exclusions odieuses, tout le monde est de cet avis. Qu'on évite toute application illégale pour écarter ceux qui sont appelés à voter, c'est fort bien. Il ne faut dans aucun cas d'application *illégale* contre qui que ce soit, de quelque mesure que ce puisse être. La police avoueroit-elle que les personnes rendues libres pour les élections étoient *illégalement* arrêtées ? On aimeroit à voir cette conscience à la police. Quoi qu'il en soit, beaucoup de surveillances ont été levées ; mais n'est-ce pas une chose unique que les hommes frappés de mesures de haute police se soient tous trouvés coupables, ou, si l'on veut, tous innocents au même degré, de sorte que les diverses surveillances sous lesquelles ils étoient placés ont expiré tout juste le même jour et à la même heure ? Ainsi devenus libres, tout simplement parce que le temps de leur détention étoit fini, ils ont pu aller aux élections jouir de leurs droits de citoyen. C'est dommage que quelques exceptions embarrassantes dérangent ce système. Tel, mis en liberté pour aller voter, a été remis ensuite en surveillance : cela faisoit toujours une voix, et il ne faut rien négliger. Tel autre, arrivé en poste au collége électoral au moment où l'opération étoit finie, a demandé au collége acte de sa présence : il avoit sans doute ses raisons.

Les personnes en surveillance ont-elles toutes été mises en liberté parce qu'on n'a pas voulu les priver de leur droit de suffrage, sans égard aux différents degrés de leur culpabilité ? Mais je vois dans la même circulaire que les préfets *doivent diriger tous leurs efforts pour éloigner des élections les ennemis du trône et de la légitimité qui voudroient renverser l'un et écarter l'autre.*

Or, la plupart de ces hommes rendus à la société, afin qu'ils concourussent aux *élections*, n'étoient-ils pas en surveillance précisément pour leur conduite politique ?

La circulaire produit donc l'un ou l'autre de ces deux maux : par le premier paragraphe (qui fait cesser les mesures de haute police pour le cas particulier des électeurs) elle a pu jeter dans les élections des ennemis de la légitimité; ennemis qui ont un intérêt naturel à nommer des mandataires semblables à eux; par le second paragraphe (qui ordonne d'écarter les *ennemis de la légitimité* et les *amis insensés du trône*) elle ravit arbitrairement à deux classes de citoyens leur droit de suffrage. De plus, il y a contradiction manifeste dans les deux passages; enfin, il est odieux de frapper du même anathème et l'ennemi de la légitimité, souvent couvert de tous les crimes, et l'ami du roi, qui n'a d'autre tort peut-être que l'ardeur de son zèle et la plénitude de son dévouement : laissons à l'Italie son ancien supplice, et n'attachons pas un vivant à un mort.

On dira peut-être que les hommes dont nous parlons n'étoient pas en surveillance à cause de leur conduite politique : on les avoit donc arrêtés pour des délits que je n'ose qualifier de leur nom? Point de milieu : ou ces hommes étoient les ennemis du trône, ou Dieu sait de qui ils étoient ennemis.

Cet exemple prouve qu'il faut que chacun se mêle de ce qui le regarde. La police, arbitraire de sa nature, a voulu parler principes, et pour joindre la pratique à la théorie elle a levé la consigne des gendarme.

Si le droit de suffrages aux élections est le plus beau, le plus cher, le plus imprescriptible des droits du citoyen, si la police, persuadée elle-même de cette vérité, a poussé la libéralité jusqu'à lever les surveillances des électeurs suspects au roi ou à la justice, pourquoi a-t-on fait refuser des congés à d'anciens députés couverts de blessures reçues au service du roi, à des officiers royalistes, de sorte qu'ils n'ont pu se rendre aux élections? Ce sont des faits de notoriété publique.

Peut-être les royalistes étoient-ils compris dans la seconde classe d'exclusion de la circulaire; ils étoient du nombre des *amis insensés du trône*. Mais les anciens jacobins arrivés aux élections n'étoient-ils pas rangés dans la première classe exclue? La justice doit être égale pour tout le monde : ou il falloit lâcher dans les élections *les ennemis de la légitimité* et *les amis insensés du trône,* ou retenir les uns et les autres. Si l'on a fait le contraire, n'a-t-on pas montré une étrange partialité? et de quel côté, grand Dieu! a-t-on fait pencher la balance!

Deux classes de citoyens sont donc exclues par la circulaire, qui commence toutefois par dire qu'il ne faut exclure personne.

Mais voici encore d'autres exclusions. La circulaire, parlant aux *autorités locales* [1], leur ordonne de *ne pas désigner* certains individus. On jugera s'il est légal que des autorités locales désignent ou ne désignent pas des individus à l'élection, et par conséquent privent ou ne privent pas ces individus de leur droit de citoyen.

Comme les opinions sont diverses, comme chacun peut voir le salut du roi, de la Charte et de la nation autrement que son voisin, quel chaos ne résulteroit-il point de toutes ces autorités locales, prononçant d'après leurs passions du degré d'amour de chaque électeur pour le roi, la nation et la Charte !

De plus, je trouve quelques variantes dans la lettre de la police. Une version porte : « *Les individus* qui ne professent pas ces principes tutélaires ne sauroient donc être désignés. » On lit dans une autre version : « *Les députés* qui se sont constamment éloignés de ces principes tutélaires. » Voilà donc des députés, je ne sais lesquels, désignés comme ne pouvant être réélus et signalés comme ne voulant pas marcher d'accord avec le roi, la Charte et la nation.

Ce ne sera pas la faute des administrations, si les élections ne sont pas excellentes, car dans ces administrations il paroît qu'on s'en est beaucoup mêlé.

Après la police arrivent les finances, et de même que la police enseigne à ses affidés comment il faut avoir des élections libres, des députés vertueux, le ministre des finances apprend à ses agents comment ils doivent concourir à la liberté et au perfectionnement des élections.

Une lettre signée Barrairon adresse à divers agents une circulaire signée Corvetto. Au fond de cette double circulaire se trouve déposée la circulaire du ministre de la police. Le ministre des finances invite chaque agent à donner connoissance des principes renfermés dans la circulaire de M. le comte Decazes *aux personnes qui* seront dans le cas d'en faire un usage convenable. Un directeur de l'enregistrement et des domaines, nommé Langlumé, en envoyant les pièces ci-dessus énoncées à un de ses subalternes, finit ainsi : « L'intention du roi et de ses ministres est que tous les fonctionnaires publics contribuent de tous leurs moyens à ce qu'il soit fait de bons choix : je suis convaincu qu'ils useront de toute leur *influence* pour arriver à ce but si désirable, et je crois inutile de prévenir messieurs les employés que si un fonctionnaire public s'écartoit de ses devoirs, *il perdroit sans retour la confiance du gouvernement.* »

---

1. Voyez la note sous le n° 11 des pièces justificatives, à la fin des *Opinions et Discours*.

Je ne sais pas quelle est la ligne des devoirs de messieurs les employés par rapport aux élections; mais il me semble que M. Langlumé les menace de *destitution* s'ils n'usent pas de toute leur influence dans les élections.

La circulaire de M. Corvetto n'a pas borné ses effets à un seul département. Une lettre datée de Montbrison, 7 octobre, dans les renseignements particuliers, s'exprime ainsi : « Pour vous faire juger, monsieur, du terrain qu'embrasse la circulaire de M. le ministre des finances, vous saurez qu'elle est de Paris, datée des 17 et 18 septembre, signée Corvetto, contre-signée par le secrétaire général des finances Lefebvre, envoyée au conservateur des eaux et forêts de Grenoble, et par ce conservateur à l'inspecteur de l'Ain, par ce dernier au sous-inspecteur de Montbrison, qui ne l'a reçue qu'après qu'il n'étoit plus temps d'en faire usage. Si réellement cette lettre a suivi sa destination dans les autres pays, chez les receveurs généraux, il n'est pas de percepteur qui n'ait reçu la sienne, et ensuite de garde forestier qui n'en ait reçu une. »

Si des ministres nous descendons à leurs agents, nous trouverons que des commissaires ont été envoyés dans les départements pour travailler les élections, avec des pouvoirs dont l'étendue n'est pas connue. Ces pouvoirs paroissent avoir été de deux sortes : les uns, écrits et exprimés en termes généraux, semblent avoir été faits pour être montrés aux autorités ; les autres consistoient en instructions secrètes, soit écrites, soit verbales. C'est du moins ce qui résulte de la lecture des pièces justificatives. Combien comptoit-on de ces commissaires? quel nombre de départements chacun a-t-il parcourus? qu'ont-ils dit et fait à leur passage? C'est ce qu'on ne pourroit savoir complétement que par une enquête juridique : voici seulement quelques faits.

Un M. A.... a traversé à peu près neuf à dix départements : le Loiret, la Nièvre, l'Allier, Saône-et-Loire, la Loire, la Haute-Loire et l'Aveyron. Partout il se présentoit aux autorités, déployoit ses pouvoirs et parloit contre la majorité de l'ancienne chambre. Dans l'Aveyron, ce M. A.... paroît avoir demandé au préfet l'éloignement momentané du commandant de la gendarmerie, qu'il regardoit comme trop royaliste; il défendoit impérativement de nommer MM. de Bonald et Clausel.

A Digne (Basses-Alpes), on trouve un autre commissaire, se faisant appeler R...., nom véritable ou supposé. Il menaçoit les autorités de destitution, dans le cas où M. de Vitrolles seroit réélu. Il engageoit les hommes les plus connus par leur conduite révolutionnaire et par leur infidélité pendant les Cent Jours à se présenter aux élections, à en écarter les *nobles* et les anciens serviteurs du roi.

A Dijon, un autre commissaire voyageur prétendoit avoir l'ordre de faire exclure des élections MM. de Grosbois et Brenet.

A Auch, même scène, même conduite. Un commissaire demandoit l'expulsion de M. de Castelbajac.

Un sieur Le C.... s'est montré à Caen avec plusieurs autres agents ; on lui donnoit le titre d'*inspecteur d'opinion,* et il déclamoit contre les anciens députés.

A Beauvais, deux autres commissaires ont paru, le sieur B... ou La B... L'un de ces deux commissaires, étant inspecteur de la trésorerie, menaçoit de destitution les employés des finances qui ne se déclareroient pas contre M. de Kergorlay. Le sieur La B... s'est aussi montré à Amiens.

Je ne finirois pas si je voulois parler de tous ces agens. Les choses ont été poussées si loin, que la police, effrayée du zèle de ces ardents citoyens, se seroit vue dans la nécessité de les désavouer, d'ordonner même à quelques autorités de les faire arrêter ; mais par une de ces fatalités qui détruisent l'effet des meilleures intentions, ses ordres sont parvenus trop tard.

Passons maintenant aux préfets.

Le premier qui se présente est celui d'Arras ; sa circulaire contient ce passage, maintenant si connu : « Je suis autorisé à le dire, à le répéter, à l'écrire, le roi verra avec mécontentement siéger dans la nouvelle chambre ceux des députés qui se sont signalés dans la dernière session par un attachement prononcé à la majorité opposée au gouvernement...

« A votre arrivée à Arras, monsieur, faites-moi l'honneur de venir chez moi ; moi seul peux vous faire connoître la pensée du roi et ses véritables intentions. »

Les commentaires sont inutiles. Un des membres du collége électoral du département du Pas-de-Calais crut devoir demander le dépôt sur le bureau et la mention au procès-verbal de la lettre inconstitutionnelle de M. le préfet ; mais la parole lui fut interdite. Un autre électeur de ce département a dénoncé au ministère de la justice le discours d'un président de collége d'arrondissement.

M. le préfet de Vaucluse sembleroit avoir poussé les choses pour le moins aussi loin que M. le préfet du Pas-de-Calais. Il auroit exclu M. de Forbin et présenté aux élections M. de Liautaud, en se servant du nom du roi. Les faits sont attestés dans une lettre de M. de Forbin, écrite en réclamation aux ministres de l'intérieur, de la police générale et de la justice.

M. le comte de Clermont-Mont-Saint-Jean, ancien député, a égalementment porté plainte à M. le procureur général Bellard contre M. le préfet de Seine-et-Marne, qui l'avoit (lui M. de Clermont-Mont-Saint-Jean) exclu nominativement des élections.

On sait ce qui s'est passé à Cahors. Les pièces relatives à cette affaire ont été soumises à la chambre des députés. Par ces pièces, M. le préfet du département du Lot seroit accusé d'avoir mis en usage les moyens les plus illégaux pour exclure des élections les députés de la dernière chambre. M. le préfet a cru devoir se justifier dans les papiers publics. On a refusé d'insérer dans les mêmes journaux la réplique de MM. Syrieys et Lachaise-Murel. Tel est l'état où se trouve la presse sous un gouvernement constitutionnel. Dans les pièces justificatives on trouvera une nouvelle protestation de quarante-un électeurs du département du Lot, qui n'est pas encore connue.

Plusieurs autres préfets, que je pourrois citer, ont donné l'exclusion nominative à plusieurs autres candidats en parlant à la personne même de ces candidats. Ils ont de plus employé les menaces et les promesses et effectué les unes et les autres.

Les présidents des colléges électoraux doivent être plus impassibles par la nature de leurs fonctions, par leur indépendance personnelle et les engagements solennels qu'ils contractent en acceptant la présidence. L'ordonnance royale qui leur confère cet honneur porte textuellement « que MM. les présidents... ne doivent tolérer aucune coalition tendante à capter ou gêner les suffrages ; qu'ils ne doivent rien faire par haine ou par faveur ; qu'ils doivent exercer leurs fonctions avec zèle, exactitude, fermeté et impartialité. » Un serment écrit répétant mot pour mot les paroles de l'ordonnance est envoyé par les présidents au ministre de l'intérieur. C'est du moins ce qui eut lieu pour les élections de 1815. Je ne saurois croire qu'il y ait eu des présidents capables d'oublier ou de mal comprendre des engagements aussi sacrés : seroit-il vrai que MM. de Kergorlay, Michaud, Villèle et plusieurs autres eussent à se plaindre ?

Il semble donc résulter des divers rapports parvenus de toutes les parties de la France que des commissaires chargés des ordres de la police ont été envoyés dans les départements ; qu'il y a eu des exclusions formelles, des désignations non moins formelles, prononcées par des autorités constituées ; que des surveillances ont été levées pour laisser aller aux élections des électeurs d'une certaine espèce, et que des permissions ont été refusées à des électeurs d'une autre espèce. Quel a été le fruit de tant de soins ? Des colléges électoraux d'arrondissement et de département se sont séparés sans avoir pu terminer leurs opérations. Trois départements ne sont point du tout représentés. D'autres n'ont complété que le tiers ou la moitié de leurs élections : ainsi se trouve encore affoiblie une représentation déjà foible par le nombre, ce qui peut avoir les plus graves inconvénients, tant pour l'indépendance des votes que pour la discussion des lois.

Outre ce premier malheur, ces intrigues en ont produit un autre encore plus grand: elles ont mis les partis en présence ; elles ont ranimé des factions prêtes à s'éteindre. L'opinion, qui devenoit excellente, a sensiblement rétrogradé vers les principes révolutionnaires. Les royalistes ont été consternés : et comment ne l'auroient-ils pas été à la vue de ces commissaires de police, parmi lesquels ils remarquoient des hommes trop connus dans la révolution et pendant les Cent Jours par leurs erreurs politiques, par leur haine contre les Bourbons? Pouvoient-ils croire que de tels agents eussent dû être choisis pour apôtres de la légitimité? Pouvoient-ils comprendre quelque chose à ce renversement d'idées? Les jacobins, poussant un cri de joie, qui a été entendu de tous leurs frères en Europe, sont sortis de leurs repaires : ils se sont présentés aux élections, tout étonnés qu'on les y appelât, tout surpris de s'y voir caressés comme les vrais soutiens du trône.

Des hommes destitués en raison de leur conduite se sont trouvés avoir dans le département de la Haute-Garonne les qualités requises pour présider des colléges d'arrondissement. On s'est permis dans le département du Gers de choisir pour scrutateur un ex-membre d'un comité révolutionnaire.

Dans le même département, trois jacobins fameux, à l'égard desquels il avoit été pris des mesures de haute police, ont été mis en liberté au moment des élections, et ils n'ont pas manqué de répandre leur esprit autour d'eux. Il sera utile de faire observer que tandis qu'on jetoit ainsi dans la société des hommes capables de corrompre l'opinion on déplaçoit subitement des hommes attachés à la cause royale ; on leur ordonnoit de partir dans les vingt-quatre heures, comme si l'on eût craint le contre-poids de leur influence.

Le roi étoit déjà à Senlis : les généraux qui se trouvoient au camp de La Villette adressèrent aux *représentants de la nation* une lettre où on lisoit ces mots : « Les Bourbons sont rejetés par l'immense majorité des François ; si on pouvoit souscrire à leur rentrée, rappelez-vous, représentants, qu'on auroit signé le testament de l'armée... Les Bourbons n'offrent aucune garantie à la nation. » Un des signataires de cette lettre est venu porter son vote à Cahors.

A l'époque du mouvement de Grenoble, il se fit un mouvement correspondant à Milhau : un homme fut soupçonné d'en être le chef et d'entretenir des intelligences avec les rebelles de l'Isère ; la police crut devoir le mettre sous la garde des autorités de Milhau : le temps des élections est arrivé, et l'on a permis à cet émule de Didier d'aller voter à Rhodez.

Un membre de la chambre des représentants avoit fait pendant les Cent Jours une proposition de loi. Il demandoit qu'on saisît les biens des François armés pour la cause royale : « Soient mis hors de la loi, s'écria-t-il, ces brigands, leurs ascendants et leurs descendants. » Les représentants eux-mêmes ne purent se défendre d'un mouvement d'horreur. Depuis la rentrée du roi, la police avoit mis en surveillance l'auteur de cette proposition : c'est lui dont j'ai déjà parlé, et qui, mis en liberté pour aller voter à Ploërmel, a été remis ensuite en surveillance.

Beauvais a été étonné de la présence de l'ancien chef de division de la police secrète sous Fouché et Rovigo : homme qui a fait peur si longtemps à ses propres maîtres. Il est venu, libre et autorisé, voter contre un homme qui vota si courageusement contre l'acte additionnel : sous la monarchie légitime, Desmarets étoit appelé et Kergorlay étoit exclu.

Dijon a vu siéger des électeurs tout récemment échappés aux tribunaux, où ils avoient été traduits pour crimes présumés de trahison [1].

A Nevers, on a signalé avec effroi un électeur accusé d'avoir été juré dans le procès de la reine Marie-Antoinette!

Un juré du même tribunal s'est mis sur les rangs à Arles pour être candidat, et on l'a souffert! et on n'a pas permis à M. de Béthisy de se rendre à son collége électoral à Lille, bien sûr sans doute que l'on étoit qu'il n'en sacrifieroit pas moins sa vie *pour le roi, quand même!*

Presque partout dans les départements les royalistes ont été représentés par les commissaires de police comme les ennemis du roi. Les élections se sont faites dans plusieurs provinces au cri d'*à bas les prêtres !-à bas les nobles !* cri qui fut le signal de la révolution et qui annonça tous les malheurs. Les propos les plus odieux ont été tenus contre la famille royale, dont on sépare toujours la cause de celle du roi, selon l'abominable système des ennemis de la légitimité. A Épinal, on chantoit *la Marseilloise*, et l'on a trouvé affichés au coin des rues des placards épouvantables.

On n'apaise pas les passions comme on les soulève ; on ne remue pas impunément la lie d'un peuple corrompu par vingt-cinq années de révolution. Si tant de soins n'avoient été pris que pour se procurer

---

1. Voyez le *Journal de la Côte-d'Or*.

une foible majorité dans une nouvelle chambre, il ne faudroit pas appeler cela de l'habileté ; ce ne seroit qu'une incapacité déplorable, les résultats obtenus n'étant point en proportion des moyens employés, la vue de l'auteur de ce système n'ayant pas eu la force d'en embrasser toutes les parties, d'apercevoir ce qui alloit se trouver au delà du terme qu'il avoit marqué.

Si au contraire la vue s'étoit portée au delà du but ; si l'on avoit calculé le changement qu'alloit produire dans l'esprit public cet appel aux ennemis du trône ; si l'on avoit prévu le danger qui peut résulter pour la couronne du triomphe des révolutionnaires sur les royalistes ; si l'on avoit voulu à la fois exalter les premiers et décourager les seconds, remplacer ceux-ci dans la condition où ils se trouvoient sous Buonaparte, les remettre sous le joug des mêmes hommes qui les ont si longtemps opprimés ; si l'on s'étoit plu à changer en terreur et en inquiétudes le repos dont nous commencions à jouir ; si dans la France, aigrie par ses anciennes factions et ses calamités récentes, on n'avoit pas craint de remettre tout en problème, je ne nommerois plus cela incapacité : je l'appellerois trahison, haute trahison.

Je n'ignore pas ce que l'on dit, ou plutôt de quoi on se vante : on dit que l'on saura bien contenir les flots dont on a rompu la digue ; qu'on écrasera les jacobins après s'en être servi ; qu'on seroit charmé qu'ils remuassent pour avoir le plaisir de les frapper ; que si la chambre nouvelle n'eût pas été modérée dans un sens ou dans un autre, on l'eût cassée comme la dernière. Puérile jactance, vaines paroles de gens qui ne connoissent ni la puissance des affaires, ni celle des hommes, ni ce que la France est en état de supporter !

Les dangereux personnages appelés aux élections sont d'autant plus à craindre, qu'on a passé toutes les bornes de la prudence en leur témoignant de l'estime. « Buonaparte, disoit dernièrement un homme d'État, se servoit pendant les Cent Jours des révolutionnaires en les méprisant ; on a voulu s'en servir aujourd'hui en les honorant. » Remarque aussi juste que profonde.

Après tout, ces tentatives coupables sur la liberté des élections vont même contre la chose que l'on cherchoit à prouver, tant elles ont été mal calculées. Que prétendoient l'année dernière ceux qui s'élevoient contre l'ancienne chambre des députés ? Ils prétendoient qu'elle n'étoit point dans le sens de l'opinion ; qu'elle ne représentoit point les véritables sentiments de la France : cependant elle avoit été librement élue. Que répondroit-on aujourd'hui aux ennemis de la chambre nouvelle (en supposant qu'elle trouve des ennemis) s'ils disoient qu'elle ne représente point les véritables sentiments de la France, qu'elle n'est point le fruit d'une intrigue? Essayerez-vous de répliquer? On vous citera et les circulaires des ministres, et les lettres des préfets, et les commissaires de police, et les exclusions formelles, et les destitutions de places, et les refus de congés, et la levée des surveillances. Seroit-on reçu à rejeter la faute sur quelques agents particuliers dans quelques départements isolés, lorsque la liberté des élections a été attaquée par un système général, depuis Perpignan jusqu'à Lille, depuis Brest jusqu'à Strasbourg? Si ce sont des autorités locales qui ont outre-passé leurs pouvoirs, pourquoi ces autorités n'ont-elles pas été cassées à l'instant même? Les préfets qui ont violé la liberté des élections conservent leurs places, tandis que d'autres préfets (si l'on en croit la voix publique) ont été destitués parce qu'en obéissant à leur conscience ils ont agi en opposition aux intentions de la police.

Grâce à cette Providence qui veille sur le trône de saint Louis, grâce au bon esprit de la France, tout n'a pas été perdu, comme il auroit pu l'être, et la nouvelle chambre se montrera digne de succéder à la première. Les royalistes, qui ne devoient exister nulle part, se sont présentés partout; ce parti (c'est ainsi qu'on l'appelle), pour lequel il ne faut rien faire, parce qu'il est si foible qu'on ne doit pas le compter, ce parti s'est pourtant trouvé assez fort pour lutter seul, sans secours, sans soutien, contre toute la puissance ministérielle, secondée de tous les intérêts révolutionnaires, armée de ce nom sacré qui conduisit souvent les Vendéens à la victoire, et qui seul aujourd'hui peut les vaincre.

Mais, quel que soit le but qu'on s'est proposé en se rendant maître des élections, étoit-il permis de violer les premières lois de l'État pour atteindre à ce but? Sans doute partout où il y a des élections il y a cabales, intrigues, mouvements d'opinions et de partis : c'est un mal qui sort de la chose; il est inévitable. Sans doute un gouvernement peut et doit employer des influences morales : des ministres, des préfets, des présidents, ont le droit de dire qu'il faut préférer les hommes de modération, de probité et de vertu; qu'il faut écarter les hommes immoraux, les scélérats, les parjures. Mais un ministre doit-il exercer une puissance directe et coercitive sur les élections? doit-il désigner les individus? doit-il priver par une mesure arbitraire un citoyen de l'exercice de ses droits? Est-ce avec des circulaires, des commissaires de police, des menaces aux autorités, des destitutions, des mutations de places, qu'il doit diriger les élections d'un grand peuple? Doit-il, moralement et politiquement parlant, grossir les collèges électoraux de tout ce qu'il avoit cru nécessaire de retrancher de la société? Est-ce le vote d'un traître ou d'un pervers qui doit donner au roi et à la France des représentants dignes de lui, faits pour elle?

Et si en cassant la dernière chambre, si en troublant les élections on n'a songé qu'à conserver des places qu'on a crues mal à propos menacées, à quelle estime pourroit prétendre celui qui n'auroit pas craint de jouer le sort de sa patrie contre la conservation de sa place; celui qui n'a pas senti qu'en se retirant il honoreroit son caractère et se prépareroit même un chemin plus beau comme plus sûr au pouvoir?

Sans la liberté des élections il n'y a plus de gouvernement représentatif, il n'y a plus de Charte. Il est d'autant plus nécessaire de la protéger, cette liberté, que la liberté individuelle et la liberté de la presse sont suspendues. Par la loi qui arrête la première, le ministre est le maître de retenir ou de relâcher à son gré tels ou tels électeurs. Il pourroit ainsi remplir une chambre législative de ses créatures et non des mandataires du peuple. Par la loi qui entrave la liberté de la presse, la police peut se servir des journaux pour corrompre l'esprit public au moment des élections, créer une opinion factice propre à favoriser non les intérêts de la France, mais les systèmes d'un parti. A ces moyens d'oppression, s'il est encore permis de joindre des entreprises directes contre la liberté des suffrages, que deviendra la représentation nationale?

Ne nous laissons pas dominer par nos opinions particulières; attachons-nous aux principes, pour ne pas tomber dans les passions. Je le demande à ceux qui seroient tentés d'approuver qu'on eût violé la liberté des élections, afin d'avoir des députés d'une certaine sorte, s'il leur conviendroit qu'un autre ministère employât un jour des moyens coupables pour en faire nommer d'une autre espèce? C'est aux pairs de France, qui n'ont rien à craindre des ambitions et des intrigues, parce que l'électeur royal qui les nomme est au-dessus de toutes les influences comme de toutes les erreurs, c'est à eux de veiller au maintien des lois. Qu'ils leur donnent la stabilité dont ils jouissent eux-mêmes, et ne permettent pas que le gouvernement représentatif de la France devienne la risée de l'Europe.

On ne peut se le dissimuler, des doctrines funestes à la liberté se répandent autour de nous. On murmuroit l'année dernière, on dit tout haut cette année, que les chambres ne doivent être que des conseils obéissant aux ordres ministériels; que nous ne sommes point faits pour un gouvernement constitutionnel; qu'il faut nous conduire avec des ordonnances; que nous n'avons pas besoin de lois. Et qui sont ceux qui soutiennent ces doctrines? Une partie de ceux-là même qui pendant vingt-cinq ans ont crié à la constitution et à la liberté. Ils ont bouleversé la France pour quelques lettres de cachet, et ils trouvent aujourd'hui très-bon qu'on fasse des élections avec des commissaires de police. Ces anciens partisans de la liberté de la pensée déclament contre la liberté de la presse ; ils la vouloient pour détruire, ils ne la veulent plus pour réparer ; ou plutôt ils la veulent encore, mais pour eux seuls, mais au profit de leur vanité, de leurs intérêts, de leurs passions, et par le moyen de la police. Ils ne savent comment allier leurs vieux principes et les nouvelles doctrines ; ils se mettent à la torture pour combattre et défendre à la fois le gouvernement représentatif, embarrassés qu'ils sont dans la théorie qu'ils avouent et dans la pratique qu'ils craignent. Ils voudroient aujourd'hui qu'on nous retirât d'une main ce qu'on sembleroit nous donner de l'autre. C'est précisément ce qui a eu lieu dans tout le cours de la révolution : une constitution n'était pas plus tôt achevée qu'on la proclamoit comme un chef-d'œuvre ; mais à l'instant même on en suspendoit la partie la plus essentielle : libres par la loi, esclaves par l'administration, voilà notre histoire depuis vingt-cinq ans.

Heureusement il est resté des hommes d'un esprit élevé, d'un caractère noble, qui n'ont point désavoué leurs principes ; ils se réunissent à tous ceux qui professent des opinions indépendantes, sans acception de partis et de personnes ; conséquents dans leurs systèmes politiques, comme ils l'ont été dans leur conduite, ils ne veulent pas que le gouvernement représentatif en France soit un vain nom : ils le veulent réellement et de fait dans tous ses rapports, dans toute sa plénitude. La Charte, toute la Charte, sans arrière-pensée, sans suspension, sans restriction, voilà ce qu'il nous faut. La liberté constitutionnelle nous a coûté trop cher pour perdre le fruit de nos sacrifices : qu'elle nous excuse dans l'avenir, et que du moins elle honore nos neveux, si elle n'efface pas nos crimes ! Quant à moi, je combattrai éternellement pour tout ce que réclament la dignité et le bonheur de la France, la religion, la légitimité, la liberté ; de même que je ne cesserai jamais, quoi qu'il m'en puisse coûter, d'avertir mon roi et ma patrie des périls dont ils me paroîtront menacés.

Et où prétendroit-on nous mener, si l'on parvenoit à nous priver peu à peu de nos libertés constitutionnelles ? Dans l'ancien régime, lorsque les états généraux ne s'assemblèrent plus, deux grands corps, la noblesse et le clergé, restèrent et s'interposèrent entre le suprême pouvoir et le peuple. Venoient ensuite les parlements avec leurs remontrances et leurs doléances ; enfin les états de provinces, les provinces elles-mêmes, les corporations, les villes privilégiées, formoient de toutes parts des obstacles à l'autorité arbitraire.

Aujourd'hui, que tout cela est détruit, comment nous défendrions-nous, si on pouvoit impunément violer les principes de la Charte? Nous arriverions au despotisme pur; et ce despotisme ne seroit pas le despotisme royal, mais le despotisme ministériel, le pire de tous, parce qu'il est de sa nature variable, craintif et soupçonneux comme la foiblesse; intolérant, exclusif et haineux comme un parti; peu noble et petit dans ses vengeances, comme toute faction civile dont le champ de bataille est un bureau. Ce despotisme sans dignité est aussi dangereux pour le roi que pour le peuple, surtout dans un siècle où l'administration paye tout et a tout envahi. Que ne feroit point, par exemple, un ministre, s'il pouvoit hautement, publiquement s'emparer des élections et nommer les députés; chose d'autant plus facile à l'avenir qu'il n'auroit plus à travailler sur la surface entière de la France, mais seulement chaque année sur un cinquième des élections? C'est le pouvoir ministériel qui renversa la première race, comme le pouvoir aristocratique précipita la seconde, comme le pouvoir démocratique a pensé perdre la troisième : tâchons de ne pas revenir au point de départ.

Je sais qu'il paroît difficile qu'un despotisme quelconque s'affermisse aujourd'hui : on n'arrête pas les progrès des choses; les principes politiques de la Charte resteront, en dépit de ce qu'on pourroit faire pour les détruire; mais on peut troubler l'État en les attaquant; on peut perdre le gouvernement, sans réussir à vaincre le siècle. Il faut le dire, pour nous inspirer une frayeur salutaire, un gouvernement seroit en danger si un ministre pouvoit mépriser demain la loi proclamée aujourd'hui; si l'ambition n'étoit arrêtée par aucune considération; si l'extrême audace, qui touche à l'extrême foiblesse, heurtoit également dans sa course les hommes et les lois. L'opinion, que l'on auroit comprimée d'abord, s'échapperoit enfin : lorsque le bras de fer du dernier tyran n'a pu la tenir terrassée, lorsqu'il n'a pu l'enchaîner dans sa gloire, seroit-ce les foibles mains de quelques agents obscurs qui pourroient la retenir? La police apprendra qu'on ne met point l'opinion au secret.

Je termine ici l'analyse des pièces justificatives. En parcourant et les documents généraux et la correspondance particulière, on voit que toutes les pièces sont uniformes dans leur contenu; qu'elles disent à peu près les mêmes choses, savoir : qu'on a tenté presque partout de violer la liberté des suffrages dans les dernières élections; que les révolutionnaires ont été appelés contre les royalistes au secours de la royauté; que partout, et au même moment, on a tenu contre la famille royale des propos dont il seroit aisé de découvrir la source. La loi des cris séditieux n'a-t-elle été faite que contre les royalistes? Les lâches calomniateurs de nos princes et de leurs vertus ont-ils le privilége de l'injure, quand les victimes de la fidélité et de l'honneur n'ont pas celui de la plainte?

On a demandé quel étoit le but de ma proposition, puisque je reconnoissois que les élections étoient valides.

Je ne conçois pas, moi, qu'on ait pu faire une pareille question. Parce que les élections sont valides, s'ensuit-il qu'on n'ait pas voulu les corrompre? En matière criminelle, un homme est-il innocent parce qu'il n'a pas pu consommer le crime qu'il avoit tenté de commettre? Mais s'il y a eu commencement de crime politique, pouvois-je, comme pair de France, devenir accusateur? Non. Aussi n'ai-je pas demandé à la chambre de porter une *accusation* contre tels ou tels individus, mais de présenter une humble adresse au roi, pour le supplier de *faire examiner ce qui s'étoit passé aux dernières élections, afin d'en ordonner ensuite selon sa justice.* Je n'avois d'autre dessein en agissant de la sorte que de fixer l'attention de la chambre des pairs sur des délits qui attaquent la Charte par ses fondements ; que de dénoncer ces délits à l'opinion publique, et d'empêcher ainsi qu'ils se renouvellent à l'avenir. Dans un gouvernement représentatif, il s'agit bien moins de jugements légaux que de jugements prononcés par l'opinion. Toute proposition qui peut arrêter un mal, dût-elle être repoussée, doit être faite : celui qui l'a faite dans cet esprit a atteint son but et rempli son devoir[1].

---

[1]. Voyez les Pièces justificatives, à la fin des *Opinions et Discours*.

OPINION

SUR LE

PROJET DE LOI RELATIF AUX JOURNAUX,

PRONONCÉE

A LA CHAMBRE DES PAIRS, SÉANCE DU 22 FÉVRIER 1817.

Messieurs, si l'on veut se former une idée juste du projet de loi maintenant soumis à votre examen, il ne faut jamais perdre de vue la nature de notre gouvernement. On a signalé les dangers et les abus de la liberté de la presse, considérée par rapport aux papiers publics (dangers et abus que personne ne conteste) ; mais on ne s'est point enquis si un gouvernement représentatif pouvoit marcher sans cette liberté ; si l'asservissement des journaux ne détruisoit pas l'équilibre de la balance constitutionnelle, et si les maux que produit cet asservissement ne sont pas plus grands que ceux qui adviendroient de la liberté des journaux. Cependant, messieurs, la forme du gouvernement ne peut être oubliée dans cette matière. Les raisonnements sur la liberté des journaux seroient-ils les mêmes pour des gazettes qui paraîtroient sous un gouvernement despotique et pour des gazettes imprimées sous une monarchie constitutionnelle? Des journaux libres à Constantinople pourroient renverser la constitution, des journaux esclaves à Paris pourroient anéantir la Charte : dans ces deux cas, si divers, nous servirons-nous d'arguments semblables pour abolir ou pour conserver la censure !

On se place ensuite sur un terrain où l'on n'est point appelé à combattre : on raisonne comme si nous demandions la liberté illimitée et non pas la liberté légale des journaux ; on se récrie contre le mal que nous ont fait les papiers publics, et l'on ne remarque pas qu'ils étoient dans une position différente de celle où nous voudrions les placer. Il y a toujours eu en France depuis la révolution oppression des journaux; et ce qu'il y a de remarquable, c'étoit cette oppression qui produisoit leur licence. Nous voulons que la presse soit sous l'empire d'une loi, et non dans la dépendance d'un homme.

Cette loi que nous demandons est-elle donc si difficile à faire? Je ne le crois pas. Cautionnement considérable donné par le journaliste; jury spécial pour connaître des délits de la presse, et prononçant sur la question intentionnelle (seul moyen d'atteindre la calomnie); amendes ruineuses pour les auteurs et pour les libraires; peine de prison, peines infamantes pour toute calomnie d'une certaine nature (car quiconque cherche à déshonorer doit être déshonoré); voilà tout le fond de la loi. On pourroit la compléter en empruntant quelque chose de la loi romaine, *de Libellis famosis*, et en consultant la jurisprudence angloise. Celle-ci range dans la classe des libelles la louange ironique, l'injure cachée sous des lettres initiales, la caricature, l'allégorie malicieuse et l'imitation bouffonne.

Mais si vous n'avez pas une loi, messieurs, du moins faudroit-il que la censure reposât sur des bases légales. Or, une loi peut-elle être renfermée dans un article aussi vague que celui-ci : *Les journaux et écrits périodiques ne pourront paroître qu'avec l'autorisation du roi?*

Quel vaste champ cet article ne laisse-t-il pas à l'arbitraire? Aussi comment l'a-t-on interprété? Voici, messieurs, tout ce qu'il veut dire:

On peut suspendre ou supprimer un journal sans faire juger le journaliste, et l'on viole ainsi l'article 62 de la Charte, qui porte *que nul ne pourra être distrait de ses juges naturels*. Il y a ici double abus, car le journal est soumis à la censure : dans ce cas, il faut convenir que la censure est une illusion, ou que la suppression du journal après le *visa* du censeur est une injustice.

On peut ruiner ainsi arbitrairement des propriétaires, des libraires et des imprimeurs.

On peut arrêter le journal à la poste et l'empêcher de partir, quoiqu'il ait circulé dans Paris; sorte d'abus auquel s'appliquent les dispositions d'une loi faite par nos assemblées législatives et qui n'a pas été révoquée.

On peut non-seulement par la censure retrancher ce que l'on veut du texte d'un journal, mais on peut encore y ajouter ce que l'on veut.

On peut forcer un journaliste à insérer des articles en opposition directe avec ses principes.

On peut enfin mettre des impôts arbitraires sur les journaux.

Une ordonnance du 1er avril 1816 fixe un impôt d'un centime et demi par feuille de journal tiré à plus de cinq mille exemplaires. Cependant l'article 48 de la Charte déclare expressément qu'*aucun impôt ne peut être établi ni perçu s'il n'a été consenti par les deux chambres et sanctionné par le roi.*

Savez-vous, messieurs, à combien se monte cette taxe illégale sur les journaux de Paris et sur ceux des départements? Elle a passé cette année 500,000 francs. On nous dit que cette taxe est sacrée; qu'elle sert à faire des pensions aux gens de lettres. On ne sauroit trop récompenser le mérite; mais les 500,000 francs sont-ils tous répartis entre des gens de lettres? Toutefois, messieurs, en m'élevant contre les taxes arbitraires imposées sur les journaux, à Dieu ne plaise que je blâme l'usage qu'on en fait, si le produit de ces taxes sert réellement à encourager la science! J'ai trop d'obligation aux lettres pour ne pas voir avec plaisir tout ce qui peut contribuer à leur gloire : il faudroit que je fusse bien ingrat pour renier ces compagnes de mes infortunes, qui deux fois m'ont suivi dans le double exil où j'avois suivi mon roi; qui, lorsque j'avois tout perdu, ont été la consolation de ma vie, et qui m'ont fait pardonner à tant d'ennemis, en me faisant oublier leurs injustices.

Pour justifier les procédés illégaux employés pour la censure, on fait un grand raisonnement: un journal, dit-on, n'existe qu'en vertu d'un privilége. Le gouvernement peut donc retirer ce privilége quand il lui plaît, et conséquemment supprimer le journal, ou maintenir le privilége en vertu de telles conditions que le journaliste s'engage à remplir.

Cela pouvoit être vrai sous le gouvernement de Buonaparte; mais dans notre nouvelle constitution un journal n'existe point en vertu d'un privilége; il existe par la toute-puissance de l'article 7 de la Charte, qui dit: *Les François ont le droit de publier et de faire imprimer leurs opinions.*

De plus, un journal est une propriété, comme toute propriété industrielle: la preuve s'en trouve même dans l'énoncé de la loi que nous examinons. Cette loi n'est que temporaire; au bout d'un an, si elle n'est pas renouvelée, le journal paroîtra sans autorisation: donc il existe par lui-même, donc aucun privilége n'est la source de son existence. La Charte garantit cette propriété, comme toute autre propriété, par l'article 9, qui déclare que *toutes les propriétés sont inviolables.* Partout où il y a liberté, la propriété des journaux n'est pas contestée: les journaux sont des propriétés en Amérique, en Angleterre, dans les Pays-Bas, et dans les villes libres de l'Allemagne. Et n'est-il pas singulier que parmi nous, sous l'empire d'une constitution libre, on veuille créer une espèce de classe hors de la loi commune qui protège les autres citoyens? Telle est cependant la condition des journalistes:

on viole envers eux quatre articles de la Charte ; sous la censure, tout recours aux tribunaux leur est interdit : on peut les dépouiller, les obliger à se soumettre aux caprices d'une tyrannie obscure et fiscale, les taxer arbitrairement, les faire servir d'instrument à des partis qu'ils détestent, ou à des passions qu'ils ne partagent pas.

J'ai dit, messieurs, au commencement de ce discours, qu'il falloit, lorsqu'on raisonne sur la censure, prendre surtout en considération la nature de la constitution établie. Voyez donc ce que cette censure produit dans un État libre, tant par rapport à l'État lui-même que par rapport aux particuliers.

Je pose en fait :

1º Que la censure attaque le gouvernement représentatif dans sa source ;

2º Qu'elle ne met point à l'abri l'honneur des particuliers, comme on veut nous le persuader.

Quant au premier article, messieurs, qu'il me soit permis de répéter ici ce que j'ai dit ailleurs :

« Point de gouvernement représentatif sans la liberté de la presse.

« Dans un gouvernement représentatif il y a deux tribunaux : celui des chambres, où les intérêts particuliers de la nation sont jugés ; celui de la nation elle-même, qui juge en dehors les deux chambres.

« Dans les discussions qui s'élèvent nécessairement entre le ministère et les chambres, comment le public connoîtra-t-il la vérité, si les journaux sont sous la censure du ministère, c'est-à-dire sous l'influence d'une des parties intéressées ? Comment le ministère et les chambres connoîtront-ils l'opinion publique, qui fait la volonté générale, si cette opinion ne peut librement s'exprimer ?

» Il faut, dans une monarchie constitutionnelle, que le pouvoir des chambres et celui du ministère soient en harmonie. Or, si vous livrez la presse au ministère, vous donnez à celui-ci le moyen de faire pencher de son côté tout le poids de l'opinion publique, et de se servir de cette opinion contre les chambres : la constitution est en péril. »

Voilà les principes, messieurs ; en voici les développements :

Dans un gouvernement représentatif, les chambres législatives ne peuvent être éclairées que par l'opinion : si l'on crée autour d'elles une opinion factice, si elles ne connoissent pas, par l'opinion réelle ou par le choc des opinions opposées le véritable état de la France, comment se détermineront-elles pour ou contre les lois, pour ou contre les mesures que l'on viendra leur proposer ?

Le même raisonnement s'applique à ce qui se passe hors de France. Est-ce qu'il n'importe pas aux chambres d'être instruites, autant que possible, de la position de l'Europe ? Comment en seroient-elles instruites ? On nous entretient de ce qu'il y a de moins important dans les gazettes de Leyde et de Francfort; mais quant aux articles qui seroient pour nous d'un intérêt majeur, la censure n'en laisse rien passer. Par exemple, messieurs, toute l'Europe s'est occupée dernièrement de l'emprunt que l'on projetoit en France ; les journaux de l'Angleterre en ont retenti ; les opinions pour et contre ont été vivement discutées : et dans une affaire si importante, dans une affaire où nous sommes les premiers intéressés, tous vos journaux ont été muets. Les pairs et les députés n'ont pu savoir de quelle manière cet emprunt étoit considéré en Europe. Et cependant, messieurs, vous allez être dans quelques jours appelés à voter sur le budget.

La France a conclu une convention concernant la banque de Hambourg, convention signée Portal, Dudon et Sillem. La ville de Hambourg réclamoit de la France la somme de 10 millions pour indemnités des pertes qu'elle avoit éprouvées en 1813 et 1814. On lui a accordé, le 27 octobre 1816, une inscription de rente de 500,000 francs sur le grand-livre ; plus, en numéraire, une somme de 134,000 francs pour les intérêts du capital depuis le 20 novembre 1815 jusqu'au 22 mars 1816 ; plus une autre somme de 254,000 francs pour les arrérages de la rente de 500,000 francs, compris entre le 22 mars et le 22 septembre 1816. Les journaux étrangers ont donné le texte de cette convention ; on a voulu la répéter dans nos gazettes, et la censure s'y est opposée. Et cependant, messieurs, vous êtes en pleine session, et vous vous occupez des finances de la France ; et vous ignorez si cette convention de Hambourg est une pièce fabriquée ou une pièce authentique, et vous ne connoissez pas le texte d'une convention publiée dans toute l'Europe [1].

Que résulte-t-il de cette censure, messieurs? que l'on tient les deux chambres dans une ignorance qui finiroit à la longue par les rendre la fable de l'Europe. Nous prétendons avoir un gouvernement représentatif, et il n'y a pas un petit journal d'Allemagne, sous le prince le plus absolu, qui ne soit plus libre que nos journaux. On nous traite comme des enfants qui ne doivent rien savoir que ce que veulent bien

---

1. M. le duc de Richelieu a bien voulu donner sur cette convention les explications les plus honorables, et telles qu'on pouvoit les attendre de son caractère et de sa loyauté. J'ai eu l'honneur de lui faire observer que je n'avois jamais prétendu attaquer le fond de cette convention, que je n'avois voulu parler que de la manière dont elle avoit été publiée dans les journaux étrangers, sans pouvoir être imprimée dans les nôtres. Cela entroit dans l'ordre de mes arguments et dans la nature de mon sujet.

leur apprendre leurs maîtres. Il semble que l'on auroit dessein de nous gouverner despotiquement, en nous laissant, pour la forme et comme un hochet, les apparences d'une monarchie coustitutionnelle. Nous dirons tout ce que nous voudrons à la tribune, nous ferons de longs discours sur les principes; tandis que nous parlerons budget, Charte et liberté, on lèvera des impôts arbitraires : avec la loi sur la liberté individuelle, on arrêtera les citoyens; et avec la censure, on étouffera leurs cris. Notre position est singulière, messieurs; nous avons à la fois les inconvénients d'une monarchie représentative et ceux d'une monarchie absolue; nous sommes gouvernés par des actes de quatre régimes : les anciennes ordonnances de nos rois, les lois de la république, les décrets de Napoléon, et la Charte.

Je ne m'étendrai pas davantage sur ce qui concerne l'indépendance nécessaire de l'opinion publique dans un gouvernement représentatif : je ne vous dirai pas comment elle a été violée, comment on a mutilé à la censure les discours des députés, faits dont on ne peut plus douter, d'après les débats qui ont eu lieu dans l'autre chambre.

Si néanmoins, pour prouver que la censure est compatible avec un gouvernement représentatif, on m'objecte qu'elle a eu lieu en Angleterre, sous un gouvernement de cette espèce, jusqu'en 1694, je répondrai qu'avant cette époque, et même plus de vingt ans après, les journaux étoient presque inconnus et ne ressembloient en rien à ce qu'ils sont aujourd'hui. Les petites gazettes d'Italie furent en Europe les premiers modèles des papiers publics. Vers la fin du xviie siècle, il s'établit en Hollande quelques gazetiers, la plupart réfugiés françois. En France, *Le Mercure*, commencé sous Henri IV, se soutenoit mal depuis qu'il avoit cessé de donner les pièces justificatives des faits. On avoit en outre la *Gazette de France*, établie sous Louis XIII par Renaudot. Le cardinal de Richelieu inséra dans cette gazette plusieurs pièces officielles, ce qui parut une grande nouveauté. En Angleterre, vers l'an 1694, on ne comptoit encore que trois ou quatre journaux : l'un d'entre eux donnoit les nouvelles étrangères; un autre s'occupoit des lettres et des sciences, à l'instar de notre *Journal des Savants*; un autre contenoit les débats du parlement, débats qui ne commencèrent à être publiés que sous le règne de Jacques Ier. Remarquons encore que ces journaux n'étoient pas des feuilles quotidiennes, qu'ils ne s'occupoient point de l'opinion publique et de la politique intérieure : celle-ci étoit reléguée dans les pamphlets, qui prirent naissance sous Richard II, se multiplièrent sous Henri VIII, inondèrent la Grande-Bretagne pendant les troubles du règne de Charles Ier et à l'avénement de Guillaume III. Enfin, ces premières gazettes angloises, si rares et si insignifiantes avant l'année 1694, ne dépendoient point du ministère ; elles n'appartenoient point à la police, puisqu'il n'y a point de police en Angleterre, par la raison toute simple qu'il y a une constitution. Elles étoient soumises à la censure du magistrat, comme tous les autres écrits, et n'étoient justiciables que des tribunaux. Les actes du règne de Richard II, le bill du long parlement, qui maintenoit les ordonnances de la chambre étoilée touchant la censure, ce bill, qui fut renouvelé sous Charles II et sous Jacques II, et qui expira enfin en 1694, sous Guillaume III, ne parle pas même des journaux, tant cette espèce d'écrits étoit peu connue !

Il n'y a donc, ni pour les faits ni pour les temps, aucune ressemblance à établir entre ce qui se passoit en Angleterre relativement à la censure avant 1694, et ce qui a lieu en France aujourd'hui. La comparaison naturelle est celle qui existe entre les journaux anglois et les journaux françois, à partir du point où nous sommes. Or, il n'y a pas un Anglois qui ne vous dise qu'établir aujourd'hui la censure en Angleterre, ce seroit anéantir la constitution : la seule proposition d'une pareille mesure révolteroit tous les esprits ; en tenter l'exécution seroit s'exposer à un soulèvement général.

Et c'est tellement la nature des choses, messieurs, que là où s'établit la liberté politique là s'établit sur-le-champ la liberté de la presse. Celle-ci parut en France dès l'origine du gouvernement constitutionnel ; le principe fut ainsi posé :

« La libre communication des pensées et des opinions est un des droits les plus précieux de l'homme : tout citoyen peut donc parler, écrire et imprimer librement, sauf à répondre de l'abus de cette liberté, dans les cas *prévus* par la loi. » Une monarchie représentative s'est formée sous nos yeux dans les Pays-Bas, à l'instant même où le roi nous donnoit la Charte. La position de ce royaume ressembloit beaucoup à celle de la France : la Hollande et la Belgique, longtemps associées à nos malheurs, ont éprouvé toutes les vicissitudes de notre sort : elles ont vu naître dans leur sein les intérêts, les passions et les partis qui nous ont divisés. Là il y a aussi une constitution nouvelle et un prince nouvellement établi ; là il y a aussi des biens nationaux et des officiers en retraite ; il y a de plus réunion de deux peuples différents de religion, de mœurs et de langage ; et l'on sait combien les opinions religieuses sont faciles à s'enflammer. Cependant la liberté des journaux est entière dans les Pays-Bas. Pourquoi ? Parce que cette liberté a paru inséparable d'un gouvernement représentatif ; parce qu'elle est née tout naturellement de cette sorte de gouvernement, comme une conséquence découle d'un principe ; parce qu'il faut, pour qu'il n'y ait pas désordre dans les institutions politiques, que ces institutions soient calculées les unes pour les autres et qu'elles forment un système complet et raisonnable.

Toutefois j'ai bien peur que ces raisonnements ne fassent pas une impression assez durable sur l'esprit des honorables pairs. Il faut avouer que la révolution n'a pas été propre à nous guérir de nos préjugés contre ce qu'on a appelé jusque ici, très-mal à propos, la liberté de la presse.

Toujours poursuivis par nos souvenirs, toujours faisant abstraction de la forme actuelle de notre gouvernement, on s'obstine à dire : N'établissons pas la liberté de la presse, elle a fait trop de mal à la religion, aux mœurs et à la monarchie.

Entendons-nous : est-ce de la liberté de la presse pour les livres qu'on veut parler? Mais elle existe tout entière par la loi qu'on vous propose : on peut réimprimer aussi souvent et à aussi bon marché qu'on voudra tous les ouvrages contre la religion, les mœurs et la monarchie.

Est-ce de la censure pour les brochures qu'il est question? Mais les brochures ne sont pas plus soumises à la censure que les grands ouvrages. Mille auteurs s'évertuent dans ce moment, et leur pamphlets sont colportés de toutes parts. Les uns peignent des plus odieuses couleurs les fidèles serviteurs du trône (et ce sont les mêmes écrivains qui pendant les Cent Jours traçoient dans les journaux les prétendus portraits de la famille royale) ; les autres, transformés en champions de la légitimité, attaquent, pour la soutenir, tout ce qui est légitime. Leurs brochures circulent paisiblement, tandis qu'en vertu d'une de ces mesures répressives que vous désirez on frappe les écrits des hommes les plus attachés à la monarchie. Mais si les ministres, à la fois trop indulgents et trop sévères, se trompent ainsi sur les faux et les vrais amis du roi, les révolutionnaires ne tombent pas dans la même méprise. Il existe un abominable pamphlet, dont je tairai le titre; la profanation y sert d'enveloppe à la trahison : on y parle du roi, de monseigneur le duc d'Angoulême et de Madame, comme on n'en auroit pas parlé en 93. Et c'est à moi, messieurs, que cet infâme ouvrage est offert par une dédicace injurieuse. Ainsi, quel que soit le coup qu'on m'ait fait porter par une main sacré, les jacobins, de meilleure foi que mes ennemis politiques, ne mettent point en doute mes sentiments : ils me font l'insigne honneur de m'associer aux outrages qu'ils prodiguent à mon maître et de m'envelopper dans la haine qu'ils portent à mon roi.

Donc, messieurs, la censure n'existe point pour les livres et pour les pamphlets, et le mal que sous ce rapport on peut craindre de la liberté de la presse aura lieu, quoi qu'on fasse. Une ressource étoit laissée à ceux de mes honorables amis dont j'essaye dans ce moment de fixer l'opinion. Cette ressource consistoit dans les journaux libres : là du moins on auroit pu descendre en champ clos ; là on auroit pu combattre les fausses doctrines, terrasser l'impiété et le jacobinisme. Et nous, nous fermons la barrière, et nous voulons être vaincus, et nous brisons la seule arme qui nous restât pour nous défendre ! Les écrits périodiques où nos principes seroient publiés sont contraints de se taire ; les journaux qui nous attaquent ont pleine liberté. Ouvrez-les, ces journaux, vous y verrez des déclamations contre les nobles, des plaisanteries contre les prêtres, comme au commencement de la révolution. Quand les papiers publics devinrent libres en 1789, est-ce la liberté dont ils jouirent qui perdit la France? Non. Le parti dominant s'empara de la presse : si les journalistes qui défendoient alors la monarchie avoient pu écrire longtemps en sûreté, l'opinion se fût maintenue, la France eût été sauvée. Lorsque les journaux de Marat et des Jacobins parurent, y avoit-il la liberté de la presse? Non. Les écrivains royalistes étoient massacrés, comme le roi qu'ils vouloient défendre. Les journaux devinrent libres un moment sous le Directoire, et l'influence de cette liberté fut telle que sans le 18 fructidor les Bourbons étoient rappelés. Pour éloigner l'époque de la restauration, on fut obligé d'enchaîner de nouveau la presse. Croyez-vous, messieurs, que si la presse eût été libre, le règne de Buonaparte eût été si long? Ce n'est donc pas la liberté, c'est l'asservissement de la presse qui a causé les désastres de notre patrie. Jamais vous n'aurez d'esprit public en France si vos journaux ne sont pas indépendants. J'ose dire que ce sont des journaux libres qui, en soutenant l'opinion du peuple anglois, ont peut-être empêché la Grande-Bretagne de succomber dans cette longue lutte dont elle est sortie dernièrement avec tant de gloire. La censure peut ôter toute liberté au bien, sans pouvoir même empêcher le mal ; témoin *Le Nain jaune*, qui parut sous l'empire de la censure ; témoin ceux des journaux qui sont écrits à présent dans le même esprit, et qui sont également soumis à la censure ; en un mot, il y a pour la presse aujourd'hui licence d'un côté, esclavage de l'autre.

Mais si les journaux, esclaves sous Buonaparte, faisoient un grand mal, du moins étoient-ils en harmonie avec la nature des choses et dans l'intérêt de la tyrannie, tandis que les journaux, esclaves avec une Charte qui garantit la liberté nationale, sont directement opposés à la nature des choses et aux intérêts du gouvernement. Notre position sous ce rapport est la plus extraordinaire du monde : on a vu des gouvernements sans journaux, comme les empires de l'Orient ; on a vu des monarchies modérées, avec deux ou trois gazettes soumises à la censure, comme l'ancienne France ; on a vu des monarchies constitutionnelles, avec des journaux politiques indépendants et opposés, comme l'Angleterre ; mais on n'avoit jamais vu, et l'on ne verra peut-être plus, une monarchie représentative où il existe une foule de papiers publics, tous enchaînés par le même pouvoir, tous obligés d'obéir à la volonté d'un seul ministre, et exerçant sur l'opinion un despotisme de fait dans un pays libre de droit.

Que répondent à cela quelques personnes ? Elles disent : « Vous avez raison pour le moment actuel ; mais la question que vous examinez est une question d'hommes, et non pas une question de choses. Si l'on suivoit un autre système, ne seriez-vous pas bien aise qu'on eût établi la censure des journaux ? »

Non, messieurs, mes opinions sont plus fixes et plus nettes, et je les crois plus favorables à la monarchie constitutionnelle. Je pense que toutes ces lois d'exception trop prolongées, loin de fortifier l'autorité de la couronne, l'affoiblissent. Si j'avois la moindre influence sur le pouvoir, je l'employerois pour faire accorder liberté pleine et entière aux journaux avec une loi. Je ne sais pas ce que c'est que de vouloir et de ne pas vouloir un gouvernement : je vois l'ensemble du système ; je prends les détails pour ce qu'ils sont, avec leurs avantages et leurs inconvénients. Je ne veux pas me faire dire que tantôt j'adopte la constitution, que tantôt je la rejette. Je voudrois réunir, s'il étoit possible, tous les bons esprits attachés sincèrement aux intérêts de la patrie : d'accord sur les principes, ils le seroient bientôt sur les hommes. Il y a dans une machine une roue qui vous semble nuisible et dont vous ne comprenez pas le mouvement ; ouvrier mal habile, vous l'ôtez ; la machine s'arrête : c'est la liberté de la presse supprimée dans une monarchie constitutionnelle.

Que si l'on vouloit néanmoins argumenter de la misérable question personnelle (qu'il me soit permis de l'appeler ainsi), cette question seroit encore pour le rejet de la censure ; car je dirois aux uns : La loi actuelle est contre vous, puisqu'elle est placée entre les mains d'hommes opposés à votre façon de penser. Je dirois aux autres : Le ministère peut changer ; il peut passer à des hommes dont le système n'est pas le vôtre. Est-il sage de vous exposer à voir tourner contre vous l'arme que vous ne voulez prêter qu'à vos amis ? Messieurs, il n'y a de refuge que dans les principes : hors de là, tout est faux, changeant et dangereux.

Ceci nous conduit à l'examen de la seconde question sur la censure, car nous avons passé insensiblement de la considération des choses à la considération des personnes : le second motif de la censure est, dit-on, de mettre à l'abri la réputation des individus et l'honneur des familles : c'est ce qu'il convient d'éclaircir.

Si la censure des journaux mettoit les personnes à l'abri de la calomnie, ce seroit sans doute, messieurs, un grand avantage ; mais cela n'est encore vrai que pour une partie du public, pour celle qui entre dans le système du ministère : cela n'est pas vrai du tout pour les personnes opposées à ce système : il faudroit au moins que les armes fussent égales.

Je lis dans le *Journal de Paris*, du samedi 1er juin 1816, supposé être le 1er juin 1840, un article nécrologique ainsi conçu :

La France vient de perdre le p*** d***... Je m'arrête, messieurs, par respect pour vous, par respect pour le pair de France insulté dans cet article. Je désire que les hommes en pouvoir, qui disposent de la censure et qui laissent tracer de pareils portraits dans les gazettes, soient eux-mêmes traités un jour avec plus d'impartialité et de justice : heureux s'ils se distinguent dans la vie par ces qualités éminentes et par ces éclatants services qu'on ne peut jamais oublier !

Dans un autre numéro du même journal, 11 novembre 1816, je trouve une lettre adressée au rédacteur. Ce sont des injures en deux colonnes contre un de vos collègues, qui réunit le double honneur de la magistrature et de la pairie. Tout finit par les remontrances du plus mauvais ton, où la famille du magistrat n'est pas même oubliée. Dans le numéro du 25 novembre (même journal), l'indécence est encore poussée plus loin, et l'insulte commencée en prose se termine en vers.

Je vous le demande, messieurs, est-il possible de laisser traiter ainsi sous le régime de la censure la magistrature et la pairie ? Ne sent-on pas la fâcheuse impression que ces articles doivent faire sur le peuple ? Puisqu'ils sont publiés avec permission, c'est donc l'autorité qui cherche à avilir l'autorité ? Se représente-t-on la foule accourue à une audience, et remarquant assis au tribunal le magistrat, le pair de France, que les gazetiers ont offert à la risée publique ? Est-ce comme cela que l'on prétend reconstruire la société ? Fermez vos tribunaux inutiles : l'irrévérence pour le juge mène au mépris de la loi.

On me répondra peut-être que puisque je veux la liberté de la presse, les journaux étant libres auroient imprimé les mêmes articles ; sans doute ; mais la réplique eût été permise, mais l'opinion, éclairée par d'autres journaux, auroit su que penser de ces ignobles déclamations. Je dis plus : on n'auroit pas longtemps à craindre un tel scandale avec la liberté de la presse : cette liberté rend circonspect l'écrivain qui sait qu'on peut lui répondre. La censure, au contraire, favorise la calomnie, en prêtant sa voix ou son silence aux partis et aux passions. Sous son bouclier, le lâche frappe en sûreté l'homme désarmé qui ne peut se défendre, Enfin, quand la liberté de la presse est établie, ce que l'on peut dire d'insultant à un honnête homme est sans conséquence : c'est l'ouvrage méprisé et méprisable d'un folliculaire inconnu ; mais avec la censure le moindre mot prend de l'importance et peut blesser l'honneur d'un citoyen ; car dès lors que la censure laisse passer des articles, elle les approuve ; et l'opinion du gouvernement se substitue à l'opinion du libelliste.

Je pourrois maintenant, messieurs, vous prouver par une troisième citation que la censure établie sur les journaux ne met pas les particuliers à l'abri de la calomnie : je me tais, parce qu'il faudroit vous parler de moi. Je ne veux point que des émotions involontaires me fassent sortir du calme et de la mesure que j'ai tâché de conserver dans ce discours. Quelle que soit la manière dont on s'est exprimé sur mon compte, je trouve tout bon, et je ne me plains pas. Un ministre, défendant à la tribune des députés la loi que je combats dans ce moment, m'a désigné comme *un individu qui siège dans une autre chambre*, et qui avance des *absurdités*[1] telles qu'on ne doit pas les répéter. Je ne suis pas assez important pour employer à mon tour un langage si haut. Si jamais M. le comte Decazes étoit exposé à ces revers dont j'ai déjà vu tant d'exemples, il peut être sûr que, le jour où il seroit rayé du tableau des ministres, son nom ne seroit prononcé dans mes discours qu'avec les égards dus à un homme qui, après avoir été honoré de la confiance de son roi, a éprouvé l'inconstance de la fortune.

Il ne me reste plus en finissant qu'à rassurer ceux qui s'épouvantent de la liberté des journaux à cause de la présence des étrangers sur nos frontières, et ceux qui redoutent l'abolition subite de la censure, par la raison que la loi organique sur la liberté de la presse n'est pas encore faite. Je ne partage les craintes ni des uns ni des autres ; je réponds d'abord aux premiers :

Imaginer que l'Europe prendroit les armes parce qu'un gazetier, dans un pays où la presse seroit libre, auroit insulté une puissance ou débité une fausse nouvelle, ce seroit faire injure à la parfaite raison

---

1. M. le ministre de la police a déclaré qu'il ne s'est jamais servi du mot *absurdité* en indiquant quelques-unes de mes opinions : alors j'aime à reconnoître que je me suis trompé. J'ai été induit en erreur par une fausse version du *Journal des Débats* du 30 janvier et par la même version répétée dans le *Journal de Paris* du 1er février.

comme à la noble modération dont les souverains alliés nous ont donné de si beaux exemples. Ces souverains n'ont-ils pas désiré voir s'établir parmi nous la monarchie constitutionnelle ? Ne savent-ils pas que cette espèce de monarchie ne peut exister sans la liberté de la presse, et surtout sans la liberté des journaux ? S'offensent-ils de ce que disent les papiers publics de Londres ? Mais établissez-vous la censure, tout change : les ministres se trouvent chargés de la plus fâcheuse responsabilité ; chaque matin une note diplomatique peut les interroger sur l'imprudence d'un censeur. L'explication qu'ils sont obligés de donner blesse à la fois leur caractère et la dignité nationale ; ils se privent de cette noble et simple réponse : « La presse est libre : adressez-vous aux tribunaux. » On a parlé, messieurs, de *nécessité* et de *circonstances*; il n'y a point de circonstances au-dessus du courage des François, et je ne connois pour eux d'autre nécessité que l'honneur.

Mais enfin, si l'on croyoit absolument avoir quelque chose à craindre, qui empêcheroit d'ajouter par amendement au premier article de la loi proposée les articles suivants [1] :

II.

Les journaux et écrits périodiques autorisés par le roi sont libres comme les autres écrits, et ne seront soumis à aucune censure, excepté en ce qui concerne la politique étrangère.

III.

La censure établie par l'article précédent s'exerce sous l'autorité du ministre secrétaire d'État au département des affaires étrangères.

IV.

Dans certains cas et pour certains délits, les journaux et écrits périodiques autorisés par le roi pourront être suspendus vingt-quatre heures au moins, et trois jours au plus, par l'autorité administrative ; mais ils ne pourront être définitivement supprimés qu'en vertu d'un jugement rendu par les tribunaux sur la poursuite du procureur général.

Voilà, ce me semble, messieurs, de quoi rassurer ceux qui veulent

1. M. le ministre de la police a trouvé ici une *contradiction* ; c'est apparemment ma faute : je n'avois cru faire qu'une *concession*. Il me semble qu'on peut assez inférer de tout mon discours que je *vote contre la censure*. Craignant de perdre le principe, j'ai proposé, à mon grand regret, cet amendement, pour sauver au moins la *partie*, si je ne pouvois sauver le *tout*.

enchaîner les journaux, uniquement à cause de la présence des alliés sur notre territoire. Se refuser à ces amendements, ne seroit-ce pas faire soupçonner qu'en parlant des gouvernements étrangers on ne cherche qu'un prétexte pour établir la censure, et qu'on ne désire cette censure que par des raisons qu'on ne dit pas?

Je réponds maintenant aux honorables pairs qui réclament la censure, parce que nous n'avons pas encore de loi positive sur la liberté de la presse. Ils s'imaginent que, dans la position où nous sommes, nous passerions tout à coup, par l'abolition de la censure, de l'extrême servitude à l'extrême licence; ils sont dans l'erreur : nous avons des lois répressives des délits de la presse; nous en avons beaucoup, peut-être trop. Nous avons le Code pénal, pour ce qui concerne la calomnie et les crimes de machinations contre l'État; nous avons la terrible loi des *cris* et *écrits* séditieux, qui atteint jusqu'aux fabricateurs et propagateurs de fausses nouvelles : elle frappe donc directement les journaux. Enfin nous aurons peut-être la petite loi relative aux *écrits saisis;* loi d'autant plus dangereuse, si elle n'est amendée, qu'elle est perpétuelle; loi qui dans l'état où elle est donneroit à l'arbitraire l'apparence de la légalité et pourroit anéantir la liberté de la presse, en paraissant la protéger. Qu'arrivera-t-il si l'on supprime à présent la censure? Ou les rédacteurs des gazettes, s'enveloppant dans des généralités, seront inattaquables devant les tribunaux : alors nous demeurerons tout juste comme nous sommes, avec cette différence que les opinions seront libres, et que nous aurons de bons journaux pour contre-balancer les mauvais; ou les journalistes jetteront le masque et attaqueront ouvertement ce qu'il y a de plus sacré : dans ce cas la loi des *cris* et *écrits séditieux* suffit seule pour en faire justice.

La censure établie sur les journaux n'ajoute donc aucun pouvoir réel au gouvernement; elle est incompatible avec une monarchie représentative; elle ne prévient point la calomnie; elle n'empêche ni la publication des mauvais ouvrages ni celle des mauvaises gazettes; elle compromet les ministres auprès des cours étrangères; elle est un moyen de corruption pour l'opinion, une arme donnée au fort contre le foible, une source d'abus de tous les genres; elle viole manifestement la Charte et met la constitution en péril. Je vote donc contre un projet de loi qui ne produit aucun bien et qui peut faire tant de mal. Toutefois, si la chambre adoptoit le principe de la censure, je serois obligé de proposer des amendements, pour donner au moins à cette censure quelque apparence de légalité.

OPINION

SUR LE

PROJET DE LOI RELATIF AUX FINANCES,

PRONONCÉE

A LA CHAMBRE DES PAIRS, SÉANCE DU 21 MARS 1817.

Messieurs, quand j'eus l'honneur de vous soumettre mon opinion sur le projet de loi relatif aux journaux, c'étoit la première fois, dans le cours de cette session, que je paroissois à cette tribune ; j'espérois que ce seroit la dernière. Après une révolution de vingt-cinq années, quand les passions s'agitent encore, quand les divers intérêts ne se sont point encore mis en équilibre, il est difficile de traiter un sujet de politique et de ne blesser personne. J'avois peut-être eu ce bonheur dans mon discours sur la liberté de la presse. Il convenoit à mon repos comme à mes goûts d'en rester là. Mais puis-je me taire dans une cause qui est presque devenue la mienne, et que je devrois encore défendre par le sentiment de toutes les convenances, si ce n'étoit par celui de tous les devoirs ? Au reste, en traitant des choses, j'éviterai le plus possible de toucher aux hommes, sans toutefois dissimuler des vérités utiles et sans trahir la cause de Dieu.

Vous voyez par là, messieurs, que mon dessein n'est pas d'examiner le budget dans son entier, quoiqu'il me paroisse très-attaquable : d'abord il est tout à fait inconstitutionnel de faire un emprunt sans en avoir fait connoître aux chambres les charges et les conditions ; chose d'autant plus singulière que les journaux étrangers ont publié ces conditions et que nos journaux n'ont pu les répéter. J'aurois enfin beaucoup de choses à dire sur l'arriéré, sur le chapitre des économies, bien que la parcimonie dans l'administration d'un grand royaume ne me paroisse pas un système à suivre. Mais enfin, tout imparfait que me semble le budget, j'aurois voté pour son adoption si je n'y avois rencontré le titre XI. C'est donc, messieurs, de ce titre seul que je vous demande la permission de vous entretenir ; je voudrois être court : le sujet est long, et je n'ai pu ni dû l'abréger.

Trois sortes de propriétés sont comprises sous le nom de forêts de l'État : les anciens domaines de la couronne, quelques propriétés de l'ordre de Malte et le reste des biens de l'Église. Qu'il me soit permis d'écarter les raisons incidentes : on dira qu'on affecte les bois de l'État à la caisse d'amortissement, mais qu'il n'est pas dit qu'on les vendra ; qu'il est même dit qu'on ne vendra pas cette année les cent cinquante mille hectares dont l'aliénation est arrêtée, qu'il faudra une loi pour vendre le reste. Expliquez la chose comme vous le voudrez, le fond de tout cela est l'aliénation certaine pour *une partie,* probable pour *l'autre,* des anciens domaines de la couronne et du reste des biens de l'Église, sauf la quantité nécessaire pour former une rente de quatre millions qu'on pourra ne pas attribuer à l'Église sur ses propres biens, mais dont on lui fera peut-être une charité sur le bien d'autrui.

Le domaine de la couronne devint inaliénable en 1318, par une déclaration de Philippe le Long, confirmée dans la suite par les ordonnances de Blois et de Moulins. Cependant, l'aliénation fut autorisée dans deux circonstances particulières, comme l'a prouvé Domat : 1° lorsqu'on apanageoit un fils de France ; 2° lorsqu'une guerre légitime forçoit la couronne à des dépenses extraordinaires. Cette exception à la règle devint en peu de temps une source d'abus.

Ainsi nos monarques, souvent obligés de céder à la nécessité, se crurent le pouvoir de disposer du domaine, tandis que les parlements et les états généraux ne reconnurent ce pouvoir que dans les deux cas dont j'ai parlé. La loi du royaume s'opposoit à la volonté royale. *La bourse du prince est la bourse du peuble,* dit le vieux Du Tillet, expliquant cette loi : maxime digne d'une monarchie fondée sur l'esprit de famille et de paternité.

Irai-je aujourd'hui réclamer l'autorité d'un droit qui n'existe plus, puisque le domaine est anéanti par la nouvelle constitution ? Contesterai-je à notre généreux monarque la faculté d'abandonner aux besoins de la patrie le gage de la liste civile ? Sur ce point je serois moins opposé à la disposition du budget si on donnoit à cette disposition des bases admissibles ; si, au lieu d'engloutir la totalité de l'ancien domaine dans une caisse d'amortissement beaucoup trop forte, on l'en retiroit ; si enfin *en jouant du hautbois,* comme Sully pour Henri IV, comme Sully on abattoit le chêne sans le déraciner. Je n'admets point d'ailleurs que la liste civile soit pour la couronne un équivalent de ce qu'elle a perdu, surtout lorsqu'en aliénant les forêts de l'État vous retirez à la liste civile son hypothèque naturelle, comme l'a remarqué mon respectacle ami M. de Bonald, dans un discours qui restera. Jamais un revenu, quelque considérable qu'il soit, voté par les chambres au commencement de chaque règne, et pouvant conséquemment varier selon les temps, les hommes et les révolutions, ne peut être une juste compensation d'une propriété foncière, personnelle, imprescriptible, inaliénable. La liste civile sans hypothèque a l'énorme inconvénient de livrer le roi au peuple et de mettre les princes de la famille royale dans la plus fâcheuse dépendance. Et ce n'étoit pas la couronne qui avoit apporté aux Capets la propriété, c'étoient les Capets qui avoient apporté la propriété à la couronne : Hugues prit cette couronne pauvre et morcelée: il la dota, et sa postérité la transmit enrichie par les âges, de grands hommes en grands hommes, de saints en saints, de Philippe-Auguste à Louis IX, de saint Louis à Louis martyr. S'il naissoit aujourd'hui à la France un rejeton de tant de rois puissants, la France n'auroit pas même à lui donner en apanage le potager de Charlemagne, le chêne de saint Louis et la vigne du Béarnois.

En défendant toutes les propriétés, il est de mon devoir, messieurs, de défendre aussi celle qui appartient à plusieurs membres de cette chambre. L'ordonnance du 4 juin, qui donnée avec la Charte a pour nous force de loi, se trouve évidemment violée par l'abandon de toutes les forêts de l'État à la caisse d'amortissement. Il est remarquable que cette ordonnance emploie cette expression: *domaine de la couronne*. Vous trouverez juste de vous avoir rappelé cette ordonnance et bienséant de ne pas m'y arrêter.

S'obstinera-t-on à vendre les forêts de l'État? A-t-on le dessein de recourir un jour à cette mesure déplorable par sa nature, inutile au crédit comme on l'a cent et cent fois démontré, à cette mesure qui n'apportera aucun soulagement à nos dettes et qui, nous privant à la fois du capital et du revenu, nous obligera un jour à remplacer ce revenu par un impôt? Que l'on veille du moins scrupuleusement au mode d'aliénation quand le jour fatal sera venu. S'il étoit des propriétés dont la perte fût trop regrettable, il faudroit les retenir. On tâcheroit, autant que possible, par des opérations habiles, de prévenir la destruction des futaies et la vileté du prix. Quelques-unes de ces futaies, par exemple, sont placées dans le ressort de nos grandes communes. Pourquoi ces communes ne les achèteroient-elles pas, en s'imposant quelques centimes, par une préférence que leur accorderoit la loi? Elles y trouveroient un agrément pour leurs villes, un avantage pour leurs pauvres. Les coupes seroient ménagées avec ce soin que les corporations mettent dans leur administration. La Gaule conserveroit avec ses forêts la source de ses fleuves et les traditions de ses peuples. On ne verroit point périr la race des arbres qui fournissoient à nos pères des charpentes durables comme leurs familles. Ainsi s'augmenteroient sur la surface de la France les biens communaux, reste précieux de la législation romaine. La vente des domaines de l'État serviroit à la fois à payer les dettes de l'État et à augmenter les propriétés des communes, double avantage qui réjouiroit le père de famille, le consoleroit de ses sacrifices et lui laisseroit même l'espérance de racheter un jour l'héritage de ses aïeux. Mais telle est la différence des siècles : nous verrons sans émotion se former peut-être de nouveau ces compagnies, connues dans la révolution sous le nom de *compagnies noires* : elles abattront ces bois où nos aïeux les auroient contraintes de se cacher. Trop heureux alors si quelques-unes de nos montagnes gardent pour la postérité une douzaine de ces chênes, antique honneur de notre patrie, comme le Liban montre les dix-neuf cèdres restés debout sur son sommet.

Cependant, messieurs, on n'ignore plus l'utilité des forêts. Les peuples, dans tous les temps, les ont mises sous la protection de la religion et des lois ; et le christianisme, qui connut mieux encore que les fausses religions la destinée des œuvres du Créateur, plaça ses premiers monuments dans nos bois. Partout où les arbres ont disparu, l'homme a été puni de son imprévoyance. Je puis vous dire mieux qu'un autre, messieurs, ce que produit la présence ou l'absence des forêts, puisque j'ai vu les solitudes du Nouveau Monde où la nature semble naître, et les déserts de la vieille Arabie, où la création paroît expirer. Les Cévennes étoient autrefois couronnées de mélèzes ; le pays Chartrain conserva longtemps sa fameuse forêt ; des taillis épais répandus dans les landes de Bretagne et sur la côte maritime depuis Boulogne jusqu'au Havre mettoient la France à l'abri des vents d'ouest qui la tourmentent. Par ces plantages soigneusement entretenus, nous avions à peu près cinq cent mille lieues de ruisseaux intarissables, qui fécondoient des terrains dont un tiers est aujourd'hui stérile. Il manque à nos montagnes trois cent cinquante mille arpents de bois, à nos ruisseaux, étangs et rivières, six cent trente millions d'arbres, et cent cinquante millions à nos marais. C'est ignorer notre histoire que de se représenter la France gothique comme un pays sauvage parce qu'on y propageoit les bois. Le roi Childebert ne désiroit qu'une chose avant de mourir, c'étoit de voir cette Auvergne qui, selon l'expression de Grégoire de Tours, *est le chef-d'œuvre de la nature et une espèce d'enchantement*. Lorsque Édouard III vint rendre hommage à Philippe de Valois, il fut trop frappé de la beauté de notre patrie, que les forêts du domaine couvroient comme d'un manteau royal. A son retour en Angleterre, Édouard fut reçu, dit Froissart, *moult joyeusement par sa femme, qui lui demanda des nouvelles de France. Le roi son mari lui en recorda assez et du grand état qu'il avoit trouvé en France, auquel nul autre pays ne peut se comparer.* Il y a maintenant dans le royaume beaucoup plus de terres en labour qu'il n'y en avoit vers le milieu du xive siècle, et cependant sous le règne de Philippe de Valois la population de la France étoit au moins égale à celle qu'elle est aujourd'hui : tant il est vrai que la nature en sait plus que les hommes. Colbert voyoit la destruction de la France dans la destruction des bois : je préfère son sentiment à celui de quelques-uns de ces amis de l'égalité (mais non pas de la liberté) dont la haine s'obstine à poursuivre dans les futaies la mémoire des anciens possesseurs de ces futaies, et qui, désolés de n'avoir pu niveler les hommes, en veulent encore à la noblesse des chênes.

Jusque ici, messieurs, je n'ai parlé que d'une propriété, pour laquelle il m'étoit libre d'opter ou de rejeter tel ou tel principe politique ; mais celle dont je vais vous entretenir ne m'a pas laissé le choix d'une opinion. Vous ne serez pas étonnés de me voir repousser de toute ma force non-seulement l'idée, mais jusqu'à l'ombre de l'idée de la vente des biens de l'Église.

Je dois d'abord parler des propriétés de l'ordre de Malte. Un noble duc a déjà traité cette matière avec la clarté de style et la solidité de jugement qui le caractérisent. Jusque ici on a mal à propos confondu les biens de l'ordre de Malte avec les autres propriétés d'origine religieuse. On ne trouve dans aucun concile les chevaliers de Saint-Jean-de-Jérusalem rangés au nombre des religieux. Innocent III, par une belle expression, les appelle *milites orantes*, des soldats priants ; saint Bernard les nomme des *solitaires guerriers*. Deux arrêts du parlement, trois arrêts du grand conseil séparent absolument leurs biens des propriétés de l'Église. À quel titre, messieurs, disposerions-nous de ces biens ? L'ordre de Saint-Jean-de-Jérusalem est un ordre indépendant. Il régna pendant près de trois siècles sur l'île de Rhodes par droit de conquête, et Charles Quint lui céda l'île de Malte en toute souveraineté.

L'ordre est-il anéanti ? Non. Il existe après la prise de Malte comme il exista après la prise de Rhodes. A cette dernière époque il se retira à Viterbe ; maintenant il est établi à Catane. Depuis l'abdication du grand-maître Hompesch, deux autres grands-maîtres ont gouverné l'ordre, le bailli Tommasi et le bailli Caraccioli ; à celui-ci a succédé, comme lieutenant du grand-maître, le bailli Giovani, qui avec le sacré-conseil représente le souverain.

L'ordre a dans ce moment même des envoyés extraordinaires en Portugal, en Espagne, en Autriche, en Angleterre. Il a porté ses réclamations au congrès de Vienne. Bien plus, Buonaparte demanda dans le traité d'Amiens que Malte fût restitué aux chevaliers, et dans le traité de Lunéville il stipula que les domaines perdus par l'ordre en deçà du Rhin lui seroient rendus au delà de ce fleuve : c'étoit un homme merveilleux pour la justice chez les autres.

Le décret de l'Assemblée nationale du 29 septembre 1792, qui saisit les biens de l'ordre de Malte, reconnut en même temps, par l'article 12, la souveraineté de cet ordre.

En aliénant les biens des chevaliers de Saint-Jean-de-Jérusalem, vous n'attaquez pas seulement des propriétés nationales, mais des propriétés sur lesquelles des étrangers ont des droits. Ce n'est pas une pure question de législation françoise, c'est une question de droit public de l'Europe. L'ordre possède tous ses biens en Portugal ; ils n'ont point été vendus en Espagne ; en Sardaigne, ils seront rendus dans cinq ans ; ils existent en Autriche ; ils sont intacts dans les États Romains et dans les Deux-Siciles.

Le revenu de l'ordre en France étoit autrefois de quatre millions ; il lui resteroit encore cinq à six cent mille livres de rente si on lui rendoit ses propriétés non aliénées. Ne consommons pas une injustice qu'on peut réparer, sous prétexte qu'il y a des injustices plus grandes et qui sont irréparables. Ne condamnons pas le malheureux qui vit encore, parce que son compagnon n'est plus. Autrement ce seroit ressembler à cet officier qui, le lendemain d'une bataille, faisant enterrer les blessés malgré leurs cris, disoit : « Si on les écoutoit, il n'y en auroit pas un de mort. »

Maintenant, messieurs, vous parlerai-je des services rendus au monde par l'ordre de Saint-Jean-de-Jérusalem ? Si pour vendre sa dernière dépouille nous n'avons pas même l'ombre d'un prétexte, l'injustice d'une pareille mesure s'accroît de toute la gloire attachée à cet ordre illustre. Nous vantons notre civilisation et nos arts : sachons donc être reconnoissants envers ces guerriers qui ont tant contribué à sauver cette partie de l'Europe d'une nouvelle invasion de barbares. Vous ne refuserez pas, messieurs, de reconnoître pour vos créanciers les successeurs de La Valette, de l'Isle-Adam, de d'Aubusson, de Tourville et de Suffren. Si l'on dit que les chevaliers de Malte n'ont pas atteint le but de leur première institution, puisqu'ils n'ont pas sauvé la Palestine, est-ce une raison pour les dépouiller ? Qui sait d'ailleurs s'il n'entroit point dans les desseins de la Providence de confier la terre de la foi à la garde des infidèles ? Par les dangers répandus sur les chemins de Jérusalem, la tiédeur, la corruption, l'incrédulité furent écartées du Saint-Sépulcre pour n'en laisser la périlleuse approche qu'au zèle du prêtre, au repentir du pénitent et à la simplicité du pèlerin.

Je l'ai vue, messieurs, cette Judée jadis si florissante; le vigneron fuyoit devant l'aga qui venoit de lui ravir son champ, et cet aga devoit bientôt être chassé à son tour du champ par lui-même usurpé. Les montagnes et les vallées stériles montroient que dans ce pays, par un des effets les plus terribles de la malédiction dont il est frappé, la propriété avoit cessé d'être inviolable : on cultive mal, l'on finit par ne plus cultiver la terre qu'on peut nous ravir. Appellerons-nous aussi le désert dans nos plaines fécondes, en remuant le fondement de la propriété? Est-ce aussi en punition de quelque crime que le ciel nous pousse à vendre un héritage qui n'est pas le nôtre? Et quel héritage, messieurs, que celui dont il me reste à vous parler ! Les saints débris du patrimoine de l'Église, les bois où la religion nous civilisa, où elle enseigna les arts de la société à nos ancêtres et coupa le sceptre que devoit porter la main de soixante-dix-sept rois !

Avant d'entrer dans la question de morale et de haute politique, seule question que je prétende traiter dans ce discours, il faut un peu examiner les faits.

Si l'Église gallicane possédoit encore tous ses biens, si le sacrifice d'une partie de ses biens pouvoit sauver la France, il faudroit nous adresser à l'Église. Comme en 1789, elle accourroit la première au-devant de nos besoins, elle se dépouilleroit elle-même sous l'autorité et par le concours des deux puissances. Elle gagneroit à son sacrifice ; car si la religion est indispensable à la France, la France doit être conservée pour faire fleurir la religion. Mais ici de quoi s'agit-il? D'un misérable lambeau de propriété dont à peine vous restera-t-il quelque chose quand il aura subi toutes les pertes qu'il éprouvera à l'aliénation. Deux millions de rente que vous voulez vendre (puisque vous prétendez donner à l'Église quatre millions pour remplacer les six millions que vous lui retenez), deux millions de rente représentent un capital de quarante millions. De cette propriété cédée à vil prix, en retirerez-vous un tiers clair et net? On sait qu'à la première restauration tel acquéreur d'un bois national en a payé le fonds avec le produit de la coupe. Est-ce donc une chétive ressource de dix à quinze millions, arrivant lentement et d'année en année, qui comblera l'abîme de votre dette? C'est détruire les bois sans nécessité, vendre pour le plaisir de vendre, attaquer la propriété et la religion sans avantages pour la France, s'il peut toutefois y avoir des avantages pour un pays quand on attaque la propriété et la religion.

Mais à qui rendroit-on les biens provenant des différentes fondations de l'Église? Les titulaires sont morts. L'évêque de Grenoble peut-il hériter des bénédictins de Clairvaux? Il faudra donc une administration du clergé. Voilà donc le clergé redevenu un corps dans l'État.

Remarquons d'abord que le fait n'est pas exact : il existe des biens non vendus qui ont appartenu à des évêchés, à des chapitres, à des séminaires; et ces évêchés, ces chapitres et ces séminaires ont été rétablis : ici le propriétaire ne manque donc pas à la propriété. De plus, des biens consacrés au culte peuvent changer de titulaires, pourvu qu'on donne à ces biens une destination pieuse et qu'on remplisse les conditions imposées par les fondateurs. On trouve dans toute la chrétienté des exemples de ces transmutations faites du consentement des deux puissances; il suffit, pour s'en convaincre, d'ouvrir les *lois ecclésiastiques* d'Héricourt.

Quant au clergé, qui, dit-on, redeviendroit un corps dans l'État s'il avoit une administration commune, faut-il apprendre à ce siècle, si disert en législation, que ce n'est point l'administration qui fait le corps politique? Ce qui constitue ce corps, ce sont des droits, un ordre hiérarchique, une part à la puissance législative; autrement toutes les communes de France et nos six ou sept ministères seroient des corps politiques. Quelle singulière destinée que celle du clergé parmi nous! Aujourd'hui qu'il a cessé d'être un corps politique, on craint qu'il ne possède en cette qualité; et au commencement de la révolution, lorsqu'il étoit véritablement un corps politique, pour prouver qu'il ne pouvoit pas posséder, on le transformoit en *corps moral* : c'étoit l'opinion de Thouret. Les droits qui constatent la propriété civile sont : l'achat, le don ou l'héritage, et la possession. Or, l'Église a souvent acheté; on lui a donné, elle a hérité, elle a possédé : elle est donc propriétaire : sa possession surtout est si ancienne, qu'elle remontoit dans quelques provinces à la possession romaine. Lorsque saint Remi baptisa Clovis, saint Remi étoit propriétaire, et Clovis ne possédoit pas même dans les Gaules le vase de Soissons.

Mais ne laissons pas le plus petit prétexte à la plus petite objection. Rien n'est plus facile, par la loi qui rendroit à l'Église le reste de ses biens, que de mettre le clergé à portée d'en disposer par vente ou par échange, de sorte que dans un temps donné il n'y eût plus que des bénéfices particuliers, attribués à des églises particulières, toute administration générale cessant de plein droit à l'époque fixée par la loi. Que peut-on répondre à cela? Ainsi s'évanouissent à l'examen la raison de la nécessité d'argent et l'objection prétendue constitutionnelle, puisque la vente des bois de l'Église ne vous produira presque rien, et qu'il est facile de prévenir l'administration générale du clergé.

Opposera-t-on à la restitution des bois de l'Église non encore aliénés un droit de prescription produit par une interruption de jouissance de vingt-cinq années? Louis XIII fit rendre aux églises du Béarn des biens qui leur avoient été enlevés cinquante-un ans auparavant, et dont la puissance ecclésiastique n'avoit pas sanctionné la saisie. Nous avons vu l'Assemblée constituante rendre, en 1789, aux protestants des propriétés non vendues, dont ils avoient été dépouillés en 1685, et nous avons tous applaudi à une réparation qui venoit plus d'un siècle après l'injustice. Ne prononcerons-nous la déshérence que pour la religion de l'État?

Mais on donne à l'Église des dédommagements; on lui accorde quatre millions par le nouveau budget et on lui reconnoît la faculté de recevoir des immeubles.

Si vous reconnoissez le principe, admettez donc la conséquence : si l'Église peut posséder, rendez-lui donc les bois qui lui restent. Est-ce sérieusement que nous avons cru l'enrichir, en déposant pour elle dans le *Bulletin des Lois* un principe stérile? Quels testateurs assez ingénus voudront en effet léguer quelque chose à l'Église, tandis que nous sommes occupés à vendre ses derniers biens? Une défiance, mal fondée sans doute, mais enfin une défiance assez naturelle, ne verra dans ces charités permises qu'une mesure de finances pour l'avenir. Chose étrange! la religion, qui partout assure la terre à l'homme, deviendroit le canal par où s'écouleroit le patrimoine des familles; et il suffiroit que la propriété touchât l'inviolable sanctuaire pour cesser d'être inviolable!

Quant aux quatre millions donnés, je me contenterai de remarquer qu'un amendement a été proposé et adopté par la chambre des députés relativement aux quatre millions. Il est dit que le roi disposera de la quantité de bois nécessaire à cette dotation du clergé.

Cet amendement est très-fâcheux pour l'autorité royale; car en laissant l'arbitrage à la couronne il lui laisse tous les inconvénients du parti qu'elle voudra prendre. Au reste, cet amendement est nul par le fait; et quand la piété de notre vertueux monarque le porteroit à choisir les quatre millions parmi les anciennes propriétés de l'Église, l'article 144 lui en interdiroit la faculté. Cet article déclare, en termes exprès, que la portion réservée pour le clergé sera prise dans *les grands corps de forêts*. Or, les grands corps de forêts appartiennent tous à l'ancien domaine de la couronne, excepté peut-être quelques-uns en Flandre et en Lorraine.

Mais lors même que l'Église consentiroit à couvrir sa nudité de la dépouille de nos rois, deviendroit-elle pour cela propriétaire? N'est-il pas évident qu'un évêque de Provence doté sur un grand corps de bois en Normandie ne pourra régir sa dotation qu'avec des frais qui absorberoient une partie du revenu? Et comment partager ces grands corps de bois? Il faudra donc s'en rapporter au gouvernement, qui tiendra compte de la dotation à l'évêque ; le bois concédé ne sera donc plus qu'une espèce d'hypothèque : j'ai bien peur que tout ici soit illusion.

Il faut donc convenir qu'il y a des raisons autres que celles dont je viens de parcourir la série, pour ne pas restituer aujourd'hui à l'Église ce qui lui reste ; laissant de côté le calcul des intérêts personnels et les spéculations de l'agiotage, je n'examinerai que les principes généraux du système.

Que veut-on faire des forêts de l'État ? Veut-on les aliéner, veut-on les conserver encore comme un moyen de crédit, comme un gage entre les mains des créanciers de l'État? Parlons d'abord de ce gage.

N'en déplaise à ceux qui n'ont administré que dans nos troubles, ce n'est pas le gage matériel, c'est la morale d'un peuple qui fait le crédit public. Ne gardez pas le bien de l'Église, et vous acquerrez plus de crédit en le rendant qu'en le vendant. Quand vous seriez maîtres de la moitié de l'Europe, si vous n'assurez les fortunes particulières, vous n'aurez point de fortune générale.

La France pendant le règne révolutionnaire a possédé tous les biens du clergé, des émigrés et de la couronne, tant sur son vieux sol que dans ses conquêtes, et la France a fait banqueroute.

La France sous Buonaparte levoit des contributions de guerre énormes, augmentoit chaque année le domaine extraordinaire, et tous les ans il y avoit un arriéré indéfini, et un arriéré indéfini est une banqueroute.

Depuis le pillage du temple de Delphes et l'enlèvement de l'or de Toulouse jusqu'à nos jours, la saisie des biens consacrés aux autels n'a réussi à personne : Henri VIII vendit et dépouilla mille monastères, trente colléges, cent dix-huit hôpitaux, deux mille trois cent soixante-quatorze sanctuaires et chapelles, et chaque année du règne de ce tyran le parlement fut obligé d'augmenter les subsides.

Ce n'est donc point le gage matériel, encore une fois, qui fait le crédit, c'est la justice. Soyez intègres, moraux, religieux surtout, et la confiance que l'on aura dans votre probité vous fera trouver des trésors.

Du gage passons à la vente.

Par la vente des forêts, on rassure, dit-on, les acquéreurs de biens nationaux, et l'on finit la révolution.

Eh, messieurs ! combien de fois encore faudra-t-il rassurer la révolution ? Ceux qui veulent la justifier ne s'aperçoivent-ils pas que c'est la déclarer coupable que de la représenter si alarmée ? ce qui est innocent est tranquille. La vente des bois de l'Église n'opérera point la merveille que vous en attendez ; elle ne rassurera point d'abord les acquéreurs des biens des émigrés, des hôpitaux et des fabriques, puisqu'on a rendu le reste de ces biens, non encore aliénés, aux anciens propriétaires et aux anciennes fondations ; elle ne rassurera pas davantage les possesseurs des biens communaux, puisqu'on a retiré des propriétés nationales ce qui pouvoit encore appartenir aux communes. Vous aurez beau multiplier les aliénations, il n'est pas en votre pouvoir de changer la nature des faits. Le temps seul peut guérir la grande plaie de la France. On distingue encore en Irlande les propriétés dont l'origine remonte à des confiscations. Loin de nous en affliger, félicitons-nous de trouver parmi les peuples ce sens moral, que le succès ne peut corrompre, qui n'admet pas même la prescription centenaire. C'est cette conscience du genre humain qui est le principe de la société ; elle survit aux nations, et elle les recommence. Il y a de quoi trembler pour notre malheureuse patrie lorsque après vingt-cinq années d'une révolution épouvantable, lorsque après avoir vu égorger les prêtres, le trône tomber avec l'autel et nager dans le sang du meilleur des rois, nous voulons encore vendre la dernière dépouille de l'Église, comme les soldats tirèrent au sort le dernier vêtement du Christ ! Et sous quel monarque adopterions-nous une pareille mesure ? Sous le successeur de Clovis, qui dut sa couronne à la religion ; sous le successeur de Charlemagne, qui déclara sacrilége quiconque toucheroit aux biens de l'autel ; sous le descendant de Hugues Capet, qui rendit ce que les malheurs des temps avoient détaché du patrimoine de l'Église ; sous l'héritier de saint Louis, sous le frère de Louis martyr, sous le fils aîné de l'Église, sous le roi très-chrétien, sous l'auguste monarque, martyr lui-même de l'impiété de son siècle, longtemps éprouvé par le malheur, rentré en France après un exil de vingt années, et ramenant avec lui pour toute garde le cortége vénérable des vieux confesseurs de la foi.

Depuis vingt-cinq ans en France le soleil a souvent éclairé les mêmes malheurs ; la révolution est pour nous le triste ouvrage de Pénélope : nous la recommençons sans cesse. Que ne dit-on point dans l'Assemblée constituante et dans l'assemblée législative sur le sujet qui nous occupe ? Treilhard, insistant pour que l'Assemblée prononçât vite le décret fatal, s'écrioit : *N'en doutez pas, messieurs, vous vous assurerez les bénédictions du pauvre au dedans et au dehors l'admiration des nations.* Est-ce une admiration pareille, sont-ce des bénédictions semblables qu'on promet à notre vote aujourd'hui? Je cède à qui voudra la prendre ma part de cette moisson de haine et de larmes. Toutefois, nos premières assemblées avoient une excuse : elles pouvoient ne pas prévoir l'avenir; elles pouvoient être frappées de quelques abus, égarées par quelque théorie non encore éprouvée. De plus, une monstrueuse constitution, confondant les trois branches de la législature et accordant au roi pour toute défense un *veto* suspensif, ne permettoit aucune réparation lorsqu'une erreur avoit été commise. Mais nous, à qui la division des pouvoirs offre tant de ressources contre une première faute, nous que l'expérience a dû instruire, rien ne pourroit nous justifier : l'incendie est à peine éteint; ne serons-nous pas au moins éclairés par la lueur des débris qui brûlent encore autour de nous? Allons, messieurs, que l'on achève de dépouiller le sanctuaire! On y trouvera peu de chose, car les cendres même de nos pères n'y sont plus, et le vent qui les a dispersées ne les rapportera pas dans nos temples.

Que de raisons morales et religieuses se présenteroient encore pour combattre l'aliénation du reste des biens de l'Église! Je demande, par exemple, à ceux qui se disent chrétiens et catholiques s'ils ont le pouvoir d'aliéner des propriétés auxquelles sont attachés des services pieux. Ou nous croyons, ou nous ne croyons pas : si nous croyons, ne mettons pas les morts contre nous, et laissons l'espérance à la douleur. Il n'y a qu'un moyen de disposer des biens de l'Église sans le concours de la puissance spirituelle : c'est de changer de religion; tous les peuples qui ont été conséquents en ont agi de la sorte. Mais si nous restons catholiques, rien ne peut donner le droit à la puissance temporelle de s'approprier les dons faits à l'autel. Buonaparte lui-même crut avoir besoin de la cour de Rome pour sanctionner la vente des propriétés ecclésiastiques : il renonça à l'éviction d'une partie des biens de l'Église du Piémont; il fit même en France quelque justice, car il rendit à l'évêché de Troyes des bois d'origine religieuse. On a voulu justifier la vente des biens du clergé par les témoignages de l'histoire : je suis trop poli pour dire ce que je pense de cette érudition.

Vous ne rassurez donc ni les acquéreurs des biens d'émigrés, ni les acquéreurs des biens des communes, en vendant le reste des biens de l'Église. Dire qu'on veut rassurer les acquéreurs est d'ailleurs un langage tout à fait constitutionnel, puisqu'il semble établir un doute sur les dispositions de la Charte. Enfin, si vous voulez absolument rassurer quelqu'un et quelque chose, ne devez-vous penser qu'aux intérêts nouveaux? N'y a-t-il pas en France des millions de citoyens qui n'ont rien acquis? Ne forment-ils pas même la majorité de la nation? Ces millions d'hommes ne sont-ils pas chrétiens, attachés aux principes de l'ancienne propriété, et n'alarmez-vous pas leur conscience comme leurs intérêts les plus chers en vendant le reste des biens de l'Église? Que ne vous adressez-vous à cette classe nombreuse de François dans votre besoin d'argent? Si vous aviez voulu rendre à l'Église les biens qui lui restent, sous la condition d'en recevoir la valeur en argent, il n'y a pas de pauvre qui n'eût présenté son aumône, point d'infirme qui n'eût vendu son lit, point de veuve qui n'eût donné son denier pour compléter la somme demandée. Depuis vingt ans le nombre des malheureux n'a pas beaucoup diminué en France, que je sache, et ils trouveroient dans le trésor de leur misère de quoi racheter le patrimoine d'une religion qui les a si souvent consolés.

Voyez maintenant s'il est vrai que la vente des biens nationaux mette un terme à la révolution: je prétends au contraire que c'est donner à cette révolution une nouvelle vie. Messieurs, on a souvent déclaré que la révolution étoit finie, et c'étoit toujours à la veille d'un nouveau malheur.

Comment finit-on une révolution? En rétablissant la religion, la morale et la justice; car on ne fonde rien sur l'impiété, l'immoralité et l'iniquité. Comment prolonge-t-on une révolution? En maintenant les principes qui l'ont fait naître. Dans un sujet si philosophique et si grave, c'est aux pairs de France qu'il convient d'étendre leurs regards dans l'avenir.

L'histoire, messieurs, est pour les peuples ce que sont pour les magistrats les anciens arrêts. Ces arrêts font autorité; c'est par eux qu'on décide. On juge un procès comme il fut jadis jugé en cas semblable. On veut faire une chose parce qu'elle a été faite: les Anglois inventèrent le crime de la mort de Charles 1er, et nous l'avons imité. Transportons-nous dans cinquante ans d'ici, au milieu de notre histoire présente, qu'y verrons-nous? Des hommes qui ont tué leur souverain, et qui sont comblés d'honneurs et de richesses. Nous les verrons, ces hommes, accueillis à cause de leur honteuse fortune, là où les serviteurs des rois étoient chassés à cause de leur honorable misère.

Que verrons-nous encore dans notre histoire? Un bouleversement presque général des propriétés, sans que le retour du roi légitime ait pu arrêter les aliénations. Que conclura la postérité de cet état de choses? Qu'on peut condamner les rois à mort et faire fortune; qu'il est loisible de s'approprier le bien d'autrui. Quel ambitieux ne sera tenté de recommencer la révolution si elle est finie, ou de la continuer si elle ne l'est pas? Les propriétaires nouveaux feront-ils valoir le titre de leur propriété nouvelle? On leur citera, pour les dépouiller, des héritages de neuf siècles enlevés sans résistance et sans indemnités à leurs anciens possesseurs. Au lieu de ces immuables patrimoines où la même famille survivoit à la race des chênes, vous aurez des propriétés mobiles où les roseaux auront à peine le temps de naître et de mourir avant qu'elles aient changé de maîtres. Les foyers cesseront d'être les gardiens des mœurs domestiques; ils perdront leur autorité vénérable : chemins de passage ouverts à tous venants, ils ne seront plus consacrés par le siége de l'aïeul et par le berceau du nouveau-né. Messieurs, j'ose vous le prédire : sous la monarchie légitime, si vous n'arrêtez pas la vente des biens nationaux, aucun de vous ne peut être assuré que ses enfants jouiront paisiblement de leur héritage. Vos fils auront d'autant plus à craindre, qu'ils se trouveront dans la position des hommes qu'on a dépouillés de nos jours. Comme eux, ils occuperont les premiers rangs de la société; comme eux, ils seront les principaux propriétaires de l'État; comme eux, ils tiendront à l'ordre établi par leurs intérêts particuliers, leurs dignités et leurs droits politiques. Jetez les yeux dans cette chambre, interrogez les membres de l'ancienne pairie, demandez-leur si dans le temps où la propriété est attaquée, ce n'est pas un crime irrémissible d'être riche et pair de France. Et voyez quel progrès les idées révolutionnaires sur la propriété ont déjà fait en Angleterre! Il est plus que temps d'arrêter le débordement de ce principe antisocial, qui menace l'Europe entière. Pairs de France, c'est votre cause que je plaide ici, et non la mienne : je vous parle pour l'intérêt de vos enfants. Moi, je n'aurai rien à démêler avec la postérité : je n'ai point de fils, j'ai perdu le champ de mon père, et quelques arbres que j'avois plantés bientôt ne seront plus à moi.

Je sais que dans ce siècle on est peu frappé des raisons placées au delà du terme de notre vie : le malheur journalier nous a appris à vivre au jour le jour. Nous vendons les bois : nous voyons la conséquence physique et prochaine; quant à la conséquence morale et éloignée, qui ne doit pas nous atteindre, peu nous importe. Messieurs, ne nous fions pas tant à la tombe, le temps fuit rapidement dans ce pays : en France, l'avenir est toujours prochain; il arrive souvent plus vite que la mort. Que de fois il nous a surpris dans le cours de la révolution! 1793 étoit l'avenir de 1789; le 20 mars 1815 étoit pour l'Assemblée des notables un avenir de trente ans ; et nous avons survécu à cet avenir.

Mais, dira-t-on, presque tous les biens de l'Église sont vendus ; ce qui en reste n'est rien ou peu de chose ; on ne peut revenir sur le passé. Non, sans doute, la Charte a consacré la vente des biens nationaux, et il importe au salut de la France de s'attacher à la Charte : mais ce n'est pas du fait matériel qu'il s'agit, c'est d'éviter de légitimer, pour ainsi dire, le principe de la violation des propriétés en continuant à vendre les forêts de l'État sous le roi légitime. La Charte a aboli la peine de confiscation ; les biens qui restent à l'Église et à l'ordre de Malte doivent donc leur être rendus. Maintenez les ventes aux termes de l'article 9 de la Charte, rendez les confiscations aux termes de l'article 71 : vous serez conséquents. Vous avez reconnu la justice de ces restitutions pour les émigrés et pour les communes : la religion a-t-elle moins de droits auprès de vous ?

On a soutenu dans l'autre chambre que les biens de l'Église se trouvant saisis en vertu de certaines lois, ces lois n'étant pas abrogées commandent l'obéissance.

Cette doctrine de la passive obéissance aux décrets révolutionnaires nous mèneroit loin. Oublie-t-on que l'usurpateur en a fait revivre quelques-uns pendant les Cent Jours, notamment ceux qui proscrivent la famille royale, et qui sont bien dignes de figurer dans notre Code auprès de ceux qui proscrivent la religion ? Mais enfin, puisqu'on argumente des lois non abrogées contre les propriétés de l'Église, je dirai que je reconnois l'effet de ces lois pour tout ce qui est vendu, non pas en vertu de l'autorité de ces lois mêmes, mais en vertu de l'autorité de la Charte, qui a sanctionné une vente déjà rendue plus régulière par le concours de la puissance spirituelle. Pour ce qui n'est pas vendu, les lois prétextées n'existent point ; en voici la preuve : Louis XVI, partant le 20 juin 1791 pour se soustraire à ses oppresseurs, protesta dans un mémoire contre tout ce qui avoit été fait avant cette époque.

« Tant que le roi, est-il dit dans ce mémoire, a pu espérer voir renaître l'ordre et le bonheur du royaume... il n'auroit pas même argué *de la nullité dont le défaut absolu de liberté entache toutes les démarches qu'il a faites depuis le mois d'octobre* 1789, si cet espoir eût été rempli ; mais aujourd'hui, que la seule récompense de tant de sacrifices est de voir la destruction de la royauté..., les *propriétés violées...*, le roi, après avoir *solennellement protesté* contre *tous* les actes émanés de lui pendant sa captivité, croit devoir mettre sous les yeux des François et de tout l'univers le tableau de sa conduite et celui du gouvernement qui s'est établi dans le royaume. »

Ainsi, messieurs, Louis XVI *proteste solennellement* contre *tous* les actes émanés de lui pendant sa captivité. Dans ces actes sont compris nécessairement les décrets dont on s'appuie aujourd'hui. Or, ces décrets dépouillés, par la protestation du roi, de la sanction royale *sont illégaux et non avenus*. Et ce qui rend cette protestation plus forte, c'est que l'infortuné monarque l'a renouvelée dans ce moment redoutable où la vérité se montre tout entière aux hommes. On a justement appelé la voix de Louis XVI un *oracle* : écoutez donc cet oracle qui vous parle des portes de l'Éternel :

« Je prie Dieu, dit Louis XVI dans son Testament, de recevoir le repentir profond que j'ai d'avoir mis mon nom (quoique cela fût contre ma volonté) à des actes qui peuvent être contraires à la *discipline* et à la croyance de l'Église catholique. »

Parmi les actes contraires à la *discipline* de l'Église, on doit nécessairement comprendre la vente des biens de l'Église faite sans le concours, et encore plus contre l'autorité de la puissance spirituelle : tous les canons sont formels à cet égard. Et nous reconnoîtrions des actes dont la sanction a pu donner un *repentir profond* au malheur, à la sainteté, à la vertu même, au fils de saint Louis prêt à monter au ciel! Nous reconnoîtrions la validité des décrets que Louis XVI, au moment de paroître devant Dieu, nous déclare avoir sanctionnés contre sa volonté! La contrainte et la force, lorsqu'elles sont prouvées, rendent nuls les actes les plus solennels ; et nous dirions que des décrets frappés de réprobation par la protestation de Louis captif, par le Testament de Louis mourant, ne sont pas abrogés! Ah! messieurs, ce Testament divin a été une loi de grâce pour le crime : qu'il ne soit pas vainement invoqué par l'innocence !

Soyons enfin chrétiens comme Louis XVI : rétablissons cette religion qui lui a donné sa couronne céleste et qui seule peut affermir sa couronne terrestre sur la tête de ses augustes héritiers. On peut attaquer la religion dans son culte, dans ses biens, dans ses ministres ; mais on ne peut pas faire qu'une société subsiste sans religion. Un moine ignorant, mais plein de foi, peut fonder un empire ; Newton incrédule pèsera les mondes, et ne pourra créer un peuple. Paris, enseigné par les docteurs modernes, a produit une république de dix ans ; une monarchie de quatorze siècles est sortie du bourg de Lutèce où saint Denis prêcha l'Évangile. Voulons-nous sérieusement sauver notre patrie, revenons aux saines doctrines ; remplaçons les prestiges de la gloire par la solidité des principes : ce n'est plus le temps des choses éclatantes, c'est celui des choses honnêtes. Défendons-nous de ceux qui pourroient vouloir la religion sans la liberté ; mais craignons bien davantage ceux qui veulent la liberté sans la religion. N'introduisons pas le faux dans la morale ; ne créons pas un système où le droit et la justice, ne pouvant trouver leur place, deviendroient des pièces gênantes et inutiles dans la machine : nous arriverions à cet affreux résultat, qu'il n'y auroit plus d'illégitime en France que la légitimité.

Vous trouverez tout simple, messieurs, le ton religieux de ce discours : si j'avois besoin de m'appuyer d'un exemple, cet exemple me seroit fourni par un peuple voisin. Un orateur faisant partie du ministère anglois vient de prononcer dans la chambre des communes un discours qui a réuni tous les suffrages. « Rappelons-nous, dit-il, les scènes de la révolution françoise, dans lesquelles le petit nombre triompha si constamment de la majorité... Quand l'athéisme fut professé en France, qui eût pensé que jamais ces extravagances impies dussent prévaloir? On vit les suites de ces doctrines insensées. Les professeurs firent des élèves, et la grande nation, privée de sa religion et de sa morale, fut en même temps privée des armes qui pouvoient la défendre contre l'anarchie..... Il étoit réservé à nos modernes de déraciner du cœur de l'homme tout respect pour la Divinité, afin de préparer leurs contemporains à devenir des assassins sans remords. »

Voilà comme parle un législateur et un ministre. Si je m'étois exprimé avec tant de franchise, on s'écrieroit que je veux faire rétrograder le siècle. Cependant, nous pouvons nous tenir assurés que la religion seule peut nous empêcher de tomber dans le despotisme ; les peuples n'ont jamais conservé leur indépendance qu'en la plaçant sous la sauvegarde du ciel : à Athènes, les prêtres parurent avec la liberté, les sophistes avec l'esclavage.

C'est dans de pareils sentiments de religion et de liberté que je vais descendre de cette tribune : ils animent également les nobles amis avec lesquels je m'honore de voter. Nous soutînmes dans la dernière session les intérêts religieux ; nous avons défendu dans celle-ci les libertés nationales : retranchés dans cette position, nous nous y maintiendrons, sinon triomphants, du moins avec dignité.

Pour moi, messieurs, si j'ai rendu quelques foibles services à la religion, j'en reçois aujourd'hui la récompense ; je regarde comme une faveur du ciel d'avoir été appelé par les circonstances à la défense de la dernière dépouille de l'autel. Quand la loi sera passée, le sacrifice sera consommé ; le miraculeux édifice de tant de siècles sera détruit. On m'a montré au pied de la montagne de Sion quelques grosses pierres éboulées : c'est tout ce qui reste du temple de Jérusalem.

Je vote contre les articles du budget qui mettent en vente cent cinquante mille hectares de forêts de l'État pour l'année prochaine et affectent le reste des forêts à la caisse d'amortissement. Si ces articles passent, je serai forcé de voter contre tout le budget; et si le budget est adopté par la chambre, je me soumettrai, mais à regret, à l'article 57 du règlement qui défend toute protestation.

OPINION

SUR LE

PROJET DE LOI RELATIF A LA LIBERTÉ DE LA PRESSE,

PRONONCÉE

A LA CHAMBRE DES PAIRS, SÉANCE DU 19 JANVIER 1818.

Messieurs, lorsque, dans le cours de nos sessions, un membre de la minorité de la chambre prend la parole, il ne peut se proposer que ces deux choses : de changer le vote de la majorité, d'influer sur l'opinion publique.

Changer le vote de la majorité, cela arrive rarement ; influer sur l'opinion publique, c'est ce que ne peut espérer la minorité de la chambre des pairs. La Charte a fermé nos tribunes ; notre procès-verbal ne présente que le squelette de nos discours sans nom ; les gazettes, qui ne sont pas libres, n'obtiendroient pas la permission de les répéter tels que nous les imprimons ; et les chefs-d'œuvre de notre éloquence vont mourir ignorés dans quelques salons de Paris.

Il est bien plus agréable, messieurs, d'être de la majorité ! La renommée reçoit l'ordre de sonner la gloire de l'orateur, la chambre perd ses mystères, la censure déride son front, *Le Moniteur* s'empare du discours, qui, toujours plus triomphant, passe de feuille ministérielle en feuille ministérielle. Cependant un malheur commun frappe à cette tribune les orateurs des deux opinions : les lois ne nous arrivent à présent qu'après avoir été discutées à la chambre des députés ; les questions sont épuisées. Ceux qui parlent et ceux qui écoutent sont comme fatigués d'avance : le dégoût, qui naît de la satiété, empêche de répéter ce qu'on a dit ou de chercher ce qu'on peut dire de nouveau.

Singulièrement frappé de ces désavantages, j'avois presque renoncé, messieurs, à vous prier de me faire l'honneur de m'entendre, mais enfin mon dévouement à la vérité l'emporte, et, ne considérant que mon devoir comme pair de France, je passe au sujet de la présente discussion.

Votre commission a fort bien remarqué l'erreur matérielle qui se trouve dans l'ordonnance mise en tête du projet de loi. Cette erreur ne détruit rien sans doute, mais il est bon d'éviter jusqu'à l'apparence de la précipitation et de la légèreté ; tout ce qui sort d'un ministère aussi grave que celui de la justice doit se distinguer par sa gravité.

Votre commission a fait encore des réflexions sages sur la manière dont l'amendement de l'article 8 vous est offert. Ce n'est pas la première fois qu'on réclame dans cette chambre contre ce mode de présentation ; mais il y a ici quelque chose que nous n'avions pas encore vu : d'un côté, des amendements de la chambre des députés adoptés par la couronne sont fondus dans le projet de loi ; de l'autre un amendement non consenti par la couronne est séparé du projet de loi. Ainsi, messieurs, au commencement du projet de loi une ordonnance exprime un fait qui n'est pas exact ; dans le corps du projet de loi paroît un amendement non consenti et rejeté à l'écart comme une note, et à la fin du projet de loi il nous manque un petit article 27, qui pressé par ses grandes destinées a traversé rapidement cette chambre pour arrêter la liberté des journaux. Voilà bien des irrégularités.

Depuis longtemps on nous répète que les chambres ne sont que des conseils ; on veut nous habituer à cette idée ; chaque année on essaye une innovation. L'amendement non proposé et non consenti par le roi nous est soumis d'une manière consultative ; libre après au gouvernement d'adopter ou de rejeter notre avis. N'est-ce pas la manière de procéder dans un conseil ? S'agit-il de l'impôt, on nous conteste le droit d'y faire des changements : conseil pour toute autre loi, nous ne sommes pour l'impôt qu'une chambre d'enregistrement. Si on doit varier éternellement sur la forme et le fond des lois ; si, après nous avoir reproché cent fois de violer la Charte, on s'écarte à tout moment de cette Charte ; si on nous dit toujours qu'il faut nous dépêcher sur le vote d'une loi, que cette loi expire, qu'on est à jour fixe, qu'on n'a pas le temps de renvoyer les amendements à la chambre des députés, alors pourquoi tant de discours ? J'aimerois autant que la Charte nous eût permis de mettre au bas de chaque projet de loi ce peu de mots : *Vu à la chambre des pairs ;* cela, du moins, nous épargneroit des paroles inutiles.

Vous ne vous attendez pas, messieurs, que j'aille remonter aux principes de la liberté de la presse. Mon dessein n'est pas non plus d'entrer dans les détails minutieux du projet de loi : je me contenterai d'en examiner quelques points et de vous expliquer les motifs de mon vote.

Je m'arrête d'abord à l'article 8 et à l'amendement proposé sur cet article.

Je ne sais quelle pudeur me fait éprouver de l'embarras en lisant ce second paragraphe de l'article : *Sont considérés comme* PUBLICATION, *soit la distribution de tout ou partie de l'écrit, soit le* DÉPOT *qui en a été fait*. Les rédacteurs du projet de loi sont des hommes sincères, je le pense : ils se seront seulement trompés sur les mots ; mais il faut convenir que l'esprit le plus subtil, s'il eût voulu corrompre le principe même de la loi, n'auroit pas inventé une autre rédaction. Que le *dépôt* soit considéré comme la *publication*, véritablement cela confond, et l'on est presque tenté de rougir. En Pologne, lorsqu'on dresse un contrat de mariage, on fait venir un notaire, qui a soin d'introduire dans le contrat une clause d'après laquelle le mariage puisse être cassé en temps et lieu : par le présent projet de loi, on prétend nous faire faire alliance avec la liberté de la presse ; mais il est vrai qu'en vertu de l'article 8, tel qu'il est conçu, il y a dans cette alliance une bonne raison de nullité.

Il est si peu naturel de regarder le *dépôt* comme la *publication*, que cette idée même ne s'est pas présentée à l'esprit de ceux qui dans l'origine ont ordonné le dépôt. C'est Buonaparte (car nous copions toujours Buonaparte) qui, par l'article 48 du décret du 5 février 1810, voulut que cinq exemplaires de chaque ouvrage imprimé à Paris fussent déposés à la préfecture de police. Simple règlement de librairie, le dépôt ne pouvoit être une mesure politique ; car il est évident que ce n'étoit pas pour savoir si un livre étoit bon ou mauvais, utile ou dangereux à publier, qu'on le portoit à la préfecture de police, puisque la censure existoit alors dans toute sa rigueur, et qu'on savoit à quoi s'en tenir d'avance sur l'ouvrage qui devoit paroître.

La loi du 21 octobre 1814, en confirmant la disposition du décret antérieur, n'assimile pas non plus le dépôt à la publication, puisque cette loi maintient la censure à l'égard des écrits de vingt feuilles et au-dessous : or, ces écrits sont évidemment les plus nombreux et les plus applicables aux circonstances politiques.

On vient, messieurs, de nous citer une ordonnance du 24 octobre 1814, qui règle la distribution des exemplaires déposés au secrétariat de la direction générale de la librairie. Il faut être bien chatouilleux sur l'article de la liberté de la presse, pour voir dans cette distribution un commencement de publication. Il est notoire que cette distribution n'avoit lieu et ne devoit avoir lieu qu'après la publication de l'ouvrage. Quand un numéro du *Censeur* fut arrêté il y a quelques mois, étoit-il ou non déposé à la Bibliothèque du Roi? L'y avoit-on lu? La publication étoit-elle ainsi commencée? Tout cela, messieurs, est encore une imitation de Buonaparte. Un décret du 2 juillet 1812 veut que des cinq exemplaires d'un livre imprimé déposés à la préfecture de police un seul y reste désormais, et que les quatre autres soient portés à la direction générale de l'imprimerie et de la librairie.

Et, pour le dire en passant, ce décret établissoit moins une mesure d'ordre qu'une de ces mesures fiscales introduites dans l'administration. Il y a tel ouvrage de luxe et de gravure dont le prix de l'exemplaire s'élève à 12 ou 1,500 francs, quelquefois même à 100 louis et 1,000 écus. Cinq exemplaires d'un pareil ouvrage coûteroient donc 8, 10 et 15,000 francs : c'est donc 8, 10 et 15,000 francs que vous prenez dans la poche de l'auteur et du libraire; et cet énorme impôt tombe précisément sur les arts qui auroient le plus besoin d'être encouragés par des primes ou des dégrèvements. Le dépôt est une entrave administrative et une taxe onéreuse; c'est bien assez : n'allons pas lui donner de plus un caractère politique en l'assimilant à la publication.

M. le rapporteur de votre commission examine une question intéressante, savoir si le récépissé doit suivre immédiatement le dépôt. Il semble conclure négativement, et s'appuie de l'opinion de la commission de la chambre des députés; cette commission pensoit que le terme pour la délivrance du récépissé pourroit être porté à trois jours. M. le rapporteur ajoute plus loin que tant que la publication n'est pas faite, l'auteur ne doit pas être poursuivi; mais il laisse entendre que nonobstant cette sûreté de l'auteur l'ouvrage peut être déféré aux tribunaux.

Je respecte le caractère et le savoir du magistrat distingué dont je rappelle l'opinion; je regrette de ne pouvoir me soumettre à son imposante autorité.

La doctrine par laquelle on voudroit séparer l'auteur de l'ouvrage est à la fois dangereuse pour la liberté de la presse, peu raisonnable en principe.

Dangereuse pour la liberté de la presse, car il est évident qu'il y a des auteurs qui couvrent leurs ouvrages de leur nom, et qu'il seroit scandaleux, quand il n'y a pas crime, de traduire devant les tribunaux. Moins exposés que les autres, ils sont l'espoir de la vérité qui peut trouver passage dans leurs écrits; mais si on sépare leurs ouvrages de leur personne, tout est fini, et nous aurons le silence de Constantinople.

Un noble duc a montré l'année dernière le côté bizarre d'une doctrine qui feroit d'un livre un coupable, lequel coupable ne pourroit parler ni se défendre et seroit condamné sans avoir été entendu.

J'ai dit que cette doctrine est peu raisonnable en principe : car si le livre est criminel, comment le condamner sans condamner l'auteur ? C'est punir le fer de l'assassin et épargner la main qui a frappé avec ce fer.

Quant aux trois jours demandés pour accorder le récépissé, il est question d'en faire l'objet d'un sous-amendement dans cette chambre. Pendant ces trois jours, l'auteur seroit à l'abri, tandis que l'ouvrage pourroit être dénoncé. Cela ramène ainsi, messieurs, la doctrine que je viens de combattre : toute liberté de la presse est détruite si cette doctrine passe dans vos lois.

Sous un autre rapport, fixer un terme de trois jours pour la délivrance du récépissé, c'est par le fait rejeter l'amendement de la chambre des députés et rétablir l'article de la loi, mais avec moins de franchise ; c'est retomber dans les inconvénients du dépôt, tels que dans un instant je vais vous les représenter ; c'est donner le temps aux docteurs en despotisme de découvrir dans un ouvrage des crimes de l'ex-ministère, crimes que l'on sera d'autant plus disposé à trouver, que dans ce cas la cause de l'ouvrage sera séparée de celle de l'auteur. Ainsi, nous rentrons dans le cercle vicieux. Le sous-amendement dont la proposition nous menace me paroît donc inadmissible si l'on maintient l'amendement.

C'est avec grande raison que la chambre des députés a proposé cet amendement à l'article 8. Elle n'a pu rendre la loi parfaite, mais elle a voulu du moins qu'elle fût loyale et qu'elle ne tendît aucun piége à l'écrivain.

Entrons dans le caractère de l'amendement. Votre commission a démontré qu'un auteur en déposant cinq exemplaires imprimés de son ouvrage se conforme à ce que vous exigez de lui. Or, comment pouvez-vous, en bonne justice, arrêter son ouvrage au dépôt même, et le punir par conséquent de son obéissance à la loi, tandis que d'un autre côté vous l'eussiez puni s'il n'avoit pas obéi à cette loi ? Cet argument est invincible.

On ne se tient pas pour battu ; on revient par des considérations générales : on dit que si l'on prend des précautions contre les délits d'une nature particulière, à plus forte raison doit-on chercher à prévenir les désordres qui compromettent la société ; que si l'on ne peut pas arrêter un mauvais ouvrage au dépôt, il ne sera plus temps de l'arrêter à la publication ; que toujours un grand nombre d'exemplaires échappera à la surveillance de l'autorité ; que le mal sera fait avant qu'on puisse y apporter de remède. Le dépôt, soutient-on toujours, est un commencement de publication : or, si un ouvrage est dangereux, il doit être saisi au dépôt même, parce qu'en matière criminelle lorsqu'il y a commencement d'exécution de crime le crime est puni comme s'il étoit consommé. Une comparaison vient à l'appui de ce raisonnement.

Un homme mêle du poison dans un breuvage : prêt à donner la coupe à sa victime, il est découvert, et la loi le condamne à mort, bien que sa méchante action n'ait pas eu le résultat qu'il s'en promettoit ; de même un ouvrage corrupteur doit être retranché de la société avant qu'il y ait porté ses ravages.

La poésie est belle, mais il faut éviter d'en mettre dans les affaires. Quelle comparaison peut-on faire entre un crime physique, si je puis m'exprimer ainsi, et un crime moral? Un livre, si détestable qu'on veuille le supposer, agit-il instantanément? va-t-il en un moment mettre le feu aux quatre coins de la France ou pervertir la jeunesse? N'aurez-vous pas toujours le temps de l'arrêter au moment même de son apparition dans le monde? Je comprends que si on le laisse étaler sur les quais, vendre dans toutes les boutiques ; que si on n'applique pas à son auteur nos terribles lois contre la liberté de la presse, je comprends qu'il y aura à la longue du danger ; mais si les poursuites sont actives, si la justice est prompte et sévère, pourquoi violer les notions du bon sens et les règles de l'équité, en s'obstinant à considérer le dépôt comme une véritable publication? Dans le raisonnement que je viens de faire, raisonnement par lequel j'ai essayé de montrer que le mal résultant d'un livre ne peut jamais être soudain comme un meurtre, prompt comme un empoisonnement, j'ai supposé la publication d'un de ces livres infâmes qui se font entendre à tous les esprits en prêchant la révolte, l'assassinat, le pillage et l'incendie ; mais ces ouvrages sont très-rares. Admettez, ce qui est bien plus probable, que certaines mesures sont gardées, certaines précautions prises dans l'ouvrage publié ; supposez que les doctrines pernicieuses y sont un peu enveloppées, que le style de l'auteur ne s'adresse pas à la plus basse classe de la société, alors, messieurs, peut-on soutenir que le temps manquera pour prévenir l'effet nécessairement plus lent de cet ouvrage? Faut-il que, pour nous rassurer contre de vaines frayeurs, on établisse par une loi que le dépôt équipolle la publication dans le pays qui a vu naître les Barthole, les Pothier et les Domat?

Si d'ailleurs, messieurs, la provocation directe au crime se trouvoit dans un ouvrage, comment imaginer que l'auteur, à moins d'être fou, portât cet ouvrage au dépôt? Si la provocation ne se trouve pas dans cet ouvrage, pourquoi le poursuivre au dépôt comme s'il étoit publié? N'est-ce pas manifester l'intention de regarder comme coupable tout ouvrage qui contrarieroit les vues du ministère? n'est-ce pas déclarer implicitement qu'on ne veut pas de la liberté de la presse?

Pour avoir le droit de poursuivre l'ouvrage déposé, on se fonde sur l'axiome qu'il faut prévenir le crime pour ne pas être obligé de le punir. Cet axiome est indubitable abstraitement considéré, mais il appartient surtout à la politique d'une monarchie absolue, et ne peut pas être aussi rigoureusement établi dans la science d'une monarchie représentative. Une des erreurs les plus communes aujourd'hui, et qui est la source d'une multitude d'autres erreurs, c'est de raisonner toujours comme si nous existions dans l'ancien ordre des choses, et d'oublier sans cesse le gouvernement que nous avons.

Dans la monarchie absolue tout est positif : trois ou quatre maximes régissent l'État. Tout ce qui choque ces maximes doit être réprimé. Il n'est pas permis à l'opinion de prendre son dernier essor; les libertés publiques et particulières, défendues par les mœurs plutôt qu'établies par les lois, peuvent être violées si le gouvernement les trouve en contradiction avec les principes fondamentaux de cette espèce de monarchie. Sous ce régime rien donc de plus applicable que l'axiome qui veut qu'on prévienne le crime pour ne pas être obligé de le punir.

Mais dans la monarchie représentative il n'en va pas de la sorte. Cette monarchie ne peut exister sans la plus entière indépendance de l'opinion. Aucune liberté, soit individuelle, soit publique, ne doit être entravée, car ces libertés sont le partage de chacun et la propriété de tous : ce ne sont pas des principes abstraits posés dans les lois, et pour ainsi dire morts au fond de ces lois; ce sont des principes vitaux, d'un usage journalier, d'une pratique continuelle, qu'on ne peut arbitrairement attaquer sans que le gouvernement ne soit en péril, car c'est de la réunion de ces principes mêmes que se forme le gouvernement.

De ces vérités incontestables il résulte que l'axiome précité perd considérablement de sa puissance dans une monarchie constitutionnelle. Aussi voyons-nous qu'en Angleterre on se contente de surveiller le crime. Une réunion est annoncée comme devant avoir lieu à Spafields; le ministère anglois reste immobile. Une autorité élevée dans les principes de nos anciennes institutions eût mis tous les agents de la police en campagne pour prévenir le rassemblement : cela eût été conforme au génie de notre vieille monarchie; mais dans la monarchie fondée pa rla Charte n'est-il pas évident que ces mesures préventives, toutes sages et toutes bonnes qu'elles puissent être, en les considérant d'une manière isolée, sont contraires à la nature de la Charte dans leur application relative à cette Charte? Il faut entrer de force dans le domicile du citoyen ; il faut arrêter administrativement l'homme qui ne peut être arrêté qu'en vertu d'une loi ; il faut violer la liberté de l'opinion et la liberté individuelle ; il faut, en un mot, mettre en péril la constitution même de l'État. Mais voyez quand le désordre est commencé avec quelle vigueur il est poursuivi : les chambres surviennent, les libertés sont légalement suspendues, les lois les plus terribles portées contre les coupables : personne ne se plaint, l'opinion approuve, le crime est châtié, et les principes du gouvernement n'ont reçu aucune atteinte.

Si donc dans une monarchie représentative on montre tant de respect pour les libertés, qu'on aime mieux laisser l'État courir quelque péril que de les attaquer trop légèrement, deviendra-t-on plus scrupuleux pour ces délits de la presse dont les conséquences sont bien loin d'être un danger aussi immédiat pour l'ordre social [1]? Qu'allez-vous faire, messieurs, en voulant prévenir la faute d'un auteur pour n'être pas obligés de la punir? Ne voyez-vous pas que vous ouvrez la porte à l'arbitraire? Pour un ouvrage dangereux que l'on aura supprimé au dépôt, combien d'ouvrages utiles ne seront point arrêtés! Il ne faudroit pas même tenter la vertu, à plus forte raison ne faut-il pas tenter les intérêts et les passions. Il n'est pas facile d'user sobrement de l'autorité quand elle est remise entre nos mains. Vous n'exigez pas que des ministres qui seroient attaqués dans un écrit soient des êtres assez parfaits pour ne pas au moins l'entraver lorsqu'ils en auront le pouvoir? Si le dépôt est la publication, pourquoi ne pas convenir que le dépôt remplace la censure, puisque c'est l'autorité qui lit l'ouvrage déposé, qui le juge, qui l'arrête enfin, si tel est son bon plaisir?

Supposons, messieurs, que La Bruyère et Montesquieu revinssent au monde, et qu'ils fissent à la librairie le dépôt, l'un de ses *Caractères*, et l'autre de ses *Lettres Persanes*.

---

1. Voilà le passage sur Spafields qui m'a procuré l'honneur de voir deux ministres monter à la tribune pour me combattre. Je suis encore à me demander comment l'un d'eux a pu trouver dans ce raisonnement si simple que je regrette à Paris les meutes de Londres. Je voulois faire sentir que l'axiome que j'examinois n'est pas dans la monarchie représentative d'une application aussi rigoureuse que dans la monarchie absolue; et pour le prouver je tirois un exemple du plus grand délit pour argumenter *a fortiori* en passant au plus petit. Si ce n'est pas là de la saine logique, je suis bien trompé; mais que peut la logique contre l'éloquence, un humble argument contre une brillante imagination?

Représentez-vous l'autorité occupée à lire le portrait où l'on reconnoissoit celui de deux ministres; représentez-vous la même autorité tombant sur les passages des *Lettres Persanes* où un autre ministre est traité avec tant de sévérité : je demande si l'autorité n'apercevroit pas un crime dans ces passages, si la bienveillance naturelle de la police ne la porteroit pas à prévenir *ce crime* en arrêtant les *Caractères* et les *Lettres Persanes?* Mais l'administration, dira-t-on, en saisissant ces ouvrages au dépôt, ne les supprimeroit pas ; il faudroit toujours qu'ils fussent jugés par les tribunaux, et les tribunaux acquitteroient les illustres auteurs. Quant au fait de l'acquittement, cela ne m'est pas bien prouvé. N'avons-nous pas vu condamner l'auteur d'une lettre à un ministre?

Affligeante loi! les ouvrages de Montesquieu et de La Bruyère ne sortiroient donc du dépôt où on les auroit saisis que pour être traduits à la police correctionnelle! Nous aurions la honte et la douleur de voir l'auteur des *Caractères* et l'auteur de l'*Esprit des Lois* assis, sous la garde d'un gendarme, sur les mêmes bancs où l'on juge les prostituées et les filous.

Je croirai n'ajouter rien de superflu, messieurs, en vous faisant remarquer que la surveillance de la librairie est placée à la police ; que la police, par sa nature, est antipathique à toute liberté, et qu'entraînée par son caractère elle aura plus de peine que toute autre autorité à ne pas user arbitrairement de la censure qui lui est accordée par le dépôt.

Ajoutons que si l'ouvrage arrêté au dépôt est une brochure politique, on aura beau dire que cette brochure sera rendue à l'auteur après avoir été jugée, les formes, les lenteurs de la procédure détruiront tout ce que l'auteur auroit pu attendre de cette brochure si elle eût paru au moment opportun.

Lorsque M. le procureur général fit saisir un ouvrage dont j'étois le malheureux auteur, il alla à sa maison des champs, ce qui étoit fort naturel. Une première lettre que j'eus l'honneur de lui écrire pour réclamer mon ouvrage mit quelque temps à lui parvenir : c'étoit encore fort naturel. Enfin M. le procureur général voulut bien me répondre : il paroît par sa lettre qu'il avoit un peu douté que je fusse l'auteur d'un ouvrage signé de mon nom, de mes titres, et frappé d'une ordonnance. Voilà, messieurs, lorsqu'on arrête un ouvrage au dépôt quelques-unes des petites lenteurs qui favorisent la liberté de la presse. Je raconte ceci pour notre instruction, sans aucun sentiment pénible : M. le procureur général auroit envers moi beaucoup de torts, qu'il n'a pas, avant que j'oubliasse sa généreuse proclamation du 31 mars 1814.

Il me reste, messieurs, à vous déclarer mon vote, et, comme je vous l'ai dit, à vous en exposer les motifs.

Je vote d'abord pour l'amendement de l'article 8, parce que si la loi doit passer, cet amendement la rend moins défectueuse.

Je vote ensuite contre la loi, parce que, soit qu'elle passe amendée ou non amendée, elle est incomplète et présente un million de contradictions et de difficultés; je m'explique :

Je lis à l'article 24 que la loi du 28 février 1817 relative aux écrits saisis, et toutes les dispositions des lois antérieures qui seroient contraires à la présente, sont et demeurent abrogées, et je trouve que les articles 7, 8, 9 et 21 renvoient, pour divers cas, à la loi du 21 octobre 1814.

Il y a incompatibilité de nature dans ce renvoi, car la loi actuelle veut être une loi de liberté, et elle ne peut pas vous renvoyer à une loi de censure. Ces deux lois ont été faites dans un esprit fort différent l'une de l'autre, puisque l'une permet précisément ce que l'autre défend.

Comment ensuite doit-on considérer la loi du 21 octobre 1814? Doit-elle être consultée dans son intégrité primitive? Doit-elle être admise avec les mutilations et modifications qu'elle a éprouvées? L'ordonnance du 20 juillet 1815 défend au directeur général de la librairie et aux préfets d'user de la liberté qui leur est laissée par les articles 3 et 5 de la loi du 21 octobre 1814. Je sais que cette ordonnance rendoit moins dure la condition des auteurs; mais nous ne pouvons pas admettre en principe qu'une ordonnance puisse abroger une loi, même pour un excellent motif : ce seroit envahir la partie du pouvoir législatif accordée aux chambres, et les ennemis de la liberté en concluroient bientôt que les chambres sont inutiles.

Je vois que dans les articles 6, 7 et 8, titre Ier de la loi du 21 octobre, il est question d'une commission spéciale qui doit juger certains cas de censure, et qui (par parenthèse) n'a jamais été formée. Ces articles 6, 7 et 8, sont-ils directement contraires au projet de loi soumis à votre examen? On pourroit le nier.

Je vois dans l'article 12, titre II de la loi du 21 octobre, que le brevet est retiré à tout imprimeur ou libraire convaincu de contravention aux lois et règlements. Je demande quels sont ces lois et règlements, et si ces lois et règlements sont maintenus ou abrogés par le présent projet de loi?

Je vois qu'à l'époque de la publication de la loi du 21 octobre 1814 le directeur général de la librairie se trouvoit à la chancellerie, ce qui certainement étoit plus honorable pour les lettres, et je trouve qu'un décret de Buonaparte, daté du 24 mars 1815, réunit la librairie et l'imprimerie au ministère de la police générale; et je trouve une ordonnance du roi, en date du 19 juin 1816, qui nomme un directeur de la division de l'imprimerie et de la librairie à la police. Les ministres auroient pu, ce me semble, se dispenser de confirmer un décret d'oppression rendu pendant les Cent Jours. Mais enfin, est-ce la chancellerie ou la police qui doit poursuivre les délinquants?

L'article du projet de loi qui abroge toutes dispositions des lois antérieures *contraires à la présente loi* étend-il sa puissance sur toute la dixième section, titre Ier, chapitre III, du livre III du Code Pénal? On peut disputer; car, comme on sait, *tout* est *contraire* à une chose, ou *rien* n'est *contraire* à cette chose quand on chicane. L'article 24 est un de ces articles vagues où l'arbitraire se cache pour reparoître quand il le faut.

Cet article frappe-t-il d'une mort absolue les décrets du 3 février, du 6 juillet 1810, du 3 août 1810, du 18 novembre 1810, du 14 décembre 1810, du 1er janvier 1811, du 2 février 1811, etc., décrets qui embrassent toute la législation de la librairie? Il est évident qu'il y a dans ces décrets une foule d'articles, et des plus oppressifs, qui ne sont pas abolis par le présent projet de loi.

Ce projet fait-il cesser pour toujours, par son article 24, les dispositions de la loi sur les *cris* et *écrits* séditieux? Cela n'est pas bien clair.

Le savant rapporteur de votre commission vous a dit que le seizième article du projet, qui ne parle que de la provocation directe à des crimes, étoit destiné à remplacer une autre disposition de la loi du 9 novembre 1815, qui punit la provocation indirecte.

Je soumettrai mes doutes au noble pair lui-même; c'est le meilleur juge que je puisse choisir. La loi du 9 novembre 1815 est une loi complexe : il ne s'agit pas seulement des *écrits*, mais aussi des *cris* séditieux. Si par le présent projet de loi la provocation indirecte n'existe plus quant aux *écrits séditieux*, est-elle aussi abrogée relativement aux *cris séditieux?* ou si elle est perpétuée pour les *cris séditieux*, sera-t-elle aussi maintenue pour les *écrits séditieux?* Comment le nouveau projet de loi pourra-t-il scinder la loi du 9 novembre 1815, où ces deux mots *cris* et *écrits* sont tellement enchevêtrés qu'ils paroissent indivisibles? Par quelle loi, enfin, les délits de la presse seront-ils jugés? Sera-ce par la nouvelle loi? sera-ce par la loi des *cris* et *écrits séditieux*, ou par la loi du 21 octobre 1814, qui n'est pas tout à fait abrogée, ou par la loi du 28 février 1817 qui subsiste encore en partie, ou par l'article du Code Pénal et les divers décrets que j'ai cités? Quelle confusion, messieurs! quel chaos, quelles immenses ressources pour les ennemis de la liberté de la presse!

Ce n'est pas tout. La plupart de nos règlements sur la liberté de la presse ont été faits sous le règne de l'usurpation : ce sont des espèces de bois où le despotisme a placé la police en embuscade et préparé des guet-apens pour se jeter sur les auteurs. Buonaparte se trouvoit à Amsterdam : vous savez, messieurs, que sa manie étoit de faire tout à coup la chose la plus étrangère du monde à celle dont il paroissoit occupé : il croyoit par là se donner l'air d'un génie universel qui embrasse à la fois les plus grandes et les plus petites choses. Ainsi, lorsqu'il étoit à Moscou, que déjà la main de Dieu s'étendoit sur lui, il datoit du Kremlin un règlement pour nos théâtres. Que pouvoit-il faire en Hollande? Réparer les digues, visiter les ports, encourager le commerce? Il inventoit un journal de la librairie! Le décret hollandois est du 14 octobre 1811; il porte « que la direction générale de l'imprimerie et de la librairie est autorisée à publier un journal dans lequel seront annoncées toutes les éditions d'ouvrages imprimés...; qu'il est défendu à tous auteurs et éditeurs, directeurs ou rédacteurs de gazettes... d'annoncer, sous tel prétexte que ce puisse être, aucun ouvrage imprimé... si ce n'est après qu'il aura été annoncé par le Journal de la Librairie. »

Or, messieurs, le Journal de la Librairie existe encore; et vous remarquerez que le décret ne donne aucun moyen de forcer ce journal à insérer le titre d'un ouvrage : d'où il résultoit qu'aucun rédacteur de gazette ne pouvoit faire connoître ce livre au public, tant que le Journal de la Librairie refusoit ou omettoit d'imprimer l'annonce de l'ouvrage. Cette arme est encore aujourd'hui entre les mains de la police. Elle n'en fait pas toujours usage; mais elle s'en sert dans certains cas contre certains écrits. Peut-on inférer du nouveau projet de loi que l'astucieux décret est aboli? J'en doute, quoi qu'en ait dit le rapporteur d'une commission à la chambre des députés : du moins est-il certain que les censeurs argumentent occasionnellement de ce décret pour refuser les annonces qui déplaisent à l'autorité[1].

Si j'entrois maintenant dans le détail du temps qui peut s'écouler pour obtenir justice, je prouverois aisément, par l'examen des articles du Code d'Instruction criminelle, qu'on peut traîner le jugement d'un ouvrage assez de mois pour faire périr cet ouvrage et le rendre totalement inutile, s'il a rapport à des circonstances graves, mais transitoires.

---

1. Une ordonnance a confirmé le décret, comme l'a très-bien fait voir un ministre.

Je ne trouve dans le nouveau projet de loi aucun article répressif des délits contre la religion ; il est vrai que cela ne vaut pas la peine d'en parler. Combattez un système politique, vous serez poursuivi ; écrivez contre la religion, bagatelle. MM. Comte et Dunoyer ont imprimé des notes contre des missionnaires qui cherchent à faire revivre la morale évangélique : ce n'est pas sur ce point qu'ils ont été condamnés ; et ces notes mêmes, s'il faut en croire leurs dernières conclusions, qui n'ont point encore été démenties, seroient venues d'une source qu'ils avoient tout lieu de croire ministérielle. Le public attend toujours l'explication de ce procès, où tout a paru extraordinaire : l'instruction, les débats, les dernières conclusions et l'élargissement des accusés.

M. le garde des sceaux nous a rassurés en ce qui concerne la religion : il nous a cité l'article 287 du Code Pénal, qui selon lui en frappant les écrits contraires aux bonnes mœurs s'applique, par cette raison même, aux écrits contre la religion. Cette manière de raisonner est philosophique ; malheureusement nous ne pouvons voir que les faits : on a remarqué qu'il n'y a pas d'exemple qu'un ouvrage impie ait été poursuivi par le ministère public dans aucune cour du royaume.

Et si vous recourez à cet article 287 du Code Pénal, que trouvez-vous ? « Que toute exposition ou distribution de chansons, pamphlets, figures ou images contraires aux bonnes mœurs sera punie d'une amende de 16 francs à 500 francs, d'un emprisonnement d'un mois à un an. »

Ainsi, une attaque contre le culte de vingt-quatre millions d'hommes peut ne nous coûter que 16 fr. ; c'est bon marché. Si en fait de liberté on peut nous reprocher un peu d'avarice, en matière de religion nous donnons sans compter.

Enfin, la loi ne propose point le jugement par jurés pour les délits de la presse, conséquemment c'est une loi sans base. Perdu dans les contradictions qu'elle renferme, dans les difficultés qu'elle présente, soit en me reportant aux anciennes lois qu'elle rappelle par un article et qu'elle abolit par un autre, je me vois forcé de la rejeter. On me dira qu'en la repoussant la presse va se trouver sous un régime peu favorable : cela est vrai ; mais la loi de l'année dernière n'est point une loi : c'est un essai de loi si imparfait, que tout le monde sent la nécessité de le changer. Au contraire, le projet de loi actuel venant à être adopté, les consciences faciles en fait de libertés seront satisfaites, et nous en resterons là. On ne songera plus à nous donner une législation complète, tant pour les livres que pour les journaux : c'est à quoi je ne puis consentir. Il nous faut un jury pour les délits de la presse ; il nous faut la liberté des journaux réglée par une loi, afin que la constitution soit maintenue. Si nous n'avons pas cette liberté, nous aurons la licence : au défaut d'ouvrages permis, on colportera des libelles défendus où la calomnie dira tout, même la vérité. Quand l'opinion pourra parler dans les feuilles publiques, quand on cessera de traduire en police correctionnelle ce qu'il y a de plus noble dans l'homme, la liberté de la pensée, alors, et seulement alors, on sentira les avantages de la Charte.

Nous sommes si loin de cet état de choses, que l'on voudroit asservir l'opinion, même dans le sein des deux chambres. Quiconque a le malheur de se trouver placé dans la minorité est obligé, en montant à la tribune, de se demander s'il a encore quelque chose à perdre, s'il a fait d'avance tous ses sacrifices. Ce n'est pas sans une profonde douleur que je vois s'établir de plus en plus cette intolérance politique. Je ne m'en suis pas plaint tant que j'en ai été seul la victime : je reconnois volontiers que mes services ne sont rien et qu'on ne me doit aucun ménagement ; mais quand je vois les plus dignes et les meilleurs serviteurs du roi subir des rigueurs, uniquement pour s'être exprimés avec franchise, je ne puis m'empêcher d'en être affligé. Sous quel régime vivons-nous donc si un pair de France, si un député ne peut dire, sans être poursuivi comme un ennemi, ce qu'il croit utile au bien de l'État ? Qu'il me soit permis, pour le salut de la Charte et pour l'honneur des deux chambres, de réclamer la liberté des opinions devant cette noble assemblée. Non, elle ne refusera point son estime aux orateurs qui parlent d'après leur conscience, lors même qu'elle diffère avec eux de principes et qu'elle ne partage pas leurs sentiments.

Je vote pour l'amendement et contre le projet de loi.

OPINION

SUR LE

PROJET DE LOI RELATIF AU RECRUTEMENT DE L'ARMÉE,

PRONONCÉE

A LA CHAMBRE DES PAIRS, SÉANCE DU 2 MARS 1818.

Messieurs, la loi qui vous est présentée est une de ces lois qui peuvent perdre ou sauver les empires, et qui font peser sur la tête du législateur la plus effrayante responsabilité.

Elle offre à votre sagesse trois sujets principaux de discussion : le recrutement, la réserve formée des légionnaires vétérans, l'avancement ; division naturelle que tous les orateurs ont suivie et que je vais suivre à mon tour.

En prenant la loi par ordre de matières, parlons d'abord du mode de recrutement.

Le projet de loi porte qu'il aura lieu par des enrôlements volontaires et, en cas d'insuffisance, par des appels.

L'enrôlement volontaire ne peut être là que comme une parole de consolation qui ne tire pas à conséquence : car l'appel anéantit de fait l'enrôlement volontaire ; il ne s'agit donc réellement que d'examiner le principe des appels.

Je dois avant de commencer cet examen répondre à une question faite dans un discours que j'aurai souvent occasion de citer : on a demandé « s'il étoit bien utile, s'il étoit bien patriotique, quand une institution est reconnue nécessaire, de s'appliquer à lui conserver ou à lui rendre un nom justement odieux ».

Un bon citoyen, messieurs, n'est point à l'abri des interprétations défavorables que l'on peut donner à ses sentiments : fort de sa conscience, il dit hautement ce qu'il croit utile de dire, sans être arrêté par des craintes personnelles. Plus la vérité est importante, moins il doit la déguiser; ce n'est pas quand il y va du salut de l'État qu'il faut se montrer timide. De quelle nature sont donc les appels si l'on craint que la seule discussion aux chambres rende l'exécution de ces appels impossibles?

La milice, a-t-on dit, étoit la conscription, sauf l'égalité. J'adopte cette définition. Elle renferme d'une manière piquante et concise le plus grand éloge de la milice considérée dans ses rapports avec la monarchie: plus on examine les institutions de Louis XIV, plus on est forcé d'admirer ce grand roi. La belle définition de la milice par M. le ministre de la guerre va me fournir celle de la conscription: la conscription est la milice avec l'égalité. Je crois faire ici la plus sévère critique de la conscription appliquée à la monarchie, puisque cette définition montre immédiatement à quel genre de constitution politique appartient la conscription.

La conscription, messieurs, reproduite sous le nom d'appel, est à la fois le mode naturel de recrutement du despotisme et de la démocratie, et ne peut appartenir, par cette double raison, à la monarchie constitutionnelle: elle est le mode de recrutement sous le despotisme, parce qu'elle lève les hommes de force, viole les libertés politiques et individuelles, et est obligée d'employer l'arbitraire dans la forme de son exécution.

Elle est le mode de recrutement dans la démocratie, parce qu'elle ne compte que l'individu et établit une égalité métaphysique qui n'existe point dans la propriété, l'éducation et les mœurs.

Ainsi, quand on étudie les discours des orateurs qui ont parlé contre le mode des appels forcés, on croit remarquer qu'ils se réfutent les uns par les autres, ceux-ci disant que la conscription attaque la liberté, ceux-là prétendant qu'elle favorise la tyrannie. La vérité est qu'ils ont également raison. Rien n'est plus naturel que la conscription qui convient au despotisme convienne aussi à la démocratie: il y a une grande analogie entre la tyrannie de tous et la tyrannie d'un seul. Le despote est niveleur comme le peuple. Aussi la conscription, décrétée sous la république par le Directoire, passa comme un héritage naturel à l'empire sous Buonaparte.

La conscription tend à détruire la monarchie représentative de deux manières, ou en augmentant trop la prépondérance de la partie démocratique de la constitution, ou en livrant à la couronne une force capable d'opprimer la liberté publique. Ces dangers augmentent du côté de la démocratie si dans les autres articles de la loi il se trouve des principes directement opposés à ceux de la monarchie. La loi actuelle, par exemple, attaque la prérogative de la couronne: elle coupe les familles par la tige ; elle ne sauve de la conscription ni les fils aînés, ni même les fils uniques, excepté ceux de la veuve, du père aveugle et du vieillard septuagénaire. Elle fait plus, elle établit une sorte de privilége pour les cadets, elle leur transporte pour ainsi dire le droit d'aînesse en exemptant du tirage tout jeune homme qui a un frère sous les drapeaux. Or, comme c'est évidemment l'aîné de la famille qui arrive le premier à l'âge conscriptible, s'il tombe au sort, il libère à ses dépens tous ses puînés. Quel renversement du droit civil, du droit naturel et de toute idée de famille et de monarchie! La loi ajoute donc par les dispositions précitées une force énorme au principe républicain de la conscription. D'une autre part, la loi envahit et blesse, par le mode de son exécution, toutes les libertés de la Charte ; et vous voulez qu'une monarchie à peine rétablie résiste à tant de secousses, surmonte tous les obstacles que vous faites naître autour d'elle! Cette monarchie n'a presque rien encore de ses propres éléments, hors son roi ; sa partie aristocratique n'est encore pour ainsi dire qu'une fiction ; et vous lui refusez son mode naturel de recrutement, et vous affoiblissez sa prérogative royale, et vous lui donnez pour ses élections une loi démocratique! Que voulez-vous donc qu'elle devienne?

Voyons comment la loi actuelle pourra marcher avec la Charte.

Si les droits garantis aux citoyens ne sont pas une illusion, la Charte résistera à la conscription, ou la conscription anéantira les principaux articles de la Charte.

Prétendez-vous vous renfermer dans les moyens coercitifs légaux, vous n'obtiendrez rien par les appels forcés. Sortirez-vous de ces moyens, vous retombez malgré vous dans le Code Pénal de la conscription, et la monarchie représentative est détruite. Pourrez-vous mettre des garnisaires dans les villages sans violer la constitution entière? Rendrez-vous les pères responsables pour leurs fils? Voilà donc quarante mille pères de famille taxés arbitrairement ou privés de leur liberté individuelle; voilà quarante mille familles qui tous les ans seront mises hors de la Charte par la plus terrible loi d'exception.

Et si quelques-uns de ces pères en appellent aux tribunaux, s'ils réclament leurs droits de citoyens par des pétitions aux chambres, comment ferez-vous? N'avons-nous pas vu à Paris, en 1814, un général se cantonner dans sa maison et menacer de s'y défendre la Charte à la main?

Si le conscrit déserte, s'il ne se présente pas aux appels, avez-vous la gendarmerie de Buonaparte, les huit cent mille hommes de Buonaparte, la terreur qu'inspiroit Buonaparte, pour faire exécuter votre loi? Prenez bien garde de vous donner l'odieux de la conscription sans en recueillir les avantages.

L'enrôlement volontaire en temps de paix, augmenté, si besoin est, par des appels en temps de guerre, tel est le mode naturel de recrutement dans une monarchie libre et constitutionnelle. L'Assemblée nationale elle-même reconnut ce principe.

Ce n'est pas que l'enrôlement volontaire, sous l'ancienne monarchie, fût exempt de tous reproches. M. le ministre de la guerre a fait une peinture frappante, mais peut-être un peu vive, des abus auxquels cet enrôlement donnoit lieu. J'ignore, par exemple, ce que veulent dire *les conséquences notoires en fait* de l'enrôlement volontaire pour notre ancienne armée. Admirons les prodiges de nos nouveaux soldats, mais ne soyons pas injustes envers nos anciens défenseurs. Les victoires de Fornoue, de Marignan, de Lens, de Fribourg, de Fontenoy, sont réellement *notoires en fait;* nous avons été quelquefois battus avec la conscription, comme nous l'avons été avec l'enrôlement volontaire. Je sais encore que du temps de l'enrôlement volontaire, les femmes de Paris étoient comme les femmes de Sparte : elles n'avoient jamais vu la fumée d'un camp ennemi. Dans tous les cas, il n'est pas toujours trop mal d'être arrivé de défaite en défaite avec l'enrôlement volontaire, depuis Charles VII jusqu'à Louis XIV, depuis Dunois jusqu'à Turenne. Dieu veuille que la conscription nous conduise aussi loin de victoire en victoire !

Nous ne donnerons plus, dit-on, dans tous les villages de la France le scandale du spectacle de l'enrôlement volontaire ! Non, mais nous y donnerons celui de la conscription.

Ouvrez, messieurs, le Code Pénal de la conscription ; là vous verrez avec effroi tout ce que deux tyrans, la nécessité et Buonaparte, inventèrent pour torturer l'espèce humaine et dévorer les générations. On me répondra ce qu'on a déjà répondu : qu'on n'a point à craindre sous un gouvernement paternel les abus d'un gouvernement usurpateur. Sans doute ce gouvernement paternel ne voudra rien que de miséricordieux et de juste; sans doute les ministres ont les intentions les plus humaines et les plus pures ; malheureusement il n'est pas en leur pouvoir de changer la nature des choses.

Les difficultés et le nombre des appels, augmentant, obligeront à augmenter les mesures de rigueur : peu à peu la conscription amènera la violence dont elle est inséparable, ou cette conscription sera nulle. Je vois bien que le Code Pénal de la conscription est abrogé par le titre v de la présente loi ; mais la rédaction obscure de l'article 25 laisse au moins quelques doutes, et semble remettre la chose en question. D'ailleurs, je le répète, vous aurez la main forcée : qui veut la fin veut les moyens. Or, point d'appels sans contraintes, et contraintes nécessairement croissantes en raison de la résistance progressive.

On prétend que ce qui distingue essentiellement les appels de la conscription de Buonaparte, c'est que sous le règne de celle-ci la classe entière de conscrits de l'année étoit solidaire, et qu'elle cesse de l'être par les appels.

Mais pourquoi donc avoir conservé le tirage par numéros, et non par billets blancs et noirs? N'est-ce pas qu'on a senti que si le conscrit appelé ne se présentoit pas, il faudroit bien en prendre un autre, sous peine de n'avoir point d'armée?

Je trouve, au reste, très-simple qu'on n'avoue pas cette conséquence forcée du projet de loi : quand on défend une cause, on dit ce qu'on peut en sa faveur, on masque les endroits qu'on ne veut pas laisser voir, on passe vite sur les parties foibles ; c'est à l'adversaire à saisir la vérité et à rétablir les choses dans leur état naturel.

En vain soutiendroit-on que les appels ne sont pas la conscription ; en vain voudroit-on dire que la Charte, en déclarant la conscription abolie, n'a entendu parler que du mode de la conscription de Buonaparte, et non pas du principe même de la conscription. Je lis aussi dans la Charte que *la confiscation est abolie* : que diriez-vous, messieurs, si, donnant plus d'extension au droit *d'amendes* reconnu par nos lois, je vous proposois de rétablir, sous le nom d'amendes, une véritable confiscation? Les appels forcés sont à la conscription ce que seroient les amendes à la confiscation.

Quel est aujourd'hui le premier devoir du ministère? C'est de faire aimer le gouvernement du roi. Il faut donc éviter, autant que possible, toute mesure impopulaire. Déjà dans les provinces on répand que la conscription va être rétablie. Ceux qui ont plutôt subi que désiré la restauration ne manquent pas de dire : « On vous avoit promis la liberté individuelle et la liberté des opinions, et ces libertés vous ont été ravies. La Charte abolissoit la conscription, et vous aurez la conscription. » On sent tout le parti que peuvent tirer de ces propos les ennemis de la légitimité.

S'il est vrai que nous ayons inoculé la conscription à l'Europe ; s'il est vrai que nous soyons obligés de conserver pour nous défendre le fléau que Buonaparte employa pour attaquer, au moins falloit-il mûrement examiner comment on pourroit mettre en contact la conscription et la Charte. Si l'on croyoit être dans l'impossibilité de rejeter entièrement le recrutement par le sort, il falloit le renvoyer à un temps plus heureux, alors que, débarrassés des obstacles qui nous environnent, on auroit le loisir de combiner les ressorts d'un recrutement forcé et d'une constitution libre, d'une institution républicaine et d'un gouvernement royal. Il est hors de doute que dans ces premières années, avec une population croissante par la paix, et les vieux soldats qui nous restent, les enrôlements volontaires auroient suffi. Mais si dans cet espace de temps la France étoit menacée? Eh bien, dans un malheur imprévu on suspendroit l'article de la Charte qui abolit la conscription, et la France seroit sous la protection de sa population entière : elle est mieux gardée par les flots de cette population belliqueuse que l'Angleterre par l'Océan qui l'environne.

Je passe, messieurs, au titre des légionnaires vétérans.

L'illustre maréchal rapporteur de votre commission ne m'a rien laissé à dire touchant le rappel des militaires qui ont dû se considérer définitivement libérés du service. Jamais la raison par la bouche de l'honneur n'a parlé avec plus d'autorité. Un autre noble pair, M. le marquis de Lauriston, dans un excellent discours, a traité le même sujet. Ce point de la question étant parfaitement éclairci, je passe à l'examen de quelques autres.

On prétend qu'une armée de légionnaires vétérans ne pourroit être dangereuse aux libertés publiques, puisque la loi amendée ne permet pas d'assembler cette armée en temps de paix.

A la vérité, messieurs, l'armée de réserve n'est plus une armée au drapeau, mais c'est une armée en cantonnement.

De deux choses l'une : ou on laissera les légionnaires vétérans sans les classer, sans les organiser, sans leur nommer des commandants, des officiers et des sous-officiers, sans leur préparer des équipements et des armes, ou on fera tout ce que je viens de dire. Dans le premier cas, rien ne sera prêt pour la réserve au moment du danger ; dans le second, vous sortez, pour ainsi dire, de la loi, et l'argument par lequel vous voulez nous rassurer sur les libertés publiques perd sa puissance.

M. le ministre de la guerre a dit : « Des craintes d'une autre nature, mal déguisées, bien qu'exprimées avec une sorte d'embarras, ont porté quelques orateurs à repousser l'institution des légionnaires vétérans. » Je l'avoue, je ne m'étois pas aperçu que les orateurs opposés au projet de loi eussent rien dissimulé ; mais enfin il faut qu'ils aient enveloppé leurs pensées, puisqu'on leur en fait le reproche. Il est tout simple d'être franc avec un franc militaire. Je vais donc parler clairement.

J'ai toujours pensé, messieurs, que le soldat françois est le premier soldat du monde ; irrésistible dans le succès, patient, quoi qu'on en ait dit, dans les revers, plein d'intelligence, de générosité et d'honneur, une marque d'estime suffit pour l'enflammer et le conduire au bout de la terre. Et que serions-nous aujourd'hui, messieurs, sans le courage de notre armée? Elle a étendu le voile de sa gloire sur le tableau hideux de la révolution; elle a enveloppé les plaies de la patrie dans les replis de ses drapeaux triomphants; elle ne participa point à la mort du plus vertueux des rois; elle refusa de fusiller les émigrés et les Anglois prisonniers; elle ne put, il est vrai, prévenir tous nos excès, mais du moins elle jeta sa vaillante épée dans un des bassins de la balance pour servir de contre-poids à la hache révolutionnaire.

Est-ce là, messieurs, être injuste, être ingrat envers l'armée? Mais ici finit la question militaire et commence la question politique.

Placez individuellement les valeureux soldats dont vous voulez faire des légionnaires vétérans : ouvrez-leur les rangs de la garde et de l'armée active; incorporez-les à la masse des autres militaires et des autres citoyens : rien de plus utile.

M. le ministre de la guerre a demandé « *si nous appellerons encore à la défense de la patrie les soldats qui ont fait sa gloire. Notre salut*, ajoute-t-il, *ne réside point dans l'oubli de tant de services, dans la méfiance de tant de courage.* » Je m'applaudis, messieurs, d'avoir dit au roi, dans son conseil à Gand, ces paroles qui ont le singulier bonheur de ressembler à celles du grand capitaine que je viens de citer : « Non, Sire, disois-je, l'infidélité de quelques chefs et la foiblesse d'un moment ne peuvent effacer tant de gloire; les droits de l'honneur sont imprescriptibles, malgré les fautes passagères qui peuvent en ternir l'éclat. »

Telles étoient, messieurs, mes paroles au moment même où nous étions victimes de ces fautes passagères. Rien donc encore une fois de plus utile, de plus équitable même, que d'employer individuellement les braves qui ne parurent jamais sur un champ de bataille sans remporter des victoires ou des blessures; mais les réunir dans un corps séparé, cette mesure est-elle d'une sage politique?

On a dit qu'il s'agissoit de savoir s'il existoit parmi nous deux armées, deux nations; mais n'est-ce pas en établissant les légionnaires vétérans que l'on crée deux armées, deux nations? Quand on parloit des armées royales de l'ouest, on répondoit qu'on ne connoissoit point d'armée ayant un nom, une existence et des intérêts à part; on se défioit des Vendéens, de ces laboureurs héroïques qui en traçant leurs sillons trouvent non la dépouille du soldat étranger, mais les ossements de leurs pères morts pour le roi; on repoussoit la race de ces paysans guerriers, tour à tour armés de la faucille et de l'épée, qui le matin moissonnoient le champ dans lequel le soir ils étoient eux-mêmes moissonnés. Et après avoir rejeté le principe d'une armée à part, formée dans des intérêts à part, après avoir préconisé la fusion des opinions, des choses et des hommes, nous irions aujourd'hui composer un corps militaire isolé! Est-ce agir, est-ce raisonner conséquemment? Messieurs, nous sommes trop près de l'expérience pour en mépriser la leçon ; admirons les vertus, mais souvenons-nous que les vertus mêmes sont fragiles. Les sentiments les plus généreux ont leurs illusions et leurs chimères ; l'amour de la patrie peut égarer; on peut être emporté au delà de la borne légitime par l'exaltation de l'honneur : Biron oublia l'amitié de son royal compagnon d'armes, et la France eut à gémir sur le vainqueur de Rocroy. En rappelant la mémoire du grand Condé et de l'ami de Henri IV, j'ai voulu fournir une consolation à l'erreur et une comparaison à la gloire.

Quittons, messieurs, un sujet trop pénible, admettons le sage et juste amendement proposé par votre commission.

Je n'examine point les articles du titre 6, parce que je n'en admets point le principe. Par ce principe la prérogative royale est dangereusement attaquée ; on ne le nie pas, mais on se retranche dans ce raisonnement, reproduit de cent manières, savoir que « la royauté est entre les mains du roi un trésor qu'il fait valoir pour le bien des peuples, et non un dépôt stérile qu'il soit simplement chargé de transmettre à ses descendants ». Ce raisonnement, messieurs, est-il aussi solide qu'il est brillant et ingénieux? Je ne le pense pas. Il y a des trésors inaliénables dont ne peut jamais se départir celui qui en a la garde et la jouissance. Au nombre de ces trésors sont les pouvoirs politiques. La couronne ne peut pas plus se dépouiller que les chambres ne peuvent abandonner le principe qui les constitue. Il plaît à la couronne aujourd'hui de nous faire part d'un de ses droits les plus sacrés, celui de nommer aux emplois de l'armée ; mais si demain il lui plaît encore de livrer aux chambres le droit de paix et de guerre, si de concession en concession elle énerve l'autorité royale et finit par nous investir de sa puissance, alors la souveraineté passe aux chambres, de là au peuple, et nous tombons dans la démocratie.

Si, au contraire, ce sont les chambres qui cèdent tout à la couronne, qui la laissent lever l'impôt sans leur concours, disposer à son gré de la liberté individuelle et de la liberté de la presse, alors tout se concentre dans la couronne, et nous arrivons au despotisme.

Il est donc évident qu'aucun des trois pouvoirs constitutifs n'a le droit, quelle que soit sa volonté, de remuer la borne qui marque ses limites; car si chaque pouvoir peut renoncer à ce qu'il est, il n'y a plus de constitution. Il est donc évident encore que ce n'est pas pour les intérêts seuls de la couronne qu'elle doit conserver sa prérogative, mais pour les intérêts de tous. Il ne restera aucune garantie de la Charte, ni des droits des citoyens, si rien n'est fixe dans les trois branches de l'autorité politique. Non-seulement le roi est inviolable, mais les pouvoirs constitutionnels le sont; on ne peut attenter sur eux; ils ne peuvent attenter sur eux-mêmes. Aider par notre vote la couronne à se dépouiller, ce n'est pas partager un trésor, c'est favoriser un suicide dont les conséquences amèneroient la ruine de la société.

Et que sera-ce, messieurs, qu'une armée indépendante de la couronne? Que sera-ce qu'une armée qui devra son avancement à une loi? qu'une armée raisonnant sur ses pouvoirs légaux, approuvant ou critiquant la loi, délibérant dans ses casernes? On nous parle des droits des soldats : si ces droits sont autres que ceux qu'ils ont au respect, à l'estime, à la reconnoissance, aux bienfaits, à l'admiration de la patrie, c'en est fait de nos libertés. Et par quelle fatalité ceux qui sont les défenseurs généreux de ces libertés favorisent-ils un système qui tend à constituer au milieu de la France un état militaire indépendant? Ne se souvient-on plus de ce qui arriva à Saint-Cloud? A-t-on déjà oublié les grenadiers qui chassèrent les représentants du peuple? Ceux qui ne nous trouvent pas assez libres, qui voudroient répandre plus de principes populaires dans nos institutions, semblent vouloir, pour y parvenir, introduire en attendant la démocratie dans les camps. Mais le Directoire avoit beau crier que la force armée est essentiellement obéissante, la force armée très-démocratiquement n'en mettoit pas moins à la porte le Conseil des Cinq Cents : une république militaire ne souffre guère d'autres républiques. Les Gaulois, messieurs, adoroient leur épée. Nous avons retenu cette superstition : malheureusement c'est par la gloire que les peuples libres sont menés à l'esclavage.

A ces raisons sans réplique contre l'article 6 de la loi, on oppose une petite raison de détails, qui elle-même est sans force. On dit que si l'avancement n'est pas réglé par une loi, et qu'il ne soit fixé que par une ordonnance, les ministres ne pourront résister à l'influence de la faveur. Les ministres se jugent avec trop de modestie. D'ailleurs on conçoit bien que la faveur ne pourra plus s'étendre à ceux qui seront placés en dehors de la loi. Mais n'arrivera-t-elle pas à ceux qui se trouveront renfermés dans les limites de cette loi? De deux hommes ayant les conditions nécessaires pour passer à un grade supérieur, ne pourra-t-on pas choisir l'un plutôt que l'autre, préférer le plus incapable au plus méritant? Vous ne faites donc, par une loi, que déplacer la faveur; vous ne la détruisez pas.

Une ordonnance ne suffit pas pour régler l'avancement? Et pourquoi non, messieurs? Distinguons deux sortes d'ordonnances : les unes viennent après la promulgation d'une loi, afin d'en déterminer l'application; les autres émanent directement de la prérogative de la couronne. Les premières sont moins puissantes, et ne sont qu'administratives; les secondes peuvent être mal rédigées par les ministres et fautives par le texte; elles peuvent venir mal à propos offrir des contradictions, produire des malheurs. On peut en montrer le danger, en rejeter le blâme sur des conseillers trompés ou perfides; mais, après tout, elles n'en ont pas moins force de loi. Par exemple, une ordonnance qui dissout la chambre des députés est une véritable loi; une ordonnance qui déclare la guerre est une véritable loi; il faut obéir, ne pas se séparer comme député, ne pas prendre les armes comme soldat : c'est rébellion, parce que les ordonnances ne sont que l'exercice des prérogatives de la couronne; mais si une ordonnance commandoit de lever un impôt qui n'auroit pas été voté ni consenti par les chambres, cette ordonnance n'auroit aucune force, parce que la couronne ne peut lui communiquer un pouvoir qu'elle n'a pas.

Ces vérités, messieurs, sont incontestables. Or, une ordonnance réglant l'avancement dans l'armée est de la nature des ordonnances qui ont force de loi, par la raison que le commandement de l'armée est une des plus importantes prérogatives de la couronne. Donc une telle ordonnance commande l'obéissance absolue; donc on ne peut la violer, ou y résister sans prévarication ou rébellion; donc elle fixe, tout aussi bien qu'une loi, l'avancement dans l'armée, puisqu'elle est elle-même une véritable loi et qu'elle a l'immense avantage sur la loi de conserver intacte la prérogative royale. Le roi ne rend pas la justice comme magistrat, il n'administre pas comme ministre, et pourtant il nomme à toutes les places de la magistrature et de l'administration. Ne seroit-il pas étrange qu'étant le chef suprême de l'armée, que portant l'uniforme, donnant l'ordre, déclarant la guerre, il ne conférât pas les emplois de l'armée qu'il commande en personne, tandis qu'il nomme aux fonctions civiles qu'il n'exerce pas? Le roi peut se faire tuer sur un champ de bataille; et c'est une loi votée par des hommes dont un grand nombre sont étrangers au métier des armes, qui lui aura nommé le capitaine dont les fautes l'auront perdu, l'officier qui ne se sera pas fait tuer à ses côtés! Dans les républiques même, à Athènes, à Sparte, à Rome, jamais l'avancement militaire n'a été le résultat d'une loi. Ce seroit une chose curieuse que tandis que le président des États-Unis nomme aux places de l'armée, le roi de France éprouvât des difficultés pour faire un caporal. L'idée de l'avancement militaire en vertu de la loi fut en France une des mille erreurs produites par la révolution. Mais alors la loi avoit à peine le temps de naître, que déjà elle ne trouvoit plus la société pour laquelle elle avoit été faite ; alors les paroles du législateur à la tribune passoient moins vite que les générations. Alors on vouloit mettre en tête de la loi militaire cette déclaration : *Le roi des François est le chef de l'armée*, et on la fit en cette autre : *Le roi est le chef suprême des forces nationales*, parce que, disoit-on, la nation françoise a un roi et non pas un souverain, *la souveraineté résidant essentiellement dans le peuple*. Voilà, messieurs, où l'on va par cette route.

Une ordonnance royale pour l'avancement de l'armée règle tout, maintient tout, sans troubler l'harmonie des pouvoirs. Une loi sur le même sujet va vous jeter dans des embarras inextricables. Y reconnoîtra-t-on un défaut, on ne pourra le corriger qu'avec une peine infinie. Pressez un peu les conséquences, et voyez ce qui advient.

Tout ce qui découle d'une loi, tout ce qui arrive en vertu d'une loi est matière légale, et, par une conséquence immédiate et nécessaire, est passible des tribunaux.

Supposez maintenant qu'il arrive un cas d'avancement où la loi ait été violée : la partie lésée aura le droit incontestable d'appeler la partie adverse en réparation. Ainsi on pourra voir un militaire d'un grade inférieur plaider contre son colonel, contre le ministre, contre le roi même, puisque le roi est le chef suprême de l'armée. Autrefois le roi avoit souvent des procès pour le domaine; souvent aussi il les perdoit. Sera-t-il donc aujourd'hui traduit devant les tribunaux par un sous-lieutenant qui lui disputera quelque point d'avancement? Je passe le chapitre des pétitions aux chambres.

Et quels seront, messieurs, les tribunaux compétents? Vous faites une loi sur l'avancement; mais avez-vous ce qui en est la suite, un code des délits contre cette loi et des magistrats pour juger ces délits? Les causes seront-elles renvoyées au ministre? Il sera donc juge et partie ; vous refuserez donc justice ; on se plaindra donc en vain lorsqu'on aura transgressé votre loi. Alors, pourquoi dire qu'il faut une loi pour empêcher les abus de la faveur, puisque, s'il y a abus, il n'y a rien pour les redresser? Toute loi entraîne une législation pour en régler l'exécution, et il n'y a point de législation derrière votre loi. Ou la loi, qui donne nécessairement le droit d'appel devant des juges institués à cette fin, détruit toute subordination militaire et vous conduit à l'absurde par la nature des causes et des parties; ou cette même loi, étant sans législation, laisse exister ni plus ni moins qu'une ordonnance l'arbitraire de la faveur. Vous ne sortirez point de ce dilemme.

Et voyez comme tout s'enchaîne : le principe d'avancement par la loi attaque la prérogative royale. Mais voulez-vous être conséquents, il faut, si le titre VI est maintenu, admettre l'amendement par lequel nul officier ne pourra être destitué sans un jugement; car, si c'est la loi qui avance, c'est la loi seule qui doit arrêter : autrement la loi placeroit, et les hommes destitueroient; la loi ne permettroit qu'un avancement progressif, et quand on se seroit soumis à la lenteur de sa marche, le caprice d'un ministre vous feroit perdre en un moment le fruit de votre longue persévérance; la loi seroit au commencement de la carrière militaire, l'arbitraire à la fin, comme une mort subite après une vie pénible; le roi, qui ne pourroit rien en faveur de l'homme qui répand son sang pour lui, pourroit tout contre la fortune de cet homme; le droit de grâce attaché à la couronne se convertiroit pour le soldat en droit de condamnation, et le nom du chef suprême de l'armée ne seroit connu des militaires que par des destitutions. Mais si, pour mettre plus d'accord dans votre loi, vous introduisez l'amendement de la destitution par jugement, vous attaquez de nouveau la prérogative royale. Voyez, messieurs, dans quel cercle de difficultés vous tournez et les vices frappants de ce système.

On répliquera qu'en droit je puis avoir raison, mais qu'en fait il n'en sera pas de la sorte; que d'abord on ne transgressera jamais la loi; que, dans tous les cas, si quelque officier se croyoit lésé ou vouloit plaider contre ses supérieurs, le gouvernement seroit toujours assez fort pour empêcher un pareil scandale; qu'il est impossible à un simple officier de lutter contre un ministre, lequel a toujours mille moyens d'étouffer les plaintes, surtout quand il peut répondre à une réclamation par une destitution. D'ailleurs, pourra-t-on ajouter encore, l'avancement par rang d'ancienneté s'étendant à toute l'armée, si l'on fait quelque passe-droit, il demeurera inconnu; il sera presque impossible à celui qui auroit à se plaindre de prouver que le militaire qu'on lui a préféré n'avoit pas toutes les conditions voulues par la loi. On conclura de ce raisonnement que toute crainte de procès est chimérique.

Je réponds à ceux qui distinguent ainsi le fait du droit qu'ils ont peut-être raison à leur tour; mais alors je reviens à ma vieille question : je demande à quoi bon une loi pour empêcher la faveur, s'il est reconnu d'avance qu'on ne commettra point d'injustice, ou si, en cas d'injustice, la plainte peut devenir illusoire et la preuve du délit impossible?

On veut une loi, dit-on, pour sortir du régime des ordonnances. J'ai été un des premiers à m'élever contre ce régime mis en place et lieu du pouvoir de la Charte; mais si l'on fait des ordonnances quand il faut des lois, et des lois quand il faut des ordonnances, c'est réparer un mal par un plus grand mal.

Tournez les choses dans tous les sens, considérez-les sous tous les rapports, vous ne trouverez jamais rien qui puisse faire préférer en matière d'avancement militaire une loi à une ordonnance. Aucun intérêt particulier ne peut animer ceux qui défendent ou qui attaquent cette loi; car les premiers pourroient obtenir plus facilement ce qu'ils veulent par une ordonnance, et les seconds voir paroître une ordonnance moins favorable encore à leur système que le présent projet de loi. Il ne reste donc réellement que la question générale et politique touchant la prérogative royale, puisque, encore une fois, sur le fait même de l'avancement une ordonnance vaut une loi, a toute la force d'une loi, donne autant de garantie qu'une loi, et une loi a mille inconvénients que n'a pas une ordonnance. C'est à vous, messieurs, à décider si nous avons le droit de dépouiller la couronne, si elle-même a le droit de se dépouiller, et si le pouvoir monarchique a tant de force qu'il soit utile de l'affoiblir. Pour nous engager à recevoir le don qu'on nous offre, on nous dit qu'il n'y a pas d'exemple d'assemblées législatives qui se soient jamais opposées à la cession que la couronne veut bien faire d'une partie de son pouvoir : puisse la couronne rencontrer toujours des chambres qui refusent de pareils présents!

Je n'ai point parlé, messieurs, du vote annuel, parce que je pense que ce n'est pas le moment d'examiner cette proposition; je remarquerai seulement qu'il n'y a point de contradiction, comme on l'a pensé, dans l'opinion d'un noble pair qui a défendu la prérogative royale en même temps qu'il a parlé favorablement du principe du vote annuel; on ne se contredit point parce qu'on pénètre au fond des questions constitutionnelles et qu'on montre un jugement libre et impartial.

J'ai parcouru, messieurs, dans ses principaux détails le grand sujet qui vous occupe; mais ce n'est pas assez de le considérer isolément, il faut le placer dans l'ensemble des choses. Une loi est meilleure ou pire selon l'état où se trouve la société au moment de la promulgation de cette loi. Un coup d'œil rapide jeté sur notre position vous montrera ce que cette position peut ajouter de dangereux au projet actuel de recrutement, et comment celui-ci peut augmenter à son tour l'embarras de notre position.

Nous ne pouvons plus nous le dissimuler, messieurs, si les bons François, les amis du trône, de l'ordre, de la paix, veulent prévenir les dangers de la patrie, il est temps qu'ils se réunissent. Tout se détériore autour de nous : l'esprit fatal qui a produit nos malheurs renaît de toutes parts, on rappelle les questions vaines, on ressuscite le langage et les erreurs de l'anarchie ; les mots avec lesquels on a dépouillé, égorgé les propriétaires et conduit Louis XVI au supplice se font entendre de nouveau. Nous semblons retourner sur nos pas et reprendre le chemin des abîmes.

On nous console par l'espoir de voir bientôt les étrangers quitter nos frontières. Ah, sans doute, quiconque a une goutte de sang françois dans les veines, quiconque est sensible à l'honneur, doit désirer de toute la force de son âme, doit être prêt à acheter, par tous les sacrifices, l'affranchissement de son pays. Nos cœurs palpiteront de joie quand le drapeau blanc flottera seul sur toutes les cités de la France ! Mais, rendus au premier des biens pour un peuple, à un bien sans lequel il n'y en a point d'autres, à la dignité de notre indépendance, nous n'en aurions pas moins à guérir les plaies qu'un faux système nous a faites. Tâchons, messieurs, que la loi qu'on nous présente aujourd'hui ne vienne pas augmenter les difficultés de l'avenir.

La chambre des pairs est par sa nature spécialement chargée de défendre la prérogative royale : c'est une digue élevée pour arrêter la multitude au pied du trône ; c'est contre cette digue que doivent venir se briser les efforts de la démocratie. On ne peut affoiblir la couronne sans affoiblir la pairie, qui prend sa source et sa puissance dans la couronne. La pairie constitutionnelle n'a point encore en France l'ancienneté de l'existence, la grande propriété, les honneurs nécessaires à l'affermissement de son institution : c'est donc de nous-mêmes que nous devons tirer aujourd'hui toute notre force ; c'est par notre sagesse que nous devons suppléer à cette autorité qui vient du temps et qui s'attache aux antiques monuments des hommes.

De votre opinion, messieurs, dépend peut-être en ce moment le sort de la France ; vous allez disposer des générations futures. La monarchie est pour ainsi dire en jugement devant vous. Au nom de vos enfants, séparez bien vos intérêts réels et ceux de la patrie de vos penchants particuliers. Un vote funeste est bientôt donné, et quand on en voit les résultats, on les déplore toute sa vie. Inutiles regrets ! dans l'ordre des choses humaines, un repentir ne rend pas ce qu'une faute a fait perdre.

Je vote, messieurs, pour l'amendement que votre commission propose de faire à l'article 24, titre IV, du projet de loi.

Je vote pour le rejet du titre VI, parce qu'il viole l'article 14 de la Charte, parce qu'il attaque la prérogative royale, parce qu'il n'a aucun rapport au recrutement et qu'il offre une loi à la suite d'une loi.

DISCOURS

SUR UNE

PROPOSITION DE M. LE COMTE DE CASTELLANE

TENDANT A SUPPLIER SA MAJESTÉ DE PROPOSER UNE LOI
PORTANT RÉVOCATION DE CELLE DU 9 NOVEMBRE 1815, SUR LES CRIS
ET ÉCRITS SÉDITIEUX.

MARS 1819.

Messieurs [1], si la loi des *cris* et *écrits séditieux* rappelle une époque mémorable pour la France, me sera-t-il permis de dire qu'elle réveille en moi des souvenirs honorables et pénibles : honorables, parce que c'est à propos de cette loi que j'ai paru pour la première fois à cette tribune ; pénibles, parce que c'est aussi à propos de cette même loi que j'ai eu le malheur de me trouver pour la première fois en opposition avec les ministres de Sa Majesté ? Le temps n'ayant point changé mon opinion, il est tout naturel que je vienne aujourd'hui soutenir la proposition qu'un noble comte vous a faite.

Le rapporteur de votre commission [2] a déduit, avec autant de talent que de clarté, les raisons générales qui motivent la demande de l'abrogation de la loi sur les *cris* et *écrits séditieux*. Je me contenterai donc

---

1. M. le comte de Castellane avoit fait à la chambre des pairs une proposition tendant à supplier Sa Majesté de proposer une loi portant révocation de celle du 9 novembre 1815, sur les *cris* et *écrits séditieux*. La chambre des pairs, dans sa séance du 23 mars 1819, ajourna la discussion de la proposition de M. le comte de Castellane. Voici le discours que j'avois préparé sur cette matière, et qui ne put être prononcé en raison de l'ajournement *.
2. J'étois membre de cette commission.

* Extrait du *Conservateur*.

de vous montrer par quelques détails la nécessité de faire cesser le plus tôt possible les effets de cette loi d'exception.

Dans les six derniers mois de 1816, cent vingt jours d'audience, à Paris, ont produit cent trente-sept jugements en police correctionnelle, la plupart rendus en vertu de l'article 8 de la loi des *cris séditieux*, article qui établit ce que dans l'examen de cette loi j'avois appelé une sorte de *crime de gazette*. Les personnages condamnés sont des marchands de vin, des paysans, des maçons, des porteurs d'eau, des domestiques, des ferblantiers, des cochers, des perruquiers, des cordonniers. Le 3 juillet 1816, Bouquier, fileur, débite dans la boutique d'un épicier de fausses nouvelles : six mois d'emprisonnement, trois ans de surveillance, 50 francs d'amende, 200 francs de cautionnement punissent son indiscrétion. Manguier, menuisier, tient des propos équivoques : il est condamné à dix mois de prison et à deux ans de surveillance. Un nommé Renaud, dans un état d'ivresse, la femme Sénéchal, pareillement prise de vin, une marchande de vieux souliers, une fille publique, alarment les citoyens sur le maintien de l'autorité royale ; et toujours six, dix et treize mois de prison, plusieurs années de surveillance, des amendes et des cautionnements viennent punir ces commérages, qui sont souvent la seule distraction et la seule consolation de la misère.

Il faudroit gémir, messieurs, sur la foiblesse de nos nouvelles institutions, si elles pouvoient être renversées par de pareils délits. Si l'on punissoit d'ailleurs tous ceux qui répandent de fausses nouvelles, on n'en finiroit pas. Dans tous les temps et dans tous les rangs de la société, il s'est trouvé bien des coupables de cette espèce. Lorsque le duc de Mayenne fut battu à Arques et ensuite à Ivry, il fit publier dans Paris que le Béarnois avoit été pris ou tué. On broda dans la rue des Lombards de faux étendards royaux, que l'on montra comme des trophées à la populace : ces nouvelles ne nuisirent point à la cause du héros légitime. Vous avez entendu naguère à cette tribune un ministre vous annoncer une agitation qui marchoit dans les départements ; un autre noble pair vous a parlé de cocardes vertes et d'un grand royaume s'établissant *incognito* dans la petite Bretagne : si je ne me trompe, ce sont là des nouvelles tendantes *à alarmer les citoyens,* cas prévu par ce fameux article 8 qui établit le *crime de gazette*. J'espère donc que mes nobles collègues se joindront à moi, dans l'intérêt de leur sûreté personnelle, pour demander l'abrogation de la loi des *cris séditieux*.

L'article 9, principalement relatif à la provocation indirecte, est tout à fait intolérable : « Sont encore déclarés séditieux, dit cet article, les discours et écrits mentionnés dans l'article 5 de la présente loi, soit qu'ils ne contiennent que des provocations indirectes, soit qu'ils *donnent à croire* que les délits de cette nature *seront* commis. » Voilà, messieurs, comme j'eus l'honneur de vous le dire en 1815, de quoi punir une pensée, une parole, un soupir.

Ce sont des définitions aussi vagues qui ont produit les arrêts divers dont la France a retenti. Je vais vous montrer, par des exemples, quelles conclusions opposées, quelles sentences contradictoires peuvent donner les avocats les plus instruits, peuvent porter les juges les plus intègres, lorsque la loi, ne spécifiant pas le délit, abandonne le magistrat à la foiblesse de la raison humaine.

Lorsque, le 2 mai 1818, le tribunal de police correctionnelle eut condamné l'auteur d'un écrit remarquable, et que cette sentence eut été confirmée le 30 juin de la même année, le ministère public s'exprima de la sorte : « Nous regrettons, dit-il, que la loi ne nous accorde pas le *pouvoir discrétionnaire,* qui nous eût permis, selon les circonstances, de réduire cette peine à une modique amende, ou même à la simple suppression de l'ouvrage. Au moyen de cette *loyale modification* (continue le ministère public en s'adressant aux juges), vous ne seriez pas aujourd'hui dans l'alternative de condamner à trois mois de prison et à 50 francs d'amende un homme que la nature de son caractère et de ses opinions sembloit devoir préserver d'une pareille condamnation, ou d'absoudre son écrit, qui est réprouvé par une loi que vous devez appliquer, parce que c'est une loi et que vous êtes magistrats. »

Tel fut, messieurs, le jugement prononcé, et tels furent les motifs de ce jugement. Or, maintenant, écoutez bien ceci : le même 30 juin 1818 fut commencée à la police correctionnelle l'affaire relative à la gravure intitulée *L'Enfant du Régiment*. L'avocat de l'accusé, après avoir écarté de son client toute intention volontaire d'avoir fait allusion au fils de l'usurpateur, convint que la gravure, innocente en elle-même, pouvoit cependant présenter quelques dangers. Il consentit, au nom de son client, à ce que la gravure fût détruite. D'après cette offre, le ministère public, qui avoit conclu contre le graveur à trois mois de prison et à 200 francs d'amende, s'en rapporta à la discrétion des juges. Le tribunal ordonna la suppression de la planche ainsi que des exemplaires saisis, et renvoya de la plainte tous les prévenus.

Vous voyez ici clairement, messieurs, la difficulté d'expliquer la provocation indirecte ; le ministère public l'a reconnue, et ne l'a pas reconnue le même jour dans les deux cas d'un écrit et d'une gravure. Il regrette, d'un côté, de ne pouvoir pas demander la simple suppression de l'écrit, de ne pouvoir faire ainsi par cette suppression une *loyale modification* aux trois mois de prison et aux 50 francs d'amende : il affirme que les juges doivent appliquer la loi, parce que c'est une loi. D'un autre côté, il s'en rapporte à la discrétion des juges pour la gravure : une *loyale modification* est faite aux trois mois d'emprisonnement et aux 200 francs d'amende, et les portes de la même prison s'ouvrent pour laisser entrer l'auteur et sortir l'artiste.

Dans une autre occasion, le 17 juillet 1818, un autre auteur, accusé d'écrits séditieux, est condamné à 200 francs d'amende, sans emprisonnement, le tribunal usant de la faculté à lui donnée par l'article 463 du Code Pénal, de modérer la peine prononcée par l'article 367, c'est-à-dire la faculté d'appliquer à l'auteur la loi contre les écrits calomnieux, au lieu de la loi contre les *cris* et les *écrits séditieux*.

Pourquoi le tribunal n'auroit-il pas usé de la même faculté en faveur du premier auteur dont le ministère public lui-même avoit loué les intentions et les principes? Tout cela vient encore une fois du vague de la provocation indirecte. Joignez-y les articles du Code Pénal qui, se mêlant aux articles de la loi des *cris séditieux*, laissent aux juges la faculté de choisir entre deux lois, et d'appliquer deux peines différentes à des délits de même nature, vous sentirez, messieurs, combien il est urgent de faire cesser une pareille confusion.

Il est arrivé d'ailleurs ce qui arrive toujours à une mauvaise loi : le ministère public, chargé de la faire exécuter, les tribunaux, convaincus des dangers qu'elle offroit dans son application, se sont vus forcés de reculer devant elle. On a d'abord presque tout jugé; aujourd'hui on ne juge presque plus rien. Par exemple, messieurs, on porte dans Paris des cannes fort curieuses. Elles renferment dans la pomme, qui s'ouvre à volonté, une petite statue de Buonaparte. Pourquoi la police n'a-t-elle pas saisi ces cannes? pourquoi les tribunaux n'ont-ils pas jugé ceux qui les portent? Parce que la petite statue a pu être faite *sans malice*, comme le portrait de *L'Enfant du Régiment*. On peut trouver aussi qu'elle ne ressemble pas parfaitement au modèle : tous les yeux ne voient pas de la même manière. Voilà, messieurs, ce que c'est que la provocation indirecte : au moyen de cette provocation tout peut être blanc ou noir. Le magistrat qui, ne voyant point le délit spécifié, est obligé de chercher la règle de son jugement dans sa conscience, finit par s'épouvanter de cette effrayante responsabilité : dans la crainte de punir l'innocence, il aime mieux absoudre le crime, ou plutôt il préfère ne pas appliquer la loi.

Je dois maintenant parler des deux opinions qui se sont manifestées dans la chambre, et qui ont également divisé la commission. Personne, du moins jusque ici, n'a demandé le rejet absolu de la proposition du noble comte ; mais ceux qui ne se décident pas pour l'adoption pure et simple se retranchent dans l'ajournement.

On cherche particulièrement le motif de l'ajournement dans le projet de loi présenté à la chambre des députés, *sur la réparation des crimes et délits commis par la voie de la presse, etc.* Ce projet de loi rapporte la loi sur les *cris et écrits séditieux* : d'où l'on conclut que la proposition qui nous occupe devient inutile.

Le noble rapporteur de votre commission avoit répondu d'avance à cette objection : « Le nouveau projet de loi, vous a-t-il dit, peut être longtemps discuté dans les chambres. Des obstacles qu'on ne prévoit pas peuvent même entraver ou suspendre cette discussion ; et enfin, il pourroit résulter de cette discussion même que la loi ne seroit pas adoptée, et qu'ainsi la révocation de celle du 9 novembre qu'elle renfermoit se trouveroit ne pas exister. »

La publication du nouveau projet de loi donne, messieurs, à ce raisonnement une force invincible. Tout porte à croire que ce projet ne passera pas dans les deux chambres, sans éprouver de nombreux amendements. Sous les apparences de la plus grande libéralité, il cache une espèce d'arbitraire légal le plus menaçant : on y reconnoît ce mélange de licence et de police, de démocratie et de despotisme, qui caractérise l'esprit du moment.

Mais comment vient-on nous dire que ce projet de loi rapporte la loi des *cris* et *écrits séditieux*, lorsqu'au contraire il consacre cette loi, lorsqu'il la reprend, l'aggrave et s'incorpore, pour ainsi dire, avec elle ? Remarquez surtout, messieurs, que la provocation *indirecte* (sujette à de si énormes abus) n'est point du tout détruite par le nouveau projet de loi ; on y trouve le mot provocation employé sans spécification : par cette équivoque peu digne de la sincérité d'une loi, on évite de dire ce qu'on ne veut pas avouer, et on laisse au ministère public, aux jurés, aux juges, la faculté de rendre la provocation *directe* ou *indirecte*, selon les choses, les hommes et les temps.

Tandis que le jury sera constitué tel qu'il l'est aujourd'hui, que le choix des membres de ce tribunal appartiendra exclusivement aux autorités administratives, on pourra toujours craindre que toute la loi relative à la presse ne soit plus au profit des ministres que des écrivains.

Mais, dira-t-on, il est donc inutile de demander l'abrogation de la loi sur les *cris séditieux*, puisque selon vous elle se retrouve dans le nouveau projet de loi ? Inutile, messieurs ! Et depuis quand est-il inutile de demander ce qui est juste, bon et honorable, lors même qu'on n'obtiendroit aucun résultat positif ? La manifestation des principes d'équité et des opinions généreuses est toujours utile : c'est pour semer l'avenir.

Ceux donc qui veulent ajourner la proposition du noble comte parce que le nouveau projet de loi rapporte la loi des *cris séditieux* ne peuvent plus vouloir cet ajournement, s'il est vrai que la loi des *cris séditieux* entre en grande partie dans la nouvelle loi ; car alors ils voient revenir sous une autre forme une loi qu'ils condamnent, et ils doivent en rapportant la proposition protester contre cette dangereuse métamorphose.

Ceux qui désirent l'ajournement parce qu'ils craignent de désarmer le gouvernement peuvent, de leur côté, voter sans scrupule pour la proposition, puisque la loi, qui leur semble en partie nécessaire, se reproduit dans le nouveau projet de loi. Je dirai même à ceux-ci, pour achever de les tranquilliser, que dans le cas où le nouveau projet de loi fût rejeté et la proposition adoptée il n'y auroit encore rien à craindre ; car la proposition parvenue dans les portefeuilles des ministres pourroit y rester, et nous conserverions dans toute sa pureté la loi des *cris séditieux*.

Les motifs d'ajournement tirés du nouveau projet de loi me semblent donc peu concluants. Si on examine les raisons qui peuvent être indépendantes de ce nouveau projet, elles ne me paroissent guère plus décisives.

On vous a dit et on vous dira peut-être encore que si l'on abroge la loi des *cris et écrits séditieux*, il se formera une lacune dans votre législation. Jetez les yeux sur les articles du Code Pénal rapportés par le noble auteur de la proposition, et vous verrez que tous les cas de sédition sont prévus. Un noble pair, membre de la commission, a cru qu'il faudroit faire quelque chose pour remplacer l'article 8 en ce qui concerne les biens nationaux. Le noble pair ne s'est pas souvenu de la loi du 7 pluviôse an IX, qui met tout en sûreté à cet égard, sans parler d'un article formel de la Charte. « Les menaces, excès et voies de fait, dit cette loi du 7 pluviôse, exercés contre les acquéreurs de biens nationaux, seront punis de la peine d'emprisonnement, laquelle ne pourra excéder trois ans ni être au-dessous de six mois. » On dit encore que le Code ne punit pas le délit ou le crime résultant de l'érection d'un drapeau qui ne seroit pas celui de la France. Mais en vérité, messieurs, si nous en étions à voir arborer des couleurs séditieuses, si l'on s'attroupoit autour de ces couleurs, disons-le franchement, ce seroit là une guerre civile. Il s'agiroit bien de la loi des *cris et écrits séditieux !* Dans ce cas extrême, vous tomberiez sous les lois militaires, et vous seriez régis par le quatorzième article de la Charte, qui donne au roi le pouvoir de faire les règlements et ordonnances nécessaires pour la sûreté de l'État.

Que si vous supposez que sans trouble et sans rébellion un homme seul s'amuse à promener dans les rues de nos cités des couleurs séditieuses, eh bien, il y a une police contre les fous et des places à Charenton.

Il n'est pas rigoureusement vrai, d'ailleurs, qu'il n'y ait aucune peine prononcée contre l'érection d'un drapeau. Il existe des lois contre les emblèmes, contre les attroupements, contre tout ce qui fait naître des alarmes et excite à la sédition. Dans tous les cas, il faut bien hasarder quelque chose; si nous ne voulons jamais marcher sans lisière dans le gouvernement représentatif, s'il nous faut toujours des lois d'exception pour garder nos libertés, nous deviendrons comme ces esclaves qui perdent l'usage de leurs membres pour avoir porté trop longtemps des chaînes.

Une loi d'exception introduite dans une constitution libre est toujours une loi dangereuse. Prétendons-nous exister comme nation, hâtons-nous de nous réfugier dans des institutions fixes, qui nous servent d'abri contre les passions et l'incurie des hommes. Que nous resteroit-il si nous ne gardions pas soigneusement la Charte? Que pourrions-nous mettre entre nous et le pouvoir? Ne nous dissimulons pas que notre génie nous porte vers le despotisme militaire. Quand on promet à l'autorité de la rendre absolue, elle se laisse naturellement tenter. Alors elle profite de tout ce qui peut discréditer des institutions qui l'arrêtent. Or, que faisons-nous depuis cinq ans? Combien de fois avons-nous manié et remanié ces institutions? Tous les pouvoirs de la société ont été pétris et repétris par nos mains. La chambre des députés, augmentée en 1815, est redevenue en 1816 ce qu'elle étoit en 1814, et va peut-être remonter en 1819 au nombre qu'elle avoit obtenu en 1815. La pairie a subi de nombreuses modifications; la couronne a cédé une partie de ses prérogatives; les lois ont rappelé des lois, les ordonnances ont contrarié les ordonnances. Même mobilité dans les hommes que dans les choses; à chaque instant et partout destitutions sur destitutions: les destituants ont passé comme les destitués, et les ministres eux-mêmes se sont succédé comme des ombres.

Les lois d'exception ont ajouté leur mal à ces maux, et c'est pour cela que nous devons demander l'abrogation de celle d'entre ces lois qui a le plus pesé sur nous. Puissent désormais les hommes qui veulent également la monarchiie et la liberté sentir qu'il est plus que temps de se réunir pour se sauver, eux, le roi et la France!

Je vote pour la proposition.

OPINION

SUR LE

PROJET DE LOI RELATIF A LA SUSPENSION

DE LA LIBERTÉ INDIVIDUELLE [1]

Messieurs, je n'approuve pas la maxime qui dit : *Périsse la société plutôt qu'un principe*. En matière de gouvernement, les vérités sont relatives et non pas absolues ; les libertés publiques ne sont pas toutes renfermées dans les mêmes formes : elles peuvent exister dans les institutions les plus diverses. Je comprends que selon les circonstances on modifie l'opinion qu'on pouvoit avoir eue sur telle ou telle loi, et qu'on admette dans un temps sans se contredire une mesure que l'on avoit repoussée dans une autre. Je crois qu'il est de la nature même de la liberté que les droits de cette liberté soient quelquefois suspendus : nier cette vérité, c'est fermer les yeux à la lumière, c'est rejeter tous les exemples de l'histoire. Les plus grands génies politiques, depuis Aristote jusqu'à Montesquieu, sont convenus qu'en certains cas il est utile aux peuples de se mettre à l'abri dans une sorte de despotisme légal et temporaire : on ne s'établit pas pour toujours dans le méchant asile où l'on se réfugie quelquefois pendant un orage. L'Angleterre (l'exemple en a déjà été cité à cette tribune) suspend souvent l'acte d'*habeas corpus* ; Rome eut sa dictature, où tous les genres de liberté disparoissoient.

Un noble pair [2], dans un discours d'ailleurs très-remarquable, vous a dit hier, messieurs, qu'on ne pouvoit tirer aucune induction de la dictature romaine en faveur de la suspension d'une de nos libertés publiques. Sa raison est que la dictature appartenoit à une constitution républicaine, et que jamais les anciens ne se seroient avisés de

---

1. Cette opinion n'a pu être prononcée à la chambre des pairs dans la séance du 25 mars 1820, la discussion ayant été fermée.
2. M. le comte Daru.

placer une dictature auprès d'un monarque. Ce raisonnement ne m'a pas convaincu. Quand on suspend une liberté dans une monarchie, il ne s'agit pas de placer un dictateur auprès d'un monarque ; il s'agit de réunir à l'autorité suprême un des pouvoirs dont la constitution l'a privée, de reporter la souveraineté à sa source, en un mot, de revêtir le roi de la dictature. Il y a donc dans l'exemple analogie politique. Ce ne fut pas, comme on vous l'a dit encore, l'institution de la dictature qui perdit la république romaine, car cette république ne périt pas sous Cincinnatus ; ce fut ce qui détruit tous les États, la corruption : Rome ne répudia la liberté, pour devenir la concubine des tyrans, que lorsqu'elle se fut dépouillée de l'innocence de ses mœurs et de son respect pour les dieux.

Ainsi, messieurs, je dois en convenir avec sincérité, les nobles pairs qui votent pour les lois d'exception sont parfaitement fondés en raison et en principe, puisqu'ils ont la conviction que ces lois sont nécessaires dans ce moment. D'accord avec eux sur la question de droit, je ne diffère de leur manière de voir que sur le point de fait. Ce n'est pas pour soutenir cette liberté de théorie qui depuis trente ans a servi d'étendard à tous les crimes, ce n'est pas pour déclamer les lieux communs de la révolution que je viens voter contre le projet de loi, mais par la persuasion où je suis que les lois d'exception ne prêteront pas aux ministres le secours qu'ils en espèrent et qu'elles fourniront aux ennemis du gouvernement un nouveau prétexte de calomnie.

Je crus devoir m'abstenir de demander la parole contre le dernier projet de loi de censure : la question sembloit m'être un peu personnelle ; ma position auroit affoibli mes raisonnements. Mais j'ai voté contre ce projet de loi, parce qu'il m'est démontré que la censure dans l'état actuel de l'opinion, loin d'être un bien, est un mal. Elle n'arrêtera point la licence, elle multipliera les libelles ; rien n'empêchera même les journalistes de publier en forme de brochure les passages qu'on aura retranchés de leurs articles ; et comme la censure est presque toujours passionnée ou puérile, ses rognures ne montreroient que ses ridicules ou ses abus. Contre la licence de la presse le seul remède est une forte loi répressive.

Je vote maintenant contre la suspension de la liberté individuelle, et je n'ai plus sur cette question les mêmes raisons de garder le silence. Il me semble évident qu'il y a dans nos lois existantes tous les moyens nécessaires pour arrêter les traîtres et déjouer les machinations du crime. La mesure qu'on vous propose d'adopter n'ajouteroit aux lois dont le gouvernement est armé qu'un impuissant arbitraire. Voulez-vous éloigner tous les dangers, remontez à la source du mal : rendez à la religion son influence, remettez en honneur la grande propriété, faites disparoître la démocratie de vos codes, l'individualité de vos systèmes, ranimez les tribunaux, donnez aux agents de l'autorité une impulsion monarchique, laissez reparoître cette véritable opinion publique que l'on a constamment étouffée, et vous serez bientôt débarrassés des assassins et des conspirateurs.

Une erreur trop commune aux gouvernements, c'est de croire qu'ils augmentent leur force en augmentant leur pouvoir : une armure trop pesante rend immobile celui qui la porte. Oui, messieurs, je suis convaincu que notre salut dépend aujourd'hui beaucoup plus de l'administration que des lois. Les événements nous débordent, leur torrent nous entraîne : ce qui étoit important il y a deux mois n'est plus dans ce moment que d'un intérêt secondaire. Quand l'Europe entière est menacée, quand l'Angleterre est troublée, quand la Prusse est travaillée par des sociétés secrètes, quand l'Espagne a pour législateurs des soldats, quand la France voit tomber ses princes sous le poignard révolutionnaire, des lois d'exception ne sont pas des remèdes. Il faut maintenant prendre un parti ; si l'on reste dans l'incertitude où l'on paroît flotter encore, nous périrons ; si ce qu'on voit fait peur, si l'on ménage les assassins et les démagogues, parce qu'on a tué Mgr le duc de Berry et ébranlé le trône de Ferdinand, nous périrons.

L'ancienne société européenne est-elle prête à se dissoudre ? un monde inconnu va-t-il sortir du milieu des ruines ? les mœurs qui se corrompent et les esprits qui ne reconnoissent plus d'autorités n'établiront-ils pas dans les États modernes deux principes ennemis d'esclavage et d'indépendance, dont le combat amenera d'effroyables bouleversements ? Nous l'ignorons ; mais nous savons que le seul moyen de nous défendre avec succès, c'est de nous renfermer dans les libertés publiques, en appelant à leur secours les gens de bien et les forces de la morale et de la religion. Cette position est inexpugnable ; ne la quittons pas, si nous ne voulons donner un avantage décisif à nos ennemis.

Nous ne pouvons nous dissimuler, messieurs, qu'il y ait en France des hommes dont les intérêts se sont formés hors de la monarchie légitime. Qu'on nous demande à nous, vieux serviteurs du roi, tous les genres de sacrifices, cela n'auroit aucun inconvénient, n'altéreroit en rien notre fidélité ; mais en est-il ainsi de ces générations que trente années de révolution ont rendues étrangères à nos monarques et qui ne les connoissent que par les récits de l'histoire ? Elles les considèrent comme les gardiens sacrés de nos libertés ; mais elles n'ont pas encore pour eux cette soumission filiale qui fait notre heureux partage. Il y a donc un grand intérêt à ménager ces hommes, à les ménager pour le bonheur de notre patrie ; car souvenons-nous toujours qu'il ne peut y avoir de bonheur en France que sous le gouvernement des fils de saint Louis. Eux seuls possèdent cette force de droit que chacun sent et qui ôte tout prétexte aux commotions politiques ; eux seuls s'élèvent par la grandeur de leur race à cette hauteur où les amours-propres ne peuvent atteindre et où toutes les prétentions expirent. Mais si la légitimité se retiroit, que nous resteroit-il ? Une république, qui deviendroit bientôt une affreuse anarchie, et puis un empire militaire, avec son aigle sanglant et le cortége de ses servitudes.

Soyons donc scrupuleux sur l'abandon de ces libertés, dont on a horriblement abusé sans doute, mais dont l'absence, même temporaire, pourroit faire naître une autre espèce de mal. Prenons garde de trop attaquer par nos frayeurs ce gouvernement représentatif, qui sans doute a ses inconvénients comme tous les autres, mais qui est la transition naturelle des anciennes idées aux idées nouvelles, le point d'arrêt entre la monarchie et la république. Il peut être antipathique à quelque partie de notre caractère ; il peut, en nous rappelant des excès de tribune, nous épouvanter par d'affreux souvenirs, nous dégoûter par de hideuses ressemblances ; il peut nous paroître chancelant dans les temps d'orage ; mais il n'en est pas moins vrai qu'en dérogeant à ses principes nous hâterions les catastrophes qu'il nous importe de prévenir.

Il y a deux moyens de produire des révolutions : c'est de trop abonder dans le sens d'une institution nouvelle, ou de trop y résister. En cédant à l'impulsion populaire on arrive à l'anarchie, aux crimes qui en sont la suite, au despotisme qui en est le châtiment. En voulant trop se roidir contre l'esprit d'un siècle, on peut également tout briser, marcher par une autre voie à la confusion, et puis à la tyrannie.

La monarchie représentative convient à un peuple vieilli, où l'éducation a répandu dans toutes les classes de la société des connoissances à peu près égales et mis en circulation un certain nombre d'idées politiques. Un ancien plaçoit la source du pouvoir dans le génie : le gouvernement représentatif fait dériver le pouvoir de l'intelligence, sans détruire le principe absolu de la souveraineté qui réside dans le monarque. Dans cet ordre de choses, lorsqu'il n'est pas contrarié, le mérite est presque sûr d'être appelé tôt ou tard au timon des affaires : c'est le gouvernement, pour ainsi dire, vivant par lui-même, qui choisit à la longue ses agents et ses ministres. Des lois d'exception qui dénaturent ce gouvernement, le seul possible aujourd'hui (sauf le despotisme militaire), ont certainement un danger. Tout le mal vient de ce qu'un des trois pouvoirs de ce gouvernement, le pouvoir aristocratique, est presque nul parmi nous, et qu'il laisse le pouvoir royal lutter seul contre le pouvoir démocratique.

J'ai pris les choses d'un peu haut, messieurs, il m'a semblé utile de regarder la question par son grand côté. Je pourrois, dans une autre nature d'intérêt, demander comment, contre qui et par qui les lois d'exception seront exercées ; je pourrois demander si la suspension de la liberté individuelle ne compromettra pas la sûreté des meilleurs serviteurs du roi ; je pourrois m'enquérir si on laissera toujours parler l'impiété en forçant la religion à se taire ; s'il sera défendu, comme il l'étoit quelquefois sous l'ancienne censure, de faire l'éloge de nos princes ; si l'on nous forcera de nous priver des larmes que nous répandons sur le cercueil de Mgr le duc de Berry. Prince infortuné ! vous nous promettiez un grand roi ! vous aviez commencé dans les camps comme Henri IV ; vous deviez finir comme lui : vous n'avez évité de ses malheurs que la couronne.

Ces alarmes, messieurs, pourroient être justifiées pour un royaliste comme moi, lorsque je vois un directeur général déclarer à la tribune de l'autre chambre que les journaux monarchiques ont fait autant de mal que les feuilles révolutionnaires ; lorsque je ne retrouve plus dans *Le Moniteur* que des phrases entortillées, au lieu de ces paroles claires et flatteuses qu'un ministre avoit adressées à certains députés ; paroles que tous les autres journaux ont répétées : les nuits sont longues, on a le temps de revenir sur un sentiment généreux. J'aurois donc quelque sujet raisonnable d'appréhender que les armes qu'on me demande ne fussent une seconde fois tournées contre l'opinion à laquelle je me fais honneur d'appartenir.

Mais je ne veux, messieurs, répandre dans ce discours aucune amertume. J'espère qu'un esprit de paix dominera désormais le conseil. Je dirai même, avec franchise, que quelques-uns des nobles pairs qui votent, comme moi, contre le présent projet de loi, ont employé des raisons selon moi peu concluantes : ces nombreuses dénonciations, ces nouveaux suspects, ces espions en mouvement, ces gendarmes en campagne, toute cette horrible peinture, au lieu d'effrayer, donne un peu envie de sourire. Ces arguments s'adressent sans doute à nos jeunes familles : on aura pris les pères pour les enfants.

La sincérité de ces aveux, messieurs, prouvera à l'autorité qu'elle ne doit voir dans mon opinion sur la liberté individuelle et sur une juste liberté de la presse que la conséquence naturelle des opinions de toute ma vie. On me feroit injure en me soupçonnant d'être conduit à cette tribune par des ressentiments particuliers ou par un misérable esprit de contention. Je me regarderois comme un bien mauvais François si je n'étois alarmé des périls de la France, si je ne sentois la nécessité d'une union sincère entre toutes les opinions modérées. A Dieu ne plaise que l'on me confonde avec ces hommes qui font des libertés publiques une espèce de machine pour renverser la monarchie légitime, au lieu d'en faire une colonne pour la soutenir! A Dieu ne plaise que j'entre jamais dans les rangs de ceux qui n'attaquent les dépositaires de l'autorité que pour avilir la puissance royale! Loin donc de trouver un secret plaisir à augmenter les embarras du ministère, loin de vouloir incessamment l'attaquer, je désire vivement qu'il m'offre une occasion loyale de le défendre. Les lois actuelles d'exception ne sont point son ouvrage : il les a soutenues; il ne les auroit peut-être pas proposées. Je ne poursuis donc dans ces lois que le reste du système de l'ancien ministère qui a mis la France sur le bord de l'abîme. Le nouveau président du conseil ne m'inspire aucune crainte. S'il s'agissoit de lui confier mon honneur, ma vie, ma fortune, je les remettrois sans hésiter entre ses nobles mains; mais les libertés publiques (principale sauvegarde du trône dans ces temps d'inquiétude et d'innovation) ne m'appartiennent pas; les suspendre me paroît inutile et dangereux : cette conviction m'ôte le droit de voter pour le projet de loi.

Messieurs, si j'ai jamais trouvé un devoir pénible, c'est celui que je viens de remplir. J'ai longtemps balancé, longtemps j'ai cru que je n'aurois pas assez de courage pour voter un moment hors des rangs de mes nobles et respectables amis, de ces illustres victimes de la fidélité, qui ont répandu sur nos malheurs tout l'éclat de la gloire : je dis de la gloire, messieurs, car les François n'ont jamais pris la gloire pour le succès, et l'ont toujours confondue avec le courage. Accoutumé à défendre la couronne, j'ai cru devoir l'avertir d'un nouveau danger. Peut-être ce danger n'est-il qu'imaginaire; mais quoi qu'il arrive, soit qu'on écoute ou qu'on n'écoute pas ma voix, je ne servirai que la monarchie légitime, et la destinée des Bourbons sera la mienne.

Je vote contre le projet de loi.

OPINION

SUR L'ARTICLE II DU PROJET DE LOI

RELATIF AUX JOURNAUX ET ÉCRITS PÉRIODIQUES,

PRONONCÉE A LA CHAMBRE DES PAIRS,
LE 24 JUILLET 1828.

Messieurs, l'amendement adopté par la chambre des députés n'est point un véritable amendement, comme on l'a déjà fait observer, c'est un article additionnel ; et en effet il forme maintenant le second article de la loi. C'est une loi introduite dans une loi, ou plutôt c'est une proposition de loi, qui pouvoit être légale en suivant les formes auxquelles les propositions de loi sont assujetties, mais qui transformée en amendement viole l'initiative royale.

Lorsqu'on a improvisé cet amendement, a-t-on bien vu tout ce qu'il renfermoit? Il embrasse par ses conséquences le système entier des lettres, des sciences et des arts. Il faudra que le gouvernement multiplie les censeurs à l'infini ; il faudra que ces censeurs soient compétents dans la cause qu'ils auront à juger. Je supprime des réflexions qui se présentent en foule à mon esprit, dans la crainte d'être trop sévère : je me contenterai de dire que nous devons éviter de tomber par la censure dans les fautes qui sont devenues un objet de triomphe pour les ennemis de la religion. S'il doit naître encore des Copernic et des Galilée, ne permettons pas qu'un censeur puisse d'un trait de plume replonger dans l'oubli un secret que le génie de l'homme auroit dérobé à l'omniscience de Dieu.

D'ailleurs, messieurs, cet amendement, dont l'autorité n'avoit pas cru avoir besoin, va directement contre son but. Cet amendement porte : « Les dispositions de ladite loi du 31 mars 1820, sauf en ce qui concerne le cautionnement, s'appliqueront à l'avenir à tous les journaux, etc. » Voilà donc une classe de journaux qui soumise à la censure sera pourtant exempte du cautionnement. Pourquoi désire-t-on envelopper ces journaux dans la censure? Parce que l'on soutient qu'innocents en apparence, ils touchent au fruit défendu. Eh bien, messieurs, de prévenus qu'ils étoient ils se rangeront dans la classe des coupables, puisqu'on le veut. A l'instar du pamphlet contre lequel l'amendement est dirigé, vous en verrez naître d'autres, qui sous un titre littéraire étant à l'abri du cautionnement, traiteront les points les plus scabreux de la politique. Vous n'aurez plus contre les abus de la presse l'abri que vous aviez cherché dans la propriété : vous accordez un privilége à une espèce de feuille périodique au détriment des autres feuilles périodiques assujetties au cautionnement : cela est d'autant plus injuste, que celles-ci parlent également de littérature et qu'elles auroient un égal droit à se dire gazettes littéraires. Les journaux que j'appellerai non propriétaires, ayant moins à perdre que ceux que je nommerai journaux propriétaires, s'exprimeront avec plus d'indépendance; leur hardiesse fera leur succès; ils attireront à eux les abonnés, ruineront les journaux propriétaires, et la licence reviendra par l'amendement destiné à la réprimer.

Et qu'on ne dise pas que les journaux littéraires de droit, mais politiques de fait, qui se dérobent à la censure, jouissent d'un bien plus grand privilége, font un tort bien plus réel aux journaux politiques qu'alors qu'ils seront enchaînés par cette censure. L'amendement proposé a rendu cette objection sans force ; c'est cet amendement même qui a réveillé l'attention publique et la cupidité des entrepreneurs de littérature. Il a fait sortir de l'ombre un journal qui s'y seroit perdu; il a déterminé ce qu'il eût été bon de laisser vague. De pareils écrits ne pouvoient jamais s'expliquer avec la clarté qui nuit. Les auteurs, en sortant d'une certaine obscurité, auroient craint de voir leurs ouvrages déclarés politiques et soumis comme tels à la loi sur les journaux. Aujourd'hui qui les retiendra? L'amendement a créé le genre, fixé l'espèce : il reste décidé qu'un journal avec un titre littéraire peut être politique, mais que ce titre littéraire l'exempte du cautionnement, et qu'ainsi le privilége lui est acquis à la ruine des journaux assujettis au cautionnement.

Vous voyez, messieurs, que le talent, la vertu, les intentions les plus pures et les plus monarchiques n'empêchent pas quelquefois de brusquer des amendements dont on n'a pas assez pesé les conséquences. Je conviendrai que le journal qu'on a voulu particulièrement entraver a pu causer de l'impatience, mais ce n'est pas l'impatience qui doit faire les lois. J'ai voulu le lire, ce journal : c'est un composé de satires plus ou moins ingénieuses, dont le plus grand mal est de faire des ennemis à la liberté de la presse et de mettre à l'épreuve la générosité des défenseurs de cette liberté.

J'ai d'abord hésité, messieurs, à vous découvrir le vice radical de cet amendement. Je craignois d'être pris au mot et de voir le mal empirer par la disparition de ce membre de phrase : *sauf en ce qui concerne le cautionnement*; mais comme d'un côté il est impossible d'exiger un cautionnement des journaux consacrés aux sciences et aux arts, à moins qu'on ne veuille retourner au xe siècle ; que de l'autre côté il est également impossible de classifier les journaux littéraires qui feroient des incursions dans la politique, il en résulte que l'amendement est inamendable, et qu'on n'a rien de mieux à faire que de le rejeter.

Le mémoire adressé en forme de pétition à la chambre des pairs vous montre à quel point, messieurs, l'amendement que je combats est contraire aux sciences et aux arts et destructif du commerce de la librairie. Les feuilles périodiques littéraires frappées par cet amendement ont non-seulement leurs intérêts particuliers à soutenir, mais elles font le sort d'une foule d'ouvrages et d'entreprises utiles qui ne peuvent être connues que par elles. Si vous retardez, si vous entravez ces feuilles par la censure, vous pouvez ruiner une multitude d'imprimeurs, de libraires, de marchands de toutes espèces, et réduire beaucoup d'ouvriers à mourir de faim. La librairie de Paris met un poids assez considérable dans la balance du commerce pour avoir droit à des ménagements.

On nous fait entendre, messieurs, qu'on se montrera facile, qu'on ne fera pas peser la censure sur les journaux véritablement consacrés aux sciences, aux arts et aux métiers. On usera donc de l'arbitraire dans l'arbitraire ; et selon les caprices des subalternes de l'autorité, qui protégeront ou ne protégeront pas un journal, ce journal sera censuré ou non censuré.

Mais ceci est encore une erreur : la loi prononçant la censure pour tous les journaux indistinctement, il ne dépendra pas de l'autorité d'en dispenser un ouvrage périodique ; voici pourquoi :

Je suppose qu'un journal délivré de la censure par l'indulgence de l'autorité soit traduit devant les tribunaux pour un délit ; les auteurs plaideront la faveur à eux accordée par le gouvernement, et le gouvernement sera compromis pour n'avoir pas appliqué la loi. Les juges et les jurés, ne connaissant que la lettre légale, condamneront à la fois, et les mandataires du pouvoir pour non-exécution de la loi, et les propriétaires du journal pour s'être soustraits à cette loi. Il y a plus, le devoir du procureur général sera de poursuivre toute feuille périodique qui paroîtroit sans avoir été censurée : ainsi toutes ces promesses d'indulgence sont par le fait illusoires. Que seroit-ce, d'ailleurs, messieurs, de porter une loi si peu applicable, si peu généreuse, qu'on ne l'adopteroit qu'en se flattant d'avance qu'elle sera violée?

Je vous ai déjà parlé des censeurs, messieurs, je vous ai dit qu'on seroit obligé d'en augmenter le nombre et conséquemment d'accroître les dépenses de l'État; mais il faudra même que l'autorité renonce au système qu'elle a adopté pour la censure, et qui cependant est le moins mauvais. Un conseil ne suffira plus, il faudra donner à chaque journal de sciences et d'arts un censeur compétent dans la matière; alors reparoît le grand inconvénient des noms. Augmentera-t-on les membres du conseil? partagera-t-on le conseil en diverses sections, l'une pour les modes, l'autre pour l'astronomie, l'autre pour les spectacles, l'autre pour l'industrie françoise? Si ce corps ne devient pas ridicule, il deviendra formidable.

Considérez, messieurs, la bizarrerie de notre législation sur la presse. Vous avez deux classes de journaux politiques soumis à la censure : l'une avec cautionnement, l'autre sans cautionnement; ensuite toutes les brochures, tous les livres qui souvent attaquent la société dans ses fondements, ne sont pas sujets à la censure. D'un côté les lois répressives nous paroissent avoir assez de puissance pour protéger la religion, le trône, les mœurs, la réputation des citoyens; de l'autre côté, ces lois ne nous paroissent plus assez fortes quand il s'agit des intérêts journaliers de quelques hommes. Les vérités éternelles viennent demander justice à des tribunaux devant qui des erreurs humaines dédaignent de comparoître.

Il est plus que temps de rentrer dans la règle commune, de renoncer à ces lois d'exception qui exposent le ministère à tous les genres d'attaques et de calomnies.

S'il nous est mort un prince, messieurs, ne nous en est-il pas né un autre? Si vous avez cru devoir rétablir la censure pour satisfaire au deuil de la patrie; si vous avez enseveli nos libertés dans la tombe du père, que notre joie les retrouve dans le berceau du fils. Sous un monarque éclairé, à qui les lettres offriroient leur plus belle couronne, s'il ne portoit, pour notre bonheur, celle de ses pères, qu'on ne dise pas que le plus noble des arts a été outragé! Dans un siècle éclatant de la gloire de nos armes, ne donnons pas des entraves à cette autre gloire qui transmet à la postérité les faits illustres. Il y a trois choses qui seules assureront le repos de la France, et qu'on ne doit jamais séparer : la religion, le trône et les libertés publiques.

Je vote contre l'amendement et contre toute la loi.

DISCOURS

SUR LA

LOI RELATIVE A L'EMPRUNT DE CENT MILLIONS,

PRONONCÉE A LA CHAMBRE DES DÉPUTÉS,
LE 23 FÉVRIER 1825[1].

Messieurs, j'écarterai d'abord les objections personnelles : les intérêts de mon amour-propre ne doivent trouver aucune place ici. Je n'ai rien à répondre à des pièces mutilées, imprimées, par je ne sais quel moyen, dans les gazettes étrangères. J'ai commencé ma carrière ministérielle avec l'honorable préopinant pendant les Cent Jours. Nous avions tous les deux un portefeuille par *interim*, moi à Gand, lui à Paris. Je faisois alors un *roman;* lui, s'occupoit de *l'histoire :* je m'en tiens encore au roman.

Je vais parcourir la série des objections présentées à cette tribune. Ces objections sont nombreuses et diverses; pour ne pas m'égarer dans un aussi vaste sujet, je les rangerai sous différents titres.

Les orateurs qui ont obtenu la parole lors du vote de l'adresse ont fait imprimer leurs discours. Hier, en séance publique, quelques-uns des honorables députés ont référé leurs opinions à ces discours mêmes. Aujourd'hui, on a rappelé une partie des arguments produits dans le comité secret. J'essayerai donc de répondre à ce qui a été dit, imprimé et redit, afin d'embrasser l'ensemble du sujet.

Suivant dans leurs objections les orateurs qui siègent sur les bancs de l'opposition, j'examinerai : 1° le droit d'intervention, puisque c'est là la base de tous les raisonnements ; 2° le droit de parler des institutions qui peuvent être utiles à l'Espagne ; 3° le droit des alliances et des transactions de Vérone, et enfin quelques autres objections.

---

1. J'étois alors ministre des affaires étrangères.

Examinons donc d'abord la question de l'intervention :

Un gouvernement a-t-il le droit d'intervenir dans les affaires intérieures d'un autre gouvernement? Cette grande question du droit des gens a été résolue en sens opposé.

Ceux qui l'ont rattachée au droit naturel, tels que Bacon, Puffendorf et Grotius, et tous les anciens, ont pensé qu'il est permis de prendre les armes, au nom de la société humaine, contre un peuple qui viole les principes sur lesquels repose l'ordre général, de même que dans un État particulier on punit les perturbateurs du repos public.

Ceux qui voient la question dans le droit civil soutiennent, au contraire, qu'un gouvernemnt n'a pas le droit d'intervenir dans les affaires d'un autre gouvernement.

Ainsi les premiers placent le droit d'intervention dans les devoirs, et les derniers dans les intérêts.

J'adopte, messieurs, le principe émané du droit civil; je me range au parti des politiques modernes, et je dis comme eux : Nul gouvernement n'a le droit d'intervenir dans les affaires intérieures d'un autre gouvernement.

En effet, si ce principe n'étoit pas admis, et surtout par les peuples qui jouissent d'une constitution libre, aucune nation ne seroit en sûreté chez elle. Il suffiroit de la corruption d'un ministre ou de l'ambition d'un roi pour attaquer tout État qui chercheroit à améliorer son sort. Aux divers cas de guerre déjà trop multipliés vous ajouteriez un principe perpétuel d'hostilités, principe dont chaque homme en pouvoir seroit juge, puisqu'on auroit toujours le droit de dire à ses voisins : Vos institutions me déplaisent : changez-les, où je vous déclare la guerre.

J'espère que mes honorables adversaires conviendront que je m'explique avec franchise.

Mais si je me présente à cette tribune pour soutenir la justice de notre intervention dans les affaires d'Espagne, comment vais-je me soustraire au principe que j'ai moi-même si nettement énoncé? Vous allez le voir, messieurs.

Lorsque les politiques modernes eurent repoussé le droit d'intervention, en sortant du droit naturel pour se placer dans le droit civil, ils se trouvèrent très-embarrassés. Des cas survinrent où il étoit impossible de s'abstenir de l'intervention sans mettre l'État en danger. Au commencement de la révolution, on avoit dit : « Périssent les colonies plutôt qu'un principe! » et les colonies périrent. Falloit-il dire aussi : Périsse l'ordre social plutôt qu'un principe! Pour ne pas se briser contre la règle même qu'on avoit établie, on eut recours à une exception au moyen de laquelle on rentroit dans le droit naturel, et l'on dit : Nul gouvernement n'a le droit d'intervenir dans les affaires intérieures d'une nation, excepté dans le cas où la sûreté immédiate et les intérêts essentiels de ce gouvernement sont compromis. Je citerai bientôt l'autorité dont j'emprunte les paroles.

L'exception, messieurs, ne me paroît pas plus contestable que la règle : nul État ne peut laisser périr ses intérêts essentiels sous peine de périr lui-même comme État. Arrivé à ce point de la question, tout change de face. Nous sommes transportés sur un autre terrain ; je ne suis plus tenu à combattre victorieusement la règle, mais à prouver que le cas d'exception est venu pour la France.

Avant de déduire les motifs qui justifient notre intervention dans les affaires d'Espagne, je dois d'abord, messieurs, m'appuyer sur l'autorité des exemples.

J'aurai souvent l'occasion, dans la suite de mon discours, de parler de l'Angleterre, puisque mes honorables adversaires nous l'opposent à tout moment, et dans leurs discours improvisés, et dans leurs discours écrits, et dans leurs discours imprimés. C'est la Grande-Bretagne qui seule à Vérone a défendu les principes ; c'est elle qui s'élève seule aujourd'hui contre le droit d'intervention ; c'est elle qui est prête à prendre les armes pour la cause d'un peuple libre ; c'est elle qui réprouve une guerre impie, attentatoire au droit des gens, une guerre qu'une petite faction bigote et servile veut entreprendre, pour revenir ensuite brûler la Charte françoise, après avoir déchiré la constitution espagnole. N'est-ce pas cela, messieurs? Nous reviendrons sur tous ces points. Parlons d'abord de l'intervention.

Je crains que mes honorables adversaires aient mal choisi leur autorité. L'Angleterre, disent-ils, nous donne un grand exemple en protégeant l'indépendance des nations.

Que l'Angleterre, en sûreté au milieu des flots et défendue par de vieilles institutions, que l'Angleterre, qui n'a suivi ni les désastres de deux invasions, ni les bouleversements d'une révolution de trente années, pense n'avoir rien à craindre de l'Espagne et ne veuille pas intervenir dans ses affaires, rien sans doute n'est plus naturel ; mais s'ensuit-il que la France jouisse de la même sûreté et soit dans la même position? Lorsque, dans d'autres circonstances, les intérêts essentiels de la Grande-Bretagne ont été compromis, n'est-ce pas elle qui a pour son salut, et très-justement sans doute, dérogé au principe que l'on invoque en son nom aujourd'hui?

L'Angleterre, en entrant en guerre contre la France, donna, au mois de novembre 1793, la fameuse déclaration de White-Hall. Permettez-moi, messieurs, de vous en lire un passage. La déclaration commence par rappeler les malheurs de la révolution, puis elle ajoute :

« Les desseins annoncés de réformer les abus du gouvernement françois, d'établir sur des bases solides la liberté personnelle et le droit des propriétés, d'assurer à un peuple nombreux une sage législature et une administration des lois juste et modérée, toutes ces vues salutaires ont malheureusement disparu. Elles ont fait place à un système destructeur de tout l'ordre public, soutenu par des proscriptions, des exils, des confiscations sans nombre, par des emprisonnements arbitraires, par des massacres dont le souvenir seul fait frémir... Les habitants de ce malheureux pays, si longtemps trompés par des promesses de bonheur toujours renouvelées à l'époque de chaque nouveau crime, se sont vus plongés dans un abîme de calamités sans exemple.

« Cet état de choses ne peut subsister en France sans impliquer dans un danger commun toutes les puissances qui l'avoisinent, sans leur donner le droit, sans leur imposer le devoir d'arrêter les progrès d'un mal qui n'existe que par la violation successive de toutes les lois et de toutes les propriétés et par la subversion des principes fondamentaux qui réunissent les hommes par les liens de la vie sociale. Sa Majesté ne veut certainement pas contester à la France le droit de réformer ses lois ; elle n'auroit jamais désiré d'influer par la force extérieure sur le mode de gouvernement d'un État indépendant. Elle ne le désire actuellement qu'autant que cet objet est devenu essentiel au repos et à la sûreté des autres puissances. Dans ces circonstances, elle demande à la France, et elle lui demande à juste titre de faire cesser enfin un système anarchique qui n'a de force que pour le mal, incapable de remplir envers les François le premier devoir des gouvernements, de réprimer les troubles, de punir les crimes qui se multiplient journellement dans l'intérieur du pays, mais disposant arbitrairement de leurs propriétés et de leur sang pour troubler le repos des autres nations, et pour faire de toute l'Europe le théâtre des mêmes crimes et des mêmes malheurs. Elle lui demande d'établir un gouvernement légitime et stable, fondé sur les principes reconnus de justice universelle et propre à entretenir avec les autres nations les ralations usitées d'union et de paix... Le roi leur promet d'avance de sa part suspension d'hostilités, amitié, et (autant que les événements le permettront, dont la volonté humaine ne peut disposer) sûreté et protection à tous ceux qui, en se déclarant pour un gouvernement monarchique, se soustrairont au despotisme d'une anarchie qui a rompu tous les liens les plus sacrés de la société, brisé tous les rapports de la vie civile, violé tous les droits, confondu tous les devoirs, se servant du nom de la liberté pour exercer la tyrannie la plus cruelle, pour anéantir toutes les propriétés, pour s'emparer de toutes les fortunes, fondant son pouvoir sur le consentement prétendu du peuple, et mettant elle-même à feu et à sang des provinces entières pour avoir réclamé leurs lois, leur religion et leur souverain légitime. »

Eh bien, messieurs, que pensez-vous de cette déclaration? N'avez-vous pas cru entendre le discours même prononcé par le roi à l'ouverture de la présente session, mais ce discours développé, interprété, commenté avec autant de force que d'éloquence? L'Angleterre dit qu'elle agit de concert avec ses alliés, et on nous feroit un crime d'avoir des alliés ; l'Angleterre promet secours aux royalistes françois, et on trouveroit mauvais que nous protégeassions les royalistes espagnols ; l'Angleterre soutient qu'elle a le droit d'intervenir pour se sauver elle et l'Europe des maux qui désolent la France, et nous, il nous seroit interdit de nous défendre contre la contagion espagnole; l'Angleterre repousse le prétendu consentement du peuple françois, elle impose à la France, pour obtenir la paix, *la condition d'établir un gouvernement fondé sur les principes de la justice et propre à entretenir avec les autres États les relations naturelles,* et nous, nous serions obligés de reconnoître la prétendue souveraineté du peuple, la légalité d'une constitution établie par une révolte militaire, et nous n'aurions pas le droit de demander à l'Espagne, pour notre sûreté, des institutions légitimées par la liberté de Ferdinand !

Il faut être juste pourtant : quand l'Angleterre publia cette fameuse déclaration, Marie-Antoinette et Louis XVI n'étoient plus; je conviens que Marie-Joséphine n'est encore que captive, et que l'on n'a encore fait couler que ses larmes; Ferdinand n'est encore que prisonnier dans son palais, comme Louis XVI l'étoit dans le sien avant d'aller au Temple et de là à l'échafaud. Je ne veux point calomnier les Espagnols, mais je ne veux point les estimer plus que mes compatriotes. La France révolutionnaire enfanta une Convention, pourquoi l'Espagne révolutionnaire ne produiroit-elle pas la sienne? Ce juge qui a condamné don Carlos aux galères seroit un digne membre de ce tribunal. La révolution espagnole n'a-t-elle pas pris la nôtre pour modèle? ne la copie-t-elle pas servilement? ne proclame-t-elle pas les mêmes principes? n'a-t-elle pas déjà dépouillé les autels, assassiné les prêtres dans les prisons, élevé des instruments de supplice, prononcé des confiscations et des exils? Nous qui avons eu cette terrible maladie, pouvons-nous en méconnoître les symptômes et n'avoir pas quelques alarmes pour les jours de Ferdinand? Direz-vous qu'en avançant le moment de l'intervention on rend la position de ce monarque plus périlleuse? Mais l'Angleterre sauva-t-elle Louis XVI en refusant de se déclarer? L'intervention qui prévient le mal n'est-elle pas plus utile que celle qui le venge? L'Espagne avoit un agent diplomatique à Paris lors de la sanglante catastrophe, et ses prières ne purent rien obtenir. Que faisoit là ce témoin de famille? Certes, il n'étoit pas nécessaire pour constater une mort connue de la terre et du ciel. Messieurs, c'est déjà trop dans le monde que le procès de Charles Ier et celui de Louis. Encore un assassinat juridique, et on établira, par l'autorité des *précédents*, une espèce de droit de crime et un corps de jurisprudence à l'usage des peuples contre les rois.

Mais peut-être que l'Angleterre, qui avoit admis le cas d'exception dans sa propre cause, ne l'admet pas pour la cause d'autrui? Non, messieurs; l'Angleterre n'a point une politique si étroite et si personnelle. Elle reconnoît aux autres les droits qu'elle réclame pour elle-même. Ses intérêts essentiels n'étoient pas compromis dans la révolution de Naples, et elle n'a pas cru devoir intervenir; mais elle a jugé qu'il pouvoit en être autrement pour l'Autriche, et c'est à propos de cette transaction que lord Castlereagh s'explique nettement dans sa circulaire du 19 janvier 1821. Il combat d'abord le principe d'intervention qu'il trouve trop généralement posé par la Russie, l'Autriche et la Prusse, dans la circulaire de Laybach; puis il ajoute: *Il doit être clairement entendu qu'aucun gouvernement ne peut être plus disposé que le gouvernement britannique à maintenir le droit de tout État ou États à intervenir lorsque sa sûreté immédiate ou ses intérêts essentiels sont sérieusement compromis par les transactions domestiques d'un autre État.* Rien de plus formel que cette déclaration, et le ministre de l'intérieur de la Grande-Bretagne, l'honorable M. Peel, n'a pas craint de dire, dans une des dernières séances de la chambre des communes, que l'Autriche avoit eu le droit d'intervenir dans les affaires de Naples. Certes, si l'Autriche a eu le droit d'aller à Naples renverser la constitution espagnole, on ne nous contestera peut-être pas le droit de combattre cette constitution dans son propre pays lorsqu'elle met la France en péril.

J'espère, messieurs, qu'on ne nous opposera plus l'exemple et l'opinion de l'Angleterre au sujet de l'intervention, puisque j'ai détruit ces objections par l'exemple et l'opinion même de l'Angleterre. Il faut prouver maintenant que nous sommes dans le cas légal d'exception et que nos intérêts essentiels sont blessés. D'abord nos intérêts essentiels sont blessés par l'état de souffrance où la révolution d'Espagne tient une partie de notre commerce. Nous sommes obligés d'entretenir des bâtiments de guerre dans les mers de l'Amérique qu'infestent des pirates nés de l'anarchie de l'Espagne. Plusieurs de nos vaisseaux marchands ont été pillés, et nous n'avons pas, comme l'Angleterre, les moyens de forces maritimes pour obliger les cortès à nous indemniser de nos pertes.

D'une autre part, nos provinces limitrophes de l'Espagne ont le besoin le plus pressant de voir se rétablir l'ordre au delà des Pyrénées. Dès le mois de juin 1820 (et alors il n'étoit pas question de guerre), un honorable député a dit à cette chambre que la révolution espagnole, en interrompant les communications avec la France, diminuoit de moitié la valeur des terres du département des Landes. Le commerce seul des mules et des mulets étoit d'une valeur considérable. Le paysan du Rouergue, de la Haute-Auvergne, du Haut-Limousin, du Poitou, payoit souvent sa contribution foncière avec le prix de la vente des mulets, et il n'y avoit pas jusqu'au Dauphiné qui ne participât à cet avantageux trafic. Nos grains du midi s'écouloient aussi en Espagne, qui les payoit en piastres, sur les négociations desquelles s'établissoit un nouveau gain. Nos toiles trouvoient un vaste marché dans les ports de la péninsule espagnole. Les troubles survenus à la suite de l'insurrection militaire dans l'île de Léon ont considérablement amoindri ces échanges, et un gouvernement seroit coupable qui laisseroit ruiner, sans la protéger, une population entière. Espère-t-on que les guerres civiles cesseront et laisseront le champ libre à notre commerce? N'y comptez pas : rien ne finit de soi-même en Espagne, ni les passions ni les vertus.

Nos consuls menacés dans leur personne, nos vaisseaux repoussés des ports de l'Espagne, notre territoire violé trois fois, sont-ce là des intérêts essentiels compromis?

Un honorable député a cru qu'il ne s'agissoit que de la petite vallée d'Andorre, reconnue pays neutre par les traités ; cette vallée, en effet, a aussi été parcourue par les soldats de Mina ; mais le sol françois n'a pas plus été respecté. Notre territoire violé, et comment? et pourquoi? Pour aller égorger quelques malheureux blessés de l'armée royaliste qui croyoient pouvoir mourir en paix dans le voisinage, et comme à l'ombre de notre généreuse patrie. Leurs cris ont été entendus de nos paysans, qui ont béni, dans leurs chaumières, le roi auquel ils doivent le bonheur d'être délivrés des révolutions.

Nos intérêts essentiels sont encore compromis par cela seul que nous sommes obligés d'avoir une armée d'observation sur les frontières de l'Espagne. Combien de jours, de mois, d'années faudra-t-il entretenir cette armée? Cet état de demi-hostilité a tous les inconvénients de la guerre sans avoir les avantages de la paix ; il pèse sur nos finances, il inquiète l'esprit public, il expose les soldats trop longtemps oisifs à toutes les corruptions des agents de discordes. Les partisans de la paix à tout prix veulent-ils, pour l'obtenir, que nous obéissions à la déclaration de San Miguel, que nous retirions l'armée d'observation? Eh bien, fuyons devant la compagnie du Marteau et des bandes Landaburiennes, et que le souvenir de notre foiblesse, au premier acte militaire de la restauration, s'allie pour jamais au souvenir du retour de la légitimité.

Mais pourquoi a-t-on établi une armée d'observation? Que ne laissoit-on l'Espagne se consumer elle-même? Quelle neutralité! Quoi! si nous étions certains d'être à l'abri des maux qui désolent nos voisins, nous les verrions de sang-froid s'égorger les uns les autres sans essayer d'étendre entre eux une main généreuse ! Et si nous n'étions pas sûrs d'être respectés, falloit-il, par notre imprévoyance, laisser les Espagnols vider leur querelle au milieu de nous, brûler nos villages, piller nos paysans? La violation de notre territoire ne suffiroit-elle pas pour justifier l'établissement d'un cordon de sûreté? L'Angleterre elle-même a prouvé la sagesse de cette mesure. Dans une note officielle de S. G. le duc de Wellington, présentée au congrès de Vérone, se trouve ce passage :

« En considérant qu'une guerre civile est allumée sur toute l'étendue des frontières qui séparent les deux royaumes, que des armées actives opèrent sur tous les points de cette frontière du côté de la France, et qu'il n'y a pas une ville ou un village placé sur cette frontière du côté de la France qui ne risque d'être insulté ou inquiété, personne ne sauroit désapprouver la précaution prise par S. M. T. C. de former un corps d'observation pour la protection de ses frontières et la tranquillité de ses peuples. »

Une note, adressée le 11 janvier dernier au chargé d'affaires de S. M. T. C. à Londres, par le principal secrétaire d'État des affaires étrangères de S. M. B., contient ces paroles :

« Le duc de Wellington n'a point établi d'objection au nom du roi son maître contre les mesures de précaution prises par la France sur ses propres frontières, parce que ces mesures étoient évidemment autorisées par le droit de sa propre défense, non-seulement contre les dangers sanitaires qui furent l'origine de ces mesures et le motif exclusivement allégué jusqu'au mois de septembre pour les maintenir, mais encore contre les inconvénients que pouvoient avoir pour la France des troubles civils dans un pays séparé d'elle uniquement par une délimitation de convention, contre la contagion morale des intrigues politiques, enfin contre la violation du territoire françois par des excursions militaires fortuites. »

La contagion morale, messieurs; ce n'est pas moi qui l'ai dit. Je prends acte de cet aveu; je conviens que cette contagion morale est la plus terrible de toutes, que c'est elle surtout qui compromet nos intérêts essentiels. Qui ignore que les révolutionnaires d'Espagne sont en correspondance avec les nôtres? N'a-t-on pas par des provocations publiques cherché à porter nos soldats à la révolte? Ne nous a-t-on pas menacés de faire descendre le drapeau tricolore du haut des Pyrénées, pour ramener le fils de Buonaparte? Ne connoissons-nous pas les desseins, les complots et les noms des coupables échappés à la justice qui prétendent venir à nous sous cet uniforme des braves, qui doit mal convenir à des traîtres? Une révolution qui soulève parmi nous tant de passions et de souvenirs ne compromettroit pas nos intérêts essentiels! Cette révolution, dit-on, est isolée, renfermée dans la Péninsule, dont elle ne peut sortir, comme si, dans l'état de civilisation où le monde est arrivé, il y avoit en Europe des États étrangers les uns aux autres! Ce qui est arrivé naguère à Naples et à Turin n'est-il pas une preuve suffisante que la contagion morale peut franchir les Pyrénées? N'est-ce pas pour la constitution des cortès que l'on a voulu renverser le gouvernement de ces pays? Et qu'on ne vienne pas même nous dire que les peuples vouloient cette constitution à cause de son excellence : on la connoissoit si peu à Naples, qu'en l'adoptant on nommoit une commission pour la traduire. Aussi passa-t-elle, comme tout ce qui n'est pas national, comme tout ce qui est étranger aux mœurs d'un peuple. Née ridicule, elle mourut méprisable, entre un carbonaro et un caporal autrichien.

Sous les rapports de la politique extérieure, nos intérêts essentiels ne sont pas moins compromis. M. le président du conseil l'a déjà dit à la chambre des pairs; nous ne prétendons en Espagne ni à des avantages particuliers ni au rétablissement des traités que le temps a détruits, mais nous devons désirer une égalité qui ne nous laisse rien à craindre : si la constitution de Cadix restoit telle qu'elle est, elle mèneroit infailliblement l'Espagne à la république. Alors nous pourrions voir se former des alliances, se créer des relations qui dans les guerres futures affoibliroient considérablement nos forces. Avant la révolution, la France n'avoit qu'une seule frontière à défendre. Elle étoit gardée au midi par la Méditerranée, à l'occident par l'Espagne, au nord par l'Océan, à l'orient par la Suisse; il ne restoit entre le nord et l'orient qu'une ligne assez courte, hérissée de places fortes, et sur laquelle nous pouvions porter tous nos soldats. Changez cet état de choses ; soyez forcés de surveiller vos frontières occidentales et orientales, et à l'instant vos armées partagées vous obligent, pour faire face au nord, à ces efforts qui épuisent les États. De cette position pourroient résulter les plus grands malheurs ; oui, messieurs, les plus grands malheurs, et je suis fondé à le dire. Que l'expérience nous instruise : par où sont passées les armées qui ont envahi notre territoire ? Par la Suisse et par l'Espagne ; par la Suisse et par l'Espagne, que l'ambition insensée de la fausse politique d'un homme avoit détachées de notre alliance. Politiques à vue bornée, n'allons pas croire que ce n'est rien pour nous que les innovations de l'Espagne, et exposer par le contre-coup de nos fautes l'indépendance de notre postérité.

J'arrive, messieurs, à la grande question de l'alliance et des congrès. L'alliance a été imaginée pour la servitude du monde, les tyrans se sont réunis pour conspirer contre les peuples ; à Vérone la France a mendié les secours de l'Europe pour détruire la liberté ; à Vérone nos plénipotentiaires ont compromis l'honneur et vendu l'indépendance de leur patrie ; à Vérone, on a résolu l'occupation militaire de l'Espagne et de la France ; les Cosaques accourent du fond de leur repaire pour exécuter le hautes œuvres des rois, et ceux-ci forcent la France à entrer dans une guerre odieuse, comme les anciens faisoient quelquefois marcher leurs esclaves au combat.

C'est ici, messieurs, que je suis obligé de faire un effort sur moi-même pour mettre dans ma réponse le sang-froid et la mesure qui conservent la dignité du caractère. Il est difficile, j'en conviens, d'entendre sans émotion porter de si étranges accusations contre un ancien ministre, qui commande le respect à tout ce qui l'approche. Je n'ai qu'un regret, et il est sincère, c'est que vous n'entendiez pas, de la bouche même de mon prédécesseur, des explications nouvelles auxquelles ses vertus ajouteroient un poids que je ne me flatte pas de leur donner. On l'a appelé à cette tribune le *duc de Vérone*. Si c'est à cause de l'estime qu'il a inspirée à tous les souverains de l'Europe, il mérite d'être ainsi nommé ; c'est un nouveau titre de noblesse ajouté à tous ceux que possèdent déjà les Montmorency.

Quant à mes nobles collègues au congrès de Vérone, ce seroit les insulter que de les défendre ; un compagnon de l'exil du roi, un ami de Mgr le duc de Berry, sont au-dessus du soupçon d'avoir trahi les intérêts de leur patrie. Il ne reste donc que moi. La chambre n'a pas besoin de mes apologies ; mais j'oserai lui dire que parmi tant d'honorables députés il n'y en a pas un seul que je reconnoisse pour meilleur François que moi.

Je ne veux point récriminer : cependant je demande la permission d'appuyer un moment sur une remarque.

En lisant les journaux de l'opinion opposée à la mienne, j'y vois sans cesse l'éloge, très-mérité d'ailleurs, du gouvernement anglois. De bons François laissent entrevoir qu'il n'y auroit pas de mal que l'Angleterre rompît la neutralité et prît les armes contre leur patrie. Dans la cause de la liberté, ils oublient les injures qu'ils prodiguoient à cette même Angleterre il n'y a pas encore un an, les caricatures dont ils couvroient les boulevards, les brochures dont ils inondoient Paris, et le patriotisme qu'ils croyoient faire éclater en insultant de la manière la plus grossière de pauvres artistes de Londres. Dans leur amour des révolutions, ils semblent avoir oublié toute leur haine pour les soldats qui furent heureux à Waterloo : peu leur importe à présent ce qu'ils ont fait, pourvu qu'ils servent à soutenir contre un Bourbon les révolutionnaires de l'Espagne. D'une autre part, ces alliés du continent, dont ils cherchoient les suffrages, sont devenus l'objet de leur animadversion. Pourquoi ne se plaignoit-on pas de la perte de notre indépendance lorsque les étrangers exerçoient une si grande influence sur notre sort, lorsque l'on consultoit les ambassadeurs sur les lois même qu'on portoit aux deux chambres? L'Europe, nous disoit-on alors, applaudit à l'ordonnance du 5 septembre ; l'Europe approuve le traitement que l'on fait subir aux royalistes ; l'Europe, dans des actes publics, vient de déclarer qu'elle est satisfaite du système que l'on suit ; et par considération pour ce système elle retire ses soldats, elle fait remise des subventions. Qui à cette époque, messieurs, a protesté contre cet abandon de la dignité de la France? Seroit-ce par hasard ceux-là même qui auroient été abaisser cette dignité à Vérone? Dans ce cas, il seroit juste de les entendre avant de les condamner, et de ne pas conclure trop précipitamment qu'ils ont changé d'intérêts et de principes parce que d'autres en ont changé.

Messieurs, je dois vous faire un aveu : je suis arrivé au congrès avec des préjugés qui lui étoient peu favorables ; je me souvenois encore des méprises de l'Europe. Sincère ami des libertés publiques et de l'indépendance des nations, j'avois été un peu ébranlé par ces calomnies qu'on répète encore tous les jours. Qu'ai-je été forcé de voir à Vérone? Des princes pleins de modération et de justice, des rois honnêtes hommes, que leurs sujets voudroient avoir pour amis s'ils ne les avoient pour maîtres. J'ai mis par écrit, messieurs, les paroles que j'ai entendues sortir de la bouche d'un prince dont mes honorables adversaires ont loué eux-mêmes la magnanimité et recherché la faveur à une autre époque :

« Je suis bien aise, me dit un jour l'empereur Alexandre, que vous soyez venu à Vérone, afin de rendre témoignage à la vérité. Auriez-vous cru, comme le disent nos ennemis, que l'alliance est un mot qui ne sert qu'à couvrir des ambitions? Cela peut-être eût été vrai dans l'ancien état des choses; mais il s'agit bien aujourd'hui de quelques intérêts particuliers, quand le monde civilisé est en péril!

« Il ne peut plus y avoir de politique angloise, françoise, russe, prussienne, autrichienne; il n'y a plus qu'une politique générale qui doit, pour le salut de tous, être admise en commun par les peuples et par les rois. C'est à moi à me montrer le premier convaincu des principes sur lesquels j'ai fondé l'alliance. Une occasion s'est présentée, le soulèvement de la Grèce : rien sans doute ne paroissoit être plus dans mes intérêts, dans ceux de mes peuples, dans l'opinion de mon pays, qu'une guerre religieuse contre la Turquie; mais j'ai cru remarquer dans les troubles du Péloponèse le signe révolutionnaire.

« Dès lors je me suis abstenu. Que n'a-t-on point fait pour rompre l'alliance? On a cherché tour à tour à me donner des préventions ou à blesser mon amour-propre; on m'a outragé ouvertement : on me connoissoit bien mal, si on a cru que mes principes ne tenoient qu'à des vanités ou pouvoient céder à des ressentiments. Non, je ne me séparerai jamais des monarques auxquels je suis uni : il doit être permis aux rois d'avoir des alliances publiques pour se défendre contre les sociétés secrètes. Qu'est-ce qui pourroit me tenter? Qu'ai-je besoin d'accroître mon empire? La Providence n'a pas mis à mes ordres huit cent mille soldats pour satisfaire mon ambition, mais pour protéger la religion, la morale et la justice, et pour faire régner ces principes d'ordre sur lesquels repose la société humaine. »

De telles paroles, messieurs, dans la bouche d'un tel souverain, méritoient bien d'être recueillies, et je me plais à vous les transmettre, sûr qu'elles feront naître en vous des sentiments d'admiration pareils aux miens. Un prince qui peut tenir un semblable langage pouvoit-il se démentir à l'instant même, et proposer à la France rien qui compromît son indépendance et son honneur? La modération est le trait dominant du caractère d'Alexandre; croyez-vous donc qu'il ait voulu la guerre à tout prix, en vertu de je ne sais quel droit divin et en haine des libertés des peuples? C'est, messieurs, une complète erreur. A Vérone on est toujours parti du principe de la paix, à Vérone les puissances alliées n'ont jamais parlé de la guerre qu'elles pourroient faire à l'Espagne; mais elles ont cru que la France, dans une position différente de la leur, pourroit être forcée à cette guerre; le résultat de cette conviction a-t-il fait naître des traités onéreux ou déshonorants pour la France? Non. S'est-il même agi de donner passage à des troupes étrangères sur le territoire de la France? Jamais. Qu'est-il donc arrivé? Il est arrivé que la France est une des cinq grandes puissances qui composent l'alliance, qu'elle y restera invariablement attachée, et qu'en conséquence de cette alliance, qui date déjà de huit années, elle trouvera dans des cas prévus et déterminés un appui qui, loin d'affecter sa dignité, prouveroit le haut rang qu'elle occupe en Europe.

L'erreur de mes honorables adversaires est de confondre l'indépendance avec l'isolement: une nation cesse-t-elle d'être libre parce qu'elle a des traités? Est-elle contrainte dans sa marche, subit-elle un joug honteux, parce qu'elle a des rapports avec des puissances égales en force à la sienne et soumises aux conditions d'une parfaite réciprocité? Quelle nation fut jamais sans alliance au milieu des autres nations? En existe-t-il un seul exemple dans l'histoire? Voudroit-on faire des François une espèce de peuple juif, séparé du genre humain? A quel reproche bien autrement fondé seroit exposé le gouvernement, s'il n'avoit rien prévu, rien combiné, et si dans le cas d'une guerre possible il eût ignoré jusqu'au parti que prendroient d'autres puissances.

Lorsque nous n'avions point d'armée, lorsque nous ne comptions pour rien parmi les États du continent, lorsque de petits princes d'Allemagne envahissoient impunément nos villages, et que nous n'osions nous en plaindre, personne ne disoit que nous étions esclaves; aujourd'hui que notre résurrection militaire étonne l'Europe, aujourd'hui que nous élevons dans le conseil des rois une voix écoutée, aujourd'hui que de nouvelles conventions effacent le souvenir des traités par lesquels on nous a fait expier nos victoires, aujourd'hui on s'écrie que nous subissons un joug humiliant! Jetez les yeux sur l'Italie, et voyez un autre effet du congrès de Vérone: le Piémont, dont l'évacuation sera complète au mois d'octobre; le royaume de Naples, dont on retire dix-sept mille hommes, dont on diminue la contribution militaire, et qui seroit totalement évacué s'il avoit recréé son armée.

Cependant l'Autriche n'aspiroit-elle pas à la domination entière de l'Italie? Le congrès de Laybach ne lui avoit-il pas livré ce beau pays? et en général tous ces congrès ne sont-ils pas inventés pour étendre l'oppression, pour étouffer les libertés des peuples sous de longues occupations militaires? Toutefois un an s'est à peine écoulé, et voilà *l'ambitieuse* Autriche qui commence à rendre à leurs souverains légitimes les États qu'elle a sauvés des révolutions!

Je suis tranquille aujourd'hui sur le sort de ma patrie: ce n'est pas au moment où la France a retrouvé les armées qui ont si glorieusement défendu son indépendance que je tremble pour sa liberté.

Je passe à présent, messieurs, à quelques objections de détail.

On blâme cette phrase du discours de la couronne : *Que Ferdinand soit libre de donner à son peuple des institutions qu'il ne peut tenir que de lui.*

C'est la même objection que l'on a élevée contre le mot *octroyé*, placé dans la Charte, et elle part du même principe. On ne veut pas que la source de la souveraineté découle du souverain.

Il nous étoit libre de parler ou de ne pas parler d'institutions à donner à l'Espagne : si nous n'en avions rien dit, à l'instant on se fût écrié que nous voulions faire la guerre pour rétablir le roi absolu et l'inquisition ; mais parce qu'il étoit juste, généreux et politique de parler d'institutions, falloit-il reconnoître la souveraineté du peuple proclamée dans la Constitution espagnole ? falloit-il se soumettre à deux principes qui bouleverseroient tout l'ordre social : cette souveraineté du peuple et l'insurrection militaire ? L'amas informe de la constitution des cortès vaut-il seulement la peine d'être examiné ?

La France a donc pu souhaiter à l'Espagne en 1823, comme l'Angleterre à la France en 1793, des institutions plus propres à la rendre heureuse et florissante. Mais la France, s'écrie-t-on, a pendant cinq années reconnu cette constitution des cortès ; et pourquoi ne veut-elle plus la reconnoître aujourd'hui ? De grandes puissances de l'Europe eurent aussi des ambassadeurs à Paris depuis 1789 jusqu'en 1793 : elles voyoient avec inquiétude commencer notre révolution, mais elles espéroient que les hommes raisonnables seroient écoutés tôt ou tard. Quand leur espérance fut déçue, quand leurs intérêts essentiels se trouvèrent compromis par la révolution croissante, il leur fallut bien se retirer et chercher dans les chances de la guerre une sûreté qu'elles ne trouvoient plus dans la paix.

La France ne prétend point, messieurs, imposer des institutions à l'Espagne. Assez de libertés nationales reposent dans les lois des anciennes cortès d'Aragon et de Castille pour que les Espagnols y trouvent à la fois un remède contre l'anarchie et le despotime. Il faudroit cependant être d'accord avec soi-même et ne pas nous reprocher, d'une part, d'avoir l'intention de soutenir l'arbitraire en Espagne, de l'autre, d'avoir le projet d'y naturaliser la Charte. Nous ne pouvons vouloir à la fois l'esclavage et la liberté.

Messieurs, je le dirai franchement, la France ne doit point se mêler des établissements politiques de l'Espagne. C'est aux Espagnols à savoir ce qui convient à l'état de leur civilisation ; mais je souhaite de toute mon âme à ce grand peuple des libertés dans la mesure de ses mœurs, des institutions qui puissent mettre ses vertus à l'abri des inconstances de la fortune et du caprice des hommes. Espagnols! ce n'est point votre ennemi qui parle, c'est celui qui a annoncé le retour de vos nobles destinées quand on vous croyoit descendus pour jamais de la scène du monde. Vous avez surpassé mes prédictions, vous avez arraché l'Europe au joug que les empires les plus puissants n'avoient pu briser : vous devez à la France vos malheurs et votre gloire. Elle vous a envoyé ces deux fléaux, Buonaparte et la révolution : délivrez-vous du second comme vous avez repoussé le premier [1].

Qu'il me soit permis, messieurs, de repousser la comparaison que l'on prétendoit faire entre l'invasion de Buonaparte et celle à laquelle on contraint la France aujourd'hui ; entre un Bourbon qui marche à la délivrance d'un Bourbon et l'usurpateur qui venoit saisir la couronne d'un Bourbon après s'être emparé de sa personne par une trahison sans exemple ; entre un conquérant qui marchoit brisant les autels, tuant les religieux, déportant les prêtres, renversant les institutions du pays, et un petit-fils de saint Louis qui arrive pour protéger tout ce qu'il y a de sacré parmi les hommes, et qui, jadis proscrit lui-même, vient faire cesser les proscriptions.

Buonaparte pouvoit ne pas rencontrer d'amis parmi les sujets d'un Bourbon et chez les descendants du héros de la Castille ; mais nous n'avons ni assassiné le dernier des Condés ni exhumé le Cid, et les bras armés contre Buonaparte combattront pour nous.

J'aurois désiré que l'on eût parlé avec moins d'amertume de ces royalistes espagnols qui soutiennent aujourd'hui la cause de Ferdinand. Je me souviens d'avoir été banni comme eux, malheureux comme eux, calomnié comme eux.

Il m'est difficile de préférer au baron d'Éroles, estimé même de ses ennemis, des soldats qui ont appuyé leurs baïonnettes sur le cœur de leur roi, pour lui prouver leur dévouement et leur fidélité.

Et pourquoi avoir été rappeler ce message au sénat touchant l'occupation de l'Espagne par Buonaparte? Ce monument de dérision et de servitude nous accuse-t-il? Je le connoissois ; je n'avois pas voulu m'en servir dans la crainte de blesser ceux qui s'élèvent aujourd'hui

---

1. La prédiction à laquelle on fait allusion ici se trouve dans le *Génie du Christianisme*, p. 327, liv. III, chap. V « L'Espagne, séparée des autres nations, présente encore à l'historien un caractère plus original : l'espèce de stagnation de mœurs dans laquelle elle repose lui sera peut-être utile un jour; et lorsque les peuples européens seront usés par la corruption, elle seule pourra reparoître avec éclat sur la scène du monde, parce que le fond des mœurs subsiste chez elle. »

contre la guerre : on la faisoit en silence quand le sénat eut déclaré que l'invasion de Buonaparte étoit juste et politique.

Ne nous laissons pas étonner par des déclamations et des menaces. S'il n'y avoit à s'élever contre la guerre que des hommes dont les opinions sont honorables, on pourroit peut-être hésiter ; mais quand tous les révolutionnaires de l'Europe vocifèrent la paix d'un commun accord, ils sentent apparemment qu'ils sont compromis en Espagne ; ils craignent de se voir chassés de leur dernier asile. Tel qui s'apitoie sur les maux où va nous précipiter la guerre craint plus nos succès que nos revers.

Quant aux ministres, messieurs, le discours de la couronne leur a tracé la ligne de leurs devoirs. Ils ne cesseront de désirer la paix, de l'invoquer de tous leurs vœux, d'écouter toute proposition compatible avec la sûreté et l'honneur de la France ; mais il faut que Ferdinand soit libre, il faut que la France sorte à tout prix d'une position dans laquelle elle périroit bien plus sûrement que par la guerre. N'oublions jamais que si la guerre avec l'Espagne a, comme toute guerre, ses inconvénients et ses périls, elle aura eu pour nous un immense avantage. Elle nous aura créé une armée, elle nous aura fait remonter à notre rang militaire parmi les nations, elle aura décidé notre émancipation et rétabli notre indépendance. Il manquoit peut-être encore quelque chose à la réconciliation complète des François ; elle s'achèvera sous la tente : les compagnons d'armes sont bientôt amis, et tous les souvenirs se perdent dans la pensée d'une commune gloire.

Le roi, ce roi si sage, si paternel, si pacifique, a parlé. Il a jugé que la sûreté de la France et la dignité de la couronne lui faisoient un devoir de recourir aux armes après avoir épuisé les conseils. Le roi a voulu que cent mille soldats s'assemblassent sous les ordres du prince qui, au passage de la Drôme, s'est montré vaillant comme Henri IV. Le roi, avec une généreuse confiance, a remis la garde du drapeau blanc à des capitaines qui ont fait triompher d'autres couleurs : ils lui rapprendront le chemin de la victoire ; il n'a jamais oublié celui de l'honneur.

DISCOURS

SUR LA

LOI RELATIVE A L'EMPRUNT DE CENT MILLIONS

PRONONCÉ A LA CHAMBRE DES PAIRS
LE 15 MARS 1823 [1]

Messieurs, vous n'attendez pas de moi que je remonte aux principes et que je traite de nouveau, dans toute son étendue, une question désormais épuisée. Je vais seulement essayer de répondre à quelques-unes des objections produites à cette tribune par les adversaires du projet de loi soumis à votre examen.

Je commence par un noble maréchal. Ce n'est pas moi qui lui contesterai le droit d'examiner la question de la paix et de la guerre, moi qui ai soutenu et qui soutiens encore les principes que j'ai posés de la sorte : « La doctrine sur la prérogative royale est : Que rien ne procède directement du roi dans les actes du gouvernement ; que tout est l'œuvre du ministère. »

J'ai du moins cet avantage comme ministre : on ne peut pas me reprocher d'être inconstitutionnel.

Le noble maréchal prétend que nos intérêts essentiels ne sont pas blessés. Qui jugera la question ? Le grand danger de la France réside dans la contagion morale de la révolution espagnole : or, il est évident que c'est un fait qui, tenant aux convictions diverses des esprits, ne peut être affirmé que par des preuves dont chaque opposant peut toujours contester l'évidence : toutes les vérités de l'ordre moral sont dans ce cas.

Si je vous disois que la révolution espagnole, placée sur la frontière de France, réveille parmi nous des intérêts et des souvenirs funestes ;

---

1. J'étois alors ministre des affaires étrangères.

si je vous disois que la France, à peine guérie d'une révolution de trente années, est plus exposée qu'un autre État à reprendre le mal qui l'a travaillée si longtemps ; si je vous disois que les calamités qui ont pesé sur nous nous obligent à faire tous nos efforts pour en prévenir le retour ; si je vous disois qu'au nom de la révolution espagnole on essaye dans toutes les gazettes révolutionnaires de l'Europe d'exciter nos soldats à la révolte ; qu'à Madrid même, sous les yeux du gouvernement, on imprime en françois d'affreux journaux dont je n'oserois vous lire les fragments à cette tribune, vous me nieriez le pouvoir de ces influences et les inductions que j'en veux tirer. Je répondrois par une assertion, et nous resterions là, jusqu'au jour où la révolution viendroit nous prouver qu'elle se rit de nos vaines contentions et qu'on ne l'arrête pas par des discours.

Et à propos de cette contagion morale, on a soutenu qu'aucun nom espagnol ne s'étoit trouvé mêlé dans les causes portées devant nos tribunaux ; mais il me semble, messieurs, que dans le sein même de cette chambre, on nous a dit que Nantil, aujourd'hui en Espagne, s'étoit vanté de vouloir faire un coup à la *Quiroga*. Il est vrai que le général Quiroga lui-même ne paroissoit pas comme prévenu au procès ; mais niera-t-on la contagion de sa révolte ?

Le noble maréchal a parlé de l'origine de la constitution des cortès, qu'il regarde comme l'ouvrage de la nation espagnole. Pour le détromper à cet égard, il me permettra de lui citer un passage d'une brochure politique qui fait dans ce moment même une grande sensation à Londres :

« Quoique les membres des cortès de Cadix ne fussent pas du tout élus par les villes et les provinces qu'ils étoient censés représenter, personne n'auroit été tenté de leur reprocher leur illégalité, s'ils s'étoient contentés d'administrer provisoirement les affaires du royaume et d'y faire des réformes modérées. Mais aussitôt qu'ils s'occupèrent de faire une constitution qui paroissoit devoir avoir une tendance démocratique, il se manifesta par toute l'Espagne du mécontentement et de l'opposition. Les personnes même qui avoient contribué le plus à exciter et soutenir le peuple dans son opposition aux François abandonnèrent la cause aussitôt qu'ils découvrirent que le gouvernement agissoit en sens contraire au but populaire de la guerre. Les chaires publiques et les journaux dans plusieurs parties du royaume, qui avoient excité le peuple à la guerre condamnèrent les actes du gouvernement et déclarèrent nettement qu'il étoit inutile de continuer des efforts dont la réussite même ne produiroit pas le résultat qu'on s'étoit proposé ; car un gouvernement qui s'étoit constitué lui-même, et qu'on ne pouvoit regarder au plus que comme habile pour administrer provisoirement les affaires du royaume pendant la captivité du roi, avoit fait une constitution qui changeoit l'objet de la guerre en établissant une démocratie et détruisant le pouvoir royal.

« Nous nous souvenons tous de l'apathie du peuple espagnol vers la fin de la guerre. Nous ne pouvions pas comprendre pourquoi l'enthousiasme qu'il avoit montré dans les commencements s'étoit si tôt évaporé. Voilà la solution de l'énigme, c'est la haine pour la constitution des cortès qui produisit cette apathie générale. »

Voilà, messieurs, ce que raconte un Anglois, témoin oculaire des faits. Et si vous lisiez la brochure de M. San-Miguel lui-même sur les premiers mouvements insurrectionnels dans l'île de Léon, vous verriez que la révolte militaire fut également repoussée dans son origine. Le ministre se plaint de ses mauvais succès, et ne trouve partout, selon lui, que lâcheté et trahison. Si la constitution des cortès n'est pas agréable aux peuples de l'Espagne, elle ne l'est pas davantage au roi, à qui elle a été imposée. A qui donc plaît-elle? A ceux qui en profitent pour perdre leur patrie et troubler le monde.

Le noble maréchal a fini par une protestation digne de lui; un champ de bataille est une tribune où il plaidera toujours avec honneur la cause de sa patrie.

Je passe au discours d'un noble baron.

Il a parlé, comme presque tous les orateurs, du droit d'intervention. Il a trouvé une grande différence entre notre position en 1823 à l'égard de l'Espagne et la position de l'Angleterre en 1793 vis-à-vis de la France.

Un noble duc, mon ami, vous a déjà prouvé, messieurs, le peu de force du raisonnement; mais je vais le considérer sous un autre point de vue.

Que l'Angleterre ait déclaré ou reçu la guerre en 1793, qu'est-ce que cela fait aux vérités que j'avois voulu établir? Qu'elle ait donné son manifeste six mois ou six ans après le commencement des hostilités, peu importe à la conséquence que je voulois tirer de ce manifeste. Est-ce une date que j'ai cherchée dans la déclaration? Est-ce le fait de la guerre en lui-même? Pas du tout : j'y ai cherché le principe du droit d'intervention clairement posé, clairement exprimé, et je l'y ai trouvé à chaque ligne; non-seulement je l'y ai trouvé, mais je l'y ai trouvé avec toutes ses conséquences, comme l'imposition d'un changement de constitution, la protection promise à une portion des habitants du pays où l'on porte la guerre, et d'autres faits que j'ai cités, qu'il est inutile de rappeler.

Je dirai plus : le cas même de la guerre défensive, loin d'affoiblir mon raisonnement, le fortifie. En effet, on peut supposer qu'une nation qui a l'intention de commencer les hostilités pose un principe pour se créer un droit. Mais quand on reçoit la guerre, est-il nécessaire de s'appuyer d'un principe ? Quand on se défend, faut-il établir des théories pour prouver qu'on doit se défendre ? Si dans ce cas on fait pourtant des déclarations politiques ; si l'on proclame, par exemple, dans un manifeste, le droit même d'intervention, n'est-il pas alors de la dernière évidence que ce droit proclamé, et non nécessaire au soutien de la guerre défensive, n'est point un prétexte imaginé pour justifier l'attaque, mais la conviction même, le sentiment intime du gouvernement qui fait valoir ce droit sans en avoir aucun besoin ?

Le noble baron a terminé son discours en traçant avec l'imagination la plus vive l'effrayant tableau de l'avenir : la France envahie, toutes nos libertés détruites. Je pourrois lui répondre ce qu'on nous reproche à nous-mêmes, de prévoir des maux qui n'arriveront jamais. Quant à l'invasion de la France et à la perte des libertés publiques, une chose servira du moins à me consoler, c'est qu'elles n'auront jamais lieu tandis que moi et mes collègues serons ministres. Le noble baron qui professe avec talent des sentiments généreux me pardonnera cette assertion : elle sort de la conscience d'un François.

J'ai peu de chose à répliquer à un noble marquis qui siège dans cette partie de la chambre ; il nous a parlé de réquisitions : je crois qu'il a été mal informé. Des paysans ont-ils vendu leurs bœufs, leurs fourrages ? Cela peut être, mais une vente lucrative ne constitue pas une réquisition [1].

Je passe à l'examen de l'opinion d'un noble duc.

Notre armée va entrer en Espagne, a-t-il dit, pour livrer pieds et poings liés à leur maître des sujets révoltés.

Je n'accuse pas la bonne foi du noble duc : il aura seulement oublié que j'ai dit tout le contraire ; que j'ai souhaité aux Espagnols une liberté dans la mesure de leurs mœurs et qui les mette également à l'abri de l'anarchie et du despotisme.

Où le noble duc a-t-il vu qu'on propose à la France de faire une guerre de doctrines ? Les ministres du roi n'ont cessé de répéter que si nous étions obligés de recourir aux armes, ce n'est que parce que nos intérêts essentiels sont compromis, que nous ne faisons point la

---

[1]. Le noble marquis s'est expliqué : il a assuré qu'il s'agissoit de charrettes commandées par les maires pour transporter les troupes, et autres mesures de cette sorte.

guerre à des institutions, mais que nous prétendons nous défendre contre des institutions qui nous font la guerre.

Le noble duc s'élève contre ce principe : qu'aux rois seuls appartient le droit de donner des institutions aux peuples : d'où il conclut que les rois peuvent changer ce qu'ils avoient donné ou ne rien donner du tout, selon leur volonté et leur bon plaisir.

Mais il ne voit pas qu'on peut rétorquer l'argument, et que si le peuple est souverain, il peut à son tour changer le lendemain ce qu'il a fait la veille, et même livrer sa liberté et sa souveraineté à un roi, comme cela est arrivé. Si le noble pair eût été moins préoccupé, il auroit vu que deux principes régissent tout l'ordre social : la souveraineté des rois pour les monarchies, la souveraineté des nations pour les républiques. Dites dans une monarchie que le peuple est souverain, et tout est détruit : dites dans une république que la souveraineté réside dans la royauté, et tout est perdu. On étoit donc obligé, sous peine d'être absurde, d'affirmer qu'en Espagne les institutions devoient venir de Ferdinand, puisqu'il s'agissoit d'une monarchie. Quant à la manière dont il peut donner ces institutions, ou seul, ou d'accord avec des corps politiques reconnus par lui dans sa pleine liberté, c'est ce qu'on n'a jamais prétendu prescrire. On n'a fait qu'exprimer le principe vital de la monarchie et exposer une vérité de théorie.

Le noble duc nous a dit qu'il n'admettoit point la solidarité dans les dynasties. Il ne voit pas pourquoi Louis XVIII, petit-fils de Louis XIV, secouroit Ferdinand VII, également descendant du grand roi. Le noble duc confond ici le roi et la royauté; il prend les hommes pour les choses, l'intérêt privé pour l'intérêt public, la famille pour la monarchie : tous les rois sont solidaires, et même jusqu'à l'échafaud.

Le noble duc ne veut pas que nous allions prévoir des crimes dans l'avenir; il ne veut pas que nous raisonnions par analogie. Ainsi, que des soldats révoltés aient forcé un monarque prisonnier d'accepter une constitution démocratique; que des massacres aient été commis dans les prisons de Madrid et de Grenade; que des exils, des confiscations, aient été prononcés; que des assassinats juridiques aient eu lieu; qu'une guerre civile soit allumée jusqu'aux portes de Madrid par suite des nouvelles institutions, nous ne devons rien en conclure. Ferdinand n'a point encore été jugé; on ne l'a encore menacé que de déchéance; il est si libre qu'il voyage peut-être à présent avec ses geôliers, au milieu des soldats-législateurs qui vont l'enfermer dans une forteresse. Il n'y a rien à craindre, attendons l'événement.

Il résulteroit de la doctrine de mon adversaire que l'on peut punir le crime, mais qu'on ne doit jamais le prévenir. Selon moi, la justice est un de ces principes éternels qui ont précédé le mal dans le monde; selon le noble duc, c'est le mal, au contraire, qui a donné naissance à la justice. Il pose ainsi au fond de la société une cause permanente de subversion; car on n'auroit jamais le droit de venir au secours de la société que lorsqu'elle seroit détruite.

Enfin le noble duc est arrivé au fameux principe caché, pour ainsi dire, au fond de son discours. Il a lui-même senti le danger de la doctrine qu'il alloit émettre; car il s'est enveloppé dans des précautions oratoires, de manière que s'il n'avoit pas eu la bonté de m'expliquer sa pensée, je l'aurois à peine comprise. Il nous a dit qu'en parlant du droit de résistance il marchoit sur des charbons ardents; il s'est trompé d'expression, il a voulu dire sur des ruines.

Il y a, messieurs, des mystères en politique comme en religion. Prétendez-vous les expliquer, vous tombez dans des abîmes. Je crois être aussi indépendant d'esprit et de caractère que le noble duc; je crois aimer autant que lui les libertés publiques; je hais les tyrans, je déteste l'oppression; mais je soutiens que discuter la doctrine de la résistance, c'est s'exposer à bouleverser le monde. Je soutiens qu'aucune société, même une société démocratique, ne peut exister avec ce principe. Qui fixera le point où la résistance doit commencer? Si vous m'établissez juge de ce terrible droit, mes passions, mes préjugés, les bornes mêmes de mon entendement, me feront voir partout la tyrannie. Les lois me sembleront oppressives quand elles arrêteront mes penchants, et je leur résisterai. L'ordre de mes supérieurs me paroîtra arbitraire, et je ne l'exécuterai pas. Si je résiste, on me résistera; car le droit est égal pour tous. Tous les désordres, tous les malheurs, tous les crimes, découleront de ce droit de révolte, et l'on arrivera à l'anarchie, qui n'est qu'une grande résistance à tous les pouvoirs.

Le noble duc est jeune encore; il ne connoît nos malheurs que par tradition. Je ne veux point lui faire le tableau de ce qu'il nous en a coûté pour avoir proclamé que l'insurrection est le plus saint des devoirs, il m'accuseroit de faire des *phrases sonores* et d'employer des *arguments de rhéteur*[1]. Mais s'il est attaché autant que moi à la monarchie constitutionnelle, je le supplie de ne plus donner des armes à nos ennemis. Si l'on voit reparoître à la tribune ces doctrines

---

1. Le noble duc a déclaré que cette phrase de son discours ne s'appliquoit pas au ministre.

qui pendant trente ans nous ont précipités sous tous les jougs et fait passer par tous les malheurs, la puissance des souvenirs agira sur les âmes foibles, et l'on en viendra à regretter ces temps où la gloire avoit condamné la liberté au silence.

Vous me dispenserez, messieurs, de répondre au dernier orateur qui descend de cette tribune, parce qu'il n'a fait que répéter ce qu'on avoit dit avant lui. Ce sont toujours les mêmes objections : guerre injuste, guerre impolitique faite dans l'intérêt du pouvoir absolu ; nous n'avons pas le droit d'intervenir ; nous consoliderons ce que nous prétendons renverser ; enfin c'est la majesté de la république qui auroit pu exister, sans doute en place et lieu de la majesté légitime. Vous savez, messieurs, à quoi vous en tenir, et je craindrois, en prolongeant ce discours, d'abuser de votre indulgence.

DISCOURS

SUR LE

BUDGET DU DÉPARTEMENT DES AFFAIRES ÉTRANGÈRES[1],

PRONONCÉ A LA CHAMBRE DES PAIRS,
SÉANCE DU 7 AVRIL 1823.

Messieurs, si les ministres ne prenoient la parole que lorsqu'ils sont attaqués, je devrois vous épargner l'ennui d'un discours. A peine a-t-on fait quelques observations sur le budget des affaires étrangères : le rapporteur de votre commission, ainsi que plusieurs orateurs, m'ont traité moi-même avec une indulgence dont je les remercie. Gardons toujours, messieurs, le langage et les convenances parlementaires : un ton poli rend les bonnes raisons meilleures et fait passer les mauvaises.

Je ne me félicite point de parler aujourd'hui sans contradicteurs. L'honorable opposition qui a cru devoir se retirer m'auroit éclairé de ses lumières, elle auroit produit un plus grand bien, messieurs; sa présence auroit réuni des hommes faits pour s'estimer. Quoi qu'il en soit, appelé à cette tribune par un devoir constitutionnel, je viens essayer de le remplir.

Persuadé que la France doit son salut à la monarchie représentative; convaincu que la Charte n'est que le développement naturel de l'esprit du temps, je me suis appliqué à connoître ce qui entrave ou favorise la marche de nos institutions. J'ai remarqué, relativement au ministère des affaires étrangères, qu'on s'étoit plaint, dans les dernières sessions, de ne voir figurer que des chiffres au budget de ce ministère. Pour être d'accord avec moi-même et ne pas trouver bon comme ministre ce que j'ai trouvé mauvais comme membre de l'opposition, j'ai placé

---

1. J'étois alors ministre des affaires étrangères.

auprès de la colonne des chiffres du budget dont j'ai l'honneur de vous entretenir des observations qui donnent une idée générale de l'emploi des fonds. Je vais, messieurs, compléter ces renseignements en suivant l'ordre des chapitres.

Le ministère des affaires étrangères se divise en deux sections ou deux services, et en deux classes d'affaires ; en deux services, le service intérieur et le service extérieur ; en deux classes d'affaires, les affaires politiques et les affaires commerciales ou consulaires. Quatre articles composent le premier chapitre du budget consacré au service intérieur ; 700,000 fr. sont affectés à ce service. Le traitement du ministre, porté au premier article, est de 150,000 fr. ; avant la révolution il étoit de 300,000 fr., sans compter un traitement particulier et des frais considérables d'établissement. On a proposé hier aux ministres de diminuer leur traitement ; j'avoue que je suis très-peu touché d'un traitement, et je fais bon marché du mien. Reste à savoir si le ministère qui est le plus particulièrement chargé de faire aux étrangers les honneurs d'une grande monarchie doit leur fermer sa porte. Le ministre y gagneroit du temps ; la France y perdroit en considération : choisissez, messieurs.

Le traitement du directeur des affaires politiques se trouve en second article : il étoit de 40,000 fr. en 1820, et de 30,000 fr. en 1822. Je l'ai réduit à 20,000 fr. Les 10,000 fr. économisés ne paroissent point en diminution de la somme totale, parce qu'ils sont portés dans le service supplémentaire, sur lequel j'espère trouver le moyen de prélever les appointements d'un directeur des affaires commerciales.

Le système de crédit par spécialité est évidemment impraticable dans le ministère que le roi a daigné confier à mes soins ; les chapitres doivent s'y balancer l'un par l'autre, et les fonds du service qui a de l'excédant par la chance des événements sont appelés à couvrir le déficit du service épuisé par ces mêmes événements.

Les frais de bureau portés en troisième article, et réduits à 380,000 francs, montoient en 1815 à 433,000 francs : il y a eu réforme progressive.

Cette partie du service a été fort attaquée dans les sessions précédentes. Quoique le personnel du ministère des affaires étrangères ne soit rien, comparé au personnel des autres ministères, on a prétendu qu'il étoit encore trop nombreux. Permettez-moi, messieurs, de vous soumettre sur cette matière quelques réflexions.

La multitude d'hommes qui tombent à la charge du public est un mal de toute grande société, de toute société vieillissante. En Grèce, le superflu de la population s'écouloit dans des colonies ; à Rome, on faisoit des distributions de blé, de comestibles aux indigents, on abolissoit leurs dettes. Il y eut des empereurs qui, pour simplifier les choses, firent noyer tous ceux qui se plaignoient de mourir de faim. On employa en France pendant la révolution, pour augmenter les recettes, le même moyen financier que les tyrans de Rome prenoient pour diminuer les dépenses.

La société chrétienne apporta, par la charité, un remède à ces maux : les grandes communautés nourrirent le peuple. L'Angleterre conservant les fortunes patrimoniales, mais privée des ressources religieuses par la réforme de Henri VIII, l'Angleterre a été obligée d'établir sa désastreuse taxe des pauvres. Nous, à notre tour, en nous emparant du bien du clergé et en dépouillant les grands propriétaires, nous nous sommes trouvés surchargés d'une population à laquelle il a fallu procurer des moyens d'existence : de là la nécessité de créer des emplois. A tout prendre, mettre à profit l'intelligence des hommes pour les secourir est une manière utile et noble de pourvoir à leurs besoins. Ils reçoivent le bienfait sans en être humiliés ; leurs talents rendent à la patrie ce que l'État leur prête. Considérée de ce point de vue élevé, la question change seulement de face.

Les places, trop multipliées en apparence pour les affaires, ne paroissent plus que ce qu'elles sont en effet : un moyen de tenir l'équilibre entre le propriétaire et le non-propriétaire, d'intéresser au repos et à la sûreté de l'État des hommes qui pourroient en devenir le fléau. En un mot, c'est une nouvelle solution du problème que toutes les vieilles sociétés ont cherché à résoudre par des largesses politiques ou religieuses, par des actes de tyrannie ou par des impôts.

Le quatrième article du premier chapitre complète le service intérieur. Il paroît impossible de porter au-dessous de 150,000 francs les gages des gens de service et les dépenses matérielles des bureaux.

Il faut le dire franchement, messieurs, et n'avoir pas la foiblesse de se tromper soi-même par des calculs qui tous les ans restent au-dessous de la vérité ; le budget des affaires étrangères, tel qu'il est calculé, ne suffit pas aux besoins du service. Depuis l'année 1815 jusqu'à l'année 1821, mes prédécesseurs ont toujours demandé des sommes supplémentaires. Si des ministres de caractères et de principes divers ont tous été obligés d'avoir recours à des crédits de 200,000 fr., de 400,000, de 800,000, de 1,100,000 et de 1,400,000 fr., il reste prouvé que le budget annuel est trop foible d'une somme moyenne de 8 à 900,000 fr., sans compter ce qu'il vous faudroit pour augmenter le traitement des agents politiques et consulaires.

Je ne me flatte pas d'être plus heureux que mes prédécesseurs, et il m'est aisé de prévoir que je serai comme eux obligé de demander un crédit supplémentaire. J'avois d'abord songé à élever tout de suite le budget des affaires étrangères à la somme qui me paroissoit nécessaire pour le bien du service. Choisi par Sa Majesté dans la carrière diplomatique, j'ai du moins l'avantage de m'être assez longtemps occupé de matières soumises aujourd'hui à mon administration. Comme ambassadeur, j'ai pu juger par moi-même des avantages et des inconvénients du système commencé sous d'Ossat et Duperron, étendu par Richelieu, régularisé par Torcy, perfectionné par le duc de Choiseul, rendu plus méthodique encore sous MM. de Breteuil et de Vergennes, et repris par M. le prince de Talleyrand. Mais, me défiant avec juste raison de mon expérience, comme ambassadeur, j'ai pensé qu'il falloit y joindre pendant quelque temps celle de ministre avant de vous proposer des augmentations qui me semblent indispensables. Je m'expliquerai toujours franchement avec les chambres, persuadé que l'esprit du gouvernement représentatif n'admet point les réticences et qu'il y a tout à gagner à être sincère avec des François.

Il n'existe point de bases sur lesquelles on puisse établir des calculs relativement aux traitements des missions diplomatiques. Avant la révolution, dans les années 1787 et 1788, nos ambassadeurs et nos ministres recevoient (excepté à Londres et à Rome) un traitement plus fort que celui qu'ils reçoivent aujourd'hui. Ils touchoient, en outre, sous le titre de *traitements particuliers, de gratifications, d'indemnités, de frais accessoires*, des sommes considérables. M. le duc de Lavauguyon reçut en 1787, à titre de secours extraordinaires, 30,000 francs; M. O'Dunne, 44,000 francs; et pourtant, messieurs, quoique à cette époque de grandes fortunes patrimoniales suppléassent à l'insuffisance des traitements, on sortoit presque toujours accablé de dettes d'un ambassade. Aujourd'hui que la révolution a dévoré les propriétés, le traitement des ambassadeurs et des ministres doit suffire à tout. Calculez maintenant la dépréciation du signe monétaire et l'accroissement de dépenses produit par les changements dans la manière de vivre, et il vous sera évident que toutes les classes d'agents diplomatiques, depuis l'ambassadeur jusqu'au dernier secrétaire, sont rétribués fort au-dessous de ce qu'elles devoient l'être pour le bien du service et l'honneur du nom françois.

Vous avez encore, messieurs, une autre manière de juger la question, c'est de comparer les traitements des ambassadeurs et des ministres étrangers avec ceux de nos ministres et de nos ambassadeurs. Dix-sept agents politiques anglois reçoivent en traitement une somme de 2,707,500 fr., et le même nombre d'agents françois ne touchent que 1,365,000, c'est-à-dire la moitié seulement. Les missions politiques des puissances continentales se règlent à peu près comme les nôtres; mais elles ont en frais de service, en indemnités, en argent pour prix de loyers, achats de meubles, des avantages que les nôtres n'ont pas.

La conclusion de ces rapprochements est que si le taux des appointements des grandes missions françoises peut à la rigueur rester tel qu'il est, celui des missions de second ordre se trouve dans un état d'infériorité relative, qu'on ne peut faire disparoître que par une allocation de 200,000 fr. convenablement répartie. Il ne faut pas croire, messieurs, qu'il ne s'agit ici que de donner plus ou moins d'aisance à un homme chargé d'une mission honorable. Dans l'ordre politique il faut calculer l'importance et l'influence des places. Dans la diplomatie angloise, les petites missions sont mieux rétribuées que les grandes : on en sent facilement la raison. Si l'opinion est la reine du monde, elle fait asseoir sur son trône auprès d'elle ceux qui savent la dominer.

Ce que je viens de dire, messieurs, sur la modicité des traitements de nos missions politiques s'applique avec beaucoup plus de force à nos missions commerciales ou consulaires.

Les misérables traitements de nos consuls et vice-consuls ne répondent ni à l'importance des missions, ni aux besoins de notre commerce, ni au mérite des personnes. Parmi les agents de l'administration publique, il n'y a point de classe plus distinguée et plus honorable que celle de nos consuls. Des hommes qui, pour être utiles à leur pays, se condamnent à une expatriation sans terme; des hommes souvent exposés, dans des résidences lointaines, à des fléaux de toutes les espèces, à des commotions politiques, à des émeutes populaires, qu'ils doivent braver pour défendre les sujets du roi confiés à leur garde; de pareils hommes ont certainement des droits à la reconnoissance et à la munificence du gouvernement.

Dans ces derniers temps, messieurs, le monde entier a retenti du dévouement de nos consuls. Plusieurs d'entre eux, victimes de leur générosité, n'ont conservé au milieu de leurs habitations en flammes que le pavillon blanc, autour duquel Turcs et chrétiens avoient trouvé un abri.

Ils auroient besoin d'indemnités, et je ne puis leur offrir que des secours bien insuffisants. Ainsi, M. Fauvel, à Athènes, pour avoir été obligé d'abandonner deux fois son domicile, obtiendra une gratification du quart de ses appointements, c'est-à-dire 2,000 fr.; M. Pouqueville, qui a tout perdu à Patras, aura 3,000 francs; 3,000 fr. seront donnés à M. Guys, qui a nourri des familles entières d'Européens et d'Arabes pendant deux mois du siége d'Alep; MM. de Lesseps, Vasse, Meusner, Martrade, Arazi, recevront des rétributions proportionnelles. Quand je signe, messieurs, ces chétives ordonnances pour des hommes dont j'ai connu les généreux sentiments, je rougis presque de leur envoyer pour dédommagement de la perte de leur fortune ce qui ne payeroit pas les frais de l'hospitalité qu'ils m'ont donnée.

L'article 1er du chapitre II alloue aussi une somme de 200,000 francs pour les agents dont l'activité est temporairement suspendue; cette somme est la même que dans les budgets précédents. Elle est fixée par l'article 20 de la loi de finances de 1818. Ce service a été établi de tous temps dans les affaires étrangères. Depuis 1772 jusqu'à 1788, le tableau des traitements temporaires offre des sommes mobiles dont le *minimum* descend à 345,000 francs et le *maximum* s'élève à 969,000 francs. Il y a donc aujourd'hui allégement pour le trésor.

Parmi les traitements compris dans cette partie du service, il y en a quelques-uns contre lesquels on s'est élevé. On voudroit ne pas compter parmi les ministres du roi ceux qu'il a chargés pendant son exil de fonctions diplomatiques. Le fardeau n'est pourtant pas bien pesant pour nos finances. A l'époque de l'exil du roi, il n'y avoit pas grand empressement à accepter du petit-fils de Henri IV des places d'ambassadeur. Ceux qui ont sollicité l'honneur de représenter l'infortune et la majesté tombée n'ont-ils pas rempli de hautes et nobles fonctions? Le roi a rétabli dans la jouissance de leurs droits des hommes qui avoient suivi Buonaparte à Sainte-Hélène : souffrons donc que le monarque légitime récompense dans quelques-uns de ses serviteurs cette fidélité qu'il a honorée jusque dans les amis de l'usurpateur de sa couronne.

L'article 2 du chapitre II, portant 320,000 francs pour frais d'établissement et de voyage, est un des plus mobiles, et conséquemment des moins susceptibles d'une certaine justesse d'élévation. C'est donc d'après les résultats des exercices précédents qu'il convient de calculer la dépense pour l'avenir.

Les quatre dernières années donnent une moyenne proportionnelle de 393,000 francs; on s'est peut-être trop mis à l'étroit pour l'avenir.

Quant aux frais d'établissement, ils sont fort au-dessous de l'absolue nécessité, et il y a sur ce point réclamations de toutes parts. Votre rapporteur, messieurs, vous a suggéré l'idée d'avoir des hôtels appartenant à la France dans les principales légations : ce seroit d'abord une convenance, et à la longue une économie.

L'article 3 du chapitre II a souvent été attaqué; on ne concevoit pas comment un million pouvoit passer en frais de service. Maintenant, messieurs, si vous lisez la note placée dans le budget auprès de cet article, vous connoîtrez la nature, la diversité et la destination de la dépense. Elle est rangée sous neuf chefs principaux : des besoins matériels, des usages consacrés par le temps, des œuvres de bienfaisance et de religion en absorbent la majeure partie. La France, toute nouvelle au dedans, est tout antique au dehors; on retrouve dans l'Orient les vieilles racines du royaume de saint Louis, qui se sont attachées à des mœurs pour ainsi dire impérissables comme notre gloire.

Au quatrième article du même chapitre II, on trouve une somme de 190,000 francs, employée en frais de courriers pour la correspondance ministérielle. La dépense moyenne des cinq dernières années a été de 221,000 francs. Il est fâcheux d'avoir été obligé de faire des retranchements sur cette partie.

Il ne reste plus, messieurs, à parcourir que le chapitre III, intitulé : *Service supplémentaire*. L'article 1er attribue 300,000 francs aux missions extraordinaires.

Dans ces missions sont classées les commissions des limites, parce qu'elles ne peuvent être considérées comme des fonctions politiques proprement dites. Elles coûtent depuis leur établissement une somme annuelle de 140 à 150,000 francs.

En 1788 pour les seules limites de Montbelliard, de la Suisse, de la Lorraine et des Pyrénées, on dépensa une somme d'environ 80,000 francs.

Dans l'année actuelle sont également placées sur ce service les commissions envoyées dans le continent méridional de l'Amérique, dont la dépense doit être au moins de 60,000 francs : il a paru important au gouvernement de connoître l'état de ces contrées, au pavillon desquelles l'Angleterre a déjà ouvert ses ports. Il ne resteroit donc pour les éventualités, dans l'article *Missions extraordinaires*, qu'une somme de 100,000 francs au plus.

A en juger par les résultats des dernières années, la fixation de 300,000 francs sera notablement dépassée, puisque la dépense moyenne a été de 420,000 francs. Il faudra y ajouter les frais du congrès de Vérone; alors s'élèveront de nouveau tous les cris contre les congrès. On ne veut pas d'alliance avec les rois légitimes, mais on admettroit un congrès perpétuel avec les factions, qui établiroient à l'avenir la souveraineté du peuple par la révolte militaire et qui feroient des citoyens avec des mamelouks.

Le second article du chapitre III concerne les présents diplomatiques. A quoi bon ces présents? dira-t-on. Je répondrai : A quoi bon les coutumes et les mœurs?

Cette nature de service échappe aussi à toute possibilité d'évaluation, puisqu'elle est toute circonstancielle.

Au reste, les occasions de dépense sont déterminées par l'usage ; les quotités de ces dépenses sont également fixées par des arrêtés et ordonnances.

Dans les années précédentes, la dépense moyenne s'est élevée à 267,000 francs.

Il ne reste plus, messieurs, qu'à vous dire un mot sur le quatrième article du troisième chapitre, formant le dernier article du budget. Le titre même de cet article interdit tout développement ; des fonds secrets ont été affectés de tous temps et dans tous les pays aux affaires étrangères : tout ce que je puis vous dire, c'est que sur les fonds secrets de mon ministère quelques foibles allouances sont accordées à des hommes qui ont consacré leurs talents à des travaux politiques ou à des malheureux qui se rattachent par des services au département des affaires étrangères. Des lois règlent les titres d'après lesquels on peut obtenir des pensions, des secours, des indemnités; mais une foule de besoins échappent à ces catégories.

Beaucoup de services rendus à la monarchie légitime ont été mis hors la loi. Vous n'exigerez donc pas, messieurs, que je viole le secret de l'infortune, que je vous présente la quittance du morceau de pain que l'on donne à un vieux serviteur oublié. Quand nous aurons fait autant de lois pour consoler la France que nous en avons fait depuis trente ans pour la désoler, alors on pourra proposer des économies sur les fonds secrets du budget des affaires étrangères, et renvoyer à des dépenses fixes ces douleurs variables et cet arriéré de misères que la révolution nous a laissés.

Tel est, messieurs, le budget des affaires étrangères, budget où tout appartient en partie à des circonstances incertaines, et qui ne peut être qu'une sorte d'estimation ou de jugement hypothétique de l'avenir.

OPINION

SUR L'ARTICLE IV

DU PROJET DE LOI RELATIF AU SACRILÉGE,

PRONONCÉ A LA CHAMBRE DES PAIRS,
LE 18 FEVRIER 1825.

Messieurs, deux amendements considérables ont été discutés par la chambre : l'un a été rejeté à la majorité de dix-neuf voix, et l'autre à la majorité, moins considérable encore, de neuf ; de sorte que dix voix ou cinq voix seulement passant à l'opinion opposée, comme cela peut arriver dans le cours d'une discussion lumineuse, auroient changé le sort de ces deux amendements.

Il résulte de cette expérience qu'une moitié presque entière de la chambre auroit désiré le retranchement du titre 1er de la loi : ce sentiment peut très-bien se soutenir.

Il faut d'abord poser un fait incontestable, c'est que le sacrilége simple n'existe pas. La loi devoit-elle le prévoir? Non, répond-on, pas plus que la loi athénienne ne prévoyoit le parricide.

Le premier coupable échapperoit sans doute, mais si le crime de sacrilége trouble l'ordre religieux, il ne met pas la société dans un péril soudain, dans un péril imminent. On auroit toujours le temps de prévenir par une loi le retour d'un pareil crime ; et cette loi, alors motivée par la naissance du crime, cette loi née elle-même pour le poursuivre et le punir, ne sauroit être trop sévère.

On vous a dit, messieurs, qu'il n'existoit dans aucune législation de fiction légale, et c'est une erreur ; j'en citerai bientôt un exemple remarquable. Nulle part la loi n'a tout prévu, et la loi ne doit pas tout prévoir, car si le crime appelle la loi, la loi appelle le crime. Un monstre ne vient-il pas de dévorer presque sous vos yeux un enfant avec des circonstances épouvantables? Est-ce la faute du législateur?

Pouvoit-il lui tomber dans la pensée de faire une loi pour prévenir l'anthropophagie unie à la débauche?

Si le titre 1er avoit été supprimé, que de difficultés on eût évitées!

On ne vous auroit pas dit, messieurs, que le sacrilége simple est un crime ignoré dans nos mœurs, comme un mot inconnu dans nos lois; que si on l'admet en principe, on n'a pas le droit de le définir, de le borner, de déclarer que telle chose est sacrilége, quand la loi religieuse, sur laquelle on s'appuie nécessairement dans cette matière, a fixé toute la catégorie des sacriléges.

Le projet de loi a-t-il pensé à punir l'enlèvement de la pierre sacrée, la profanation de la pale et du corporal, les outrages au crucifix, les blasphèmes proférés hautement, publiquement dans une église, en présence des saints autels, au milieu de la célébration des saints mystères? Qu'est-ce donc que ce prétendu projet de loi contre le sacrilége?

On ne vous auroit pas dit encore que vous faisiez une loi d'exception, puisqu'elle prive de *fait* des citoyens d'un de leurs plus beaux droits, celui de faire partie d'un jury.

On ne vous auroit pas dit que vous vous mettiez en contradiction avec votre code civil, votre code criminel, et la Charte, votre loi politique, qu'enfin vous sortiez des mœurs du siècle pour remonter à des temps que nous ne connoissons plus.

D'une autre part, on n'auroit pu vous taxer d'impiété, car la plus haute piété est de croire le sacrilége simple impossible; et comme vous remplissiez par la punition des vols sacriléges la lacune existant dans votre code, vous satisfaisiez à tous les besoins du moment, à tout ce que les hommes éclairés et les tribunaux vous demandoient.

Un ministre éloquent ne vous auroit pas dit que si la loi eût été faite pour la haute société, elle eût pu être fort différente; il se seroit épargné la peine de chercher ces raisons que le talent trouve, mais que la raison repousse.

Vous, messieurs, votre position eût été meilleure : vous eussiez simplement confirmé votre opinion de l'année dernière, et vous seriez restés conséquents à votre premier vote.

Quant à moi, j'aurais été aussi plus à mon aise. J'avois encore l'honneur de siéger dans le conseil du roi quand le projet de loi que l'on vous a présenté l'année dernière fut rédigé. Persuadé par les excellents motifs que mon ancien collègue le garde des sceaux donnoit alors pour justifier son projet de loi, je suis resté dans les principes qu'il a si bien su m'inculquer; ma conviction est son propre ouvrage, et s'il s'y mêle par hasard quelques erreurs, j'aime à reconnoître que ces erreurs viennent des raisons particulières que j'aurai pu mêler à sa raison.

Quoi qu'il en soit, le titre entier d'une loi ne peut se supprimer qu'article par article. Les articles ont été successivement adoptés, et les adversaires du projet ont été repoussés jusque dans leur dernier retranchement, c'est-à-dire jusque dans leur dernier amendement.

J'espère, messieurs, que la liaison de mes idées avec l'amendement du noble comte n'échappera pas à la chambre. Si j'ai démontré que le titre 1er de la loi est défectueux, de là suit la nécessité d'un amendement qui efface ou qui du moins pallie les défauts de la conception primitive. Je continue donc mes raisonnements, que j'aurai d'ailleurs bientôt terminés.

Les opinions de la chambre, comme je l'ai déjà rappelé, sont à peu près balancées ; on peut le dire, puisqu'on n'a pas encore voté définitivement sur la loi. Les uns veulent la peine de mort pour le sacrilège simple ; les autres ne la veulent pas. Le projet de loi est rédigé de telle sorte qu'il nous obligeroit, tous tant que nous sommes, en l'acceptant, à voter ce que nous ne désirons pas.

Ceux qui veulent la peine de mort pour le sacrilège simple ne l'obtiennent pas par le projet; ceux qui ne veulent pas la peine de mort la trouvent pourtant exprimée par le même projet.

Je dis que ceux qui désirent la peine de mort pour le sacrilège simple ne l'obtiennent pas, et je le prouve.

Le projet a ménagé merveilleusement le droit et le fait; il dit : Seront punis de la peine de mort, etc. Voilà le *droit;* mais il a eu soin d'ajouter : « Si le crime a été commis en *haine* ou *mépris* de la religion, » et la commission ajoute « *publiquement* ». Voilà le *fait,* le fait en contradiction manifeste avec le droit. Car pensez-vous, messieurs, que ces trois circonstances se rencontrent jamais? que jamais jury se déclare à charge contre l'accusé dans la question intentionnelle?

Qu'est-ce donc que ce titre 1er du projet de loi et l'article particulier que j'examine? C'est, dit-on, une profession de foi en faveur des dogmes fondamentaux de notre religion ; c'est une déclaration qui fait entrer la religion dans la loi, et en vertu de laquelle la loi françoise cesse enfin d'être athée.

Que l'on rédige une profession de foi catholique, apostolique et romaine, et je suis prêt à la signer de mon sang ; mais je ne sais pas ce que c'est qu'une profession de foi dans une loi, profession qui n'est exprimée que par la supposition d'un crime détestable et l'institution d'un supplice.

Veut-on que ce titre 1er ne soit qu'un épouvantail placé dans le champ public? L'impiété s'en écartera sans doute, d'abord avec terreur ; mais bientôt s'apercevant qu'il n'a aucun mouvement, qu'il est privé de tout principe de vie, qu'il ne peut jamais tenir ce qu'il promet, la mort, elle viendra l'insulter, et l'impunité étant de *fait* assurée au sacrilége, il sortira de votre loi même, au lieu d'être réprimé par elle.

Les trois conditions de la haine, du mépris et de la publicité, font que la loi ne pourra jamais joindre le crime : elles ressemblent à ces clauses de nullité que l'on insère dans les contrats de mariage en Pologne, afin de laisser aux parties contractantes la faculté de divorcer. Ces conditions sont une protestation véritable contre la loi, que vous écrivez en tête de cette même loi.

Cela est-il digne de vous, messieurs? digne de la gravité et de la sincérité du législateur?

La loi est utile ou elle ne l'est pas.

Si elle est utile, qu'elle soit franche et qu'elle ne détruise pas le droit par le fait;

Si elle est inutile, ayons le courage d'en convenir, et repoussons-la.

N'ayons pas l'air de dire par les trois fameuses circonstances : la loi est dure, mais nous avons trouvé le moyen de la rendre inexécutable.

Nous ne pouvons, messieurs, être à la fois d'opinion que l'on tue et d'opinion qu'on ne tue pas.

On a voulu, pour sauver ces contradictions, déclarer le coupable insensé; et en effet il faudrait qu'il le fût pour commettre le sacrilége simple avec les trois circonstances. Dans quelques États d'Amérique, le parricide est déclaré folie. Le criminel est condamné à la réclusion perpétuelle et à avoir la tête voilée le reste de sa vie. On tient que le visage d'un pareil monstre ne doit jamais reparoître aux regards des hommes, pas même à ceux de son geôlier. Ici, la fiction légale est sublime.

On vous a dit, messieurs, que le coupable conduit à l'échafaud recevoit les consolations d'un prêtre. Sans doute ces hommes de Dieu sont prêts à offrir leur ministère à toutes les infortunes. Je l'ai dit moi-même autrefois, partout où vous rencontrerez une douleur, vous êtes sûr de rencontrer un prêtre chrétien. J'ai osé parler du religieux dans les prisons, du capucin même consolant les criminels prêts à paroître devant le souverain Juge; j'ai montré dans ces circonstances pénibles le pauvre moine mouillant de ses sueurs le *froc* qu'il a à jamais rendu sacré, en dépit des sarcasmes d'une dédaigneuse philosophie.

Mais, messieurs, n'est-il pas un peu imprudent de nous rappeler à propos du projet de loi cette coutume céleste? N'arrêtez pas mes regards sur la dernière conséquence de la loi, ou vous me feriez frémir. La voici tout entière, cette dernière conséquence : l'homme sacrilége conduit à l'échafaud devroit y marcher seul et sans l'assistance d'un prêtre, car que lui dira ce prêtre? Il lui dira sans doute : Jésus-Christ vous pardonne; et que lui répondra le criminel? Mais la loi me condamne au nom de Jésus-Christ.

Messieurs, en demandant la parole, je me suis mis d'avance au-dessus des intentions charitables que l'on pourroit me prêter. Je crois avoir acquis le droit de me dire aussi bon chrétien que les plus zélés partisans du projet de loi. Et moi aussi j'ai défendu la religion chrétienne à une époque où elle trouvoit peu de défenseurs. Si après vingt-quatre années l'apologie que j'en ai faite n'est pas encore tout à fait oubliée, je dois ce succès non au mérite de l'ouvrage, mais au caractère même de l'apologie.

J'ai essayé de peindre aux yeux des peuples les bienfaits du christianisme; je leur ai rappelé les immenses services d'un clergé qui a civilisé notre patrie, défriché nos champs, conservé les lettres et les arts, et qui a trouvé le temps au milieu de tous ces travaux de soulager toutes les misères humaines; je leur ai montré ces dignes évêques françois étonnant par leurs vertus, dans leur exil, les peuples d'une communion différente, ces apôtres proscrits priant pour leurs persécuteurs, ayant l'horreur du sang, et trouvant que le premier devoir étoit la charité.

Oui, messieurs, la religion que je me fais gloire d'avoir défendue, et pour laquelle je mourrois avec joie, est une religion qui convient à tous les lieux, simple avec les peuples barbares, éclairée avec les peuples civilisés, invariable dans sa morale et dans ses dogmes, mais toujours en paix avec les lois politiques des pays où elle se trouve, toujours appropriée au siècle et dirigeant les mœurs sans les heurter.

La religion que j'ai présentée à la vénération des hommes est une religion de paix, qui aime mieux pardonner que de punir; une religion qui doit ses victoires à ses miséricordes, et qui n'a besoin d'échafaud que pour le triomphe de ses martyrs.

Le projet de loi, messieurs, ne pouvoit être amendé que de deux manières, ou comme le vouloit M. le comte de la Bourdonnaye, ou comme le veut M. le comte Bastard. Si aucun changement n'est apporté à ce projet, il me sera impossible de voter une loi qui blesse mon humanité sans mettre à l'abri ma religion.

OPINION

SUR LE PROJET DE LOI TENDANT A INDEMNISER

LES ANCIENS PROPRIÉTAIRES DES BIENS-FONDS CONFISQUÉS

ET VENDUS AU PROFIT DE L'ÉTAT

EN VERTU DES LOIS RÉVOLUTIONNAIRES,

PRONONCÉE A LA CHAMBRE DES PAIRS,
LE 11 AVRIL 1825.

Messieurs, je suis fâché de ne pouvoir partager entièrement les opinions des orateurs qui m'ont précédé à cette tribune : je ne puis avec un noble comte (qui pourtant n'est pas entièrement satisfait du projet de loi) approuver d'autres détails qu'il approuve. Je ne puis avec un noble duc repousser le principe sur lequel repose le projet.

Dans la série des faits que je vais parcourir, je toucherai nécessairement à des questions déjà soulevées par les deux nobles pairs. Si mes raisons ne leur paroissent pas persuasives, du moins elles seront présentées avec candeur et renfermées dans ces convenances parlementaires que vous m'auriez enseignées, messieurs, si je n'en avois pas trouvé en moi le sentiment.

Il est impossible de s'occuper d'un projet de loi d'indemnité, sans chercher dans les rangs de vos seigneuries le noble pair à qui cette chambre doit l'honneur d'avoir pris l'initiative dans la proposition d'une mesure si importante à l'État. On éprouve un double regret, et par la cause de l'absence de notre illustre collègue, et par la privation des lumières qui résultera de cette absence. Qu'il me soit permis de redire ce que je disois il n'y a pas longtemps en parlant du duc de Tarente : » Notre collègue descend d'une famille d'exilés, fidèle à ses rois. Comme les émigrés, il n'apporta sur un sol étranger que son épée; la France accepta cette épée pour prix d'une patrie : le marché a été bon des deux côtés. »

Mon opinion sur la nécessité d'une loi réparatrice du viol de la propriété est assez connue : depuis la restauration, je ne crois pas qu'il se soit passé une seule année sans que j'aie sollicité cette loi. J'ai vu avec un sentiment d'amour-propre, que j'ose avouer, parce qu'il s'attache au principe d'une grande justice, que le gouvernement a donné pour motifs au projet soumis à votre examen ceux mêmes que j'avois cru devoir établir. J'avois cherché à prouver que si l'homme qui perd une propriété mobilière est aussi à plaindre que celui qui perd une propriété immobilière, il n'en est pas moins vrai que la spoliation de la dernière propriété cause des maux bien plus durables que le rapt de la première : et voilà pourquoi la société doit s'occuper de guérir une plaie qui pénètre au fond de ses entrailles.

La propriété territoriale sert de fondement à la cité; elle règle les droits politiques. Qui la pervertit ou la transporte corrompt l'État ou altère la constitution.

Elle est la base de toutes les lois de finances; elle supporte en dernier résultat toutes les charges publiques, auxquelles la propriété mobilière se soustrait en partie.

Elle domine le droit commun chez tous les peuples : l'ébranler, c'est ébranler l'édifice des lois.

Elle est une garantie et une hypothèque dans l'ordre des lois criminelles : Dieu a attaché un caractère d'innocence à l'espèce de propriété sur laquelle est fondé l'édifice des lois civiles et politiques : le champ ne se déprave pas avec son maître, ne conspire pas avec lui : il ne fuit pas avec le criminel comme la propriété mobilière.

La terre qui nourrit l'homme pendant sa vie le reçoit dans son sein après sa mort. Et quelle autre espèce de propriété s'unit aussi intimement à l'homme?

La confiscation en masse des propriétés est tout simplement le droit de conquête : or, une nation ne peut pas exercer ce droit sur elle-même. Remarquez que l'expropriation par droit de conquête, chez un peuple étranger, produit même des révolutions si cette expropriation se prolonge. Nous en avons un mémorable exemple sous les yeux : les Turcs, en renouvelant les confiscations dans les ruines de Sparte et d'Athènes, amèneront l'affranchissement d'un pays que les peuples civilisés ne pourroient voir périr d'un œil indifférent sans être coupables d'une sorte de parricide. La liberté naît de la propriété : si jamais sol eut cette vertu, ce devoit être celui de la Grèce.

Je n'ai pas besoin, messieurs, d'insister plus longtemps sur ces preuves, le rapporteur de votre commission a développé avec autant de talent que de savoir les principes de justice éternelle sur lesquels repose le projet de loi, et un noble marquis qui prit le premier sous la protection de sa généreuse éloquence la cause de l'infortune ne m'a presque rien laissé à dire.

L'indemnité est donc une loi de justice dont les raisons les plus graves exigeoient la promulgation. Toutefois, vous n'aurez pas été surpris que la question ait été déplacée dès qu'elle a été livrée à l'examen du public, parce qu'elle soulève une multitude d'intérêts.

Deux attaques étoient faciles à prévoir; il étoit probable qu'on auroit à soutenir l'émigration et la Charte : l'honneur de l'une comme la sûreté de l'autre me touche. J'ai combattu dans les rangs de la première ; je lui ai prêté l'appui de ma voix, quand elle n'a plus eu besoin d'autre secours : que si aujourd'hui elle est certaine de trouver des défenseurs plus habiles et plus favorisés de la fortune, elle ne peut m'empêcher de m'unir, comme volontaire, à ceux qui font valoir ses droits, pour accroître, autant qu'il est en moi, son triomphe.

Je me sens, messieurs, d'autant plus libre que je n'ai rien à réclamer pour moi de l'indemnité, et que mes services, si j'en ai rendu à la cause royale, ont été de ces sueurs du soldat qui ne se comptent ni ne se payent. Mais je sollicite avec ardeur un vêtement pour mes braves compagnons d'armes, une chaussure pour ces vieux Bretons que j'ai vus marcher pieds nus autour de leurs monarques futurs, portant leur dernière paire de souliers au bout de leurs baïonnettes, afin qu'elle pût encore faire une campagne. Le premier des émigrés qui a péri à l'armée des princes pour la cause royale, le chevalier de La Baronnais, a été tué à mes côtés, et je puis assurer que jamais balle n'a frappé meilleur François. On fait des quêtes chaque année pour les chevaliers de Saint-Louis ; quelques centaines de Bélisaires sont à l'aumône. Ces cadets n'avoient pour tout bénéfice de noblesse que le privilége de se faire casser la tête pour le roi. S'il leur étoit jadis échu un sillon dans l'héritage paternel, refuseriez-vous de les convier au banquet d'une livre de pain par jour, qui leur reviendroit peut-être dans la distribution des indemnités ?

Pourquoi d'ailleurs dans l'émigration ne veut-on voir que des nobles, si d'être noble est encore un crime? Les paysans du Roussillon, du Languedoc, de l'Artois, de la Flandre et de l'Alsace, passés en Espagne, dans les Pays-Bas ou de l'autre côté du Rhin, étoient-ils des nobles? C'est si peu l'émigration seule qu'il s'agit d'indemniser, qu'une foule de François qui n'ont jamais abandonné leurs foyers ont eu leurs biens confisqués, et que toute la Vendée, assimilée à l'émigration, a été frappée des lois spoliatrices. Le rapport de votre commission vous a montré les hôpitaux même spoliés pour avoir apparemment déserté la France, et les morts ressuscitant pour venir se mettre au rang des proscrits. C'est ainsi, messieurs, que soixante-dix mille condamnés ont été portés sur la liste des émigrés ! L'échafaud élevé en face du palais des Tuileries étoit-il donc un sol étranger? Ceux qui l'ont foulé quittoient en effet leur patrie; mais le roi ne marchoit-il pas à leur tête dans ce sanglant exil pour aller trouver avec eux ce second royaume, autre héritage de saint Louis?

Afin de diminuer l'intérêt qu'inspire une mesure de justice, n'allons donc pas faire la guerre au malheur : les trois Condé avoient pour combattre au champ de Berstheim le même droit que les sénateurs romains à Pharsale; ils soutenoient l'ancienne constitution de l'État; et soit que Rome passât de la république à l'empire, soit que la France se précipitât de la monarchie dans la république, ceux qui obéissoient encore aux saintes lois de leurs pères ne pouvoient être criminels en les défendant. Repoussons cette maxime des tyrans, que quiconque est malheureux est coupable : mieux vaudroit pécher par l'excès contraire, et regarder l'adversité comme une espèce d'innocence.

Mais aussi les reproches adressés à une autre classe de François n'offrent pas une meilleure base à la loi d'indemnités que les outrages prodigués à l'émigration. Les biens confisqués, vendus, revendus, partagés entre une multitude d'héritiers, possédés par des générations étrangères à nos premiers désordres, ces biens fertilisés par les sueurs et l'industrie de ces nouvelles générations ont perdu sinon le souvenir, du moins le caractère de leur origine. Entrés dans la circulation en vertu des lois qui règlent l'ordre civil, ils ont été hypothéqués conventionnellement, légalement et judiciairement à des tiers; ils ont servi de base à toutes sortes de contrats : les actes de mariage, la dot des femmes, les droits des mineurs, les dispositions testamentaires d'une foule de citoyens, reposent sur ces propriétés. Les possesseurs de ces domaines sont partout, dans les corps politiques, judiciaires, administratifs, dans l'armée, dans le palais du roi. La loi politique s'est mise d'accord avec le droit commun; la Charte a confirmé la vente des biens nationaux : les deux chambres ont juré la Charte; tous les François, en acceptant des honneurs ou des places, ont prêté le même serment. Ces serments seroient-ils vains? n'adopteroit-on nos institutions que comme une moquerie, en attendant que le moment de les détruire soit venu? Que ceux qui pourroient avoir une pareille pensée y prennent garde; s'ils ne s'arrêtoient dans la monarchie constitutionnelle, ce n'est pas cette monarchie qu'ils trouveroient après avoir traversé un despotisme d'un jour. Heureusement le roi est là pour briser avec son pouvoir légal le pouvoir arbitraire dont on essayeroit d'affoiblir son sceptre.

Ne semons donc point la division parmi les citoyens; ne partageons point la France en deux classes d'hommes, les fidèles et les infidèles ; ne faisons point d'un acte de justice un acte d'accusation. Disons, ce qui est la vérité, que pendant trente ans les François ont été plus ou moins opprimés; que ceux qui ont été fidèles au roi l'ont été par conséquent à la France, et que par la même raison ceux qui ont été fidèles à la France l'ont été au roi. S'il y a eu gloire dans la France armée à l'intérieur, et malheur dans la France armée à l'extérieur, la gloire loin du roi étoit malheureuse : le malheur auprès du roi étoit glorieux. Voilà, messieurs, comme nous nous rapprochons tous, comme nous ne faisons qu'une famille; et en dernier résultat il se trouve que nous avons tous travaillé (à l'exception de quelques monstres qui ne sont pas François) pour l'honneur de notre patrie.

Ainsi, messieurs, il ne peut être question dans la cause qui se plaide devant vous que de ce principe de la propriété sur lequel repose l'ordre social. Considérées de cette hauteur, les objections intermédiaires élevées contre le projet de loi disparoissent : il ne s'agit pas de savoir à quel titre, pour quelle cause, comment et pourquoi la propriété a été violée, confisquée, vendue ; mais il s'agit du fait même de la confiscation, comme vous l'a dit votre commission. L'indemnité est moins une mesure réparatrice du passé, consolatrice du présent, qu'une mesure faite pour préserver l'avenir; et c'est la postérité de ceux mêmes qui attaquent le principe du projet de loi que cette loi est destinée à défendre.

Par là se trouve écarté le système ingénieux qu'un noble duc vient d'exposer à cette tribune. Il regarde la confiscation comme un fait déplorable, mais comme un irréparable malheur. En lui abandonnant le passé, qu'il me permette de considérer l'indemnité comme la sauvegarde des temps à naître.

La France s'imposera une généreuse amende afin que les confiscations futures deviennent impossibles. Plus heureux que nous ne l'avons été, les enfants du noble duc seront à l'abri : ils pourront perpétuer dans cette chambre ces talents, cette science, cette probité, même cette opposition utile et héréditaire qui distingue d'illustres et indépendantes familles patriciennes de la Grande-Bretagne.

Ici, messieurs, finit ce que j'avois à dire en faveur du projet de loi : pourquoi faut-il que les conséquences de ce projet soient si différentes de celles qui devoient naturellement découler de son principe? Combien j'aurois aimé à soutenir dans toutes ses parties une loi qui devoit attacher au règne de Charles X le souvenir du plus grand acte de justice qui ait jamais eu lieu chez les hommes! C'est donc bien malgré moi que je suis obligé de faire succéder à des louanges méritées une critique d'autant plus justifiée, que le malheur d'avoir gâté, très-involontairement sans doute, une loi de salut par les détails mêmes de cette loi est peut-être irréparable.

On est arrêté, messieurs, dès les premières lignes du projet de loi, comme vous l'a prouvé le premier orateur qui a parlé à cette tribune. L'article 1er, qui affecte le capital d'un milliard aux 30 millions de rentes de l'indemnité, tranche les questions les plus douteuses et décide ce qu'on ne sait pas.

Il résulte de cet article 1er que l'État ne payera pas à son créancier ce qu'il reconnoît lui devoir, ou qu'il lui donnera plus qu'il ne lui doit, selon que la somme allouée sera au-dessus ou au-dessous de la somme totale des liquidations.

L'amendement qui a dénoncé la somme positive d'un milliard, dont ne parloit pas le projet original, a produit cette position où, le droit commun ne régissant plus la matière, on est forcé de se placer dans le droit politique. Mais le droit politique est la force ou la nécessité, et c'est aussi ce droit qu'on invoque contre le principe de l'indemnité. Un projet de loi mélangé du droit politique et du droit civil doit produire, par le conflit de ces deux droits opposés, des questions insolubles à la jurisprudence la plus éclairée.

Ainsi l'on a déjà fait beaucoup d'efforts pour mettre d'accord l'article 7 et l'article 23, qui tour à tour admettoient et repoussoient la loi commune. Votre commission a très-bien développé les raisons contradictoires et proposé un amendement important.

Je ne comprenois pas bien, et c'est sans doute ma faute, le dernier paragraphe de l'article 9 : cet article donne la nomenclature des retenues que le ministère des finances sera autorisé à faire sur les liquidations, d'après l'examen des soultes, des dettes, des comptes, des compensations des engagements de l'exproprié: et le dernier paragraphe de l'article déclare que, quel que soit le total de ces déductions, il ne pourra diminuer l'affectation de 30 millions de rentes fixés par l'article 1er.

Cet énoncé me semble ne signifier rien, ou signifier trop : il seroit à désirer qu'on le dégageât des ombres de sa rédaction.

Puisque l'article 10 ne détermine plus la manière dont sera formée la commission de liquidation, il est permis de manifester le désir que cette commission se compose de pairs, de députés et de magistrats inamovibles : attendons tous les biens de la sagesse et de l'équité du roi.

Je ne veux point faire remarquer le changement des doctrines professées : abandonnant cette petite guerre, je crois devoir procéder d'une manière plus méthodique.

Le silence absolu de votre commission sur presque tous les points que je vais traiter me laisse entre l'espérance et la crainte d'avoir pour ou contre mon sentiment une puissante autorité : votre commission a-t-elle trouvé le projet de loi si correct sous les rapports que je me propose d'examiner, qu'aucune objection raisonnable ne lui a paru possible? ou bien l'a-t-elle trouvé si défectueux, qu'elle a cru devoir se renfermer dans un pénible silence? Je me sentirois plus ferme dans ma marche, si je pouvois me flatter d'avoir rencontré plus ou moins l'opinion prépondérante de votre commission.

Quand on examine de près le projet de loi, il s'évanouit. Quatre fictions principales lui servent de bases :

1° Fiction dans l'intégralité de l'indemnité ;

2° Fiction dans les moyens d'évaluation ou dans les deux catégories du second article de la loi ;

3° Fiction dans les fonds affectés au service de l'indemnité ;

4° Fiction dans la limite du temps prescrit pour la liquidation.

Première fiction : fiction dans l'intégralité de l'indemnité.

Le projet de loi amendé accorde un milliard ; il est juste de convenir que ce milliard est suffisant, et qu'il représente le prix de l'immeuble confisqué. On sait que le capital de la propriété foncière du royaume s'élève à peu près à 28 milliards : or la somme de 1,297,660,670 francs (estimation des biens des émigrés en 1790, et déduction faite de la quotité différentielle entre la valeur des immeubles en 1825 et la valeur des mêmes immeubles en 1790) met les biens confisqués dans le rapport à peu près d'un à quatorze avec la masse de la propriété foncière.

D'une autre part, on n'ignore pas que les acquéreurs des domaines enlevés aux émigrés, aux condamnés et aux déportés, sont loin de posséder la quatorzième partie de la propriété foncière du royaume. Le milliard est donc réellement une indemnité intégrale, mais seulement pour le roi, qui le propose, les chambres qui le votent, la nation qui le paye; quant à l'exproprié, il ne le reçoit pas, et la réalité se change pour lui en fiction.

Et premièrement, des 3 pour 100 composant une somme de 30 millions de rentes, au capital d'un milliard, valeur nominale, ne sont point sur la place la valeur réelle de l'effet. 3 francs d'intérêt ont beau, par convention, représenter 100 francs de capital, l'acheteur à la Bourse prend son point de départ à 60 francs et peut-être au-dessous, selon la circonstance. On oppose à cette objection des bénéfices de hausse produite par l'effet de la caisse d'amortissement détournée de sa première destination : pour ne pas me répéter, pour ne pas confondre les différentes fictions du projet, je remets à parler ailleurs de cet agiotage, autre fiction, où la ruine est bien plus assurée de trouver place que la fortune.

Mais je veux bien admettre, pour éviter toute contestation, que les 30 millions en 3 pour 100 puissent gagner quelque chose à la Bourse, et qu'ils fassent flotter leur capital de 6 à 700 millions ; comme aussi on verra, par la multitude de causes que j'aurai bientôt l'occasion de déduire, que les 3 pour 100 peuvent tomber au-dessous de 60 francs, et que si jamais les liquidations totales s'accomplissent, les indemnisés pourroient bien n'avoir reçu pour leur milliard qu'une somme beaucoup au-dessous de 600 millions.

Toutefois concédons largement 100 millions de bénéfices aux partisans du projet de loi : voilà donc d'abord le milliard réduit de fait à à 600, à 650, ou à 700 millions.

Ensuite, quand et comment ces 600 ou 700 millions seront-ils distribués? Ils le seront à peu près par une seule volonté, dans l'espace de cinq ans, selon le projet de loi, et nous ferons voir ce qu'il faut entendre par ces cinq années.

Rabattez donc encore de ces 600 ou 700 millions les pertes inhérentes à un remboursement partiel et successif, à une liquidation livrée aux incertitudes du temps, des événements et des hommes.

Ajoutez les reprises plus ou moins fondées du gouvernement, représentant une partie des créanciers des émigrés, et les réclamations de cette autre partie des créanciers, qui n'ont point voulu se faire liquider par la nation. Ceux-ci peuvent faire opposition à la délivrance de l'inscription de rentes pour le capital de leurs créances, tandis que l'exproprié n'est dédommagé intégralement ni pour le capital de son expropriation ni pour l'inscription totale de ses rentes, puisqu'on ne les inscrit que par cinquième.

Il est étonnant, messieurs, que le chapitre des dettes n'ait pas fixé davantage l'attention des bons esprits qui se sont occupés de l'indemnité. Sans doute le milliard est censé alloué aux expropriés, toutes dettes payées, puisque la somme des biens vendus s'élève, par les nouvelles supputations, à 1,297,660,607 francs, c'est-à-dire à 1,300 millions à peu près, et que d'un autre côté on ne fait plus monter les dettes qu'à la somme de 300 millions.

Mais ce sont là des chiffres qui ne sont pas exprimés dans la loi, et tout ce que la loi n'exprime pas est comme non avenu dans la matière. Quelle que soit la signification qu'on veuille donner au paragraphe obscur de l'article 9 que j'ai cité, est-il probable que le gouvernement renonce à ses droits, s'il y a des reprises à faire sur le milliard? Vous allez voir que rien n'est plus incertain que tous les calculs approximatifs des dettes.

Ces dettes ont été évaluées de manières fort différentes. Des recherches faites sous le ministère de M. le duc de Richelieu en élevoient la somme à 500 millions, tandis qu'aujourd'hui on la réduit à 300 millions. D'un côté, d'après les tableaux remis à la chambre élective, les dettes liquidées par le gouvernement seroient à peu près du quart de l'indemnité; et d'un autre côté on a porté le compte des dettes à une valeur d'à peu près 900 millions, dont 400 auroient été payés par la nation; les autres 500 millions seroient le droit acquis des créanciers non liquidés. Si telle étoit la vérité, les indemnisés ne profiteroient guère de l'indemnité : qui d'un milliard retranche 900 millions, reste 100 millions. Est-il possible que l'ancienne propriété de la France se trouvât grevée à ce point? Ce fait extraordinaire expliqueroit le peu de résistance que la révolution a rencontré dans l'invasion de la propriété.

Quel que soit le calcul qu'on admette, toujours est-il vrai qu'une somme considérable de dettes est reconnue avoir été payée par la nation; que cette somme, qui flotte, selon les diverses évaluations, entre 300 et 500 millions, sera nécessairement déduite de l'indemnité. Mais comment déduite?

Que l'on fasse attention aux diverses espèces de déductions énoncées dans l'article 9, aux différentes manières dont on pourra juger la validité ou l'invalidité des pièces d'après lesquelles on opérera ou l'on n'opérera pas ces déductions, et l'on sera obligé de convenir que cette liquidation de dettes, laissant un champ immense aux approximations, attaque de plus en plus le positif de l'indemnité. J'aurai occasion de parler plus tard des foiblesses attachées à notre nature, des surprises que l'on peut faire aux meilleurs esprits, aux caractères les plus intègres, et, sans calomnier personne, il demeurera prouvé que tel indemnisé pourra voir ses dettes effacées du tableau des liquidations, tandis que tel autre trouvera les siennes rigoureusement maintenues.

Si quelques-unes de ces fatales méprises avoient lieu, comment parviendroit-on à en démontrer l'évidence? On sait que presque toutes les pièces de nos temps d'anarchie sont viciées par les plus grossiers défauts de formes, par l'oubli de toutes les conditions légales. Est-il certain que l'État qui mettoit tant d'injustice à prendre ait été bien scrupuleux à payer les dettes hypothéquées sur ce qu'il avoit pris? Dans les dilapidations des biens nationaux dont la Convention elle-même a été forcée de se plaindre, est-il certain que de faux créanciers ne se soient pas présentés comme porteurs de titres fabriqués de connivence avec des autorités infidèles? Dans ce chaos, la preuve de l'acquittement par la nation de la dette de l'exproprié ne pourra-t-elle pas souvent paroître suffisante pour les uns, insuffisante pour les autres?

Et de quelle nature sont ces preuves? Quels actes constatent le fait de la dette? Ces actes sont-ils les mêmes pour toutes les créances?

Les liquidations des dettes ont été faites par les administrations départementales, par le conseil général de liquidation et par l'administration des domaines; autant d'autorités diverses, autant de systèmes divers. Y a-t-il même des actes tels quels, ou n'a-t-on souvent pour toute preuve du paiement de la dette qu'un simple énoncé portant que telle somme a été soldée à tel créancier pour le compte de tel émigré?

Il y a plus : le gouvernement dans ces questions n'est-il pas juge et partie? n'a-t-il pas à sa disposition, ne tient-il pas dans sa main tous les titres, toutes les preuves de son adversaire?

On n'a aucun moyen de contrôle et de vérification; il eût été à désirer que votre commission se fût fait donner communication du travail des liquidations à différentes époques, travail qu'on voyoit autrefois assez facilement, et qu'il est difficile de voir aujourd'hui. Il y avoit utilité à se faire une idée juste de ces calculs, qui diffèrent dans les quotités d'une manière si considérable, du moins d'après tous les renseignements que j'ai pu me procurer; mais il paroîtroit que des ordres auroient été expédiés, sans doute par d'excellentes raisons, pour que les receveurs des domaines ne communiquent plus les pièces aux parties intéressées. Jugez, messieurs, si l'on en est déjà à cette réserve avant le vote même de la loi, ce qui adviendra quand cette loi sera votée. Dans une contestation sur les dettes d'un émigré, sera-t-il jamais loisible au réclamant de compulser les documents dont le gouvernement sera saisi? La position délicate dans laquelle se trouvera le gouvernement devroit effrayer tous les esprits et montrer combien il eût été nécessaire de créer des commissions départementales, indépendantes, capables de régler avec impartialité toutes les affaires entre l'indemnisé qui réclame et le gouvernement qui indemnise.

Une autre cause vient augmenter l'arbitraire de l'article 9 : les questions litigieuses n'y sont point détaillées, écartées ou résolues d'avance, par des principes de droit. Des pétitions, messieurs, vous ont déjà fait voir combien de difficultés s'élèveront au sujet des dettes entre le gouvernement et les parties intervenantes, en vertu des dispositions d'une foule d'articles du Code Civil.

Les émigrés eux-mêmes sont souvent créanciers les uns des autres, et leurs droits antérieurs, mêlés aux droits qu'ils acquièrent par le présent projet de loi, ne vont-ils pas compliquer les difficultés des dettes d'une manière inextricable? Il faut reconnoître que le projet de loi est peu élaboré en ce qui concerne la matière légale; s'il a été soumis à une assemblée de jurisconsultes, il est probable que cette assemblée n'aura pas eu le temps de perfectionner une ébauche où l'on ne peut s'empêcher de remarquer des indices de précipitation. Le savant rapporteur de votre commission, qui plus qu'un autre étoit compétent pour reprendre en sous-œuvre le projet de loi, aura sans doute reculé devant l'entreprise d'amender un travail qui, sous le seul rapport du droit civil, exigeroit de nombreuses améliorations. Répondre, messieurs, aux observations précédentes par des protestations d'honneur, de probité, de justice, c'est fort naturel; je crois à cet honneur, à cette probité, à cette justice; mais nous sommes des législateurs: et qu'est-ce qu'une loi, si ce n'est une règle qui suppose sans doute chez tous les hommes les principes de l'équité, mais qui trace des dispositions sages pour prévenir les erreurs?

Lorsque dans l'autre chambre on a demandé que l'exproprié pût débattre avec ses créanciers liquidés les créances qu'il regarderoit comme invalides, on a dit que l'exproprié ne pourroit avoir affaire qu'avec le gouvernement substitué aux créanciers. Vous voyez, messieurs, jusqu'où cela peut aller, et si mes observations sont inutiles. Les liquidations peuvent être longues; les autorités qui vous rassurent aujourd'hui et qui commenceront les liquidations ne seront pas celles qui les verront finir. Accorderez-vous d'avance une confiance sans bornes à des autorités que vous ne connoissez pas, comme on attend de vous une espérance sans terme pour les prospérités éventuelles qui doivent servir d'hypothèque à l'indemnité? On dira que la loi laisse à l'exproprié l'appel aux tribunaux et au conseil d'État. Y aura-t-il beaucoup d'indemnisés qui se déterminent à plaider contre le gouvernement armé de toute sa puissance, et à courir le risque, par la longueur de la plaidoirie, de voir ajourner indéfiniment la liquidation de leur indemnité? Il auroit été plus rassurant et plus sage d'introduire dans la loi même des règlements pour la répartition des dettes: mais elle ne s'en occupe pas; elle se contente de dire: *Le ministre des finances vérifiera s'il n'a pas été payé de soultes et de dettes.*

J'insiste sur cette omission, parce qu'elle est d'une extrême gravité, et qu'elle peut laisser dans la loi une source inépuisable d'arbitraire, de corruption, de captation et d'injustice.

Nous voilà donc, messieurs, obligés de retrancher de l'indemnité intégrale 300, 400 ou 500 millions de dettes, selon trois évaluations diverses, selon l'opinion des différents ministres qui peuvent se succéder pendant la durée des liquidations, puisque, encore une fois, la loi ne dit pas : *il y a tant de millions de dettes,* comme elle dit : il y a un milliard pour l'indemnité.

Vient ensuite la retenue de l'énorme fonds commun, 69 millions à peu près, augmentés de toutes les sommes qui resteroient non employées après la liquidation, lesquels millions retenus ne devant être distribués qu'à la fin de l'opération générale, et Dieu sait quand et par qui, anéantissent la prétendue intégralité.

« Nous aurions desiré, a dit votre commission, que le mode de répartition du fonds commun pût être dès ce moment déterminé par la loi ; mais nous nous sommes convaincus, à regret, que les éléments d'une pareille détermination manquoient absolument. »

Faut-il encore soustraire de la somme totale les sommes disparoissant par un double emploi ? car, messieurs, il y aura des biens qui seront payés deux fois par l'indemnité. Le bien d'un émigré a été vendu ; il a trouvé un acquéreur, lequel a monté sur l'échafaud, et le bien confisqué qu'il avoit acheté a subi une seconde confiscation. Or, la loi indemnise et l'émigré et le condamné.

Enfin il y aura des sommes provenant de prescriptions et de déchéances ; on les évalue même assez haut. La loi n'en parle pas, quoiqu'elle eût dû les mentionner : apparemment qu'elles iront dormir avec le fonds commun.

Défalquons donc de l'indemnité, 1° 3 ou 400 millions du capital des 30 millions de rentes, capital d'un milliard, valeur nominale ;

2° 69 millions pour le fonds commun ;

3° Un quart de la somme totale pour le prélèvement des dettes et le produit des déshérences ; sommes qui peuvent dépasser d'une centaine de millions les 30 millions figurant au delà du milliard pour représenter la valeur de tous les biens confisqués.

Total, dans le calcul le plus favorable : 469 millions à soustraire pour le moment de la somme affectée à l'indemnité. Reste donc 531 millions à partager entre les ayant-droit pendant cinq ans pour l'intégralité de ce milliard, un peu pompeusement annoncé.

Venons à la seconde fiction, la fiction des moyens d'évaluation de l'indemnité, ou des deux catégories.

Personne, messieurs, n'a nié ni pu nier les graves inconvénients des deux catégories. Je n'en veux d'autre preuve que l'établissement du fonds commun, introduit par amendement dans le projet de loi : il condamne de fait l'article 2 du projet ; le remède seulement pourroit bien être pire que le mal.

On sait qu'entre les catégories il y a des inégalités de répartition, depuis un, deux, trois et quatre de la valeur du fonds, jusqu'à vingt-cinq et même au-dessus. Et pourtant, quand on vient à analyser les éléments des deux bases d'évaluation, on trouve qu'elles sont presque aussi fausses l'une que l'autre. Votre commission a fait à peu près la même remarque.

Des efforts ont été tentés de tous côtés pour diminuer les inconvénients de ces catégories : on a proposé d'établir des commissions départementales, amendement excellent en principe ; on a voulu transporter dans la première catégorie les expropriés placés dans la seconde, lorsqu'ils auroient des titres à cette mutation, et cette proposition a été repoussée, parce qu'on a soutenu que si l'on pouvoit arriver à connoître la base des ventes par l'estimation des valeurs de 1790, il n'y avoit personne qui pût trouver le revenu de 1790. Que conclure de cette assertion ? Qu'on apporte une loi dont une partie doit être exécutée par l'évaluation du revenu de 1790, et qu'en même temps l'on déclare qu'il n'est pas possible de prouver le revenu de 1790 ; c'est-à-dire que l'on ne sait pas si le mode d'exécution proposé est exécutable ; et cependant, autre genre d'erreur, car il est prouvé aujourd'hui qu'on peut connoître le revenu de 1790.

On ne veut pas faire, ajoute-t-on, passer l'indemnisé lésé de la seconde catégorie à la première, s'il a des titres suffisants, parce qu'on ignore quel nombre d'indemnisés se trouveroient dans ce cas, et de combien s'accroîtroient les sommes véritablement dues. Ainsi, l'on substitue la volonté du débiteur aux droits du créancier !

Les inégalités existantes de catégorie à catégorie, de département à département, d'individu à individu, selon le nombre, le temps, le lieu des confiscations, amèneront donc encore une liquidation fictive, puisqu'il y a tel intéressé qui ne recevra pour tout capital que deux, trois ou quatre années du revenu de son ancienne propriété.

Les sommes en réserve, dira-t-on, rétabliront l'équilibre ; elles donneront une seconde indemnité à la seconde sorte de confiscation résultante de la seconde catégorie du projet. Soit ; mais en attendant qu'une nouvelle loi vienne quelque jour ordonner une nouvelle allocation, l'exproprié vivra sur la portion ébréchée d'une prétendue indemnité intégrale, dont la fiction doit se changer un jour en réalité par une autre espèce de fiction, celle d'un fonds commun distribuable par une loi à faire, à une époque inconnue; fonds qui peut totalement disparoître dans les chances d'un long avenir.

Venons à la troisième fiction, fiction dans les fonds affectés au service de l'indemnité.

On remarque d'abord que le projet de loi crée une dette d'un milliard, et qu'il n'assigne point d'hypothèque à ce milliard; qu'il suppose l'existence de 3 pour 100 qui n'existent point. Si la fiction est ici manifeste, on répondra que du moins elle sera courte, puisque derrière la loi d'indemnité arrive un projet de loi sur la conversion des rentes, et que, dans l'exposé des motifs de ce second projet, on trouve les voies et moyens du service de l'indemnité. Certes la chose est étrange; mais passons sur cette énorme fiction, et prenons les choses comme on veut bien nous les présenter.

Les voies et moyens de l'indemnité sont d'abord les rachats de la caisse d'amortissement et l'annulation des rentes rachetées; plus, les éventualités d'augmentation dans le revenu public; c'est-à-dire que sur les 6 millions de rentes d'indemnité, à émettre chaque année pendant cinq ans, 3 millions à peu près seront fournis par les rachats de la caisse d'amortissement, et 3 millions sur l'excédant, la plus-value des impôts.

Il résulte de ces allocations qu'il n'y a réellement que 15 millions de rentes d'assurés pour le service de 30 millions de rentes de l'indemnité; encore ces 15 millions courent-ils des risques, comme on va le voir.

Pressé par les raisonnements des adversaires, dans une discussion animée, on a été obligé de convenir que s'il arrivoit quelque chose de grave en politique, on établiroit dans le budget les moyens de fournir l'acquittement de la rente créée par la loi d'indemnité. La conclusion à tirer de cet aveu, c'est qu'une chance assez probable survenant, on suspendra le payement de l'indemnité, ou qu'on sera obligé d'augmenter l'impôt, malgré l'espoir dont on a flatté les contribuables. Il n'y aura sans doute de la faute de personne, mais il eût été mieux de ne pas donner pour solides des gages aussi précaires.

Et si la guerre éclatoit, la caisse d'amortissement étant, par de nouveaux projets, affectée à une opération spéciale, il seroit donc impossible de faire un emprunt? A cette objection on a répondu que l'on changeroit les dispositions relatives à la caisse d'amortissement. Voilà donc au moindre événement le système de l'indemnité tombant à terre; nous serions donc en véritable état de banqueroute avec les expropriés.

Enfin, si la loi de la conversion des rentes étoit adoptée, et que par les jeux de la bourse les 3 pour 100,75 s'élevassent au taux moyen de 85, les rentes rachetées à ce taux ne produiroient plus 3 millions par an.

S'il ne faut pas compter d'une manière positive sur ce qu'il y a pourtant de plus substantiel pour l'acquittement de l'indemnité sur les 3 millions annuels provenant des rachats de la caisse d'amortissement, voyons ce qu'on doit penser des 3 autres millions complémentaires de chaque cinquième de l'intérêt total.

D'après les calculs qu'on expose, il y auroit excédant de revenu de 4,264,000 francs pour l'année 1824, et un excédant de 8 millions dans la balance de 1824 à 1825.

Pour admission préalable de ces calculs, l'esprit est obligé de se plier à une nouvelle supposition ; car le projet de loi, semblable à lui-même, est hypothétique dans toutes ses parties. Les excédants de recettes dont on nous parle, s'ils sont avérés, ne peuvent être considérés comme acquis que par les lois de règlements définitifs des contributions. Compter d'avance les excédants que présenteroient les budgets, ce seroit disposer d'une chose encore éventuelle et qu'il n'est en notre pouvoir ni de réaliser ni de prendre.

La créance d'Espagne figure à l'actif du budget de 1825, et c'est sur cette créance qu'est calculée une partie des excédants de recettes.

N'oublions pas d'ailleurs que s'il y avoit des excédants de recettes capables de payer les intérêts de l'indemnité, les contribuables supporteroient une double dépense, puisqu'ils seroient, d'une part, obligés de fournir aux 30 millions de rentes que l'on n'auroit pas pris à la caisse d'amortissement, et de l'autre aux 30 millions de rentes de l'indemnité.

Ainsi, voilà les 6 millions du cinquième des rentes de l'indemnité ayant pour hypothèque annuelle : 1° 3 millions des rachats de la caisse d'amortissement, lesquels 3 millions peuvent être réduits par l'élévation du taux des 3 pour 100, de 75 à 85, ou enlevés par le moindre événement politique ; 2° 3 autres millions fondés sur des excédants de recettes éventuellement placés dans des budgets dans lesquels on compte une créance étrangère dont on veut bien convertir le droit en fait, avec une confiance que je partage entièrement, mais pour un temps que les malheurs de la noble Espagne pourroient étendre au delà du terme de cinq années du projet de loi d'indemnité.

Pour soutenir le système adopté, on semble raisonner comme si les expropriés ayant reçu leur indemnité dans le cours de cinq années, chacune de ces cinq années amèneroit l'extinction d'un cinquième du milliard : tel n'est pas le cas. Sur les 6 millions d'intérêts payés par an, 3 millions seulement d'éventualité ne sont pas le produit d'un fonds d'amortissement, mais une simple recette destinée à balancer une dépense.

Ainsi les prospérités éventuelles sur lesquelles repose la moitié de l'indemnité doivent augmenter d'année en année, en proportion de l'accroissement de la masse des 3 pour 100. Si 3 millions d'excédants de recettes suffisent la première année, il en faudroit six la seconde, puisqu'on suppose dans l'énoncé du projet de loi qu'un nouveau cinquième de rentes sera venu se joindre à l'émission du premier cinquième, et puisque la caisse d'amortissement n'aura pu absorber le capital de ce premier cinquième dans la première année. Il vous est aisé maintenant, messieurs, de suivre cette progression dans le cours des cinq années attribuées à la liquidation. Et si cette liquidation dépasse le terme fixé, de quelle foi ne faut-il pas être pourvu pour trouver une base à l'indemnité, pour se créer un trésor des intérêts composés de futures prospérités et d'imperturbables espérances !

Sur quoi fonde-t-on l'espoir d'un accroissement dans le revenu public? Sur l'augmentation des consommations et sur celle des droits d'enregistrement. Mais l'on sait que les mutations de fortune à l'intérieur n'étendent ni ne resserrent la consommation, quand ces mutations sont occasionnées par des mesures de finance. Si le milliard que vous donnez à l'exproprié est pris sur le contribuable, comme nécessairement il le sera, la consommation du dernier diminuera de ce que la consommation du premier aura augmenté : il y aura déplacement, il n'y aura pas accroissement dans le revenu de l'État.

Quant à l'excédant des recettes sur le produit des droits d'enregistrement, on suppose ici, ce qu'il étoit raisonnable de supposer, qu'une indemnité accordée aux expropriés élèveroit le prix des ventes des biens confisqués et doubleroit la circulation de ces biens ; mais pour qu'il en eût été de la sorte, il auroit fallu présenter un projet de loi qui n'effrayât pas à la fois le contribuable toujours menacé d'un impôt, le rentier compromis dans une opération qui devoit lui être étrangère, l'indemnisé qui, ne touchant pas ce que la loi se vante de lui donner, reste dans un état moral de réclamation, enfin l'acquéreur dont la personne et les biens, on sait trop pourquoi, sont dans une position moins favorable qu'avant la proposition de la loi.

Les biens appelés nationaux sont si loin d'avoir augmenté de valeur depuis la publication de la mesure qui devoit en faire une source de richesses, qu'on trouve à peine à les vendre à bas prix et que les biens du clergé attaqués de la contagion sont tombés de 10 pour 100. Que des personnes applaudissent à ces effets du projet de loi, cela peut être; mais du moins ce ne sont pas ceux sur lesquels on a prétendu motiver ce projet.

En supposant même une augmentation dans les droits d'enregistrement, par la hausse des valeurs des propriétés jadis confisquées, cette augmentation ne pourroit commencer d'une manière sensible qu'après l'achèvement de l'opération. Or, comme les 30 millions ne sont distribués que par cinquièmes, que les liquidations franchiront vraisemblablement le terme désigné, les biens nationaux n'entreroient en circulation que quand ils auroient acquis toute leur valeur morale par le payement complet de l'indemnité. Ainsi la plus-value de leur vente à l'enregistrement ne pourroit pas figurer au nombre de ces propriétés, qui doivent servir à l'acquittement de l'intérêt du milliard pendant les cinq années de l'opération.

Enfin, l'amendement qui diminue les droits d'enregistrement en faveur des transactions qui pourroient avoir lieu entre les expropriés et les acquéreurs vient puiser encore dans ce fonds d'hypothèques fictives. L'exproprié se trouve avoir mangé par anticipation le revenu qui devoit servir de gage à son indemnité : c'est une lettre de change tirée d'avance sur une augmentation supposée.

On a dit que cette diminution des droits de l'enregistrement ne détruiroit pas le bénéfice du fisc, puisqu'elle n'auroit lieu que pour des transactions, lesquelles n'arriveroient jamais si cette diminution de droits n'étoit pas accordée. Cette réponse est-elle solide?

D'abord, les quatre cinquièmes des indemnisés se composent de petits propriétaires, dont les réclamations réunies absorbent à peine un cinquième de l'indemnité. Pour ces petits propriétaires, aucun rachat n'est presque possible, soit qu'on diminue ou qu'on ne diminue pas les droits d'enregistrement. Mais le dernier cinquième des indemnisés se forme de grands propriétaires, qui emportent les quatre cinquièmes de l'indemnité. Ces grands propriétaires recevroient donc 24 millions de rentes pour leur part, si la loi n'étoit pas chimérique. Or, il est certain qu'ils ne seroient pas arrêtés par le droit d'enregistrement pour rentrer, s'ils en trouvoient l'occasion, dans les biens de leurs familles.

Enfin, si la diminution du droit d'enregistrement pouvoit augmenter la mutation des biens nationaux, par cela seul elle en amoindriroit la valeur, car l'on sait que plus une denrée est abondante, plus elle baisse de prix sur le marché.

Mais l'exemption de la plus grande partie des droits augmentera-t-elle la mutation des biens nationaux? J'en doute. Cette exemption étant bornée à cinq années, et les liquidations ne s'opérant que péniblement et longuement dans cet espace, il est évident que les transactions ne sont guère favorisées par le privilége accordé ; car l'acquéreur, sachant que l'émigré sera obligé de payer tous les droits de mutation après l'expiration des cinq années, tiendra naturellement le prix de sa terre très-haut, et gagnera peut-être sur l'ancien possesseur précisément la somme que le gouvernement aura perdue. Les hommes sont trop éveillés sur leurs intérêts pour croire que la chose puisse se passer autrement.

Il arrivera donc, messieurs, une de ces deux choses : ou les acquéreurs se refuseront à toute transaction, ce qui, dans l'irritation actuelle des esprits, est très-probable, et il n'y aura pas de vente des biens nationaux ; ou il y aura des transactions qui empêcheront ou diminueront les autres ventes de ces biens, et ces transactions ne seront point soumises aux droits d'enregistrement. Dans l'un et l'autre cas, il n'y point de plus-value pour l'indemnité.

Votre commission a trouvé à l'amendement qui fait l'objet de mes remarques des inconvénients d'une espèce différente ; elle l'auroit cru bon dans un autre système de loi, mais elle le croit dangereux uni au projet actuel. En conséquence, elle vous propose d'en neutraliser l'effet par un amendement qui deviendroit le dernier article de la loi. Si vous adoptez cet amendement, il ajoutera une nouvelle force aux raisonnements que je viens d'avoir l'honneur de vous soumettre.

Votre commission avoit encore pensé à demander que les inscriptions inférieures à 500 francs de rentes fussent inscrites en totalité ; mais elle a été obligée de renoncer à cet amendement charitable, parce qu'elle a reconnu qu'il *compromettoit toute l'exécution du projet de loi, en contrariant les calculs financiers qui en font la base.* Et pourtant je viens de vous exposer, à l'instant même, que toutes les petites cotes de l'indemnité, formant entre elles les quatre cinquièmes des réclamations des indemnisés, s'élevoient à peine à 6 millions ou au cinquième de l'indemnité totale. Presque tous les émigrés de province, c'est-à-dire tout ce qui a été soldat dans l'émigration, recevront 50 francs par an pendant cinq ans, s'il y a lieu, mais seulement dans le cas où leurs indemnités individuelles ne s'élèveroient pas à la somme de 254 francs. C'est trop, s'il ne s'agit que d'honneur ; mais s'il s'agit de propriété, n'est-ce pas une loi bien débile que celle dont les hypothèques sont si peu solides, que l'on compromet son exécution quand on lui demande de liquider à la fois une rente de 500 francs?

Ce n'est pas tout, messieurs ; et comme s'il ne suffisoit pas que l'indemnité s'évanouît au milieu de probabilités improbables, il faut qu'elle soit amoindrie par son côté matériel ; il faut que la réalité vienne encore en augmenter la fiction. Auprès des 5 pour 100, valeur nominale, on place des 3 pour 100 à 75. On croit justifier cette conception en disant que donner des 3 pour 100 à 75 aux émigrés seroit accroître le montant de l'indemnité d'une somme de 18 millions ; mais si l'on accroissoit la dette de l'État en donnant des 3 pour 100 à 75 aux émigrés, comment consent-on à l'accroître sur une somme double, en donnant des 3 pour 100 à 75 aux rentiers?

On augmente, réplique-t-on, le capital des rentiers, parce qu'ils consentent à faire le sacrifice d'une partie de leurs intérêts. Eh quoi! on trouve que les indemnisés, déjà lésés par les dispositions de la loi, qui perdent de plus la jouissance du domicile et les fruits de la terre depuis vingt et trente années ; on trouve que les indemnisés ne font pas un aussi grand abandon d'intérêts que celui qu'on espère obtenir des rentiers? Aucun doute que les 3 pour 100 à 75, placés auprès des 3 pour 100 valeur nominale, ne déprécient ces derniers.

Et c'est ici, messieurs, qu'il faut signaler la dernière cause qui achève de rendre chimériques les fonds affectés au service de l'indemnité.

Ces fonds (on l'a proclamé) doivent se tirer d'une troisième espèce de revenu public, de ce jeu où sont appelés les indemnisés ; c'est là qu'ils doivent conquérir les 400 millions destinés à compléter leur milliard. Eh bien, s'il faut puiser à cette funeste source, montrons qu'elle est tarie par le projet sur les rentes qui suit celui de l'indemnité, comme pour le flétrir et le perdre. Les 3 pour 100 de l'indemnité, en concurrence avec les 5 convertis en 3 à 75, sont morts nés : la loi de la conversion des rentes tue la loi de l'indemnité. Tantôt on a pris soin de rassurer le public par les déclarations les plus formelles, sur la liaison qu'on pourroit, mal à propos, croire exister entre la loi de la conversion des rentes et la loi de l'indemnité ; tantôt on a laissé comme entrevoir cette liaison. Il est vrai qu'il n'y a entre les deux projets qu'une triste connexité, celle des infortunes que le projet d'indemnité rappelle et celle des malheurs que le projet sur les rentes prépare.

L'article 5 du projet ordonne que les rentes 3 pour 100 seront délivrées à chacun des propriétaires par cinquièmes, et d'année en année, le premier cinquième devant être inscrit le 22 juin 1825.

Il reste, messieurs, un peu plus de deux mois, à compter du jour où j'ai l'honneur de parler devant vous jusqu'au 22 juin de cette année : dans ce court espace de temps, pensez-vous que la liquidation puisse se trouver avancée de manière à permettre l'inscription du premier cinquième des rentes de l'indemnité?

Pour être justement départi, ce premier cinquième devroit l'être sur la totalité des indemnisés, c'est-à-dire qu'il faudroit qu'au 22 juin toutes les liquidations fussent connues et réglées. Or, comme cette supposition seroit absurde, il faut en venir à cette autre supposition que si un cinquième des 30 millions pouvoit être inscrit et livré à des parties prenantes le 22 juin prochain, ces parties prenantes, qui absorberoient un cinquième de l'indemnité *totale*, recevroient plus que le cinquième de leur indemnité *particulière*. Plus il y auroit de parties prenantes inconnues ou non aptes à la liquidation, plus les parties prenantes inscrites verroient s'augmenter la part qu'elles recueilleroient du cinquième du total de l'indemnité. Les plus criantes inégalités s'établiroient ainsi entre les ayant-droit, puisque les uns recevroient d'abord plus que leur cinquième, peut-être même la totalité de leur créance, tandis que les autres, qui n'auroient pu faire valoir leurs titres, n'auroient rien pendant des années.

Par ces suppositions, qu'on ne sauroit admettre, puisqu'il faudroit admettre en même temps un ordre de choses contraire au texte de la loi, nous sommes ramenés à cette vérité, savoir: qu'au 22 juin prochain il est presque impossible qu'aucune liquidation ait eu lieu, et qu'il est encore plus impossible qu'à cette époque les liquidations soient d'un cinquième de la somme totale.

De là, messieurs, une autre vérité: c'est que les 3 pour 100 de l'indemnité ne peuvent arriver sur la place dans les premiers moments de l'exécution de la loi de la conversion des rentes. Par une autre conséquence rigoureuse de cet autre fait, les 3 pour 100 à 75 recevront seuls le premier effet de l'impulsion de la force de l'amortissement, de sorte qu'il n'y a rien de plus chimérique encore que tout ce que l'on a dit de cette force pour faire monter les 3 pour 100 de l'indemnité, pour changer en réalité la fiction du milliard.

La loi ne règle point l'ordre des liquidations; d'après le bon plaisir de l'arbitraire, ou d'après le caprice du sort qui décidera cet ordre, l'indemnisé peut être appelé pour chaque cinquième à la fin ou au commencement de l'année; il peut même arriver qu'il soit tout à fait oublié, soit qu'il n'ait pas réclamé en temps utile, soit que son nom ait été perdu dans ce mont-de-piété, dans ce greffe immense du comité central, dans ce notariat universel du ministère des finances, où les ayant-droit déposeront leurs dépouilles et leurs titres.

Et pourtant l'époque de la liquidation n'est pas peu importante pour chaque indemnisé, car, selon cette époque, toutes les quantités données changent pour lui; il pourroit se présenter sur le champ de bataille lorsqu'il n'y auroit plus personne.

Mais supposons un heureux exproprié, supposons qu'il ait obtenu sa liquidation par l'entremise des intrigants et des prétendus gens d'affaires qui auront dévoré d'avance une partie de ce qu'il doit recevoir, le voilà parvenu au grand bonheur de venir risquer à cette nouvelle roulette le prix de son patrimoine ; le voilà assis à l'immense tapis vert en face de vieux joueurs et de gros capitalistes. Mais, quoi qu'il fasse, il ne peut débuter dans la carrière de la perdition avant le 22 juin de cette année. Or, beaucoup de rentes à 5 pour 100 auront été converties auparavant en 3-75.

Le premier délai accordé pour effectuer cette conversion expiroit le jour même où doit commencer la délivrance du premier dividende de l'indemnité. Par un changement que la longueur de la discussion a forcé de faire, ce délai est maintenant de trois mois, à dater du jour de la promulgation de la loi. Il est probable, messieurs, si vous ne rejetez pas cette loi, qu'elle pourra être publiée dans les premiers jours du mois prochain, et la conversion des 5 pour 100 en 3-75 auroit encore six semaines d'avance sur l'apparition des premiers 3 pour 100 de l'indemnité à la Bourse, en admettant, ce qui semble tout à fait improbable, que quelques liquidations fussent opérées pour le 22 du mois prochain.

Vous connoissez, messieurs, l'état de la place. Les millions extraits des caisses publiques par négociations ou sur dépôts de rentes, les millions déposés en lingots d'or à la Banque de France, laissent-ils de lutte possible au chétif indemnisé contre une puissance qui dispose de pareils moyens ? Je vous demande si le bénéfice de la première et grande hausse des rentes par l'application de la caisse d'amortissement à une seule espèce de fonds n'aura pas été effectué dans l'espace de quelques mois ; si une maison favorisée ne pourra pas, par un double jeu, faire monter à 84 et au delà les 5 pour 100 qu'elle aura convertis en 3 pour 100-75, tandis qu'elle maintiendra les 5 pour 100 des rentiers qui n'auront pas voulu consentir à la conversion, quelques centimes au-dessus du pair? Qu'il y ait un encombrement de rentes entre des mains étrangères, on en convient ; que cet encombrement soit de telle ou telle somme ; qu'il soit le résultat ou du dernier emprunt, ou d'une opération de finance manquée ; que cet encombrement mérite plus ou moins l'intérêt du gouvernement ; qu'il n'ait rien de condamnable dans sa cause ou qu'il soit l'effet d'une cupidité trop excitée, c'est ce qu'il ne m'appartient pas d'examiner : mais enfin l'encombrement est un fait.

La somme encombrée entre les mains étrangères étant convertie se trouvera seule en face d'une caisse d'amortissement de 77 millions:

toute la perte sera pour cette caisse, seul acheteur considérable et permanent. Bientôt le vendeur, débarrassé du poids qui l'accable aujourd'hui, se retirera du jeu avec un gain énorme ; la rente fléchira ; il ne restera qu'une dépréciation inévitable pour les 3 pour 100 de l'indemnité, qui viendront, après l'heureux coup de main, se traîner tristement à la Bourse. Alors les spéculateurs reparoîtront pour doubler à la baisse la fortune qu'ils auront faite à la hausse.

Et je dis tout ceci, messieurs, pour le premier cinquième, et je suppose que le premier cinquième sera liquidé la première année ; jugez du sort des 3 pour 100 de l'indemnité qui se présenteront à la négociation dans un an, deux ans, trois ans, quatre ans, cinq ans et plus ! et qu'on soutienne encore que les indemnisés trouveront leur milliard à la Bourse.

Déplorons, messieurs, les variations de la raison humaine! Quand on reproche à la loi des rentes d'accroître le capital de la dette, on répond que ce capital n'est que *fictif*; quand on reproche à la loi d'indemnité de ne donner que 600 millions pour un milliard, on répond qu'il y aura, au moyen du jeu, un accroissement *réel* de capital de 400 millions : ainsi c'est la condition du créancier qui rend l'accroissement du capital fictif ou réel. Ajoutez que pour retrouver les 400 millions manquant au milliard, il faut que les 3 pour 100 de l'indemnité montent jusqu'à leur pair idéal, qu'ils s'élèvent subitement et sans mouvement rétrograde de 60 à 100 francs, ce qui supposeroit une espèce de prodige ; car s'ils restent au-dessous de 100 francs, le milliard restera dans la même proportion au-dessous de sa valeur nominale.

J'arrive à la quatrième et dernière fiction, la fiction dans la limite du temps prescrit pour la liquidation.

La liquidation, d'après le projet de loi, doit être terminée dans l'espace de cinq années : la liquidation de l'arriéré, bien moins compliquée que celle de l'indemnité, a duré dix ans. Quel que soit le nombre des parties prenantes, on convient que les quatre cent cinquante mille réclamations, à peu près, doivent passer sous les yeux de la commission de liquidation. Un calcul ingénieux a prouvé qu'il faudroit trente ans pour répartir toutes les indemnités, en supposant que la commission expédiât soixante affaires par jour. Et lorsque, pour repousser l'amendement sur les commissions départementales, on a dit que ces commissions mettroient cinq ans à compléter leur travail, on a répondu que si ce travail, distribué en quatre-vingt-trois commissions, devoit durer cinq années ; concentrée dans une commission unique, la même opération rempliroit une période de plus de quatre cents ans.

Sans nous arrêter à cette ironie des chiffres, en réduisant toutes les liquidations à cent mille (et il y a environ quatre-vingt-dix mille familles appelées à l'indemnité), en admettant que la commission siégeât huit heures par jour et donnât vingt minutes à chaque affaire, il faudroit encore dix ans pour les terminer. Mais ce calcul est bien au-dessous de la vérité, comme on s'en convaincra en suivant la marche de la liquidation à travers les articles 8, 9, 10, 11, 12 et 13 du projet de loi.

C'est un préfet qui commence l'opération; il n'y aura sans doute ni méprise, ni ignorance, ni passion, ni amitié, ni inimitié dans ce qu'il dira; et pourtant une seule erreur suspendra la liquidation pendant des mois et des années.

Une correspondance forcée s'engagera entre ce préfet, le prétendant à l'indemnité, le tiers réclamant et le gouvernement; une seule affaire pourra entraîner des demandes, des réponses et des répliques interminables. Le préfet sera obligé de s'adresser au directeur des domaines du département, ou de se transporter sur les lieux afin de s'assurer de la justice des réclamations : le pourra-t-il toujours? n'aura-t-il que cela à faire? Les autres soins que réclame l'administration de son département ne suffisent-ils pas pour absorber tous ses moments?

L'affaire tombe ensuite entre les mains du ministre des finances qui vérifie l'état des soultes, des dettes, etc. On sait trop comment tout se passe dans les bureaux. Qui de nous ne connoît les obstacles que produit la moindre contention avec le gouvernement? que de chicanes ne peut-on pas faire! Tantôt c'est une pièce qui manque, tantôt ce sont les droits d'un tiers qu'il faut examiner, tantôt ce sont des noms, des prénoms ou mal signés ou intervertis. Les orateurs du gouvernement ont eux-mêmes remarqué que de nombreuses contestations surviendront. « Deux personnes, ont-ils dit, peuvent se présenter simultanément, se disputer l'exercice du même droit; les petits propriétaires ne seront pas plus que les autres à l'abri du litige, et dans ce cas comment à leur égard procéder à une liquidation immédiate? »

Et qui garantira les ayant-droit (surtout l'ordre des liquidations étant arbitraire) des tours de faveurs, des retards, des oublis, des intérêts de parti, de la corruption qui se glisse partout?

Il ne faut pas se le dissimuler, messieurs, les liquidations sont des affaires épineuses : il ne nous est pas permis de l'oublier, et comme législateurs et comme hommes. Sous le rapport politique, un ministère a des systèmes, des préférences; il est tout simple qu'il incline vers ses créatures ou ses amis. Ses bureaux ont nécessairement le même penchant : ainsi, sous le ministère actuel tels réclamants pourront être liquidés avant tels autres, et sous un ministère d'une opinion différente la chance pourroit être en sens opposé : c'est ainsi qu'est faite la nature humaine. Quand on songe qu'un seul homme, quel qu'il soit, peut tenir dans sa dépendance tous les intérêts des familles; que, de plus, tous les revenus de l'État et 140 millions de bons royaux passent par ses mains, il y a de quoi trembler.

Après le ministère des finances, la commission qui survient examine de nouveau les qualités et droits des réclamants ; en cas de contestation, elle renvoie les parties devant les juges : toute la France peut être traduite à la barre des tribunaux.

Sur l'appel des ayant-droit, nouveau et dernier procès à un conseil d'État, dont les membres sont amovibles.

Ainsi l'indemnité peut être arrêtée par le préfet, par le directeur des domaines de chaque département, par le ministre des finances, par la commission de liquidation, par les tribunaux et par le conseil d'État. Et il y a quatre cent cinquante mille affaires à traiter, et ces quatre cent cinquante mille affaires de l'ancienne propriété foncière seront ajoutées aux affaires centralisées sous lesquelles les ministres succombent; et le projet de loi prétend qu'une telle liquidation sera terminée dans l'espace de cinq ans! Votre commission, tout en approuvant la hiérarchie des pouvoirs qui doivent présider à la liquidation, ajoute : « Il a cependant été impossible à votre commission de ne pas redouter pour les malheureux propriétaires dépossédés les lenteurs inséparables de tant d'opérations successives. »

Si l'on croyoit ôter à mes observations précédentes une partie de leur force, en disant qu'il est possible que la liquidation se prolonge au delà de cinq années, mais qu'une durée dont on ne peut pas fixer rigoureusement le terme ne change rien au fond de la loi, je répondrois à mon tour que l'étalage des longueurs qu'entraînera la liquidation seroit puéril si ces longueurs n'avoient des conséquences funestes : elles changent en effet toutes les conditions de la loi.

Il est évident que les diverses fictions, que les inconvénients sans nombre attachés au projet de loi doubleront, tripleront en proportion de l'accumulation des années employées à la liquidation : que deviendra en cas d'un prolongement de période la partie du milliard qui n'aura pû être distribuée dans l'espace de temps fixé par la loi, faute d'apuration de comptes? que fera-t-on de l'excédant des 3 millions rachetés annuellement par la caisse d'amortissement, si ces 3 millions ne trouvent pas de service ? gardera-t-on ces excédants d'année en année pour une liquidation future, ou bien en changera-t-on la destination? Alors la liquidation présumée perdra donc ce qu'il y a de plus sûr dans son hypothèque.

Même question pour les 3 millions de prospérités éventuelles assignés à l'indemnité. Il faudra que ces prospérités éventuelles, qu'un projet rempli d'imagination se plaît déjà à supposer pendant cinq années, veuillent bien encore dépasser ce terme, pour aller attendre à point nommé dans l'avenir l'émission incertaine de quelques rentes nouvelles. Une dette tantôt liquidée par petites sommes, tantôt entièrement suspendue, menacera sans fin les contribuables. Dans ce laps de temps, le fonds commun grossira : qu'en fera-t-on en attendant son emploi pendant huit, dix et quinze années? Comment ce fonds sera-t-il distrait de la somme totale? Prélèvera-t-on une somme proportionnelle sur chaque partie prenante? Mais comment saura-t-on si le prélèvement individuel est équitable, tant que l'ensemble des liquidations restera inconnu?

Les 3 pour 100 de l'indemnité perdront toute leur valeur en se disséminant dans une longue série d'années, tandis que d'un autre côté ces 3 pour 100, toujours prêts à naître, tiendront perpétuellement la Bourse en échec. L'acquittement de l'indemnité deviendra irrégulier comme la liquidation : tantôt cette liquidation ira vite, tantôt elle marchera lentement; on ne saura jamais quelle quantité de rentes nouvelles envahira subitement la place; et ce sera bien pis encore si cette émission ignorée du public est connue, comme elle ne peut manquer de l'être, des subalternes employés à la liquidation.

Étranges contradictions! La liquidation peut embrasser un demi-quart de siècle, et l'on n'accorde aux expropriés pour réclamer qu'un temps visiblement trop court! Que deviendront les sommes vacantes par cette rigoureuse prescription, ainsi que celles qui se trouveront libres? Resteront-elles au gouvernement? Seront-elles partagées entre les intéressés? La loi devroit le dire, et ne le dit pas.

Répondra-t-on que ces diverses sommes ne seront que fictives; qu'on ne pourroit leur donner d'existence que par une émission de rentes, et que cette émission n'aura pas lieu tant qu'elle ne trouvera pas d'emploi? Alors il faut donc retrancher, comme nous l'avons dit à propos de la première fiction, il faut donc retrancher du milliard de l'indemnité et les 59 millions du fonds de réserve, et les sommes provenant des déshérences et des prescriptions, et la quotité vague des dettes : on se perd dans ces abîmes.

Voilà, messieurs, comme la liquidation, en agrandissant le cercle que la loi a tracé autour d'elle, achèvera de faire évanouir les derniers prestiges de cette loi; et, couronnant tant de suppositions par une supposition plus étonnante encore, il faut admettre, pour que cette liquidation puisse s'accomplir, que tout reste immobile autour de nous; il faut que le monde s'arrête, comme autrefois le soleil à la voix de Josué. Et qui fera ce miracle? Dix, quinze années, quelle portion de la vie! La France sera-t-elle dans la position où elle se trouve aujourd'hui? Rien ne sera-t-il arrivé en Europe? Au milieu de nouveaux événements, des générations nouvelles auront d'autres plaies à guérir que les plaies que nous aurons faites, ou que nous n'aurons pas fermées. Les ministres actuels auront disparu; il ne restera d'eux que leur mémoire : ils la fonderont sans doute sur des bases plus solides que celles qu'ils ont données à l'indemnité.

Je suis las, messieurs, et vous l'êtes sans doute encore plus que moi. Je ne puis entrevoir, à la clarté de cette lampe merveilleuse suspendue dans une loi de ténèbres, que trois réalités effrayantes : un nouveau milliard de dettes pour l'État, sans atteindre le but qu'on s'est proposé; la création de 3 pour 100 pour former le piédestal d'une loi de conversion de rentes, et la dictature de toutes les fortunes mobilières et immobilières de la France.

Si j'avois quelque chose à proposer à la chambre, ce seroit de réduire tout le projet de loi en un seul article, qui poseroit le principe de l'indemnité et fixeroit la somme nécessaire à l'acquittement de cette indemnité, déclarant que l'exécution de cette loi auroit lieu d'après le mode qui seroit réglé par une loi. On auroit ainsi le temps, jusqu'à la session prochaine, de préparer pour les chambres un travail aussi bon qu'il est possible de le faire. La précipitation en matière légale est funeste : témoin les milliers de lois accumulées depuis trente ans, lois qui, s'accusant et se rappelant les unes les autres, sont plutôt un recueil d'arrêts rendus contre les lois qu'un code de lois.

Tel qu'il est, messieurs, le projet soumis à votre examen a besoin d'être fortement modifié. Votre commission a proposé des amendements utiles, sans doute, mais qui ne vont point à la racine du mal. La circonspection que le noble rapporteur de votre commission recommande laisse assez deviner qu'il a lui-même aperçu les défauts du projet, mais qu'il s'est effrayé, ainsi que ses nobles collègues, de tout ce qui auroit été à retoucher dans l'ouvrage; travail qui n'est pas toutefois au-dessus du dévouement et des forces de la chambre.

Deux choses capitales sont à faire : corriger l'arbitraire menaçant de la loi, et donner surtout un fonds réel à l'indemnité. Il ne faut pas qu'au moindre accident, des ministres embarrassés, qui ne verront plus les choses comme ils les voient aujourd'hui, ou d'autres ministres qui seront dans d'autres idées, viennent dire aux indemnisés : « Nous en sommes bien fâchés, mais il n'y a pas eu cette année d'excédant de revenu ; les circonstances nous forcent aussi de changer les dispositions de la caisse d'amortissement ; établir un nouvel impôt est impossible : ainsi votre indemnité n'ayant plus d'hypothèque, nous ne pouvons plus émettre de 3 pour 100, et les liquidations sont ajournées jusqu'à des temps plus heureux ; allez en paix. »

C'est pourtant, messieurs, le résultat dont l'indemnité, telle qu'on la propose, sera à tous moments menacée. Quelques liquidations rognées faisant partie du premier cinquième iront peut-être à quelques familles heureuses ; mais aucun homme, dans l'état actuel de la loi et dans la position politique de l'Europe, ne pourroit dire ce qui arrivera des quatre ou, si l'on veut, des trois derniers cinquièmes de l'indemnité.

Je suis convaincu aussi avec votre commission que les ministres de Sa Majesté prendroient facilement avec vous, messieurs, l'honorable engagement de faire disparoître, autant qu'il seroit en leur pouvoir, par la bonté de l'exécution, l'imperfection de l'ouvrage, l'engagement de rendre les faits aussi irréprochables que les intentions. Mais ce ne sont point des paroles que nous sommes chargés de léguer à l'avenir, quelle que soit d'ailleurs notre confiance en ces paroles : nous lui devons non des promesses fugitives, qui passent avec les hommes, mais des lois sincères et consciencieuses, qui restent avec la société.

Je n'ai, dans ce trop long discours, considéré le projet de loi que sous le rapport matériel ; si je l'avois envisagé sous un rapport plus élevé, mes reproches n'auroient pas été moins fondés, car, par l'effet d'une association déplorable, toutes les objections morales qu'on oppose au projet de loi de la conversion des rentes, on peut les faire contre le projet de loi d'indemnité, dans sa forme actuelle et dans son but avoué. Et ces reproches mêmes seroient plus graves, car il ne s'agit pas ici d'une création de rentes, résultat d'un emprunt, mais de l'indemnité d'une propriété immobilière que l'on transforme dans une propriété mobilière de la plus dangereuse espèce.

C'est encore une chose funeste en morale que de dépouiller le malheur de sa dignité et de détruire ce respect populaire qui s'attache aux hommes honorés par de grands sacrifices. On n'a pas voulu, sans doute, jeter parmi nous un nouveau levain de révolution, semer de nouveaux germes de discorde et de haine ; on n'a pas voulu ajouter à toutes les infortunes des émigrés celle d'offrir ces respectables victimes à l'inimitié de leurs compatriotes ; et pourtant l'apparition simultanée des deux projets de loi, des rentes et de l'indemnité, est de nature à faire naître les préventions les plus injustes. En vain l'on diroit que les bénéfices faits par l'État sur les rentiers n'iront point aux indemnisés, mais à la décharge des contribuables; distinction inadmissible, puisque ce seroit le rentier qui, dans cette hypothèse, se trouveroit chargé de rendre, à ses dépens, aux contribuables ce que vous leur prendriez pour l'indemnisé.

La loi d'indemnité devoit être une loi solitaire, ne liant les destinées de ceux qu'elle doit consolider à aucune autre destinée, ayant en elle-même ses moyens d'accomplissement, son principe de vie; borne nouvelle des héritages replacée par la main du roi; monument expiatoire élevé à la propriété et marquant la fin de la révolution. Le projet qui vous est présenté est malheureusement rattaché à des idées qui en rompent la nature.

La pensée d'une loi de concorde, de morale et de religion occupe le cœur d'un magnanime souverain; cette pensée en sort avec ces augustes caractères. Qu'arrive-t-il? Elle est transformée en une loi de parti, en une loi de hasard et de division; elle se trouve comme liée à une autre loi qui froisse les intérêts d'une classe nombreuse de citoyens.

L'ancienne propriété de la France, morte en papier, ressuscite en papier; elle avoit servi d'hypothèque à un effet sans valeur, elle est reproduite par un effet sans hypothèque; des assignats ont commencé la révolution, des espèces d'assignats vont l'achever. Nous prétendons tout concilier, et nous faisons des distinctions de propriétés mobilières, après avoir fait des distinctions de propriétés immobilières. En donnant des 5 pour 100 aux émigrés, cette nouvelle dette, appuyée sur un effet ancien et solide, auroit vu son origine se perdre et se confondre dans la dette commune. Mais non! Quelque chose d'incompréhensible nous pousse comme malgré nous à perpétuer le souvenir des désastres et des partis, à graver plus profondément l'empreinte du sceau que nous prétendons effacer. Nous aurons des 3 pour 100 à 75 annonçant la réduction du rentier à la date de la création de l'indemnité; nous aurons des 3 pour 100 d'émigré qui deviendront des 3 pour 100 *nationaux*, comme nous avions des biens *nationaux*, et qui seront bientôt atteints de la défaveur dont cette épithète a frappé les biens qu'ils représenteront. Nous donnerons ces 3 pour 100 à un père de famille, comme un billet d'entrée à la Bourse, et nous lui dirons : « Va retrouver par la fortune ce que tu as sacrifié à l'honneur. Si tu perds de nouveau ton patrimoine, la légitime de tes enfants; si tu perds quelque chose de plus précieux, les vertus que t'avoit laissées ta première indigence; qu'importe? A la Bourse on cote les effets publics et non les malheurs. »

Je voudrois savoir, messieurs, de quel temps nous sommes. On nous propose des règlements religieux dignes de l'austérité du xiie siècle, et on nous occupe de projets de finance qui semblent appartenir à une époque beaucoup plus rapprochée de nous : il faut pourtant être d'accord avec nous-mêmes : nous ne pouvons pas être à la fois des joueurs et des chrétiens, nous ne pouvons pas mêler des décrets contre le sacrilége à des mesures d'agiotage. Si notre morale est relâchée, que notre religion soit indulgente; et si notre religion est sévère, que notre morale en soutienne la rigidité : autrement notre inconséquence, en frappant tous les yeux, ôteroit à nos lois ce caractère de conviction qui doit les faire respecter des peuples.

Je crains, messieurs, que le projet de loi de l'indemnité, suivi du projet de loi de la conversion des rentes, derrière lequel on entrevoit un troisième projet de réduction, n'ait été conçu, contre l'intention de ses auteurs, d'après un système dont la France deviendroit la victime. Il seroit dur que la Providence eût ébranlé le monde, précipité sous le glaive l'héritier de tant de rois, conduit nos armées de Cadix à Moscou, amené à Paris les peuples du Caucase, rétabli deux fois le roi légitime, enchaîné Buonaparte sur un rocher, et tout cela afin de prendre par la main quelques obscurs étrangers qui viendroient exploiter à leur profit une loi de justice et faire de l'or avec les débris de notre gloire et de nos libertés.

J'appuierai, messieurs, tous les amendements qui me paroîtront propres à améliorer le projet de loi.

OPINION

PRONONCÉE A LA CHAMBRE DES PAIRS,

SÉANCE DU 15 AVRIL 1825,

SUR

L'AMENDEMENT PROPOSÉ PAR M. LE COMTE ROY

A L'ARTICLE Ier DE LA LOI D'INDEMNITÉ.

Messieurs, l'amendement qui fait l'objet de la présente discussion a pour but de changer en réalité l'indemnité à peu près fictive du projet de loi. On a voulu combattre ce que j'ai dit de la chimère de ce projet : c'est à vous, messieurs, à juger si l'on a été heureux et si la réfutation n'a rien détruit. M. le commissaire du roi lui-même n'a pu couvrir par l'élégance de sa diction la foiblesse de la cause qu'il étoit chargé de défendre : il a très-bien justifié le principe; mais quand il est entré dans les détails, tout est resté douteux, excepté son talent.

A-t-on mieux réussi dans l'attaque de l'amendement? Je ne le pense pas. Permettez-moi, messieurs, de vous soumettre quelques observations.

J'écarte d'abord la récapitulation qu'on a faite des administrations passées; elle ne prouve rien pour le projet de loi, elle ne prouve rien contre l'amendement.

M. le ministre du roi ayant repris ce qu'il avoit dit sur le principe des amendements, je ne serai pas non plus obligé de le suivre sur ce terrain constitutionnel, où je me serois trouvé plus rassuré.

Les avantages de cet amendement ont été développés par son auteur avec une lucidité qui résulte d'une pensée bien conçue et d'une connoissance approfondie de la matière. La somme de l'indemnité, 37,500,000 francs de rentes 5 pour 100, n'est aussi considérable que pour rapprocher le capital réel du milliard fictif du projet de loi.

Le premier tableau annexé à l'amendement prouve qu'à la vingt-unième année, à raison de 4 pour 100 seulement ajoutés à l'intérêt annuel de l'indemnité, les 250 millions en moins du prétendu milliard sont retrouvés.

En vain on a combattu les calculs financiers de l'auteur de l'amendement : la réplique de son noble ami les a placés sur des bases inébranlables.

Le second tableau relatif à la puissance de l'amortissement ne laisse rien à désirer, puisqu'il prouve que la force relative à l'amortissement n'est pas même diminuée, après les cinq années, dans le système de l'amendement, et qu'en continuant l'opération pendant onze années au lieu de cinq, la caisse d'amortissement auroit recouvré ses 37,500,000 francs de rentes nouvelles.

Je vais essayer, messieurs, de rendre plus sensibles les effets de ces chiffres, en les dépouillant du langage technique, et en saisissant les objections telles qu'on les présente aux esprits peu familiarisés avec les opérations de finances.

La principale objection que l'on élève contre le système de diminuer le fonds d'amortissement, en y prenant les rentes nécessaires à l'indemnité, est que la réduction de ce fonds occasionneroit une baisse considérable à la Bourse et détruiroit nos ressources pour l'avenir.

Qu'il y eût dans ce cas une forte baisse dans les effets publics, ce n'est pas une chose prouvée. Maintenant que le gouvernement françois est aussi solidement établi qu'aucun autre en Europe, et que son crédit est égal à sa force, peut-on croire qu'il faille une caisse d'amortissement, dotée de près de 80 millions, pour soutenir 140 millions de rentes ?

Mais, quelque hasardée que soit cette opinion, la question n'est pas là : il s'agit de savoir si une création de 30 millions de rentes nouvelles, avec la caisse d'amortissement actuelle, ne feroit pas baisser le taux de la rente autant que si sans aucune création nouvelle on diminuoit de 37,500,000 francs le fonds de la caisse pour les donner en indemnités? L'expérience a prouvé que le crédit public ne suit pas le mouvement de la dette nationale. C'est depuis que nos voisins ont diminué de moitié la dotation de leur caisse que les 3 pour 100 ont monté si prodigieusement en Angleterre.

Mais, dira-t-on, non-seulement vous diminuez la caisse d'amortissement de 37,500,000 francs, mais vous remettez en circulation 37,500,000 fr. de rentes rachetées. En couvrant la place d'une aussi grande quantité d'effets de même valeur que ceux qui s'y négocient, comment espérez-vous éviter une baisse ?

Je réponds à cette question qu'en la faisant on oublie que les 37,500,000 fr. de rentes ne seront pas jetés à la fois sur la place, puisqu'ils ne peuvent être émis qu'au fur et à mesure des liquidations.

Si vous les supposez émis par cinquièmes, 7,500,000 francs puisés annuellement à une caisse d'amortissement de plus de 77 millions produiroient à peine un effet sensible sur le cours de la rente. En attendant un emploi, le reste des 37,500,000 demeurant à la caisse d'amortissement continueroit à racheter des rentes, et dès la première année la moitié à peu près des 7,500,000 francs émis seroit déjà rentrée à la caisse. On peut voir la suite de ces calculs dans le second tableau joint à l'amendement.

On craint de nuire au crédit : ce qui nuira au crédit, ce n'est pas l'amendement raisonnable qu'on vous propose; ce sont ces projets éternels de conversion et de remboursement de rentes, cette inquiétude jetée dans toutes les espèces de propriétés; c'est cette énorme disposition d'un projet de loi qui fait cesser l'effet de l'amortissement sur une rente pour le porter arbitrairement sur une autre, confondant l'agiotage et le crédit, l'élévation soudaine et artificielle du taux de la rente, et cette hausse graduelle et naturelle résultat de la confiance publique.

Vous craignez d'affecter le crédit; mais en accroissant le capital de la dette d'une manière à épouvanter les esprits les plus audacieux, en créant 30 millions de rentes au capital d'un milliard, et puis de 3 pour 100 à 75, ne l'affectez-vous pas, ce crédit?

Vous craignez d'ébranler le crédit en touchant à la caisse d'amortissement; mais vous l'ébranlez bien autrement en touchant à la rente.

Et si les circonstances nous forcent à reprendre la caisse d'amortissement pour un emprunt, après l'avoir affectée au fonds de l'indemnité, quelle confiance voulons-nous que les prêteurs aient dans cette caisse, que nous pourrons leur retirer par une nouvelle mesure, pour un nouveau besoin, comme nous l'aurons retirée d'abord au 5 pour 100 au-dessus du pair, pour les forcer à la conversion en 3 à 75, comme nous l'aurons retirée ensuite aux simples 3 pour 100 pour lesquels nous l'avions détournée de sa première destination?

Si l'on ne prend pas 37,500,000 francs à la caisse d'amortissement pour payer l'indemnité, il faut créer 30 millions de rentes nouvelles; et qu'est-ce qui les payera, ces 30 millions, si ce ne sont tous les sujets du roi, de même qu'ils payent les 77 millions à la caisse d'amortissement? Dans le système du projet de loi, le contribuable payera 67,500,000 francs, au lieu de 37,500,000 francs : savoir 37,500,000 fr. à la caisse d'amortissement, et 30 millions de rentes nouvelles.

Si 37,500,000 francs que vous laisserez à la caisse d'amortissement sont employés à amortir les 30 millions de rentes que vous avez créés, il est clair qu'en prenant les 37,500,000 francs pour l'indemnité à la caisse d'amortissement, et ne créant pas les 30 millions de rentes nouvelles, la puissance de la caisse d'amortissement reste à peu près la même dans les deux cas ; car dans le premier sa force se trouve diminuée de la quotité des rentes nouvelles qu'elle est obligée de racheter, et dans le second sa force est diminuée de la quotité qu'elle est obligée de prendre sur elle-même, ou autrement ; vous ne pouvez pas dire que vous augmentez la puissance de la caisse d'amortissement en y laissant les 37,500,000 francs qui s'y trouvent, lorsque vous créez en dehors 30 millions qu'elle est obligée de racheter.

Dans quelle position nous trouverons-nous quand nous aurons puisé les 37,500,000 francs pour l'indemnité à la caisse d'amortissement? Tout juste comme nous étions en 1816 lors de la création de la caisse d'amortissement, au moment des liquidations du milliard de l'arriéré. Trouvez-vous que votre crédit ait baissé depuis cette époque? que vous n'ayez pas bien payé vos dettes? Ah! combien votre position est meilleure! Les rentes lors de l'établissement de la caisse d'amortissement, dotée seulement de 40 millions, étoient entre 67 et 69, et elles sont aujourd'hui à 102 ; et cette caisse, qui n'émettra ses rentes pour l'indemnité que par cinquièmes, conservera pour son premier rachat 70 millions, pour son second 62,500,000, pour son troisième 55 millions, pour son quatrième 47,500,000 francs, et pour son cinquième 40 millions; rachats qu'elle ne perdra plus comme dans le système du projet de loi, et qui augmenteront annuellement sa puissance.

Et n'a-t-on pas encore d'autres ressources si l'on veut admettre les calculs mêmes qu'on nous a faits à propos du projet de loi ? On nous a parlé de la plus-value des impôts, plus-value de 3 millions par an, qui doit servir d'hypothèque à l'indemnité: si cet excédant est réel, qu'on le verse à la caisse d'amortissement ; c'est ce que demande l'amendement. Irions-nous maintenant (parce que nous embrasserions un autre moyen d'indemnité), irions-nous trouver qu'il n'y a plus d'excédant de recettes? Pour me combattre dans deux systèmes, soutiendroit-on d'abord que les fictions sont des réalités, et ensuite que les réalités sont des fictions ?

Mais s'il survenoit un événement, où seroit notre ressource ? Comment emprunterions-nous avec une caisse d'amortissement réduite à sa dotation primitive ?

J'ai déjà demandé moi-même, messieurs, comment vous emprunteriez avec une caisse d'amortissement que vous auriez d'abord reprise aux rentiers 5 pour 100 au-dessus du pair, pour les obliger à la conversion en 3 à 75, et ensuite aux rentiers 3 pour 100. Les premiers vous ont prêté leur argent pour vos premiers emprunts, vous leur en retirez le gage : n'est-ce pas un avertissement pour les prêteurs à venir?

D'un autre côté, le fonds d'amortissement resteroit-il, en cas d'événement, affecté pendant cinq ans au service auquel le projet de loi le destine, alors vous n'auriez plus ce fonds pour emprunter.

Messieurs, si un événement survenoit, rien ne seroit plus facile que d'emprunter à un taux raisonnable, avec une caisse d'amortissement qui, toute réduite qu'elle seroit, se composeroit encore de plus de 70, 62, 55, 47 et 40 millions, selon l'époque de l'événement; fonds qui seroit plus que suffisant, en bon système de finances, pour supporter un accroissement de dettes d'un milliard.

Le crédit, messieurs, demande une marche mesurée et constante ; il ne veut point de secousses, il est ennemi des aventures, ennemi de ces lois chercheuses de fortune qui abandonnent le corps pour l'ombre; le crédit est la fidélité aux engagements : donnez aux émigrés une indemnité réelle, comme vous avez donné un payement réel aux créanciers de l'arriéré, et par cela seul vous trouverez des prêteurs dans les cas d'urgence, sans avoir besoin d'une caisse d'amortissement exagérée.

En dernier lieu, si on insistoit pour conserver le fonds d'amortissement dans son entier, afin de le retrouver au jour de la nécessité, on seroit amené à l'aveu que l'indemnité est une complète chimère ; car si vous reprenez le fonds d'amortissement pour un cas d'urgence, vous reprenez les 3 millions du rachat de rentes affectées à l'indemnité, et vous n'avez plus rien de spécial pour soutenir le cours des 3 pour 100 de l'indemnité.

Décidons-nous : dans le système du projet de loi, si nous supposons la guerre, il n'y a plus d'indemnité, alors nous sommes forcés de faire banqueroute d'un milliard pour emprunter un milliard : la banqueroute est-elle un bon moyen de crédit ?

Si nous supposons la paix, il n'y a aucune éventualité à prendre l'indemnité de la caisse d'amortissement.

Dans le stème de l'amendement, si nous supposons la guerre, les indemnités continuent à être payées ; notre crédit s'est augmenté de notre fidélité à remplir nos nouveaux comme nos anciens engagements; il s'est augmenté du repos que nous aurons accordé aux rentiers, et le fonds d'amortissement sera encore plus que suffisant pour soutenir un emprunt.

Si nous supposons la paix, toutes nos prospérités augmenteront de la réduction d'une caisse d'amortissement, dont la force, hors de toute mesure, ne sert qu'à favoriser l'agiotage, et de l'aisance réelle dans laquelle les indemnisés se trouveront placés.

Mais comment prendre une si forte somme à la caisse d'amortissement pour les expropriés ?

Mais vous n'avez pas établi la caisse d'amortissement pour le milliard de l'arriéré ? Les dettes des Cent Jours sont-elles plus sacrées pour la monarchie légitime que celles des trente années où la propriété du royaume a péri pour cette monarchie ? Messieurs, je regarde le projet d'indemnité comme si complétement illusoire que, si l'on proposoit de ne prendre à la caisse d'amortissement que 15 millions au lieu de 37 pour toute indemnité, je préférerois encore ces 15 millions au milliard dont le nom seul est pénible à prononcer, tant il me semble blesser la bonne foi, tant il réveille d'idées pénibles, dont un esprit de conciliation commande de taire et d'étouffer la moitié.

En prenant 37,500,000 francs pour l'indemnité à la caisse d'amortissement, vous auriez, messieurs, l'avantage si précieux, si moral, d'ôter aux malheureux expropriés toute envie, tout besoin de courir à la Bourse, pour réaliser, par les combinaisons de l'agiotage, ce milliard qui fuira éternellement devant eux ; vous n'attacherez plus aux rentes de l'indemnité cette différence d'intérêts, qui sera pour elle un cachet fatal.

L'amendement délivrant à l'ancien propriétaire, ou à ses représentants, cinq inscriptions d'une somme égale, c'est-à-dire le montant de toute l'indemnité de ce propriétaire, est d'une ressource immense pour lui : ces inscriptions ne sont pas négociables en même temps, pour ne pas se déprécier les unes les autres sur la place ; mais elles pourront être transportées, dans les formes déterminées par la loi, pour les cessions d'obligations entre particuliers. Ainsi l'indemnisé tiendra dans sa main toute son indemnité ; elle pourra lui servir d'hypothèque pour des emprunts ; il pourra la donner en payement, en échange ; il pourra s'en servir pour une multitude d'affaires, au lieu de ne recevoir qu'une indemnité morcelée par cinquièmes d'année en année, comme le veut le projet de loi. De bons 5 pour 100, à peu près du même âge que les propriétés qu'ils représenteroient, puisqu'il y en a du temps de François Ier ; de bonnes rentes solidement établies, recherchées sur toutes les places de l'Europe, voilà une véritable propriété remplaçant une propriété perdue ; voilà ce que tout le monde entend, comprend, ce qui n'a besoin ni des complications subtiles d'une loi de finance, ni de l'action et des intérêts des banquiers, ni des efforts exagérés de la caisse d'amortissement.

Si l'amendement du noble comte, en favorisant les intérêts des expropriés, étoit contraire à ceux de la patrie, au lieu de l'appuyer, je le repousserois, dans les intérêts des expropriés eux-mêmes : le bien particulier qui nuit au bien général n'est pas un bien, mais le plus grand des maux. Pourquoi l'indemnité doit-elle être donnée? Parce qu'elle est une mesure de salut pour la France; autrement elle rendroit odieux ceux qui en seroient l'objet. On seroit même averti par cette haine que la mesure seroit injuste, car il y a un sentiment d'équité chez les peuples, qui fait qu'ils ne haïssent pas ce qu'ils sentent juste au fond du cœur : aussi un murmure ne s'est élevé contre les plus généreuses victimes que lorsqu'on a voulu mêler à la loi d'indemnité une loi qu'un noble comte, qui prend son génie dans sa conscience, a si énergiquement qualifiée dans la séance d'hier. L'amendement détruira cette funeste connexion.

En puisant à la caisse d'amortissement, vous avez pour la France l'inappréciable avantage de mettre des obstacles à un système erroné, qui consiste à prendre des monnoies fictives, des masses de papier qu'aucun produit du sol, du commerce ou de l'industrie ne représente, pour des monnoies réelles ; un système qui croit augmenter les richesses du pays en multipliant les signes d'une hypothèque qui n'existe pas, qui croit diminuer des dettes en empruntant.

Vous rentrerez en même temps dans la vraie route de l'amortissement ; vous le réduirez à ce qu'il doit être ; vous ne lui conserverez pas cette force mobile d'agiotage et non de crédit, ce moyen reprouvé par toutes les autorités financières et par l'Angleterre même, que nous croyons cependant imiter.

Sous le rapport de la paix intérieure de la France, et de la concorde entre les citoyens, la mesure est toute salutaire. On désire qu'il y ait des transactions entre les acquéreurs et les indemnisés? Je le désire aussi de toute mon âme : eh bien, quand vous aurez mis les indemnisés à l'aise, autant et aussi sincèrement que vous le pourrez, quand vous leur aurez donné, non pas des illusions pour des faits, non pas des fictions pour des réalités, ils auront bientôt racheté le patrimoine de leurs pères, à la satisfaction de tous les gens de bien. Alors les divisions cesseront réellement, alors l'œuvre magnanime du roi sera accomplie, alors s'évanouiront les alarmes avec ces projets financiers, ces rêves qui nous conduiroient au plus fatal réveil. Le sol que l'on fait trembler sous nos pas se raffermira ; l'indemnisé sera content, le rentier tranquille, l'acquéreur rassuré, libre de garder, libre de rétrocéder une propriété remontée à sa véritable valeur. Appuyé sur la bonne foi, si puissante en France, on pourra attendre en paix le temps des emprunts futurs : à cette époque, si elle doit jamais arriver, on créera tout naturellement des 4, des 3 pour 100 ; en un mot, tout ce qu'on veut produire aujourd'hui sans motif, sans cause, sans nécessité, comme si l'on vouloit seulement s'agiter pour s'agiter. Le ministère même sera dans une position plus morale, plus solide, et les sentiments d'une fidélité politique, toujours honorables dans ceux qui les conservent, trouveront leur compte à l'amendement proposé, comme les intérêts publics.

DÉVELOPPEMENTS

D'UN AMENDEMENT PROPOSÉ A L'ARTICLE V DU PROJET DE LOI D'INDEMNITÉ.

CHAMBRE DES PAIRS, SÉANCE DU 18 AVRIL 1825.

Messieurs, je viens essayer de sauver quelques débris du bel édifice qu'avoit voulu élever un grand maître de l'art. M. le comte Roy avoit introduit à l'article 6 du projet de loi les dispositions que je vais avoir l'honneur de vous lire.

Ce sont ces dispositions, messieurs, que je reprends, et qui forment l'amendement que j'ai l'honneur de vous proposer. Ces dispositions, qui dans l'amendement de M. le comte Roy s'appliquoient aux 5 pour 100, peuvent également s'appliquer aux 3 pour 100. J'ai déjà eu l'honneur de vous faire remarquer l'immense avantage pour l'indemnisé de recevoir à la fois ses cinq inscriptions, bien qu'elles ne soient négociables que par cinquième, à leur échéance respective. C'est déjà, pour ainsi dire, posséder le fonds de l'indemnité, sans en avoir encore tout le revenu; c'est avoir le titre de sa propriété; et ce titre entre les mains du propriétaire peut servir aux transactions les plus importantes pour lui.

Le noble comte auteur d'un amendement qui auroit changé tant de fictions en réalités a fait remarquer que l'article 5 du projet de loi disoit bien que les *rentes* 3 pour 100 seroient inscrites au grand-livre et *délivrées* d'année en année, mais qu'il ne disoit pas que l'*inscription* elle-même, portant jouissance des intérêts, seroit *délivrée*: d'où il pourroit arriver que l'inscription, par une cause ou par une autre, restât entre les mains du gouvernement, qu'elle cessât ainsi d'être négociable pendant un grand nombre d'années, et que le tout se reduisît pour tel ou tel indemnisé à une sorte de pension, à une rente dont le capital ne seroit pas à sa disposition.

Les dispositions présentées par le noble comte, et que je reproduis aujourd'hui, messieurs, en forme d'amendement, écartent cette difficulté. Y a-t-il vice de rédaction dans le projet de loi, a-t-on mis par inadvertance : les *rentes* seront *délivrées*, au lieu de : *l'inscription* de rente sera délivrée? Cela peut être ; et sans doute MM. les ministres du roi voudront bien s'expliquer; mais ce vice de rédaction doit être corrigé, car les paroles des ministres ne font pas, à ce qu'il paroît, jurisprudence. On sait, par exemple, que M. Crétet, lors de la fameuse réduction ou banqueroute des 5 pour 100, déclara formellement que les 5 pour 100 consolidés ne *seroient pas remboursables*. Tient-on compte aujourd'hui de cette déclaration, qui en engageant la foi publique donnoit au moins au rentier la certitude de conserver ce qu'on vouloit bien lui laisser? Vous voyez, messieurs, le danger extrême de ne pas exprimer les faits dans les lois. Cette remarque s'applique encore à l'article 9 comme à l'article 6 du projet de loi. Si vous ne précisez rien au sujet des dettes, je déclare que l'article 9 est rempli d'écueils et de périls.

Quoi qu'il en soit, messieurs, j'ai donc l'honneur de vous proposer d'amender l'article 6 en supprimant l'article 5 d'après les dispositions rédigées par M. le comte Roy. Ces dispositions, qui mettent entre les mains de l'indemnisé liquidé son titre ou ses cinq inscriptions à la fois, sont pour lui un avantage si évident, qu'il doit frapper tous les yeux. Cet amendement ne touche ni à la caisse d'amortissement ni aux 3 pour 100 ; il n'accroît ni ne diminue l'intérêt ou le capital ; il ne fait arriver aucune valeur surabondante à la Bourse ; il ne dérange rien à l'économie du projet de loi, il n'en altère aucune partie ; il le laisse subsister dans tout son ensemble, en l'améliorant seulement sur un point capital, autant que ce déplorable projet peut être amélioré. J'ai cherché de bonne foi en moi-même quelles objections le gouvernement pourroit y faire, et je n'en ai trouvé aucune. J'ai donc l'espoir que MM. les ministres du roi, qui ne veulent sans doute, comme moi, que l'intérêt des indemnisés, sans nuire aux intérêts de la France, se réuniront à cet amendement. On ne pourra pas du moins soupçonner des vues hostiles ; ici l'intérêt de l'indemnisé se présente seul. L'amendement est d'une innocence complète ; il est dégagé de toutes les conséquences que voudroient y chercher des sollicitudes politiques. Il n'a pas même contre lui ce terrible argument, cet argument si constitutionnel qui laisse à nos opinions tant d'indépendance, savoir, que le projet de loi retourneroit à la chambre des députés, car un amendement déjà passé nous rend ce malheur inévitable.

OPINION

SUR LE

PROJET DE LOI RELATIF A LA DETTE PUBLIQUE

ET L'AMORTISSEMENT,

PRONONCÉE A LA CHAMBRE DES PAIRS,
SÉANCE DU 26 AVRIL 1826.

Messieurs, un des moindres inconvénients que j'éprouve en paroissant à cette tribune, après des hommes d'un grand mérite, c'est de venir répéter ce qu'ils ont dit beaucoup mieux que je ne le dirai. Les deux orateurs qui ont parlé contre le projet de loi ont dévasté mes chiffres et emporté mes principaux arguments. Si je retranchois de mon discours tout ce qui ne sera pas nouveau, il n'y resteroit rien : vous y gagneriez du temps, messieurs, et moi aussi. Toutefois la gravité de la matière m'impose le devoir de me faire entendre.

Il est certain qu'un moyen puissant de conviction pour beaucoup de personnes, c'est de voir que des esprits divers se sont rencontrés dans une même vérité. Ensuite chaque esprit a sa nature; la génération des idées ne s'y fait pas de la même façon, les principes et les conséquences s'y enchaînent d'une manière différente, et il arrive que tel auditeur se rend à une raison qui ne l'avoit pas frappé d'abord, parce qu'elle étoit autrement développée : c'est donc ce qui m'engage à vous présenter mon travail sans y rien changer.

Les orateurs qui ont soutenu le projet de loi ont vu échouer leur habileté contre ce projet insoutenable.

C'est toujours la liberté d'une conversion, qui ne sera pas libre; le dégrèvement des contribuables, qui ne seront pas dégrevés; l'accroissement de l'industrie, qui ne s'accroîtra pas; la diminution de l'intérêt de l'argent, qui ne diminuera point; l'élévation des fonds publics, qui ne monteront que pour descendre; le refoulement dans les provinces des capitaux, qui viendront et resteront à Paris; enfin, le triomphe du crédit, qui sera perdu. Nous reverrons tout cela.

Maintenant, nobles pairs, voici la disposition de la matière et l'ordre de la marche que je vais suivre dans mes raisonnements.

Je jetterai d'abord un coup d'œil sur l'ensemble du projet; ensuite j'examinerai les deux nécessités qui forcent, nous dit-on, le gouvernement à prendre la mesure financière qu'on nous propose d'adopter; je dirai quels sont les rapports de cette mesure avec la loi d'indemnité, et je terminerai mon discours par des considérations générales.

Venons à l'ensemble de la loi.

Le premier article de ce projet, en engageant la caisse d'amortissement jusqu'au 22 juin 1830, nous met dans l'impossibilité de nous défendre contre les événements qui peuvent survenir, à moins de reprendre cette caisse et de manquer à nos engagements envers les 3 pour 100 de l'indemnité, envers les 3 à 75 de la conversion, de même que nous retirons aux anciens 5 pour 100 leur gage spécial.

Ceci répond à ce que nous a dit, à propos de la caisse d'amortissement et du cas de guerre, un ministre qui exprime les faits recueillis par sa longue expérience avec ce ton de modération qui donneroit la puissance de la vérité aux choses les plus contestables.

L'article 3 imprime à la caisse d'amortissement un mouvement tout à fait arbitraire, et comme les 5 pour 100 pourroient être un centime au-dessus du pair, tandis que les autres fonds s'approcheroient beaucoup du pair, depuis 60 jusqu'à 100, il résulte du texte même de l'article 3 qu'il y auroit ruine pour le trésor à racheter des 3 ainsi ascendant vers leur pair, au lieu des 5 descendant vers leur pair.

Les 3 pour 100 au-dessus de 80 donnent une perte plus considérable que les 5 pour 100 à 100 francs et au-dessous, et comme les 3 pour 100 sont déjà cotés à 80, la perte pour les contribuables seroit certaine si l'on pouvoit racheter dès aujourd'hui des 3 pour 100.

Étoit-il possible de déterminer l'emploi des sommes affectées à l'amortissement pour les différentes valeurs? Le noble président de la commission de surveillance a indiqué avec science et mesure le besoin d'une base d'opération, et il a posé des questions qui sont encore, messieurs, présentes à votre esprit : une simple règle de proportion suffiroit pour établir entre les cours des 3 et des 5 le taux relatif où chaque fonds doit être racheté à l'avantage de la caisse, c'est-à-dire pour le bien des contribuables. Rien de semblable n'existe dans le projet de loi.

Après ce que vous avez entendu hier de la bouche de deux nobles comtes, sur la caisse d'amortissement, sur l'impossibilité d'en retirer le gage aux 5 pour 100 sans manquer à la foi donnée; sur l'administration de cette caisse, qui n'est point, quoi qu'on en ait dit, semblable à l'administration de l'amortissement anglois, il y auroit, messieurs, présomption à remanier un sujet si supérieurement traité.

La conversion, dite facultative, accordée aux rentiers 5 pour 100 par l'article 4 est une conversion forcée; et afin qu'on n'en doute pas on vous a déclaré, dans l'exposé des motifs du projet de loi, *qu'on a remis à l'avenir l'exercice du droit de remboursement si la faculté de conversion n'amenoit pas des résultats tels qu'il soit permis d'y renoncer complètement.* Sous le coup de cette menace, qui restera dans les 5 pour 100? Quand la loi déclare que les 5 pour 100 convertis en 4 et demi auront garantie contre le remboursement jusqu'au 22 septembre 1835, n'est-ce pas dire que les autres 5 pour 100 n'ont pas la même garantie, et qu'on les force à se réduire eux-mêmes?

Si les porteurs des 5 pour 100 pouvoient garder ces valeurs aux mêmes titres, aux mêmes conditions qu'ils les ont reçues, avec le gage de la caisse d'amortissement, hypothèque qui leur étoit particulièrement assignée, et sans laquelle beaucoup d'entre eux n'auroient pas prêté leur argent, on pourroit dire que la conversion est véritablement facultative; mais lorsque, pour obliger les rentiers à échanger leurs effets, on ôte à leur position tout ce qu'elle avoit de sûr; lorsqu'on viole envers eux le contrat primitif, comment peut-on dire que la conversion est volontaire?

Car, remarquez bien, messieurs, que le projet de loi dit qu'on ne rachètera plus les effets au-dessus du pair; mais il ne détermine pas l'espèce de fonds que l'on rachètera lorsque tous les fonds se trouveront au-dessous du pair. Les 5 pour 100, par exemple, pourroient décroître jusqu'à 90 et au-dessous, et pourtant la caisse d'amortissement pourroit encore ne leur être pas appliquée et ne soutenir que les 3 pour 100. Un pareil oubli de tous les contrats passés peut-il être toléré? Et, encore une fois, chargés de toutes ses servitudes, les 5 pour 100 ne sont-ils pas forcés de se précipiter dans la conversion? Parce qu'un homme cède ce qu'on menace de lui enlever par violence, s'ensuit-il qu'il a été libre de céder?

L'article 5 semble soulager les contribuables; mais par le fait ils ne gagnent rien d'un côté, et ils perdent beaucoup de l'autre. Si les 140 millions de rentes 5 pour 100 pouvoient tout à coup se convertir en 3 pour 100 à 75, ce seroit sans doute un prodige, et il est vrai que par ce prodige les contribuables se trouveroient déchargés de 30 millions pris sur les rentiers; mais comme en même temps on les charge de 30 millions donnés aux indemnisés, ils demeureroient tout juste comme ils sont aujourd'hui. D'une autre part, s'ils étoient dans la même position, quant aux rentes à solder, ils ne s'en trouveroient pas moins obligés de payer un capital de dettes accru de 2 milliards : 1 milliard pour l'indemnité et 1 milliard que coûte la réduction par la création des 3 pour 100 à 75.

Pour résoudre la difficulté de l'accroissement du milliard, on a dit que les 3 pour 100 monteroient ou ne monteroient pas : que s'ils montoient, le milliard de dettes seroit en effet réel; mais qu'alors les effets publics seroient dans l'état le plus prospère, et que tout le monde se ressentiroit de cette prospérité, excepté apparemment les contribuables qui payeroient le milliard.

Dans le cas où les 3 pour 100 ne monteroient pas, il n'y auroit pas accroissement d'un milliard dans le capital de la dette : c'est juste ; mais alors les rentiers 5 pour 100 auroient perdu à leur tour ce milliard de capital qu'on leur offre en dédommagement de la réduction de leur intérêt. Dans ce dilemme, il faut bien qu'il y ait quelqu'un lésé ou chargé d'un milliard.

Voilà, messieurs, ce que renferment en substance les cinq articles du projet de loi et le sommaire des raisons que l'on donne pour le soutenir.

Passons aux deux prétendues nécessités qui ont, nous assure-t-on, motivé la création du projet de loi.

On nous dit premièrement :

Que le projet de loi est nécessaire, afin que le gouvernement ne paye pas l'argent plus cher que ne le payent les particuliers, et dans tous les cas pour faire baisser l'intérêt de l'argent dans les transactions commerciales et les affaires particulières. De là suit l'obligation de soumettre les rentiers à une conversion, ce qui signifie à une réduction.

On nous dit secondement :

Que le projet de loi est nécessaire pour ne pas continuer à racheter la rente au-dessus du pair; car dans ce cas il y auroit ruine pour l'État si l'on rachetoit, perpétuité de la dette si on ne rachetoit pas.

Examinons ces deux sources, d'où l'on prétend faire jaillir toute la loi.

Je pourrois, écartant le fond du procès par une question préjudicielle, demander d'abord si les rentes sont réellement aujourd'hui au-dessus du pair; s'il n'y a pas un taux où des 5 pour 100 peuvent encore être rachetés avec avantage par l'État au-dessus du pair, et s'il n'a pas été un temps où l'on soutenoit fortement cette doctrine. Mais passons, et parlons de l'intérêt de l'argent en France.

L'intérêt général de l'argent n'est point dans ce pays agricole à 3 pour 100 ; on l'a cent fois démontré.

Les prêts sur hypothèque, à Paris, chacun le sait, sont à 5 pour 100, ils sont à 6 dans presque toutes les provinces, avec des garanties prodigieuses pour la valeur de l'immeuble affecté à l'hypothèque.

Dans le commerce, l'intérêt de l'argent n'est à 4 et à 3 et demi, à Paris et dans de grandes villes du royaume, que pour quelques maisons puissantes de banquiers, de manufacturiers et de commerçants, encore pour des valeurs assez peu considérables et à trois mois de date. Partout ailleurs, l'intérêt commercial est à 5, à 6 et au-dessus, et dans plusieurs localités on en est réduit aux échanges en nature : pourtant, messieurs, on soutient que l'abondance des capitaux est ce qui oblige à baisser l'intérêt de l'argent.

Il n'y a aucune induction générale à tirer du placement des bons royaux à 3 pour 100. On a très-bien dit que l'effet des intérêts de ces valeurs vient de ce qu'elles ne sauroient dépasser les besoins auxquels elles s'appliquent, et qu'elles sont à courte échéance.

Quant à l'élévation actuelle de la rente, on sait qu'elle est due aux efforts de quelques capitalistes porteurs de rentes déclassées, qui ont un intérêt majeur à continuer ce jeu, jusqu'à la publication du projet de loi sur la dette publique. L'élévation des reports, dont la moyenne proportionnelle présente un intérêt de plus de 9 pour 100 depuis un an, suffit seule pour démontrer que l'intérêt actuel de la rente n'est pas du tout au-dessous de 5 pour 100, bien qu'elle ait dépassé le pair où les moyens artificiels qui l'ont fait monter ont de la peine à la soutenir.

Un noble comte, si habile en finances, et qui nous a fait entendre hier un discours profond sur la matière, nous a rappelé les emprunts des villes autorisés par le gouvernement, et n'a rien laissé à dire après lui.

On a répondu qu'il ne s'agissoit pas de l'intérêt de l'argent, très-variable dans un pays comme la France, selon la nature des entreprises et le degré de confiance que les spéculateurs inspirent. La remarque est juste ; mais alors il ne falloit pas donner le taux de l'intérêt comme un des principaux motifs de la loi.

Je ne veux point m'occuper trop longuement de l'examen philosophique des divers intérêts de l'argent. Il étoit en général à 12 pour 100 chez les Romains, et on l'appeloit *usura centesima*, parce qu'au bout de cent mois, les intérêts égaloient le capital. Les lois s'opposoient inutilement à cet intérêt : tant il est vrai qu'un gouvernement ne fait pas baisser l'intérêt de l'argent en déclarant qu'il le réduit.

Je pense que la société chrétienne avoit trouvé le point juste en fixant dans les pays essentiellement agricoles cet intérêt à 5 pour

100 : au-dessus de ce taux, il y a usure ou trop grande cherté des capitaux ; au-dessous, il y a dépréciation ou avilissement des capitaux. Accroissez la masse du numéraire, vous ferez baisser l'intérêt ; mais il vous faudra 200,000 francs pour acheter ce que vous auriez eu pour 100,000. C'est ce qui arriva après la découverte de l'Amérique ; c'est ce qui arriva de nos jours pour des valeurs fictives, par la multiplication des assignats. On sait que l'or dans certaines parties de l'Afrique n'atteint pas la valeur du cuivre.

La Grande-Bretagne commence à sentir cette vérité ; elle voudroit hausser le prix de ses emprunts ; elle cherche déjà à se mettre en garde contre l'inondation des métaux qui peuvent déborder par l'exploitation angloise de toutes les mines du Nouveau Monde. Le chevalier Stewart a proposé de réduire le capital de la dette publique en en élevant l'intérêt ; le docteur Price prétendoit porter l'intérêt de cette dette à 5 pour 100, et ce n'étoit qu'à ce taux de l'intérêt qu'il vouloit appliquer la caisse d'amortissement. Cette théorie, essayée en Irlande, réussit, et l'Angleterre s'en trouva bien, en la mettant en pratique en 1818. Colquhoun établit que les fonds publics de l'Angleterre devroient être élevés à un même niveau de 5 pour 100 : un noble comte vous a déjà cité ces autorités. N'est-il pas singulier, messieurs, qu'au moment même où l'Angleterre reconnoît les vices de son ancien système de finances et de douanes, et qu'elle entre dans une nouvelle route avec tant de succès, nous, nous prenions le sentier qu'elle commence à quitter, et que l'avilissement de l'intérêt de l'argent et les prohibitions de l'acte de navigation nous paroissent des mesures à imiter pour la prospérité de la France ?

On veut détruire notre dette compacte de 5 pour 100. On veut avoir différentes valeurs négociables pour la facilité des opérations de bourse, et toujours dans la vue d'abaisser l'intérêt de l'agent. Mais même en ce point suivons-nous exactement le système que tend à abandonner l'Angleterre ? Non. L'Angleterre ne s'est pas réveillée un matin, disant : « Je n'ai que des 5 pour 100, et je vais les couper en 3 pour 100 simples, en 3 pour 100 à 75, en 4 et demi. » Elle a eu différentes valeurs, en faisant des emprunts à différents prix, pour des nécessités publiques ; et quand ces valeurs ont été ainsi naturellement fondées, elle a offert le remboursement des valeurs plus élevées, ou la réduction de l'intérêt au taux du nouveau papier qui avoit été créé. Et encore pourquoi l'a-t-elle fait ? Parce que ces emprunts nouveaux étoient déclarés remboursables à des époques fixes ; parce que ces emprunts étoient des annuités, et non des fonds perpétuels et déjà réduits comme les nôtres. L'établissement de la Banque à Londres date de 1696. Guillaume III avoit apporté en Angleterre le génie de la Hollande. Cette Banque prêta au gouvernement à 8 pour 100 : avant cette époque les emprunts se faisoient par annuités à 10 pour 100, et pour quatre-vingt-dix-neuf ans. Treize ans après ses premières opérations avec le gouvernement, la Banque, enrichie de l'or du Brésil, réduisit elle-même de 2 pour 100, en prêtant une nouvelle somme au gouvernement, les intérêts de son prêt antérieur, et elle obtint, en considération de cette réduction, une prorogation de privilége. Ainsi, ce n'étoit pas l'emprunteur, mais le prêteur qui baissoit le taux de l'intérêt. Bientôt le gouvernement ouvrit un emprunt à 5 pour 100, qui fut rempli, et dont le produit fut destiné à rembourser la partie de l'ancienne dette, à 6 et à 8 pour 100, stipulée remboursable. D'emprunt en emprunt, de réduction en réduction, elle arriva aux 4 pour 100, et enfin aux 3 pour 100 en 1750 : grande faute qu'elle sent vivement aujourd'hui ; car il est prouvé que les 4 pour 100 sont l'intérêt naturel et nécessaire pour un pays commerçant et industriel, comme les 5 pour 100 pour un pays agricole. Quelle comparaison, messieurs, est-il donc possible de faire entre la conversion en masse de nos 5 pour 100 à 3 pour 100, et la réduction successive des annuités de l'Angleterre, depuis l'intérêt de 10 pour 100 jusqu'à 3, dans l'espace de cent trente ans ?

Ainsi, l'intérêt de l'argent en France n'est point au-dessous de 5 pour 100 ; ainsi nous croyons imiter l'Angleterre, et nous ne l'imitons ni dans son nouveau système, qui tend à hausser l'intérêt des capitaux, ni dans son ancien système, qui réduisoit lentement cet intérêt, par une suite d'emprunts stipulés remboursables. Reste une question.

Est-il nécessaire d'abaisser l'intérêt de la dette publique pour réduire l'intérêt de l'argent dans les transactions particulières? Non, messieurs ; c'est l'amoindrissement de l'intérêt de l'argent dans les transactions particulières qui doit faire décliner l'intérêt des fonds publics, et non pas la réduction de l'intérêt des fonds publics qui peut faire descendre le taux de l'intérêt dans les transactions particulières.

Le gouvernement semble croire que celui qui emprunte fixe le maximum de l'intérêt, tandis que c'est celui qui prête qui le règle. Que le gouvernement prête de l'argent à 3 pour 100, il va faire fléchir le taux de l'intérêt dans toutes les affaires privées ; mais il aura beau emprunter à 3 pour 100, il ne fera pas diminuer l'intérêt des capitaux d'un seul denier. La méprise ici est évidente.

Mais pourquoi le gouvernement trouveroit-il donc à emprunter à 3 pour 100 si l'intérêt de l'argent n'est pas à ce taux?

Que le gouvernement cherche à emprunter à 3 pour 100 sans accroître le capital du prêteur, sans détourner la caisse d'amortissement de sa destination primitive, et il verra s'il trouvera de l'argent à 3 pour 100 : toute l'illusion est là; et c'est sur cette base fictive que pose un édifice chancelant. Le gouvernement en empruntant à 3 pour 100 offre aux spéculateurs d'abord un accroissement énorme de capital, ensuite des chances de gain, par des opérations de bourse, qui compensent, et bien au delà, la perte, pour eux très-légère, qu'ils font sur l'intérêt de leur capital. C'est une opération d'une nature toute différente qu'un placement ordinaire de fonds ; c'est une entreprise, c'est une aventure, c'est une loterie de joueur, où pourtant la fortune est assurée au banquier qui fait les fonds et qui tient les cartes.

Pour les particuliers, qui ne peuvent offrir de pareils avantages, l'intérêt de l'argent reste au taux naturel.

Voilà, messieurs, ce que j'avois à vous exposer sur la première nécessité qui, dit-on, oblige à présenter le projet de loi. Je passe à l'examen de la seconde, savoir, qu'il faut se procurer des fonds qu'on puisse racheter au-dessous du pair, pour ne pas ruiner l'État, ou pour ne pas consentir à ne jamais amortir la dette.

Je répéterai d'abord la question que j'ai faite au commencement de ce discours : Ne peut-on pas racheter à un certain taux au-dessus du pair, et n'a-t-on pas même soutenu autrefois cette doctrine? Je dis ensuite : Ne poussez pas vos fonds violemment au-dessus du pair par une caisse d'amortissement exagérée; rendez aux contribuables ce qu'elle a de trop, ou servez-vous-en pour rembourser au pair le rentier; diminuer l'impôt, c'est comme si vous réduisiez l'intérêt de la rente, et c'est le moyen le plus simple et le plus salutaire : vos fonds resteront où ils doivent être, quand votre amortissement sera en équilibre avec votre dette.

Je dis encore : Ne favorisez pas l'élévation fictive des effets publics, en éveillant la cupidité par des opérations de finances, qui présentent à l'agiotage des chances d'un gain démesuré; n'accroissez pas le capital des sommes à payer, et vous ne serez pas obligés de faire les plus dangereux efforts pour hâter l'extinction de la dette, quand cette dette restera proportionnée à la richesse du pays.

Et qu'entend-on par ne plus racheter les fonds au-dessus du pair? Nous avons vu plus haut que les 3 pour 100 embarrasseront bientôt autant que les 5. Convertir les 5 en 3 pour 100 à 75, afin de se donner la satisfaction de se servir d'une caisse d'amortissement trop forte, est une conception qui n'entre pas bien dans l'esprit. Que diroit-on d'un homme qui feroit des dettes pour avoir le plaisir de les racheter en empruntant?

Telle est l'objection théorique que j'oppose à une théorie; la réponse pratique sera encore plus simple.

Vous voulez des effets à un taux plus bas que les 5 pour 100, pour employer la caisse d'amortissement? Eh bien, qu'avez-vous besoin de convertir les 5? ne venez-vous pas, par la loi d'indemnité, de créer une dette d'un milliard à l'intérêt de 3 pour 100? N'y a-t-il pas là de quoi employer votre caisse d'amortissement, d'autant mieux que les 3 pour 100 de l'indemnité étant plus éloignés du pair que les 3 pour 100 à 75, vous aurez plus de jeu pour le mouvement de cette caisse? Qu'avez-vous donc besoin de créer d'autres 3 pour 100? Épargnez-vous la perte d'un milliard en capital, qu'il vous en coûtera par la conversion des 5 pour 100 à 75, afin de mettre en jeu l'amortissement. Que peut-on répondre à ce fait? Je l'ignore, à moins que l'on n'avoue qu'il y a des embarras autres que ceux qui tiennent à la caisse d'amortissement.

Voyez, messieurs, comme les esprits sont divers! On soutenoit hier à cette tribune qu'il falloit créer d'autres 3 pour 100, par la raison qu'on a créé des 3 pour 100 dans l'indemnité; on sembloit dire : « Puisque le mal est fait, ce n'est pas la peine de faire tant de compliments. » Et moi je dis qu'il ne faut plus créer de 3 pour 100, précisément parce qu'on a déjà un milliard de ces valeurs dans la loi d'indemnité.

Soutiendra-t-on qu'il faut d'autres 3 pour 100 afin de ne faire peser sur la France le poids d'un nouveau milliard de dettes qu'en la soulageant d'un autre côté d'une partie de son fardeau?

Je conçois que si vous pouviez diminuer les taxes, au moment où vous proclamez l'indemnité, ce seroit à la fois un tour de force et un avantage financier et politique. Mais quoi! c'est en convertissant les rentes 5 pour 100 en 3 pour 100 que vous prétendez dégrever les contribuables? C'est aux dépens d'une classe de citoyens que vous dédommagez une autre classe de ce qu'elle payera à l'indemnité. Et pourquoi le rentier, lui qui donnera déjà sa part à l'indemnité par les impôts indirects, seroit-il obligé de livrer encore une partie de sa rente à la masse des contribuables, de sorte qu'il se trouveroit seul chargé des frais de l'indemnité? Qu'a donc fait ce rentier pour le poursuivre ainsi? Lui imputerez-vous à crime d'avoir cru à votre foi, de vous avoir prêté son argent, souvent à l'heure de votre détresse, aux jours de votre péril? Vingt mille familles de rentiers dans Paris, de vieux domestiques retirés, de petits marchands, vivant à peine du fruit de leurs économies, doivent-ils porter toutes les rigueurs de nos combinaisons fiscales, afin que nous puissions nous vanter d'avoir dégrevé les peuples, lorsque nous leur reprenons d'une main ce que nous leur donnons de l'autre? Voilà, certes, un étrange soulagement pour la nation, et qui doit la réconcilier puissamment à l'indemnité! Laissez l'indemnité seule; laissez-la pour ce qu'elle est, pour une dette qu'il faut acquitter en tout honneur et en toute justice; elle vous donne des 3 pour 100 : vous devez être satisfaits, si encore une fois il ne s'agit que de la caisse d'amortissement.

Ce que je viens de dire, messieurs, nous amène naturellement à traiter des rapports existant entre les deux projets de loi des rentes et d'indemnité; je réclame votre bienveillante attention.

Ces lois n'ont pas de connexité dans ce sens que l'une n'est pas nécessaire à l'existence de l'autre, que l'on pourroit rejeter l'une ou l'autre sans que celle qui demeureroit cessât de vivre. Mais supposez-vous ces deux lois votées, à l'instant leur union devient intime, union aussi fatale à l'indemnité sous les rapports financiers que sous les rapports moraux.

Je ne rentrerai point, messieurs, dans tous les calculs que j'ai eu l'honneur de vous présenter lors de la discussion sur la loi d'indemnité. Qu'il me soit permis seulement de rappeler que les 5 pour 100, convertis en 3 à 75, arriveront à la négociation six semaines avant les 3 pour 100 des premières liquidations, et certainement bien longtemps avant qu'il y ait à la Bourse une masse considérable de ces 3 pour 100; les 5 pour 100 convertis en 3 pour 100 à 75 profiteront seuls des premiers effets de hausse au détriment des 3 pour 100 de l'indemnité : cela est si clair qu'il est inutile d'insister.

Il résulte de ce seul fait, sans parler de mille autres, que la conversion nuit à l'indemnité; et il en résulte encore que si quelque chose peut rendre la loi de l'indemnité moins illusoire, c'est le projet de loi de la conversion de la rente.

Si ce projet étoit retiré, les 3 pour 100 de l'indemnité ne seroient plus devancés sur la place; ils n'auroient plus à rencontrer la concurrence des 3 à 75 ; ils auroient pour eux toute la jouissance de l'amortissement. Si l'on peut espérer que les 3 pour 100 de l'indemnité montent jamais à leur pair nominal, et que la fiction du milliard se change jamais en réalité, c'est certainement dans ce système.

Et d'une autre part, le gouvernement, qui désire que les 5 pour 100 se convertissent en 3 pour 100, verra vraisemblablement ses souhaits s'accomplir; car les capitalistes porteurs des 5 pour 100, dont ils peuvent être engorgés, les convertiront en 3 pour 100 de l'indemnité quand ces 3 pour 100, étant les seuls 3 pour 100 sur la place, auront à parcourir, soulevés qu'ils seront par la caisse d'amortissement, tous les degrés de 60 à 100, leur pair nominal. Vous ferez le bien de l'indemnisé sans dépouiller le rentier. Si celui-ci veut prendre des 3 pour 100 de l'indemnité, alors la conversion sera véritablement volontaire. Les 3 pour 100 de l'indemnité seront d'autant plus recherchés qu'ils seront rares, puisque, en supposant même que chaque cinquième des liquidations eût véritablement lieu chaque année pendant cinq ans, il n'y auroit, la première année, que 6 millions de rentes 3 pour 100 sur la place, en face d'une caisse d'amortissement qui dès la première année rachèteroit la moitié. Ainsi, l'indemnisé auroit un meilleur effet, le rentier ne seroit plus dépouillé, et les capitalistes, auxquels l'État peut prendre un intérêt plus ou moins justifié, pourroient sortir de l'embarras où ils se trouvent.

Dans la séance dernière, une voix prépondérante confirmoit l'opinion que j'exprime ici, en soutenant sa propre opinion. Elle vous disoit, pour vous engager à adopter la conversion, que la caisse d'amortissement, ne rencontrant sur la place que les 3 pour 100 de l'indemnité, élèveroit trop rapidement ces valeurs. Il faudroit, messieurs, se résoudre à ce bien, si l'on ne pouvoit l'empêcher. Il y auroit d'ailleurs des consolations : l'État seroit plus vite libéré du milliard de l'indemnité et n'auroit plus un autre milliard à payer pour la conversion des 5 en 3 à 75 ; les 5 pour 100 deviendroient plus précieux. Enfin, si l'on vouloit ne pas appliquer toute la caisse d'amortissement aux 3 pour 100 de l'indemnité, il seroit facile d'employer une partie déterminée des fonds de cette caisse à rembourser des 5 pour 100 au pair, ou mieux encore à dégrever les contribuables.

Sous le rapport moral, il n'y a personne qui ne sente l'immense avantage pour l'indemnisé de n'être plus exposé aux reproches dont la loi sur la dette publique semble offrir un fécond sujet.

Quoi ! pour dernière adversité, la noblesse françoise, après tant de sacrifices, se verroit calomniée ! Ses injustes ennemis l'accuseroient de ne retrouver ce qu'elle a perdu si généreusement pour le trône qu'aux dépens d'autres François, eux-mêmes atteints par les malheurs de la révolution !

En vain l'on soutiendroit que les deux lois d'indemnité et de conversion ne seront pas dans leur exécution matériellement et moralement unies : elles le seront ; je l'ai déjà prouvé en parlant de la prétendue nécessité de convertir la rente pour obtenir un dégrèvement dans l'impôt. Qu'importe que les bénéfices faits sur le rentier n'aillent pas directement à l'indemnisé, s'ils sont donnés aux contribuables en dédommagement de ce que celui-ci payera à l'indemnisé? Le contribuable n'est plus dans ce cas que l'intermédiaire qui transmet à l'indemnisé le tribut imposé au rentier : 30 millions à gagner sur les rentes; 30 millions à livrer à l'indemnité ; budget et loi des comptes, balance trop exacte de dépenses et de recettes!

L'indemnisé seroit à l'abri de ces divers malheurs si le projet de loi de conversion n'obtenoit pas, messieurs, vos suffrages. Si, au contraire, vous l'adoptez, toutes les combinaisons changent; il y a perte matérielle et morale pour tout le monde.

Les 3 pour 100 de l'indemnité en concurrence avec les 3 pour 100 à 75, devancés et noyés sur la place dans la masse des 5 pour 100 convertis, ne pourront pas s'élever; et s'ils ont pendant quelque moment un peu de faveur, ils retomberont bientôt, et de leur propre poids, et par suite de toutes les influences de bourse. Les 3 pour 100 à 75 éprouveront bientôt eux-mêmes une catastrophe inévitable.

Nous savons tous, messieurs, que chacun a fait d'avance à peu près le même projet; chacun s'est dit : « J'entrerai vite dans les 3 pour 100 à 75, et quand ils seront à 82, 83 et 84, je me hâterai d'en sortir en réalisant mon gain. »

Tout le monde adoptant la même spéculation et brûlant de sortir d'une nouvelle rente frappée de réprobation par tous les hommes versés en matières de finances, il en résultera une baisse forcée et considérable, au moment où l'on touchera le point regardé comme la limite fatale, comme la borne au delà de laquelle il y a péril.

Ce n'est pas tout : d'autres calculs font voir combien l'opération est dangereuse, même pour les 5 pour 100 convertis en 3 à 75.

D'après l'excellent rapport sur la caisse d'amortissement, il est prouvé que 25 à 30 millions de rentes déclassées 5 pour 100 flottent sur la place. Or, si ces 30 millions se précipitent dans la conversion, et que cette masse de 3 pour 100 à 75, augmentée des 3 pour 100 de l'indemnité, se trouve à la Bourse, ce n'est pas 3 millions rachetés par an par la caisse d'amortissement qui peuvent avoir une influence sensible sur une somme de rentes aussi considérable.

Qui les achètera donc? Sera-ce les porteurs de ces rentes jouant entre eux? Il y a peu de capitaux françois, et ce jeu ne mènera qu'à des ruines réciproques. Sera-ce les capitaux étrangers venant élever à la fois et les 3 pour 100 de l'indemnité, et les 4 et demi au pair, et les 5 pour 100 convertis en 3 pour 100 à 75? Mais ces capitaux n'arrivent presque plus ; ils ont trouvé d'autres débouchés : le monde entier leur est ouvert, ils vont servir à exploiter les mines du Mexique, du Pérou et du Chili, à raviver les pêcheries de perles dans l'océan Pacifique, à joindre la mer du Sud à l'Atlantique, la Méditerranée à la mer Rouge. L'Angleterre a commencé dans son propre sein d'immenses travaux sur les mines, les chemins, les canaux, où d'autres capitaux trouvent de gros intérêts, sans sortir des limites de son île.

Un noble duc qui a le rare talent de donner à la langue des affaires ce degré d'ornement qui contribue à la clarté, le rapporteur de votre commission, vous a dit avec autant d'élégance que de précision : « Le taux de l'intérêt est haussé : l'argent qui regorgeoit de toutes parts à Londres est renchéri et recherché ; des métaux précieux sont embarqués ; ils s'étonnent de traverser une seconde fois l'Atlantique ; c'est le Pactole qui remonte vers sa source. »

Ce seroit d'ailleurs, messieurs, un singulier moyen d'attirer les capitaux étrangers, que de baisser le taux de nos effets publics. Les Anglois qui trouvent des 3 pour 100 chez eux viendront-ils en chercher en France ? Quelques spéculateurs, peut-être, accourront pour jouer sur le capital, et quand ils auront fait monter un moment nos 3 pour 100 et réalisé leur gain, ils iront placer leur profit dans les 3 pour 100 de leur pays.

Tous les calculs comme tous les raisonnements portent à penser qu'en promettant des 3 pour 100 à 75, on a détruit la solidité des 5 pour 100, pour ne faire la fortune que de quelques spéculateurs, au détriment des rentiers, des indemnisés et des contribuables.

Les prêts par nos caisses publiques, les lingots déposés à la Banque, sont de grandes opérations particulières, mais qui nuisent peut-être aux opérations publiques, en donnant au mouvement de nos fonds une apparence d'affaire privée toujours impopulaire en matière de finances. S'il étoit vrai, ce que je n'affirme pas, que plusieurs millions en souverains (monnoie d'Angleterre) fussent arrivés dernièrement encore pour soutenir la liquidation et maintenir la hausse au moment de l'exécution de la loi, ces précautions ne contribueroient pas à rappeler la confiance qui semble s'éloigner de la conversion proposée.

Un noble pair a demandé si c'étoit le taux de la rente qui faisoit l'agiotage, et si l'on ne joueroit pas autant dans les 5 que dans les 3 pour 100. Sans parler de la différence qui existe pour les spéculations entre un effet qui a passé le pair et un effet qui est beaucoup au-dessous, je me contenterai de faire observer qu'en multipliant les maisons de jeu et les espèces de jeux on multiplie nécessairement les joueurs.

Une maladie financière assez semblable à une peste pour les gouvernements est née en Europe de la corruption de la révolution et des limons qu'elle a laissés en se retirant. Cette maladie tue le crédit véritable, pour y substituer un crédit factice, connu sous le nom d'agiotage : ces emprunts qui se multiplient sur la surface du globe ; ces effets publics émis par des États à peine nés, et dont on sait à peine le nom ; cette masse de papiers de divers titres, de diverses sortes, cotés à toutes les bourses, négociés dans tous les pays, n'ont pour la plupart d'hypothèque que les promesses de la fortune. Qu'un régiment se mette en mouvement en Europe, le bruit de sa marche suffira seul pour faire tomber ces valeurs fictives et amener une commune ruine. Défendons-nous donc, messieurs, de cette maladie ; restons appuyés sur notre sol, base de ce crédit solide, qui ne peut périr que de nos propres mains.

Les deux tableaux que je viens de tracer font connoître l'effet en bien pour les indemnisés, les rentiers, les capitalistes, les contribuables, du rejet du projet de loi de conversion, et l'effet en mal pour tous les intérêts, excepté pour ceux de l'agiotage, de l'adoption de ce projet.

Mais si le projet de loi étoit rejeté, n'y aura-t-il pas une grande baisse dans les fonds publics ?

Distinguons :

Il y a dans le projet de loi deux choses : une loi premièrement : mais des capitalistes embarrassés peuvent y voir secondement une affaire. Si le projet de loi est adopté, l'affaire est bonne pour ces capitalistes, mais la loi est mauvaise pour la France.

Les fonds monteront pendant quelque temps, les capitalistes profiteront d'abord du jeu, se retireront ensuite, et il y aura ruine prolongée pour notre malheureux pays.

Si le projet de loi n'est pas adopté, y aura-t-il baisse ? Cela d'abord est fort douteux ; le rejet de l'amendement de M. le comte Roy, amendement qui étoit un véritable chef-d'œuvre, amendement qui détruisoit les 3 pour 100 de l'indemnité, le rejet de cet amendement a-t-il fait monter ou baisser les fonds ?

Mais supposons un moment la baisse par le rejet du projet de loi actuel : cette baisse, bien différente de celle qui résulteroit un peu plus tard de l'adoption du projet, seroit de très-courte durée et n'affecteroit pas les véritables rentiers ; les fonds descendroient simplement à leur taux réel, et le cours fictif finiroit.

Est-ce ici une assertion gratuite de ma part ? Écoutez le noble rapporteur de votre commission : « On a prétendu, dit-il, que si le projet de loi étoit adopté, la place seroit agitée de mouvements convulsifs... qu'une hausse subite et factice seroit bientôt suivie d'une baisse... D'un autre côté, l'opinion générale est que si la loi est rejetée, une baisse immédiate et considérable en sera la conséquence. » Le savant rapporteur cherche à dissiper ces alarmes, et ajoute : « Rappelez-vous ce qui est arrivé l'année dernière dans des circonstances semblables : une baisse assez forte a suivi le rejet de la loi des rentes, les 5 pour 100 qui s'étoient élevés au-dessus du pair sont retombés au-dessous ; qu'en est-il résulté ? Les rentiers des départements, qui s'étoient presque tous retirés de la rente dans les prix élevés des premiers mois de l'année, ont jugé convenable d'y rentrer à un cours plus modéré. Des ordres partis de toutes les grandes places de commerce feroient bientôt remonter nos fonds à leur cours naturel. »

C'est ainsi, messieurs, que s'explique la majorité de votre commission, en soutenant le projet de loi : vous ne révoquerez pas en doute cette autorité, si bien exprimée par son éloquent et noble organe.

Si donc il doit y avoir baisse dans le cas de l'adoption comme dans celui du rejet ; s'il faut se décider entre l'affaire et la loi, entre les capitalistes et la France, entre l'accident particulier et une catastrophe générale, mon choix, et sans doute le vôtre, messieurs, est tout fait.

Ainsi le projet de loi dans son ensemble est désastreux, et ne peut produire aucun des avantages qu'on lui attribue.

Il enchaîne notre avenir politique, il augmente notre dette d'un milliard, il surcharge d'un tiers le capital de la caisse d'amortissement, il diminue de deux cinquièmes la force de l'intérêt composé, puisque l'amortissement sera surtout affecté au rachat des 3 pour 100 ; il nous forcera à emprunter postérieurement à 3 pour 100, ce qui fera croître nos dettes à venir de deux cinquièmes, et il attaque virtuellement le crédit public, en avilissant nos rentes destinées à devenir, sous leurs différents titres, des véhicules d'agiotage.

Les deux nécessités dont on veut faire sortir ce projet, la nécessité d'abaisser le taux de l'argent, la nécessité de mettre en mouvement la caisse d'amortissement, n'existent pas. Les 3 pour 100 sont créés dans la loi d'indemnité : ils suffisent ; et le projet de loi de conversion rejeté, les indemnisés héritent de tous les bénéfices qui dans l'autre cas iroient aux seuls agioteurs, en ruinant le rentier et en augmentant le fardeau du contribuable.

Il ne me reste plus, messieurs, qu'à développer quelques considérations générales.

Lors de l'apparition du système de Law, la magistrature et le sacerdoce élevèrent la voix ; le parlement fit des remontrances, l'Église tonna du haut de la chaire contre un système également subversif de l'ordre et de la morale publique. Aujourd'hui la France entière est appelée à la Bourse ; tous les genres de propriété sont obligés de venir s'y perdre. Ceux qui voudroient éviter de jouer, la loi les y contraint par corps, les uns cédant aux tentations, les autres aux menaces. Toutes les classes de la société ont appris le bas langage de l'agiotage; une inquiétude générale s'est emparée des esprits. On entend répéter de toutes parts cette question alarmante : « Où allons-nous? que devenons-nous? On ne sait comment disposer de ce qu'on possède : se retirera-t-on d'une rente continuellement menacée? placera-t-on son argent en fonds de terre? l'ensevelira-t-on dans ses coffres en attendant de meilleurs jours? La perplexité des propriétaires les précipite dans une multitude de spéculations hasardeuses, pour éviter une catastrophe que chacun pressent et contre laquelle chacun veut se prémunir.

Et pourtant notre crédit s'affermissoit tous les jours! Encore quelque temps, et notre dette étoit réduite à ce qu'elle doit être pour nous rendre toutes nos forces; et nous eussions fait alors des emprunts s'il eût été nécessaire, et nous eussions eu des valeurs de différentes espèces, sans violence, sans aventure, sans engager et sans compromettre l'avenir de la France.

Aperçoit-on la plus petite raison satisfaisante pour toute cette agitation? Pas la moindre. Un sage monarque disoit : « A côté du besoin d'améliorer est le danger d'innover. » Cinq ans de repos auroient fait ce que vous prétendez faire par cinq ans d'inquiétudes et de périls; l'intérêt auroit baissé par l'élévation naturelle d'une rente respectée. Nous sommes réduits à désirer que l'Europe nous laisse tranquilles pendant cinq ans, pour ébranler nous-mêmes en paix nos fortunes pendant cinq ans. Ou des événements forceront l'Europe à ne pas écouter nos vœux, ou, applaudissant à notre impuissance volontaire, elle réglera sans nous le sort du monde.

Toute la question se réduit à ce peu de mots : si la mesure est nécessaire, si l'État ne peut être sauvé que par cette mesure, il faut la prendre, il faut courir toutes les chances de l'avenir, priant Dieu qu'elles soient assez favorables pour nous faire échapper aux écueils que multipliera autour de nous un pareil projet de loi.

Mais si cette mesure n'est pas nécessaire, s'il n'y a pas péril dans la demeure, s'il n'y va pas de notre existence sociale; si, au contraire, nous trouvions notre sûreté extérieure et notre indépendance, comme nation, à ne rien changer; si nous trouvions notre prospérité intérieure et l'affermissement du trône et de l'autel à laisser nos fortunes et nos existences en repos pendant quelques années, ne seroit-ce pas folie de tenter de propos délibéré une opération désastreuse en elle-même, et au milieu de laquelle peuvent encore nous surprendre les événements renfermés dans un temps qui s'approche rapidement de nous?

Veuille le ciel que mon opinion soit erronée! Mais je pense que la loi actuelle combinée avec la loi d'indemnité peut ouvrir sous nos pas des abîmes. Certes, des ministres si sincèrement dévoués à leur auguste maître ont dû se faire une cruelle violence, ont dû étrangement souffrir de venir nous demander la conversion des rentes dans les circonstances où nous sommes. Au commencement d'un règne nouveau, à la première session de ce règne, étoit-ce bien le moment d'embrasser des mesures qui ébranlent le crédit, détruisent la confiance, alarment et divisent les citoyens?

L'huile sainte qui coula sur le front de Louis IX, de François Ier, d'Henri IV, de Louis XIV, va couler sur la tête de Charles X : quelle époque pour toucher à la dette publique que celle d'une cérémonie qui consacra, il y a treize cent vingt-neuf ans, la fondation de l'empire des rois très-chrétiens, cérémonie que l'usurpation même crut devoir adopter pour emprunter à la religion l'air du pouvoir légitime. La monarchie va, pour ainsi dire, renaître dans son berceau, à ce baptistère de Clovis où j'eus le bonheur de l'appeler le premier, quand un roi chevalier vint nous consoler de la perte d'un roi législateur. Lorsque Paris, qui jadis avoit vu notre prince orné de toutes les grâces de la jeunesse, le revit paré de toute la dignité du malheur, ce n'étoit encore qu'un simple François, *qu'un François de plus* parmi nous : aujourd'hui c'est un monarque ; car cette France remplie de gloire a toujours des couronnes à donner ou à rendre. Ah! qu'il eût été facile d'offrir au cœur compatissant et paternel de Charles X des moyens bien différents de ceux par lesquels on nous invite à signaler son avénement au trône! Que ne laissoit-on déborder la joie populaire? Faudra-t-il que quelques voix plaintives se mêlent à des bénédictions, qui pourtant sortiront encore du fond des cœurs les plus attristés?

Si à l'intérieur de la France le moment est mal choisi pour courir les terribles aventures du projet de loi, l'est-il mieux dans l'ordre de la société générale? On nous dit que rien ne menace notre tranquillité. Peut-être la politique du moment est-elle stagnante, et il seroit facile d'assigner les causes de cet engourdissement ; mais il y a une grande politique qui sort de l'esprit, des mœurs et des événements du siècle; politique que doit comprendre un homme d'État, qui doit entrer dans tous ses calculs s'il veut se rendre maître des destinées de son pays.

Jetez les yeux sur l'Europe, vous n'y verrez plus que des royaumes, des institutions, des hommes mutilés dans cette lutte à main armée entre les principes anciens et les principes modernes des gouvernements. Les limites des États, le cercle des constitutions, la barrière des mœurs, les bornes des idées, sont déplacés; rien n'est assis, rien n'est stable, rien n'est définitif; tous les peuples semblent attendre encore quelque chose. Il y a trêve entre les principes, mais la paix n'est pas faite; ce qui se passe en Grèce et dans un autre univers augmente les embarras du traité. Les vieux soldats, fatigués d'une mêlée sanglante, veulent le repos; mais les générations nouvelles arrivent au camp, et sont impatientes de partir. La tranquillité du monde tient peut-être au plus petit événement.

Et lorsqu'en France tout recommence à peine, que chaque élément n'a pas encore repris sa place; lorsqu'au mouvement général qui entraîne la société nous joignons notre mouvement intérieur, lorsque entre les crimes du passé et les fautes du présent nous vacillons sur un terrain remué, labouré, déchiré par le soc révolutionnaire, sans avoir égard à cette position déjà si difficile, nous nous précipiterions tête baissée dans des projets qui sont à eux seuls des révolutions! La restauration a bâti sur les débris de notre antique monarchie le seul édifice qui puisse s'y maintenir, la Charte : il dépend de nous d'y vivre à l'abri de tout malheur; mais ce n'est pas en admettant les mesures qu'on nous propose. L'expérience, messieurs, doit nous avoir appris que tout va vite dans ce pays, que beaucoup de siècles peuvent se renfermer dans peu d'années. Deux avenirs plus ou moins éloignés existent pour la France : l'un ou l'autre peut sortir de l'urne où vous déposerez bientôt vos suffrages.

Le système de Law et les réductions de l'abbé Terray contribuèrent à la ruine de la monarchie; les assignats en tombant précipitèrent la république; les banqueroutes de Buonaparte préparèrent la chute de l'empire. Que tant d'exemples nous avertissent. Qui bouleverse les fortunes bouleverse les mœurs, qui attaque les mœurs ébranle la religion, qui ébranle la religion perd les États.

Il nous importe, messieurs, de sauver le gouvernement d'une grande méprise dans laquelle les dépositaires de l'autorité ne sont tombés sans doute que par le louable désir d'accroître la prospérité publique. Qu'ils ne dédaignent pas, dans l'illusion du pouvoir, des prévoyances salutaires, parce qu'elles leur sembleroient sortir d'une bouche suspecte; qu'ils rendent justice à ceux qui, en évitant de blesser et respectant toutes les convenances, expriment avec ménagement, mais avec sincérité, des choses qu'ils croient utiles au roi et à la patrie.

Nobles pairs, supplions les ministres de Sa Majesté de retirer un projet funeste. Toutefois, s'ils se trouvoient trop engagés, s'ils se croyoient obligés de renoncer à cet honneur, nous, nous n'aurions plus qu'à suivre ce qui me semble la route du devoir. De même que nous n'avons point écouté les cris des partis contre le principe d'une loi de propriété et de justice, tout en reconnoissant les vices multipliés des détails, de même nous pouvons secourir l'autorité qui s'égare en croyant faire le bien : prêtons l'oreille à des plaintes trop motivées, mettons à l'abri le rentier en honorant le sort de l'indemnisé. L'adoption de la loi d'indemnité sera pour les garanties monarchiques, le rejet de la loi des rentes sera pour les garanties nationales : notre place est sur les marches du trône, entre le roi et ses peuples.

Je vote contre le projet de loi.

DISCOURS SUR L'INTERVENTION,

PRONONCÉ A LA CHAMBRE DES PAIRS[1],
EN MAI 1823.

On m'a sommé, messieurs, de répondre à des questions qu'on a bien voulu m'adresser. On a accusé mon silence, je vais vous en exposer les raisons, et peut-être vous paroîtront-elles avoir quelque valeur.

Un noble comte auroit voulu, messieurs, qu'à l'exemple de l'Angleterre nous eussions déposé sur le bureau les pièces officielles relatives aux affaires d'Espagne. On n'avoit pas besoin d'en appeler à cet exemple. La publicité est de la nature même du gouvernement constitutionnel ; mais on doit garder une juste mesure, et surtout il ne faut jamais confondre les temps, les lieux et les nations.

Si le gouvernement britannique n'est pas sous quelques rapports aussi circonspect que le nôtre doit l'être, il est évident que cela tient à la différence des positions politiques.

En Angleterre la prérogative royale ne craint pas de faire les concessions les plus larges, parce qu'elle est défendue par les institutions que le temps a consacrées. Avez-vous un clergé riche et propriétaire ? Avez-vous une chambre des pairs qui possède la majeure partie des terres du royaume, et dont la chambre élective n'est qu'une sorte de branche ou d'écoulement ? Le droit de primogéniture, les substitutions, les lois féodales normandes, perpétuent-elles dans vos familles des fortunes pour ainsi dire immortelles ? En Angleterre l'esprit aristocratique a tout pénétré : tout est priviléges, associations, corporations. Les anciens usages, comme les antiques lois et les vieux monuments, sont conservés avec une espèce de culte. Le principe démocratique n'est rien ; quelques assemblées tumultueuses qui se réunissent de temps en temps, en vertu de certains droits de comtés, voilà tout ce

---

1. Ce discours a été prononcé par l'auteur en qualité de ministre des affaires étrangères.

qui est accordé à la démocratie. Le peuple, comme dans l'ancienne Rome, client de la haute aristocratie, est le soutien et non le rival de la noblesse. On conçoit, messieurs, que dans un pareil état de choses, la couronne en Angleterre n'a rien à craindre du principe démocratique; on conçoit aussi comment des pairs des trois royaumes, comment des hommes qui auroient tout à perdre à une révolution, professent publiquement des doctrines qui sembleroient devoir détruire leur existence sociale : c'est qu'au fond ils ne courent aucun danger. Les membres de l'opposition angloise prêchent en sûreté la démocratie dans l'aristocratie : rien n'est si agréable que de se donner les discours populaires en conservant des titres, des priviléges et quelques millions de revenu.

En sommes-nous là, messieurs, et présentons-nous à la couronne de pareilles garanties? Où est l'aristocratie dans un État où le partage égal anéantit la grande propriété, où l'esprit d'égalité n'avoit laissé subsister aucune distinction sociale, et souffre à peine aujourd'hui les supériorités naturelles?

Ne nous y trompons pas : il n'y a en France de monarchie que dans la couronne : c'est elle qui par son antiquité et la force de ses mœurs nous sert de barrière contre les flots de la démocratie. Quelle différence de position! En France c'est la couronne qui met à l'abri l'aristocratie, en Angleterre c'est l'aristocratie qui sert de rempart à la couronne : ce seul fait interdit toute comparaison entre les deux pays.

Si donc nous ne défendons pas la prérogative royale, si nous laissons les chambres empiéter sur cette prérogative, si le gouvernement croit devoir céder à toutes les interpellations qui lui sont faites, apporter tous les documents que l'opposition croira pouvoir lui demander, vos institutions naissantes seront promptement renversées, et la révolution rentrera dans ses ruines.

J'ai peur, messieurs, d'avoir fatigué votre patience par ces développements, un peu longs. Il m'étoit nécessaire d'établir solidement que ce n'est ni par ignorance de la constitution ni par abus de pouvoir que le gouvernement n'a pas imité l'Angleterre, mais pour conserver à la prérogative royale cette force qui supplée à celle qui manque encore à nos institutions. Cette vérité une fois posée, je ne fais aucune difficulté d'examiner les autres objections.

Un noble comte a cru devoir reproduire tout ce qu'on a dit contre le congrès de Vérone. Un noble duc, que vous venez d'entendre, est entré dans cette question avec la candeur, la noblesse, la sincérité qui le caractérisent. Je pourrois donc me dispenser de répondre; mais je demanderai la permission de joindre quelques réflexions à celles du noble duc.

La préoccupation de nos adversaires les a fait tomber dans une singulière erreur; ils partent toujours du dernier congrès comme du commencement de tout en politique. Mais, messieurs, les transactions de Vérone ne sont point le principe et la cause de l'alliance, elles en sont la conséquence et l'effet : l'alliance prend sa source plus haut. On peut dire qu'elle remonte jusqu'au congrès de Vienne; et lorsque M. le prince de Talleyrand a donné au nom du roi son assentiment à l'union des grandes puissances contre l'invasion de Buonaparte, il a réellement posé les premiers fondements de l'alliance. Régularisée au congrès d'Aix-la-Chapelle, cette alliance, toute défensive contre les révolutions, a pris ses développements naturels dans les congrès qui se sont succédé. Les puissances y ont examiné ce qu'elle avoient à espérer ou à craindre des événements : cette politique en commun a l'avantage de ne plus permettre à des cabinets de poursuivre des intérêts particuliers et de cacher des vues ambitieuses dans le secret de la diplomatie,

Ainsi tombe, messieurs, par cette grande explication, tout l'échafaudage qu'on a prétendu élever autour du congrès de Vérone. On voit encore par là que la France n'a point amené à Vérone la question de l'Espagne comme une chose à laquelle personne ne pensoit. L'établissement de notre armée d'observation nous obligeoit d'en exposer les motifs à nos alliés, et la révolution d'Espagne n'étoit pas une chose assez inconnue, assez insignifiante, pour qu'elle ne se présentât pas dans la série des affaires de l'Europe : il y avoit déjà longtemps qu'elle avoit fixé l'attention des cabinets; on en avoit parlé à Troppau et à Laybach; et avant d'être examinée à Vérone, elle avoit occupé les conférences de Vienne. Que la France, plus particulièrement menacée, craignant d'être obligée tôt ou tard de recourir aux armes, ait voulu connoître le parti que prendroient les alliés, le cas d'une guerre avenant, elle a agi selon les règles d'une simple prudence.

Remarquez bien, messieurs (et ceci répond péremptoirement à un noble baron), que les questions posées à Vérone par un noble duc sont éventuelles, hypothétiques; elles laissent aux cours à qui elles sont faites le libre exercice de leur volonté; elles ne demandent rien, ne sollicitent rien dans le sens positif. Chaque cour pouvoit répondre ce qu'elle vouloit, et tel a été le cas : l'une pouvoit dire : *J'agirai comme la France;* l'autre, *je resterai neutre;* une troisième auroit pu même se déclarer ennemie. Il est impossible de ne pas reconnoître dans cette conduite une politique franche, qui va droit au but et cherche seulement à connoître sa position extérieure, pour proportionner ses moyens aux événements.

Enfin, messieurs, et je l'ai déjà remarqué, voudroit-on que la France fût séparée de tous les autres peuples, qu'elle fût abandonnée au milieu de l'Europe? Si elle étoit attaquée, ne devroit-elle avoir aucun allié? Une nation civilisée a-t-elle jamais existé dans un tel état d'isolement? L'Angleterre elle-même ne se réunit-elle pas dans plusieurs points à l'alliance, et n'a-t-elle pas aussi ses traités particuliers? Par exemple, ne doit-elle pas défendre le Portugal, si le Portugal étoit exposé à une agression? Vous voyez, messieurs, comment les objections s'évanouissent quand on les examine de près.

D'ailleurs, qu'est-ce que les papiers publiés en Angleterre vous ont appris? Rien de nouveau, rien que je n'eusse déjà dit et expliqué à la tribune; mais du moins ils font voir une chose, c'est que les doctrines secrètes du gouvernement ont été parfaitement d'accord avec ses doctrines publiques; qu'il n'est pas échappé à un ministre, ni dans ses dépêches ni dans ses conversations confidentielles, un seul mot qui ne montrât le plus sincère désir de maintenir la paix, qui ne fît voir la plus réelle sollicitude pour la liberté et le bonheur de l'Espagne. Y avez-vous remarqué les principes du pouvoir absolu, de l'intolérance religieuse, les vœux de l'ambition et de l'intérêt? Ces deux mots, *paix* et *honneur,* se retrouvent partout; et si la faction qui domine l'Espagne ne nous a pas permis de les concilier, ce n'est pas la faute de la France.

Un noble pair veut savoir s'il a été conclu des traités en vertu desquels les étrangers doivent entrer en France. Je lui répondrai ce que j'ai déjà répondu à la chambre des députés : Jamais.

On nous fait un crime de toute chose. Une junte fait une proclamation : quoique cette proclamation ait été imprimée de diverses manières, quoique nous ayons cent fois déclaré que nous ne nous mêlerions en rien de la politique intérieure de l'Espagne, quoique la proclamation de Mgr le duc d'Angoulême soit le seul document que nous puissions reconnoître, n'importe, nous répondrons de tout ce qui se fera, de tout ce qui se dira en Espagne.

Il faut que nous touchions encore la question la plus délicate en politique, il faut que nous disions ce que nous pensons sur les colonies espagnoles, que nous prononcions sans façon et sur-le-champ sur l'avenir de l'Amérique, afin que l'on voie si dans nos réponses nous ne heurtons pas quelques-uns de ces intérêts si divers et si compliqués.

Autre grief : si nous voulions sincèrement la paix, que n'avons-nous accepté la médiation de l'Angleterre?

Nous n'avons jamais refusé ses bons offices pour un accord amical ; quant à la médiation, nous n'avons de jugement à subir de personne. L'Angleterre n'auroit pas pu peser nos torts, puisque nous n'en avions pas envers l'Espagne, et que nous ne pouvions pas consentir à établir l'arbitrage entre la révolution et la légitimité. La France est reconnoissante de la bienveillance qu'on lui témoigne, mais elle prendra toujours soin de prononcer elle-même sur tout ce qui concerne sa dignité et son honneur.

Après tout, messieurs, le moment approche où les événements vont décider la question ; mais il est clair que si, comme on l'a prétendu, la guerre d'Espagne étoit d'abord impopulaire, elle se popularise tous les jours depuis que les hostilités sont commencées, et surtout depuis qu'on a prodigué à la France des outrages qui ont retenti dans tous les cœurs françois.

N'imitons point, messieurs, ces exemples ; les gouvernements représentatifs deviendroient impossibles si les tribunes se répondoient : les récriminations imprudentes auroient bientôt changé l'Europe en champ de bataille. C'est à nous à donner l'exemple de la modération parlementaire. On a fait des vœux contre nous : souhaitons la prospérité à toute puissance avec laquelle nous conservons des relations amicales. On a osé élever la voix contre le plus sage des rois et contre son auguste famille. Qu'avons-nous à dire du roi d'Angleterre, sinon qu'il n'y a point de prince dont la politique soit plus droite et le caractère plus généreux ; point de prince qui par ses sentiments, ses manières et son langage donne une plus juste idée du monarque et du gentilhomme? On a traité avec rigueur les ministres françois. Je connois les ministres qui gouvernent aujourd'hui l'Angleterre, et ces personnages éminents sont dignes de l'estime et de la considération dont ils jouissent. J'ai été l'objet particulier des insultes : qu'importe, si vous trouvez, messieurs, que je ne les ai méritées que pour avoir bien servi mon pays ? Ne craignez pas que ma vanité blessée puisse me faire oublier ce que je dois à ma patrie ; et quand il s'agira de maintenir la bonne harmonie entre deux nations puissantes, je ne me souviendrai jamais d'avoir été offensé.

Au surplus, on a posé un principe que je ne puis adopter dans toute sa rigueur et sans restriction, car il établiroit la société sur le droit physique ou le droit de la force, et non sur le droit moral. Je crois que les décisions de la justice doivent passer avant les décrets d'une majorité, qui peuvent quelquefois être injustes ; mais j'adopte dans le cas particulier où nous sommes ce droit de la majorité. Les hommes respectables qui blâment l'intervention armée de la France disent donc que cette intervention sera justifiée si la majorité espagnole se prononce en notre faveur. Alors, messieurs, notre cause est gagnée, même aux yeux de nos adversaires.

L'erreur qui fait le fond de tous les raisonnements contre la guerre d'Espagne vient d'avoir éternellement comparé l'invasion de Buonaparte à la guerre que nous avons été obligés d'entreprendre contre la faction militaire de l'île de Léon. Buonaparte fit la guerre la plus injuste, la plus violente au roi et à la nation espagnole; nous, nous prenons les armes pour ce même roi et cette même nation. On nous a prédit tous les malheurs qui suivirent l'invasion de l'usurpateur, comme si la position étoit la même pour l'intervention tout amicale d'un roi légitime.

Sans doute, si nous prétendions agir comme Buonaparte, quatre cent mille hommes et 400 millions ne suffiroient pas; mais voulons-nous suivre son exemple? Remarquez, messieurs, dès nos premiers pas en Espagne, une différence de faits qui détruit toutes les comparaisons de nos adversaires.

Dans la guerre de Buonaparte, presque toutes les villes fortifiées qu'il avoit d'abord occupées comme allié étoient pour lui, parce qu'il y avoit mis garnison; mais toutes les populations des campagnes étoient contre lui. Aujourd'hui, c'est précisément le contraire : les villes où les cortès ont jeté quelques soldats nous ferment les portes, mais le peuple entier des campagnes et des villes ouvertes est pour nous. Non-seulement le peuple et le paysan sont pour nous, mais ils nous regardent comme leurs libérateurs : ils embrassent notre cause, ou plutôt la leur, avec une ardeur qui ne laisse aucun doute sur les sentiments de l'immense majorité espagnole. Les paysans servent eux-mêmes de guides à nos soldats. Dans ce même pays où nos officiers ne pouvoient voyager sans escorte, sans courir risque de la vie, ces mêmes officiers voyagent seuls comme en pleine paix, trouvant partout assistance, et sont salués sur la route par les cris de *vive le roi!* Les particuliers et les fonctionnaires publics s'empressent de donner aux commandants françois les lieux où les troupes des cortès, en se dispersant, ont caché leur argent, leurs munitions et leurs armes.

Il ne se formera point, ou il ne se formera que peu de guérillas; car c'étoient les paysans qui formoient ces guérillas, et ces paysans sont pour nous. Ils seroient les premiers à s'armer contre les bandes qui pourroient rester des troupes des cortès : on en a déjà vu des exemples.

Je ne dois point oublier qu'un noble comte qui soutient le principe de la guerre d'Espagne l'appuie sur la raison politique que c'est une guerre d'influence. Je suis obligé de lui déclarer que tel n'est point la pensée du gouvernement. Nous ne prétendons rétablir avec l'Espagne aucun des traités détruits à jamais par le temps. Nous combattons seulement pour nous soustraire au retour des maux dont nous avons été trente ans les victimes.

La question, messieurs, n'a jamais été pour nous de savoir ce que nous avions à gagner en prenant les armes, mais ce que nous avions à perdre en ne les prenant pas ; il y alloit de notre existence : c'étoit la révolution, qui chassée de France par la légitimité vouloit y rentrer de force.

Il a donc fallu nous défendre : le bruit de toutes les déclamations n'a pu étouffer cette voix intérieure qui nous disoit que nous étions en danger. Non-seulement nous le sentions, mais nos ennemis le voyoient, et leur indiscrète joie, d'un bout de l'Europe à l'autre, trahissoit leur espérance. De cette nécessité qui nous a mis les armes à la main sortira, j'ose le dire, un bien immense. Vous le savez, messieurs, tous les efforts révolutionnaires s'étoient tournés contre notre armée : on n'avoit pu soulever le peuple, on vouloit corrompre le soldat.

Que de tentatives faites sur nos troupes ! que de complots toujours déjoués et sans cesse renaissants ! On employoit jusqu'au souvenir de la victoire pour ébranler cette fidélité : de là cette fatale opinion (que, grâce à Dieu, je n'ai jamais partagée), de là, dis-je, cette opinion qu'il nous seroit impossible de réunir dix mille hommes sans nous exposer à une révolution. On ne nous menaçoit que de la cocarde tricolore, et l'on affirmoit qu'à l'apparition de ce signe aucun soldat ne resteroit sous le drapeau blanc. De cette erreur, adoptée même par des hommes d'État, résultoit pour la France une foiblesse qui nous livroit sinon au mépris, du moins à la volonté de l'Europe.

Eh bien, messieurs, l'expérience a été faite, et comme je n'en avois jamais douté, elle a parfaitement réussi. Le coup de canon tiré à la Bidassoa a fait évanouir bien des prestiges, a dissipé bien des fantômes, a renversé bien des espérances. Huit années de paix avoient moins affermi le trône légitime sur ses bases que ne l'ont fait vingt jours de guerre. Un roi qui, après nous avoir rendu la liberté, nous rend la gloire, un prince qui est devenu au milieu des camps l'idole de cent mille soldats françois, n'ont plus rien à craindre de l'avenir. L'Espagne délivrée de la révolution, la France reprenant son rang en Europe et retrouvant une armée, la légitimité acquérant la seule force qui lui manquoit encore, voilà, messieurs, ce qu'aura produit une guerre passagère que nous n'avons pas voulu, mais que nous avons acceptée.

Ces grandes considérations devroient faire cesser toutes divisions politiques; nous devrions imiter ces vieux compagnons de Conegliano, ces vétérans de l'armée de Condé, qui dorment aujourd'hui sous la même tente et qui n'ont plus qu'un même drapeau.

DISCOURS

SUR LES

DÉBATS DU PARLEMENT D'ANGLETERRE,

PRONONCÉ A LA CHAMBRE DES PAIRS,
LE 23 DÉCEMBRE 1826.

Dans la déclaration que M. le ministre des affaires étrangères a cru devoir faire connoître, j'ai été étonné du silence que le noble ministre a gardé sur les discours prononcés dernièrement dans le parlement d'Angleterre. Je respecte cette prudence, bien que je n'en comprenne pas les motifs; mais moi, sur la tête de qui aucune responsabilité ne pèse, si ce n'est, comme pour tout François, la responsabilité de mon pays, je dirai franchement ce que M. le ministre des affaires étrangères a cru devoir omettre.

Vous vous souvenez peut-être, messieurs, de m'avoir vu repousser, comme ministre, à cette tribune, des outrages adressés au nom françois dans le parlement anglois. Les généreuses victoires de M. le dauphin répondroient bien mieux et bien plus haut que nos vaines paroles aux déclamations de nos adversaires.

Aujourd'hui les choses sont bien changées : je n'eus à combattre en 1823 que l'opposition angloise; en 1826, c'est le principal ministre de Sa Majesté britannique qui dépasse dans la carrière les membres de cette opposition. Ma tâche est pénible : ce ministre fut mon honorable ami; j'admire ses talents, je respecte sa personne; mais il me pardonnera, j'espère, d'essayer de faire pour mon pays ce qu'il a trop bien fait pour le sien.

Il faut d'abord, messieurs, que je m'exprime nettement sur le fond de l'affaire de Portugal.

Je ne reconnoîtrai jamais à des soldats le droit de faire et de défaire des institutions politiques, de proclamer et de détrôner des rois; j'aime peut-être mieux la Charte portugaise que les ministres anglois eux-mêmes, qui en parlent presque dérisoirement, et qui ont cru devoir rappeler sir Charles Stuart de sa mission, pour avoir envoyé cette Charte à Lisbonne. Je pense que l'indépendance appuie l'indépendance, qu'un peuple libre est une garantie pour un autre peuple libre; je crois qu'on ne renverse pas une constitution généreuse, quelque part que ce soit sur le globe, sans porter un coup à l'espèce humaine tout entière.

Cette large part faite à mes principes, j'entre avec hardiesse dans l'examen du document qui nous est venu d'outre mer.

Le ministre de Sa Majesté britannique a commencé son discours par l'inventaire des traités qui lient l'Angleterre au Portugal; il auroit pu en citer davantage : il auroit pu parler de l'alliance de la maison de Lancastre avec l'ancienne maison de Portugal; mais alors nous aurions pu lui dire que la maison de Bragance tire son origine de la maison de France. Pourquoi se tant effaroucher de nos liaisons avec l'Espagne, quand on fait un si fastueux étalage des rapports que l'on a eus dans tous les temps avec le Portugal? Et nous, n'avons-nous pas des traités qui nous enchaînent à l'Espagne? Sans remonter à la reine Brunehaut, à Charlemagne et à la mère de saint Louis, n'avons-nous pas le traité du roi Jean et de Pierre roi de Castille, en 1351, pour le mariage de Blanche de Bourbon; le traité de Charles V et de Henri II le Magnifique, roi de Castille, en 1368; le renouvellement de la même alliance en 1380; le traité de Charles VI et de Jean roi de Castille, en 1387, contre l'Angleterre, et renouvelé en 1408; le traité entre Louis XI et Henri roi de Castille et de Léon, en 1469; un autre traité avec Ferdinand et Isabelle, roi et reine de Castille, en 1478? Louis XII renouvela ce traité en 1498. Germaine de Foix, nièce de Louis XII, fut promise en mariage à Ferdinand roi d'Espagne, en 1503. Autre traité d'alliance.

Le traité du 13 octobre 1640 avec Louis XIII et la principauté de Catalogne, et les conditions de Barcelone du 19 septembre 1641, nous donnèrent des droits sur la Catalogne; puis viennent le fameux traité des Pyrénées du 7 mars 1659, le contrat de mariage de Louis XIV, du 7 novembre de la même année, tous les traités qui accompagnèrent et suivirent la guerre de la Succession de 1701 à 1713, et enfin le pacte de famille en 1761, qui, par son article 8, déclare que les États respectifs doivent être regardés et agir comme s'ils ne faisoient qu'une seule et même puissance. Que le pacte de famille ait été annulé par les derniers traités, cela est vrai jusqu'à un certain point; mais il n'est pas du tout clair que ces mêmes traités avoient maintenu toutes les conventions antérieures entre l'Angleterre et le Portugal.

Au reste, qu'est-ce que cette érudition diplomatique prouve des deux côtés? Rien du tout; elle n'établit pas plus notre droit nouveau de nous mêler des affaires d'Espagne qu'elle ne confirme le droit que l'Angleterre prétend avoir de s'immiscer dans les affaires *intérieures* du Portugal : nos droits respectifs se tirent tout simplement de part et d'autre de nos intérêts essentiels. On parle beaucoup d'un *casus fœderis*, lequel seroit arrivé. Un membre de l'opposition angloise a très-bien répondu qu'il ne voyoit pas comment la révolte de deux régiments portugais établissoit le *casus fœderis*. On cherche des coupables, les Espagnols sont derrière l'insurrection portugaise : si ce ne sont les Espagnols, ce sont les François; pourquoi pas les Autrichiens? Don Miguel n'est-il pas à Vienne? Dans ce pays-là on n'aime pas beaucoup les chartes : pourquoi la colère du cabinet anglois ne se tourne-t-elle pas de ce côté? Pourquoi, messieurs? Il y a de bonnes raisons pour cela; ces raisons sont les mêmes qui font que le libéralisme anglois porte le bonnet de la liberté à Mexico et le turban à Athènes.

Mais tandis qu'on proclame le *casus fœderis*, s'il arrivoit, ce qui n'est nullement probable, que Lisbonne tombât aux mains du marquis de Chaves et que les Anglois, au lieu d'y trouver un allié, n'y trouvassent qu'un ennemi, s'il falloit entrer de force en Portugal, n'est-il pas clair qu'au lieu d'*alliance* et d'*occupation* il y auroit *conquête*, et conquête sur les seuls Portugais? Que deviendroit alors le *casus fœderis?* La question politique sera entièrement changée pour l'Europe.

Je viens maintenant, messieurs, à la partie des discours qui nous regardent particulièrement; il faut rapporter les textes : « Je ne puis que redouter la guerre quand je pense au pouvoir immense de ce pays, quand je pense que les mécontents de toutes les nations de l'Europe sont prêts à se ranger du côté de l'Angleterre.

« Un des moyens de redressement étoit une guerre contre la France; il y avoit encore un autre moyen : c'étoit de rendre la possession de ce pays inutile entre des mains rivales; c'étoit de la rendre plus qu'inutile, c'étoit enfin de la rendre préjudiciable au possesseur : j'ai adopté ce dernier moyen. Ne pensez-vous pas que l'Angleterre ait trouvé en cela une compensation pour ce qu'elle a éprouvé en voyant entrer en Espagne l'armée françoise et en voyant bloquer Cadix?

« J'ai regardé l'Espagne sous un autre aspect; j'ai vu l'Espagne et les Indes; j'ai dans ces dernières contrées appelé à l'existence un nouveau monde, et j'ai ainsi réglé la balance; j'ai laissé à la France tous les résultats de son invasion.

« J'ai trouvé une compensation pour l'invasion de l'Espagne, pendant que je laisse à la France son fardeau, fardeau dont elle voudroit bien se débarrasser, et qu'elle ne peut porter sans se plaindre. C'est ainsi que je réponds à ce qu'on a dit sur l'occupation de l'Espagne... Je sais, dis-je, que notre pays verra se ranger sous ses bannières, pour prendre part à la lutte, tous les mécontents et tous les esprits inquiets du siècle, tous les hommes qui, justement ou injustement, ne sont pas satisfaits de la condition actuelle de leur patrie.

« L'idée d'une pareille situation excite toutes les craintes ; car elle montre qu'il existe un pouvoir entre les mains de la Grande-Bretagne plus terrible peut-être qu'on n'en vit jamais en action dans l'histoire de la race humaine. (Écoutez!) Mais est-il bon d'avoir une force gigantesque ; il peut y avoir de la tyrannie à en user comme un géant, la conscience de posséder cette force fait notre sécurité ; et notre affaire est de ne point chercher d'occasion de la déployer, excepté partiellement et d'une manière suffisante pour faire sentir qu'il est de l'intérêt des deux côtés de se garder de convertir leur arbitre en compétiteur. (Écoutez!) La situation de notre pays peut être comparée à celle du maître des vents, telle que le décrit le poëte,

Celsa sedet OEolus arce.
. . . .

Voici donc la raison, raison inverse de la crainte, contraire à l'impuissance, qui me fait appréhender le retour de la guerre, » etc.

Ces paroles ne peuvent que nous attrister profondément ; c'est la première fois que des aveux aussi dédaigneux, que des malédictions aussi franches ont été prononcés à une tribune publique ; ni les Chatam, ni les Fox, ni les Pitt n'ont exprimé contre la France des sentiments aussi pénibles. Lorsque lord Londonderry faisoit au parlement anglois le récit de la bataille de Waterloo, que disoit-il dans toute l'exaltation de la victoire? Il disoit : « Les soldats françois et les soldats anglois lavoient leurs mains sanglantes dans le même ruisseau en se félicitant mutuellement de leur courage. » Voilà le langage d'un noble ennemi.

Que l'Angleterre soit un *géant*, je ne lui dispute point la taille qu'elle se donne ; mais ce géant ne fait aucune frayeur, que je crois, à la France. Un colosse a quelquefois les pieds d'argile. Que l'Angleterre soit Éole, je le veux bien encore, mais Éole n'auroit-il pas des tempêtes dans son empire? Il ne faut pas parler des mécontents qui peuvent se trouver en d'autres pays, quand on a chez soi cinq millions de catholiques opprimés, cinq millions d'hommes qu'on est obligé de contenir par un camp permanent en Irlande ; quand on est dans la dure nécessité de faire fusiller tous les ans des populations ouvrières qui manquent de pain; quand une taxe des pauvres qui s'augmente sans cesse annonce une misère toujours croissante : on sait que la misère fait des mécontents. Eh quoi! messieurs, si l'étendard britannique se levoit, on verroit se ranger autour de lui tous les mécontents du globe! Est-ce la France seule qui doive s'inquiéter de cette naïve révélation? N'y a-t-il pas des mécontents en Italie, en Hongrie, en Pologne et en Russie?

C'est une triste chose d'avoir à craindre pour auxiliaires les passions et les malheurs des hommes, d'apercevoir des succès qui pourroient prendre leur source dans le bouleversement des empires, de posséder un drapeau d'une telle vertu qu'il seroit à l'instant choisi par la discorde. Il est malheureux d'avouer qu'on pourroit trouver la puissance dans la confusion et le chaos! Si le géant de l'Angleterre, en sortant de son île, reconnoît qu'il peut brûler le monde, ne justifie-t-il pas le blocus continental d'un autre géant?

La France, messieurs, a des prétentions différentes. Si jamais, ce qu'à Dieu ne plaise, elle étoit obligée de reparoître pour sa défense sur les champs de bataille, *elle rallieroit autour de son drapeau, non les mécontents des divers pays, mais tous les hommes fidèles à leur roi, à leur honneur, à la patrie, tous les hommes amis des libertés publiques dans un ordre sage et légal.*

Si jamais nous étions obligés de combattre l'Angleterre elle-même, nous n'essayerions point de soulever dans son sein ces millions de mécontents que j'ai indiqués. Ce n'est point en allumant le flambeau de la guerre civile chez un peuple ennemi que nous tâcherions d'obtenir des succès; une victoire qui ne seroit pas le prix de notre propre sang seroit indigne de nous.

Dieu nous préserve, messieurs, que la nation angloise, qui fait tant d'honneur à la nature humaine, périsse à jamais par les troubles que l'on pourroit exciter dans son sein! Le monde reconnoissant s'obstinera à ne voir dans la patrie des Bacon, des Locke et des Newton, que des lumières, que des principes de liberté et de civilisation. Le monde ne croira jamais que le pavillon britannique puisse être l'étendard de ces désordres qui amènent l'anarchie, et avec l'anarchie le despotisme, qui la suit et la punit.

Le ministre anglois se vante d'avoir prévu les résultats de la guerre d'Espagne, et d'en avoir profité pour affranchir un nouveau monde. Il n'y a là-dedans qu'une erreur de date. On oublie que, longtemps avant le ministère de M. Canning, lord Castlereagh, au congrès d'Aix-la-Chapelle, avoit déclaré que l'Angleterre reconnoîtroit tôt ou tard l'indépendance des colonies espagnoles. Ce n'est donc point notre guerre en Espagne qui a produit cette reconnoissance. Les colonies espagnoles étoient émancipées, les ports de l'Angleterre étoient ouverts à leurs vaisseaux, pour le commerce, à l'époque même où l'honorable M. Canning alloit s'embarquer pour les Indes. Aujourd'hui cet homme d'État a tout simplement suivi les événements comme tant d'autres ministres. Nous l'en félicitons, car s'il avoit prévu les maux dont l'Espagne est accablée depuis trois ans, et s'il les avoit laissés s'accroître dans l'unique espoir de nuire à la France, de quel nom faudroit-il appeler cette politique?

Le ministre anglois a déclaré que les forces britanniques alloient occuper le Portugal. Il le peut et le doit aux termes de ses traités, si le *casus fœderis* est réellement arrivé : il faut être juste d'ailleurs, le ministère anglois nous a fait grâce, il a déclaré au gouvernement françois, appelé à la barre du parlement anglois, qu'on est content de lui. On doute encore un peu de notre franchise; on auroit voulu des actions et non des paroles; mais enfin, vaille que vaille, on est satisfait.

La France étoit peu accoutumée à se voir ainsi mandée par l'*huissier de la verge noire*. Cela est assez dur pour cette France qui a encore les plus belles finances de l'Europe (il est vrai un peu malgré les combinaisons); pour cette France qui sur un seul mot du roi rassembleroit un million de soldats autour de monsieur le dauphin.

L'occupation du Portugal par les Anglois, qui peut avoir des avantages sous des rapports généraux, est cependant en particulier très-fâcheuse pour nous, en ce qu'elle nous condamne à rester en Espagne. C'est ici le *casus fœderis* de l'honneur; jamais les François ne refusent d'en accepter les charges.

Au reste, je ne crois point à une guerre entre l'Espagne et l'Angleterre. L'Angleterre n'a plus rien à prendre à un peuple dépouillé, si ce n'est son dernier manteau. On ne s'imagine pas sans doute que nous puissions livrer aux Anglois les portes de Barcelone et de Cadix. Pour s'emparer de Cuba, il faut faire la guerre aux États-Unis; l'Angleterre sait tout cela.

Je ne crois pas davantage à la possibilité d'une guerre entre la France et l'Angleterre, dont nous nous déclarons d'ailleurs, dans ce moment même, les fidèles alliés. Qu'aurions-nous à perdre dans une guerre maritime? Deux ou trois rochers dans deux océans : nos cent cinquante vaisseaux armés, non réunis en escadre, mais dispersés sur les mers du globe, feroient plus de mal à l'immense commerce anglois que toutes les flottes de l'Angleterre n'en pourroient faire au commerce malheureusement trop borné de la France. Sur le continent, où est le point d'attaque? Les Anglois, qui n'auroient plus pour eux les populations du Portugal, pourroient-ils s'y maintenir contre nous? Puisque l'Angleterre se vante justement de sa force, elle nous donne le droit de parler de la nôtre. Qu'on n'oublie pas qu'il y a en France une population surabondante, pleine d'énergie et de courage, une population qui voit ce que la France a perdu, et qu'il est plus difficile de retenir que de soulever. Il seroit souverainement impolitique de blesser par des paroles méprisantes l'orgueil d'un million de jeunes François qui jettent des regards impatients sur le vaste champ de bataille glorieusement arrosé du sang de leurs aînés.

Je ne viens point, messieurs, vous proposer de rendre dans votre adresse outrage pour outrage; cela ne conviendroit point à votre dignité, et j'ose dire que cela n'est point dans mon caractère. Mais je suis persuadé que vous penserez, comme moi, qu'un ton grave et même un peu sévère est celui qui convient dans ce moment à cette chambre, gardienne de l'honneur françois comme des libertés publiques. On a déjà poussé bien loin les complaisances; quiconque se laisse humilier n'obtient pas la paix, mais la honte.

J'ai fait tous mes efforts pour mettre dans mes paroles la mesure et la modération que les circonstances exigent; je ne me suis pas même souvenu des ministres. Nous nous retrouverons dans les affaires intérieures de la France; aujourd'hui il s'agit de l'étranger : sur ce point-là l'opinion ne connoît point de dissensions, nous sommes tous François.

Soutenons, messieurs, les intérêts de notre pays, la majesté du trône et de la France. Si l'on vouloit encore une fois enchaîner nos pensées; si l'on osoit encore, par impossible, nous ravir les franchises que la Charte nous garantit et que les serments de nos rois nous assurent, sauvons du moins l'honneur : tôt ou tard avec l'honneur et la gloire nous referions la liberté.

DISCOURS

PRONONCÉ A LA CHAMBRE DES PAIRS,

SESSION DE 1827,

SUR LA LOI DES POSTES.

Messieurs, il y a bientôt une douzaine d'années que la loi sur les *cris* et *écrits séditieux* m'obligea de me placer à regret dans les rangs de l'opposition, et j'eus l'honneur de prononcer devant vous mon premier discours en faveur de la plus précieuse de nos libertés. Depuis cette époque les autorités successives m'ont retrouvé au même poste. Le temps a marché : les uns, par un mouvement progressif et naturel, sont mieux entrés dans l'esprit de la Charte et ont reconnu la nécessité de la liberté de la presse ; les autres, au contraire, par un mouvement rétrograde, après avoir défendu cette liberté, ont découvert qu'il n'y avoit rien de plus funeste. Ainsi tout le monde s'est corrigé ; il n'y a que quelques entêtés comme moi qui, répétant toujours les mêmes vérités, sont restés incorrigibles.

Il a fallu qu'un malheureux article 8 se rencontrât dans un projet de loi sur les postes pour me forcer à monter de nouveau à la tribune. En vérité, messieurs, je ne sais trop que vous dire, car je ne veux pas même effleurer aujourd'hui des questions que je me propose d'examiner plus tard, lorsque nous discuterons le projet de loi relatif à la police de la presse [1]. Il m'auroit beaucoup mieux convenu de me taire jusqu'à l'arrivée de ce projet ! mais enfin il ne sera pas dit que j'aie laissé passer un article vexatoire pour la liberté de la presse sans avoir au moins protesté contre.

Je déclare ne porter aucune inimitié secrète au présent projet de loi, considéré dans sa généralité : mon instinct de voyageur me rend plutôt favorable à l'institution des postes. Que l'on retranche l'article 8

---

1. Voyez dans les *Mélanges politiques* l'opinion de l'auteur sur ce projet de loi.

du projet de loi, et je suis prêt à voter pour ce projet. Afin de ne rien perdre on pourra transporter, si l'on veut, cet article dans le projet de loi sur la presse; il en est tout à fait digne et lui appartient par ordre de matières. En effet, messieurs, cet article 8 se trouve dans le projet de loi actuel on ne sait trop pourquoi : c'est un paquet dont on aura mal mis l'adresse, et que le courrier aura porté à une fausse destination.

J'ai néanmoins entendu dire que le projet de loi sur le tarif des postes a été conçu avant le projet de loi sur la presse. Ainsi l'article 8, innocent d'intention et d'origine, se trouveroit par le plus grand hasard du monde avoir un air de complicité et de parenté avec un étranger qui me paroît fort suspect. Si cela est, il faut plaindre la loi des postes d'être arrivée aux chambres avec la loi de la presse, comme nous avons gémi de voir l'indemnité des émigrés accolée aux 3 pour 100 : rien ne montre mieux le danger des liaisons.

On assure qu'il n'y a rien d'hostile dans l'article 8 contre la liberté de la presse : c'est, dit-on, une mesure purement fiscale. Les journaux gagnent beaucoup d'argent : n'est-il pas juste qu'ils en rendent quelque chose? D'ailleurs, ne pourront-ils pas accroître la dimension de leur papier? Ces bonnes raisons, et mille autres encore meilleures, ont engagé à produire l'état commercial des journaux, ou le bilan de l'opinion publique : on a vu à qui cette opinion avoit fait banqueroute.

Ainsi, messieurs, les journaux, moyennant la somme de 600,000 fr. qu'ils payeront de plus au trésor, auront l'inappréciable avantage de pouvoir s'enfler à la grosseur du *Moniteur* : ils pourront, en élargissant leur *justification* et en grossissant leurs *caractères*, transformer le petit in-folio dans le grand in-folio sans plus de dépense d'esprit et sans augmentation de frais de rédaction. Ils en seront quittes pour payer le papier plus cher et une taxe plus élevée : bénéfice certain pour les propriétaires de ces feuilles; et si, par contagion, en atteignant la taille du *Moniteur* les journaux partageoient les autres destinées du journal officiel, ils auroient alors, en vertu de la loi des postes, un avant-goût des joies que la loi de la presse leur prépare.

Cependant, ce nouveau droit sur les journaux est-il réparti comme il devroit l'être, pour produire, indépendamment du résultat fiscal, la conséquence morale que sans doute on en espère? Non, messieurs, car cet article frappe également tous les journaux, quel que soit leur contenu. Les personnes habiles en matières de douanes ont très-bien distingué les différentes grandeurs de papier, afin de leur faire payer un tarif proportionnel : espérons que l'on finira par inventer pour la pensée ces espèces de petits instruments avec lesquels on s'assure du nombre des fils qui composent un tissu, afin de l'assujettir à un droit plus ou moins élevé. Si les idées sont généreuses, elles payeront une surtaxe; on sera plus indulgent pour une autre espèce d'idées, marchandises dont il est bon que le peuple jouisse à vil prix, et dont même la contrebande sera tolérée.

En attendant ce perfectionnement, le gouvernement percevra-t-il les 600,000 francs qu'il espère ? J'en doute.

On a calculé cette somme sur le nombre des journaux existants ; mais pour lever des contributions il ne faut pas tuer les contribuables. Si la loi sur la presse venoit malheureusement à être adoptée, combien resteroit-il de journaux ?

Il est donc plus que probable que les 600,000 francs qu'on espère obtenir par la taxe sur les journaux n'entreront point dans les coffres publics ; on aura nui à la liberté de la presse sans tirer aucun avantage pécuniaire de la mesure. Les trois quarts et demi des journaux périront : si même ils devoient survivre, il suffiroit, comme on l'a remarqué, qu'ils s'abstinssent de paroître le dimanche pour que l'impôt ne rendît pas une obole. Je sais que les compagnies formées pour l'amortissement des journaux s'écrieront : « Attrapez-nous toujours de même ! Nous consentons volontiers à dédommager le gouvernement, à perdre 600,000 francs pour qu'il n'y ait pas de journaux le dimanche, 600,000 autres francs pour qu'il n'y en ait pas le lundi, et ainsi de suite toute la semaine. Combien faut-il de millions pour retourner au temps où l'on faisoit une croix au bas d'un acte, déclarant ne savoir signer ? Parlez : nous nous cotiserons. » Ne prenez pas ceci, messieurs, pour une mauvaise plaisanterie ; il y a telles personnes qui achèteroient de toute leur fortune la ruine de la liberté de la presse pour arriver à la destruction de la Charte ; elles ne s'aperçoivent pas que la Charte est la seule chose qui les mette à l'abri :

. . . . . Le cerf hors de danger
Broute sa bienfaitrice.

Il me semble, messieurs, que l'on pourroit trouver dans un budget d'un milliard les 600,000 francs nécessaires à l'exécution du projet de loi que nous examinons, sans prélever cette somme sur les canaux où coule la principale de nos libertés. L'article 8 a l'inconvénient d'introduire une disposition politique dans une loi d'administration, et une disposition fiscale dans une loi qui n'est pas une loi de finances. Pour être conséquent, il faut renvoyer cet article au budget ou au projet de loi sur la police de la presse. Au reste, en attaquant l'article 8 comme ne remplissant pas son but et comme anomalie dans le projet de loi, ce n'est pas la grande raison pour laquelle je le repousse.

Que les journaux soient embarrassants à porter par leur poids et leur volume ; qu'ils coûtent plus à l'administration qu'ils ne lui rapportent ; qu'il y ait justice à leur faire payer quelque chose de plus pour avoir l'avantage d'un départ quotidien, peu m'importe : je veux bien ne rien contester de tout cela ; car ce n'est pas là pour moi la question ; ces petits détails administratifs sont dominés par un intérêt supérieur : au fait matériel se trouve mêlé le fait moral et politique. Il s'agit moins de connoître les poids et les distances, les embarras des commis et le prix des transports, que de savoir s'il faut gêner ou encourager la circulation de la presse périodique dans une monarchie constitutionnelle. Ainsi posée, la question doit être résolue autrement que par des additions de kilomètres et des multiplications de décimes. Mais cette question se lie à un système général dont les développements ne seroient pas à leur place dans la discussion d'une loi sur le tarif des postes. Je me contenterai donc de dire en peu de mots les motifs de mon vote ; ces motifs, les voici :

Dans une législation où la liberté de la presse n'existe que par privilége, mon devoir est de refuser mon assentiment à tout ce qui donneroit de nouvelles entraves à cette liberté ; si la presse étoit libre en France comme en Angleterre et aux États-Unis, je serois moins opposé à la chose qu'on me demande ; mais ajouter un anneau à une chaîne déjà trop pesante, pressurer encore une propriété dont on vient de rendre les conditions doublement onéreuses, c'est à quoi je ne puis consentir.

Je ne puis consentir davantage à ce dernier paragraphe de l'article 8, qui prive les recueils consacrés aux lettres de l'avantage accordé aux bulletins périodiques consacrés aux arts, à l'industrie et aux sciences. Et comment distinguerez-vous ce qui appartient aux lettres de ce qui appartient aux sciences? Où sera la ligne de démarcation? Aurez-vous à chaque bureau de poste un commis priseur de l'intelligence humaine, un écrivain juré à la police qui décidera que ceci est du domaine de Newton et cela du ressort de Montesquieu?

Il y a là-dedans quelque chose à la fois de puéril et de sauvage qui fait véritablement rougir. La France est-elle donc redevenue barbare? Quoi ! c'étoit sous la restauration qu'une pareille haine des lettres devoit éclater ! Les poursuivre partout où elles se rencontrent, les aller chercher jusque dans les parquets de la poste, c'est joindre l'ingratitude à la déraison. Les amis de la royauté ne doivent pas oublier que cette royauté a été longtemps absente, que lorsqu'elle étoit sans soldats, les écrivains étoient restés seuls pour elle sur le champ de bataille. Et ici il n'y a point d'hyperbole : la mort, la déportation, les cachots, voilà ce qui attendoit le dévouement des gens de lettres. Ils ne demandoient aucune récompense, mais ils ne pouvoient pas deviner qu'ils méritassent d'être punis de leurs sacrifices. Que faisoient dans les jours d'oppression les accusateurs des anciens serviteurs du roi? Ces nouveaux défenseurs de la religion rétablie et du trône relevé osoient-ils écrire? Dès ce temps-là ils avoient une telle horreur de la liberté de la presse, qu'ils se donnoient bien garde d'en user pour l'infortune et pour la légitimité.

Pourquoi proscrire les lettres? Si elles se rendent coupables, manquons-nous de lois à présent pour les punir? N'a-t-on pas vu déjà un écrivain accouplé à des galériens et renfermé dans les cachots de la plus basse espèce de scélérats? Il y a des esprits austères qui approuvent ces choses; moi, je ne saurois m'élever à tant de vertu. Partisan de l'égalité des droits, je ne vais pas jusqu'à désirer l'égalité des souffrances. Je n'ai jamais aimé l'anarchie politique; je ne me saurois plaire à celle des crimes et des douleurs.

J'ai à peine le sang-froid nécessaire pour achever ce discours, lorsque je viens à songer qu'au moment où je vous parle on recueille peut-être dans une autre chambre les suffrages sur un projet de loi qui dans un temps donné et assez rapproché de nous doit nécessairement faire tomber le monopole de la presse périodique entre les mains du pouvoir administratif, quel qu'il soit. Si ce n'est pas là un péril, et un péril de la nature la plus menaçante, j'avoue que je ne m'y connois pas. C'est vous, messieurs, qui achèverez de décider une question d'où peut dépendre l'avenir de la France. Des hommes qui, comme vous, joignent au savoir et au talent le respect pour la religion, le dévouement pour le trône, l'amour pour les libertés publiques; des hommes qui, comme vous, sont placés si haut dans l'opinion, sauront se maintenir à ce rang élevé, également inaccessibles à un esprit d'hostilité ou de complaisance. Le calme de nos discussions apaisera les passions agitées; vous saurez réprimer les abus de la liberté de la presse sans violer les principes de cette liberté et sans déroger aux droits de la justice.

Je vote contre le projet[1].

1. On sait que le projet de loi a été adopté.

DISCOURS

PRONONCÉ A LA CHAMBRE DES PAIRS

CONTRE LE BUDGET DE 1828.

Messieurs, il m'a fallu faire un effort sur moi-même pour paroître à cette tribune. La chambre héréditaire considérablement réduite par le départ d'un grand nombre de ses membres, la chambre élective à peu près absente tout entière, une attention fatiguée d'une session de plus de six mois, sont des circonstances qui ne laissent aucun espoir raisonnable de succès à l'orateur qui prend la parole.

De plus, si les vérités qu'il se propose de faire entendre sont sévères et vives, elles tombent mal dans un moment où les esprits, refroidis, sont peu disposés à les écouter. Au milieu d'une session, lorsque chacun est à son poste, que la polémique a toute son ardeur, un pair, un député entouré de ses amis voit ses arguments repris et développés; ce qu'il n'a pas assez bien prouvé, d'autres le prouvent mieux que lui. Mais à la fin d'une session, que dis-je? au dernier jour, à la dernière heure de cette session, l'orateur qui vient seul faire du bruit à une tribune ressemble à un artilleur qui tire un dernier coup de canon quand la bataille est finie.

Enfin, messieurs, quel est mon dessein? De vous engager à rejeter le budget; je prends bien mon temps! Chaque année le budget nous arrive trop tard pour être examiné avec soin : nous nous en plaignons, et nous n'en donnons pas moins notre passavant au milliard annuel. Ce n'est peut-être pas aussi bien que possible, mais c'est comme cela.

Au reste, il y a des rencontres d'affaires où, parmi les hommes même qui n'approuvent pas un système d'administration, le défaut de confiance produit le même effet que l'extrême confiance : ils sentent que la question est en dehors de la loi présente; peu leur importe alors que cette loi soit ou non discutée : ou ils se retirent, ou ils renoncent à des votes négatifs, qui ne leur semblent plus qu'une taquinerie, qu'une petite querelle sur un grand sujet. Le mal poussé à un certain point, comme le bien arrivé à son comble, tue l'opposition. Je ne connois pas de symptôme plus formidable que ce consentement à laisser tout faire lorsque l'on ne peut rien empêcher.

Telle n'est pas ma politique; et c'est pour obéir à ma conscience que je parois à cette tribune, quelle que soit d'ailleurs une position dont je sens tous les désavantages.

Maintenant, nobles pairs, regardez-moi comme un annotateur fidèle, qui vient vous présenter l'histoire abrégée de la session, qui vient remettre sous vos yeux le tableau du passé, en essayant de soulever un coin du rideau derrière lequel se cache l'avenir. Les hommes ne sont pas tous des prophètes; mais s'ils ne prédisent pas d'une manière rigoureuse l'événement à naître, ils peuvent souvent conjecturer, par la chose qu'ils voient, de la chose qu'ils verront, et procéder du connu à l'inconnu.

C'est en parcourant la série des actes de l'administration, c'est en recherchant dans l'avenir l'influence que de nouveaux actes, dérivés de ceux-ci, pourroient avoir sur nos destinées, que je me vais efforcer de justifier mon vote négatif. Je rejette le projet de loi du budget, non pour des raisons tirées uniquement de ce projet, mais pour une foule d'autres motifs : rien de plus logique; car, avant de remettre la fortune d'une famille entre les mains d'un régisseur, on veut savoir d'où il vient, ce qu'il est, ce qu'il a fait, et l'on se décide d'après l'enquête.

Depuis l'invention du 3 pour 100, de ce 3 pour 100 qu'on annonçoit être à 80 et à 82 sur diverses places, et qui tomba à 60 presque aussitôt qu'il eut paru; depuis l'établissement de ce fonds contradictoirement créé à l'intérêt réel de l'argent, de ce fonds que soutiennent à peine à 70 un syndicat, des banquiers intéressés à la hausse et une caisse d'amortissement détournée de son but; depuis l'invention de ce fonds d'agiotage, un esprit funeste s'est emparé de l'administration. L'humeur que donne une première faute à celui qui la commet détériore le naturel, et l'on ne retrouve plus les hommes que l'on croyoit avoir connus.

C'est ainsi que les agents actuels de l'autorité, après avoir été les plus zélés défenseurs de la liberté de la presse, s'en sont montrés les plus cruels ennemis; c'est ainsi que, sortis des rangs de l'opposition, qu'on appeloit *royaliste,* ils ont frappé les meilleurs serviteurs du roi. Pour n'en citer qu'un exemple, une administration née de la chambre introuvable devoit-elle faire tomber un seul cheveu de la tête d'un député que je m'honore de compter au nombre de mes amis? Attaquer à la fois l'indépendance de la tribune législative et un dévouement presque fabuleux, n'est-ce pas blesser les choses les plus respectables?

Que les puissances du jour, avant leur élévation, n'aient donné aucun gage à la légitimité, je ne leur en fais pas un reproche; mais il y auroit eu peut-être plus de convenance à ne pas entrer dans les rangs de ceux dont on vouloit ensuite se déclarer ennemi : il falloit se souvenir que la fidélité est sacrée. Nobles pairs, la couronne communique ses vertus sans en rien diminuer; ainsi qu'elle a donné son hérédité à votre sang, elle a fait part de son inviolabilité aux malheurs supportés pour elle. C'est donc commettre une sorte de sacrilége que de toucher à ces malheurs ; c'est abandonner les intérêts moraux; c'est réduire la vie aux intérêts matériels. Et alors, hommes du pouvoir, tenez-vous bien, car dans cette politique de l'ingratitude on ne vous sert qu'autant que vous sourit la fortune.

Repousser les anciens serviteurs de la monarchie sans adopter les idées du siècle; punir les services des vieilles générations et répudier les doctrines des générations nouvelles, n'est-ce pas rejeter tout appui? Il faut être bien riche pour n'avoir besoin ni de dévouement ni de liberté.

Considérez, messieurs, ce qui s'est passé depuis l'ouverture de la présente session; voyez s'il est possible de voter en sûreté le budget, si la force des choses ne commande pas, au contraire, d'user du moyen constitutionnel placé entre nos mains, d'en user pour obliger l'administration à modifier son système.

D'abord on présente un projet de loi contre la presse, lequel a pour but de rendre muette la presse non périodique et de livrer la presse périodique au pouvoir. L'opinion se soulève d'un bout du royaume à l'autre. Le projet vient à votre chambre; vous n'avez pas le temps d'en faire justice; un pouvoir bienfaiteur entend nos vœux : éclate alors une générale allégresse. Cette liberté de la presse qui intéressoit tout au plus, répétoit-on, une douzaine de journalistes, cette liberté est si populaire, que la France entière se trouve spontanément illuminée; que, jusque sur des vaisseaux prêts à mettre à la voile, des matelots saluent de leur dernier cri, au nom de cette liberté, les rivages de la patrie.

L'administration est-elle éclairée? abandonne-t-elle ses voies impraticables après le renversement d'une mesure dont elle avoit déclaré ne pouvoir se passer? Non, messieurs, elle est aussi satisfaite du retrait du projet de loi qu'elle étoit contente de la présentation de ce projet : défaite ou succès, tout lui est victoire.

Arrive la déplorable affaire du Champ-de-Mars. Un ministre a pris d'abord sur lui la responsabilité de la mesure; le lendemain il a fait entendre qu'une autre autorité avoit *provoqué* cette mesure, puis il a cru devoir expliquer ce mot de *provocation* et revendiquer la gloire de sa déclaration première.

Un autre ministre, qui ne jugeoit pas les choses de la même façon, s'est retiré. L'opinion publique a entouré de ses respects cet homme de conscience et de vertu ; elle a su gré à ceux des autres ministres qui passent pour avoir été opposés à un licenciement qui frappoit en masse une garde aussi dévouée que fidèle. Hier encore on s'affligeoit de chercher vainement à la fête du Dieu de la patrie la protection paisible de ces citoyens dont les femmes et les enfants prioient pour le salut du roi. Des méprises aussi graves ne me forcent-elles pas à rejeter les lois de finances, afin de couper court à des systèmes dont les auteurs seroient un jour les premiers à déplorer les conséquences ?

Le 11 mai devoit être témoin d'un changement de scène. Tout le monde a lu dans *Le Moniteur* les paroles prononcées le 10 février, lors de la présentation de trois projets de loi concernant le règlement définitif du budget de 1825, les suppléments nécessaires pour 1826 et la fixation du budget de 1828 : il est essentiel de reproduire ces paroles.

M. le ministre des finances, après avoir annoncé un excédant de 22,219,544 francs qu'il propose d'appliquer à la dotation du service, ajoute :

« C'est par l'exposé de ces faits, dont la France entière peut apprécier l'exactitude, que nous avons dû repousser les efforts sans cesse renouvelés pour altérer la confiance et la sécurité sur lesquelles repose le maintien de cette heureuse situation.

« Le sens exquis de la nation rend lui-même ces efforts moins dangereux...

« Un fait, le dernier que je puisse fournir à la chambre en ce moment, prouvera sans réplique l'indifférence du pays pour toutes ces déclamations mensongères : nous n'en avons jamais été plus assourdis que durant le mois qui vient de finir. Eh bien, messieurs, les produits des taxes sur les consommations et les transactions se sont élevés durant ce mois à 2,860,000 francs de plus que ceux du mois correspondant de 1826. »

Voilà, messieurs, des paroles remarquables.

Le 18 avril, à propos d'une pétition, on disoit encore : « Loin d'être en déficit, il me semble que nous nous trouvons dans une position aussi forte et aussi heureuse que jamais. La discussion du budget le prouvera. »

Eh bien, messieurs, le 11 mai on adhéroit au retranchement de 23 millions de francs, retranchement proposé par la commission de la chambre des députés; on déclaroit que « lorsque la commission avoit fait son rapport, il y avoit déjà une diminution sur les trois premiers mois de cette année (1827); qu'un autre déficit s'étant présenté sur le mois d'avril, la commission proposoit de retrancher la totalité des augmentations demandées. »

Comment! le 10 février, jour de la présentation du budget, une diminution étoit déjà commencée, le 18 avril elle avoit continué, et l'on n'en persistoit pas moins à tenir le langage que l'on est forcé de démentir le 11 mai!

Le sens exquis de la nation, qui ne prenoit aucune part *aux déclamations mensongères* dont les ministres étoient *assourdis, ce sens exquis* qui payoit si bien le 10 février et qui empêchoit même une perception rétrograde le 18 avril, ce *sens exquis* ne payoit cependant plus, alors même qu'on annonçoit un excédant de revenu dont on se hâtoit de partager les deniers entre tous les ministres! on prétendoit régler en février, et pour toujours, une dépense fixe sur des recettes éventuelles qui ne rentroient plus!

Ou l'administration ignoroit l'état réel des choses le 10 février et le 18 avril, ou elle le connoissoit: dans l'un et l'autre cas, lui étoit-il permis de l'ignorer ou de le connoître en s'exprimant comme elle s'exprimoit à ces deux époques?

Je vous demande à présent, messieurs, puis-je voter le budget en étant forcé de reconnoître des contradictions si manifestes, de si notables erreurs? On vous a fait entendre, dans l'exposé des motifs de ce budget, que si l'on étoit embarrassé pour les crédits, on y suppléeroit par le fonds d'un dégrèvement alloué; on avoit déjà dit la même chose le 25 et le 28 mai. C'est un moyen qu'on s'est réservé; mais que deviennent et les justes louanges qu'on s'est données à propos de ce dégrèvement, et les choses qu'on a dites sur le fardeau dont est accablée la propriété foncière?

Nobles pairs, je ne ferai jamais d'un embarras dans nos finances un objet de triomphe, je me réjouirai si le mois de mai a ramené la fortune, s'il offre, comme on l'assure, un excédant qui s'élève à la somme de près de 4 millions; mais la plus-value du mois de mai ne fait rien au déficit du mois d'avril, et le déficit du mois d'avril n'a rien à voir avec la plus-value du mois de mai. La question, quant au système administratif, n'est pas des augmentations ou des diminutions alternatives des recettes; il peut y avoir à ces augmentations et à ces diminutions des causes tout à fait indépendantes du ministère; il s'agit de savoir si des ministres doivent tenir à la tribune un langage contradictoire de quinze jours en quinze jours; s'ils doivent apporter en preuve de leur habileté des excédants de produits, alors que ces produits sont en baisse, et demander sur une prospérité présumée des crédits dont la base manque au moment même où on les demande. A ce compte, puisqu'il y a amélioration dans les recouvrements du mois de mai, pourquoi ne viendroit-on pas réclamer les 23 millions que l'on a cédés? Il est vrai qu'en cas de réduction dans le chiffre de juin, ou de juillet, ou d'août, il faudroit les abandonner de nouveau, et les deux chambres, déclarées permanentes, passeroient toute l'année à faire et à défaire le budget.

La commission de la chambre des députés a trouvé dans le budget de 1825 un déficit de plus de 131 millions; la dette flottante est augmentée de 60 millions. Si les places fortes étoient réparées, si le matériel de la guerre s'étoit récupéré de ses pertes, si nos monuments s'élevoient, si nos chemins n'étoient pas dégradés, si notre marine étoit pourvue de bois et de vaisseaux, si les vénérables pasteurs de nos campagnes avoient le pain suffisant, on auroit quelque consolation; mais peut-on se rassurer entièrement lorsque l'accroissement futur de l'impôt est au moins matière de doute et que les services publics sont en souffrance?

Il est trop prouvé qu'on s'est trompé quelquefois dans ces matières de finance auxquelles d'anciennes études ne m'ont pas laissé tout à fait étranger : on s'est trompé sur les 3 pour 100; on s'est trompé sur l'application exclusive de l'amortissement à cette valeur, puisque, acquise au terme moyen de 68, c'est comme si on avoit acheté du 5 à 113, lorsqu'on pouvoit prendre celui-ci au pair; on s'est trompé sur le prétendu milliard des émigrés; on s'est trompé sur l'affaire de Saint-Domingue. Qui payera les colons de Saint-Domingue si le président Boyer ne remplit pas les conditions du traité? La France? Les chambres ont-elles voté des fonds pour cette dette?

J'entends dire que le semestre des obligations d'Haïti sera soldé à bureau ouvert chez les banquiers chargés de cette opération; mais de quel semestre s'agit-il? De celui qui représente l'intérêt du premier cinquième du capital, ou l'intérêt du premier et du second cinquième échus? Qu'y a-t-il, en un mot, d'acquitté du prix d'une colonie si étrangement cédée par ordonnance, sans même avoir entre les mains une garantie de l'exécution du traité? Que de choses inconnues vos seigneuries devroient pourtant connoître!

Il y auroit beaucoup à dire sur les bons du trésor, sorte de papier-monnoie à la disposition de M. le ministre des finances. Dans quel état se trouvent les caisses publiques? Possèdent-elles leurs fonds respectifs, ou les ont-elles prêtés sur dépôts de rentes, peut-être sur simples reçus, à des maisons de banque qui peuvent, comme les joueurs sur la rente, subir les chances de la Bourse?

On conçoit que dans une machine aussi vaste, aussi compliquée que les finances de la France on soit tenté quelquefois de faire des virements de parties; des déplacements de fonds spéciaux pour appliquer ces fonds à une nécessité urgente : on vient au secours d'un service en péril, on soutient un capitaliste, on arrête une baisse avec l'intention de remettre toutes choses à leur place par des rentrées qu'on attend : un milliard passe annuellement à travers les coffres de l'État; quelle ressource! On s'y fie.

Mais il faut qu'aucune chance ne vienne déranger les calculs ; il faut un repos absolu dans les hommes et dans les choses; il faut du temps, et le temps échappe. Que le plus petit événement arrive, les fonds baissent, les banquiers à qui on a trop sacrifié se retirent, le désordre reste dans l'intérieur des affaires : tout est dérangé, tout est compromis, et du plus haut point de prospérité financière en apparence on tombe au fond d'un abîme.

Il est certain que par suite des emprunts, des services de la guerre d'Espagne, et surtout de l'établissement du 3 pour 100, diverses phases ont dû avoir lieu dans les fortunes des capitalistes. Ceux qui peuvent se trouver encombrés de 3 pour 100, et qui sont forcés de jouer à la Bourse sur eux-mêmes, auront besoin de pomper longtemps l'amortissement, afin de remplir le vide de leurs coffres. Qu'on désire les soutenir pour empêcher les fonds de fléchir, rien de plus naturel; mais il faudroit nous plaindre si nous en étions à ces sacrifices, à ces fictions de prospérités.

Quel moyen avez-vous, messieurs, de connoître la vérité? Comment éclairciriez-vous la moindre des graves questions que je viens de faire? Ne faudroit-il pas nous contenter de réponses quelconques ou du silence de la partie intéressée?

Si je demandois avant de voter l'impôt quelles sont les sommes réelles engagées dans le syndicat par les receveurs généraux; si je voulois connoître l'action de ces agents comptables à la Bourse, les gains qu'ils ont faits ou les pertes qu'ils ont éprouvées; si je m'enquérois de l'état de leurs caisses publiques; si je soutenois que cette association menaçante fait refluer à Paris les capitaux en desséchant les provinces, on me répondroit ce qu'on voudroit; on me diroit que tout va à merveille, que toutes les précautions sont prises, qu'on peut s'en fier à la prévoyance de l'administration : l'administration avoit-elle prévu, le 10 février, la diminution de revenu sur les trois premiers mois de l'année?

La Banque de France est encombrée d'argent mort, le commerce est paralysé, les payements se font souvent en métalliques transportés par les diligences comme dans les temps de la plus grande stagnation des affaires.

Avons-nous sur le recouvrement des impôts les renseignements nécessaires? Il y a des lois de finances qui s'appliquent en raison ascendante du nombre des individus. Si des recensements inexacts faisoient, involontairement sans doute, monter la population d'une commune au delà de son taux réel, on pourroit venir vous annoncer un accroissement de recettes qui ne seroit au fond qu'une augmentation d'impôt illégal.

J'appelle fortement l'attention de vos seigneuries sur le sujet que je viens de toucher : un déficit plus ou moins constestable ou contesté ne seroit pas la seule plaie de nos finances. Je désire que le temps ne justifie pas mes craintes. Pour quiconque étudie l'opinion, la position politique s'altère; une révolution s'accomplit dans les esprits; nous marchons vers le temps de la septennalité; force sera d'arriver à un dénouement. Je sais qu'un ou deux ans paroissent à bien des gens l'éternité; mais nous, gardiens héréditaires du trône, nous ne verrons pas d'un œil aussi tranquille un si court avenir.

C'est maintenant de cet avenir que je vais tirer les autres raisons qui m'obligent à repousser les lois de finances.

Ici, messieurs, je le sais, je porte la main à une plaie vive; tout autre que moi auroit besoin de dévouement pour aborder un pareil sujet. Mais que suis-je? Un naufragé, *sævis projectus ab undis*, un homme qui ne dérange rien dans sa vie, en ajoutant quelques vérités à toutes celles dont il s'est déjà rendu coupable.

Avant de m'expliquer, je dois avouer loyalement que je ne crois pas tout à fait à l'exécution des projets que je me propose de développer et de combattre : si j'ai trop de franchise pour caresser les foiblesses du pouvoir, je suis aussi trop sincère pour l'accuser d'un mal auquel il ne me semble pas encore participant; mais il peut être entraîné à ce mal, et dans l'appréhension où je suis d'une influence funeste, je dois rejeter le budget pour rejeter à la fois tous les périls.

Des idées malfaisantes sont certainement entrées dans les têtes mal organisées; en se répandant au dehors elles ont effrayé le public : ces idées ont pris une telle consistance, que des députés ont cru devoir en occuper la chambre élective.

Ce seul fait nous force à nous expliquer. Quand nous aurions voulu nous taire, cela ne nous seroit plus possible; nous ne pouvons rester muets lorsque l'autre chambre a pris l'initiative sur des desseins dangereux à l'État; nous ne pouvons laisser clore la session sans dire nous-mêmes quelques mots, nous, messieurs, qui sommes les principaux intéressés dans cette affaire. J'ose réclamer votre attention, c'est principalement de la pairie qu'il s'agit. Il est bon que cette matière soit une fois pour toutes éclaircie et traitée dans cette tribune. Les ministres de Sa Majesté y trouveront l'avantage de se fortifier dans la résolution où je les suppose de ne pas se laisser entraîner aux dernières mesures de perdition: mesures qui, tout incertaines qu'elles sont, m'empêchent d'accorder un milliard à des hommes qui peuvent n'avoir plus assez de force pour résister au parti qui les presse et les déborde. Je viens au fait.

On entend répéter, relativement à l'armée, à la magistrature, aux colléges électoraux, des choses si étranges, que je ne les mentionnerai point. Je me renfermerai dans le probable, parce qu'on peut toujours raisonner sur le probable, lorsqu'il est la suite d'une position donnée.

Je vous dirai donc, messieurs, que ceux dont l'esprit d'imprudence inspira le projet de loi contre la liberté de la presse n'ont pas perdu courage. Repoussés sur un point, ils dirigent leur attaque sur un autre, ils ne craignent pas de déclarer à qui veut les entendre que la censure sera établie après la clôture de la présente session.

Mais, comme une censure qui cesseroit de droit un mois après l'ouverture de la session de 1828 seroit moins utile que funeste aux fauteurs du système, ils songeroient déjà au moyen de parer à cet inconvénient : ils s'occuperoient, pour l'an prochain, d'une loi qui prolongeroit la censure, ou d'une loi à peu près semblable à celle dont la couronne nous a délivrés.

La difficulté, messieurs, seroit de vous faire voter un travail de cette nature, si, d'ailleurs, il étoit possible de déterminer les ministres eux-mêmes à l'accepter. Vous n'avez pas de complaisance contre les libertés publiques. Quel moyen auroit-on alors de changer votre majorité? Un bien simple selon les hommes que je désigne : obtenir une nombreuse création de pairs.

Avant de toucher à ce point essentiel, jetons un regard sur la censure.

Les auteurs des projets que j'examine en ont-ils bien calculé les résultats? Quand on établiroit la censure entre les deux sessions, si cette censure décriée par les ministres eux-mêmes ne produisoit rien de ce que l'on veut qu'elle produise; si elle n'avoit fait que multiplier les brochures; si le ministère avoit brisé le grand ressort du gouvernement représentatif sans avoir amélioré les finances, sans avoir calmé l'effervescence des esprits; si au contraire les haines, les divisions, les défiances s'étoient augmentées ; si le malaise étoit devenu plus géneral ; si l'on avoit donné une force de plus à l'opposition, en lui fournissant l'occasion de revendiquer une liberté publique, comment viendroit-on demander aux chambres la continuation de cette censure? On conçoit que du sein de la liberté de la presse on réclame la censure sous prétexte de mettre un frein à la licence ; mais on ne conçoit pas que tout chargé des chaînes de la censure on sollicite la censure, lorsqu'on n'a plus à présenter pour argument que les flétrissures de cette oppression.

L'abolition de la censure, le retrait de la loi contre la liberté de la presse, sont des bienfaits de Charles X ; rien ne seroit plus téméraire que d'effacer par une mesure contradictoire le souvenir si populaire de ces bienfaits. Et quelle pitié d'établir au profit de quelques intérêts particuliers une censure qu'on n'a pas cru devoir imposer pendant la guerre d'Espagne, lorsque le sort de la France dépendoit peut-être d'une victoire ! Nous nous sommes confiés à la gloire de M. le dauphin : il n'est pas aussi sûr, j'en conviens, de s'abandonner à toute autre gloire ; mais enfin, que messieurs les ministres aient foi en eux-mêmes ; qu'ils nous épargnent la répétition des ignobles scènes dont nous avons trop souffert. Reverrons-nous ces censeurs proscrivant jusqu'aux noms de tels ou tels hommes, rayant du même trait de plume et les éloges donnés aux vertus de l'héritier du trône et la critique adressée à l'agent du pouvoir?

Après avoir été témoin des transports populaires du 17 avril, on ne peut plus nier l'amour de la France pour la liberté de la presse. Dans quels rangs pourriez-vous donc trouver aujourd'hui des oppresseurs de la pensée? Parmi des fanatiques qui courroient à la honte comme au martyre, et parmi des hommes vils qui mettroient du zèle à gagner en conscience le mépris public.

Je suis heureux, messieurs, de pouvoir m'appuyer dans cette matière des témoignages les plus décisifs. J'invoque l'irrécusable autorité de messieurs les commissaires du roi, présents à cette séance. J'en appelle à mon illustre ami M. de Bonald, à mon noble collègue le marquis d'Herbouville : avec quelle force de raison tous n'ont-ils pas foudroyé la censure! Écoutez, messieurs, des paroles bien plus puissantes que les miennes, ce sont celles de M. le président du conseil :

« Un seul exemple prouvera, disoit-il en 1817, quel abus un ministre peut se permettre de ce pouvoir exorbitant : J'ai tenu, dit un homme d'État, j'ai tenu dans mes mains, en 1815, l'épreuve d'un journal dans lequel la réponse faite au ministre par mon honorable ami M. de Corbière, comme rapporteur de la commission du buget, avoit été effacée par le censeur, dans la partie qui tendoit à laver la commission d'une inculpation grave dirigée contre elle. »

M. le comte de Corbière, allant encore plus loin que son collègue, s'écrie dans toute la puissance de sa conviction : « N'a-t-on pas vu naguère que les journaux tombés sous le joug du despotisme étoient devenus des instruments d'oppression et de servitude? C'est la meilleure preuve du danger de subjuguer les journaux. »

Qu'ajouter, messieurs, à de telles paroles? Qu'on le dise : sont-ce là des doctrines que l'on professe encore? Je vote le budget.

Dans les provinces où il n'y a presque aucun moyen de vérifier les faits, de réparer les omissions du journal censuré, la défiance et le mécontentement se prolongent ; qu'une brochure paroisse alors, cette brochure, lue et oubliée dans vingt-quatre heures à Paris, occupe et agite un département pendant six mois. Plus elle est proscrite, plus elle est recherchée; elle remplace et vaut, dans un moment décisif, cent articles de journaux. On en fait des copies à la main ; elle devient, pour ainsi dire, le manuel des élections. Je parle, messieurs, d'après mon expérience. Vous me pardonnerez, en faveur de la cause importante que je plaide devant vous, de me laisser aller à un mouvement d'amour-propre. Je garde précieusement une lettre dans laquelle on a l'extrême bonté de m'apprendre l'effet produit à Toulouse par la publication de *La Monarchie selon la Charte*; lettre par laquelle on veut bien me féliciter d'avoir contribué au succès de quelques nominations dont la France a retiré de si grands avantages.

L'opinion publique étoit-elle plus hostile au ministère de cette époque qu'elle ne l'est au ministère actuel? Non, messieurs, elle l'étoit beaucoup moins. Cette opinion publique, saisie toute vive aujourd'hui par la censure, seroit conservée et transportée telle qu'elle est aux élections prochaines.

Ou je me trompe fort, ou les véritables ennemis des ministres se réjouissent au fond du cœur de l'établissement présumé de la censure. Il est de fait que la liberté de la presse périodique s'affoiblit chaque jour, faute de pouvoir trouver de nouvelles formules de plaintes. Imposez la censure, et à l'instant l'opposition reprendra sa première vigueur; elle sera justifiée de tout ce qu'elle a dit contre le pouvoir ministériel; placée sur un excellent terrain, elle attendra une victoire certaine.

Pour moi, messieurs, je ne voterai jamais le budget, tant que j'aurai à craindre qu'un ministère, ou par calcul ou par foiblesse, consente à supprimer la liberté de la presse périodique; je voterai encore bien moins ce budget si l'établissement même de la censure doit, par une conséquence forcée, et pour prolonger légalement la censure, amener la tentative d'un dérangement dans la majorité de la chambre héréditaire.

Nous voici revenus, nobles pairs, à la grande question, question telle à mes yeux qu'elle domine toutes les autres. Il est bien temps de s'occuper de loi de finances, quand on sait que les hommes influents sur les décisions du pouvoir vont jusqu'à rêver des mesures destructives de la pairie.

Vous vous en souvenez, messieurs, lorsqu'une nombreuse nomination de pairs eut lieu autrefois, un de vos collègues, courageux à cette tribune comme il l'avoit été à Quiberon, un noble vicomte dont vous avez entendu prononcer dernièrement l'éloquente oraison funèbre, vous proposa une humble adresse au roi afin de le supplier de choisir d'autres ministres.

Que seroit-ce en effet qu'une assemblée ou, pour faire passer les lois les plus désastreuses, des ministères successifs pourroient tour à tour, au gré de leurs passions, de leurs intérêts et de leurs systèmes, introduire de nouveaux pairs?

Où seroit le terme de ces créations, tantôt pour des lois déjà en partie discutées, tantôt pour de simples amendements? Ne ressembleroient-elles pas à des commissions contre les choses, comme on nommoit autrefois des commissions contre les hommes?

Mais dans le cas même où l'on prétendroit étouffer au sein de cette noble chambre la première de nos libertés, ne seroit-on pas déçu? Les nouveaux pairs auroient-ils cet esprit de docilité dont on les gratifie d'avance? Se chargeroient-ils de la responsabilité qu'on eût désiré leur imposer? Se voudroient-ils laisser soupçonner d'avoir acheté, aux dépens des libertés de la France, la première dignité de la monarchie? Enfin j'ose croire que si de pareils projets pouvoient jamais s'accomplir, mes nobles collègues actuels, ceux dont j'ai déjà le malheur de ne pas partager aujourd'hui l'opinion, déserteroient les drapeaux des ministres : l'honneur nous rendroit la majorité qu'auroit voulu nous enlever la violence.

Si je traite du principe, il me sera facile de prouver qu'augmenter la chambre des pairs de manière à changer la majorité des suffrages, c'est violer la Charte.

La Charte n'admet point la dissolution de la chambre des pairs : or, des accroissements démesurés de cette chambre, ayant pour but d'en briser la majorité, ne seroient autre chose qu'une dissolution sous une autre forme : ainsi, l'on violeroit réellement la Charte en donnant à la chambre héréditaire la constitution de la chambre des députés;

et on lui donneroit cette constitution, puisqu'elle deviendroit, par le fait, dissoluble et élective.

Mais cette espèce d'anéantissement de la chambre héréditaire auroit les résultats les plus funestes, résultats que n'a pas la cassation de la chambre élective. Celle-ci, rappelée, revient avec le nombre fixe de ses membres dans ses proportions légales. La chambre haute, renouvelée par une accession de pairies, reparoîtroit considérablement augmentée.

Poussez les choses à leur dernière conséquence, et vous arriverez par différentes dissolutions, c'est-à-dire par différentes augmentations de la chambre des pairs, à former dans l'État un corps aristocratique si puissant ou si impuissant, qu'il usurperoit les autres pouvoirs ou qu'il tomberoit dans le plus profond avilissement. La pairie seroit tout ou ne seroit rien; la Charte seroit anéantie.

D'un autre côté, les deux chambres pouvant être dissoutes, l'équilibre des trois pouvoirs se trouveroit rompu : on seroit menacé ou de la dictature ministérielle, ou du retour de la monarchie absolue.

Et pourquoi joueroit-on ce terrible jeu? Pour obtenir un succès dans une loi! Succès bien court, car enfin il n'est pas dit que tous les pairs nouvellement nommés voteroient éternellement avec un ministère qui ne seroit pas lui-même éternel. C'est donc pour le triomphe d'un moment que l'on vicieroit à jamais un des premiers éléments de la Charte; c'est à la nécessité d'une heure, à l'ambition d'un jour, que l'on sacrifieroit l'avenir.

Il y a des ressources contre la censure; faussez l'institution de la pairie, où est le remède?

Supposez qu'on nous envoyât soixante pairs à la session prochaine pour faire passer un projet contre la liberté de la presse : voilà ce projet devenu loi. Un an, deux ans après, peu importe, vient un autre ministère; celui-ci trouve que la loi dite salutaire à la France la met au contraire en péril; vite soixante autres pairs pour défaire l'ouvrage des soixante premiers. Ce second ministère tombe; un troisième arrive dans des opinions opposées : vite soixante autres pairs pour remettre les choses en bon état. Un quatrième... Je m'arrête, messieurs; l'absurdité et l'abomination de ces procédés ont-elles besoin d'une plus longue démonstration?

Qu'on ne dise pas que ces lois contradictoires sur la presse ou sur tout autre objet n'auroient pas lieu : depuis la restauration vous avez eu quinze lois et fragments de lois concernant la presse, et sept ou huit ministères.

Le résultat de ces exagérations seroit qu'un jour la chambre héréditaire périroit, comme je l'ai déjà dit, ou qu'on seroit obligé de la réformer par un déplorable coup d'État. On se trouveroit dans la monstrueuse nécessité de priver arbitrairement de la pairie ceux ou les enfants de ceux à qui on l'auroit conférée légalement, mais aux dépens de l'institution. On verroit peut-être la législature par des lois, la pairie par des règlements, essayer de se mettre à l'abri, et faire revivre contre des ministres, pour abus de conseil, le crime de lèse-majesté.

Sans recourir à des mesures désastreuses, il y a, messieurs, un moyen sûr de dominer vos suffrages ; c'est de ne vous proposer que des choses approuvées par la raison. Je ne sache pas une loi utile qui n'ait passé dans cette chambre, je ne dis pas à la majorité, mais à la presque unanimité des votes. Est-ce là une majorité factieuse? Parler d'altérer cette majorité par une création nombreuse de pairs seroit presque avouer l'intention de nous présenter des projets pour lesquels on auroit à craindre les impartiales investigations de votre sagesse. Les ministres de Sa Majesté seroient sans doute les premiers à repousser cette supposition.

Remarquez bien que tout ce que je dis pour la chambre des pairs s'applique dans des proportions correspondantes à la cour des pairs ; de sorte que les ministres puissants et coupables seroient libres d'augmenter les juges de cette cour suprême dans des procès criminels ; ils auroient la possibilité, s'ils étoient accusés par la chambre élective, d'assembler un tribunal de nature à déclarer leur innocence : leur responsabilité disparoît. On sent dans des temps de trouble, de minorité, de successions à la couronne, jusqu'où cela peut aller.

Mais la chambre héréditaire ne peut-elle donc être augmentée? La chambre des lords en Angleterre n'est-elle pas plus nombreuse que la chambre des pairs en France, bien que la population de ce dernier royaume surpasse d'un tiers la population des trois royaumes-unis? Ai-je la coupable prétention de borner l'exercice de la prérogative de la couronne?

La constitution de la pairie dans la Grande-Bretagne est, messieurs, toute différente de la constitution de la pairie actuelle en France. Les pairs d'Angleterre, qui dérivent leur puissance de la *loi normande*, représentent la propriété foncière, que vous ne représentez pas ; ils la représentent d'origine, par usurpation ou conquête, comme petits souverains jadis féodaux. En cette qualité, ils peuvent être nombreux, parce qu'ils sont primitivement les députés du sol, tandis que les communes sont, du moins en théorie, les députés de la liberté et de l'industrie nationale.

Vous, messieurs, vous n'avez rien usurpé, vous êtes un corps aristocratique fait pour balancer l'autorité de la couronne et du peuple ; vous êtes nés non d'un fait accompli, la possession, non de votre propre pouvoir, mais d'une combinaison politique, d'une volonté placée hors de vous, abstraction faite de vos propriétés territoriales. Vous représentez un principe plutôt qu'un intérêt ; sous ce rapport, le resserrement de votre nombre est une nécessité presque absolue pour augmenter le prix d'une institution que le temps n'a pas encore consacrée.

Vous pouvez sans doute être augmentés, mais lentement, mais avec mesure, si l'on veut que la pairie soit une institution utile et non pas nuisible à l'État.

Voilà pour le principe : voici pour l'histoire.

Le nombre des pairs en Angleterre a-t-il toujours été ce qu'il est aujourd'hui? Jugez-en, messieurs.

En 1215, douze évêques et vingt-huit barons seulement sont témoins de la concession de la grande Charte.

En 1265, le parlement appelé *Leicester,* où l'on remarque le premier modèle de la division du parlement en deux chambres, ne donne que cinq comtes et dix-huit barons.

En 1377, un duc, treize comtes, quarante-sept barons, des évêques, vingt-deux abbés et deux prieurs composent toute la chambre haute.

En 1539, après la réforme religieuse, vous ne trouvez que quarante-un lords temporels, vingt lords spirituels, et en tout soixante-un pairs.

Ainsi, messieurs, pendant trois siècles, de 1215 à 1539, la pairie angloise ne s'est composée que de quatre-vingts à cent pairs, et il a fallu trois siècles pour qu'elle arrivât au nombre où nous la voyons aujourd'hui. Et nous, nous prétendrions créer en six ans autant de pairies que les Anglois en ont institué en six siècles !

Mais je conteste donc à la couronne le droit de créer des pairs? J'attaque donc à la fois la prérogative royale et l'article 26 de la Charte?

Je contesterois à la couronne elle-même le droit de cesser d'être si des conseillers imprudents l'exposoient au suicide politique : tout pouvoir peut se donner la mort par l'usage abusif de son droit, comme on se tue en se jetant sur la pointe de son épée. La royauté peut se détruire par la royauté, la constitution par la constitution. N'est-il pas possible de confisquer la Charte au profit de l'art. 14, comme je l'ai dit autrefois? Si on créoit un million, deux millions, trois millions de pairs, y auroit-il une chambre des pairs, bien que le droit de plusieurs millions de pairs soit implicitement dans l'art. 26 de la Charte?

Qu'on abandonne l'argumentation tirée du droit rigoureux contre le droit possible, laquelle mène d'abord à l'absurde, ensuite à la destruction. C'est précisément cette même argumentation qui a fait dire : Périssent les colonies plutôt qu'un principe!

Quant à ceux qui me pourroient répondre : « Tant mieux si la Charte périt! Il est bon d'en fausser les institutions, pour la rendre impossible; » à ceux-là je n'aurois rien à répliquer.

Me résumant sur ce point, je ne conteste rien de légal à la couronne dans les limites de sa propre sûreté; mais je disputerois aux ministres le droit de faire nommer des pairs pour conserver des portefeuilles, pour changer une majorité, pour corrompre et pour renverser finalement nos institutions. Une simple création de douze pairs fit mettre en accusation lord Oxford, la première année du règne de Georges Ier. Les communes accusèrent ledit comte « d'avoir enfreint les droits et l'honneur des seigneurs, en faisant créer douze pairs pour s'en servir à ses fins ».

Un grand exemple est dans ce moment même sous vos yeux. Le ministère anglois semble avoir perdu la majorité dans la chambre haute; songe-t-il, ose-t-il songer à une nombreuse nomination de pairs?

Quel sujet de réflexions si l'on voyoit parmi nous les hommes qui ont le plus blâmé une précédente mesure, comme attentatoire aux droits et à l'existence même de la pairie, recourir à une mesure semblable!

A tout ceci que me dira-t-on, si toutefois ce discours vaut la peine d'une réponse? Me dira-t-on que j'ai entretenu la chambre de bruits de salons, de nouvelles des rues, qu'il n'est question ni de censure ni de nominations de pairs? Plût à Dieu que je fusse ainsi confondu! Avec quelle humilité je confesserois mes erreurs!

Me feroit-on une autre réponse qu'on a déjà faite, savoir, qu'on mettra ou qu'on ne mettra pas la censure, selon les circonstances; qu'on créera ou qu'on ne créera pas de pairs, selon qu'il sera avisé; qu'on ne doit pas venir ainsi au-devant des desseins du roi; qu'après tout on n'a rien à démêler avec mes paroles, puisque je me suis écarté de la question du budget, et que l'on ne répond pas à des déclamations?

Aujourd'hui, messieurs, les chiffres même sont des déclamations quand ils ne disent pas ce qu'on veut qu'ils disent : le 5 pour 100 déclame contre le 3. Je ne suis pas sorti de la question du budget, puisque c'est de l'ensemble des faits et des craintes que je déduis les raisons qui m'obligent à rejeter les lois de finances. J'ai assez répété ce refrain pour qu'on l'ait compris, si on a voulu le comprendre.

Quant à l'impropriété de venir au-devant des desseins de la couronne, nous avons ici des idées trop précises du gouvernement constitutionnel pour supposer jamais qu'on puisse mettre un nom sacré, comme un bouclier impénétrable, au-devant de la responsabilité des ministres. Dans la monarchie absolue, le bon plaisir royal étoit tout; dans la monarchie représentative, le bon plaisir ministériel ne seroit rien : permis à chacun d'en rire ou de s'en indigner.

Si quelque chose me sembloit appuyer le système que j'ai combattu dans les faits du passé et dans les craintes de l'avenir, je pourrois croire que je me trompe : un *j'ai eu tort* ne me coûtera jamais ; mais quand je jette les yeux sur la France, je ne puis m'empêcher de voir le commerce et les manufactures en détresse, la propriété foncière écrasée et menacée du retrait du dégrèvement, dans le cas possible d'un déficit; j'aperçois des tribunaux dont l'indépendance fatigue, une chambre des pairs objet, dans un certain parti, de desseins plus ou moins hostiles; une opinion publique qu'on a d'abord voulu corrompre, ensuite étouffer ; une capitale en deuil, la tristesse dans le présent, l'incertitude dans l'avenir. Les hommes que leurs places rattachent au système que l'on suit sont-ils satisfaits ? Interrogez-les en particulier : excepté le petit nombre qui, par caractère ou par besoin, est tombé dans la pure domesticité, tous vous exprimeront des alarmes.

Au reste, il est naturel que tout souffre, parce que tout est dans une position forcée. Le gouvernement représentatif tend à amener les capacités au pouvoir, et le système que l'on suit les repousse. Il arrive de là qu'il n'y a pas une véritable supériorité sociale, pas un talent de quelque valeur qui ne soit en opposition ouverte ou secrète avec l'administration.

Les songes ont bien leur mérite, mais ce n'est pas à nous, émigrés, qu'il faut venir raconter des songes. Nous avons assez déraisonné dans notre jeunesse pour que la raison nous soit venue dans nos vieux jours. Et nous aussi nous disions en 1789 que personne ne vouloit de la révolution, comme certaines gens disent aujourd'hui que personne ne veut de la Charte; et nous aussi nous nous vantions d'avoir pour nous l'argent et l'armée; et nous aussi nous ne parlions que d'être fermes, que de frapper des coups d'État, pour sauver malgré eux les insensés qui ne pensoient pas comme nous. Un matin nous nous réveillâmes exilés, proscrits, dépouillés; nous cherchâmes nos chimères dans notre havresac, elles n'y étoient plus; mais nous y trouvâmes l'honneur qu'un François emporte avec lui.

Ceux qui voudroient regarder comme une tranquillité née de la force et de l'habileté de l'administration le repos actuel, ou plutôt le sang-froid de la France, ignorent les temps où ils vivent : ils voient toujours ce qui s'est passé en 1789 ; ils comptent pour rien les leçons qu'on a reçues, les expériences qu'on a faites, les luumières qu'on a acquises, la raison politique qui est entrée dans tous les esprits, et surtout le déplacement qui s'est opéré dans les générations et dans les intérêts. Ce n'est plus le peuple qui, ému de passions turbulentes, se forme une idée confuse de ses droits; c'est la partie éclairée de la nation qui sait ce qu'elle veut avec autant de fermeté que de modération. Les mœurs de la société instruite, si j'ose m'exprimer ainsi, sont entrées dans la politique, et l'on prend la patience et le calme de ces mœurs pour de l'impuissance d'action.

Tout se réduit à ce point : Veut-on l'établissement paisible des libertés publiques, en les dirigeant, en se plaçant soi-même dans le mouvement du siècle; ou veut-on faire que ces libertés triomphent par leur propre force, en essayant de les détruire? Elles emporteroient alors aussi facilement ce qui seroit devant elles qu'un torrent emporte une digue impuissante.

Quoi qu'il en soit de l'avenir, si jamais, ce qu'à Dieu ne plaise ! des fautes répétées engendroient de nouveaux malheurs, ces malheurs me rencontreroient encore, malgré les années, aux pieds du roi : y trouverois-je ceux qui prétendent aujourd'hui si bien servir la couronne en frappant les plus fidèles sujets de Sa Majesté et en attaquant les libertés publiques? Je l'espère pour eux.

Je vais voter, messieurs, contre le budget. Si la chambre prenoit ce parti, dans quelques jours tout seroit fini : ou les ministres changeroient de marche, ou ils seroient forcés de s'éloigner. L'application du grand moyen constitutionnel dénoueroit sans effort ce que le temps peut briser avec violence. En montant à cette tribune, je ne me suis pas flatté un seul moment d'obtenir un pareil résultat de mes efforts : aussi n'ai-je eu pour but que de remplir un devoir.

On s'irrite contre ces esprits indisciplinés qui viennent troubler un repos agréable, qui se croient le droit de dire tout haut ce que tant d'autres pensent tout bas; contre ces hommes qui sacrifient les succès de leur personne à l'utilité de leurs paroles; mais enfin ce qu'ils peuvent avoir avancé de bon par hasard demeure, et l'avenir en profite.

Au surplus, les contradicteurs du système ministériel sont-ils donc si exigeants? Ils ne disent pas même à leurs adversaires : « Faites quelque chose pour les libertés publiques. » Ils savent bien qu'ils ne seroient pas écoutés. Ils se contentent de leur dire : « Ne faites rien contre ces libertés. Cessez d'attaquer tous les ans ce que la nation a de plus cher. Revenez sur quelques actes de colère qui ne vous ont été bons à rien. Voilà ce qui suffira pour rendre la couronne légère à cette tête auguste trop longtemps courbée sous le poids de l'adversité, ce qui suffira pour nous donner des élections monarchiques et constitutionnelles, pour dissiper tous les nuages. »

Je ne descendrai pas de cette tribune sans dire le bien avec autant d'impartialité que j'ai dit ce qui m'a paru de mal. J'adresserai des remercîments à M. le ministre des affaires ecclésiastiques pour la tolérance de ses opinions politiques. (Il y a toujours de la générosité dans le talent.) J'offrirai les mêmes remercîments à M. le ministre de la marine pour ses instructions humaines aux chefs de nos escadres dans les mers du Levant ; à M. le ministre des affaires étrangères pour les bruits d'un traité favorable à la délivrance d un peuple. C'est avec un plaisir sincère que j'apprendrois que le noble baron a été plus heureux que moi ; qu'il a pu achever l'édifice dont on m'avoit à peine laissé le temps de poser la première pierre.

Il est un peu tard, il est vrai, de s'apercevoir du danger d'enseigner la discipline militaire à des hordes mahométanes ; le cri de la religion et de l'humanité auroit pu monter plus tôt à l'oreille des rois ; il étoit parvenu au cœur des peuples ; mais enfin il faut encore s'en féliciter si, après cinq années de dévastations et de massacres, on a trouvé que la Grèce étoit assez dépeuplée, que les Arabes y avoient suffisamment établi leurs tentes et leur désert ! Dieu veuille seulement qu'on arrive avant les funérailles !

Messieurs, joignez-vous à moi pour solliciter la prompte conclusion d'un traité de miséricorde : les infortunés Hellènes sont devenus vos clients, puisque vous êtes le seul corps politique en Europe qui ait exprimé le vœu de la pitié. Mais il n'y a pas un instant à perdre ; de nouveaux gémissements se font entendre ; ils ne viennent pas du Péloponèse, où il n'y a plus personne ; ils s'élèvent des rivages de l'Attique. La Providence a amené le combat au pied de la cité *magna parens virum!* comme pour donner ce grand témoin à ce grand effort d'une gloire qui lutte avec la puissance d'un simple nom contre les barbares de trois parties de la terre.

Mais Athènes chrétienne, trop longtemps abandonnée par les chrétiens, la mère de la civilisation trahie par la civilisation elle-même, ne succombera-t-elle point avant d'être secourue ? Le coup qui peut tuer la Grèce moderne peut détruire ce qui reste de la Grèce antique. La même explosion qui feroit sauter la garnison héroïque de l'Acropolis disperseroit dans les airs les ruines du temple de Minerve : mémorable destinée ! Le dernier souffle de la liberté de la Grèce seroit-il attaché aux derniers débris de ses chefs-d'œuvre? Est-il écrit qu'il s'évanouira avec eux?

Les peuples comme les individus ont leur jour fatal. Puisse ma belle patrie conserver la liberté et le génie de la Grèce, dont elle semble fille, et puisse-t-elle en éviter les malheurs! Mais qui ne trembleroit en nous voyant sortir des routes faciles qui mènent au salut pour nous jeter dans des chemins scabreux qui aboutissent à l'abîme! Cet aveuglement tient-il à quelque dessein caché de la Providence? Je l'ignore; mais je ne puis me défendre, pour le trône, pour les libertés publiques, pour mon pays, pour vous-mêmes, messieurs, d'un sentiment d'inquiétude dont je vous prie de ne voir la source que dans le cœur d'un bon François et d'un honnête homme.

RÉPONSE

A UN AMENDEMENT[1].

Je viens combattre, messieurs, l'amendement de l'honorable préopinant, non par des raisons particulières, mais par des raisons générales qui vous sembleront peut-être de quelque poids et que j'étendrai par un examen rapide sur tout le chapitre X du budget du ministère de l'intérieur : à son tour mon honorable collègue répondra aux spécialités.

Loin de penser que des diminutions pourroient être faites à ce chapitre, il eût été heureux, suivant moi, qu'on eût pu augmenter les allocations. Si nous en avions les moyens, nous achèverions du moins quelques-uns de ces monuments commencés qui affligent les yeux dans Paris. Les ennemis de la légitimité voient avec un malin plaisir ces demi-ruines; ils affectent de gémir sur l'abandon de ces monuments; ils ne disent pas qu'il a fallu payer les dettes des Cents Jours et réparer d'autres ruines de l'usurpation !

Il est fâcheux que les travaux urgents que demanderoit la Bibliothèque du Roi restent en suspens jusqu'en 1827. Je regrette moins pourtant ce délai; car tôt ou tard, si l'on veut faire quelque chose digne de la France, il faut que la Bibliothèque soit établie au Louvre avec les statues et les tableaux. Notre économie pour le Jardin du Roi est vraiment déplorable : 22,000 francs affectés pour veiller seulement à la conservation de l'arc de triomphe de l'Étoile, de l'hôtel du quai d'Orsay, du piédestal de la statue de Louis XIII, nous rappellent combien il seroit utile d'achever ces beaux monuments. Que de raisons, je dirai presque de devoirs, nous commandent de finir l'église de la Madeleine !

1. M. de Chateaubriand étoit alors ministre des affaires étrangères. Dans cet amendement M. le baron de Puymaurin avoit proposé de supprimer, dans un des chapitres du budget : 1° l'article intitulé : *École des Beaux-Arts*, 110,000 francs; 2° l'article *Reconstruction au bâtiment de l'institution des Sourds-Muets*, 50,000 francs; 3° celui de l'*Ecole royale vétérinaire d'Alfort*, porté pour 70,000 francs; 4° la réduction à 10,000 francs de l'article intitulé : *Constructions non terminées et édifices provisoires*, portées à 22,000 francs; 5° une réduction de 10,000 francs sur les 23,000 fr. demandés pour l'achèvement de l'éléphant de la place de la Bastille.

En général, messieurs, il faut améliorer le sort des gens de lettres, des savants et des artistes ; il faudroit leur donner cette indépendance sans laquelle l'esprit préoccupé ne peut arriver à la perfection qu'il entrevoit et qu'il n'a pas le temps d'atteindre. Aujourd'hui on demande un retranchement sur la somme fixée pour l'École des Beaux-Arts ; hier on a fait des observations sur le logement des artistes ; mais, messieurs, n'allons pas croire que ce soit une prodigalité, une suite de nos innovations. Il faut toujours remonter à nos rois quand il s'agit des arts et des lettres : c'est Charles V qui a établi la Bibliothèque du Roi ; c'est François Ier qui a reçu dans ses palais le Primatrice, Benvenuto, Léonard de Vinci ; c'est Louis XIII qui a fondé l'Académie françoise ; c'est Louis XIV qui a établi à Rome l'École des Beaux-Arts ; et l'Opéra même d'aujourd'hui n'est qu'une tradition de ses fêtes.

Je sais qu'il y a des esprits peu touchés des arts ; ils voudroient nous reporter à des époques où la gravité des mœurs tenoit lieu de tout et où les plaisirs de la famille remplaçoient les pompes publiques : mais, messieurs, il faut prendre les siècles tels qu'ils sont ; le temps ne s'arrête ni ne recule. On peut regretter les anciennes mœurs, mais on ne peut pas faire que les mœurs nouvelles n'existent pas. Les arts ne sont pas la base de la société, mais ils en sont l'ornement ; chez les vieux peuples, ils remplacent souvent les vertus, et du moins ils en reproduisent l'image au défaut de la réalité. Les arts et les lettres ne sont plus, comme autrefois, confinés dans un petit nombre d'hommes qui ne se mêloient pas à la société : les savants, les gens de lettres, les artistes, forment aujourd'hui une classe immense, que l'on retrouve partout et qui exerce un grand empire sur l'opinion. Rien de plus facile que de vous attacher ces hommes qui font tant d'honneur à la patrie ; car enfin, messieurs, c'est autant à la supériorité de nos arts qu'à la renommée de nos armes que nous devons notre prépondérance en Europe. Il est juste, convenable et politique d'environner d'estime, de bienveillance et de considération des hommes dont les noms connus des étrangers font une partie de la richesse de notre pays. Honorons-les, recherchons-les, montrons-leur la gloire : ils se laisseront prendre à cette amorce, à laquelle ils n'ont jamais pu résister. Que nous en coûtera-t-il ? Pas grand'chose ; un peu d'admiration, qu'il est si naturel d'accorder aux talents et au génie.

Vous pardonnerez, messieurs, ces observations : il m'étoit impossible d'oublier mes anciens amis et de ne pas plaider leur cause à votre tribunal.

DISCOURS

PRONONCÉ DEVANT LE CONCLAVE,

LE 10 MARS 1829.

Éminentissimes seigneurs, la réponse de Sa Majesté très-chrétienne à la lettre que lui avoit adressée le sacré collége vous exprime, avec la noblesse qui appartient au fils aîné de l'Église, la douleur que Charles X a ressentie en apprenant la mort du père des fidèles et la confiance qu'il repose dans le choix que la chrétienté attend de vous.

Le roi m'a fait l'honneur de me désigner à l'entière créance du sacré collége réuni en Conclave : je viens une seconde fois, éminentissimes seigneurs, vous témoigner mes regrets pour la perte du pontife conciliateur qui voyoit la véritable religion dans l'obéissance aux lois et dans la concorde évangélique, de ce souverain qui, pasteur et prince, gouvernoit l'humble troupeau de Jésus-Christ du faîte des gloires diverses qui se rattachent au grand nom de l'Italie. Successeur de Léon XII, qui que vous soyez, vous m'écoutez sans doute dans ce moment : pontife à la fois présent et inconnu, vous allez bientôt vous asseoir dans la chaire de saint Pierre, à quelques pas du Capitole, sur les tombeaux de ces Romains de la république et de l'empire, qui passèrent de l'idolâtrie des vertus à celle des vices, sur ces Catacombes où reposent les ossements, non entiers, d'une autre espèce de Romains : quelle parole pourroit s'élever à la majesté du sujet, pourroit s'ouvrir un passage à travers cet amas d'années qui ont étouffé tant de voix plus puissantes que la mienne ? Vous-même, illustre sénat de la chrétienté, pour soutenir le poids de ces innombrables souvenirs, pour regarder en face ces siècles rassemblés autour de vous sur les ruines de Rome, n'avez-vous pas besoin de vous appuyer à l'autel du sanctuaire, comme moi au trône de saint Louis ?

A Dieu ne plaise, éminentissimes seigneurs, que je vous entretienne ici de quelque intérêt particulier, que je vous fasse entendre le langage d'une étroite politique ! Les choses sacrées veulent être envisagées aujourd'hui sous des rapports plus généraux et plus dignes.

Le christianisme, qui renouvela d'abord la face du monde, a vu depuis se transformer les sociétés auxquelles il avoit donné la vie. Au moment même où je parle, le genre humain est arrivé à l'une des époques caractéristiques de son existence; la religion chrétienne est encore là pour le saisir, parce qu'elle garde dans son sein tout ce qui convient aux esprits éclairés et aux cœurs généreux, tout ce qui est nécessaire au monde, qu'elle a sauvé de la corruption du paganisme et de la destruction de la barbarie. En vain l'impiété a prétendu que le christianisme favorisoit l'oppression et faisoit rétrograder les jours : à la publication du nouveau pacte scellé du sang du Juste, l'esclavage a cessé d'être le droit commun des nations ; l'effroyable définition de l'esclave a été effacée du Code romain : *Non tam viles quam nulli sunt.* Les sciences, demeurées presque stationnaires dans l'antiquité, ont reçu une impulsion rapide de cet esprit apostolique et rénovateur qui hâta l'écroulement du vieux monde : partout où le christianisme s'est éteint, la servitude et l'ignorance ont reparu. Lumière quand elle se mêle aux facultés intellectuelles, sentiment quand elle s'associe aux mouvements de l'âme, la religion chrétienne croît avec la civilisation et marche avec le temps ; un des caractères de la perpétuité qui lui est promise, c'est d'être toujours du siècle qu'elle voit passer sans passer elle-même. La morale évangélique, raison divine, appuie la raison humaine dans ses progrès vers un but qu'elle n'a point encore atteint. Après avoir traversé les âges de ténèbres et de force, le christianisme devient, chez les peuples modernes, le perfectionnement même de la société.

Éminentissimes seigneurs, vous choisirez pour exercer le pouvoir des clefs un homme de Dieu, et qui comprendra bien sa haute mission. Par un caractère universel qui n'a jamais eu de modèle ou d'exemple dans l'histoire, un conclave n'est pas le conseil d'un État particulier, mais celui d'une nation composée des nations les plus diverses et répandue sur la surface du globe. Vous êtes, éminentissimes seigneurs, les augustes mandataires de l'immense famille chrétienne, pour un moment orpheline. Des hommes qui ne vous ont jamais vus, qui ne vous verront jamais, qui ne savent pas vos noms, qui ne parlent pas votre langue, qui habitent loin de vous sous un autre soleil, par-delà les mers, aux extrémités de la terre, se soumettront à vos décisions, que rien en apparence ne les oblige à suivre, obéiront à votre loi qu'aucune force matérielle n'impose, accepteront de vous un père spirituel avec respect et gratitude. Tels sont les prodiges de la conviction religieuse.

Princes de l'Église, il vous suffira de laisser tomber vos suffrages sur l'un d'entre vous pour donner à la communion des fidèles un chef qui, puissant par la doctrine et l'autorité du passé, n'en connoisse pas moins les nouveaux besoins du présent et de l'avenir, un pontife d'une vie sainte, mêlant la douceur de la charité à la sincérité de la foi. Toutes les couronnes forment un même vœu, ont un même besoin de modération et de paix. Que ne doit-on pas attendre de cette heureuse harmonie, que ne peut-on pas espérer, éminentissimes seigneurs, de vos lumières et de vos vertus?

Il ne me reste qu'à vous renouveler l'expression de la sincère estime et de la parfaite affection du souverain, aussi pieux que magnanime, dont j'ai l'honneur d'être l'interprète auprès de vous.

DISCOURS

SUR LA

DÉCLARATION FAITE PAR LA CHAMBRE DES DÉPUTÉS

LE 7 AOUT 1830,

PRONONCÉ A LA CHAMBRE DES PAIRS LE MÊME JOUR,
DANS LA SÉANCE DU SOIR.

Messieurs, la déclaration apportée à cette chambre est beaucoup moins compliquée pour moi que pour ceux de messieurs les pairs qui professent une opinion différente de la mienne. Un fait dans cette déclaration domine à mes yeux tous les autres, ou plutôt les détruit. Si nous étions dans un ordre de choses régulier, j'examinerois sans doute avec soin les changements qu'on prétend opérer dans la Charte. Plusieurs de ces changements ont été par moi-même proposés. Je m'étonne seulement qu'on ait pu entretenir cette chambre de la mesure réactionnaire touchant les pairs de la création de Charles X. Je ne suis pas suspect de foiblesse pour les *fournées*, et vous savez que j'en ai combattu même la menace ; mais nous rendre les juges de nos collègues, mais rayer du tableau des pairs qui l'on voudra, toutes les fois que l'on sera le plus fort, cela ressemble trop à la proscription. Veut-on détruire la pairie? soit : mieux vaut perdre la vie que de la demander.

Je me reproche déjà ce peu de mots sur un détail qui, tout important qu'il est, disparoît dans la grandeur de l'événement : la France est sans direction, et j'irois m'occuper de ce qu'il faut ajouter ou retrancher aux mâts d'un navire dont le gouvernail est arraché ! J'écarte donc de la déclaration de la chambre élective tout ce qui est d'un intérêt secondaire, et m'en tenant au seul fait énoncé de la vacance vraie ou prétendue du trône, je marche droit au but.

Une question préalable doit être traitée : si le trône est vacant, nous sommes libres de choisir la forme de notre gouvernement.

Avant d'offrir la couronne à un individu quelconque, il est bon de savoir dans quelle espèce d'ordre politique nous constituerons l'ordre social. Établirons-nous une république ou une monarchie nouvelle?

Une république ou une monarchie nouvelle offre-t-elle à la France des garanties suffisantes de durée, de force et de repos?

Une république auroit d'abord contre elle les souvenirs de la république même. Ces souvenirs ne sont nullement effacés; on n'a pas oublié le temps où la mort, entre la liberté et l'égalité, marchoit appuyée sur leurs bras. Quand vous seriez tombés dans une nouvelle anarchie, pourriez-vous réveiller sur son rocher l'Hercule qui fut seul capable d'étouffer le monstre? De ces hommes fastiques, il y en a cinq ou six dans l'histoire : dans quelque mille ans, votre postérité pourra voir un autre Napoléon; quant à vous, ne l'attendez pas.

Ensuite dans l'état de nos mœurs et dans nos rapports avec les États qui nous environnent, la république, sauf erreur, ne me paroit pas exécutable. La première difficulté seroit d'amener les François à un vote unanime. Quel droit la population de Paris auroit-elle de contraindre la population de Marseille ou de telle autre ville de se constituer en république? Y auroit-il une seule république, ou vingt ou trente républiques? seroient-elles fédératives ou indépendantes? Passons par-dessus ces obstacles; supposons une république unique; avec notre familiarité naturelle, croyez-vous qu'un président, quelque grave, quelque respectable, quelque habile qu'il puisse être, soit un an à la tête de l'État sans être tenté de se retirer? Peu défendu par les lois et par les souvenirs, avili, insulté soir et matin par des rivaux secrets et par des agents de trouble, il n'inspirera ni la confiance, si nécessaire au commerce et à la propriété; il n'aura ni la dignité convenable pour traiter avec les gouvernements étrangers, ni la puissance nécessaire au maintien de l'ordre intérieur; s'il use de mesures révolutionnaires, la république deviendra odieuse, l'Europe inquiète profitera de ces divisions, les fomentera, interviendra, et l'on se trouvera de nouveau engagé dans des luttes effroyables. La république représentative est peut-être l'état futur du monde, mais son temps n'est pas arrivé.

Je passe à la monarchie.

Un roi nommé par les chambres ou élu par le peuple sera toujours, quoi qu'on fasse, une nouveauté. Or, je suppose qu'on veut la liberté, surtout la liberté de la presse par laquelle et pour laquelle le peuple vient de remporter une si étonnante victoire. Eh bien, toute monarchie nouvelle sera forcée, ou plus tôt ou plus tard, de bâillonner cette liberté. Napoléon lui-même a-t-il pu l'admettre? Fille de nos malheurs et esclave de notre gloire, la liberté de la presse ne vit en sûreté qu'avec un gouvernement dont les racines sont déjà profondes. Une monarchie, bâtarde d'une nuit sanglante, n'auroit-elle rien à redouter de l'indépendance des opinions? Si ceux-ci peuvent prêcher la république, ceux-là un autre système, ne craignez-vous pas d'être bientôt obligés de recourir à des lois d'exception malgré les huit mots supprimés dans l'article 8 de la Charte?

Alors, amis de la liberté réglée, qu'aurez-vous gagné au changement qu'on vous propose? Vous tomberez de force dans la république ou dans la servitude légale. La monarchie sera débordée et emportée par le torrent des lois démocratiques, ou le monarque par le mouvement des factions.

Dans le premier moment d'un succès, on se figure que tout est aisé : on espère satisfaire toutes les exigences, toutes les humeurs, tous les intérêts; on se flatte que chacun mettra de côté ses vues personnelles et ses vanités; on croit que la supériorité des lumières et la sagesse du gouvernement surmonteront des difficultés sans nombre; mais au bout de quelques mois la pratique vient démentir la théorie.

Je ne vous présente, messieurs, que quelques-uns des inconvénients attachés à la formation d'une république ou d'une monarchie nouvelle. Si l'une et l'autre ont des périls, il restoit un troisième parti, et ce parti valoit bien la peine qu'on en eût dit quelques mots.

D'affreux ministres ont souillé la couronne, et ils ont souillé la violation de la foi par le meurtre; ils se sont joués des serments faits au ciel, des lois jurées à la terre.

Étrangers, qui deux fois êtes entrés à Paris sans résistance, sachez la vraie cause de vos succès; vous vous présentiez au nom du pouvoir légal. Si vous accouriez aujourd'hui au secours de la tyrannie, pensez-vous que les portes de la capitale du monde civilisé s'ouvriroient aussi facilement devant vous? La race françoise a grandi depuis votre départ sous le régime des lois constitutionnelles; nos enfants de quatorze ans sont des géants, nos conscrits à Alger, nos écoliers à Paris, viennent de vous révéler les fils des vainqueurs d'Austerlitz, de Marengo et d'Iéna, mais les fils fortifiés de tout ce que la liberté ajoute à la gloire.

Jamais défense ne fut plus juste et plus héroïque que celle du peuple de Paris. Il ne s'est point soulevé contre la loi, mais pour la loi; tant qu'on a respecté le pacte social, le peuple est demeuré paisible; il a supporté sans se plaindre les insultes, les provocations, les menaces : il devoit son argent et son sang en échange de la Charte; il a prodigué l'un et l'autre. Mais lorsqu'après avoir menti jusqu'à la dernière heure, on a tout à coup sonné la servitude ; quand la conspiration de la bêtise et de l'hypocrisie a soudainement éclaté ; quand une terreur de château organisée par des eunuques a cru pouvoir remplacer la terreur de la république et le joug de fer de l'empire, alors ce peuple s'est armé de son intelligence et de son courage ; il s'est trouvé que ces *boutiquiers* respiroient assez facilement la fumée de la poudre et qu'il falloit plus de quatre soldats et un caporal pour les réduire. Un siècle n'auroit pas autant mûri les destinées d'un peuple que les trois derniers soleils qui viennent de briller sur la France. Un grand crime a eu lieu ; il a produit l'énergique explosion d'un principe : devoit-on à cause de ce crime et du triomphe moral et politique qui en a été la suite renverser l'ordre de chose établi ? Examinons.

Charles X et son fils sont déchus ou ont abdiqué, comme il vous plaira de l'entendre, mais le trône n'est pas vacant ; après eux venoit un enfant, devoit-on condamner son innocence ?

Quel sang crie aujourd'hui contre lui ? Oseriez-vous dire que c'est la faute de son père ? Cet orphelin, élevé aux écoles de la patrie dans l'amour du gouvernement constitutionnel et dans les idées de son siècle, auroit pu devenir un roi en rapport avec les besoins de l'avenir. C'est au gardien de sa tutelle que l'on auroit fait jurer la déclaration sur laquelle vous allez voter ; arrivé à sa majorité, le jeune monarque auroit renouvelé le serment. Le roi présent, le roi actuel auroit été M. le duc d'Orléans, régent du royaume, prince qui a vécu près du peuple et qui sait que la monarchie ne peut être aujourd'hui qu'une monarchie de consentement et de raison. Cette combinaison naturelle m'eût semblé un grand moyen de conciliation, et auroit peut-être sauvé à la France ces agitations qui sont la conséquence des violents changements d'un État.

Dire que cet enfant séparé de ses maîtres n'aura pas le temps d'oublier jusqu'à leurs noms avant de devenir homme ; dire qu'il demeurera infatué de certains dogmes de naissance après une longue éducation populaire, après la terrible leçon qui a précipité deux rois en deux nuits, est-ce bien raisonnable ?

Ce n'est ni par un dévouement sentimental, ni par un attendrissement de nourrice transmis de maillot en maillot depuis le berceau de saint Louis jusqu'à celui du jeune Henri, que je plaide une cause où tout se tourneroit de nouveau contre moi, si elle triomphoit. Je ne vise ni au roman, ni à la chevalerie, ni au martyre. Je ne crois pas au droit divin de la royauté, et je crois à la puissance des révolutions et des faits. Je n'invoque pas même la Charte, je prends mes idées plus haut : je les tire de la sphère philosophique, de l'époque où ma vie expire. Je propose le duc de Bordeaux tout simplement comme une nécessité d'un meilleur aloi que celle dont on argumente.

Je sais qu'en éloignant cet enfant on veut établir le principe de la souveraineté du peuple : niaiserie de l'ancienne école, qui prouve que sous le rapport politique nos vieux démocrates n'ont pas fait plus de progrès que les vétérans de la royauté. Il n'y a de souveraineté absolue nulle part ; la liberté ne découle pas du droit politique, comme on le supposait au xviiie siècle ; elle vient du droit naturel, ce qui fait qu'elle existe dans toutes les formes du gouvernement, et qu'une monarchie peut être libre et beaucoup plus libre qu'une république ; mais ce n'est ni le temps ni le lieu de faire un cours de politique.

Je me contenterai de remarquer que lorsque le peuple a disposé des trônes il a souvent aussi disposé de sa liberté ; je ferai observer que le principe de l'hérédité monarchique, absurde au premier abord, a été reconnu, par l'usage, préférable au principe de la monarchie élective. Les raisons en sont si évidentes, que je n'ai pas besoin de les développer. Vous choisissez un roi aujourd'hui : qui vous empêchera d'en choisir un autre demain? La loi, direz-vous. La loi? Et c'est vous qui la faites?

Il est encore une manière plus simple de trancher la question, c'est de dire : Nous ne voulons plus de la branche aînée des Bourbons. Et pourquoi n'en voulez-vous plus? Parce que nous sommes victorieux ; nous avons triomphé dans une cause juste et sainte ; nous usons d'un double droit de conquête.

Très-bien : vous proclamez la souveraineté de la force. Alors gardez soigneusement cette force, car si dans quelques mois elle vous échappe, vous serez mal venus à vous plaindre. Telle est la nature humaine ! Les esprits les plus éclairés et les plus justes ne s'élèvent pas toujours au-dessus d'un succès. Ils étoient les premiers, ces esprits, à invoquer le droit contre la violence ; ils appuyoient ce droit de toute la supériorité de leur talent, et au moment même où la vérité de ce qu'ils disoient est démontrée par l'abus le plus abominable de la force et par le renversement de cette force, les vainqueurs s'emparent de l'arme qu'ils ont brisée ! Dangereux tronçons, qui blesseront leur main sans les servir.

J'ai transporté le combat sur le terrain de mes adversaires ; je ne suis point allé bivouaquer dans le passé, sous le vieux drapeau des morts, drapeau qui n'est pas sans gloire, mais qui pend le long du bâton qui le porte, parce qu'aucun souffle de la vie ne le soulève. Quand je remuerois la poussière des trente-cinq Capets, je n'en tirerois pas un argument qu'on voulût seulement écouter. L'idolâtrie d'un nom est abolie ; la monarchie n'est plus une religion, c'est une forme politique préférable dans ce moment à toute autre, parce qu'elle fait mieux entrer l'ordre dans la liberté.

Inutile Cassandre, j'ai assez fatigué le trône et la pairie de mes avertissements dédaignés ; il ne me reste qu'à m'asseoir sur les débris d'un naufrage que j'ai tant de fois prédit. Je reconnois au malheur toutes les sortes de puissances, excepté celle de me délier de mes serments de fidélité. Je dois aussi rendre ma vie uniforme : après tout ce que j'ai fait, dit et écrit pour les Bourbons, je serois le dernier des misérables si je les reniois au moment où pour la troisième et dernière fois ils s'acheminent vers l'exil.

Je laisse la peur à ces généreux royalistes qui n'ont jamais sacrifié une obole ou une place à leur loyauté, à ces champions de l'autel et du trône qui naguère me traitoient de renégat, d'apostat et de révolutionnaire. Pieux libellistes, le regénat vous appelle ! Venez donc balbutier un mot, un seul mot avec lui pour l'infortuné maître qui vous combla de ses dons et que vous avez perdu. Provocateurs de coups d'État, prédicateurs du pouvoir constituant ! où êtes-vous ? Vous vous cachez dans la boue du fond de laquelle vous leviez vaillamment la tête pour calomnier les vrais serviteurs du roi : votre silence d'aujourd'hui est digne de votre langage d'hier. Que tous ces preux dont les exploits ont fait chasser les descendants d'Henri IV à coups de fourche tremblent maintenant accroupis sous la cocarde tricolore : c'est tout naturel. Les nobles couleurs dont ils se parent protégeront leur personne et ne couvriront pas leur lâcheté.

Au surplus, en m'exprimant avec franchise à cette tribune, je ne crois pas du tout faire un acte d'héroïsme : nous ne sommes plus dans ces temps où une opinion coûtoit la vie ; y fussions-nous, je parlerois cent fois plus haut. Le meilleur bouclier est une poitrine qui ne craint pas de se montrer découverte à l'ennemi. Non, messieurs, nous n'avons à craindre ni un peuple dont la raison égale le courage, ni cette généreuse jeunesse que j'admire, avec laquelle je sympathise de toutes les facultés de mon âme, à laquelle je souhaite, comme à mon pays, honneur, gloire et liberté.

Loin de moi surtout la pensée de jeter des semences de division dans la France, et c'est pourquoi j'ai refusé à mon discours l'accent des passions. Si j'avois la conviction intime qu'un enfant doit être laissé dans les rangs obscurs et heureux de la vie pour assurer le repos de trente-trois millions d'hommes, j'aurois regardé comme un crime toute parole en contradiction avec le besoin des temps : je n'ai pas cette conviction. Si j'avois le droit de disposer d'une couronne, je la mettrois volontiers aux pieds de Mgr le duc d'Orléans. Mais je ne vois de vacant qu'un tombeau à Saint-Denis, et non pas un trône.

Quelles que soient les destinées qui attendent M. le lieutenant général du royaume, je ne serai jamais son ennemi s'il fait le bonheur de ma patrie. Je ne demande à conserver que la liberté de ma conscience et le droit d'aller mourir partout où je trouverai indépendance et repos.

Je vote contre le projet de déclaration.

DE LA RESTAURATION

ET

DE LA MONARCHIE ÉLECTIVE,

OU

RÉPONSE

A L'INTERPELLATION DE QUELQUES JOURNAUX SUR MON REFUS
DE SERVIR LE NOUVEAU GOUVERNEMENT.

Une question obligeante m'a été faite à diverses reprises dans les feuilles publiques. On a demandé pourquoi je refusois de servir une révolution qui consacre des principes que j'ai défendus et propagés.

Je n'avois pas oublié cette question, mais je m'étois déterminé à n'y pas répondre; je voulois sortir en paix du monde politique, comme je sors en paix du monde littéraire dans la Préface du grand ouvrage [1] qui termine mes *OEuvres complètes,* et qui paroîtra dans quelques jours. « A quoi bon, me disois-je, armer de nouveau les passions contre moi? Ma vie n'a-t-elle pas été assez agitée? Ne pourrois-je trouver quelques heures de repos au bord de ma fosse? » Une proposition faite à la chambre des députés est venue changer ma résolution. Je serai compris des gens de cœur. A peine délivré d'un long et rude travail, il m'en coûte de troubler le dernier moment qui me reste à passer dans ma patrie; mais c'est une affaire d'honneur, je ne puis l'éviter.

Depuis les journées de juillet, je n'ai point fatigué le pouvoir de mes doléances. J'ai parlé de la monarchie élective aux pairs de France avant qu'elle fût formée, j'en parle maintenant aux François après huit mois d'existence de cette monarchie. Une grave occasion, la chute

1. *Études* ou *Discours historiques.*

des trois souverains, m'avoit obligé de m'expliquer; une occasion tout aussi grave, la proscription de ces rois, ne me permet pas de rester muet. Dans cet opuscule (réfutation indirecte de la proposition faite aux chambres législatives, et développement de mes idées sur ce qui est) les partis se trouveront plus ou moins froissés : je n'en caresse aucun ; je dis à tous des vérités dures. Je n'ai rien à ménager : dépouillé du présent, n'ayant qu'un avenir incertain au delà de ma tombe, il m'importe que ma mémoire ne soit pas grevée de mon silence. Je ne dois pas me taire sur une restauration à laquelle j'ai pris tant de part, qu'on outrage tous les jours, et que l'on proscrit enfin sous mes yeux. Sans coterie, sans appui, je suis seul chargé et seul responsable de moi. Homme solitaire, mêlé par hasard aux choses de la vie, ne marchant avec personne, isolé dans la restauration, isolé après la restauration, je demeure, comme toujours, indépendant de tout, adoptant des diverses opinions ce qui me semble bon, rejetant ce qui me paroît mauvais, peu soucieux de plaire ou de déplaire à ceux qui les professent. Au moyen âge, dans les temps de calamités, on prenoit un religieux, on l'enfermoit dans une petite tour où il jeûnoit au pain et à l'eau pour le salut du peuple. Je ne ressemble pas mal à ce moine du XIIe siècle : à travers la lucarne de ma geôle expiatoire, je vais prêcher mon dernier sermon aux passants, qui ne l'écouteront pas.

Les raisons qui m'ont empêché de prêter foi et hommage au gouvernement actuel sont de deux sortes : les unes générales, les autres particulières ou personnelles; parlons d'abord des premières.

Si la restauration avoit eu lieu en 1796 ou 1797, nous n'aurions pas eu la Charte, ou du moins elle eût été étouffée au milieu des passions émues. Buonaparte écrasa la liberté présente, mais il prépara la liberté future en domptant la révolution et en achevant de détruire ce qui restoit de l'ancienne monarchie. Il laboura tout ce champ de mort et de débris : sa puissante charrue, traînée par la Gloire, creusa les sillons où devoit être semée la liberté constitutionnelle.

Survenue après l'empire, la restauration auroit pu se maintenir à l'aide de la Charte, malgré la défiance dont elle étoit l'objet, malgré les succès étrangers dont elle n'étoit que l'accident, mais dont elle paroissoit être le but.

La légitimité étoit le pouvoir incarné ; en la saturant de libertés, on l'auroit fait vivre en même temps qu'elle nous eût appris à régler ces libertés. Loin de comprendre cette nécessité, elle voulut ajouter du pouvoir à du pouvoir; elle a péri par l'excès de son principe.

Je la regrette parce qu'elle étoit plus propre à achever notre éducation que toute autre forme gouvernementale. Encore vingt années de l'indépendance de la presse sans secousses, et les vieilles générations auroient disparu, et les mœurs de la France se seroient tellement modifiées, et la raison publique auroit fait de si grands progrès, que nous eussions pu supporter toute révolution sans péril.

Le chemin que l'on a suivi est plus court : est-il meilleur? est-il plus sûr?

Il existe deux sortes de révolutionnaires; les uns désirent la révolution avec la liberté : c'est le très-petit nombre; les autres veulent la révolution avec le pouvoir : c'est l'immense majorité. Nous nous faisons illusion ; nous croyons de bonne foi que la liberté est notre idole : erreur. L'égalité et la gloire sont les deux passions vitales de la patrie. Notre génie, c'est le génie militaire; la France est un soldat. On a voulu les libertés tant qu'elles ont été en opposition à un pouvoir qu'on n'aimoit pas, et qui sembloit prendre à tâche de contrarier les idées nationales : ce pouvoir abattu, ces libertés obtenues, qui se soucie d'elles, si ce n'est moi et une centaine de béats de mon espèce? A la plus petite émeute qui n'est pas dans le sens de son opinion, à la plus légère égratignure dans un journal, le plus fier partisan de la liberté de la presse invoque tout haut ou tout bas la censure. Croyez-vous que ces docteurs qui jadis nous démontroient l'excellence des lois d'exception, puis qui devinrent épris de la liberté de la presse quand ils furent tombés, qui se vantent aujourd'hui d'avoir toujours combattu en faveur des libertés, croyez-vous qu'ils ne soient pas enclins à revenir à leur première tendresse pour une *sage liberté,* ce qui dans leur bouche vouloit dire la liberté à livrée ministérielle, chaîne et plaque au cou, transformée en huissier de la chambre? Ne les entend-on pas déjà répéter l'ancien adage de l'impuissance qu'*il est impossible de gouverner comme cela?*

Je l'ai prédit dans mon dernier discours à la tribune de la pairie : la monarchie du 29 juillet est dans une condition absolue de gloire ou de lois d'exception : elle vit par la presse, et la presse la tue; sans gloire elle sera dévorée par la liberté; si elle attaque cette liberté, elle périra. Il feroit beau nous voir, après avoir chassé trois rois avec des barricades pour la liberté de la presse, élever de nouvelles barricades contre cette liberté! Et pourtant que faire? L'action redoublée des tribunaux et des lois suffira-t-elle pour contenir les écrivains? Un gouvernement nouveau est un enfant qui ne peut marcher qu'avec des lisières. Remettrons-nous la nation au maillot? Ce terrible nourrisson qui a sucé le sang dans les bras de la Victoire à tant de bivouacs ne brisera-t-il pas ses langes? Il n'y avoit qu'une vieille souche profondément enracinée dans le passé qui pût être battue impunément des vents de la liberté de la presse. Il y eut liberté en France pendant les trois premières années de la révolution, parce qu'il y eut légitimité : depuis la mort de Louis XVI, que devint cette liberté jusqu'à la restauration? Elle tua tout sous la république, et fut tuée sous l'empire. Nous verrons ce qu'elle deviendra sous la monarchie élective.

Les embarras de cette monarchie se décèlent à tous moments : elle est en désaccord avec les monarchies continentales absolues qui l'environnent. Sa mission est d'avancer, et ceux qui la conduisent n'osent avancer : elle ne peut être ni stationnaire ni rétrograde ; et dans la crainte de se précipiter, ses guides sont stationnaires et rétrogrades. Ses sympathies sont pour les peuples ; si on lui fait renier ces peuples, il ne lui restera aucun allié. Elle marche entre trois menaces : le sceptre révolutionnaire, un enfant qui joue au bout d'une longue file de tombeaux, un jeune homme à qui sa mère a donné le passé et son père l'avenir.

Aujourd'hui, c'est une chose convenue, que la restauration étoit un temps d'oppression, l'empire une époque d'indépendance : deux flagrantes contre-vérités. Il seroit bien étonné de sa couronne civique s'il revenoit à la vie, le libéral de la conscription, qui mitrailloit le peuple au 13 vendémiaire sur les marches de Saint-Roch, et faisoit sauter à Saint-Cloud la représentation nationale par les fenêtres. La liberté de la presse, la liberté de la tribune et la royauté dans la rue, lui paroîtroient d'étranges éléments de son empire. On va jusqu'à immoler notre réputation nationale à celle de Napoléon ; il semble que nous n'étions rien sans lui. En nous vantant de notre indépendance, ne tombons pas en extase devant le despotisme ; sachons mettre l'honneur de la patrie au-dessus de la gloire d'un homme, quelque grande qu'elle soit.

Quant à la restauration, les quinze années de son existence avec leurs inconvénients, leurs fautes, leur stupidité, leurs tentatives de despotisme par les lois et par les actes, le mal-vouloir de l'esprit qui les dominoit ; ces quinze années sont, à tout prendre, les plus libres dont aient jamais joui les François depuis le commencement de leurs annales.

Nous avons sous les yeux depuis six mois un miracle : tout pouvoir est brisé ; obéit qui veut ; la France se gouverne et vit d'elle-même par le seul progrès de sa raison. Sous quel régime a-t-elle fait ce progrès ? Est-ce sous les lois de la Convention et du Directoire, ou sous l'absolutisme de l'empire ? C'est sous le régime légal de la Charte ; c'est pendant le règne de la liberté de la tribune et de la liberté de la presse. Ce que j'ose dire aujourd'hui blessera les passions du moment :

tout le monde le redira quand l'effervescence réactionnaire sera calmée.

Ces quinze années de la restauration n'ont pas même été sans éclat ; elles ont laissé pour monuments de beaux édifices, des statues, des canaux, de nouveaux quartiers dans Paris, des halles, des quais, des aqueducs, des embellissements sans nombre, une marine militaire recréée, la Grèce délivrée, une vaillante colonie dans le repaire des anciens pirates que l'Europe entière pendant trois siècles n'avoit pu détruire, un crédit public immense, une propriété industrielle dont l'état florissant ne se peut mieux attester que par les banqueroutes générales, l'effroyable ruine de nos manufactures et de nos places de commerce, depuis l'établissement de la monarchie élective.

J'entends parler de l'abaissement où languissoit la France en Europe pendant la restauration. Ceux qui s'expriment ainsi affrontoient apparemment les balles de la garde royale à la tête de la jeunesse, dans les trois mémorables journées : marchant sans doute aujourd'hui dans le sens de la révolution opérée, ils ont nargué les Cosaques et les Pandoures, secouru les peuples qui répondoient à notre cri de liberté, et poussé jusqu'aux rives du Rhin nos générations belliqueuses. Ces fières insultes à la restauration m'ont fait croire un matin que Buonaparte avoit secoué sa poussière, abîmé dans la mer l'île qui lui servoit de tombe, et étoit revenu en trois pas par les Pyramides, Austerlitz et Marengo. J'ai regardé : qu'ai-je aperçu ? De nobles champions sensibles au dernier point à notre déshonneur national, mais au fond les meilleures gens du monde. Ils ont obtenu la paix de l'Europe en laissant assommer les peuples assez sots pour avoir pris au sérieux les déclarations de non-intervention. Cette pauvre légitimité s'avisoit quelquefois d'avoir du sang dans les veines. Elle osa aller de la Bidassoa à Cadix, malgré l'Angleterre ; elle arma, combattit en faveur de la Grèce ; elle s'empara d'Alger, sous le canon de Malte ; elle déclara qu'elle ne rendroit cette conquête que quand et comment il lui plairoit. Le gouvernement actuel brave une autre autorité : il refuse la Belgique malgré la nation ; il laisse égorger les Polonois malgré la nation ; il laisse ou va laisser l'Autriche occuper Parme, Plaisance, Modène, peut-être Bologne et le reste, malgré la nation. Qu'il continue à se conduire de la sorte, et les cabinets de l'Europe le préféreront à la monarchie passée ; il gagnera sa légitimité auprès des gouvernements légitimes, comme un chevalier gagnoit jadis ses éperons, non la lance au poing, mais le chapeau bas.

Si des personnes froissées par la restauration en parlent avec colère, je les comprends ; si d'autres personnes, ennemies du sang des Capets, veulent le bannir, et pensent qu'on ne peut achever une révolution qu'en changeant la race royale, je ne m'explique pas leur haine, mais je fais la part à leur système ; si les vrais triomphateurs de juillet s'expriment avec amertume sur ce qui leur sembloit comprimer leur énergie, je m'associe à leur généreuse ardeur et à leurs vives espérances. Mais quand des hommes qui marchoient à la queue de la restauration, qui sollicitoient ses rubans et ses faveurs, qui brûloient d'être ses ministres, qui conservent même aujourd'hui ses pensions et ses places ; quand ces hommes viennent raconter à la face du monde le mépris qu'ils sentent pour la restauration, c'est trop fort : qu'ils le gardent pour eux ; qu'ils sachent que les vrais amis de la restauration n'en ont jamais accepté que l'honneur et la liberté. J'ai entre les mains les lettres intimes, à moi adressées, de mon illustre ami M. Canning : elles prouveront à la postérité que la France sous la restauration n'étoit ni si humiliée, ni si endurante, ni si bravée qu'on l'affecte de croire. L'empereur Alexandre me fourniroit d'autres témoins irrécusables de ce fait. Je possède les marques de confiance dont il m'honoroit ; il me faisoit écrire qu'il signeroit les yeux fermés tous les traités que je lui présenterois au nom de la France ; et la diplomatie n'ignore pas que je n'ai cessé de réclamer pour ma patrie un partage plus équitable de l'Europe que le partage des traités de Vienne. Dans un plan général que j'avois fait adopter, et où se trouvoient comprises les colonies espagnoles émancipées, nous aurions obtenu des limites qui n'auroient pas laissé Paris, deux fois occupé, à six marches de la cavalerie ennemie. Mais dans ce pays de misérables jalousies ont-elles jamais accordé à un homme en place le temps d'achever quelque chose ? Si l'enfant à qui j'ai donné mon vote au mois d'août eût passé au scrutin royal, si je fusse entré dans ses conseils, si les troubles du nord eussent éclaté, j'aurois appelé la jeune France autour de Henri V ; je lui aurois demandé d'effacer, avec le jeune monarque, la honte de Louis XV. Que les ministres de la monarchie élective osent convoquer un pareil ban. Quand le gouvernement actuel aura fait la guerre sous le drapeau tricolore, comme la restauration sous le drapeau blanc, en présence de la liberté de la presse ; quand il aura agrandi notre territoire, illustré nos armes, amélioré nos lois, rétabli l'ordre, relevé le crédit et le commerce, alors il pourra insulter à la restauration ; jusque là qu'il soit modeste : ce n'est pas la tête qu'il faut porter haut, c'est le cœur. Vous parlez de l'abaissement de la France, et vous êtes à genoux ! Cela vous va mal. Les vaincus, qui ne le sont pas de votre main, peuvent encore, malgré leurs blessures, relever votre gant et vous renvoyer vos dédains.

Et pour dire un mot de ce système de *non-intervention* dont on fait tant de bruit, je pense qu'un homme d'État ne doit jamais énoncer des principes rigoureux à la tribune, car l'événement du lendemain peut le forcer à déroger à ces principes. Aussi avons-nous vu l'étrange embarras des ministres lorsque, s'écriant toujours qu'ils n'intervenoient pas, ils intervenoient sans cesse dans les transactions de la Belgique. Le département des relations extérieures avoit, de son propre aveu, déclaré que la France ne consentiroit pas à l'entrée des Autrichiens dans les pays insurgés de l'Italie, et les Autrichiens sont entrés dans ces pays, et la France a laissé faire, et de généreux citoyens qui n'avoient agi qu'en se confiant à notre déclaration, gémissent peut-être actuellement dans les cachots. On eût évité ces misérables contradictions en se renfermant dans les règles de la politique. Un gouvernement ne proclame pas de si haut des doctrines qu'il n'est pas sûr de pouvoir maintenir, ou qu'il ne se sent pas décidé à maintenir. Sans doute il professe des sentiments d'équité, de liberté et d'honneur, mais il ne se lie pas par de vaines paroles; il demeure libre d'intervenir ou de ne pas intervenir, selon les circonstances et dans les intérêts essentiels de l'État.

Le mot de cette énigme est facile à deviner : des hommes qui n'avoient pas bien compris la révolution de juillet, qui en avoient peur, qui lui prêtoient leur propre foiblesse, ont cru que la monarchie nouvelle ne pouvoit exister de droit si elle n'étoit vite sanctionnée de tous les cabinets de l'Europe. Au lieu de contraindre à cette reconnoissance par une attitude de force et de grandeur, on l'a sollicitée par des offices de chancellerie ; on a mis en avant le principe de non-intervention pour se cacher derrière. La reconnoissance obtenue (bien moins par l'effet du principe de la non-intervention que par la frayeur que nous inspirions malgré l'humble posture du conseil), on s'est trouvé embarbouillé dans ce principe dont on n'avoit pas senti la portée : on l'avoit voulu pour vivoter en paix, non pour vivre en gloire.

Certainement nous ne sommes pas obligés de nous constituer les champions de tous les peuples qui s'agiteront sur la terre ; mais il faut que nos discours et nos déclarations publiques ne leur soient pas un piége ; il faut que ces déclarations ne servent pas à les jeter dans des entreprises au-dessus de leurs forces, car alors leur sang retomberoit sur nous. La France pouvoit rester tranquille ; mais si elle s'est offerte pour témoin de la liberté, dans tout duel entre cette liberté et le pouvoir, elle doit être là pour arranger l'affaire avec ses bons offices ou son épée.

Résulte-t-il de ceci que je conseillerois la guerre si j'avois le droit de donner un conseil? Il y a cinq ou six mois que j'aurois dit sans hésiter : « Profitez de la nouvelle position de la France, de son énergie, de la bienveillance des nations, de la frayeur des cabinets, pour lui faire obtenir par des traités ou par les armes les limites qui manquent à sa sûreté et à son indépendance. » C'étoit une condition de vie pour un gouvernement qui auroit compris le mouvement de juillet. Maintenant l'heure n'est-elle point passée? L'Europe a été témoin de nos tergiversations; les rois sont revenus de leur stupeur, les peuples de leurs espérances : ceux-ci même, trompés, sont devenus indifférents ou ennemis. Notre révolution n'a plus les caractères purs et distinctifs de son origine; elle n'est plus qu'une révolution vulgaire : des esprits communs l'ont engagée dans des routes communes. Ce qui se seroit opéré par l'élan naturel des masses ne pourroit peut-être s'accomplir actuellement que par des moyens devant lesquels tout homme de bien reculeroit. Hélas! telle a été l'administration de la France depuis quelques mois, que je vois des citoyens éclairés, d'un jugement sain, d'une âme élevée, incliner à croire qu'il y auroit danger pour l'ordre intérieur dans une rupture avec l'étranger. Sommes-nous donc véritablement forcés à nous contenter des assurances des cabinets qui nous promettent de nous faire grâce de la guerre? Sommes-nous obligés d'avouer contradictoirement aujourd'hui que nous laisserons agir l'Europe comme bon lui semblera chez nos voisins, que nous ne défendrons que notre territoire, après nous être déclarés si chevalereusement, par la non-intervention, les paladins de la liberté des peuples? L'honneur de la France se réduit-il à la seule résistance que nous opposerions à une invasion? Faut-il compter pour rien notre renommée et notre parole? En vérité, si les fautes des précédentes administrations ont mis l'administration actuelle dans l'impérieuse nécessité d'adopter par raison un système qui fut suivi par foiblesse, il la faut plaindre. Nous armons pour faire désarmer, nous nous ruinons pour empêcher ce qu'on prévoiroit être notre ruine : ce n'étoit pas à donner des preuves de cette courageuse résignation que la France s'étoit crue appelée après les journées de juillet.

A entendre les déclamations de cette heure, il semble que les exilés d'Édimbourg soient les plus petits compagnons du monde, et qu'ils ne fassent faute nulle part. Il ne manque aujourd'hui au présent que le passé : c'est peu de chose! comme si les siècles ne se servoient point de base les uns aux autres, et que le dernier arrivé se pût tenir en l'air! Comment se fait-il que par le déplacement d'un seul homme à Saint-Cloud il ait fallu prêter 30 millions au commerce, vendre pour 200 millions de bois de l'État, augmenter les perceptions de 55 centimes sur le principal de la contribution foncière et de 30 centimes sur la contribution des patentes? Jamais sacre royal a-t-il coûté aussi cher que notre inauguration républicaine? Notre vanité aura beau se choquer des souvenirs, gratter les fleurs de lis, proscrire les noms et les personnes, cette famille héritière de mille années a laissé par sa retraite un vide immense; on le sent partout. Ces individus si chétifs à nos yeux ont ébranlé l'Europe dans leur chute. Pour peu que les événements produisent leurs effets naturels et qu'ils amènent leurs rigoureuses conséquences, Charles X en abdiquant aura fait abdiquer avec lui tous ces rois gothiques, grands vassaux du passé sous la suzeraineté des Capets.

Les hommes de théorie prétendent qu'on a gagné à la chute de la légitimité le principe de l'élection.

L'élection est un droit naturel, primitif, incontestable; mais l'élection est de l'enfance de la société, lorsqu'un peuple opprimé et sans garanties légales n'a d'autre moyen de délivrance que le choix libre d'un autre chef. Sous l'empire d'une civilisation avancée, quand il y a des lois écrites, quand le prince ne peut transgresser ces lois sans les armer contre lui, sans s'exposer à voir passer sa couronne à son héritier, l'élection perd son premier avantage; il ne lui reste que les dangers de sa mobilité et de son caprice. Dans un état politique incomplet, l'élection est la constitution tout entière; dans un état politique perfectionné, la constitution est l'élection dépouillée de ce qu'elle a de passionné, d'ambitieux, d'anarchique et d'insurrectionnel. Que si par l'élection on arrive au changement de race, ce qui peut être quelquefois utile, on arrive aussi à la multiplication des dynasties royales, aux guerres civiles comme en Pologne, à la succession électorale des tyrans militaires comme dans l'empire romain.

Par l'élection, le principe de l'ordre n'étant pas perpétuel dans une famille perpétuellement gouvernante, ce principe est transitoire dans la personne royale transitoire; il manque de solidité, et, selon le caractère de l'individu appelé au trône, il se détend jusqu'à l'anarchie ou se tend jusqu'au despotisme. Si frappé de ces périls vous ajoutez l'hérédité à l'élection, vous créez une forme politique amphibie à tête de roi, à queue de peuple, qui a le double inconvénient de l'élection et de la légitimité, sans avoir les avantages de l'une et de l'autre.

Nous marchons à une révolution générale : si la transformation qui s'opère suit sa pente et ne rencontre aucun obstacle; si la raison populaire continue son développement progressif; si l'éducation morale des classes intermédiaires ne souffre point d'interruption, les nations se nivelleront dans une égale liberté; si cette transformation est arrêtée, les nations se nivelleront dans un égal despotisme. Ce despotisme durera peu, à cause de l'âge avancé des lumières, mais il sera rude, et une longue dissolution sociale le suivra. Il ne peut résulter des journées de juillet, à une époque plus ou moins reculée, que des républiques permanentes ou des gouvernements militaires passagers, que remplaceroit le chaos. Les rois pourroient encore sauver l'ordre et la monarchie en faisant les concessions nécessaires : les feront-ils? Point ne le pense.

Préoccupé que je suis de ces idées, on voit pourquoi j'ai dû demeurer fidèle, comme individu, à ce qui me sembloit la meilleure sauvegarde des libertés publiques, la voie la moins périlleuse par laquelle on pourroit arriver au complément de ces libertés.

Ce n'est pas que j'aie la prétention d'être un larmoyant prédicant de politique sentimentale, un rabâcheur de panache blanc et de lieux communs à la Henri IV. En parcourant des yeux l'espace qui sépare la tour du Temple du château d'Édimbourg, je trouverois sans doute autant de calamités entassées qu'il y a de siècles accumulés sur une noble race. Une femme de douleur a surtout été chargée du fardeau le plus lourd, comme la plus forte : il n'y a cœur qui ne se brise à son souvenir ; ses souffrances sont montées si haut, qu'elles sont devenues une des grandeurs de la révolution. Mais enfin on n'est pas obligé d'être roi : la Providence envoie les afflictions particulières à qui elle veut, toujours brèves parce que la vie est courte ; et ces afflictions ne sont point comptées dans les destinées générales des peuples.

Je ne m'apitoie point sur une catastrophe provoquée ; il y a eu parjure et meurtre à l'appui du parjure : je l'ai proclamé le premier en refusant de prêter serment au vainqueur. La Charte étoit *octroyée?* Cela signifioit-il que toutes les conditions étoient d'un côté, aucune de l'autre? Pour cette Charte *octroyée* la France avoit donné plus d'un milliard annuel ; elle avoit accordé le milliard des émigrés, les milliards des étrangers ; voilà comme le contrat étoit devenu synallagmatique. N'en vouloit-on plus de ce contrat? Dans ce cas il falloit rendre une vingtaine de milliards, supposer qu'il n'y avoit rien de fait, reprendre ses premières positions hors du pays ; alors on auroit négocié de nouveau, et l'on eût vu si la nation consentoit à la légitimité sans la Charte.

Mais parce qu'on rencontroit une opposition constitutionnelle dans une chambre qui depuis a prouvé assez qu'elle n'étoit ni factieuse ni républicaine ; sous le prétexte de conspirations qui n'existoient pas ou qui n'ont existé que jusqu'à l'année 1823, priver toute une nation de ses droits ! mettre la France en interdit ! c'étoit une odieuse bêtise qui a reçu et mérité son châtiment. Si cette entreprise de l'imbécillité et de la folie eût réussi pendant quelques jours, le sang eût coulé. La foiblesse victorieuse est implacable; toutes les paroles des courtisans et des espions jubiloient de vengeance. Moi qui parle, j'aurois été le premier sacrifié, car rien ne m'auroit empêché d'écrire. Je me serois cru le droit de repousser la violence par la violence, de tuer quiconque seroit venu m'arrêter, une ordonnance et une loi à la main. Eh bien, toutes ces concessions faites, notre recours à une vengeance sans prévision et sans limites n'en est pas moins un des plus funestes accidents qui aient pu arriver aux libertés comme à la paix du monde.

Que voulons-nous? que cherchons-nous? un niveau plus parfait encore que celui qui nous égalise? Mais l'inégalité renaît de la nature même des hommes et des choses. Combien de révolutionnaires choqués de n'arriver à rien dans le cours de la révolution tournèrent sur eux les mains désespérées qu'ils avoient portées sur la société! Le bonnet rouge ne parut plus à leur orgueil qu'une autre espèce de couronne, et le sans-culotisme qu'une sorte de noblesse dont les Marat et les Robespierre étoient les grands seigneurs. Furieux de retrouver l'inégalité des rangs jusque dans le monde des douleurs et des larmes, condamnés à n'être encore que des vilains dans la féodalité des niveleurs et des bourreaux, ils s'empoisonnèrent ou se coupèrent la gorge avec rage, pour échapper aux supériorités du crime.

Nous remettrons-nous entre les mains de ces vétérans révolutionnaires, de ces invalides coupe-tête de 1793, qui ne trouvent rien de si beau que les batailles de la guillotine, que les victoires remportées par le bourreau sur les jeunes filles de Verdun et sur le vieillard Malesherbes? qui croient qu'on se laisseroit trancher le col aujourd'hui aussi bénignement qu'autrefois? qu'il seroit possible de rétablir le meurtre légal et le superbe règne de la terreur, le tout pour jeter ensuite la France échevelée et saignante sous le sabre d'un Buonaparte au petit pied, avec accompagnement de bâillons, menottes, autres menus fers, et parodie impériale?

D'un autre côté, que voudroit ce vieux parti royaliste, plein d'honneur et de probité, mais dont l'entendement est comme un cachot voûté et muré, sans porte, sans fenêtre, sans soupirail, sans aucune issue à travers laquelle se pût glisser le moindre rayon de lumière? Ce vieux et respectable parti retomberoit demain dans les fautes qu'il a faites hier : toujours dupe des hypocrites, des intrigants, des escrocs et des espions, il passe sa vie dans de petites manigances, qu'il prend pour de grandes conspirations.

Entre les hommes qui livreroient toutes nos libertés pour une place de garçon de peine au service de la légitimité, et ceux qui les vendroient pour du sang à une usurpation de leur choix, et ceux qui n'étant ni de l'un ni de l'autre bord restent immobiles au milieu, on est bien embarrassé.

Les systèmes politiques ne m'ont jamais effrayé ; je les ai tous rêvés : il n'y a point d'idées de cette nature dont je n'aie cent et cent fois parcouru le cercle. J'en suis arrivé à ce point que je ne crois ni aux peuples ni aux rois ; je crois à l'intelligence et aux faits qui composent toute la société. Personne n'est plus persuadé que moi de la perfectibilité de la nature humaine ; mais je ne veux pas, quand on me parle de l'avenir, qu'on me vienne donner pour du neuf les guenilles qui pendent depuis deux mille ans dans les écoles des philosophes grecs et dans les prêches des hérésiarques chrétiens. Je dois avertir la jeunesse que lorsqu'on l'entretient de la communauté des biens, des femmes, des enfants, du pêle-mêle des corps et des âmes, du panthéisme, du culte de la pure raison, etc., je la dois avertir que quand on lui parle de toutes ces choses comme des découvertes de notre temps, on se moque d'elle : ces nouveautés sont les plus vieilles comme les plus déplorables chimères. Que cette admirable portion de la France n'abuse pas de sa force ! Qu'elle se garde d'ébranler les colonnes du temple ! On peut abattre sur soi l'avenir ; et plus d'une fois les François se sont ensevelis sous les ruines qu'ils ont faites.

Sans préjugés d'aucune sorte, c'est donc pour mon pays que je déplore une subversion trop rapide. J'aurois désiré qu'on se fût arrêté à l'innocence et au malheur. La barrière étoit belle ; l'étendard de la liberté y auroit flotté avec moins de chances de tempêtes, et tous les intérêts s'y seroient ralliés. La jeunesse auroit été appelée naturellement à prendre possession d'une ère qui lui appartenoit. On franchissoit deux degrés ; on se délivroit de vingt-cinq ou trente ans de caducité ; on avoit un enfant qu'on eût élevé dans les idées du temps, façonné aux opinions et aux besoins de la patrie. On auroit fait tous les changements que l'on auroit voulu à la Charte et aux lois. Ajoutez de la gloire, ce qui étoit facile, à cette entrée de règne, au milieu de la plus abondante liberté, et vous auriez fait de ce règne une des grandes époques de nos fastes.

Lorsque je dis que la jeunesse auroit été appelée à son naturel héritage, je n'avance rien qui ne soit hors de doute. La restauration ne méconnoissoit aucun talent, témoin les hommes qui sont aujourd'hui au pouvoir. M. le maréchal Soult, M. le baron Louis, ont été ministres de Louis XVIII. M. de Villèle, au moment de sa chute, vouloit faire donner le portefeuille des finances à M. Lafitte. Quand M. de Villèle fut tombé, on me proposa de rentrer au ministère; j'y consentis, mais à condition que MM. Casimir Périer, Sebastiani et Royer-Collard entreroient avec moi : cela ne se put arranger pour le moment. Il paroît que Charles X s'est souvenu à Saint-Cloud de ma proposition, puisqu'il avoit nommé M. Casimir Périer ministre des finances de Henri V. On offrit à M. de Rigny, en 1829, le portefeuille de la marine. MM. d'Argout et de Montalivet ont reçu la pairie de la légitimité : le second a même hérité non-seulement de la pairie de son père, mais encore collatéralement de la pairie de son frère; faveur bien méritée sans doute, mais tout à fait particulière. En vérité, je crois que la restauration n'a jamais cordialement repoussé que moi.

Mais pouvoit-on s'arrêter à Henri V? Oui, avec moins de poltronnerie d'un côté et plus de sang-froid de l'autre. On prétend que le monarque mineur n'auroit pu tenir auprès de la royauté abdiquée, que les intrigues de la vieille cour auroient tout miné; que deux pouvoirs, l'un de droit, l'autre de fait, se combattant dans l'État, l'auroient détruit; et qu'enfin la prétention du pouvoir primitif constituant, du droit divin, seroit toujours restée.

Je ne suis pas cette opinion : je crois qu'en appelant autour de Henri de Béarn les hommes forts qui n'ont pas même trouvé place dans la monarchie élective, tous les chefs énergiques du passé libéral et militaire, tous les talents, toute la jeunesse, on auroit facilement dompté les veneurs, les douairières, les inquisiteurs et les publicistes de Saint-Germain et de Fontainebleau. D'ailleurs, l'expérience a prouvé qu'un roi déchu a bien peu de puissance. Charles X et son fils, dans le cas où ils fussent demeurés en France, loin d'être entourés et recherchés, auroient été bientôt plongés dans une profonde solitude.

Supposez-vous le contraire? Alors il étoit toujours temps de faire ce qu'on a fait le 6 août : on auroit eu l'avantage de convaincre la France par l'expérience qu'on ne pouvoit pas s'abriter sous la branche aînée des Bourbons, que force étoit d'élire un nouveau monarque. Enfin, admettons qu'il fût utile de déposer, sans l'essayer et sans l'entendre, cet orphelin privé tour à tour sur le sol françois de son père, de sa couronne et de sa tombe; admettons que ce règne présumé n'eût pas été heureux, êtes-vous mieux aujourd'hui, êtes-vous plus assurés de l'avenir?

Dans tous les cas, un congrès national réuni pour examiner ce qu'il y avoit à faire auroit été préférable, selon moi, à un gouvernement improvisé de ville en ville, pour trente-trois millions d'hommes, avec le passage d'une diligence surmontée d'un drapeau. Ceux même qui ont commencé le mouvement le vouloient-ils aussi complet? Chaque peuple a son défaut : celui du peuple françois est d'aller trop vite, de renverser tout, de se trouver de l'autre côté du bien, au lieu de se fixer dans ce bien, lorsqu'il le rencontre. Au moral comme au physique, nous nous portons sans cesse au delà du but; nous foulons aux pieds les idées, comme nous passons sur le ventre des ennemis : nos conquêtes auroient dû s'arrêter au Rhin, et nous avons couru à Moscou, et nous voulions courir aux Indes.

Le gouvernement actuel me protège comme un étranger paisible : je dois à ses lois reconnaissance et soumission, tant que j'habite sur le sol où il me permet de respirer. Je lui souhaite des prospérités, parce que avant tout je désire celles de la France; ses ministres sont honorables; quelques-uns sont habiles. Le chef de l'État mérite des respects; il ne fait point le mal, il n'a pas versé une goutte de sang, il s'élève au-dessus des attaques, il comprend la foi jurée à un autre autel que le sien : cela est digne et royal, mais cela ne change pas la nature des faits. Je ne puis servir le gouvernement qui existe, parce que je crains qu'il ne puisse arriver à l'ordre que par l'oppression de la liberté, et qu'il me semble exposé, s'il veut maintenir la liberté, à tomber dans l'anarchie.

Au surplus, je serai heureux de me tromper. On remarque quelque chose d'usé dans ce pays parmi les hommes, qui peut mener au repos. L'incertitude de l'avenir est si grande, on connoît si peu le point de l'horizon d'où partira la lumière; on a depuis quarante ans une telle habitude de changer de gouvernement, une telle facilité à s'accommoder de rien et de tout, une telle épouvante du retour des crimes et des malheurs de la révolution, qu'on ira peut-être mieux que je ne le pense et aussi bien que je le désire. Peut-être arrivera-t-il une chambre qui constituera au-dessous de la royauté, trop peu puissante, une république d'occasion sachant faire marcher la liberté avec l'ordre; peut-être surgira-t-il des génies capables de maîtriser le temps ; peut-être quelque accident imprévu, quelque secret de Dieu viendra-t-il tout arranger. Les faits ne seront pas peut-être logiques ; ils iront peut-être à l'encontre de toutes les prévisions, de tous les calculs; il y a peut-être dans la nation assez de modération et de lumières pour surmonter les obstacles au bien, pour amortir ou repousser les assauts de la presse périodique : Dieu le veuille! Que la France soit libre, glorieuse, florissante, n'importe par qui et comment, je bénirai le ciel.

Les raisons générales qui m'ont empêché de reconnoître la monarchie élective se déduisent des choses ci-dessus relatées. Quant aux motifs personnels de ma conduite, ils sont encore plus faciles à comprendre. Je n'ai pas voulu me mettre en contradiction avec moi-même, armer mon long passé contre mon court avenir, rougir à chaque mot qui sortira de ma bouche, ne pouvoir me relire sans baisser la tête de honte. Les journées de juillet m'enlevoient tout, hors l'estime publique : je l'ai voulu garder.

Que la proposition qui bannit à jamais la famille déchue du territoire françois soit un corollaire de la déchéance de cette famille, cette nécessité en fait naître une autre pour moi dans le sens opposé, celle de me séparer plus que jamais de ce qui existe, de prendre acte nouveau et public de cette séparation ; je chercherois, d'ailleurs, en vain ma place dans les diverses catégories des personnes qui se sont rattachées à l'ordre de choses actuel.

Il y a des hommes qui, par le sentiment de leur talent et de leur vertu, ont dû servir leur patrie quand il ne leur a plus été possible de maintenir la forme de gouvernement qu'ils préféroient : je les admire ; mais de si hautes raisons n'appartiennent ni à ma foiblesse ni à mon insuffisance.

Il y a des hommes qui ont prononcé la déchéance de Charles X et de ses descendants par devoir, et dans la ferme conviction que c'est ce qu'il y avoit de mieux pour le salut de la France. Ils ont eu raison, puisqu'ils étoient persuadés : je ne l'étois pas ; je n'ai pu imiter leur exemple.

Il y a des hommes qui ne pouvoient ni interrompre leur carrière, ni compromettre des intérêts de famille, ni priver leur pays de leurs lumières, parce qu'il avoit plu au gouvernement de faire des folies : ils ont agi très-bien, en s'attachant au pouvoir nouveau. Si toutes les fois qu'un monarque tombe il falloit que tous les individus, grands et petits, tombassent avec lui, il n'y auroit pas de société possible. La couronne doit tenir sa parole ; quand elle y manque, les sujets ou les citoyens sont dégagés de la leur. Mais les antécédents de ma vie ne me permettoient pas de suivre cette règle générale, et je me trouvois placé dans l'exception.

Il y a des hommes qui détestent la dynastie des Bourbons et qui ont juré son exil : je crois qu'il est temps d'en finir avec les proscriptions et les exils. J'ai rendu, comme ministre et comme ambassadeur, tous les services que j'ai pu à la famille Buonaparte ; elle ne peut désavouer si je ne dis pas ici la vérité : il n'a pas tenu à moi qu'elle n'ait été rappelée en France, et que même la statue de Napoléon n'ait été replacée au haut de sa colonne. C'est ainsi que je comprenois largement la monarchie légitime : il me sembloit que la Liberté devoit regarder la Gloire en face.

Il y a des hommes qui, croyant à la souveraineté du peuple, ont voulu faire triompher ce principe suranné de la vieille école politique : moi, je ne crois pas au droit divin, mais je ne crois pas davantage à la souveraineté du peuple. Je puis très-volontiers me passer d'un roi, mais je ne me reconnois pas le droit d'imposer à personne le roi que j'aurois choisi. Monarque pour monarque, Henri de Béarn me paroissoit préférable pour l'ordre et la liberté de la France. J'ai donc donné ma voix à Henri V, comme mon voisin de droite a pu choisir Louis-Philippe Ier, mon voisin de gauche Napoléon II, mon voisin en face la république.

Il y a des hommes qui, après avoir prêté serment à la république une et indivisible, au Directoire en cinq personnes, au consulat en trois, à l'empire en une seule, à la première Restauration, à l'Acte additionnel aux Constitutions de l'empire, à la seconde Restauration, ont encore quelque chose à prêter à Louis-Philippe : je ne suis pas si riche.

Il y a des hommes qui ont jeté leur parole sur la place de Grève, en juillet, comme ces chevriers romains qui jouent à *pair ou non* parmi des ruines. Ces hommes n'ont vu dans la dernière révolution qu'un coup de dé ; pourvu que cette révolution dure assez pour qu'ils puissent tricher la fortune, advienne que pourra. Ils traitent de niais et de sot quiconque ne réduit pas la politique à des intérêts privés : je suis un niais et un sot.

Il y a des peureux qui auroient bien voulu ne pas jurer, mais qui se voyoient égorgés eux, leurs grands parents, leurs petits-enfants et tous les propriétaires, s'ils n'avoient trembloté leur serment : ceci est un effet physique que je n'ai pas encore éprouvé ; j'attendrai l'infirmité, et si elle m'arrive, j'aviserai.

Il y a des grands seigneurs de l'empire unis à leurs pensions par des liens sacrés et indissolubles, quelle que soit la main dont elles tombent : une pension est à leurs yeux un sacrement : elle imprime caractère comme la prêtrise et le mariage ; toute tête pensionnée ne peut cesser de l'être : les pensions étant demeurées à la charge du trésor, ils sont restés à la charge du même trésor. Moi j'ai l'habitude du divorce avec la fortune : trop vieux pour elle, je l'abandonne, de peur qu'elle ne me quitte.

Il y a de hauts barons du trône et de l'autel qui n'ont point trahi les ordonnances ; non ! mais l'insuffisance des moyens employés pour mettre à exécution ces ordonnances a échauffé leur bile : indignés qu'on ait failli au despotisme, ils ont été chercher une autre antichambre. Il m'est impossible de partager leur indignation et leur demeure.

Il y a des gens de conscience qui ne sont parjures que pour être parjures, qui, cédant à la force, n'en sont pas moins pour le droit; ils pleurent sur ce pauvre Charles X, qu'ils ont d'abord entraîné à sa perte par leurs conseils et mis ensuite à mort par leur serment; mais si jamais lui ou sa race ressuscite, ils seront des foudres de légitimité. Moi, j'ai toujours été dévot à la mort, et je suis le convoi de la vieille monarchie comme le chien du pauvre.

Enfin, il y a de loyaux chevaliers qui ont dans leur poche des dispenses d'honneur et des permissions d'infidélité : je n'en ai point.

J'étois l'homme de la restauration *possible,* de la restauration avec toutes les sortes de libertés. Cette restauration m'a pris pour un ennemi; elle s'est perdue : je dois subir son sort. Irai-je attacher quelques années qui me restent à une fortune nouvelle, comme ces bas de robe que les femmes traînent de cour en cour, et sur lesquels tout le monde peut marcher? A la tête des jeunes générations, je serois suspect; derrière elles, ce n'est pas ma place. Je sens très-bien qu'aucune de mes facultés n'a vieilli : mieux que jamais je comprends mon siècle ; je pénètre plus hardiment dans l'avenir que personne ; mais la nécessité a prononcé : finir sa vie à propos est une condition nécessaire de l'homme public.

Je dois, en terminant, prévenir une méprise qui pourroit naître, dans certains esprits, de ce que je viens d'exposer.

De prétendus royalistes n'aspirent, dit-on, qu'à voir l'Europe attaquer la France. Eh bien, le jour où la France seroit envahie seroit celui qui changeroit mes devoirs. Je ne veux tromper personne : je ne trahirai pas plus ma patrie que mes serments. Royalistes, s'il en existe de tels, qui appelez de vos vœux les baïonnettes ennemies, ne vous abusez pas sur mes sentiments : reprenez contre moi votre haine et vos calomnies ; je reste un renégat pour vous ; un abîme sans fond nous sépare. Aujourd'hui je sacrifierois ma vie à l'enfant du malheur; demain, si mes paroles avoient quelque puissance, je les emploierois à rallier les François contre l'étranger qui rapporteroit Henri V dans ses bras.

Si j'avois l'honneur de faire encore partie de la chambre des pairs, j'aurois dit à la tribune de cette chambre ce que je dis dans cette brochure, sauf ce qui est relatif au serment car sous ce rapport ma position n'eût plus été la même. Ma voix sera peut-être importune; mais que l'on se console, on l'entend pour la dernière fois dans les affaires politiques, toutes choses demeurant comme elles sont. Prêt à aller mourir sur une terre étrangère, je voudrois qu'il n'y eût plus d'autre François exilé que moi ; je voudrois que la proposition de bannissement ne fût pas acceptée : c'est en faveur de quelques têtes qu'on veut proscrire que je publie mon opinion. Au mois d'août je demandois pour le duc de Bordeaux une couronne ; je ne sollicite aujourd'hui pour lui que l'espérance d'un tombeau dans sa patrie : est-ce trop ?

FIN DES OPINIONS ET DISCOURS.

DOCUMENTS GÉNÉRAUX[1].

N° 1 (6).

Extrait des instructions envoyées au ministère de la police.

Paris, le 12 septembre 1816.

Sous le rapport de la convocation, point d'exclusions odieuses, point d'applications illégales des dispositions de la haute police pour écarter ceux qui sont légalement appelés à voter; surveillance active, mais liberté entière; point d'extension arbitraire aux adjonctions autorisées par l'ordonnance, et de nature à détruire l'effet d'une précaution dictée par une sage prévoyance.

Sous celui des élections, ce que le roi veut, ses mandataires doivent le vouloir. Il n'y a point deux sortes d'intérêts dans l'État; et pour faire disparoître jusqu'à l'ombre des partis, qui ne sauroient subsister sans menacer son existence, il ne faut que des députés dont les intentions soient de marcher d'accord avec le roi, avec la Charte, avec la nation, dont les destinées reposent en quelque sorte entre leurs mains. Les députés qui se sont constamment écartés de ces principes tutélaires ne sauroient donc être désignés par l'autorité locale, se prévaloir de son influence, obtenir une faveur qui tourneroit au détriment de la chose publique.

Point de grâce pour la malveillance qui se déclareroit par des actes osten-

---

1. J'ai marqué de deux numéros ces Pièces justificatives : le premier est le numéro d'ordre de l'impression, le second est le numéro d'ordre des manuscrits.

Je ne publie que les *Documents généraux* : ce sont des pièces déjà imprimées, ou des pétitions, ou des lettres de protestation, adressées à divers ministres : je ne donne pas même tous ces documents : il m'en reste en manuscrit un assez grand nombre, notamment sur les départements de la Corrèze, des Basses-Alpes, de l'Aude, de la Côte-d'Or, de l'Ain, de la Nièvre, du Pas-de-Calais et de Seine-et-Marne.

Quant à la *correspondance privée* et aux *renseignements particuliers*, je les supprime.

Si ma proposition eût été prise en considération, j'aurois confié à la prudence de MM. les pairs ces renseignements particuliers; mais la proposition ayant été écartée, je dois retrancher, par des raisons faciles à comprendre, des détails trop personnels.

Au reste, les originaux de ces pièces sont déposés chez un notaire. On pourra les consulter, mais seulement en ma présence, ou en vertu d'une autorisation écrite de ma main. Toutefois, on n'en pourra *prendre ni notes ni copies*.

(Note de la brochure publiée en 1816.)

sibles, qui afficheroit de coupables espérances, qui croiroit trouver dans un grand acte de politique et de justice une occasion favorable de trouble et de désordre. La loi du 29 octobre reste dans toute sa vigueur; mais ce n'est point pour en abuser, c'est pour s'en servir à propos avec connoissance de cause, et en rendant un compte exact de leurs opérations, que le soin d'en appliquer les dispositions a été confié à des administrateurs éclairés.

Ils s'opposeront à la publication de ces correspondances empressées, et toujours marquées au coin de l'exagération, que les membres des sociétés secrètes sont en possession de faire parvenir sous le manteau du royalisme.

Dans l'ordonnance du roi ils ne verront que sa volonté, les besoins de l'État et la Charte. Dans leurs incertitudes, ils s'adresseront aux ministres. A des demandes exprimées avec franchise ils recevront des réponses non moins franches : des directions étrangères ne pourroient que les égarer. Leur tâche est importante, mais elle est facile, parce qu'elle est clairement indiquée et qu'ils sont assurés de l'appui d'un ministre surveillant et fort de la volonté du roi et de sa confiance.

Celle que Sa Majesté a placée dans les préfets ne sera point trompée dans cette circonstance. Elle attend d'eux qu'ils dirigent tous leurs efforts pour éloigner des élections les ennemis du trône et de la légitimité, qui voudroient renverser l'un et écarter l'autre; et les amis insensés qui l'ébranleroient en voulant le servir autrement que le roi ne veut l'être, qui, dans leur aveuglement, osent dicter des lois à sa sagesse, et prétendent gouverner pour lui. Le roi ne veut aucune exagération. Il attend des choix des colléges électoraux des députés qui apportent à la nouvelle chambre les principes de modération qui sont la règle de son gouvernement et de sa politique, qui n'appartiennent à aucun parti, à aucune société secrète, qui n'écoutent d'autres intérêts que ceux de l'État et du trône, qui n'apportent aucune arrière-pensée, et respectent avec franchise la Charte, comme ils aiment le roi avec amour.

Le ministre d'État au département de la police générale,

Signé : le comte DECAZES [1].

N° 2 (88).

Ministère de la police générale.

M. l'inspecteur général se rendra dans les départements ci-contre. Dans chacun d'eux il s'adressera directement à M. le préfet; il fera connoître à ce magistrat que l'objet confidentiel de sa mission est de lui exprimer toute la pensée du gouvernement, qu'il convient de suivre et d'imprimer relativement à la convocation des colléges électoraux.

Sous le rapport de la convocation, etc., etc.

1. A Toulouse, de l'imprimerie de Douladoure.

(Le reste, mot pour mot, conforme au n° 1, à l'exception du paragraphe suivant qui ne se trouve pas dans le n° 1.)

Sa Majesté m'a spécialement chargé de faire connoître à MM. les préfets qu'elle suivra avec intérêt leurs efforts dans cette circonstance si importante, et qu'elle y cherchera la preuve la moins équivoque pour elle de leur dévouement et de leur fidélité.

Le ministre de la police générale.
Signé : Le comte DECAZES [1].

N° 3 (13, 50).

(CABINET DU DIRECTEUR GÉNÉRAL.)
Administration de l'enregistrement et des domaines.

Paris, le 20 septembre 1816.

Le ministre secrétaire d'État des finances me fait remettre, monsieur, les copies, ci-après transcrites, de la lettre et de la note concernant les prochaines élections, qu'il vient d'adresser aux agents des finances.

Son excellence désire que la connoissance de ces deux pièces parvienne aussitôt aux principaux préposés de l'administration dans les départements. Je ne perds pas un instant pour vous les transmettre : je ne doute point d'un empressement égal de votre part à seconder les intentions tutélaires du roi.

Suite du N° 3.

Copie de la lettre du ministre des finances aux divers agents de son ministère, sous la date du 18 septembre.

Je joins ici, monsieur, un extrait d'instructions approuvées par le roi, tendantes à donner aux électeurs une direction qui n'amène à la chambre des députés que des hommes qui allient au même degré l'amour de la légitimité et l'amour de la Charte.

Elles sont l'appui l'une de l'autre; ce sont deux éléments inséparables.

Vous donnerez connoissance de ces principes professés par le roi aux *personnes qui seront dans le cas d'en faire un usage profitable,* et si vous êtes appelé aux fonctions d'électeur, ils vous apprendront les devoirs que vous aurez à remplir.

La propagation de cette doctrine est la preuve la plus pure d'attachement qu'on puisse donner au roi et à la patrie.

Je vous salue avec un bien sincère attachement,

Signé : Le comte CORVETTO.

Pour ampliation :
Le secrétaire général des finances,
Signé LEFÈVRE.

1. Copie authentique, venue du département de Seine-et-Oise.

Copie de la Note jointe à la lettre ci-dessus.

(Extrait d'instructions sur les élections.)

« Sous le rapport des élections, ce que le roi veut, ses mandataires doivent le vouloir.

« Il ne faut que des députés dont les intentions soient de marcher d'accord avec le roi, avec la Charte et avec la nation, dont les destinées reposent en quelque sorte entre leurs mains.

« Les individus qui ne professent pas ces principes tutélaires ne sauroient donc être désignés par l'autorité locale.

« Point de grâce pour la malveillance, qui ne déceleroit pas de coupables espérances, qui croiroit trouver dans un grand acte de justice et de politique une occasion favorable de troubles et de désordres.

« S'opposer à la publication de ces correspondances empressées, et toujours marquées au coin de l'exagération, que les membres des sociétés secrètes sont en possession de faire parvenir sous le manteau du royalisme.

« Dans l'ordonnance du roi il ne faut voir que sa volonté, les besoins de l'État et la Charte.

« Éloigner des élections les ennemis du trône et de la légitimité qui voudroient renverser l'un et écarter l'autre, et les amis insensés qui l'ébranleroient en voulant le servir autrement que le roi ne veut l'être, qui, dans leur aveuglement, osent dicter des règles à sa sagesse et prétendent gouverner pour lui. Le roi ne veut aucune exagération, et attend des choix des colléges électoraux des députés qui apportent à la nouvelle chambre les principes de modération qui font les règles de son gouvernement et de sa politique, qui n'appartiennent à aucun parti, à aucune société secrète, qui n'écoutent d'autres intérêts que ceux de l'État et du trône, qui n'apportent aucune arrière-pensée, qui respectent la Charte avec franchise, comme ils aiment le roi avec amour. »

Veuillez m'accuser la réception de la présente aussitôt qu'elle vous parviendra.

Recevez, monsieur, l'assurance de ma parfaite considération.

Le conseiller d'État, directeur général,

BARRAIRON.

SUITE DU N° 3.

(N° 527 des dossiers. N° 48 des circulaires.)

Beauvais, le 23 septembre 1816.

Vous avez ci-dessus, monsieur, ampliation de la lettre que M. Barrairon, conseiller d'État, directeur général de l'administration, m'a adressée le 20 de ce mois, en me transmettant la lettre de S. Exc. le ministre secrétaire d'État des finances, du 18 du même mois, et l'extrait d'instructions approuvées par le roi, pour les élections.

Je vous adresse également ampliation de ces pièces ; leur lecture vous apprendra de quelle manière le roi désire que la chambre des députés soit composée.

J'ajouterai que l'intention du roi et des ministres est que tous les fonctionnaires publics contribuent de tous leurs moyens à ce qu'il soit fait de bons choix. Je suis convaincu qu'ils useront de toute leur influence pour parvenir à ce but si désirable, et je crois inutile de prévenir MM. les employés que si un fonctionnaire public s'écartoit à cet égard de la ligne de ses devoirs, il perdroit *sans retour la confiance du gouvernement.*

Le directeur de l'enregistrement et des domaines,

LANGLUMÉ [1].

N° 5 (67).

*Le marquis de Clermont Mont-Saint-Jean,
à M. T...*

Hernć, le 6 novembre 1816.

Mon très-cher et respectable ami,

Vous m'avez demandé un exemplaire de l'écrit injurieux pour les députés de la chambre de 1815 répandu avec profusion dans ce département au moment des élections pour la session de 1816. Je m'empresse de vous le faire parvenir ci-joint, ainsi qu'une copie de la plainte que j'en ai rendue à S. Exc. Mgr le chancelier et à M. le procureur général, auquel j'ai postérieurement fait connoître que cet écrit a été adressé à MM. les électeurs dans les paquets de la correspondance administrative, remis à domicile dans les villes par leurs employés, les noms mis au-dessus à la main, et les adresses de l'écriture des employés de leurs bureaux ; renseignements que, par une seconde lettre, sous la date du..., j'ai aussi donnés à M. le procureur général.

Enfin, je joins encore ici copie d'une lettre écrite par M. C... à M. P... relative à moi nominativement. Le même M. C... en a encore de plus fortes dont je n'ai pas encore pu me procurer copie.

Recevez l'assurance, etc.

(J'observe que je n'ai pas la lettre de M. C... à M. P... en original, mais je l'ai copiée moi-même. Il en existe une autre de M. D... plus forte encore ; j'espère en avoir au moins copie.)

---

1. Toutes ces Pièces renfermées sous le n° 3 n'en forment qu'une dans leur ensemble, et sont, par cette raison, imprimées ensemble dans l'original.

Copie de la plainte portée par M. le marquis de Clermont Mont-Saint-Jean, membre de la chambre des députés de 1815, à S. Ém. Mgr le chancelier et à M. le procureur général, relativement à l'écrit intitulé : *A MM. les électeurs du département de Seine-et-Marne, par un habitant du département;* et autres menées des autorités administratives pour exclure différentes personnes des élections, et notamment M. de Clermont.

Comme fidèle serviteur du roi, membre de la dernière chambre des députés françois, et même comme simple individu, il est de mon devoir de faire connoître ce qui se passe ici : et de rendre plainte contre l'écrit séditieux ci-joint, portant le nom de Michelin, imprimeur de la préfecture à Melun, dans lequel se trouve cette phrase, »

« *Le roi a senti qu'une chambre qui vouloit attenter au pacte de famille n'avoit point rempli le vœu de ses commettants : il en a ordonné la dissolution.* »

Cette phrase est injurieuse pour le roi, pour tous les membres de la dernière chambre des députés, qu'elle calomnie et qu'elle signale comme des traîtres et des parjures à la vindicte publique.

Il n'y a rien de semblable dans l'ordonnance du roi du 5 septembre dernier, et ce n'est point ainsi qu'on doit employer le nom du roi, pour répandre des calomnies sur une chambre que Sa Majesté a qualifiée d'introuvable.

Quant à ce qui se passe relativement aux élections, M. le préfet a évidemment violé et la Charte et la liberté qu'elle assure.

Il a ordonné aux sous-préfets de faire nommer pour candidats dans les colléges d'arrondissement tels et tels, d'employer toute leur influence pour empêcher qu'on ne présente comme candidats messieurs tels et tels comme trop royalistes, et notamment moi.

M. le préfet a mandé chez lui des employés du gouvernement électeurs, notamment M. Le Blanc, receveur des domaines à Provins, auquel il a intimé les mêmes ordres, en se servant du nom du roi et de celui de ses ministres, le menaçant de perdre sa place si j'étois nommé. M. Barrairon a écrit dans le même sens.

Ces faits sont publics, ils irritent tous les esprits, et cela au moment où va s'ouvrir la session du collége électoral à Melun. M. le préfet a déjà indiqué les députés qu'il veut qu'on nomme. De tels moyens ne sont ni constitutionnels ni conformes aux vœux et aux intérêts du roi : ils mettent la couronne en danger.

Attaqué personnellement par une violation manifeste de la Charte, j'aurois droit de poursuivre juridiquement cet outrage fait à la liberté concédée. Je renonce à tout ce qui m'est personnel : que la légitimité n'éprouve point d'atteinte, que l'État soit heureux et tranquille, mes vœux seront accomplis.

Mais quant à l'imprimé contre lequel je rends plainte, il crie vengeance et demande justice.

Je suis, etc.

Signé : Le marquis DE CLERMONT MONT-SAINT-JEAN.

N° 6.

ÉCRIT DÉNONCÉ DANS LA LETTRE PRÉCÉDENTE.

Aux électeurs du département de Seine-et-Marne.

Les lois d'un peuple sont rarement applicables à un autre ; de même les institutions d'un siècle peuvent ne pas entièrement convenir au siècle qui le suit. On demanda à Solon si les lois qu'il avoit données aux Athéniens étoient les meilleures. « Je leur ai donné, répondit-il, les meilleures de celles qu'ils pouvoient souffrir. » Parole admirable, et qui a été la règle du Solon de la France.

La Charte que le roi nous a donnée n'est pas seulement l'expression de la volonté souveraine, elle est celle de nos besoins et de nos vœux. Elle consacre à la fois le principe de la monarchie et celui d'une sage liberté. Elle est la conclusion des dissensions qui depuis vingt-cinq ans ont agité notre patrie ; elle nous préserve pour toujours des fléaux qui n'ont cessé de signaler l'époque désastreuse de notre révolution, l'anarchie et le despotisme.

Ce ne seroit pas en vain que l'esprit de parti chercheroit à révoquer en doute le mérite d'un pareil bienfait ; il reçoit son prix et de la main dont il sort et des droits qu'il établit. Ouvrage de la légitimité, il a le caractère de la durée comme les préceptes divins. Dicté par la modération, dans le but de la tranquillité, on ne sauroit le changer ou l'altérer sans sortir de la modération et de la tranquillité. Ce qu'un peuple a obtenu en ce genre devient sa propriété irrévocable, et la volonté générale y adhère si fortement, que ce n'est point sans de violentes secousses et de cruels déchirements que l'on parviendroit à l'en dessaisir.

Le roi, dont toutes les actions tendent à l'utilité publique, et qui par conséquent est l'organe et l'arbitre de la volonté générale, a senti qu'une chambre qui avoit voulu attenter au pacte de famille n'avoit point rempli le vœu de ses commettants : il en a ordonné la dissolution et a convoqué de nouveaux députés. Cet acte important a raffermi sur sa base la Charte constitutionnelle, ébranlée par quelques atteintes, et consacré le grand principe de l'inviolabilité de la loi fondamentale. Bien plus, il nous assure cette paix intérieure que nous ne pouvons obtenir que dans le calme des passions et qu'à force de sagesse.

Les colléges électoraux vont s'assembler pour remplir la plus importante des missions. Dans une circonstance aussi solennelle, le premier devoir d'un électeur doit être de réfléchir sur la nature de ses fonctions.

Un électeur, comme un député, est un fondé de pouvoirs. Ainsi, il doit apporter dans l'assemblée dont il fait partie une connoissance approfondie des vœux de ses concitoyens. Il doit ne consulter que sa conscience ; mais sa conscience ne sera véritablement éclairée que quand il aura étudié l'esprit public. Qu'il fasse abnégation de tout intérêt personnel, et dût-il, comme Aristide le Juste, graver sur la coquille du paysan son propre ostracisme, il aura fait son devoir s'il a exprimé la volonté de ses commettants. Le roi lui-même n'a-t-il pas donné l'exemple de cette sublime renonciation, en se dépouillant d'une portion de son autorité pour en agrandir le domaine de nos priviléges? Et quel audacieux voudroit se prétendre plus sage et plus juste que le roi? Et si ce prince s'est conduit ainsi, c'est parce qu'il a appelé l'expérience au secours de la théorie des lois.

Nos vœux sont de jouir des institutions libérales de la Charte; nos besoins sont la modération et la tranquillité. Les passions sont de mauvais conseillers; nous en avons fait la triste expérience; il faut qu'elles s'éteignent, et que la raison, l'amour du bien public, l'oubli des dissensions et des erreurs, soient désormais les vertus de ceux que nous associerons au gouvernement. *Le Roi et la Charte*, ces deux noms renferment tout ce que veulent les François. Le roi présente ce que la légitimité a de plus imposant, tout ce que le bienfait a de plus sacré; la Charte est inséparable de lui, parce qu'elle est le lien qui unit le roi et son peuple : vouloir séparer l'un de l'autre, c'est vouloir annuler le plus saint des contrats, bannir la bonne foi de la terre, isoler le père de ses enfants.

Ainsi un électeur doit faire tous ses efforts pour arriver à l'assemblée exempt de passions et de préjugés : son opinion se sera formée d'avance de l'opinion des hommes sages et éclairés de toutes les classes. S'il appartient à l'une d'elles, il sortira de sa sphère pour connoître le vœu des autres, parce que la représentation législative n'est pas celle d'une corporation ou d'une classe en particulier, mais bien l'expression de la volonté générale, et que le plus grand écueil que nous ayons rencontré dans nos assemblées délibérantes a été l'esprit de corps et de parti.

C'est après cette étude réfléchie que celui qui est appelé par ses concitoyens à donner son suffrage saura distinguer les hommes dignes de siéger dans l'assemblée de nos députés. Déjà la voix publique les désigne en même temps qu'elle fait connoître ceux qui sont jugés inhabiles à remplir d'aussi importantes fonctions.

Ainsi l'anarchiste, qui pendant nos discordes civiles a appelé la proscription sur la tête de ses concitoyens; celui qui dans les assemblées tumultueuses qui se sont succédé s'est fait remarquer par l'exagération de ses opinions et de ses discours, et s'est montré l'ennemi du roi et le partisan de la démagogie, n'est pas celui sur lequel doivent se réunir les suffrages.

Celui qui veut la constitution sans le roi, qui rêve encore la république, ou dont les vœux impies appellent un usurpateur, quel qu'il soit, et que rien n'a pu guérir de cette maladie anarchique, ne sauroit être encore le député que nous cherchons.

Ne seroit-ce pas une sorte d'opposition aux volontés du roi que de donner sa voix à celui qui veut le roi sans la Charte, le rétablissement de priviléges détruits et oubliés, l'anéantissement des institutions libérales, qui aspire à reculer l'opinion d'un demi-siècle, à replacer la France sous un ordre de choses dont les éléments n'existent plus?

Le fonctionnaire qui a abusé de son autorité pour rendre suspects au gouvernement des habitants paisibles, qui n'a pardonné ni à l'erreur ni à la foiblesse, qui s'est érigé en persécuteur, et ne s'est cru envoyé que pour être un ministre de vengeances, celui-là n'est point digne de siéger dans l'assemblée de nos représentants.

Celui qui, se disant l'ami du roi, condamne la modération et la traite de malveillance, qui frappe d'anathème toute une province où les habitants obéissent aux lois, payent les impôts, cultivent paisiblement leurs champs, et adorent dans le fond de leur cœur les vertus d'un roi juste et bienfaisant, auquel ils doivent leur repos; qui se tourmente et s'agite pour trouver d'invisibles ennemis, qui jette la méfiance et le soupçon sur les magistrats les plus fidèles; celui-là, dis-je, n'aura point la voix d'un ami du roi et de la Charte.

L'ambitieux, quelle que soit sa conduite passée, quelles que soient ses opinions, qui n'aspire à siéger dans la chambre des députés que par des vues d'intérêt personnel, qui ne voit dans cette dignité qu'un moyen de parvenir à de plus hautes fonctions et seroit disposé à trahir les intérêts de ses commettants et à vendre ses opinions à l'intrigue, doit être écarté d'un poste où l'amour du bien public doit être le seul guide.

Un député doit vouloir la légitimité et la Charte, être exempt de passions, avoir un grand dévouement à la chose publique, et n'être imbu ni des erreurs révolutionnaires ni des préjugés anticonstitutionnels. Il faut qu'il ait un cœur droit, un esprit juste, un amour ardent pour le bien de l'État, et qu'il sacrifie, au besoin, ses propres intérêts à la prospérité publique. Si à ces qualités essentielles il joint l'expérience des affaires et des talents distingués, il apportera dans les grandes discussions d'importantes lumières. Mais le dévouement au roi, le bon sens et la modération doivent passer avant tout; car les talents sans la vertu ne sont souvent que des poisons.

Ils existent parmi nous, ces hommes dignes de confiance et d'estime, et j'oserois les nommer en toute autre circonstance. Dans celle qui nous occupe, il est permis à tout ami de son pays d'exercer sur ses concitoyens une influence morale, de faire un appel à la concorde, de proclamer des vérités utiles au bonheur de tous; mais la brigue doit être écartée de nos *comices*; l'honnête homme n'a pas besoin de tels moyens, et la corruption des voix ne peut produire que le choix d'hommes corrompus.

Le magistrat qui a vieilli irréprochable dans de pénibles travaux, l'administrateur éclairé qui est resté fidèle au roi, à ses devoirs et aux règles de la modération, le propriétaire dont les intérêts sont si étroitement liés à ceux de l'ordre public, le commerçant qui vivifie les canaux de l'industrie et a fait un honorable usage de sa fortune; celui qui, comptant d'illustres aïeux, et portant un nom recommandable, a cependant suivi la marche de son siècle, et soumis à l'empire de la raison et de la justice ses affections héréditaires, sont également dignes de nos suffrages. C'est dans le but du maintien de la légitimité et de la Charte que la représentation doit être formée, et la légitimité et la Charte ne peuvent être respectées et maintenues que par des hommes éloignés des excès opposés, et capables d'apporter dans la discussion le calme et l'impartialité qu'exigent les intérêts de la France. Aucune classe n'est exclue de cet honneur, ou plutôt toutes les classes de la société ne doivent former qu'une seule et même famille, ayant un but et des droits communs.

Électeurs! le bonheur de notre pays est en vos mains; du choix que vous allez faire dépendront notre prospérité, notre repos et notre avenir. Est-il un sujet plus imposant de méditations? Quels regrets si vos délégués ne répondoient point dignement à votre attente! Quelle responsabilité vous auriez à encourir à l'égard de vos concitoyens si leur espoir et leurs vœux étoient déçus! Mais vous entendrez la voix de la patrie, qui vous adresse ces paroles, désormais le ralliement des François : *Le Roi et la Charte, modération et justice;* et ces mêmes paroles seront le mandat que vous donnerez à vos délégués.

Un Habitant du Département[1].

N° 4 (49.)

PRÉFECTURE DU PAS-DE-CALAIS.

Colléges électoraux.

Arras, le 27 septembre 1816.

Votre qualité d'électeur est un titre bien important dans un moment où les colléges tiennent dans leurs mains les destinées de la France.

Veuillez, monsieur, réfléchir à l'esprit qui a dicté l'ordonnance du 5 septembre. Le roi a-t-il dissous la chambre pour la recomposer entièrement des mêmes éléments? Non, sans doute.

Je suis autorisé à le dire, à le répéter, à l'écrire, le roi verra avec mécontentement siéger dans la nouvelle chambre ceux des députés qui se sont signalés dans la dernière session par un attachement prononcé à la majorité opposée au gouvernement.

A votre arrivée à Arras, monsieur, faites-moi l'honneur de venir chez moi, moi seul puis vous faire connoître la pensée du roi, ses véritables intentions. Ne négligez pas surtout de vous rendre à un devoir aussi sacré que celui de venir voter; le roi, la Charte, la France, le réclament.

J'ai l'honneur, etc.

Signé : Malouet.

N° 7 (64.)

Copie de la lettre de M. de Forbin aux ministres de l'intérieur, de la police et de la justice.

Avignon, le 25 septembre 1816.

Monseigneur,

J'ai l'honneur d'informer votre excellence d'un fait qui, bien qu'il me soit personnel, peut acquérir quelque gravité par les circonstances où nous nous trouvons, et par la forme actuelle de notre gouvernement.

---

1. A Melun, chez Michelin, imprimeur de la préfecture.

Depuis quelques jours un bruit sourd s'étoit répandu à Avignon et dans tout le département de Vaucluse, que le préfet, nouvellement arrivé de Paris, avoit apporté des *ordres* et des instructions pour les électeurs; que ces ordres portoient des *exclusions nominatives* et des demandes formelles. Un grand nombre de personnes dignes de foi assuroient que le préfet leur avoit communiqué ces *ordres*, qu'il leur avoit dit en termes formels d'écarter des élections M. de Forbin, et de faire nommer M. de Liautaud. Plusieurs fonctionnaires publics avoient été fortement menacés par M. le préfet s'ils donnoient leurs voix dans un sens contraire. On parloit de lettres adressées aux présidents des colléges d'arrondissement, qui contenoient ces instructions d'une exclusion formelle; on parloit de lettres pareilles adressées par les sous-préfets aux maires de leurs arrondissements; on colportoit des copies de lettres, des originaux même; la surprise étoit grande, la mesure paroissoit nouvelle. Sujet soumis et dévoué, prêt à obéir au nom du roi au premier ordre, je ne pouvois croire à de pareilles assertions.

D'un côté, je considérois et les lois fondamentales du royaume, et les instructions générales et particulières que j'avois reçues en pareilles circonstances; je repassois dans ma mémoire ce que j'avois vu dans d'autres temps; tout m'obligeoit à repousser une pareille idée; d'un autre côté, je pensois que, quelles que fussent les intentions de Sa Majesté, elle me les auroit fait connoître par mes chefs ordinaires, et un seul mot auroit suffi. Le préfet, me disois-je, s'il en eût reçu l'ordre, se seroit empressé de me le dire à moi-même d'une manière officielle : il l'écrit à d'autres, pourquoi ne pas l'écrire à moi-même? Il me sembloit que l'auguste nom du roi étoit compromis dans le public : tout enfin s'accordoit et me forçoit à douter, malgré l'évidence de ces manœuvres et de ces assertions; mais j'ai appris d'une manière positive que M. Desjardins, secrétaire particulier de M. le préfet, s'est transporté, hier 24, veille des élections d'arrondissement, dans la ville de Cavaillon. Là, dans la mairie, en présence du *maire*, il a fait *convoquer* les électeurs d'arrondissement, et leur a lu publiquement une lettre de M. le préfet, dans laquelle il leur annonça qu'il avoit ordre d'éloigner des élections M. de Forbin, et qu'il désiroit la nomination de M. de Liautaud; la publicité d'une pareille démarche, le nom auguste qui y étoit invoqué, a frappé les esprits d'étonnement; il s'en est suivi une explication assez vive de la part d'un électeur avec M. Desjardins, qui a révoqué en doute une pareille assertion : le secrétaire a insisté, et l'on s'est retiré. La même opération a eu lieu de la part de la même personne dans plusieurs communes du département. Les lettres du préfet, celles du sous-préfet de Carpentras, ses menaces publiques, ses violences circulent dans toutes les mains, dans toutes les bouches, font l'objet de toutes les conversations; et j'ai acquis les preuves les plus légales et les plus complètes à ce sujet.

Ici doit se terminer, monseigneur, le récit des faits qui viennent de se passer dans le département de Vaucluse, et comme sujet, comme citoyen, je dois m'abstenir de toutes réflexions; j'ignore jusqu'à quel point peuvent s'étendre les droits et l'autorité d'un préfet, concernant l'influence sur les élections, l'exclusion des droits civils envers un citoyen, etc., etc. Je laisse à la profonde sagesse de votre excellence, à sa justice et à son respect pour les lois, de peser les faits ci-dessus, leur gravité et leurs conséquences.

J'ai l'honneur d'être avec respect, etc.

DE FORBIN.

N° 8 (59).

MÉMOIRE SUR LES ÉLECTIONS DU DÉPARTEMENT DU LOT, A LA CHAMBRE DES DÉPUTÉS.

Les élections du Lot ont présenté un résultat si peu avantageux, qu'il devient nécessaire, pour l'honneur de ce département, de prouver au roi, à la famille royale, à la chambre des pairs, à celle des députés et à la France entière que les habitants de cette province sont éminemment royalistes.

Les électeurs soussignés réclament contre les violences, les séductions et les menaces qui ont été employées, soit dans les colléges d'arrondissement, soit dans celui du département, par les autorités civiles et judiciaires.

Le préfet du Lot a toujours protégé, depuis son arrivée dans ce département, les hommes coupables. L'influence révolutionnaire y régit tout depuis vingt-cinq ans, et presque aucune épuration n'y a été faite.

Les sous-préfets, devenus ses agents, professent les mêmes principes; presque tous les membres des trois tribunaux, dont deux n'ont pas encore reçu l'institution royale, à cause de leur félonie dans les Cent Jours, n'ont connu que la volonté de cet administrateur et leur ambition particulière.

Dans le mois d'août, M. de Lezay-Marnésia fit une tournée dans son département; il caressa avec affectation tous les intérêts révolutionnaires; il fut reçu avec allégresse par les ennemis du roi, et surtout dans les villes de Gourdon et Souillac. Dans celle de Saint-Ceré, ils lui élevèrent un arc de triomphe avec une couronne tricolore, en proclamant que c'étoit un des leurs. La preuve de ce fait existe dans un procès en police correctionnelle devant le tribunal de Figeac, intenté par les soins et la fidélité du commandant de la garde nationale de Saint-Ceré.

C'est dans cette situation que l'ordonnance du 5 septembre a trouvé le département du Lot, et c'est sous ces malheureux auspices que les colléges électoraux ont été convoqués.

Aussitôt des libelles diffamatoires contre la chambre des députés ont été abondamment distribués, entre autres un extrait du *Journal général*, des lettres du préfet aux électeurs et aux maires, des propos révolutionnaires, ont été propagés par les autorités civiles et judiciaires.

Le sous-préfet de Figeac et le procureur du roi mandent chez eux les électeurs; ils emploient les menaces et les séductions; ils osent dire que les députés veulent faire revenir les dîmes et les droits féodaux, que le roi n'en veut plus; et, dans leur délire révolutionnaire, ils proscrivent les nobles, et offrent en contradiction M. le comte de Lezay-Marnésia pour candidat. Les preuves sont authentiques, et seront fournies en cas de déni.

A Figeac, des moyens aussi vils que méprisables ne procurent aucun résultat. Deux députés sont nommés candidats, avec deux propriétaires.

A Gourdon, les intrigues réussissent; aucun député n'est nommé. A leurs places figurent le préfet, M. Barrairon, directeur général des domaines; Verninac, ex-ambassadeur, gendre d'un régicide, et Calmon, administrateur des domaines.

A Cahors, même résultat, et des candidats nouveaux.

En 1815, le préfet provisoire, d'après des instructions ministérielles, et en vertu d'une ordonnance royale, avoit adjoint au collége de département quarante électeurs, dont vingt pour remplir le nombre désigné par l'ordonnance, et vingt pour compléter le collége, en raison de décès. Le préfet, pour réduire les adjonctions faites au nombre indiqué par l'ordonnance, a éliminé à son choix, sans suivre aucune trace certaine, les individus qui lui ont paru suspects. Il a retranché les plus forts propriétaires, les chevaliers de Saint-Louis, sans établir aucune proportion entre les arrondissements; et il a conservé les hommes dont il croyoit plus aisément pouvoir disposer, ou dont il a présumé l'absence. Les noms des adjoints conservés et éliminés ne furent point connus ni proclamés, et plusieurs de ces derniers arrivèrent à Cahors pour voter, et n'apprirent que là leur élimination.

Toutes les manœuvres employées dans les arrondissements furent renouvelées au chef-lieu. On ajouta aux pamphlets une prétendue lettre des ministres, qui au nom du roi désignoit nominativement deux députés comme indignes d'être élus.

Le chef d'escadron de la gendarmerie, homme aussi fidèle que surveillant, fut envoyé, par ordre du préfet et du général, le jour même des élections, à Figeac, pour se concerter avec le maire, le procureur du roi et le sous-préfet; et ces trois fonctionnaires étoient à Cahors depuis deux jours à la connoissance du préfet. Il lui fut enjoint de faire arrêter un homme qui étoit enfermé depuis six mois, et de poursuivre d'autres individus, contre lesquels le procureur du roi n'avoit jamais voulu décerner le mandat d'amener, comme n'existant pas de preuves suffisantes. S. Exc. le ministre de la guerre peut éclaircir les faits, en communiquant les rapports du chef d'escadron. Il est à observer que le colonel de la gendarmerie étoit à cette époque consigné aux arrêts, et le lieutenant en congé.

Le grand-vicaire, chargé de l'administration du diocèse, l'évêque absent, fut mandé par le préfet, qui blâma sévèrement sa conduite et celle de quelques ecclésiastiques qui étoient à Cahors, disoit cet administrateur, pour intriguer. Dans le même instant la ville de Cahors étoit encombrée par les agents du préfet, par les sous-préfets, par tous les employés des domaines du département, et par plusieurs autres des départements de Lot-et-Garonne et de Tarn-et-Garonne.

Un juge de paix fut menacé de perdre sa place s'il votoit pour les députés. On offrit des emplois, soit dans les gardes nationales, soit ailleurs, pour des votes pour le préfet. On promit la réintégration d'un homme destitue, pour un vote.

Le premier scrutin ouvert (parmi les candidats) présenta 91 votants pour un ex-député; 86 pour M. Barrairon; 85 pour le préfet, et 78 pour un autre député.

M. Lapergue se présenta, dans ce scrutin, pour un électeur du même nom, et signa sous le n° 130. M. Rossignol avoit voté de même pour la formation du bureau.

Au second scrutin formé le lendemain, MM. le préfet et Barrairon furent proclamés députés.

Au troisième scrutin, un ex-député eut le plus grand nombre de voix.

Au quatrième scrutin, M. Moizen fut proclamé député.

On suspendit alors la séance pendant deux heures, pour mieux combiner les projets. Il restoit un ballottage entre un ex-député et un candidat. Les apparences étoient en faveur du député. Les chefs du parti mirent deux bulletins de plus dans la boîte, et le scrutin fut déclaré nul.

La séance, quoiqu'il ne fût que trois heures et demie, fut renvoyée au lendemain, malgré les réclamations de quelques électeurs. Plusieurs d'entre eux, croyant l'opération finie, s'étoient retirés dans leurs foyers avant l'ouverture du scrutin.

Le lendemain, la tactique changea: ne pouvant empêcher la nomination d'un ex-député, on donna l'ordre de ne plus voter. Les bons et fidèles serviteurs du roi votèrent au nombre de 95; plusieurs n'osèrent s'y rendre. Les signatures font foi. Parmi elles on distingue celles de trois députés de 1815, et les personnes les plus recommandables. On n'y voit point, comme dans les autres scrutins, les noms odieux à la légitimité. Le préfet et le sous-préfet veilloient ceux qui entroient pour voter. Plusieurs électeurs, mandés et menacés, n'osèrent remplir leurs fonctions.

Le scrutin reste ouvert deux jours, et il est brûlé, comme ne contenant pas la moitié plus un des suffrages de tous les membres du collége.

Le département n'a que trois députés au lieu de quatre. Il est à observer que pendant toute la tenue des séances du collége, le secrétaire intime du préfet a resté constamment dans la salle, malgré les réclamations de plusieurs électeurs.

Voilà le récit exact des opérations des colléges du Lot. Les signataires, fidèles à l'honneur et au roi, certifient les faits exposés, et ils offrent les preuves.

Dans ces temps de délire et de passion, on a vu l'amalgame honteux des administrateurs du roi avec ses ennemis les plus prononcés. Cette association funeste d'un préfet et de sous-préfets avec les agents de la tyrannie de 93, avec les signataires de la protestation du camp de La Villette, avec des hommes mis en surveillance et destitués, a ouvert, mais trop tard, les yeux aux électeurs, séduits par le nom du roi, pris à témoin par ses ennemis.

Les électeurs, pénétrés de respect et de confiance dans la chambre des députés, sollicitent la cassation des élections du Lot, et motivent leur demande sur les faits exposés, sur l'influence toujours dangereuse qu'exerce un préfet dans son département, qui seule démontreroit le vice d'une nomination pareille, en écartant toute liberté de suffrage.

(*Suivent les signatures, au nombre de* 48 [1].)

N° 9.

INSTRUCTIONS SUR LES ÉLECTIONS.

(Les deux pièces qu'on va lire ci-dessous, et qui sont citées dans le numéro précédent, se trouvent aussi dans *Le Moniteur* du 10 novembre. Les originaux de ces deux pièces, imprimées à Cahors, sortent des presses de Ramel, imprimeur de la préfecture.)

Sous le rapport des élections, ce que le roi veut, ses mandataires doivent le vouloir. Il n'y a pas deux sortes d'intérêts dans l'État, et pour faire disparoître jusqu'à l'ombre des partis, qui ne sauroient subsister sans menacer son existence, il ne faut que des députés dont les intentions soient de marcher d'accord avec le roi, avec la Charte, avec la nation, dont les destinées reposent en quelque sorte entre leurs mains. Les députés qui se sont constamment écartés de ces principes tutélaires ne sauroient donc être désignés ni obtenir une faveur qui tourneroit au préjudice de la chose publique.

Point de grâce pour la malveillance qui se déclareroit par des actes ostensibles, qui afficheroit de coupables espérances, qui croiroit trouver dans un grand acte de politique et de justice une occasion favorable de trouble et de désordre.

Il faut s'opposer à la publication de ces correspondances empressées, et toujours marquées au coin de l'exagération, que les membres des sociétés secrètes sont en possession de faire parvenir sous le manteau du royalisme.

Dans l'ordonnance du roi les électeurs ne verront que sa volonté, les besoins du roi et la Charte.

Le roi attend des électeurs qu'ils dirigent tous leurs efforts pour éloigner des élections les ennemis du trône et de la légitimité, qui voudroient renverser l'un et écarter l'autre, et les amis insensés qui l'ébranleroient, en voulant le servir autrement que le roi veut l'être; qui, dans leur aveuglement, veulent dicter des lois à sa sagesse et prétendent gouverner pour lui. Le roi ne veut aucune exagération; il attend des choix des collèges électoraux des députés qui apportent à la nouvelle chambre les principes de la modération qui sont la règle de son gouvernement et de sa politique; qui n'appartiennent à aucune société secrète, qui n'écoutent d'autres intérêts

---

1. Ce Mémoire a été imprimé dans *Le Moniteur* du 10 novembre 1815.

que ceux de l'État et du trône, qui n'apportent aucune arrière-pensée, et respectent avec franchise la Charte, comme ils aiment le roi avec amour.

Paris, le 19 septembre 1816.

Le ministre secrétaire d'État au département de la police,

Signé : DECAZES.

Pour ampliation, le préfet du Lot,

Signé : LEZAY-MARNESIA.

M. le préfet du Lot à MM. les fonctionnaires administratifs du ressort et à ses administrés.

Le roi, qui sait être fort comme il est bon et juste, a, par son ordonnance du 5 septembre, dissous la chambre des députés et raffermi la Charte sur des bases désormais inébranlables.

L'énergie de cette mesure a eu pour effet de terrasser toutes les folles prétentions, de garantir tous les droits, de contenir chacun dans sa place ; elle a doublé les forces du roi, elle lui a rallié tous les esprits qui hésitoient encore, elle lui a donné la preuve que pour que la nation entière fût à lui il suffisoit de la convaincre qu'il étoit tout à elle.

Cependant, tandis que la France reconnoissante rend hommage à cet acte de haute sagesse de Sa Majesté, je suis informé que quelques hommes, aigris soit par un faux zèle, soit par le renversement de je ne sais quelles espérances, se permettent d'indécentes observations, cherchent à décréditer l'autorité, calomnient les intentions du roi et de son gouvernement, et portent l'audace de leurs propos jusqu'à l'irrévérence pour la personne sacrée de Sa Majesté.

Mon devoir est de faire respecter l'autorité royale et les lois de l'État ; je le ferai contre tous les genres de malveillance, sous quelque nom, sous quelques couleurs qu'ils se déguisent.

Ces nouveaux ennemis de la France, rares sans doute, qui au nom du roi conspirent contre sa cause, et cherchent à le séparer de son peuple, pour l'intérêt de leur vanité et de leurs prétentions, ne sont pas moins séditieux que les autres ennemis qui, pour la satisfaction d'une ambition coupable, prétendroient éterniser l'esclavage de la France.

Tous sont également dignes d'être réprimés.

J'appelle sur tous les genres de malveillance et sur leurs menées la vigilance du magistrat, des vrais amis du roi et de la monarchie paternelle. Après tant d'exagérations diverses, la modération triomple enfin ; prouvons qu'au lieu de mériter le reproche de foiblesse, c'est en elle que consiste la véritable force.

Cahors, le 16 septembre 1816.

Le préfet du département du Lot,

Signé : LEZAY-MARNESIA.

N° 10.

(Pièce également mentionnée dans le Mémoire n° 3.)

Lettre d'un électeur du département de..... à M***, député de la dernière chambre.

Monsieur, la lettre que vous m'avez fait l'honneur de m'écrire pour me demander ma voix aux prochaines élections m'a été remise par M. le curé de..... qui a pris soin de la commenter avec tout le zèle et toute l'onction que vous lui connoissez. Son neveu, que vous avez fait nommer juge, l'accompagnoit, et m'a dit, sans beaucoup de détours, qu'incertain sur la manière dont il doit prononcer dans une affaire qu'un chicaneur très-connu m'a suscitée, il est disposé à vous consulter et à s'en rapporter à vos lumières. J'aime à croire que l'oncle et le neveu sont allés fort au delà de vos intentions, l'un par ses longs discours, l'autre par ses insinuations singulières. Je trouve tout simple qu'ayant été député, vous désiriez être réélu; je m'étonne peu que vous me demandiez ma voix; mais il me paroît étrange qu'on essaye de me circonvenir, et qu'on veuille m'inquiéter sur des intérêts auxquels je ne puis songer quand il s'agit de l'intérêt public. La franchise et la loyauté me guideront toujours; c'est pourquoi je ne fais nulle difficulté de vous répondre que vous n'aurez pas ma voix, et de vous exposer les raisons sur lesquelles se fonde mon refus.

Je veux la tranquillité, monsieur; il me semble que le repos doit avoir autant de charme pour un François que la santé pour un homme longtemps malade, à peine convalescent. Dites-moi si la majorité de la chambre des députés a fait beaucoup pour la tranquillité publique. Le roi a donné l'exemple de toutes les vertus conciliantes; la chambre des pairs a reçu de ses membres l'éclat qui sembloit n'appartenir qu'aux vieilles institutions; les François, ou du moins la presque totalité d'entre eux, ne demandoient qu'à respirer de tant d'orages; mais vous et vos amis vous avez voulu voir d'une autre manière. Vous avez paru méconnoître cet axiome incontestable, que la violence produit les révolutions et que la modération les termine; vous semblez vous être plu à rappeler tous les souvenirs funestes et à remettre en question ce qui étoit décidé; vos discours imprudents ont attisé les haines et répandu les alarmes. De bonne foi, monsieur, devez-vous être surpris si pour amener le repos je préfère d'autres hommes à ceux qui l'ont repoussé malgré le vœu du roi, de la chambre des pairs et de la presque totalité des François?

Une partie de la chambre des députés n'a montré ni calme ni modération. Que seroit-ce si l'on recomposoit sa majorité des mêmes éléments; si vous et vos amis vous reparoissiez à la tribune, aigris par les souffrances de l'amour-propre, ardents à vous venger de la joie générale qu'excite l'ordonnance du 5 septembre, tout fiers d'un triomphe remporté sur la volonté du roi, en regardant la France comme un patrimoine qu'on ne peut arracher de vos mains? Vous auriez eu ma voix l'année dernière, que je me garderois de vous la donner cette année.

Il faut des députés sages dans leurs opinions, calmes dans leurs discours, dignes de s'associer à cette bonté touchante qui siège sur le trône. Depuis trop longtemps les exagérés de diverses couleurs envahissent nos chambres de députés; voyons enfin quelle pourroit être l'influence d'une assemblée modérée. Après tant d'expériences, je n'aperçois pas le danger d'essayer encore celle-ci.

Sujet fidèle, dévoué au meilleur des rois, puis-je vous donner mon suffrage quand vous avez refusé de suivre ses principes et tenté d'affoiblir son autorité? Oubliant dans quelle sphère élevée est placé le monarque, il n'a pas tenu à vous que des sentiments de haine et de vengeance ne parvinssent jusqu'à lui! Si, pour juger ses principes, il ne suffisoit pas de votre cœur, vous pouviez consulter l'histoire de Louis XVIII, qui dans une situation semblable à celle d'Henri IV suit l'exemple de son aïeul. L'un et l'autre ont avec douleur frappé quelques coupables et déployé leur clémence pour ramener des sujets égarés. Louis, en ces jours déplorables, pardonne à des rebelles, comme Henri fit grâce.

Vous n'avez pas moins méconnu l'autorité que les principes du monarque. Je ne puis en quelques lignes tracer l'histoire de votre session; mais pensiez-vous affermir l'autorité royale quand vous dénaturiez les projets de loi, quand vous les étouffiez sous les amendements, et que vous cherchiez avec tant d'ardeur à substituer des volontés irréfléchies aux propositions émanées du trône? Vous sembliez avides de réunir en vos mains tous les pouvoirs, et vous paroissiez près de renouveler cette assemblée constituante qui s'arrogea le droit de gouverner. Quoi! vous n'avez pas senti combien il importe que le roi jouisse pleinement du pouvoir qu'il s'est réservé, en faisant à son peuple des concessions si nombreuses! Tant de légèreté suffiroit pour m'interdire de vous donner mon suffrage.

Aux dernières élections, vous parliez de la Charte comme d'une superfétation politique, et vous annonciez assez hautement le projet de nous reporter à 1788. Vous osiez alors mettre en doute la force des lois constitutionnelles, l'irrévocabilité d'une promesse sacrée : l'ordonnance du 5 septembre doit commencer à vous détromper.

Sans discuter avec vous les avantages de la Charte, elle existe; on ne peut l'ébranler sans alarmer la France, et sa destruction seroit une révolution nouvelle ajoutée à tant d'autres. Il suffit donc de vouloir la tranquillité pour vouloir le maintien du gouvernement tel qu'il est. Ne nous livrons point à des discussions métaphysiques; portons nos regards autour de nous. Le commerce et l'industrie languissent; la sécurité seule pourra les ranimer, et la sécurité des peuples est le fruit de la stabilité des lois. Que des députés jaloux de conserver, non d'innover, viennent s'unir de cœur aux volontés du roi, et bientôt notre sol paisible s'enrichira des prodiges de l'activité françoise. Mais si l'on s'aperçoit que les députés regrettent des priviléges dont l'éclat a flatté leur enfance; si l'on voit qu'ils aimeroient à recouvrer des propriétés qui ont fui de leurs mains et circulé dans une multitude de familles; si l'on croit qu'ils traitent le gouvernement constitutionnel comme un gouvernement provisoire, les inquiétudes subsisteront dans les esprits, toute entreprise manufacturière ou commerciale sera différée, et les capitaux resserrés laisseront s'anéantir l'industrie. Voilà des vérités simples et palpables. Indépendamment des observations précédentes sur les députés, peut-on confier le soin de maintenir la Charte aux hommes qui l'ont si souvent attaquée pendant votre session? Montriez-vous du respect pour la Charte quand vous vous éleviez avec tant de chaleur contre l'article qui prescrit le renouvellement par cinquièmes?

Le département que nous habitons, monsieur, a d'autant plus besoin de sages députés, qu'il y règne moins d'union et de calme que dans beaucoup d'autres. J'en connois plusieurs où nulle division n'existe : *le roi et la Charte* y rallient tous les cœurs. Mais parmi nous je vois encore s'agiter deux partis : une poignée d'hommes regrettent les priviléges, fatiguent de leurs prétentions tout ce qui les environne; et s'ils avoient autant de pouvoir que d'orgueil, leur domination seroit bientôt cruelle. D'autres hommes, presque tous de la lie du peuple, craignent les Bourbons comme l'oiseau de nuit craint la lumière. Prompts à inventer ou à croire des fables absurdes, ils prédisent sans cesse des révolutions prochaines. Entre ces deux partis sont des hommes nombreux, paisibles, pleins d'honneur et dévoués au gouvernement; c'est dans leurs rangs que nos députés seront choisis, si mes vœux se réalisent : je dirai plus, c'est parmi eux qu'il faut prendre les différents fonctionnaires pour sauver les deux partis de leurs propres fureurs.

Un gouvernement ne peut être bien servi que par des hommes qui lui soient dévoués. Notre gouvernement est constitutionnel. Si Louis XVIII eût rétabli l'ancien régime, vous seriez très-propre à seconder ses vues : mais Sa Majesté ayant jugé qu'après tant de bouleversements la France ne trouvera le repos que sous une monarchie tempérée, je vote pour des hommes dévoués au roi et à la Charte.

Voilà, monsieur, quelques-unes des raisons qui ne me permettent pas de vous donner ma voix.

Je n'en ai pas moins l'honneur d'être, ***

(Extrait du *Journal général* du 25 septembre.)

N° 11.

(Extrait du *Moniteur* du 11 novembre.)

DÉSAVEU DE LA PIÈCE N° 9.

Paris, le 10 novembre 1816.

Il a été donné lecture hier à la chambre des députés d'une pièce intitulée *Instructions sur les élections*, et dont l'impression paroît avoir été ordonnée par M. le préfet du Lot.

La copie que nous avons donnée de ces instructions dans notre numéro d'hier n'en est qu'un extrait, inexact sous beaucoup de rapports. Plusieurs phrases ont été supprimées, d'autres ont subi des altérations qui sont de nature à en changer le sens. Par exemple, le premier paragraphe de l'extrait qui a paru dans *Le Moniteur* se termine ainsi : « *Les députés qui se sont constamment écartés de ces principes tutélaires ne sauroient donc être désignés ni obtenir une faveur qui tourneroit au préjudice de la chose publique.* » Dans l'original de ces instructions, que nous avons sous les yeux, il y a : *Ne sauroient être désignés par l'autorité locale ni se prévaloir de son influence pour obtenir une faveur qui tourneroit au profit de la chose publique* [1]. On sent toute la différence de ces deux versions sans qu'il soit besoin de la faire ressortir. Les autorités locales devoient protection à tous ; mais il n'étoit ni juste ni convenable qu'elles employassent l'influence qu'elles pouvoient avoir en faveur des hommes qui s'étoient montrés constamment opposés au système politique suivi par le gouvernement.

Au surplus, ces instructions adressées confidentiellement aux préfets n'étoient point destinées à l'impression ; elles avoient pour objet de régler la conduite des dépositaires de l'autorité publique dans les départements, de les éclairer sur les véritables intentions du gouvernement, et en même temps de leur prescrire les mesures propres à assurer la tranquillité et l'indépendance des colléges électoraux. Sous ce rapport, l'esprit qui a dicté ces instructions se trouve tout entier dans ces mots qui font partie d'un des paragraphes omis dans l'extrait qui a paru hier : *Surveillance, activité, mais liberté entière.*

(Extrait du *Journal général* du 10 novembre.)

N° 12.

(Extrait du *Journal général* du 10 novembre.)

DÉSAVEU DE LA PIÈCE N° 10.

Il est de notre devoir de dire que la lettre dont il est ici question étoit l'ouvrage d'un des rédacteurs de ce journal, qu'elle renfermoit l'expression de son opinion très-indépendante, et que Mgr le ministre de la police générale, pensant que cette opinion étoit énoncée en termes faits pour offenser les membres de la majorité de l'ancienne chambre, crut devoir arrêter l'envoi du numéro à la poste, bien qu'une note du rédacteur du journal adoucît et restreignît beaucoup le sens des expressions dont s'étoit servi l'auteur de la lettre. Il est surprenant que l'on ait argumenté contre la validité des élections du département du Lot, d'un numéro de journal qui n'a pu circuler que dans Paris [2].

1. N'est-ce pas une chose singulière que Mgr le ministre des finances et M. le préfet de Toulouse aient commis la même faute et défiguré de la même manière le texte de la circulaire de M. le comte Decazes ? Voyez le n° 1 et le n° 3 (à l'extrait des Instructions) qui parlent aussi des désignations à faire par les *autorités locales*.

2. M. le rédacteur auroit raison si la pièce, qui n'a pu circuler que dans Paris, n'avoit été réimprimée à Cahors, chez Ramel, imprimeur de la préfecture. Je possède l'original de cette réimpression.

N° 13 (67).

Pièce à l'appui d'un fait mentionné dans le Mémoire no 3.

Je, Jean-François de Saunhac de Belcastel, premier vicaire général, président du chapitre de Cahors, gouvernant et administrant le diocèse en l'absence de Mgr. l'évêque, déclare, sur la demande qui m'en est faite, et pour rendre hommage à la vérité, qu'ayant été invité par M. le comte Lezay-Marnesia, préfet du département du Lot, de passer chez lui le samedi 5 octobre courant, entre onze heures et midi, et que, m'y étant réellement rendu, ce magistrat commença par me reprocher d'avoir parlé favorablement des députés de ce département à la dernière chambre à ceux de MM. les électeurs de 1816 que des affaires ecclésiastiques, ou le plaisir de me voir, avoient conduits chez moi depuis que les élections étoient commencées; qu'il me porta ensuite plainte sur la présence de plusieurs ecclésiastiques de la campagne qu'il prétendoit être venus en ville pour faire porter les voix sur MM. lesdits députés, me disant que le roi ne vouloit point qu'ils fussent réélus et ajoutant avoir reçu dix instructions différentes, qui contenoient cette exclusion, particulièrement une, dont il me lut quelques lignes, que je ne trouvai point avoir le sens qu'il lui donnoit, laquelle il me présenta comme signée du roi lui-même, sans cependant me faire voir la signature de Sa Majesté. Je déclare ensuite que M. le comte Lezay-Marnesia, se trouvant embarrassé pour détruire les observations que je lui fis contre la réalité de l'exclusion royale des anciens députés, et voulant cependant la soutenir, me dit que Sa Majesté s'y étoit déterminée par le motif de leur trop grande exaltation dans la dernière session, et que notre conversation se termina par ma réponse que je ne voyois dans l'ordonnance du 5 septembre dernier qu'un motif, celui de rétablir les membres de la chambre des députés à l'âge et au nombre prescrits par la Charte; et qu'on ne pouvoit, sans vouloir se jeter dans l'arbitraire, en supposer d'autre que celui exprimé par le roi lui-même à toute la France dans son ordonnance, qui ne laissoit même pas présumer la plus légère défense de renommer ceux des anciens députés que les colléges électoraux jugeroient propres à consolider l'autorité royale et la légitimité. Je déclare enfin être parfaitement convaincu que la très-grande majorité de MM. les électeurs du département du Lot, laisses à leurs propres et véritables sentiments, comme dans l'entière liberté de leur choix, eussent, par attachement pour leur roi et son auguste dynastie, réélu leurs quatre députés à la dernière chambre, comme leur étant connus par leur sagesse, leur véritable dévouement au trône et leur fidélité aux Bourbons.

A Cahors, le 26 octobre 1816.

Signé : L'abbé DE SAUNHAC, vicaire général.

Vu pour légalisation de la signature de M. l'abbé de Saunhac, vicaire général,

Cahors, le 26 octobre 1816. *Le maire de la ville.*

Signé : Isaac DELVINCOURT, adjoint.

N° 14 (60).

Pièce à l'appui du Mémoire n° 8.

Je, soussigné, certifie que le 2 du présent mois M. de Lezay-Marnesia, alors préfet du département du Lot, me fit prévenir de me rendre chez lui vers midi; que, m'y étant rendu, il me reprocha d'avoir improuvé sa circulaire aux électeurs, d'avoir en cela manqué de respect à l'autorité, et de m'être donné même des mouvements pour influencer les élections; sur quoi je répondis que cela ne me regardoit pas; mais que, du reste, si on laissoit les choix libres, MM. les électeurs du collége du département étoient incapables de choisir des députés autres que ceux qui sont attachés au roi et à son auguste famille; et je lui ajoutai que les choix faits en 1815, justifioient mon opinion; et je lui dis même que ce qu'il y avoit d'alarmant pour les vrais amis du roi, c'étoit de voir cette réunion de jacobins qui avoient assiégé le collége d'arrondissement. Le préfet m'observa alors que cela ne me regardoit pas, qu'il falloit laisser agir l'autorité, et que l'intention du gouvernement étoit de ne pas permettre que les anciens députés fussent réélus. En foi de quoi me suis signé, à Cahors, le 22 octobre 1816.

Signé . CALMEJANE, avoué licencié.

Vu pour légalisation de la signature ci-dessus.

Cahors, 26 octobre 1816. *Le maire de la ville.*

Signé : Isaac DELVINCOURT, *adjoint.*

N° 15 (59 *bis*).

Nouveau Mémoire en confirmation du Mémoire n° 8.

A monsieur le président de la chambre des députés et à messieurs les membres qui la composent.

Messieurs, les instructions, les proclamations et les lettres circulaires contenues dans les imprimés joints à une pétition qui a dû être présentée à la chambre suffiront à vos yeux pour vous convaincre des desseins de M. le préfet Lezay-Marnesia, et de la part active qu'il a prise dans ces mêmes résultats.

Une infinité de faits graves qui ont précédé et accompagné les élections viennent à l'appui de cette vérité, et leur preuve se fera aisément sur les lieux si vous la jugez nécessaire. Elle vous convaincra, messieurs, qu'on a gagné une partie des électeurs, en leur faisant accroire que le roi ne vouloit pas d'anciens députés, qu'ils étoient ses ennemis; qu'ils avoient voulu rétablir la dîme et les rentes et dépouiller les acquéreurs des biens nationaux;

Que les personnes honnêtes qui se permettoient de raisonner sur le véritable sens de l'ordonnance du 5 septembre étoient mandées à la préfecture, grondées sur leur prétendue indiscrétion, et menacées.

Que d'autres personnes, revêtues d'un caractère respectable, avoient été chassées de la ville, sous le faux prétexte qu'elles s'y étoient rendues pour diriger les votes sur les anciens députés;

Qu'au collége de l'arrondissement de Cahors un des anciens députés ayant obtenu le plus grand nombre de suffrages lors de la sortie du premier candidat, un électeur du canton de Castelnau se rendit sur la place où un certain nombre d'électeurs se trouvoient réunis, et qu'il leur dit à haute voix que le préfet l'avoit chargé de leur déclarer que s'ils persistoient à donner leurs suffrages à ce député, il dissoudroit l'assemblée, parce que le roi ne vouloit pas des anciens députés, et que le préfet dut à cet orateur des halles une seconde candidature;

Qu'il avoit été fait un appel à tous les ennemis du gouvernement pour accréditer cette insigne fausseté et proclamer d'avance ceux qu'il falloit choisir, en abusant du nom du roi;

Que les chefs de file de cette honorable clientèle étoient des sous-préfets, des magistrats, des conseillers de préfecture, des juges de paix et d'anciens fonctionnaires destitués ou occupant les premières places;

Que pour avoir la force armée à leur disposition, ils en écartèrent les deux chefs supérieurs de la gendarmerie, l'un en le mettant aux arrêts, sous un prétexte déguisé, tandis que son véritable tort étoit d'avoir dit dans un cercle que le préfet n'étoit pas éligible dans ce département; et l'autre, en l'envoyant, sur la réquisition du préfet, à l'extrémité du département, soit pour y arrêter des prévenus de vol et d'assassinat remontant à des époques reculées, dont l'un étoit d'ailleurs constitué prisonnier depuis six mois, et dont les autres jouissoient de leur liberté sur le refus du procureur du roi de décerner demandat contre eux, soit pour prévenir les troubles dont la ville de Figeac étoit, disoit-on, menacée, tandis que cette ville jouissoit de la plus parfaite tranquillité, quoique le préfet eût appelé et retînt près de lui le sous-préfet, et que le procureur du roi et le maire fussent absents, ainsi que le tout doit résulter plus amplement du procès-verbal de cet officier supérieur envoyé au ministre de la guerre;

Qu'au premier tour de scrutin deux anciens députés avoient obtenu la presque majorité des suffrages; que le secrétaire intime du préfet, quoiqu'il ne fût pas électeur, resta constamment dans l'assemblée et auprès du secrétaire de cette assemblée; que la séance ne fut renvoyée au lendemain que pour avoir le temps de faire arriver des électeurs qui, à cause de leur félonie, n'avoient osé d'abord se présenter ou pour gagner ceux qui leur avoient résisté;

Qu'après les trois premiers députés pris dans le parti qui s'opposa constamment à l'élection des anciens, la majeure partie de l'assemblée s'étant hautement prononcée pour l'un des quatre anciens députés, le scrutin fut déclaré nul au moyen de deux billets en sus du nombre des votants qui furent trouvés dans la boîte;

Que la séance ayant été renvoyée au lendemain pour continuer l'opération, on ne vit plus dans la salle que la partie saine de cette assemblée, à l'exception de trois électeurs qui refusèrent de voter, et de deux autres à double face qui, pour n'avoir pas l'air d'être de la coalition, votèrent, ainsi que le tout doit résulter de la liste des votants signataires, qui est restée au pouvoir du président, comparée avec celle de la totalité des électeurs;

Que le scrutin est resté ouvert pendant deux jours sans qu'aucun électeur de ce parti se soit présenté pour compléter la majorité requise, quoiqu'ils se montrassent dans la cour de la préfecture, dans les promenades, à la comédie, et qu'ils n'aient quitté la ville qu'après que le délai pour voter a été expiré;

Qu'enfin leur conduite à la comédie et l'inertie du préfet à cette occasion ont dû affliger tous les sujets fidèles au roi, puisque après s'être inutilement opposés au chant d'une cantate dont le refrain est *Vive le roi ! vive la France !* ils accompagnèrent ce refrain de coups de sifflet.

Mais tous ces faits, et beaucoup d'autres que nous passons sous silence, nous paroissent de surérogation pour faire ressortir les nullités intervenues dans les délibérations de cette assemblée et venger par ce moyen l'outrage fait à ce département en ramenant par séduction, par menaces et par violence, la majeure partie des électeurs aux écarts déplorables de 1793. Nous allons nous borner à articuler les nullités prises en majeure partie dans les actes de cette assemblée et sur autres pièces jointes à l'une des pétitions présentées à la chambre dans l'intérêt de ce département.

Le premier moyen de nullité dérive de la séduction et de la violence que le préfet et ses agents ont exercées sur une classe d'électeurs qui leur étoient subordonnés, tant au moyen de la tournée dans le département, qu'au moyen des circulaires, des instructions, des proclamations qu'il a fait répandre à pleines mains, et dont une partie est remise sous les yeux de la chambre.

Le second moyen de nullité est pris de ce que durant les élections le secrétaire intime du préfet a été constamment présent et s'est tenu à côté du secrétaire de l'assemblée, quoiqu'il ne fût pas électeur, malgré que plusieurs électeurs aient demandé au bureau de l'en faire sortir.

Les soussignés, mettant tout intérêt personnel et tout sujet de ressentiment à l'écart, réclament pour le respect dû à la loi, pour le maintien de l'ordre et pour l'honneur du département, l'annulation de l'assemblée électorale du département du Lot.

Cahors, ce 11 octobre 1816.

(*Suivent quarante-et-une signatures*[1].)

---

1. Les quarante-et-une signatures de ce Mémoire, qui n'a pas été présenté à la chambre des députés, jointes aux quarante-huit du Mémoire sous le n° 8, forment quatre-vingt-neuf signatures.

FIN DES DOCUMENTS GÉNÉRAUX.

FRAGMENTS

AVIS DES ÉDITEURS

SUR LES

MATIÈRES NOUVELLES QUI TERMINENT CE VOLUME.

M. de Chateaubriand a raconté dans une de ses préfaces quelques circonstances qui précédèrent la première publication du *Génie du Christianisme* en France. On sait que l'impression de cet ouvrage, qui alloit devenir son premier titre littéraire, avoit été préparée en Angleterre, et qu'il y en avoit déjà une ou deux parties sous presse lorsque le premier consul ayant, par un des premiers actes de son pouvoir, rouvert aux François émigrés les portes de leur patrie, le noble auteur, qui devoit plus tard illustrer son nom et son pays, s'empressa de sacrifier les premières dépenses qu'il avoit faites pour son livre, et se rendit en France pour en faire recommencer l'impression : heureux et fier de venir joindre son tribut à nos richesses littéraires et de ranimer le feu de ses inspirations aux rayons vivifiants du soleil de la patrie.

Les hommes célèbres qui se trouvoient alors à la tête de la littérature françoise étoient tous, ou presque tous, les amis de M. de Chateaubriand : il suffit de nommer les La Harpe, les Fontanes, les Bonald, les Michaud, pour dire combien devoit être chère à l'écrivain, encore inconnu, cette amitié née d'une communauté de principes et d'opinions en matière de politique et de littérature, qui avoit été à l'épreuve des longs jours de l'absence et que l'exil et le malheur avoient fortifiée des deux côtés. Ce fut alors que M. de Chateaubriand jugea nécessaire de changer quelques dispositions dans l'ordonnance de son grand ouvrage ; il en modifia le plan dans quelques parties, et, devenu lui-même plus sévère pour son style depuis son retour dans la patrie de Racine et de Bossuet, il fit de nombreuses et importantes corrections, surtout dans les livres du Dogme et de la Poétique du Christianisme, qui avoient été imprimés à Londres et non publiés.

Nous avons dit que l'auteur avoit condamné lui-même ces volumes à l'oubli ; mais un exemplaire de ces épreuves premières échappa à la destruction, et quand nous l'avons eu sous les yeux, nous avons pensé que la reproduction et la connoissance de ces fragments ne pouvoient être que précieuses pour les amis des lettres. On y verra en effet avec quel courage l'auteur consciencieux a sacrifié souvent de belles images et de grandes beautés d'expression pour se montrer docile à la douce autorité de ses amis, qui le gourmandoient quelquefois sur je ne sais quelle âpreté sauvage que le voyageur avoit rapportée de son séjour au désert. On aimera enfin à comparer les premiers jets d'une imagination chaleureuse, s'exaltant dans la solitude, à l'aspect des beautés de la nature, avec les chapitres sur les arts, sur la poésie, sur l'histoire naturelle, qui ont subi depuis l'épreuve de la correction et de la critique. C'est ainsi que les hommes d'art se complaisent toujours dans l'admiration des ébauches de Raphael ou de Michel-Ange, qui sont devenues plus tard des personnages de la *Transfiguration* ou du *Jugement dernier*.

Nos souscripteurs reconnoîtront en même temps le désir que nous avons que rien de ce qui est échappé à la plume du premier écrivain de notre siècle ne soit oublié dans notre édition, au soin que nous avons mis à y ajouter plusieurs morceaux de critique littéraire qui avoient été omis dans les éditions antérieures, ainsi que diverses lettres de l'auteur qui sont éparses dans nos recueils périodiques.

FRAGMENTS

VARIANTES
DU
CHAPITRE DE L'INCARNATION.

Après le premier paragraphe de ce chapitre, page 23, tome II, lisez :

Mais si vous joignez à ces tendres et suaves images le souvenir de la grande mission que cet enfant immortel vient remplir, des maux qu'il doit un jour endurer, de la misère et de l'opprobre qui menacent la plus sublime des vies ; si vous vous rappelez le beau testament que l'homme de paix doit laisser en héritage à la terre ; enfin, si vous voyez ce Dieu des infortunés s'offrant lui-même pour vos crimes, alors, s'il vous reste quelque sentiment du véritable beau, ne vous écrierez-vous pas avec le psalmiste : *Exaltabo te, Deus meus, et benedicam domino tuo in sæculum et in sæculum sæculi?*

Il est des cœurs gangrenés et des esprits corrompus qui ne peuvent faire germer aucune belle plante ; ils ne savent rien trouver dans les choses les plus merveilleuses. Pour nous, laissant à part ce que nos mystères ont de discret et de sacré, nous pourrions retrouver partout, sous les plis moins redoutables de leurs voiles, les vérités les plus ravissantes de la nature, etc.

Avant la fin du deuxième paragraphe du même chapitre, page 23 :

..... que suce l'agneau. Ce brûlant soleil est enfant de la fraîche aurore, et parmi les hommes, enfin, la gloire et l'immortalité s'engendrent au sein des plus belles comme des plus douces vertus. Pour frapper les cœurs endurcis qui refusent de croire à ses saints mystères, Dieu en a gravé les paraboles et les figures autour de nous, ainsi qu'un puissant monarque fait imprimer le sceau de ses armes sur les monnoies d'or qu'il distribue dans ses États..

Ils eurent bien à se plaindre de la nature ceux qui ne découvrirent, etc.

Après la neuvième ligne de la page 24 :

Enfin toutes les grâces du Seigneur découlant sur la terre à travers le sein d'une vierge timide, comme pour rendre les grâces encore plus belles. Dogme enchanté! etc.

Après la dix-huitième ligne de la page 24 :

Qu'elle soit (Marie) tout indulgence; que sa beauté même ait conservé quelque chose de presque terrestre, et qui pourroit faire naître le violent amour si elle ne jetoit dans des extases de vertu.

DE LA VIRGINITÉ.

Dans le deuxième livre *de la Virginité*, saint Ambroise fait ainsi le portrait de Marie :

Vierge non-seulement de corps, mais d'esprit, elle avoit une candeur admirable, un air simple, une parole grave, et des projets pleins de sagesse...........

Ses manières étoient décentes, sa démarche n'avoit rien d'efféminé, et sa voix était toute timide..... Aussi fut-elle élevée à la dignité de mère de Dieu. Éloignée du bruit et du monde, elle étoit seule dans son oratoire lorsque l'ange vint la visiter. Elle garda le silence lorsque Gabriel la salua pleine de grâce; mais elle répondit quand il l'appela Marie.

DU DIVORCE[1].

Ne donnons point à l'hymen les ailes de l'amour, et ne faisons point d'une sainte réalité un fantôme volage. Une chose détruira encore

[1]. Il ne reste que quelques lignes de ce tableau dans le chapitre du *Mariage*, t. II, p. 43, et les couleurs en sont extrêmement affoiblies.

votre bonheur dans vos liens d'un instant; vous y serez poursuivi par vos souvenirs. Vous comparerez sans cesse une épouse à l'autre, ce que vous avez perdu et ce que vous avez trouvé, et, ne vous y trompez pas, la balance sera tout en faveur des choses passées : ainsi Dieu a fait le cœur de l'homme. Cette distraction d'un sentiment par un autre empoisonnera toutes vos joies. Caresserez-vous votre nouvel enfant, vous songerez à celui que vous avez délaissé. Presserez-vous votre femme sur votre cœur, votre cœur vous dira que ce n'est pas le sein de la première. Tout tend à l'unité dans l'homme fait à l'image de son créateur; il n'est point heureux s'il se divise; et comme Dieu, son modèle, son âme cherche sans cesse à concentrer en un point le passé, le présent et l'avenir.

Étendez ce que nous venons de dire aux autres circonstances du divorce; supposez, si vous le voulez, que l'époux et l'épouse n'en soient pas seulement au second, mais au troisième, mais au quatrième mariage. Quelle société, quelle union que celle-là, pour le bonheur! Que deviennent les confidences mutuelles de la couche, qui adoucissent tant de chagrins? Sur cet oreiller où vous reposez votre tête, où vous voulez parler de vos secrets, une bouche venimeuse vous révélera-t-elle les mystères d'un autre oreiller, en vous découvrant ainsi le sort qui menace les vôtres? Et si vous avez l'ombre du véritable amour, comment songerez-vous que votre épouse a été l'épouse d'un autre homme, que cet homme vit, qu'elle peut tous les jours le rencontrer? Que dis-je? ce sein est encore gonflé du lait d'un hymen qui n'est pas le vôtre; j'entends encore les cris du petit orphelin du divorce, à qui vous venez de ravir la mamelle?

Mais on nous objectera qu'on n'abandonne pas ses enfants, qu'on les établit avec soi dans sa nouvelle demeure. Voici la maison du scandale : la marâtre jalouse dit qu'on caresse trop ces étrangers aux dépens de ses propres fils; les enfants, à leur tour, sont en guerre avec les enfants; ils se regardent mutuellement comme des voleurs introduits dans le champ paternel. Toute subordination cesse; chacun ignore la règle de son devoir. A qui faut-il obéir? sera-ce à son père selon la nature, ou à son père selon le divorce? La maison se partage ; les domestiques s'enrôlent dans les haines et dans les amours; les voisins accourent pour augmenter le trouble; la curiosité, la malignité, la médisance, la calomnie, broient leurs couleurs, et la langue des hommes travaille de toutes parts. Si des deux côtés il y a des fruits d'un autre lit, si l'époux et l'épouse, ainsi qu'ils ont déjà marié leur honte, mêlent ensemble ces bâtards qui héritent, ces bâtards qui forment entre eux, et avec les nouveaux enfants de leurs père et mère, des degrés d'alliance pour lesquels on ne connoît point de nom ; si tout cela est ainsi, que n'achève-t-on ce digne ouvrage? Pour resserrer les nœuds de cette chaste famille, que ne donne-t-on en mariage le frère à la sœur et la sœur au frère? Alors père et mère, femme et mari, fils et fille, frère et sœur, vivroient tous pêle-mêle dans un inceste philosophique.

Je sais qu'il y a de ces pères apathiques ou corrompus qui peuvent voir avec indifférence dans leur maison les fils de l'étranger, et les préférer même aux leurs. Donc toute votre espérance de bonheur repose sur l'insensibilité ou sur la dépravation humaine? Quant à ces cœurs larges qui aiment tout, qui s'accommodent de tout, qui chérissent à l'égal de leurs enfants les enfants d'autrui, et quelquefois même les gages de leur infamie et du crime de leurs épouses, ces cœurs-là sont sans doute au-dessus de nos objections. Concubinage, adultère, divorce, tout est excellent, tout est parfait pour eux, et nous n'avons rien à leur apprendre. Dieu leur a désigné d'autres maîtres : il faut qu'ils aillent s'instruire d'abord chez toutes les bêtes qui ont des nids, des tanières ou des bauges, avant qu'ils puissent devenir un objet de considération pour la loi.

Enfin, on veut que le divorce soit favorable à la population ; c'est ignorer toutes les lois morales et même physiques de la nature. A Dieu ne plaise que nous mettions à découvert la turpitude des hommes ; mais qu'on sache que celui qui change de femme dépense sa postérité en désirs ; et qu'au lieu des enfants de ses petits-enfants, il ne tiendra sur ses genoux que la Mort, son héritière.

L'EXTRÊME-ONCTION[1].

Mais c'est à la vue de ce portique silencieux d'un autre monde que notre religion déploie toute sa sublimité. Si la plupart des cultes antiques ont consacré la cendre des morts par des cérémonies funèbres, aucun n'a songé à préparer l'âme pour ces rivages inconnus dont on ne revient jamais ; car on ne rentre point dans le port de la vie aussitôt qu'on a levé l'ancre : l'haleine de la mort, qui souffle incessamment de ce dernier havre vers les régions de la tombe, ressemble à ces vents des mers indiennes toujours favorables pour l'arrivée et toujours con-

1. Voyez t. II, p. 44.

traires pour le retour. Tout périt en nous, jusqu'au nom de la mort, pour nous servir de cette belle expression de Tertullien, commentée d'une manière si sublime par Bossuet : « Tant il est vrai, s'écrie ce grand orateur, que tout meurt dans l'homme, jusqu'à ces termes funèbres par lesquels on exprimoit ses malheureux restes. »

Tout meurt dans l'homme ! Oui, chrétiens, mais seulement *ce qui est périssable*. Vous le saurez, si cet horrible blasphème que quelques philosophes ont osé prononcer, si ces doutes ténébreux que l'impiété et une sagesse désastreuse ont fait naître se sont évanouis devant la splendeur de notre glorieuse religion. Ah ! venez voir le plus beau spectacle que puisse présenter la terre, l'homme juste de Jésus-Christ mourant sur sa couche. Cet homme n'est plus l'homme du monde, il n'appartient plus à son pays ; toutes ses relations avec la société cessent. Pour lui la computation par les temps finit, et il ne date plus que de la grande ère de l'éternité. Un prêtre, assis à son chevet, le console. Le flambeau de la religion à la main, il descend devant lui sous les voûtes du sépulcre, et lui en montre les secrètes merveilles. Ce ministre saint s'entretient avec l'agonisant de l'immortalité de son âme, et la scène sublime que l'antiquité entière n'a présentée qu'une seule fois dans le premier de ses philosophes se renouvelle chaque jour sur l'humble grabat du dernier des chrétiens qui expire. Enfin le moment suprême est arrivé : un sacrement a ouvert à ce juste les portes du monde, un sacrement va les clore. La religion s'est plu à le balancer dans le berceau de la vie, ses beaux chants et sa main maternelle l'endormiront encore dans le berceau de la mort. Elle prépare le baptême de cette seconde naissance ; mais ce n'est plus l'eau qu'elle choisit, c'est l'huile qui, par sa douceur et son onctuosité, ressemble à l'espérance qui s'étend sur l'âme enchantée du chrétien mourant ; l'huile sainte, ce salutaire antiseptique, qui doit prévenir toute corruption spirituelle, de même que les Égyptiens s'en servoient autrefois pour embaumer les corps au delà du lac des juges. Amollies par ce baume, le fidèle voit les portes de l'éternité tourner plus facilement sur elles-mêmes et s'ouvrir avec lenteur, pour lui découvrir les beautés du ciel. A mesure que le sacrement de délivrance agit sur ce prédestiné, vous voyez ses traits prendre quelque chose de sublime, et son âme, à moitié sortie de son corps, devenir comme visible sur sa figure rayonnante. Déjà il entend les concerts divins et la mélodie des sphères célestes ; déjà il est prêt à s'élever, loin du monde, vers ces régions harmonieuses où l'appelle par de beaux chants cette espérance à la voix future, fille de la vertu et de la mort. Les uns croient avoir vu son âme s'échapper sous la forme d'une blanche colombe ; les autres pensent qu'un grand chœur de saints l'a reçue sur des nuées glorieuses. Cependant l'ange de la paix, descendant vers cet homme juste, touche de sa baguette d'or ses yeux fatigués, et les ferme délicieusement à la lumière. Il meurt, et l'on n'a point entendu son dernier souffle; il meurt, et longtemps après qu'il est expiré ses amis font silence autour de sa couche, car ils croient qu'il sommeille encore, tant ce chrétien a passé avec douceur!

— —

L'ORGUEIL [1].

C'est l'orgueil qui fit tomber Adam; c'est l'orgueil qui arma Caïn de la massue fratricide; c'est l'orgueil qui dispersa les enfants des hommes devant la tour de leur folie; c'est l'orgueil qui renversa Babylone; par l'orgueil Athènes se perdit avec la Grèce; l'orgueil brisa le trône de Cyrus et divisa l'empire d'Alexandre. Rome périt par le même vice; et l'orgueil enfin, conjuré contre cette religion qui l'a dénoncé à l'univers, vient d'engloutir à nos yeux le premier trône chrétien du monde.

Il faut convenir que si le christianisme n'est pas d'origine céleste, c'est une bien incompréhensible religion que celle-là qui a réuni sans erreurs le peu de vérités morales que la société possède. Avant Jésus-Christ on ne savoit que penser de l'homme. Tel philosophe assignoit la première place à l'intempérance dans l'échelle des dégradations humaines, et tous se disputoient éternellement sur le mal et sur le bien. Le Sauveur se montra dans l'Orient, et aussitôt tout s'arrangea dans le monde intellectuel, de même que Dieu avoit jadis tout arrangé dans le monde physique : ce fut comme la création morale de l'univers. Les vertus les plus sublimes montèrent, ainsi que des feux purs, dans les cieux; les unes furent faites pour éclater au grand jour comme des soleils, les autres pour briller dans la nuit comme de modestes étoiles; les vices se précipitèrent selon leur rang. Car il ne faut pas croire que l'ordre dans lequel ils se trouvent classés dans l'Église soit arbitraire. Il suffit de la considérer pour s'apercevoir avec quelle sagesse la religion passe de ces crimes qui attaquent les hommes et la société en général à ces péchés qui ne retombent en partie que sur le coupable. Conséquente dans tout et partout, remarquez encore quelle

---

1. Voyez t. II, p. 46.

belle opposition de forces cette même Église fait aux foiblesses. Voyez comme toutes ces foudres sont dirigées contre ce vice qui se nourrit de vertus. « *Crescunt vanitates virtutibus*[1] ; » elle le cherche jusque dans les derniers replis du cœur pour le frapper ; tous les sacrements marchent contre l'orgueil en une armée sainte, et l'humilité devient la vertu principale du chrétien ; Jésus-Christ lui-même voulut en donner l'exemple sur la terre.

LA CHARITÉ[2].

Non ignara mali, miseris succurrere disco.

Il a planté la charité sur la montagne stérile de la vie, comme cet arbre insulaire qui sous un ciel aride et brûlant cache des sources dans ses branches, et où les hommes viennent remplir leurs vaisseaux et rafraîchir leur bouche altérée.

LE DÉCALOGUE[3].

Considérez en second lieu l'esprit de sagesse qui fait vivre ces dix paroles. Dieu y est annoncé pour la première fois, sans erreur, sans doute, sans perplexité ; il s'y déclare lui-même le Dieu fort, le Dieu jaloux, le Dieu qui créa l'homme et l'univers ; le décalogue est la seule loi des nations qui ait promulgué sans mensonge ce dogme sublime. Où Moïse avoit-il puisé une pareille doctrine ? Étoit-ce parmi le peuple d'Égypte, en proie à la plus grossière superstition ? Étoit-ce parmi ces savants prêtres de Thèbes et de Memphis, dont le dogme secret, si nous en croyons la plus haute antiquité, étoit un pur matérialisme[4] ?

Rien ensuite n'est plus admirable dans leur simplicité pleine de justice que les préceptes de la table des Hébreux. Les sages païens ont recommandé d'honorer les auteurs de nos jours. Solon décerne la mort contre le mauvais fils. Que fait Dieu ? Il promet la vie à la piété filiale : « Honorez vos parents, dit-il aux jeunes hommes, je couron-

---

1. Euch. 2. Voyez t. II, p. 49.
3. Voyez t. II, p. 51. 4. Porph., Sanch., Maneth., etc.

nerai votre tête de cheveux blancs, pour que vous receviez votre récompense et que vous soyez à votre tour aimés de vos petits-fils. » Cette loi et sa récompense s'accordent merveilleusement avec la nature. Dieu fait un précepte de l'amour filial, il n'en fait point un de l'amour paternel ; il savoit que le fils, en qui viennent se réunir toutes les choses futures, tous les souvenirs d'un long hymen et d'une épouse chérie, ne seroit souvent que trop aimé de son père ; mais au fils il commande d'aimer, car il connoissoit l'ingratitude et l'orgueil de la jeunesse ; s'il promet beaucoup de jours à l'enfant respectueux, c'est que l'homme attaché à ses père et mère est presque toujours un homme moral, et que la vertu prolonge en effet les jours de la vie, quand toutefois il ne plaît pas à Dieu d'en ordonner autrement. Tel est ce vénérable précepte qui promet l'amour pour récompense à l'amour, qui greffe pour ainsi dire le bouton de la tendresse filiale sur l'antique tronc de la tendresse paternelle, afin que le dernier reverdisse par la sève de l'autre, et qu'ils produisent ensemble un fruit délicieux.

LA GENÈSE[1].

Lorsqu'on veut découvrir l'original d'un beau tableau au milieu d'une foule de copies, il faut chercher celui dont le trait est le plus pur et la composition la plus simple, celui dont toutes les parties se conviennent et décèlent dans leur unité le génie du grand maître : c'est ce que nous trouvons dans la Genèse, original de toutes les méchantes histoires reproduites dans les traditions des peuples. Quoi de plus simple et cependant de plus magnifique ! Quoi de plus facile à concevoir et de plus d'accord avec la raison de l'homme, que le Créateur descendant dans la nuit antique pour faire la lumière au son d'une parole ! Qu'il est sublime ce mariage de la parole de Dieu avec le chaos, et ce jour qui vit éclore l'univers, pour fruit de ce grand hyménée ! Tout à coup le soleil vient se placer dans les cieux, ainsi qu'une immense araignée d'or au centre d'une toile d'azur ; avec ses pattes innombrables, ou les soies de diamant filé qu'il tire incessamment de son sein, il retient les planètes comme sa proie autour de lui ; les mers et les forêts commencent leur premier balancement sur le globe. Ici, à la source de quatre grands fleuves, Adam se promène

---

1. Voyez t. II, p. 58.

avec Dieu et son épouse dans les berceaux d'Éden. Noces dignes en effet d'être les premières de la terre, d'avoir les anges pour témoins, le monde pour lit nuptial, et le genre humain pour postérité ! Ne vous semble-t-il pas voir le père des hommes assis solitairement sur une montagne ? Les animaux de la création sont autour de leur roi, et le contemplent avec un mélange d'étonnement, de respect, de frayeur et d'amour ; et cependant, inattentif à leur hommage, Adam, retiré dans la profondeur de ses pensées, voit rouler dans son âme immense, dans son âme grosse de toutes les âmes à naître, les générations innombrables qui doivent sortir de ses reins et couvrir la terre.

Laissons aux imaginations vulgaires et corrompues plaisanter du serpent jusqu'à la fadeur ; pour nous, qui dès notre enfance nous sommes livré à l'étude de la nature et qui avons bravé la vie sauvage des déserts pour rechercher les œuvres du Très-Haut, souvent le serpent est tombé sous nos yeux, et nous n'avons pu méconnoître la malédiction dont il fut atteint après son crime. D'où viendroit sans cela cette secrète horreur dont les hommes sont saisis à sa vue ? Tout est mystérieux, caché, étonnant, dans cet incompréhensible reptile.

Quoi qu'il en soit de cette sorte d'induction en faveur des vérités de l'Écriture, tirée de la nature même du serpent, il en résulte un syllogisme qui prouve sans réplique la beauté de la doctrine chrétienne à cet égard : ou la malédiction de Dieu a donné à ce dangereux reptile les mœurs étranges que nous lui voyons, ou ces mêmes mœurs ont été cause du choix que Satan fit de cette créature artificieuse. Dans les deux cas, on ne peut qu'admirer un système qui marque une si profonde connoissance de la nature et qui offre toujours le mieux possible dans toutes ses parties. De même que vous détruisiez la plus belle des vérités morales en supposant que Dieu fit à l'homme toute autre défense que celle de toucher à la pomme de vie, de même vous faites disparoître presque entièrement la merveille si l'esprit de ténèbres se rêvet d'une autre forme que celle du serpent. Le lion, si fier, eût-il pu s'abaisser à tromper ? Le rossignol, si mélodieux, ou la colombe, si innocente, pouvoient-ils soupirer les paroles du mensonge ? Au reste, nous ne parlons qu'aux amants des beaux-arts, et nous leur dirons : Malheur à vous, qui ne sentiriez pas la force de ces preuves toutes poétiques, et qui ne pourriez démêler la raison à travers le souris des Muses. Les meilleurs arguments sont ceux qui frappent l'âme et le génie : la médiocrité seule est tenace et se complaît à n'être jamais convaincue. L'étroit esprit veut une démonstration rigoureuse ; l'homme de talent ne demande qu'une beauté.

Voilà donc quasi une preuve physique du péché originel; nous avons parlé ailleurs des preuves morales, et, comme nous l'avons montré alors, tout dans l'univers annonce l'ancienne grandeur et la dégénération subséquente de l'homme.

HISTOIRE NATURELLE[1].

...Il y a dans la religion toute une patrie.....

Mais si les infortunés ont besoin de se rapprocher d'un Être suprême, les heureux qui, tenant tout de sa main, s'éloignent de lui sont bien ingrats! Comment surtout ceux qui, sans aucun trouble de cœur, sans aucune inquiétude de l'avenir, justement honorés pour leurs talents, étudient la nature au sein de leur patrie, comment peuvent-ils refuser de croire en une Providence? Comment osent-ils la renier, tout chargés qu'ils sont de ses dons, tout spectateurs qu'ils sont de ses merveilles? S'il y a quelque science où l'incrédulité paroisse plus odieuse que toute autre, c'est sans doute en histoire naturelle. On flétrit alors ce qu'on touche. C'est en vain que le botaniste se lève avec l'aurore; tout sèche sur son passage, tout se fane sous ses pas; il ne connoît plus la rose que comme l'anatomiste connoît le cadavre d'une vierge moissonnée au matin de sa vie. L'intelligence qui animoit ses belles formes, les parfums qui, sortant de ce cœur, montoient vers le ciel, ou alloient, par les routes secrètes du désir, s'unir aux parfums d'une rose amie; le corail de ses lèvres, les esprits célestes qui faisoient rougir ce front, tout cela est sans charmes pour l'observateur qui n'y attache ni moralité ni tendresse. Quand on n'a point de religion, le cœur est insensible, et il n'y a plus de véritable beauté; car la beauté n'est point un être existant hors de nous, c'est dans la nature. Un naturaliste athée est un prêtre athée qui brûle chaque jour, d'une main impie, l'encens sur l'autel du Dieu qu'il blasphème.

Quant à celui qui étudie les animaux, fait-il autre chose, s'il est incrédule, qu'étudier des corps morts? A quoi ses recherches le mènent-elles? Quel peut être son but? Ah! c'est pour lui sans doute qu'on a formé ces cabinets amphithéâtres où la Mort, le glaive à la main, est le démonstrateur, sépulcres au milieu desquels on a placé des

1. Voyez t. II, au premier paragraphe, p. 98.

horloges pour marquer les jours à des squelettes et pour compter des minutes à des êtres qui ne comptent plus par minutes [1]. C'est dans ces tombeaux, dans ces cabinets où le néant a rassemblé ses merveilles, où la momie d'Égypte, sous un verre, figure avec le fantôme d'un monstre sous un bocal, où la dépouille de l'orang-outang insulte à la dépouille de l'homme, c'est là qu'il faut chercher la raison de ce phénomène : un naturaliste athée. A force de se promener dans l'atmosphère des sépulcres, son âme a gagné la mort. Lorsque la science étoit pauvre et solitaire, lorsqu'elle erroit dans la vallée et dans la forêt, qu'elle épioit l'oiseau portant à manger à ses petits, ou le quadrupède retournant à sa tanière, que son cabinet étoit la nature, son amphithéâtre les cieux et les champs, qu'elle étoit à la fois simple et merveilleuse, comme les déserts où elle passoit sa vie, alors la science étoit religieuse. Assise à l'ombre d'un chêne, couronnée des fleurs que ses mains innocentes avoient dérobées à la montagne, elle se contentoit de peindre sur ses tablettes les scènes qui l'environnoient; ses livres n'étoient que des catalogues de remèdes pour nos infirmités, ou des recueils de saints cantiques dont les paroles consacrées apaisoient aussi les douleurs. Mais quand des congrégations de savants se formèrent, quand le riche, courant après la réputation et nullement après la nature, voulut parler des œuvres de Dieu sans les avoir ni vues ni surtout aimées, l'incrédulité naquit avec l'amour-propre, et la science ne fut plus que le petit instrument de je ne sais quelle petite renommée.

De vrai, la nature dans une ménagerie est une triste chose; pour nous, nous travaillerions longtemps avant de pouvoir rien dire de deux ou trois canards qui barbotent dans une cour. Mais si tandis que ces milliers d'hirondelles, retirées aux roseaux de ce lac, font les préparatifs de leur départ, si tandis qu'elles remplissent l'air de leurs cris et de leurs jeux, on voit s'avancer sur les vents du nord une colonie qui vient remplacer ces filles du Midi, afin de ne laisser aucun vide dans nos campagnes, certes, notre imagination s'éveille, et nous nous demandons comment ces habitants du pôle ont trouvé le chemin de nos climats. Nous sommes encore bien plus surpris si nous observons les mœurs et les usages de ces étrangers. Par un temps grisâtre

---

1. Il faut l'avouer néanmoins, c'étoit une belle idée, prise religieusement, que ce pendule placé au cabinet du Jardin des Plantes. Son effet est surtout remarquable le soir, quand toutes les autres fenêtres sont fermées et qu'on le voit derrière le vitrage, seul en mouvement sur un fond en repos, au milieu de cet immense abrégé des œuvres de Dieu. Il représente le Temps au centre de la création; son pesant balancier bat la vie par l'une de ses oscillations, et par l'autre la mort.

d'automne, lorsque la bise souffle sur les champs, que les bois perdent leurs dernières feuilles, une troupe nombreuse de canards sauvages, tous rangés à la file, traversent en silence un ciel mélancolique. S'ils aperçoivent du haut des airs quelque manoir gothique environné d'étangs et de forêts, c'est là qu'ils se préparent à descendre; ils attendent la nuit, et font de longues évolutions au-dessus des bois. Aussitôt que les vapeurs du soir commencent à envelopper les vallées, le cou tendu et les ailes sifflantes, ils s'abattent tout à coup sur les eaux, qui retentissent. Un cri général, suivi d'un profond silence, s'élève dans les marais d'alentour. Guidés par une petite lumière qui brille peut-être isolée à l'étroite fenêtre d'une tour, les voyageurs s'approchent des murs à la faveur des roseaux et des ombres; là, battant des ailes et poussant des cris par intervalles, au milieu du murmure des vents et des pluies, ils saluent l'habitation de l'homme.

Leur séjour est plus ou moins long sur ces ondes; quelquefois ils partent dès le lendemain, à peu près à l'heure où ils sont arrivés la veille; ils vont chercher d'autres retraites ignorées, et font le tour de la terre par un cercle de solitudes. Ils s'attachent aux vents et aux tempêtes qui ternissent l'éclat des flots, et leur livrent la proie qui leur échapperoit dans des eaux calmes et transparentes. Le pâtre qui a allumé un feu de broussailles à l'orée d'un bois, entre deux rochers, voit passer ces oiseaux sur sa tête; il les suit des yeux avec un vague désir; il se figure les lieux inconnus, les climats lointains où ils se rendent; il voudroit être sur leurs ailes, un secret instinct le tourmente, il sent qu'il n'est lui-même qu'un voyageur. Homme! la saison de ta migration n'est pas encore venue. Attends que le vent de la mort se lève; alors tu déploieras ton vol vers ces régions inconnues que ton cœur demande.

Mais voici deux beaux étrangers qui arrivent avec les frimas et qui sont aussi blancs que la neige; ils descendent au milieu des landes sur les bruyères, dans un lieu découvert et dont on ne peut approcher sans être aperçu. Après quelques heures de repos, ils remontent sur les nuages. Vous courez à l'endroit d'où ils sont partis, et vous n'y trouvez que quelques plumes, seules marques de leur passage, que le vent a déjà dispersées. Heureux les hommes qui, comme le cygne, ont quitté la terre sans y laisser d'autres débris ni d'autres souvenirs que quelques plumes de leurs ailes!

C'est vers le mois de novembre que nos champs, en prenant un nouvel aspect, reçoivent aussi de nouveaux hôtes. Nos bois ont perdu leurs grâces riantes; une vapeur bleuâtre, en s'élevant dans leurs percées, cache une partie du terrain et sert à lui donner des dimensions vagues et infinies. Par ce jeu de la nature, le paysage prend l'immensité et la tristesse du ciel ; le vent apporte de toutes parts l'odeur de la feuille séchée que le bûcheron solitaire traîne sous ses pas et qui rougit au loin les fonds de la forêt. Les arbres, qui balancent tristement leurs cimes dépouillées, ne portent que de noires légions qui se sont associées pour passer l'hiver ; elles ont leurs sentinelles et leurs gardes avancées ; quelquefois une corneille centenaire, antique sibylle des déserts, qui vit passer plusieurs générations d'hommes, se tient seule perchée sur un chêne, avec lequel elle a vieilli. Là, tandis que toutes ses sœurs font silence, immobile, et comme pleine de pensées, elle abandonne de temps en temps aux vents des monosyllabes prophétiques.

C'est alors que le ramier et la bécasse arrivent. Ils ne viennent point pour se faire entendre, mais pour écouter ; il y a dans le sourd mugissement des bois agités par la tempête quelque chose qui charme leurs oreilles. Le premier, avec ses compagnons, s'établit sur les branches séchées d'un poirier sauvage ; la seconde choisit une petite gorge de vallée où murmure foiblement un ruisseau entre ses rives flétries. C'est là qu'elle prend ses ébats ; le soir elle part avec de grands claquements d'ailes, parcourant d'un vol agité les carrefours de la forêt, jusqu'à ce qu'elle ne soit plus aperçue de l'homme.

Ici la Providence se montre tout entière dans sa sagesse et dans sa bonté. Les oiseaux qui fréquentent nos climats, quand la terre est chargée de fruits et de moissons, paroissent seulement pour embellir nos campagnes, et n'ont avec nous que des relations de plaisirs ; ce sont des musiciens envoyés pour charmer nos banquets. Il faut en excepter la caille, dont toutefois la chasse n'a lieu qu'après la récolte, et qui s'engraisse dans nos blés pour servir à notre table. Au contraire, les oiseaux d'hiver sont tous, sans en excepter un seul, des oiseaux utiles à nos besoins. Les sauvages se font des fourrures de peaux de cygnes ; la nombreuse famille des canards et des sarcelles, les bécasses, les ramiers, les pluviers, les fauvettes d'hiver, les vanneaux servent à notre nourriture. C'est la manne des tempêtes, comme les froments sont les dons des zéphyrs : de quelque point de l'horizon que le vent souffle, il nous apporte un présent de la part de la Providence.

Parmi ces voyageurs de l'aquilon, il s'en trouve qui s'habituent à nos mœurs et refusent de retourner dans leur patrie ; les uns, comme les compagnons d'Ulysse, sont captivés par la douceur de quelques fruits ; les autres, comme les déserteurs du vaisseau de Cook, sont séduits par des enchanteresses qui les cachent dans les grottes de leurs îles. Des marais impraticables, à la tête de quelque grand amas d'eau, servent de retraites à ces fugitifs et de berceaux à leurs colonies étrangères.

Les marais, qui nous semblent si nuisibles, ont cependant de grandes utilités. Ce sont les urnes des fleuves dans les pays de plaines, et les réservoirs des pluies dans les contrées éloignées de la mer. Leur limon et les cendres de leurs herbes fournissent des engrais au laboureur. Leurs roseaux donnent le feu et le toit à de pauvres familles; frêle couverture en harmonie avec la vie de l'homme, et qui ne dure pas plus que ses jours. Ce sont aussi des lieux de refuge, que la Providence a ménagés à de certaines races d'animaux. Frontière de la terre et de l'eau, ce sol, à demi noyé, a des végétaux, des sites et des habitants particuliers; tout y participe du mélange des deux éléments : les glaïeuls tiennent le milieu entre l'herbe et l'arbuste, entre le poireau des mers et la plante terrestre; quelques-uns des insectes fluviatiles ressemblent à de petits oiseaux; quand la demoiselle va errant, avec son corsage bleu et ses quatre ailes brillantes autour de la fleur du nénuphar blanc, vous croiriez voir l'oiseau mouche des Florides sur une rose de magnolia. La classe des amphibies, tant oiseaux que reptiles et quadrupèdes, appartient essentiellement aux marais. Ici le loir montre en nageant son dos brun; là, des lézards verts, collés au tronc rougeâtre d'un cyprès, ressemblent à des insectes hiéroglyphiques sur un obélisque égyptien; le martin pêcheur rase l'onde de son ventre de pourpre, ou suspendu dans l'air fait rouler rapidement ses ailes bleues; la cane nage à la tête de ses petits, dont les pieds, armés d'un triangle d'or, repoussent avec grâce les flots d'azur : tantôt ces jeunes navigateurs se baignent au clair de la lune, en formant mille guillochis brillants sur les ondes; tantôt, glissant leur sein et leur cou bronzés entre deux couches de cristal, ils ne montrent plus au-dessus de l'eau que le petit pavillon de leur queue. Quelquefois tous ces marais sont plantés de joncs desséchés, qui donnent à la stérilité même l'apparence des plus opulentes moissons ; quelquefois ils présentent des forêts de glaives verdoyants, que fait courber sous son poids la paisible bergeronnette : un bouleau, un saule isolé, où la brise aura suspendu quelques flocons de plumes, dominent ces mobiles campagnes. Le vent tire les sons les plus doux de toutes ces tiges. Il serpente entre les cimes roulantes, abaisse l'une tandis que l'autre se relève; puis soudain, inclinant toute la forêt à la fois, il fait découvrir ou le butor doré, ou quelque héron blanc, qui se tient immobile sur une longue patte comme sur un épieu.

Un des plus jolis habitants de ces retraites, c'est la poule d'eau; elle se montre au bord des joncs, s'enfonce dans leurs labyrinthes, reparoît, disparoît encore en poussant un petit cri sauvage; elle passe de la simplicité aux grandeurs, de la hutte d'un pauvre Pélage aux douves du château voisin; là elle se plaît à pénétrer dans les lucarnes et les meurtrières, d'où sortent les branches de glaïeul; elle aime à se percher sur les armoiries sculptées en bosse dans les vieux murs; quand elle s'y tient immobile, vous la prendriez elle-même, avec son plumage noir et le cachet blanc de sa tête, pour un oiseau en blason, tombé de l'écu d'un ancien chevalier. Aux approches du printemps, elle se retire à quelque source écartée, et va chercher dans les roseaux une retraite mystérieuse et fragile. Si elle rencontre un saule, de qui le vieux tronc, semblable à un pot de fleurs, laisse échapper les ruelles d'or et les pieds-d'alouette, dont le vent lui apporta les graines, si l'onde a creusé sous les racines de ce saule un antre plein de mousse et de fraîcheur, c'est là qu'elle se dérobe à tous les regards pour accomplir la grande loi de la nature. Les convolvulus, les mauves, les capillaires d'eau, suspendent devant son nid des draperies de verdure, afin de ne donner que des idées riantes à sa maternité; le cresson et la lentille lui fournissent une nourriture délicate; l'eau murmure doucement à son oreille; de beaux papillons occupent ses yeux, et les naïades du ruisseau, pour mieux cacher cette jeune mère, plantent autour d'elle leurs quenouilles de roseaux chargées d'une laine empourprée.

LE SERPENT[1].

Il n'y eut qu'une seule voix dans l'assemblée pour qu'on laissât le merveilleux serpent s'échapper...

Voilà pourtant ce que la philosophie du jour rejette avec hauteur. Nos observateurs de cabinet rient quand ils lisent les psaumes (si toutefois ils lisent les psaumes) : *furor illis (peccatoribus) secundum similitudinem serpentis : sicut aspidis surditas, et obturantis aures suas.*

On voit bien pourquoi ils refusent de croire à ceci; mais, quoi qu'il en soit, David en savoit plus qu'eux. M. de Buffon lui-même ne peut le disputer en science, en grâce et en force, à cette société de naturalistes, les Moïse, les Job, les David, les Salomon, les Isaïe, les Jérémie,

---

1. Voyez t. II, p. 63, avant-dernière ligne.

les Jésus fils de Sirach ; et qu'y a-t-il donc, après tout, de si impossible à la puissance de Dieu dans l'effet de la musique sur plusieurs animaux? Celui qui a donné tant de soupirs aux ondes, aux vents, aux forêts, celui qui tient le soleil comme une lyre d'or entre ses mains, ne pourra-t-il, sans la permission d'un athée, charmer un reptile par des sons, et lui sera-t-il plus difficile de donner une oreille harmonieuse au serpent que d'attacher une sonnette à sa queue?

Que ceux qui regrettent la religion et les mœurs de l'antiquité voient ici d'un coup d'œil les deux vertus, la vertu chrétienne et la vertu païenne, et les deux philosophies, l'une selon Jésus de Nazareth, l'autre selon Zénon du Portique. Le premier se montre à nous dans la condition la moins relevée ; le second est placé sur le trône de l'univers. Celui-là est l'humble Juste, mourant pour avoir défendu ses frères, et écrivant cette simple et touchante apologie de la vertu et de la religion ; celui-ci est le célèbre Marc-Aurèle, faisant du crime son trésor royal, dictant l'athéisme dans ses sentences, et répandant le sang innocent : qu'on choisisse.

BAILLY[1].

Qui pourroit penser que des hommes qui ont vu Bailly, couvert du bonnet funèbre, conduit à la piscine du sang, sur le char de la philosophie qu'escortoit l'enfer et que traînoient l'athéisme et la mort, qui pourroit penser que ces hommes n'ont pas reçu une assez forte leçon? Astronomes! qui, malgré un avertissement si terrible, vous obstinez encore à chasser Dieu du ciel pour y placer le Néant, savez-vous bien ce que vous vous préparez? Vous ressemblez à ces peuples arabes qui marquent les immortelles constellations du pôle d'un grand et d'un petit cercueil.

LE SINAI[2].

Voyez ce mont embrasé, dont le sommet vomit des foudres. Voyez cet homme qui descend de ces hauteurs brûlantes; ses mains sou-

---

1. Ce paragraphe a été retranché du chapitre III, t. II, p. 80.
2. Variante du dernier paragraphe de la p. 54, t. II.

tiennent une table de pierre sur sa poitrine; son front est orné de deux cornes de feu, son visage resplendit encore des gloires du Seigneur, dont pourtant il n'a vu que le dos dans la nue. Des faces sublimes volent autour de lui comme des roues vivantes, et la terreur de Jéhovah le précède; le tableau représente un site vaste et solitaire; à l'horizon, c'est la chaîne du Liban, avec ses crêtes nues, ses éternelles neiges, ses cèdres fuyant dans le ciel, ses gazelles et ses ânes sauvages appendus dans des abîmes; on y découvre sous de rares palmiers le camp des Hébreux et leurs tentes de peaux de brebis noires; les chameaux paissent çà et là les plaines de sable; et la postérité de Jacob, tremblante au pied de la sacrée montagne, se voile et ferme les yeux de toute sa force, dans la crainte de voir Dieu et de mourir. Cependant les tonnerres font tout à coup un grand chœur de silence, et voici venir une voix : Écoute, Israël, etc.

LE DÉLUGE [1].

Alors fut reconnue la vanité de ce qu'on tient pour grand entre les hommes : le guerrier, le poëte, le savant, l'artiste, l'orateur, firent retentir de leurs hurlements les carrefours des cités comme les plus simples et les plus timides. . . . . Les eaux, surmontant de trente coudées le sommet des plus hautes montagnes, fondirent dans la bouche des volcans qui s'éteignirent en vomissant de tumultueuses fumées, tandis que leurs flancs creusés se remplirent avec un bruit affreux ainsi que des bouteilles immenses. Les colonnes d'eaux atteignirent des régions si raréfiées que les poissons même furent suffoqués dans leur propre élément; et leurs corps, ballottés par les vagues, flottèrent pêle-mêle avec les autres débris de ce grand naufrage du monde. . . . . Le ciel même ne parut plus qu'une onde cristallisée qui se fond en rosée fertile durant la fraîcheur des nuits. . . . . Le souvenir de la destruction des races se perpétua dans les hauts lieux, où l'on ne voit plus que de rares animaux errant par des montagnes inconnues.

1. Variante de la fin du chapitre IV, p. 82, t. II.

SPECTACLE GÉNÉRAL DE L'UNIVERS [1].

Il est un Dieu : les herbes de la vallée et les cèdres de la montagne le bénissent ; l'insecte bourdonne ses louanges et l'éléphant le salue au lever du jour ; l'oiseau le chante dans le feuillage, la foudre fait éclater sa puissance et l'Océan déclare son immensité ; l'homme seul a dit : Il n'y a point de Dieu !

Il n'a donc jamais celui-là, dans ses infortunes, levé les yeux vers le ciel, ou, dans son bonheur, abaissé ses regards sur la terre ? La nature est-elle si loin de lui qu'il ne l'ait jamais pu contempler ? Il n'a pas besoin de courir à l'extrémité du globe, de s'enfoncer dans les déserts ; qu'il aille, vers le milieu de la nuit, se promener dans les plaines, autour de ces métropoles, séjour de l'orgueil et de l'athéisme ; que d'un côté il prête l'oreille au murmure confus qui sort de ces remparts, et que de l'autre il écoute le silence des étoiles ; qu'il nous dise si cette matière emprisonnée dans ce firmament et dans ces mers est partout sans maître, ou si c'est la même force qui l'a domptée dans cette ville et dans le ciel ! L'homme ne peut rien, tout lui résiste ; s'il courbe une roue, la roue se révolte et gémit ; il semble attacher ses soupirs et son cœur tumultueux à tous ses ouvrages. Il n'en est pas ainsi de Dieu : il a parlé, le chaos s'est tu ; les étoiles, saisies de frayeur, se sont dérobées, à pas légers, dans les ombres. Dans l'œuvre du Créateur, tout est muet parce qu'il n'y a point d'efforts, tout est silencieux parce que tout est soumis. Les puissances unies de la matière sont à une seule parole de Dieu comme rien est à tout, comme les choses créées sont à la nécessité. O différence du pouvoir humain et du pouvoir divin ! le petit char d'un homme fait seul plus de bruit que toute la machine des mondes.

LA CRÉATION [2].

Si le monde n'eût été à la fois jeune et vieux, le grand, *le mélancolique*, le moral, disparoissoient de la nature, car ces sentiments tiennent par essence aux choses antiques. Chaque site eût perdu ses mer-

---

1. Variante du chapitre portant le même titre, t. II, p. 86.
2. Voyez le même tableau, plus correct sans doute, mais affoibli de couleurs, t. II, p. 82.

veilles. Le rocher en ruine n'eût plus pendu sur l'abîme avec ses longues graminées ; les bois, dépouillés de leurs accidents, n'auroient point montré ce touchant désordre d'arbres *brisés ou morts* sur leurs tiges, de troncs *abattus* sur le cours des fleuves, *et tout rongés de fongus, de mousses et de lierre.* Les pensées inspirées, les bruits vénérables, *les génies,* les voix magiques, la sainte horreur des forêts, se fussent évanouis avec les voûtes sombres qui leur servent de retraites, et les solitudes de la terre et du ciel seroient demeurées nues et désenchantées en perdant ces colonnes de chênes qui les unissent. Le jour même où l'Océan répandit ses premières vagues sur ses rives, il baigna, n'en doutons point, des écueils déjà rongés par les flots, des grèves *festonnées d'algues et pavées* de débris de coquillages, *des baies mugissantes* et des caps décharnés qui soutenoient contre les eaux les rivages croulants de la terre.

D'une autre part, que fût devenue la pompe du soir si le premier coucher du soleil ne s'étoit fait sur la croupe de quelques vieilles montagnes, parmi des cimes de rochers, de bois chenus et de nuages de pourpre? Et la lune qui, comme une blanche et timide vestale, se lève au milieu de la nuit pour chanter les louanges du Seigneur, auroit-elle osé confier à de jeunes arbrisseaux et de naissantes fontaines ce grand secret de mélancolie qu'elle ne raconte qu'aux vieux sapins et aux rivages antiques des mers? *Ah! il falloit que le cercueil du monde fût placé pour ainsi dire auprès de son berceau, afin qu'on ressentît dans les déserts ces douces et puissantes émotions qui résultent des contrastes de la mort et de la vie.*

En enlevant la beauté aux paysages, cette foible création l'eût aussi ravie aux plantes qui les décorent. Les fleurs sans parfums, sans couleurs, sans penchants, sans habitudes, n'auroient eu aucun rapport ni avec les vierges ni avec les zéphyrs, et dans leurs hiéroglyphes secrets on n'eût point retrouvé l'histoire mystérieuse de l'homme. *La liane barbue,* à peine sortant de la terre, ne se fût point détournée des autres arbres américains pour s'attacher au copalme, comme le véritable amour, qui n'embrasse qu'un seul objet. La rose naissante eût pu ressembler encore à la jeune fille, mais auroit-elle exprimé la touchante aventure que raconte sa corolle fanée? Et vous aussi, merveilleuse agave[1], vous n'eussiez point nourri votre rejeton dans votre sein, pour le laisser tomber à terre tout formé : image d'une mère qui porte son enfant dans ses bras, jusqu'à ce qu'il puisse jouer seul sur la verdure. Enfin, l'étonnante *sarracenia,* qui dans les marais

---

1. Agave viviparia.

corrompus renferme en son cornet vieilli une source de la plus pure rosée, cette plante, trop jeune encore, n'eût point montré comment Dieu a caché l'espérance au fond des cœurs ulcérés par la douleur, comment il a fait jaillir la vertu du sein des misères de la vie.

Le troisième règne de la nature, ainsi que les deux premiers, n'auroit pu conserver ses charmes. Il falloit des pâtes calcaires durcies par un soleil qui n'avoit point été pour étayer les plans verticaux des montagnes, et dérouler dans leur escarpement de grands entablements de neige, parmi le pourpre des granits, le vert des porphires et les nuances variées des marbres. Les géologistes nous disent que les minéraux, que les pierres précieuses, que les cristallisations, les spaths, les agrégats de toutes les sortes, sont les fruits d'un travail lent et graduel de la nature; cela peut convenir au système d'un savant, mais pour nous, qui croyons que Dieu est aussi grand poëte que grand minéralogiste, nous nous figurons la terre comme une nymphe qui pour chevelure a des forêts, pour mamelles des montagnes, pour yeux l'astre du jour et celui de la nuit, pour voix les vents et les eaux, pour manteau les mers et toutes leurs perles. Comment imaginer qu'un globe si magnifique ait jamais manqué d'argent et d'or? à moins toutefois qu'on ne suppose que ces métaux n'aient commencé de végéter dans ses flancs que depuis le péché de l'homme.

LE DIMANCHE[1].

Les législateurs antiques ont marqué dans leurs codes les époques des fêtes des nations.

Et quel sera le jour du repos d'Israel? Le jour même du repos de Dieu! L'Hébreu et son héritier le Gentil dans les jours de son obscur travail n'auront rien moins devant les yeux que la création successive de l'univers; magnifique symbole de la formation de la société qui naît du travail graduel des hommes. Certes, voici une étrange sorte de computation, et nous ne voyons pas que la Grèce, pourtant si poétique, se soit jamais avisée de rapporter les misérables travaux du manœuvre et les soins du laboureur à la création de la lumière, et à la naissance du bœuf et de l'agneau. Étrange manière, sans doute, de faire dire au bûcheron en prenant sa cognée, ou au tisserand enlaçant

---

1 Variante de la fin du chapitre IV, t. II, p. 379-80.

sa navette : « C'est aujourd'hui que Dieu a planté les chênes ; c'est aujourd'hui qu'il a tissu le soleil, ou croisé la trame du cœur de l'homme. »

Enfin, voyez ces mœurs charmantes, les plus belles mœurs de la terre, les mœurs patriarcales, que la loi du Très-Haut s'est, pour ainsi dire, plu à revêtir. Les anciens vouloient qu'on ne promulguât les lois qu'au son de la lyre, Dieu a publié les siennes au bruit de la foudre. Mais cette foudre étoit comme une lyre dans les mains du père des concerts; elle faisoit résonner tous les sommets du Liban d'une symphonie majestueuse. Jéhovah avoit sans doute monté ses tonnerres, non sur ce mode terrible qui effraye les mortels coupables, mais sur cette clef qui réjouit le laboureur en lui annonçant les pluies bienfaisantes de l'été. « Le jour septième, dit la loi, tu ne feras aucun ouvrage, ni ton fils, ni ta fille, ni ton serviteur, ni ton hôte devant tes portes. » Ne voit-on pas ici tout l'Orient chenu, avec ses chameaux, son hospitalité et ses mœurs? Le mot hébreu *sheguarim*, qui veut dire portes, a pour racine *shaguar* témoigner, parce que c'étoit aux portes des cités que la justice se rendoit par les vieillards. Qui ne se rappelle sur-le-champ, par ce seul mot du décalogue, Laban aux portes de la ville, demandant aux anciens du peuple Ruth, sa parente, en mariage? Églogue admirable, à laquelle l'antiquité n'a rien à comparer. Ne voit-on pas encore le voyageur reçu d'abord aux puits des chameaux par quelque jeune fille aussi belle que Nausicaa, qui ressembloit elle-même à la tige du palmier de Délos? La fille de Bathuel, fils de Melcha, fils de Nachor, mène ensuite l'étranger à la porte de son père, rassasié de jours. Le patriarche reçoit l'étranger avec des pleurs de joie, et lui dit : « Entrez chez moi avec tous vos ânes forts, car il y a beaucoup de place ici pour le voyageur, Dieu ayant béni ma maison. » Ceci étant fait, l'ancien des peuples entre avec son hôte; on lave ses beaux pieds dans de l'eau de fontaine, et une vierge parfaitement innocente les essuie avec une écrue d'un jeune bélier. Or, la joie a élevé en dedans une voix secrète, car les paroles du bord de la fontaine ont été ouïes, et le serviteur d'Abraham est venu demander en mariage pour Isaac la sage Rebecca, sa cousine paternelle par la couche de son oncle Nachor.

DES PLANTES

ET DE LEURS MIGRATIONS[1].

Ici nous quittons la chair et le sang, les appétits grossiers, les affections animales; nous entrons dans ce règne enchanteur, où les merveilles de la Providence prennent un caractère plus suave. En s'élevant dans les airs et sur le sommet des monts, on diroit que les plantes empruntent quelque chose du ciel dont elles se rapprochent. Au lever de l'aurore, par un profond calme, voyez dans cette prairie toutes ces fleurs immobiles sur leurs tiges; elles se penchent à mille attitudes diverses, elles regardent tous les points de l'horizon. Dans ce moment même, où vous croyez que tout est tranquille, un grand mystère s'accomplit, la nature conçoit : et ces plantes sont autant de jeunes mères tournées vers la région mystérieuse d'où leur doit venir la fécondité. L'une s'incline pour écouter les paroles secrètes qu'un zéphyr lui révèle de la part d'une compagne ; l'autre envoie ses parfums à quelque tige aimée, comme un jeune époux répand ses désirs sur les traces d'une jeune épouse. Les ondes roulent la postérité des lis, les brises sont les berceaux où dorment les nouveau-nés des roses ; une abeille cueille du miel de fleur en fleur, et sans le savoir féconde toute une prairie ; un papillon porte un peuple sur son aile, un monde descend dans une goutte de rosée, les sylphes ont des sympathies aériennes, des communications moins invisibles. Cependant toutes les amours des plantes ne sont pas également tranquilles; il en est d'orageuses, comme celles des hommes : il faut des tempêtes pour marier sur des hauteurs inaccessibles le cèdre du Liban au cèdre du Sinaï, tandis qu'au bas de la montagne le plus doux vent suffit pour établir entre les fleurs un commerce de volupté et favoriser le long des ruisseaux leurs générations odorantes : n'est-ce pas ainsi que le souffle des passions agite les rois de la terre sur leurs trônes, tandis que les bergers vivent heureux à leurs pieds?

La fleur donne le miel, elle est la fille du matin, le charme du printemps, la source des parfums, la grâce des vierges, l'amour des poëtes ; elle passe vite comme l'homme, mais elle rend doucement ses feuilles à la terre. On conserve l'essence de ses odeurs : ce sont ses pensées qui lui survivent. Chez les anciens, elle couronnoit la coupe du banquet et les cheveux blancs du sage; les premiers chrétiens en cou-

---

[1]. Variante du même chapitre, t. II, p. 110.

vroient les reliques des martyrs et l'autel des catacombes : aujourd'hui, et en mémoire de ces antiques jours, nous la mettons dans nos temples. Dans le monde, nous attribuons nos affections à ses couleurs : l'espérance à sa verdure, l'innocence à sa blancheur, la modestie à ses teintes de rose ; il y a des nations entières où elle est l'interprète des sentiments. Toute l'Inde communique par une fleur : livre charmant, qui ne cause ni troubles ni guerres, et qui ne garde que l'histoire fugitive des révolutions du cœur. Chez les sauvages floridiens, lorsqu'un jeune homme veut déclarer son amour à une jeune fille, il se lève au milieu de la nuit, allume une torche de pin, se rend à la cabane de sa maîtresse comme un chasseur qui veut prendre une colombe au flambeau. Si la vierge réveillée couvre sa tête d'un voile, et dit : « Guerrier, je ne te vois pas, » c'est le signe du refus ; si elle éteint le flambeau, elle accepte la main du jeune homme. Alors il dépose sur la couche de sa future épouse une rose de magnolia, où le fruit mûr, semblable à un grain de corail, pend au bout d'une longue soie ; c'est le symbole d'une mère qui porte à son sein l'espérance de la patrie.

On a cru longtemps que les végétations n'avoient point la faculté locomotive, et l'on se trompoit ; à la vérité, ce n'est pas toujours la plante entière ou une partie de la plante qui voyage, mais seulement sa graine : c'est sa postérité qu'elle envoie peupler d'autres régions ; les cocotiers sont de cette dernière espèce. On les trouve au milieu de l'Océan sur des écueils de sables ; ils cachent dans leurs rameaux des fruits arrondis et pleins de lait, comme les mamelles d'une mère ; ils ont filtré le sel des eaux qui baignent leurs souches en un miel délicieux. Quand la tempête survient, ils secouent leurs trésors sur les mers, et les mers les roulent à des côtes habitées, où ils se transforment en beaux arbres. Telle une petite société d'infortunés nourrit de larmes amères les doux fruits de la vertu, et ce n'est qu'au souffle de l'orage qu'elle laisse tomber ces fruits pour les hommes.

En plaçant les sexes sur des individus différents dans plusieurs familles de plantes, la Providence a multiplié les mystères et les beautés de la nature. Les colons de la Virginie croient que les érables à fleurs rouges sont des mâles, et que ceux dont la fleur est blanche sont des femelles ; quoi qu'il en soit, on voit souvent dans quelque vallée des Alleghanys croître sur le même tronc deux de ces arbres solitaires. La brise, qui descend de l'escarpement de la montagne en se laissant rouler sur des nappes de verdure, et en apportant la fraîcheur des sources hautaines, tire des tiges blanches et roses des deux érables ; tantôt s'inclinant pour s'unir, ils ferment leurs cimes en berceau; tantôt s'entr'ouvrant avec lenteur, ils dévoilent l'azur céleste. Si ce n'est pas l'épouse et l'époux, du moins c'est la sœur et le frère; on les reconnoît aisément à leur air de famille et au délicieux langage du désert dans lequel ils s'entretiennent ensemble.

Sur les branches de ces érables, on aperçoit quelquefois une plante parasite qui ressemble à une joubarbe ou à une tête d'artichaut; cette plante est creuse en dedans et contient un verre d'une excellente eau. Les sauvages qui la connoissent trouvent une source dans la tige d'un arbre; mais il y a quelque chose de plus miraculeux encore : si le vent arrache ce fongus, il prend racine partout où il tombe. On en a vu qui, par un hasard singulier, sembloient s'attacher aux pas des chasseurs, comme des fontainiers voyageant à leur suite. Certes, les échansons qui marchoient autrefois avec les cours servoient aux rois des vivres bien moins rares : la Providence est le génie bienfaisant qui tous les soirs fait sortir de la terre devant le sauvage une table chargée de mets et de liqueurs.

Presque tous les arbres de la Floride et de la Louisiane, en particulier le cyprès, le cèdre et le chêne vert, sont couverts d'une espèce de mousse blanche, qui descend de l'extrémité de leurs rameaux jusqu'à terre. Quand la nuit, au clair de la lune, vous apercevez, sur la nudité d'une savane, une yeuse isolée revêtue de cette draperie, vous croiriez voir un fantôme traînant après lui ses longs voiles. La scène n'est pas moins pittoresque au grand jour, car une foule de brillants scarabées, de colibris, de petites perruches vertes, de cardinaux empourprés, viennent s'accrocher à ces mousses, et présentent avec elles l'effet d'une tapisserie en laine blanche, où l'ouvrier auroit brodé des insectes et des oiseaux éclatants.

Les Espagnols se font des lits de cette barbe des vieux chênes, et les Indiens y trouvent des maisons de campagne durant l'été. Quelquefois vous rencontrez sous ces berceaux mouvants, à l'ombre d'un cèdre, une famille de Sioux logée tout entière aux frais de la Providence.

Les mousses, en s'abaissant de toutes parts, forment les divers appartements du palais; les jeunes garçons montent sur les rameaux de l'arbre, et se couchent dans les espèces de hamac que le chevelu végétal forme en s'entrelaçant; au-dessous, au pied du tronc, habitent le père et la mère : les filles sont dans une arcade retirée. Quand Dieu envoie les vents pour balancer ce grand cèdre; que le château aérien bâti sur ses branches va flottant avec les oiseaux et les sauvages qui dorment dans ces abris; que mille soupirs sortent de tous les corridors et de toutes les voûtes du mobile édifice, les sept merveilles du monde n'ont rien de comparable à ce monument du désert.

Mais pour qu'aucune sorte de magie ne manquât à ces mousses américaines, ou plutôt afin que les peuples de la solitude en partageassent le bienfait, la nature les a rendues voyageuses. Le vent, en les enlevant d'un chêne, ente leurs débris sur un autre chêne. Il y a telle mousse qui a fait ainsi le tour d'une forêt, et qui est arrivée du golfe Mexicain aux côtes de l'océan Pacifique.

On nous a montré au bord de l'Yar, petite rivière du comté de Suffolk, en Angleterre, une espèce de cresson fort curieux : il change de place et s'avance comme par bonds et par sauts. Il porte plusieurs chevelus dans ses cimes. Quand ceux qui se trouvent à l'une des extrémités de la masse sont assez longs pour atteindre au fond de l'eau, ils y prennent soudainement racine. Tirées par l'action de la plante, qui s'abaisse sur son nouveau pied, les griffes du côté opposé lâchent prise, et la cressonnière, tournant sur son nouveau pivot, se déplace de toute la longueur de son banc. Le lendemain le botaniste cherche en vain sa plante où il l'avoit laissée; il l'aperçoit avec étonnement plus haut ou plus bas sur le cours de l'onde, formant avec le reste des familles fluviatiles de nouveaux effets et de nouvelles beautés. Nous n'avons malheureusement ni la floraison ni la fructification de ce cresson singulier : nous l'avons nommé voyageur à cause de nos propres destinées.

Les plantes marines sont plus sujettes à changer de climat que les autres; elles semblent partager l'esprit d'aventure des peuples que leur position a rendus commerçants. Le *fucus giganteus* sort des antres du nord, avec les tempêtes : il part, il s'avance sur les mers, en enfermant dans ses bras des espaces immenses. Comme un filet tendu de l'un à l'autre rivage de l'Océan, il entraîne avec lui des moules, des phoques, des raies, des tortues, des légions de maquereaux, et jusqu'à d'énormes souffleurs, qui se trouvent sur sa route. Quelquefois, fatigué de nager sur les vagues, il allonge un pied au fond de l'abîme, et s'arrête debout; puis recommençant sa navigation avec un vent favorable, après avoir flotté sur mille latitudes diverses, il vient tapisser les côtes du Pérou des guirlandes enlevées aux rochers de la Norvège.

Les varechs sont amis du malheur, ils décorent les débris des naufrages. Une pauvre femme errante sur les grèves voit arriver de loin le funèbre convoi : elle s'en approche, elle le considère, elle cherche à deviner la vieillesse du tombeau par l'antiquité de son gazon. Elle découvre, à moitié enseveli sur les galets, quelque meuble trop connu, quelque petite boîte qu'elle avoit elle-même remplie de cordiaux, achetés du fruit de ses veilles et de ses épargnes.

Des algues, des mousserons de mer, remplacent maintenant ces chers présents de sa tendresse. A ce spectacle le cœur lui manque, et, lisant l'époque de son veuvage dans l'âge des plantes attachées à cette ruine, elle tombe évanouie sur le sable. Aussi, tandis que le bruit du canon apprend aux grands le naufrage des grands du monde, la Providence, annonçant au même bord quelque deuil aux petits et aux foibles, leur dépêche secrètement un brin d'herbe et un débris.

Il est arrivé plus d'une fois qu'on s'est vu forcé d'abandonner un vaisseau en pleine mer. Aussitôt que l'équipage s'est retiré dans les chaloupes, un équipage d'une tout autre espèce s'empare du navire demi-submergé. Les plantes marines montent à l'abordage de toutes parts : elles entrent par les sabords, par les dalles, par les dunettes. Les unes grimpent sur le bec des ancres; les autres s'attachent aux bois : toutes s'occupent à réparer les avaries. Celles-ci bouchent les voies d'eau; celles-là garnissent les pompes; les mousses étendent dans les cadres leurs lits de verdure; de petits fongus garnissent de leurs coussins les coffres des matelots, les étuis de mathématiques, les octants, les compas, les quartiers de réduction. Sur les cartes géographiques, des moisissures colorées dessinent de nouveaux continents et de nouvelles mers; les éponges emballent dans leur bourre humide les étoffes de l'Inde, les soies de la Chine, les cafés de l'Arabie. Cependant on voit pendre en dehors de riches tapis de varechs aux galeries de la chambre du capitaine; les fucus filent le long des cordages, circulent d'un mât à l'autre, et forment des voiles, des manœuvres, des haubans; les poireaux plantent des girouettes, et les algues déroulent leurs banderoles et leurs oriflammes. La machine réparée s'avance en triomphe sur les mers, au murmure des vents qui sifflent dans ses merveilleux cordages, ou qui font tinter sa cloche abandonnée. Ainsi vogue le vaisseau du commerce de la nature; il vogue sous le pavillon de celui-là même qui creusa le vaste Océan; il passe, sans craindre le naufrage, sur ces gouffres qui ont englouti tant de flottes, tant de trésors, tant de villes, tant de royaumes, et porte d'un rivage à l'autre les richesses de la Providence.

Mais c'est dans l'Amérique septentrionale que se voient les grandes migrations des plantes. C'est là que les forêts entières changent pour ainsi dire de patrie, et ce sont encore les eaux qui fournissent les moyens du voyage.

Il est difficile de se faire une idée de la navigation intérieure, dont la nature a disposé les canaux dans cette partie du Nouveau Monde. Des millions de fleuves se croisent, se quittent, se mêlent de nouveau, se nouent, se dénouent en cent manières. Les uns tombent du sommet d'une montagne, tels que le Kanhaway; les autres forment des rapides tumultueux sous des rives perpendiculaires de cinq cents pieds d'élévation, tels que le Kentucky ; d'autres ouvrent lentement leurs vastes plis à travers les forêts et les savanes, tels que la Kauk. Tous ces fleuves, en descendant les uns dans les autres et formant les branches d'une seule chaîne, varient leurs confluents selon leur plus ou moins de pureté et le plus ou moins de vitesse de leur cours. L'Ohio apporte tranquillement au Meschacebé la collection des belles ondes qu'il dérobe aux urnes du Kentucky, du Scioto, du Ouabache et du Tenate ; tandis que le Missouri darde, comme une écluse, son eau blanche à travers l'antre des fleuves, le coupe obliquement en Y, dont une large barre va frapper le bord opposé, rebondit, et, contraint alors de se mêler à son rival, le précipite avec lui vers la mer en décolorant ses ondes.

Quand tous ces fleuves se sont gonflés des déluges de l'hiver, quand les tempêtes ont abattu des pans entiers de forêts, c'est alors qu'il se fait dans les eaux de la solitude des embarcations dignes de sa pompe sauvage. Le temps, comme un puissant bûcheron, assemble sur toutes les sources les arbres déracinés : il les unit avec des lianes, il les cimente avec des vases et des argiles ; il y plante de jeunes arbrisseaux et lance son ouvrage sur les ondes. Charriés par les vagues écumantes, ces radeaux débouchent de toutes parts sur le Meschacebé. Le vieux fleuve s'en empare à son tour, et se charge d'aller les placer à son embouchure, pour y former une nouvelle branche et multiplier ses cornes avec ses armées. Monté sur ces vastes trains de bois, il les dirige avec son trident et repousse l'un et l'autre rivage ; par intervalles il élève sa grande voix en passant sous les monts, et répand ses eaux débordées autour des tombeaux indiens et des troncs des arbres, comme le Nil autour des pyramides et des colonnes égyptiennes. Mais, comme la grâce est toujours unie à la magnificence dans les scènes de la nature, tandis que le courant du milieu entraîne rapidement vers la mer les cadavres des pins et des chênes, on voit sur les deux courants latéraux remonter tranquillement, le long des rivages, des îles de pistia et de nénuphar, dont les roses jaunes s'élèvent comme de petits pavillons, à l'extrémité d'un mât de quinze à seize pouces. Des serpents verts, des hérons bleus, des flamants roses, de jeunes crocodiles, s'embarquent passagers sur ces vaisseaux de fleurs, et la colonie, déployant aux vents ses voiles d'or, va aborder endormie dans quelque anse retirée du fleuve [1].

---

[1]. L'auteur reproduisit quelques traits de ce tableau dans les premières pages d'*Atala*.

SPECTACLE D'UNE NUIT[1].

Oserions-nous peindre une nuit dans les solitudes du Nouveau Monde, et mêler notre voix à celle de tant d'hommes illustres qui ont glorifié les œuvres du Tout-Puissant? On trouve quelquefois dans les forêts de hauts chênes qui rendent des sons sublimes, tandis qu'un petit buisson, né sous leur ombre, murmure foiblement à leurs pieds.

Je voyageois avec une famille sauvage que j'avois rencontrée dans les bois à quelque distance de la cataracte de Niagara; nous avions pris le repas du soir, et nous nous préparions à dormir ensemble. Et que pouvions-nous craindre les uns des autres? Le Grand Esprit n'avoit-il pas vu la fumée de notre couche commune s'élever au-dessus des arbres, et son soleil couchant ne l'avoit-il pas dorée? Pour lui dérober la connoissance d'un crime, il auroit fallu un toit plus épais qu'une écorce de chêne rongée de mousse et percée par les hermines qui l'habitoient avant nous.

Bientôt la nuit sortit de l'orient, et la solitude sembla faire silence pour admirer la pompe céleste.

La lune monta peu à peu au zénith du ciel; tantôt elle reposoit sur un groupe de nues, qui ressembloit à la cime des hautes montagnes couronnées de neiges, tantôt elle s'enveloppoit dans ces mêmes nues, qui se dérouloient en zones diaphanes de satin blanc, ou se transformoient en légers flocons d'écume. Quelquefois un voile uniforme s'étendoit sur la voûte azurée; mais soudain une bouffée de vent déchirant ce réseau, on voyoit se former dans les cieux des bancs d'une ouate éblouissante de blancheur, si doux à l'œil, qu'on croyoit ressentir leur mollesse et leur élasticité.

La scène sur la terre n'étoit pas moins ravissante : le jour bleuâtre et velouté de la lune flottoit silencieusement sur la cime des forêts, descendoit dans les intervalles des arbres, et poussoit des gerbes de lumière jusque dans l'épaisseur des plus profondes ténèbres; une rivière qui couloit devant nos huttes tantôt se perdoit dans les bois, tantôt reparoissoit brillante des constellations de la nuit qu'elle répétoit dans son sein. De l'autre côté de cette rivière, dans une vaste prairie naturelle, la clarté de la lune dormoit sans mouvement sur les gazons; des bouleaux agités par les brises, et dispersés çà et là dans la savane, formoient des îles d'ombres flottantes sur une mer

---

1. A comparer avec le même tableau, t. II, p. 114-115.

immobile de lumière. Auprès tout étoit silence et repos, hors la chute de quelques feuilles, le passage brusque d'un vent subit, les gémissements rares et interrompus de la hulotte; mais au loin, par intervalles, on entendoit les roulements solennels de la cataracte de Niagara, qui, dans le calme de la nuit, se prolongeoient de désert en désert, et expiroient à travers les forêts solitaires.

La grandeur, l'étonnante mélancolie de ce tableau, ne sauroient s'exprimer dans les langues humaines; les plus belles nuits en Europe ne peuvent en donner une idée. En vain, au milieu de nos champs cultivés, l'imagination cherche à s'étendre, elle rencontre de toutes parts les habitations des hommes: mais dans ces pays déserts l'âme se plaît à s'enfoncer, à se perdre dans un océan de forêts; elle aime, à la clarté des étoiles, à errer aux bords des lacs immenses, à planer sur le gouffre des cataractes, à tomber avec la masse des ondes, et pour ainsi dire à se mêler, à se fondre avec toute cette nature sublime.

Telle fut cette nuit passée au milieu d'une famille de sauvages. Mes hôtes me quittèrent au lever du jour. Nous nous séparâmes, non sans des marques d'émotion et de regrets, touchant notre front et notre poitrine à la façon du désert. Immobile et sentant des larmes prêtes à couler, je suivis longtemps des yeux la troupe demi-nue qui s'éloignoit à pas lents : les petits enfants suspendus aux épaules de leurs mères se détournoient en souriant pour me regarder, et je leur faisois des signes de la main en manière de derniers adieux. Cette marche touchante et maternelle s'enfonça peu à peu dans la forêt, où on la voyoit paroître et disparoître tour à tour entre les arbres : elle se perdit enfin totalement dans leur épaisseur. Puissent ces sauvages conserver de moi quelque souvenir! Je trouve je ne sais quelle douceur à penser que, tandis que j'existe persécuté des hommes de mon pays, mon nom, au fond d'une solitude ignorée, est encore prononcé avec attendrissement par de pauvres Indiens.

DÉSIR DE BONHEUR DANS L'HOMME [1].

Quand il n'y auroit pas d'autres preuves de l'existence de Dieu que celle que nous avons développée dans le chapitre précédent, elle est si forte, qu'elle suffiroit pour convaincre tout homme qui ne cherche

1. Voyez t. II, p. 123.

que la vérité; aussi les athées de bonne foi conviennent-ils que les arguments qu'on tire de la pensée sont les seuls difficiles à résoudre; mais ces malheureux incrédules, quoi qu'ils en disent, sont encore plus embarrassés de répondre aux objections de leur propre cœur. Qu'ils nous déclarent, s'ils le peuvent, d'où leur vient ce désir de bonheur dont ils sont sans cesse tourmentés, ou nous allons faire encore de ce désir une preuve invincible d'un Dieu, d'une âme, d'une autre vie. Nous avons déjà traité ce sujet avec quelque étendue; il est certain que tous les sentiments de l'âme peuvent aisément se rassasier : l'amour, l'ambition, la colère, la vengeance, ont une plénitude assurée de jouissance. Le désir de bonheur est le seul qui manque de satisfaction comme de but, car on ne sait ce que c'est que ce bonheur qu'on désire. Il faut convenir que si tout est matière, la nature s'est ici étrangement trompée : elle a fait un objet sans cause finale.

Il y a des sophistes qui, pour éluder l'argument, le nient, et soutiennent qu'ils sont heureux. D'abord, comme étant les seuls à avoir cette prétention, on pourroit bien n'en tenir aucun compte; mais sans vouloir nous sauver par là, nous dirons que ces athées déguisent la vérité en faveur de leur système. Approchez, vous tous gens heureux, qui refusez de croire à l'âme et à la Providence, ouvrez-nous votre sein, apprenez-nous ce que vous faites dans les heures occultes de votre vie; venez nous révéler les moments de vos insomnies, quand seuls, sur votre couche inquiète, vous vous agitez dans le vide de votre cœur, hélas! que votre système ne peut remplir. Que de désirs vagues! Que d'instants douloureux! Qu'elle est lamentable cette voix qui s'élève du fond de votre âme et qui vous crie : « Voilà tout; demain c'est comme aujourd'hui : se lever, vaquer au soin du moment, se coucher, recommencer le cercle, et puis mourir. » Cessons ces blasphèmes. Non, cette voix est lointaine; elle vient du côté de la tombe, elle vous appelle à des jours plus heureux, si vous ne continuez pas à la méconnoître. « Homme, vous dit-elle dans son vrai langage, pourrois-tu nier ton immortalité et la dignité de ta nature en sentant combien le monde est peu fait pour toi? Elle se calmera cette inquiétude de bonheur qui te tourmente; la raison te dit que tu ne l'as pas reçue en vain, sois vertueux et espère. »

On ajoute que le peuple n'a point cette inquiétude. Sans doute, il est moins malheureux que nous, car il est distrait de ses désirs par un travail pénible; il boit ses sueurs pour apaiser sa soif de félicité. Mais quand vous le voyez se consumer six jours de la semaine pour jouir de quelques plaisirs le septième; quand, toujours espérant le repos et ne le trouvant jamais, il arrive à la mort sans cesser de désirer, direz-vous qu'il ne partage pas la secrète aspiration de tous les hommes vers un bien-être inconnu? Que si l'on prétend que ce souhait est du moins borné pour lui aux choses de la terre, cela n'est rien moins que certain; donnez à l'homme le plus pauvre tous les trésors du monde, suspendez ses travaux, satisfaites tous ses besoins, et avant que quelques mois se soient écoulés il en sera encore à l'espérance.

D'ailleurs, est-il vrai que le peuple ne connoisse pas ce désir de bonheur? L'avez-vous suivi au milieu de ses travaux? Avez-vous surpris le laboureur assis à midi à l'ombre du pommier, et regardant l'herbe agitée par le vent ou le nuage fuyant au-dessus de sa tête? Pourquoi cet instinct mélancolique dans l'homme champêtre? Nous l'avons vu seul à la porte de sa cabane, tandis que le reste de sa famille étoit allé prier le Moissonneur qui séparera le bon grain de l'ivraie. Il prêtoit l'oreille au son de la cloche; son attitude étoit pensive, il n'étoit distrait ni par les passereaux de l'aire voisine, ni par les insectes qui bourdonnoient autour de lui. Celui qui laboure la terre a les yeux attachés à la terre. Qu'on nous dise quelle étoit la pensée qui rouloit alors dans l'âme de ce fils d'Adam? Cette noble figure de l'homme, plantée comme la statue d'un Dieu sur le seuil d'une chaumière, ce front sublime, quoique chargé de soucis, ces épaules ombragées d'une noire chevelure, qui s'élevoient comme pour soutenir le ciel, quoique courbées sous le fardeau de la vie; tout cet être si majestueux, encore que misérable, ne pensoit-il à rien, ou songeoit-il seulement aux choses du siècle? Ah! ce n'étoit pas l'expression de ces lèvres entr'ouvertes, de ce regard baissé, de ce corps immobile! Dieu étoit là avec le son de la cloche de son culte; l'œil de l'homme étoit fixé sur la poussière du monde, et son désir étoit dans le ciel.

Donc s'il est impossible de nier que l'homme espère jusqu'au tombeau, et espère encore en exhalant son dernier souffle; s'il est certain que tous les biens de la terre, loin de combler ce désir, ne font que creuser l'âme et en augmenter le vide, il faut en conclure qu'il y a quelque chose au delà du temps. *Vincula hujus mundi* (dit saint Augustin) *asperitatem habent veram, jucunditatem falsam; certum dolorem, incertam voluptatem; durum laborem, timidam quietem; rem plenam miseriæ, spem beatitudinis inanem.* « Les liens du monde ont une véritable âpreté et une fausse douceur, des douleurs certaines, des plaisirs incertains : un travail dur, un repos inquiet; des choses pleines de misère et une espérance vide de bonheur. »

Et cette espérance, vide de bonheur dans ce monde, n'est-elle pas visiblement faite pour l'autre? et cette chose espérée peut-elle être autre que Dieu? et cette chose qui espère peut-elle être autre qu'une âme? Comment supposer que ce besoin de la divinité, que l'homme manifeste de toutes parts, soit un pur souhait de la matière? Si la matière est unique, d'où lui viendroit l'idée d'un principe étranger à elle-même et placé hors d'elle-même? Non, si Dieu n'existoit pas, jamais homme n'en eût pu concevoir la pensée ; on ne pense que ce qui existe. Si l'on disoit que tous les jours l'imagination crée des objets fantastiques, cette objection seroit foible ; car on bâtit sans doute des palais dans les nuages ; mais si l'architecture est imaginaire, les éléments en sont pourtant réels.

Cette preuve de l'existence de Dieu résout en même temps l'objection des athées au sujet des maux de la vie. Il est aisé de juger que nous formons dans l'univers une très-petite partie d'un tout que nous ne comprenons pas. Nos maux ont un but : ils concourent à un bien général qui nous est inconnu, mais dont nous recueillerons certainement notre part. Ne voyons-nous pas même au moral que le malheur est nécessaire? C'est de lui que naissent toutes nos vertus ; les vertus sont des pleurs brillants qui tombent des yeux de l'adversité, comme les perles de la rosée sont des larmes de la nuit. Si vous considérez d'ailleurs la brièveté de vos jours, et combien votre tombe est près de votre berceau ; s'il vous semble à soixante années que vous n'êtes encore que d'hier ; si sur votre tête, ce matin brunie par les feux de la jeunesse, le temps élève ce soir, comme au haut d'une tour emportée d'assaut, ce pavillon blanc, signal de sa victoire et de votre défaite ; si vous songez enfin qu'à peine votre chair, touchée par la mort, sera refroidie, vous serez déjà oublié, trouverez-vous encore que la joie ou les pleurs, la pauvreté ou la richesse, la justice ou l'injustice, la liberté ou l'esclavage, le pouvoir ou la sujétion, soient en eux-mêmes quelque chose? Tout cela ne sera-t-il pas à vos yeux plus vain qu'un vain sable? Ne rirez-vous pas vous-même de ces mots éclatants de bonheur et d'infortune, de bien et de mal, que vous alliez prodiguant aux haleines inconstantes de l'air? « Il se trouve encore une autre vanité sur la terre, dit le sage : il y a des justes qui éprouvent des malheurs, comme s'ils avoient fait les actions des méchants, et des méchants qui prospèrent, comme s'ils avoient fait les œuvres des justes ; mais je crois que c'est encore là une très-grande vanité. »

Notre soif de bonheur ou notre soif d'un Être suprême nous explique les maux de la condition humaine, et nous donne la clef de cette apparente injustice dans la répartition des biens, la plus violente des tentations à l'incrédulité. Loin de nous plaindre que le désir de félicité ait été placé dans ce monde, et son objet dans l'autre, admirons en cela la bonté de Dieu. Puisqu'il faut tôt ou tard sortir de la vie, et que le tombeau se trouve sur notre chemin, la Providence a mis au delà du terme fatal un objet qui nous attire, afin de diminuer nos terreurs de la mort. Quand une mère veut faire franchir une barrière à son enfant, elle lui tend la main de l'autre côté de cette barrière, en lui présentant un fruit pour l'engager à passer.

OBJECTIONS CONTRE LA PROVIDENCE [1].

Les incrédules, par exemple, produiront en triomphe la folie, les blessures au cerveau, les maladies, les fièvres délirantes ; afin d'étayer leur triste système, ces hommes infortunés sont obligés d'enrôler pour auxiliaires dans leur cause tous les malheurs de l'humanité ; ils ont discipliné nos misères pour les mener avec eux au combat. Eh bien donc, ces fièvres, cette folie, que l'athéisme ou le génie du mal a fort raison d'appeler en preuve de sa réalité, que démontrent-elles après tout? Je vois une imagination déréglée, mais un entendement sain ; le fou et le malade aperçoivent des objets qui n'existent pas ; mais raisonnent-ils faux sur ces objets? ils tirent d'une cause infirme des conséquences saines. Cet insensé croit être un roi puissant, et tandis qu'il se berce de cette triste illusion, il fait des lois pour ses sujets, il veut qu'on l'appelle sire, qu'on le serve avec respect, heureux du moins, dans son infortune, que toutes ses grandeurs ne soient que le songe d'un songe.

Pareille chose arrive à l'homme attaqué de la fièvre : son âme se dérange dans la partie où se réfléchissent les images, parce que l'imbécillité de ses sens ne lui laisse plus parvenir que des notions trompeuses ; mais la région des idées reste entière et inaltérable. Et tout de même qu'un feu allumé dans une ville entière n'en est pas moins un feu pur, quoique nourri d'impurs aliments ; ainsi la pensée, flamme céleste, s'élance incorruptible du milieu de la chair troublée, de la pourriture et de la mort.

La religion chrétienne, bien entendue, n'est que la nature primitive, lavée de la tache originelle.

Les philosophes modernes, éveillés sur cette morale par l'Évangile, et croyant mieux faire que le Dieu des doux et des petits, n'ont plus vu

1. Voyez t. II, p. 129.

d'instinct de la patrie : ils se sont mis à aimer le genre humain, c'est-à-dire à n'aimer personne. Alors tout a retenti de philanthropie ; on eût cru que les cœurs, subitement embrasés d'un amour inextinguible, gémissoient faute de savoir où placer tout ce trésor. C'étoit mon frère le nègre ! mon frère le Japonois ! Et cependant la vérité est que jamais il n'y eut plus de Caïns qu'au temps des encyclopédistes, que jamais siècle plus froid n'a roulé sur un peuple. Il n'y a pas de milieu avec ces gens-là ; ou tout est frappé de glace dans leurs écrits, où toute la chaleur n'y vient que de la tête ; jamais un seul mouvement du cœur. Il faut en excepter J.-J. Rousseau, qui toutefois montre plus souvent un cerveau allumé qu'une âme ardente. Ce qu'il y a de pis, et ce qu'on ne sauroit voir sans indignation, c'est que ces philosophes débonnaires, qui étendoient leurs généreux soucis jusqu'aux habitants de Saturne, ne cessent, dans leurs ouvrages, de dénigrer leur patrie. Ils disoient du bien du Congo, pour dire du mal de la France. — C'étoit pour la réformer ! s'écrie-t-on. Certes, voici de singuliers réformateurs que ces auteurs de *la Pucelle* et de tant d'autres œuvres qu'on rougit de nommer ! Où donc ces chastes et rares législateurs avoient-ils appris qu'il faut commencer par avilir un peuple, afin de parvenir à l'élever ? Étoit-ce dans quelque manuscrit inconnu de Lycurgue ou de Solon qu'ils avoient lu qu'on doit enseigner une nation à se mépriser elle-même, pour qu'elle devienne, par ce moyen, moins méprisable ? Quoi ! il étoit nécessaire de rendre la France la fable et la risée des hommes pour la corriger ? On révèle en secret à un ami ses défauts, mais on les cache au reste du monde. Qu'on nous montre un seul auteur anglois, allemand, italien, espagnol, qui ait jamais pris plaisir à dégrader son pays dans l'estime de l'Europe ! Et qui ne sait pourtant que les sarcasmes de M. de Voltaire contre sa patrie sont dans la bouche de tous les étrangers ? Qui ne sait qu'on répète partout à vos oreilles son mot fameux sur les François, *moitié tigres et moitié singes*. Et J.-J. Rousseau, que ne restoit-il dans sa Genève, au lieu de venir vilipender la nation qui l'avoit reçu et la troubler de ses rêveries ! Pense-t-on l'excuser en disant qu'il étoit soûl ? Il y avoit une loi de Charondas qui punissoit doublement le crime commis dans l'ivresse. Ce n'étoit pas de cette sorte que les écrivains du siècle de Louis XIV parloient de la France. Ouvrez les livres de ces *suppôts de la tyrannie*, des Bossuet, des Fénelon, des Fléchier, des Boileau, des Racine ; voyez avec quel haut respect, avec quelle magnifique opinion ils parlent de l'empire françois ! Aussi quelle idée n'ont-ils point donnée de leur siècle à l'Europe entière ; idée si grande, qu'elle dure encore. Un François étoit alors respecté sur tout le globe ; aujourd'hui il est insulté partout. C'est cependant au nom des hommes qui ont le moins aimé leur patrie, qu'on a fait une révolution dont l'amour du pays natal est, dit-on, le fondement. Malheur à qui insulte son pays ; que la patrie se lasse d'être ingrate avant que nous nous lassions de l'aimer ; ayons le cœur plus grand encore que ses injustices ; respectons-la, c'est le moyen d'être respectés nous-mêmes.

LE RICHE ATHÉE [1].

Que le riche et l'homme de prospérité n'aient aucun intérêt à être athées, c'est ce qu'il est aisé d'apercevoir. Quiconque habite avec la fortune doit savoir combien elle est volage ; mais vous, pour qui la terre donne sa graisse et le ciel répand sa rosée, en ne plaidant que la cause de vos plaisirs, ne vous est-il pas bien doux de songer que vos jours se prolongeront au delà de la vie? Avec quel désespoir ne quitteriez-vous pas ce monde si vous croyiez vous séparer pour toujours du bonheur? En vain tous les biens du siècle s'accumuleroient sur vos têtes, ils ne serviroient qu'à vous rendre le néant plus affreux. La mort auroit tant d'amertume, que sa seule pensée vous feroit suer de douleur au milieu de vos voluptés. D'ailleurs, si vous niez la Providence, sur qui compterez-vous pour la continuation de vos joies? Ce que le hasard a donné, le hasard peut le reprendre. Au contraire, en vous soumettant à la volonté de Dieu, s'il vous arrive quelque revers, du moins l'aurez-vous prévu, et alors vous aurez tout lieu de croire que la bonté divine vous traitera favorablement à cause de la droiture de votre cœur. Dieu rendit à Job deux fois autant de bien qu'il en avoit perdu.

Le riche doit encore tenir pour certain que la foi augmentera ses plaisirs en y mêlant une tendresse ineffable. Son cœur ne s'endurcira point, ne sera point rassasié par la jouissance, grand écueil des longues prospérités. La religion possède une huile sainte qui prévient la sécheresse de l'âme; et c'est avec cette huile qu'elle consacre les rois, la jeunesse et la mort, pour les empêcher d'être stériles.

Enfin, il viendra le jour des chagrins, le jour inévitable à l'homme, il viendra ! Un souffle d'en haut fera disparoître les palais et les tré-

1. Voyez t. II. p. 133.

sors; et le maître de tant de granges comblées sera pour toujours relégué parmi ceux qui n'ont pas un épi de froment. Que fera-t-il alors de son athéisme? C'est une relique de peu de vertu dans le malheur. Il verra ses nouveaux compagnons assis autour de la table de l'espérance, buvant sans cesse à la coupe enchantée qu'ils renouvellent sans cesse avec leurs larmes; lui seul ne pourra prendre part au banquet : sombre et désespéré, il se tiendra à l'écart; et à la vue de la source où il ne pourra boire, comme ces animaux frappés de rage, il se roulera écumant sur la poussière, dans les convulsions de la mort.

Le riche tombé, mais religieux, ne connoîtra point cette douleur ; il quittera sans peine le manteau de pourpre pour vêtir la serge grossière. Ses pieds, que couvroit la soie et que protégeoient les cuirs moelleux, ne seront point blessés par l'inflexible chaussure de chêne, ou par la pierre qu'ils fouleront à nu. Que lui importera la solitude? Il n'avoit point compté sur les hommes; il savoit depuis longtemps qu'ils détourneroient leur face quand le jour seroit venu. Si la couche de duvet lui manque, il sait dormir sur la paille; si le coussin d'édredon ne soutient plus sa tête, une bonne conscience est un oreiller fort doux. Il n'a plus ces habitations pompeuses, ces longues salles où retentissoit la voix des flatteurs et des faux amis; mais il a la maison de Dieu, les églises, où les anges ne lui donnent que des louanges sincères, et où Jésus-Christ dit à son cœur les mots de la véritable amitié. Ce sont ses galeries, ce sont ses palais : c'est là que recueilli dans sa pensée, tandis que tout est calme et silencieux sous les voûtes du temple, il entend gronder au dehors les flots du monde qui ne peuvent plus l'atteindre. Le riche doit donc croire.

LES ROIS ATHÉES [1].

Mais enfin c'est peut-être aux maîtres des empires que l'incrédulité est favorable. Ceux qui gouvernent les peuples doivent-ils nier la vérité? Et en vertu de qui règnent-ils donc? d'où leur est venue leur puissance? quels droits ont-ils de commander, et qui force les autres de se soumettre? *La religion,* dit Spinosa, *peut seule expliquer le miracle de l'obéissance :* grand mot dans la bouche d'un athée. Bien loin

---

1. Continuation du même chapitre, t. II, du *Danger de l'Athéisme.*

que l'athéisme soutienne les grands, c'est l'athéisme qui les renverse. Et comment un chef contempteur du ciel pourroit-il se faire aimer? quelle foi voulez-vous qu'on repose en ses promesses? Pour lui, le bien et le mal n'est qu'un être de raison forgé par les lois humaines : or s'il est au-dessus de ces lois, qui l'empêchera de les braver? Si Dieu ne le lie pas, celui qui n'est lié par personne aura-t-il d'autre règle que son bon plaisir et son pur caprice? Comment sera-t-il le père des malheureux, cet homme puissant qui ne croit point aux affections de l'âme, qui rit quand on parle de pitié et de sentiment pieux, qui n'établit aucune différence entre le vice et la vertu, qui regarde le plus fripon comme le plus habile, et qui ne craint rien dans le présent ni rien dans l'avenir.

On aura beau réclamer, il est certain que tous les préjugés sont en faveur de l'homme religieux, tandis que l'incrédule, quoi qu'il fasse, est toujours en butte aux soupçons. Dites à un homme : « Voici un chrétien, voilà un athée ; ils passent tous deux pour de très-honnêtes gens ; vous avez une somme à déposer : entre les mains duquel de ces deux hommes voulez-vous la remettre? » Nous engagerions notre tête que cet homme, fût-il lui-même athée, confiera son argent au chrétien. Nier le fait ne détruiroit pas l'assertion ; car, en supposant qu'il se trouvât un incrédule qui, par amour-propre et pour soutenir son système, remît sa fortune au dépositaire athée, le reste du genre humain feroit le contraire. Est-ce qu'une telle supériorité avouée de tout le monde ne devroit pas sur-le-champ décider la question? On dira peut-être que si on donne au chrétien la garde de l'argent, ce n'est pas qu'il soit plus honnête homme que l'athée, mais parce qu'on a une sûreté de plus dans *ses préjugés*. Ah! vous reconnoissez donc qu'on ne se peut fier à l'humanité toute seule; qu'il faut quelque chose de plus qu'*un honnête athéisme* pour être un *parfait honnête homme?* Heureux *préjugés*, saintes *erreurs* de la religion, continuez longtemps sur la terre !

Vous nous direz encore : Nous n'avons jamais nié que la religion, *comme instrument de morale,* n'ait en soi quelque chose de bon ; nous soutenons seulement qu'elle est absurde en philosophie, et lorsqu'on veut la faire recevoir *comme pure vérité.*

Malheureux sophistes, qui voulez qu'une chose soit bonne et mauvaise à la fois, qui prétendez qu'une vertu puisse naître d'un mensonge, qui fondez la morale sur une vaine illusion! accordez-vous donc avec vous-mêmes. Votre langage sera-t-il uniforme? prêcherez-vous ouvertement l'athéisme, ou bien direz-vous *ici* qu'il y a un Dieu, et *là* qu'il n'y en a pas? Si la religion est bonne, pourquoi écrivez-vous contre elle? A qui persuaderez-vous d'être vertueux *au nom d'un être souverain* que vous déclarez *n'être qu'un fantôme?* Et comme nous l'avons déjà dit, vous reconnoissez les *effets* de la morale, et vous niez les *causes;* vous admettez une conséquence qui n'a point de principe. Hélas! il est trop aisé de voir que l'erreur qui vous domine trouble également vos sentiments et votre raison. Détruisant par une proposition ce que vous avancez par l'autre, perplexes dans vos idées, foibles dans vos arguments, vous marchez, en tâtonnant, dans les ténèbres. Cessez d'errer dans ces régions de l'éternelle nuit, où tout est plein d'aspérités et de précipices, où vous n'êtes éclairés qu'à la lueur de la foudre qui vous menace, et où vous vous perdrez sans retour.

Il y a deux sortes d'athées bien distincts : les premiers déclarent qu'il n'y a point de Dieu, etc. [1];

Les derniers joignent aux vices de l'athée l'intolérance de sectaire et l'amour-propre de l'auteur.

Ce sont ces derniers hommes qui vous disent naïvement que le chef athée sera obligé de maintenir la justice pour se maintenir lui-même en pouvoir. A qui viennent-ils raconter ces choses? Quoi! ils pensent qu'un incrédule maître de six cent mille hommes se souciera de leur *justice relative* et de leurs subtilités sur la nécessité de la *morale!* C'est en vérité bien peu connoître le cœur humain que de raisonner ainsi!

Mais voyons si le chef ennemi du ciel peut être athée pour lui seul et religieux pour le peuple. S'il est athée pour le peuple même, il faut qu'il persécute la religion de ce peuple. Or, s'il a quelque envie d'être en horreur, il ne sauroit prendre un meilleur chemin. S'il est athée pour lui seul, quelle confiance la nation prendra-t-elle dans un souverain qui n'est pas de son culte? — Il en pratiquera les dehors, direz-vous. Ne vous y trompez pas; on est clairvoyant sur cette matière. On devinera bientôt votre dérision, et on vous détestera cent fois plus que si vous étiez un ennemi ouvert. L'insulte qu'on fait à Dieu par l'hypocrisie est plus horrible à l'homme de foi qu'une persécution déclarée. Après tout, direz-vous encore, qu'importe le peuple et ce qu'il pense? Nous entendons, mais quand vous aurez besoin d'augmenter ou vos finances ou vos armées, songez que pour chaque écu et pour chaque homme il vous faudra une baïonnette et un gendarme.

Le chef athée se voit donc exposé à être renversé par le peuple religieux ou par l'athéisme lui-même, ou enfin à être forcé de régner par

---

1. Voyez t. II, début du chapitre, p. 133.

la tyrannie : fausse position dans laquelle il ne peut trouver ni sûreté ni bonheur.

Enfin ce grand, ce puissant de la terre, tout souverain qu'il est, tout environné de glaives et de foudres qu'il puisse être, s'est-il assuré de la fortune? Ouvrez ce registre des misères humaines, l'histoire. Cherchez le chapitre des rois : quel long catalogue d'infortunés ! Sont-ce là les maîtres des empires, que tous ces hommes traînés dans le sang et la fange, abandonnés du ciel et de la terre, abreuvés de fiel et rassasiés du pain des douleurs? La religion est surtout faite pour ceux qui s'élèvent entre les hommes : elle est placée auprès des trônes comme ces vulnéraires qui croissent sur le sommet des Alpes, là où les chutes sont plus fréquentes et plus terribles. A qui les grands auront-ils recours dans leurs épouvantables calamités? Sera-ce en ces flatteurs qui vont adorer la nouvelle fortune, et qui, dans leur soif intarissable, non satisfaits des mépris d'une première cour, boivent à longs traits les mépris d'une seconde? Ah! qu'ils ne reposent point leur confiance dans leurs bienfaits, ceux qui commandent à la terre! Qu'ils sèment, mais sans compter de recueillir. Dans le champ de l'ingratitude il ne lève que des moissons trompeuses. La récolte paroît abondante tandis qu'elle se dore au soleil des beaux jours; mais quand le temps est venu de battre la gerbe, il se trouve que l'épi est vide, et il ne reste sous les coups du fléau qu'une paille inutile.

Aussi n'est-ce ni dans les courtisans ni encore moins dans les athées que les souverains tombés ont mis leur espoir. Que fait cette Marie d'Écosse, cette douairière de France et de Navarre, dans le château de Fothringay? Elle prie. Que fait ce Charles en cheveux blancs, dans la solitude de Carisbrooke? Il prie : *O Lord*, s'écrie-t-il, *let the voice of his blood* (Christ) *be heard for my murderers, louder than the cry of mine against them.* « Seigneur, que le sang de Jésus-Christ élève la voix en faveur de mes meurtriers, plus haut que le cri de mon sang ne se fait entendre contre eux. » Ce n'est pas là la prière d'un athée. Charles avoit été maître de trois royaumes, Charles avoit eu des armées et des serviteurs. Que lui restoit-il maintenant de toute cette pompe? Un vieillard qui l'aidoit à allumer son feu le matin. Bientôt on lui cracha au visage, ses vêtements furent tirés au sort, et le bourreau répandit son sang : Charles se fût-il consolé s'il n'avoit cru partager ces honneurs avec le monarque des cieux?

Il suffit donc que les grands puissent être malheureux, et malheureux plus que les autres hommes, pour que l'athéisme leur soit tout à fait mauvais. Et de ces infortunes des grands qui est-ce qui doute encore aujourd'hui? Avons-nous besoin d'entasser exemple sur exemple?

Qu'il nous seroit aisé d'en trouver d'autres! Non, vous n'êtes point à l'abri des maux qui consument le pauvre, puissances et souverains du monde. « Job repose, dans son sommeil, avec les rois et les consuls de la terre, qui se bâtissent des solitudes. » *Cum regibus et consulibus terræ, qui ædificant sibi solitudines* [1]. La nature ne fait pas des rois, elle fait des hommes; vous n'emporterez au cercueil que vos os, et rien de vos grandeurs. « Nus vous êtes sortis du ventre de votre mère; nus vous rentrerez dans son sein [2]. » Alors tous vos serviteurs se retireront. La mort seule, comme le grand officier de votre couronne, restera pour vous présenter la coupe du sommeil, et vous étendre sur votre lit d'argile. C'est là que dépouillé par ses mains, l'œil cherchera en vain sur votre chair les marques de votre royauté, jusqu'à ce que la terre vous couvre de son voile, et que l'éternité tire ses rideaux autour de votre dernière couche. Croyez donc en Dieu, puisqu'il faut mourir; soyez donc religieux, puisque vous pouvez être misérables. Prenez garde surtout de vous laisser tenter à la prospérité; ne vous assurez point dans un bonheur qu'un seul instant peut détruire. Souvent ceux qui ont habité les palais en sont sortis les mains liées derrière le dos; les reines ont été vues pleurant comme de simples femmes, et l'on s'est étonné de la quantité de larmes que contiennent les yeux des rois [3].

LA FEMME ATHÉE [4].

O femmes! j'en appelle à vos entrailles maternelles, le système de l'athée ne sera point le vôtre; il n'est fait que pour des cœurs de glace : celui qui l'inventa n'avoit jamais aimé. Vous croirez à cette religion qui couvre de lin blanc et de fleurs le cercueil de vos nourrissons, qui chante des cantiques de joie sur leurs aimables tombeaux; qui vous apprend qu'ils ne sont point morts, mais transformés en petits anges. Vous chérirez cette foi divine, qui pour objet d'adoration vous offre une femme de douceur et de joie qui tient dans ses bras son nouveau-né : c'est là le véritable culte des mères.

---

1. Job.   2. *Ibid.*
3. L'auteur a mis plus tard cette dernière phrase dans la bouche du père Aubry. (Voyez *Atala*.)
4. Voyez t. II, p. 133.

CORRUPTION DU GOUT[1].

Mais la plus funeste des conséquences qui résultent de l'engouement pour les littératures étrangères, c'est la perte irréparable du goût. Il y a des François qui osent maintenant trouver fades les vers de Racine, de ce grand homme qui ressemble si fort à Virgile, que la muse elle-même pourroit les prendre l'un pour l'autre : tels étoient ces deux jumeaux dont parle le cygne de Mantoue, qui trompoient doucement leur mère. On préfère dans les longues descriptions modernes les détails fastidieux et bas aux traits rapides, au beau choix de circonstances de l'auteur des *Géorgiques*. On dit que cela est dans la nature. Et sans doute cela est dans la nature; mais ne sait-on pas qu'un poëme n'est qu'un tableau où l'on ne demande pas *la simple nature*, mais *la nature idéale?* Certes, une enseigne de cabaret et un magot de la Chine sont beaucoup plus dans la nature que la Transfiguration de Raphael et l'Apollon du Belvédère.

Il en est de même du théâtre. Les drames atroces, les monstruosités des étrangers sont vantés aux dépens des *Phèdre* et des *Athalie*. On s'écrie encore que cela est dans la nature. Un auteur vous demande : « Avez-vous pleuré à ma pièce? — Oui. Eh bien, laissez là donc vos règles éternelles, votre Aristote et votre Racine. — Eh bon Dieu! j'ai pleuré à votre pièce, mais j'ai pleuré aussi en me promenant dans cet hôpital, j'ai aussi pleuré en voyant pendre ce scélérat: si l'on me casse un bras, je pleurerai ; si on comprime mon cœur, si on le déchire, je verserai des larmes. » Dirais-je que tout cela est beau parce que tout cela est violent, et que le méchant écrivain qui me met à la torture est le plus grand auteur du monde? En ce cas, pourquoi tant chercher l'art? Le bourreau de Paris est le premier auteur dramatique du siècle.

Il est faux que le premier des arts *soit de faire pleurer*, dans le sens où l'on entend ce mot aujourd'hui. Les vraies larmes sont celles que fait couler une belle poésie : il faut qu'il s'y mêle autant d'admiration que de douleur. Que si Sophocle me présente OEdipe tout sanglant, mon cœur va se briser; mais tout à coup mon oreille se remplit d'une douce mélodie, mes yeux sont enchantés par un spectacle souverainement beau : j'éprouve à la fois du plaisir et de la peine ; je

---

1. Voyez t. II, chap. v du livre IV, p. 347. Ce fragment est remarquable surtout en ce qu'on le croiroit écrit trente ans plus tard.   (*Note des Éditeurs.*)

pleure, et je voudrois sourire; je vois devant moi une affreuse vérité, et cependant je sens que ce n'est qu'une ingénieuse imitation d'une action qui n'est plus, qui peut-être n'a jamais été : alors mes larmes coulent avec délices; mon cœur, loin d'être oppressé, se dilate; je pleure, mais c'est au son de la lyre d'Orphée; je pleure, mais c'est aux accents des Muses. Ces filles célestes pleurent aussi, car il n'y a rien de si poétique que le malheur; mais elles ne défigurent point leurs beaux visages par des grimaces, et leurs larmes sont toujours mêlées de danses et de guirlandes d'hyacinthe. Faire pleurer ainsi est sans doute le premier des arts. Ah! revenons vite à l'étude de l'antique; reprenons l'aimable simplicité du style et des sujets. Tenons-nous toujours dans la région du beau; représentons la nature, mais la nature dans sa grandeur et dans l'idéal de l'art. Alors nos théâtres cesseront d'être des écoles d'infidélité pour les femmes et d'immoralité pour les hommes, lorsque nous en aurons banni toutes ces *vertueuses adultères* et tous ces *honnêtes indigents* qui n'apprennent qu'à tromper la couche nuptiale et à voler son voisin.

Une des sources de l'erreur où sont tombés les gens de lettres qui cherchent des routes inconnues vient de l'incertitude qu'ils ont cru remarquer dans les principes du goût. On est un grand homme dans un journal et un misérable écrivain dans un autre, ici un génie brillant, là un pur déclamateur. Les nations entières varient. Tous les étrangers refusent du génie à Racine et de l'harmonie a nos vers. Nous, nous jugeons des Anglois tout différemment des Anglois eux-mêmes. Qui croiroit que Richardson passe pour avoir un style bas, et qu'il est à peine lu; que Le *Spectateur* est presque abandonné; que Pope, regardé comme un pur versificateur, est mis fort au-dessous de Dryden? On ne sait plus ce que c'est que Hobbes. Locke est médiocrement estimé; il est douteux que les œuvres philosophiques de Hume aient jamais été ouvertes; on rit d'Ossian, qui nous tourne la tête. Il n'y a que les étrangers qui s'obstinent à croire que ces poëmes soient véritablement du barde écossois : toute la littérature angloise est convaincue que c'est l'ouvrage de M. Macpherson. On demandoit à Johnson s'il connoissoit beaucoup d'hommes dans le cas d'écrire comme Ossian : — *Yes*, répondit-il, *many men, many women, many children*, Beaucoup d'hommes, beaucoup de femmes, beaucoup d'enfants.

RÉSURRECTION ET JUGEMENT DERNIER [1].

Les enfers des nations infidèles sont aussi capricieux que leur ciel; les récompenses que le christianisme promet à la vertu et les châtiments qu'il annonce au crime se font au premier coup d'œil reconnaître pour les véritables; car le ciel et l'enfer de notre sainte religion ne sont point bâtis, comme ceux des païens, sur les mœurs particulières d'un seul peuple, mais sur des idées générales qui conviennent à toutes les nations et à toutes les classes de la société. Écoutez ce qu'il y a de plus simple et de plus sublime en quelques mots : le bonheur du chrétien vertueux consistera dans l'autre monde à posséder Dieu avec sa plénitude; le malheur de l'impie sera de connoître les perfections de l'Éternel et d'en être à jamais privé.

Voilà sans doute une conception digne de la religion révélée. On dira que les philosophes de l'antiquité ont enseigné les mêmes dogmes. Outre que cette assertion n'est pas rigoureusement vraie, car Platon et Pythagore n'ont jamais rien avancé de si clair ni de si positif, il y a une grande différence entre un dogme renfermé dans un cercle étroit de disciples choisis ou une vérité qui est devenue la manne commune du petit peuple. Ce que les plus beaux génies de la Grèce ont trouvé par un dernier effort de raison de pensée s'enseigne publiquement aux carrefours des cités chrétiennes; et le manœuvre achète tous les jours pour quelques deniers, dans le catéchisme de ses enfants, les secrets les plus sublimes des écoles antiques. Bénissons cette religion merveilleuse qui réunit les vérités métaphysiques les plus profondes aux dogmes moraux les plus purs, aux mystères les plus ineffables, à la doctrine et au culte les plus poétiques.

Feuilletez toutes les annales du monde, parcourez tous les livres sacrés des prêtres égyptiens, grecs, romains, indiens, persans, et montrez-nous quelque chose de plus frappant que ce moment de la fin des siècles, annoncé par la religion de nos pères?

L'univers est un immense vaisseau. Dieu, pilote souverain, assis à la poupe de l'arche merveilleuse, tient dans sa main le sablier qui marque les minutes de sa route; l'éternité est contenue dans les deux verres opposés de l'horloge, et le temps, qui passe sans cesse d'un globe à l'autre, comme un vain sable découlant de l'éternité, tombe dans l'éternité. Mais tout à coup l'heure de la course de l'univers finit, le

---

1. Voyez le même sujet, fort abrégé, t. II. p. 141-42.

temps s'arrête, l'horloge se brise, le soleil et les astres sanglants se détachent de leur voûte, se plongent dans la nuit primitive ; tout ce qui naquit par le temps meurt avec lui, et l'éternité envahit son empire.

Alors les quatre trompettes se font entendre aux quatre points de ce qui fut jadis les régions de la terre absente. Une poussière épaisse s'élève subitement de l'abîme produit par le genre humain, qui sort à la fois du tombeau. Les justes revivent, avec un corps tout lumineux de l'éclat de leurs vertus ; les méchants traînent des membres hideux et rouges des ulcères du crime. Mais la vaste coupole d'un ciel sans horizon abaisse lentement sa hauteur dans les espaces, et voici apparoître le Fils de l'Homme, sur les nuées, accompagné de l'armée de ses saints et des anges. L'enfer remonte en même temps du puits de l'abîme, et vient assister à ce dernier arrêt prononcé sur les siècles : le partage des boucs et des brebis s'opère. Oh ! qu'alors ils désireront vainement pour les ensevelir, ces masses qui pesoient sur la terre, ces montagnes qui ne seront plus, tous les philosophes qui verront Dieu face à face, après l'avoir renié pendant leur vie ! Il les foudroiera de sa présence, il leur criera : « Troupe impie, niez donc à présent mon existence, venez m'attaquer sur mon trône ! Comment s'est dissipée dans un instant toute votre audace ? » En disant ces mots, il les couvrira de tels épanchements de lumière, qu'ils se sentiront remplis de la divinité jusqu'aux extrémités de leurs doigts, que leurs cheveux même prendront douloureusement la parole pour confesser l'existence de Dieu ; et cette conviction sera l'éternel tourment, le tourment épouvantable de ces cœurs incrédules.

Tel sera le terrible jugement du Créateur sur les infidèles. Tous les crimes porteront en eux-mêmes la nature de leur punition : l'impureté se trouvera condamnée aux plus infâmes souillures, en souhaitant alors l'innocence dont elle connoîtra toute la beauté ; les oreilles du fourbe qui aura faim et soif de la vérité ne retentiront que de mensonges ; l'homicide verra avec un cœur tendre les spectacles les plus cruels, et sentira par là les mêmes maux qu'il aura causés ; l'honnête homme en apparence, ces hommes profondément orgueilleux qui, sauvant les dehors, se contentent de n'avoir point de vices sans avoir de vertus, seront rejetés du troupeau des fidèles. Le souverain juge dira à ces philanthropes : « Vous ne fîtes point de mal, mais vous ne fîtes point de bien. Qu'il passe à ma droite, cet homme qui fut foible, mais qui secourut et aima véritablement ses frères, cet homme qui tomba, mais qui vêtit l'orphelin, protégea la veuve, réchauffa le vieillard et donna à manger au Lazare ; car c'est ainsi que j'en agissois, lorsque j'habitois entre les hommes. » Voilà quel sera le langage du Fils du Très-Haut ; et le grand tourment de l'enfer consistera en un désir inextinguible de beauté et de vertu sans pouvoir jamais y atteindre.

PARADIS CHRÉTIEN [1].

« Mais avant ce dernier moment de la dissolution de l'univers le juste chrétien n'est point privé de sa récompense, et il entre immédiatement dans le bel héritage que Jésus-Christ promit à ses vertus. Son âme, après avoir comparu au tribunal secret du Seigneur, est conduite à la céleste Jérusalem, comme celle de l'ermite Paul que saint Antoine vit dans le désert, au milieu d'une troupe d'archanges.

« Elle suit ce chemin tracé en losange de lumière par qui les messagers célestes remontent vers le Saint des saints, et descendent sur notre globe de pleurs ; elle traverse les régions inconnues où les planètes exécutent des chants et des danses mélodieuses, sous la conduite du soleil qui règle leurs concerts, ainsi que la poétique antiquité représentoit le chœur des Muses, sous leur beau maître Apollon, ou telles que les sept cordes de la lyre résonnoient sous les doigts d'Homère. Cette âme fortunée laisse bientôt derrière elle le grand essieu de cristal sur lequel roule harmonieusement l'univers. C'est là que trois anges, vêtus de robes plus blanches que la neige, chantent avec des voix éclatantes le passé, le présent et l'avenir. Leur ineffable symphonie forme cette triple voix du temps que des sages ont quelquefois entendue sur la terre en approchant d'un tombeau, durant le silence des nuits ; ou plutôt c'est cette sorte de musique révélée par Pythagore, et qu'on ne peut ouïr avec l'oreille, mais avec l'entendement et la pensée.

« Tantôt l'esprit bienheureux s'ouvre une voie glorieuse à travers des sables d'étoiles ; tantôt il se plonge dans ces routes ignorées où les comètes promènent leurs pas vagabonds. Et cependant il n'est encore que sur les derniers confins du royaume de Jéhovah ; et des soleils après des soleils sortent incessamment de l'immensité, à mesure

1. A ce magnifique tableau du *Paradis chrétien*, qui dans le *Génie du Christianisme* devoit former le chapitre VIII du livre VI, fut substitué un fragment du *Télémaque*, où Fénelon a peint le *Bonheur des Justes*. (Voyez t. II, p. 142.) M. de Chateaubriand en a reproduit plus tard quelques traits dans le *Ciel des Martyrs*.

qu'il avance; et des univers inconnus succèdent à des univers plus ignorés encore; l'infini suit l'infini, et l'espace succède à l'espace. Il voit des globes de toutes les formes, de tous les feux, de toutes les couleurs ; les uns avec des anneaux, les autres avec une multitude de satellites. Il atteint à ces étoiles reculées qu'habitent les exemplaires de ces âmes qui doivent un jour animer des corps sur la terre et que Dieu créa toutes à la fois par sa féconde idée après avoir pensé les anges. Enfin une clarté plus vive, des harmonies plus riches et plus pures lui annoncent la céleste Jérusalem. Cet immense séjour des bienheureux flotte dans la mer de l'immensité, et n'a d'autre point d'appui que la volonté immédiate de Dieu. Ses murailles sont de jaspe, de pierres vivantes. Il a douze portes de perles, et douze fondements de saphir, de calcédoine, d'émeraude, d'onyx, de topaze, d'hyacinthe et d'améthiste : là, dans des campagnes d'un or pur, semblable à du verre très-clair, serpente un fleuve d'eau divine, ombragé par l'arbre de vie, qui porte douze fruits et donne son fruit chaque mois. Au bord de ce fleuve s'élèvent des forêts pleines de merveilles, et dont les arbres sont habités par des anges qui chantent sur des harpes d'or. Mais ces eaux et ces arbres n'ont rien qui ressemble aux nôtres, ce sont des ondes de perles, des arbres de corail avec des fruits de diamant, et qui toutefois surpassent la solitude, les charmes et la verdure de nos bois les plus délicieux.

« Une musique ravissante s'élève sans fin de toutes ces choses. Tantôt ce sont des frémissements interrompus, et pareils aux vibrations rares d'une harpe éolienne, que la foible haleine du zéphyr toucheroit pendant une nuit silencieuse d'été; tantôt un mortel croiroit entendre les plaintes d'un harmonica divin, ces soupirs de verres, qui semblent ne tenir à rien de terrestre. Quelquefois encore des voix inconnues sortent longuement du fond des forêts, et leurs ondulations lointaines imitent ces chœurs de bardes, dont les chants, à demi formés, venoient expirer à l'oreille d'Ossian solitaire. Ce n'est point, de même qu'ici-bas, un jour grossier et corporel qui luit sur ces régions de la souveraine beauté, c'est quelque chose d'enchanté, d'inexplicable : une molle clarté, tombant sans bruit sur ces terres mystiques, s'y fond ainsi qu'une neige virginale, s'insinue dans tous les objets, en les faisant briller du jour le plus suave et leur donnant à la vue une douceur et une rondeur parfaite. Aucun soleil ne se lève ni ne se couche sur ces royaumes de béatitude. Une espèce d'aurore éternelle ou d'ineffable orient en borde seulement les horizons entr'ouverts, s'attache aux arbres célestes, comme un phosphore. L'éther, si subtil, seroit trop matériel pour ces lieux; aussi l'air qu'on y respire est-il l'amour divin lui-même, et cet air mystérieux est une sorte de mélodie visible et lumineuse qui remplit de clarté et de concerts toutes les blanches campagnes des âmes.

« Sur les rivages de l'éternité, les passions, filles du temps, ne pénètrent jamais. Quiconque recueilli en soi-même n'a eu avec son corps que le moindre commerce possible, quiconque apprenant de bonne heure à méditer et à mourir s'est retiré pur au tombeau des pollutions de la chair, celui-là s'envole aussitôt à ce lieu de vie; délivrée de ses craintes, de son ignorance, de ses tristesses, cette âme parfaite, dans les ravissements infinis de ce séjour, contemple à jamais ce qui est vrai, divin, immuable et au-dessus de l'opinion. Elle s'enchante d'une espérance heureuse, et atteint sans cesse à cette espérance qui renaît sans cesse et qui la nourrit toujours. Le bonheur de cet héritier des béatitudes se compose de la quadruple extase, du jeune homme qui pour la première fois conçoit l'amour, du vieillard qui contemple le soleil couchant, en méditant les plus belles lois pour un peuple, et du poëte et de l'artiste qui sentent toutes les fureurs du génie, toutes ces grandes pensées qui noyèrent de délices un Homère, un Phidias, un Michel-Ange. Toutefois si les prédestinés n'ont plus les passions du monde, ils ont encore le sentiment de leurs tendresses, car que seroit l'éternité, si nous y perdions la mémoire de nos amis? Dieu, la source de l'amour, a laissé à ses élus toute la sensibilité, même ce qu'elle peut avoir de foible; les plus heureux comme les plus grands saints sont sans doute ceux qui ont beaucoup aimé.

« Ainsi s'écoulent rapidement les siècles des siècles pour ces hommes de la vertu. Tous leurs moments sont remplis par des délices sans fin et sans mesure; ils pensent, ils voient tout en Dieu, et les torrents de félicité dont cette union intime les remplit sont indicibles. A la source de la vraie science, ils y puisent sans cesse à longs traits et pénètrent dans tous les artifices de la sagesse. Les secrets les plus cachés et les plus sublimes de la nature sont déroulés à leurs yeux. Ils connoissent les causes des mouvements de l'abîme et de la vie des mers; avec le grand chimiste ils voient l'or se filtrer dans les entrailles de la terre; avec le premier astronome ils font le dénombrement de l'armée des soleils; ils savent les raisons de l'existence et les lois de la mort; ils assistent à la contexture du vermisseau et à celle de l'éléphant; leur œil suit la séve dans les canaux des plantes; et le cèdre du Liban et l'hysope de la vallée ne peuvent leur dérober la navette qui croise le fil de leur écorce ou de leurs feuilles. Ils peuvent parcourir l'atelier où l'air est tissu et le feu jeté en moule; mais le plus merveilleux spectacle dont ils jouissent, c'est celui du cœur de l'homme, de cet organe mystérieux de la douleur et de la joie; de ce tout contracté dans un point, de cette fabrique mortelle où se travaille l'immortalité, de ce métier vivant de lui-même, comme le char qui porte le Fils de Dieu ; de ce cœur, enfin, à la fois chef-d'œuvre et ouvrage le plus imparfait du grand maître.

« A des distances incommensurables, par delà toutes ces régions trois fois fortunées, se retire la Première Essence. Les puissances célestes les plus sublimes, les roues à quatre visages, l'un de chérubin, l'autre d'homme, le troisième de lion, le quatrième d'aigle, les faces impétueuses qui portent quatre ailes, et comme une main d'homme sous leurs ailes; ces autres esprits qui ne sont qu'un seul bras, tel que celui qui saisit Ézéchiel par les cheveux, ou traça les mots sinistres sur la muraille de Balthazar ; toutes ces hautes Ardeurs ne pourroient cependant entrer dans les espaces du Père sans être anéanties ; le Fils seul peut y pénétrer ; ces régions formidables retentissent éternellement de la mécanique des êtres, ou du bruit des mondes qui se font et qui se détruisent. La voix de la vertu monte aussi jusqu'à ce lieu; et à travers le fracas des sphères et des mugissements de l'abîme, le vermisseau qui demande son grain de blé s'y fait entendre. Dans la profondeur la plus ignorée de ces gouffres sublimes, où sont les poids, les leviers cachés de l'univers, réside le Saint des saints ; une nuée vivante le couvre à jamais de son épaisse obscurité. Dans cette nuée se lit en caractères de feu le nom mystérieux, le nom redoutable de Jéhovah. Ces mots aussi s'en vont flamboyant alentour : Je suis le serment, Je suis celui qui est, l'ancien des jours est mon nom. Un terrible J trois fois multiplié par lui-même brille et retentit comme la foudre à trois pointes, dans ces abîmes de vie. Derrière la nuée on découvre de temps en temps l'arche avec ses douze voiles d'azur. Du fond de l'arche sortent une voix et un fleuve de lumière : c'est Jéhovah.

« Dans les moments de conception ou de travail du grand principe, le Verbe se plonge dans la nuée ardente, qui se referme sur lui avec des éclairs, le Père reçoit le Fils dans ses bras, et s'unit à lui au centre de l'arche. L'Esprit descend à son tour et se mêle aux deux Essences ; alors le grand mystère s'accomplit ; à l'entrée du Saint des saints le triangle de feu s'imprime dans les noirs espaces. A ce signal redouté la nature s'émeut jusque par delà le chaos ; les déserts les plus reculés de l'infini frémissent; tout le ciel tombe prosterné sur sa face, les chérubins sont confondus, les anges tendent leurs ailes entre la création et la clarté qui sort du Saint des saints, et tâchent de sauver tous les mondes. Ils craignent que le triple Dieu, versant des torrents d'existence, ne change les modifications de l'univers, ou que, rappelant à lui les diverses parties de la nature, il ne les force à rentrer dans son sein, et à s'unir en un seul tout avec lui.

« Cependant le ciel demeure suspendu dans une sainte épouvante, l'éternité tremblante attend la pensée qui va naître, Jéhovah, revêtu de ses essences, est muet encore dans le travail de l'enfantement. Bientôt la conception de Dieu s'achève; l'arche s'entr'ouvre, et voici venir un oracle au milieu des éclairs et des foudres. Dans un instant il a fait le tour de l'étendue sans bornes, et des millions d'univers nouveaux naissent dans les espaces incréés. Mais soudain le triangle de feu se dissipe, les essences se séparent ; les milices divines se relèvent; un universel alléluia ébranle les profondeurs de la céleste Jacob. Ce poëte saint, que les hommes appellent du doux nom d'Ambroise, cette bouche éloquente qui, dormant jeune encore au milieu des fleurs de l'Ausonie, servit, dit-on, de retraite à des abeilles; ce majestueux prélat entonne le sacré cantique des anges; le grand chœur du ciel s'unit à sa voix, et Dieu même chante avec lui :

LE CHOEUR.

Saint! Saint! Saint! Seigneur Sabbaoth! Dieu des armées! Hosanna! Hosanna!

STROPHE PREMIÈRE.

Gloire à Dieu dans l'exaltation du ciel, et paix aux hommes de bonne volonté sur la terre. Nous vous louons, nous vous bénissons, nous vous adorons, ô Seigneur Dieu roi du ciel. Vous commandez à toute la nature ; à votre voix les ténèbres enfantent le soleil ; à votre voix cet astre radieux paroît dans les régions de l'aurore. Tel qu'un superbe navire, il appareille dans le grand port de l'Orient du monde; au signal d'un pilote inconnu, de divins nautoniers arrachent son ancre ; ses cordages de pourpre s'allongent, et un souffle venu du ciel enfle ses larges voiles d'or ; il commence à cingler majestueusement sur la mer céleste, en laissant après lui un long sillon de feu sur une surface azurée. Soleil sacré, vaisseau de lumière, tu portes le pavillon d'un roi puissant ; les étoiles abaisseront devant toi leurs couleurs, et nul ennemi n'osera l'attaquer sur ta route. Tu toucheras à tous les rivages de la terre, et dans ta navigation rapide tu n'auras besoin que de deux fois douze heures pour achever le tour de l'univers!

LE CHOEUR.

Cieux, chantez éternellement, éternellement chantez : Saint! Saint! Saint! Seigneur Sabbaoth. Dieu des armées! Hosanna! Hosanna!

ANTISTROPHE.

C'est vous qui domptez la fierté des yeux de l'impie, c'est vous qui lui criez du milieu du tourbillon : Où étois-tu quand je jetois les fondements de la terre? Où étois-tu quand les astres de la nuit s'éveillèrent dans les cieux? Est-ce toi qui as lié la mer, comme un enfant enveloppé de bandelettes? L'autruche aux plumes de fer, le cheval de bataille, qui frémit, mange la terre et dit : *Allons*; le Béhemoth qui absorbe l'onde des fleuves; le Léviathan qui éternue le feu et fait bouillir l'abîme comme l'eau d'un pot, sont-ils des enfants de tes mains? Fils de la poussière, chante donc avec le ciel : Saint! Saint! Saint! Seigneur Sabbaoth! Dieu des armées! Hosanna! Hosanna!

STROPHE DEUXIÈME.

Bénissez le Seigneur, habitants des déserts; bénissez le Seigneur, hôtes muets des mers; bénissez le Seigneur, rapides fils des airs! C'est lui qui est la force et la grâce, la colombe lui doit ses gémissements et l'aigle ses cris altiers; il rugit dans le lion, il bêle dans l'agneau, il verdit dans le cyprès de la tombe, il mûrit sur la gerbe dorée, il ondoie dans la chevelure de la vestale, il brille sous les sourcils noirs du héros. Ce n'est pas le bruit du vent que vous entendez dans la forêt, c'est Jéhovah qui soupire; ce n'est point une formidable solitude qui règne dans le désert, c'est Jéhovah qui s'y promène; ce n'est point une grande tristesse qui est assise sur les rochers de la montagne, c'est l'esprit de Dieu qui les couvre. Sa voix sort en même temps du tranquille ruisseau et des flots de l'Océan. Vent léger, il court sur les moissons légères; pesant orage, il fait plier le dos des mers, et leur épine courbée va toucher les sables de l'abîme.

LE CHOEUR.

Cieux, chantez mélodieusement, répétez sans cesse, répétez : Saint! Saint! Saint! Seigneur Sabbaoth! le juste Dieu des armées, le doux, le glorieux! Hosanna!

ANTISTROPHE.

Mais la colère de Dieu s'allume; il affermit son bras comme un homme qui va attaquer. Le ciel sue de terreur. Portes des cités, asseyez-vous dans la solitude! Pleurez vos citoyens, rues désertes! que la muraille de la ville étende ses bras et qu'elle sèche de douleur. Fontaines publiques, où sont les matrones qui parloient à vos lavoirs? Temples abandonnés, qu'avez-vous fait de vos vieillards et de vos prêtres ? Ne chanteront-elles plus le lit de l'époux, ces jeunes femmes bannies dans la terre de l'exil? Pourquoi ces petits enfants qui tombent morts des bras de leurs mères à la porte de leur lieu natal ? O mon cœur, répandez-vous à terre comme une eau! O ma prunelle, ne cessez de parler le langage des larmes, et bannissez la mémoire du sourire, car le renard habite mes palais; le silence et l'ingratitude veillent à leurs portes, et l'herbe croît dans le lit des rois et des reines!

LE CHOEUR.

Ma chair et ma peau sont vieillies. La douleur consume mes os, et c'est en vain que je chante d'une voix lamentable, en versant deux torrents de pleurs : Saint! Saint! Saint! Sabbaoth, Dieu jaloux! Dieu fort des armées! Hosanna! Hosanna!

ÉPODE.

Jéhovah est le Dieu de toute puissance. Toutes les chaînes d'or des astres viennent se lier autour de son doigt; il peut les rompre comme une soie fragile, et souffler sur les univers ainsi que sur de vains sables; l'œil de Jéhovah embrasse des millions de mondes. Jéhovah gouverne la race des hommes répandue dans des millions d'étoiles. Il ordonne à la poudre des tombeaux de parler et de marcher, et la poudre des tombeaux parle et se lève. Il tue la mort et la ressuscite. Il dit au néant : Soyez; et à l'être : Ne soyez plus. Il fait et défait la lumière; il la dévide comme un peloton de fil. Il appelle par leurs noms toutes les comètes, et les comètes tremblantes viennent recevoir ses ordres au pied de son trône; ministres de ses hautes vengeances, elles partent avec des regards affreux et des signes effroyables, pour aller à travers les mondes heurter quelque globe pervers.

CHOEUR GÉNÉRAL.

O Jéhovah! que ta puissance est infinie! Gloire à toi, au Fils et à l'Esprit dans tous les siècles des siècles! Cieux, criez sans cesse, criez éternellement : Saint! Saint! Saint! Seigneur Sabbaoth! Dieu des armées! Hosanna! Hosanna!

Ainsi chantent les vastes cieux, les saints et les milices divines, les hommes, les plantes, les métaux, les animaux de tous les univers, les mers et les océans, les montagnes et les vallées, la lumière et les ténèbres, les tonnerres et les silences; les anges placés dans toutes les planètes répètent l'ode consacrée; les innombrables étoiles accompagnent le chorus immense avec des lyres d'or et des roulements mélodieux; le chaos et l'enfer même, forcés de louer le Seigneur, forment sourdement la basse de l'universel cantique, tandis que des millions de soleils et de nombreuses comètes, comme de belles femmes échevelées, exécutent devant le Très-Haut des danses mystiques en redisant eux-mêmes : Saint! Saint! Saint! Seigneur Sabbaoth! Dieu des armées! Hosanna! Hosanna!

LA HENRIADE[1].

Il ne faut pas accuser la religion chrétienne si *La Henriade*, considérée comme poëme épique, est la production la plus sèche qui soit jamais sortie du cerveau d'un auteur. M. de Voltaire doit au christianisme le peu de beaux traits répandus dans son épopée; et c'est précisément pour n'avoir pas cru à Jésus-Christ qu'il ne nous a laissé que l'amplification d'un écolier qui se trouvoit assez savant en sortant du collége pour faire *L'Iliade* et pour ne pas croire au Dieu de ses pères.

Lorsque prenant *La Henriade* nous venons à ces vers :

> Descends du haut des cieux, auguste Vérité,

le livre nous tombe des mains. Un poëme épique où l'on invoque la Vérité! Cet ouvrage qui

> Se soutient par la fable et vit de fiction.

Est-il possible qu'on ait loué cette sottise philosophique comme une chose qui annonçoit la supériorité de notre siècle sur ceux d'Homère, d'Aristote et d'Horace? Comment n'a-t-on pas été frappé au premier coup d'œil de la bévue du poëte? N'est-ce pas pour avoir été des conteurs trop fidèles que Stace et Silius Italicus sont restés

> De froids historiens d'une fable insipide.

Le Tasse, qui traitoit, comme M. de Voltaire, un sujet chrétien, s'y est pris d'une tout autre façon dans l'invocation de son poëme, lorsqu'il a fait ces vers charmants, d'après Platon et Lucrèce :

> Sai, che là corre il mondo ove più versi
> Di sue dolcezze il lusinghier Parnaso, etc.

---

1. Voyez le même chapitre, t. II, p. 156.

« Là il n'y a pas de poésie où il n'y a point de menterie, » dit Plutarque dans son traité de la manière de lire les poëtes.

Si nous examinons d'abord le plan de *La Henriade*, il est clair que M. de Voltaire n'a pas même vu une seule fois son sujet. Est-ce que cette France à demi barbare n'étoit plus assez couverte de forêts pour qu'on n'y pût rencontrer quelques-uns de ces châteaux du vieux temps, avec des mâchicoulis, des souterrains, des tours verdies par le lierre, et toutes pleines d'histoires merveilleuses? Est-ce qu'on ne pouvoit trouver quelque temple gothique dans une vallée, au milieu des bois? Les montagnes de la Navarre n'avoient-elles point quelque barde, enfant du rocher, qui sur le tombeau du druide chantât les exploits des Gaules sauvages? Je m'assure qu'il y avoit encore quelque ancien chevalier du règne de François Ier qui regrettoit dans son manoir les tournois de la vieille cour et ces beaux temps où la France s'en alloit en guerre contre les mécréants et les infidèles. Que de choses à tirer de cette révolution des Bataves, contemporaine, voisine, et pour ainsi dire sœur de la Ligue! Les Hollandois commençoient à s'établir aux Indes, et Philippe recueilloit les premiers trésors du Pérou. Coligny lui-même avoit envoyé une colonie dans la Caroline, et le chevalier de Gourgues offroit à l'auteur de *La Henriade* un superbe et touchant épisode.

Tels étoient les moyens que M. de Voltaire avoit d'étendre son épopée au dehors; car une épopée doit renfermer l'univers. En Europe, le plus heureux des contrastes lui donnoit les mœurs primitives et pastorales en Helvétie, le peuple commerçant en Angleterre, et le siècle des arts en Italie. L'intérieur de la France lui présentoit aussi l'époque la plus heureuse pour un poëme épique, époque qu'il faut toujours choisir à la fin des mœurs antiques d'un âge et à la naissance des nouvelles mœurs d'un autre âge : la barbarie expiroit, et le siècle de Louis le Grand commençoit à poindre : Malherbe étoit venu. Nous ne voyons pas pourquoi ce héros, à la fois barde et chevalier, n'eût pu conduire les François aux combats en chantant de beaux hymnes à la victoire. Quant aux épisodes, on n'est embarrassé que du choix : pour n'en citer que deux, si faciles à lier au sujet, c'étoit une admirable chose à traiter en vers que l'histoire du Corse San-Pietro et de sa femme[1]; l'aventure du gouverneur qui venge d'une si étrange manière l'honneur de sa sœur outragée, étoit également propice aux Muses[2]. Le merveilleux venoit à son tour sans effort. Satan, sans doute furieux des triomphes de la croix, cherchoit à perdre les chré-

---

1. Shakespeare en a profité dans *Otello*.   2. *Esprit de la Ligue*.

tiens, en suscitant au milieu d'eux le démon de l'hérésie : de là toute la machine du poëme.

M. de Voltaire ne s'est pas douté de tout cela; sa composition est chétive; il suit la marche des événements avec la timidité d'un annaliste; et, par une bizarrerie sans exemple, il ne s'écarte un moment de l'histoire que pour la choquer d'une manière monstrueuse en conduisant Henri IV à la cour d'Élisabeth.

Les caractères de *La Henriade* ne sont que des portraits, et l'on a trop vanté cet art de peindre, dont Rome en décadence a donné le premier modèle[1]. Le portrait n'est nullement épique; il ne fournit que des beautés sans action et sans mouvement; il est d'ailleurs d'un genre fort médiocre, et les moindres auteurs y réussissent passablement : il ne s'agit que de contraster quelques traits, de presser la phrase et de faire briller le mot; or, dans ce siècle de *philosophie* quel est l'homme qui ne sache un peu arranger des sons?

Comment M. de Voltaire a-t-il oublié d'introduire un prêtre et un médecin dans son épopée? La figure de quelque vénérable ermite, qu'on eût aperçue partout, n'eût point effrayé les Muses : Homère depuis longtemps les a réconciliées aux barbes blanches; elles aiment les têtes chenues, et trouvent qu'une couronne de laurier cueillie sur le Pinde par leurs mains divines fait assez bien sur un front chauve. La vraisemblance des mœurs est violée d'un bout à l'autre de *La Henriade*. A quel temps appartiennent les héros de ce poëme? Sont-ils plus du xvie que du xviiie siècle? Sans physionomie, sans caractère, ils débitent de temps en temps d'assez beaux vers, qui servent à mettre en lumière les principes philosophiques du poëte, mais nullement à nous montrer des guerriers tels qu'ils étoient dans leur âge. Qu'on ne dise pas que plusieurs discours des ligueurs et des royalistes font éclater l'esprit des temps; c'étoient les actions des personnages, et non leurs paroles, qui devoient nous déceler cet esprit : le chantre d'Achille n'a pas mis *l'Iliade* en harangues.

Le merveilleux est aussi maigre que le reste. Il falloit être frappé d'un singulier vertige pour préférer (et nous ne parlons que sous les rapports poétiques) des divinités allégoriques aux machines puisées dans le christianisme. Cette Politique, cette Envie, ce temple de l'Amour, sont si bizarres dans une épopée dont les héros sont chrétiens, qu'on se demande comment jamais pareille idée a pu tomber dans la tête de M. de Voltaire. Nous ne dirons rien de la froideur que ces êtres de raison répandent sur tout un ouvrage. Le poëte va lancer son héros sur une

---

1. Voyez Lucain et Tacite.

frêle barque au milieu de l'Océan. Quelle tempête ne va-t-il pas élever ! quels périls ne menacent pas les jours d'Henri IV ! Ne craignez rien ; notre siècle est plus judicieux, il n'admet pas ces extravagances homériques, par qui un dieu arrive en trois pas au bout de la terre. Soufflez, enfant d'Orythie ! mais que la philosophie vous rappelle que Bourbon s'est embarqué à Dieppe, et que conséquemment il est dans la Manche ; donnez-vous de garde d'égarer le héros dans les poétiques solitudes d'Amphitrite. La raison doit toujours vous guider ; la vérité, qui n'étoit autrefois que dans l'ivresse de Bacchus, est maintenant dans celle des Muses. D'après cette apostrophe, que l'auteur de l'épopée dédiée à la Vérité semble avoir faite à sa muse, les vents furieux ont conduit Bourbon par delà les portes du jour, dans des lieux vagues, couverts de ténèbres, à une île lointaine, inconnue, à Jersey enfin.

Telle est cependant l'influence des idées philosophiques ; il n'y a pas de si heureux génie qu'elle n'étouffe : les seuls endroits où M. de Voltaire se soit élevé dans *La Henriade* sont ceux-là même où il a cessé d'être philosophe pour devenir chrétien. Aussitôt qu'il a touché à la source de toute poésie, la religion, la source a immédiatement coulé. Le serment des Seize dans le souterrain, l'apparition du fantôme de Guise qui vient armer Clément d'un poignard, sont de belles choses et des choses fort épiques, puisées dans les opinions du XVIe siècle. Voyez comme le poëte s'est trompé lorsqu'il a voulu transporter la philosophie dans les cieux. Son Éternel est sans doute un dieu fort juste, qui juge le bonze et le derviche ; mais ce n'est pas cela qu'on attendoit de la muse, on lui demandoit de la poésie, un ciel chrétien, des cantiques, Jéhovah enfin, le *mens divinior,* la religion.

Il nous semble que M. de Voltaire a repoussé fort mal à propos cette milice sacrée, cette armée des martyrs et des anges qui lui auroit fourni de fort belles choses ; et parmi nos saintes il eût pu trouver des puissances aussi grandes que celles des déesses antiques, et des noms aussi doux que ceux des Grâces. Une bergère apparoît sur un nuage d'or ; ses tempes ne se couronnent plus des roses fugitives qu'elle glanoit jadis au champ des hommes, mais des roses durables qu'elle cueille maintenant sur la montagne du Seigneur. Son vêtement est un tissu de vapeur azurée, sa chevelure est formée du plus beau rayon de l'aurore. A travers sa brillante immortalité on reconnoît encore les lieux qui l'ont vue naître et les charmes d'une vierge de France. En vérité, il nous semble que si nous étions poëte, nous trouverions quelque chose à dire sur ces bergères transformées par leurs vertus en bienfaisantes divinités ; sur ces Geneviève, qui du haut du ciel protègent avec une houlette le sceptre des Clovis et des Charlemagne. Est-ce donc qu'il n'y a point d'enchantement pour les Muses à voir le peuple le plus spirituel et le plus brave du monde consacré par la religion à la fille de la simplicité et de la paix? Et de qui les gentilles Gaules tiendroient-elles leurs troubadours, leur parler naïf et leur penchant aux grâces, si ce n'étoit du chant pastoral, de l'innocence et de la beauté de leur patronne!

Vicieuse par le plan, par les caractères, par le merveilleux, il ne restoit plus à *La Henriade* que de pécher encore par la poésie; or, on convient que M. de Voltaire faisoit mal les vers épiques. On trouve dans son épopée de beaux vers, quelques tirades entières que tout le monde sait par cœur, une superbe image (Henri s'éloignant de Paris, comparé au soleil qui paroît plus grand en se retirant à l'horizon)[1]; enfin, le style de *La Henriade* est correct, la narration parfaite et la diction généralement pure; mais, après tout, il y a au moins une moitié des chants écrite à la hâte en prose rimée. N'est-ce pas se moquer des lecteurs que de leur dire dans une épopée :

> Sur les bords fortunés de l'antique Idalie,
> Lieux où finit l'Europe et commence l'Asie.

Nous ne parlons que du style, et nous ne demandons pas ce que M. de Voltaire a voulu dire par ce palais de l'Amour, dont l'art, ornant depuis la simple architecture,

> Par ses travaux hardis surpassa la nature.

Certainement l'auteur ne s'est jamais bien entendu quand il s'est enfoncé dans un pareil galimatias.

Concluons :

> « Un poëme excellent, où tout marche et se suit,
> « N'est pas de ces travaux qu'un caprice produit.
> « Il veut du temps, des soins; et ce pénible ouvrage
> « Jamais d'un écolier ne fut l'apprentissage. »

De tout ce que nous avons dit sur *La Henriade*, il résulte que si M. de Voltaire a échoué dans l'épopée, ce n'est pas parce qu'il l'a tenté sur un sujet pris dans le christianisme, comme on nous le voudroit faire croire, mais, au contraire, parce qu'il n'a pas lui-même été chrétien. Toutefois, en traitant si rigoureusement *La Henriade*, nous

---

1. Imitée même du P. Lemoine.

ne nions pas que son auteur n'eût reçu de la nature les talents nécessaires pour faire un beau poëme épique. S'il a manqué son sujet, la faute en est tout entière à la philosophie.

CHRYSÈS ou LE PRÊTRE [1].

Il n'y a peut-être pas de tableau plus chaste dans toute *L'Iliade* que cet endroit du premier livre où Homère représente Chrysès, prêtre d'Apollon, venant redemander sa fille aux Grecs devant Troie. On voit cet antique serviteur des dieux arriver seul au camp des Atrides : une couronne de laurier est dans ses cheveux blancs, et il tient à la main un rameau vert entouré des sacrées bandelettes de laine. Menacé par Agamemnon et forcé de quitter les vaisseaux, il reprend le chemin de Chrysa; il marche en silence le long des flots bruyants de la mer. Lorsqu'il est à quelque distance du camp, il s'arrête, et étendant ses bras vers les eaux, il prie Apollon le *sagittaire* de venger l'injure de son prêtre. Ne semble-t-il pas que tout cela se passe sous vos yeux?

Mais voici un solitaire chrétien qui peut lutter de beauté avec Chrysès lui-même. Guelfe et Ubalde sont allés chercher le jeune héros qu'Armide retient dans les déserts des îles Fortunées; les deux guerriers arrivent au bord d'un fleuve.

> . . . . Alor d'aspetto
> . . . . Il corso il varca.

« Soudain apparoît un vieillard d'un aspect simple et vénérable. Son front est couronné de feuilles de hêtre, une longue draperie de lin blanc flotte autour de lui. Sa main agite une baguette, et il foule à pied sec la surface du fleuve, en remontant contre son cours. »

Tantôt cet anachorète habite les antres de la terre et le sein des fleuves; tantôt il fixe sa demeure sur les sommets aériens (au Ramagion) du Carmel et du Liban; ici il contemple les astres et mesure leur course; là, pénétrant dans les trésors de la foudre, il suit les pas insidieux des vents. La montagne n'a point de fossiles dans ses flancs, point de végétaux sur ses cimes, dont le solitaire ne connoisse les vertus. Dans le fol orgueil de son savoir, cet habitant des solitudes

---

1. Ce morceau devoit appartenir au t. II, p. 182-83; il a été entièrement supprimé.

s'étoit jadis épris de lui-même; mais l'eau du baptême éclaira son âme, et il connut que toutes les lumières des hommes ne sont que de trompeuses ténèbres : voilà le trait chrétien, le trait admirable.

LE GUERRIER ATHÉE [1].

Qu'un capitaine rassemble ses soldats, et leur dise la veille d'une bataille : « Mes amis, le boulet qui vous tranchera demain par le milieu du corps ne laissera rien de vous dans ce monde. On vous jettera dans une fosse avec les chevaux où vous pourrirez pêle-mêle, parce que vous ne valez pas mieux qu'eux. La fatigue que vous avez éprouvée, les dangers que vous avez courus, les privations que vous avez souffertes, ont été très-bien payés par douze sous que la patrie vous a donnés par jour. Quant à Dieu et à un monde meilleur, n'y comptez pas, c'est une pure rêverie de vos prêtres : tout se réduit à vous faire casser la tête pour ma propre gloire. Fantassins obscurs, vous serez oubliés; je recueillerai seul le fruit de votre mort. »

Que ce capitaine mène ses soldats à la charge après ce beau discours, et le premier coup de canon de l'ennemi dispersera toutes ses légions philosophiques.

Mais si quelque antique solitaire, aumônier de l'armée, qui depuis trente ans chante le *Te Deum* sur le champ de bataille, et célèbre le sacrifice de paix sur un autel formé de tambours; si ce père, à barbe blanche, qui tant de fois a fait descendre le Dieu fort sur un camp françois, qui tant de fois, étalant les humbles vertus chrétiennes au milieu des nobles vertus militaires, a invoqué le Jésus des petits enfants au lit de mort d'un grenadier et pratiqué les choses de l'ermitage sous une tente; si cet homme pieux dit aux soldats : « Mes enfants, voilà l'ennemi; défendez votre religion. Ceux qui tomberont dans cette cause sacrée seront reçus par leurs pères, qui les regardent du haut du ciel. Pour une vie d'un moment et pleine de trouble, ils jouiront d'une vie éternelle et pleine de délices. Toutes leurs peines seront finies, et nous les regarderons comme des saints. Leurs os reposeront dans une terre bénite, et le ciel répandra ses grâces sur leur famille. Marchez donc, je vous remets tous vos péchés, marchez à la voix de votre Dieu, qui vous commande : la victoire est entre ses mains, il vous la donnera. »

---

1. Ceci appartenoit aussi au chapitre sur l'*Athéisme*, t. II, p. 133.

Nous parierons que l'aumônier aura raison contre le capitaine, et qu'en effet les soldats du prêtre battront les soldats du philosophe.

L'AMOUR [1].

Ce que nous appelons proprement *amour* parmi nous est un sentiment dont la haute antiquité a ignoré jusqu'au nom. Ce n'est que dans les siècles modernes qu'on a vu se former des sens et de l'âme cette espèce d'amour dont l'amitié est la partie morale. C'est encore au christianisme que l'on doit ce sentiment perfectionné ; c'est lui qui, tendant sans cesse à épurer le cœur, est parvenu à jeter la spiritualité jusque dans le penchant qui en paroissoit le moins susceptible. Voici donc un nouveau moyen de situations poétiques que nos auteurs doivent à ce culte qu'ils s'épuisent à décrier : on peut voir dans une foule de romans les beautés que cette passion demi-chrétienne a fait naître. Le caractère de Clémentine [2], par exemple, est un chef-d'œuvre dont l'antiquité n'offre point de modèle. Mais pénétrons un peu dans ce sujet : considérons d'abord l'*amour passionné*, nous verrons ensuite l'*amour champêtre*.

Nous examinons donc à présent cette sorte d'amour qui n'est ni aussi saint que la piété conjugale, ni aussi gracieux que le sentiment des bergers, mais qui, plus poignant que l'un et l'autre, dévaste les âmes où il règne. Ne s'appuyant point sur la religion du mariage ou sur l'innocence des mœurs champêtres, et ne mêlant aucun autre prestige au sien, il est à soi-même sa propre illusion, sa propre folie, sa propre substance ; ignoré de l'artisan, trop occupé, et du laboureur, trop simple, cette passion n'existe que dans ces rangs de la société où l'oisiveté nous laisse surchargés de tout le poids de notre cœur, avec son immense amour-propre et ses éternelles inquiétudes. C'est alors que, presque seul au milieu du monde avec une surabondance de vie, on sent en soi une force dévorante qui consomme l'univers sans être rassasiée. On cherche quelque chose d'inconnu, l'idéal objet d'une flamme future ; on l'embrasse dans les vents, on le saisit dans les gémissements du fleuve : tout est fantôme imaginaire; et les globes dans l'espace, et le principe même de vie dans la nature.

---

1. Variante du chapitre intitulé *Didon*, t. II, p. 196.
2. GRANDISON.

Tels sont les sinistres symptômes qui annoncent l'amour passionné, cette grande maladie de l'âme chez les riches de la terre : elle se déclare avec fureur aussitôt que se montre l'objet qui doit en développer le germe. Didon s'occupe encore des travaux de la cité naissante : la tempête se lève; un héros sort de ses flancs. La reine se trouble, un feu aveugle ronge ses os; les imprudences commencent, les plaisirs suivent, le désenchantement et les remords viennent après eux. Bientôt Didon se trouve abandonnée sur le bord d'un précipice; effrayée de ce changement subit, elle regarde avec horreur autour d'elle, et ne voit que des abîmes. Comment s'est-il évanoui tout cet édifice de bonheur dont une imagination exaltée avoit été l'amoureux architecte? Quoi! ces merveilleuses structures n'étoient que des palais de nuages, dorés par un soleil qui devoit si promptement s'éteindre? Que de combats dans le sein de la reine infortunée! une pensée désapprouve ce que l'autre conseille. Les larmes, les imprécations, les prières, sont tout ce qui lui reste. Dans ces moments de folie, les passions, incapables de supporter leur propre fougue et d'exprimer clairement leurs transports, croient déclarer tous leurs accents. Didon vole, cherche, appelle, aborde Énée :

Dissimulare etiam sperasti, etc. . . . . . .
. . . .
. . . .

« Perfide! espérois-tu me cacher une chose si détestable et t'échapper clandestinement de cette terre? Ni notre amour, ni cette main que je t'ai donnée, ni Didon prête à étaler de cruelles funérailles, ne peuvent arrêter tes pas! Non, tu aimes mieux livrer ton vaisseau aux hivers! Homme dur! il te tarde d'errer au milieu des tempêtes! Quoi! si tu n'allois pas supplier un sillon étranger et des toits inconnus à tes pères, quand ton unique Ilion seroit encore, tes vaisseaux oseroient-ils maintenant redemander Ilion à cette mer furieuse? Par ces larmes, par ta main, par toi-même (hélas! c'est déjà tout ce qui me reste dans ma misère), par notre union, par notre hymen projeté, si j'ai bien mérité de toi, si je t'ai laissé de moi quelque douce mémoire, prends pitié de mon toit désert. Ah! si mes prières peuvent encore ici trouver grâce, je t'en conjure, change, change la fatale résolution. Pour toi, j'ai bravé la haine des peuples de Libye, des tyrans nomades et de mes sujets irrités; pour toi, j'ai éteint ma pudeur, et ce flambeau par qui je resplendissois jusqu'aux astres, la gloire. A quelles mains me livres-tu mourante, ô mon hôte? Ce nom étranger est tout ce qui remplace aujourd'hui un nom plus doux. Que résoudre? Attendrai-je que mon frère Pygmalion vienne renverser cette cité naissante, ou que le Gétulien Iarbas me traîne à sa suite, épouse et esclave? Du moins si avant ta fuite l'hymen eût détaché pour moi un tendre bouton de ta tige; si je voyois se jouer dans ma cour un petit Énée qui me retraçât ton image, je ne me croirois ni tout à fait aussi captive ni tout à fait aussi délaissée. »

Quel trouble, quelle passion, quelle vérité dans l'éloquence de cette femme trahie! Son discours est plein d'ellipses, de réticences, de parenthèses ; car les idées se pressent tellement dans sa tête, et les sentiments dans son cœur, qu'elle les produit en désordre, incohérents et séparés, tels qu'ils s'accumulent sur ses lèvres. Remarquez bien les autorités qu'elle emploie dans ses prières. Est-ce au nom des dieux, au nom d'un vain sceptre qu'elle parle? Non! elle ne fait pas même valoir *Didon dédaignée* : mais, plus humble et plus amante, elle ne conjure le fils de Vénus que par des larmes. que par la propre main du perfide; si elle y joint le souvenir de l'amour, ce n'est encore qu'en l'étendant sur Énée : *par notre hymen, par notre union commencée*, dit-elle; *per connubia nostra, per inceptos hymenæos*. Mais elle atteste aussi ce toit, ce foyer hospitalier, où naguère elle accueillit l'ingrat. Ce sont là en effet les vrais dieux pour Didon. Ensuite, avec l'adresse d'une femme, et d'une femme amoureuse, elle rappelle tour à tour le souvenir de Pygmalion et celui de Iarbas, pour réveiller ou la générosité, ou la jalousie du héros troyen. Enfin, ayant épuisé la rhétorique des larmes, pour dernier trait de passion et de misère, la superbe souveraine de Carthage va jusqu'à souhaiter que du moins un petit Énée, *parvulus Æneas* restât dans sa cour pour consoler sa douleur, même en portant témoignage de sa honte.

PAUL ET VIRGINIE [1].

Il est certain que le charme de ce tableau, et en général de tout le livre, gît dans une certaine morale mélancolique, qui se trouve fondue dans l'ensemble de l'ouvrage comme cet uniforme éclat que la lune répand sur une solitude parée de fleurs. Or, quiconque s'est rendu

1. Voyez le même chapitre sur cet ouvrage de Bernardin de Saint-Pierre, t. II, page 209.

familier la lecture des Évangiles ne peut nier que ce ne soit là leur caractère. M. Bernardin de Saint-Pierre, qui a écrit les *Études de la Nature,* pour justifier les voies de Dieu et pour prouver la vérité de la foi, a dû nourrir son génie de la méditation des livres saints. Son églogue n'a tant de charme que parce qu'elle représente une petite famille chrétienne exilée, vivant entre la parole de Dieu dans les Écritures et les ouvrages *de ce même Seigneur,* dans le désert des cocotiers. Joignez-y l'indigence et les infortunes de l'âme dont la religion est le seul remède, et vous aurez tout le sujet. Les personnages n'y sont pas plus nombreux que les intrigues, et ils y ont la même simplicité; ce sont deux beaux enfants dont on aperçoit le berceau et la tombe, deux bons esclaves et deux pieuses maîtresses. Ces honnêtes gens ont un historien tout à fait digne de leur vie; c'est un solitaire qui raconte les malheurs de ses amis, sur les débris de leur cabane. Sa tête est chauve, ses ans sont antiques; il a survécu à tout ce qu'il aima. Demeuré seul dans la montagne, sa vertu semble attendre le siècle pour s'épanouir au soleil de l'éternité, comme l'aloès de ces mêmes terres indiennes, qui n'ouvre qu'au bout de cent printemps sa fleur aux regards de l'aurore.

SONGE D'ÉNÉE [1].

C'étoit l'heure où le premier sommeil engourdit sous ses ailes les douleurs de l'homme et fait couler dans son sein les gracieuses faveurs des dieux. Tout à coup le fantôme d'Hector m'apparoît dans un songe; il attache sur moi des regards pleins d'une profonde tristesse; de larges pleurs tombent de ses yeux. Le guerrier étoit tel qu'en ce jour où, tout noir de poudre, les pieds enflés et percés d'une courroie, nous le vîmes cruellement traîné par un char autour de nos murailles. O combien différent de cet Hector qui revenoit couvert des armes d'Achille, après avoir lancé les feux d'Ilion sur la flotte des Grecs! Sa barbe étoit sale et hérissée, sa chevelure collée par un sang épaissi, et son corps tout couvert des plaies qu'il reçut en mourant pour sa patrie. Sans faire de vains efforts pour retenir mes larmes, il me sembla que je lui adressois ces tristes mots : « O lumière des Dardanides! ô fidèle espérance de Teucer! pourquoi as-tu tardé si longtemps? quelle région a

---

1. Voyez t. II, p. 243, la traduction en vers du *Songe d'Énée,* par M. DE FONTANES, substituée à celle-ci.

pu nous cacher notre Hector? Faut-il te revoir après les funérailles de tous tes proches, après que tant de malheurs ont ravi tant de citoyens à Troie? Mais quel nuage trouble les sérénités de ton front? pourquoi ces innombrables blessures? » Ainsi je parlois, et muet étoit le héros, nul son de sa bouche ne répondoit à mes questions inutiles; mais, amenant du fond de son cœur un pesant soupir sur ses lèvres : « Fuis, Énée, fuis, sauve-toi des flammes; l'ennemi est dans ces murs : Ilion touche à sa fin. Ils sont passés les jours de Priam et de ta patrie. Si Troie eût pu être sauvée, elle l'eût été par mon bras. A toi sont confiés les dieux tutélaires de cette ville sacrée; à toi sont commis ses destins. Pars : va chercher de lointains climats, où tu bâtiras des murs fameux, après avoir erré sur toutes les mers. » Il dit, et saisissant dans la chapelle secrète la bandelette du prêtre, la statue de Vesta et le feu éternel, il les emporte avec lui.

ENFER DU DANTE [1].

Le Dante, descendu dans la vallée des Serpents, où sont punis les brigands qui ont usé de mensonge, voit une multitude d'ombres courir épouvantées sur des reptiles de toutes races et de toutes formes.

Deux coupables s'arrêtent auprès de lui :

<blockquote>Com'el ramano sotta la gran fersa, etc.</blockquote>

« Comme on voit sous l'ardente canicule le lézard, désertant ses buissons, fuir en éclair à travers les sentiers; tel parut, s'échappant vers les deux autres coupables, un reptile enflammé, noir et luisant comme l'ébène. Il frappa l'un d'eux au nombril, premier passage des aliments dans nous, et tomba vers ses pieds étendu. L'homme frappé le vit, et ne cria point; mais, immobile et debout, il bâilloit comme aux approches du sommeil ou d'une brûlante fièvre, il bâilloit et fixoit le reptile qui le fixoit lui-même. Tous deux se contemploient : la bouche de l'un et la blessure de l'autre fumoient comme deux soupiraux, et les deux fumées s'élevoient ensemble.

« Qu'ici, témoin du prodige, Lucain se taise sur les malheurs de Sabellus et de Nasidius; qu'Ovide ne parle plus de Cadmus et d'Aré-

---

1. Voyez t. II, p. 249.

thuse, car s'il changea l'un en dragon et l'autre en fontaine, jamais il n'opposa deux natures de front, les forçant d'échanger entre elles leur matière et leur forme; mais le serpent et l'homme firent cet horrible accord.

« Je vis la croupe de l'un se fendre et se diviser, et les jambes de l'autre s'unir sans intervalle; ici la peau s'étendre et s'amollir, et là se durcir en écailles; ensuite les bras du coupable décroissant à ses côtés, le monstre allongea deux de ses pieds vers ses flancs, et les deux autres, réunis plus bas, lui donnèrent le sexe que perdoit l'ombre malheureuse.

« Sous la fumée qui les voiloit toujours, les deux spectres se coloroient diversement; et l'un quittant enfin les cheveux dont l'autre ombrageoit sa tête, le reptile tomba sur son ventre, et l'homme se dressa sur ses pieds; alors, et sans détourner leurs affreux regards, l'un se montra sous une face et des traits moins informes, et l'autre, pareil au limaçon qui replie ses yeux, n'offroit déjà plus qu'une tête effilée, où disparoissoient tour à tour le nez, la bouche et les oreilles.

« Mais la fumée s'évanouit, et soudain le nouveau reptile, dardant une langue acérée, fuit en sifflant dans la nuit profonde. L'homme nouveau l'insulte en crachant après lui, et se tournant ensuite vers l'autre compagnon : « Je veux, lui dit-il, que Bosc rampe dans la « vallée aussi longtemps que moi. »

« Ainsi j'ai vu le septième habitacle se former et se transformer ; et si mes tableaux sont horribles, ils ont au moins la nouveauté. »

M. de Rivarol a dit dans ses notes que ce morceau approchoit du Laocoon, et ce jugement est modéré.

Tel peut devenir un enfer chrétien sous un pinceau habile. Si tout ceci ne forme pas un corps de preuves sans réplique en faveur des beautés poétiques de notre religion, jamais rien ne sera prouvé en littérature. Et qu'on ne dise pas qu'un Grec ou un Romain eût pu faire un Tartare tout semblable à l'enfer du Dante. Non-seulement cette remarque, fût-elle véritable, ne concluroit rien contre le christianisme; mais quiconque aura la moindre critique reconnoîtra que la couleur sombre de l'enfer du Dante ne se trouve point dans la théologie païenne, et qu'elle appartient indubitablement aux dogmes formidables de notre foi.

M. BODMER [1].

Si M. Bodmer n'a pas mis dans son poëme du *Déluge* tout ce qu'on pouvoit y mettre, personne sans doute ne s'en prendra au sujet. Quelle carrière pour une imagination féconde qu'un monde antédiluvien! Elle n'a pas même tout à créer; car, si on veut bien fouiller le Critias, les chronologies d'Eusèbe, quelques traités de Lucien et de Plutarque, on trouvera une ample moisson. Scaliger a cité un fragment de Polyhistor où cet auteur parle de certaines tables écrites avant le déluge, et conservées à Sippary, la même vraisemblablement que la Sipphara de Ptolémée. Les Muses sont des divinités polyglottes, et elles pourroient lire bien des choses sur ces tables. Lorsqu'on écrit et qu'on veut vivre, il ne faut pas craindre d'ouvrir ces gros in-folio du bon temps des Estiennes et des Elzevirs, qui contiennent des miracles d'érudition.

Mais s'il fut jamais un magnifique sujet d'épopée, soit chez les anciens, soit chez les modernes, un sujet où tout se trouve, un sujet à la fois le plus pathétique, le plus grand, le plus merveilleux de tous les sujets, c'est l'histoire de Joseph, dans cette même Bible objet du dégoût des ignorants et des incrédules. Certes, ce ne sont pas ici les matériaux qui manquent au poëte. Voyez d'un côté toute cette mystérieuse Égypte, dont le sol creusé n'est qu'un vaste temple souterrain qui porte à sa surface d'autres temples. Voyez ces forêts de colonnes, d'obélisques, de pyramides; ces lacs faits de main d'homme, ce Sphinx, ces statues colossales; voyez tous ces monuments des arts qui se mêlent aux sables du désert, aux moissons du Delta, aux bœufs pesants, aux légers dromadaires. Ici le souffle créateur de l'aurore enfle le sein des statues et une poitrine de pierre pousse de mélodieux soupirs. Là le Phénix, sublime symbole de l'homme, vient se brûler sur l'autel du Soleil : il compose son bûcher d'aromates précieux; et c'est pour nous apprendre que nous devons faire de vertus notre dernière couche, afin que, réduits en cendres par la mort, nous puissions renaître à une seconde vie. Plus loin on s'entretient avec ces prêtres qui conservent les sciences hermétiques; par eux sont expliqués les hiéroglyphes inexplicables. Aux ports du golfe Arabique, on s'embarque pour Ophir, on vogue à l'Atlantide de Platon, on

---

[1]. Jean-Jacques Bodmer étoit de Zurich ; il s'est fait remarquer durant sa vie par de nombreux écrits sur des questions qui ont divisé la littérature allemande vers le milieu du XVIIIe siècle. Son poëme sur le Déluge est intitulé : *La Noachide*, Zurich, 1752-72. Il est mort en 1783, à l'âge de quatre-vingt-cinq ans. (*Note des Éditeurs.*)

aborde à la quatrième partie de la terre, où se trouvent encore les fourneaux du roi Salomon [1]; on fait le tour entier de l'Afrique, et on voit le soleil au septentrion [2]. La Trapobane et le cap Comaria nous appellent, et nous conversons avec les prêtres de l'Inde. L'Éthiopie nous reçoit à notre retour pour nous introduire à l'antre de ses gymnosophistes. Avec les caravanes de Pharaon, nous nous enfonçons dans l'intérieur de l'Afrique; nous parvenons jusqu'à ce grand lac de l'ouest où se décharge le Tigre [3], et nous visitons les énormes cités découvertes depuis peu par les modernes voyageurs [4].

Tournant nos regards vers l'Europe, nous les fixons sur des scènes non moins admirables. Voilà Cécrops qui part pour fonder Athènes [5], et nous allons balancer à notre gré le merveilleux berceau de l'Attique. L'Étrurie, avec ses sciences et ses beaux vases, est de même livrée à notre muse, car nous la réclamons comme colonie égyptienne [6]; et qui nous empêcheroit d'aller demander, en passant, l'hospitalité à Saturne qui règne sur l'âge d'or en Ausonie [7]?

De retour en Égypte, nous ne manquerons pas de combats si nous en désirons; nous assistons en même temps à toutes les fêtes des dieux de la Grèce, originaires de la terre de Mitzraïm. Nous suivons les processions superbes, sur les ruines antiques et inconnues des villes des rois pasteurs [8]. Nous sommes initiés aux mystères d'Isis; nous allons au temple d'Ammon dans l'Oasis du désert; nous pénétrons dans l'intérieur de la grande pyramide où peut-être nous apprenons d'étranges histoires. Que ne voyons-nous point? Quelles sciences ne nous sont point révélées? Quels secrets de la nature restent cachés pour nous? On pourroit croire qu'une telle richesse suffit pour épuiser un sujet! Eh bien; ce n'est pas tout : par un contraste unique et qui ne se retrouve nulle part, les sciences de la vie patriarcale viennent se placer auprès de ces tableaux : c'est le vieux Jacob pleurant son fils à l'entrée de sa tente; ce sont les filles du puits de l'étranger donnant à boire aux chameaux et aux ânes robustes; c'est la pierre du serment; c'est l'autel d'alliance; c'est un mariage accordé auprès de la fontaine; c'est le champ du glaneur; c'est le vrai Dieu; c'est le sublime Jéhovah, parlant à son peuple sur les hauts lieux et lui envoyant ses anges sous

---

1. Colomb prétendoit en avoir vu les restes dans les mines de Cibao.
2. *Vid.* Hérodote.   3. Ptol., ap. Geo. min.   4. Mungo-Park.
5. L'anachronisme ne seroit que de 134 ans au plus.
6. Suid., verb. Tyrrhen.
7. *Aurea quæ perhibent illo sub rege fuerunt
    Sæcula.*   (Virg., lib. viii, v. 324.)
8. Maneth, apud Joseph., etc. Afric. Heron., lib. ii. Diod., lib. i, etc.

la figure de beaux jeunes hommes; c'est la future Sion ; c'est le mont flamboyant de Sinaï et tous les miracles hébreux aisément retracés par une machine poétique; enfin, pour lier les deux étonnantes parties d'un poëme de Joseph, l'histoire la plus merveilleuse, la plus touchante, la plus pathétique, vient vous présenter sa chaîne. M. de Bitaubé a traité ce fameux sujet [1].

D'après cette vue rapide des poëmes fondés sur des sujets chrétiens, il nous semble prouvé qu'il ne faut pas rejeter sur la prétendue barbarie de notre religion le peu de succès de ces ouvrages. Est-il rien après tout qui soit plus plein d'enchantement et de délices que la *Jérusalem délivrée*[2]?

ARCHITECTURE [3].

Mais voici une chose remarquable. Chez les Grecs, il n'y avoit point d'architecture qu'on pût appeler proprement religieuse. Un temple et un palais se ressembloient. Par là on voit d'un coup d'œil que la religion chez ces peuples ne s'élevoit pas au-dessus de la politique, et qu'elle n'avoit rien de divin et de mystérieux. Le christianisme, au contraire, a distingué ses monuments de ceux des hommes, et plus les âges qui les ont élevés ont eu de piété et de foi, plus ces monuments ont été frappants par la grandeur et la noblesse de leur caractère.

On peut voir un bel exemple de cette vérité dans les *Invalides* et dans l'*École Militaire*. Les premiers sont du siècle de la religion, la seconde est du temps de l'incrédulité. Ces deux édifices sont placés l'un auprès de l'autre comme par un dessein de la Providence, afin qu'ils se servent de commentaire, et qu'on puisse juger du génie du christianisme et du génie de la philosophie. Vous est-il arrivé quelquefois de vous promener, en été, aux Champs-Élysées, le long de la rivière, et avez-vous remarqué le dôme des Invalides? Comme il est beau ce dôme, enflé dans la vapeur du soir! Majestueux et immobile, il domine les fumées et les bâtiments qui l'environnent comme la tête arrondie d'une vieille montagne. Qu'il y a haut de son pinacle religieux aux mansardes philosophiques de l'École Militaire! On diroit que le nom

---

1. Ainsi qu'un auteur allemand et un vieil auteur françois.
2. Voyez le t. II. p. 145.   3. Variante du chapitre VI, t. II. p. 290.

de Dieu, répété dans cette enceinte par la bouche des Bossuet, en a dilaté les voûtes en cherchant un passage vers le ciel, tandis que l'édifice voisin s'est accroupi sur la terre à la parole d'un siècle athée. Mais voici que le soleil se couche par delà les hauteurs de Meudon, à travers la poussière d'or élevée en nuage dans le chemin de la nouvelle Babylone. La Seine avec ses ponts, les grands marronniers des Tuileries, les statues de bronze et de marbre, sont entrecoupées de bandes noires et de rayons de pourpre. Bientôt l'astre du jour, se plongeant sous l'horizon, laisse tout dans les ombres, hors le dôme sacré, qui réfléchit encore les feux de l'occident dans quelques-uns de ses antiques vitraux. Dans ce moment même vous croiriez voir apparoître sur le dôme l'âge immortel de la France, et entendre une voix qui vous crie du haut du superbe monument : « *Je suis du grand siècle !* »

MUSIQUE [1].

Si l'on fait attention à la musique moderne, on verra qu'elle exprime rarement la vérité des passions, parce que les passions chez nous sont dénaturées. Nos airs d'amour, par exemple, imitent la volupté des sens, mais ils sont faux dans le moral ou dans la partie de l'âme. Nous n'avons pas un morceau où l'amitié soit bien peinte; Pylade et Oreste poussent des cris dans l'*Iphigénie en Tauride*. Ce n'est nullement là cette paix, cette modestie, ce ton simple et grand, qui caractérisent l'amitié.

Le christianisme, en rencontrant les passions qui sont les cordes de notre âme, a rétabli les harmonies de cette harpe céleste ; il en a fait sortir des sons au-dessus de tous les bruits de la terre. Écoutez cette jeune religieuse murmurer des airs dans sa cellule: surprenez-la lorsqu'elle ne chante pas distinctement, mais lorsqu'elle soupire je ne sais quoi de vague, qu'elle compose elle-même à moitié, vous entendrez la mélodie des anges. Le culte évangélique est tellement formé pour l'harmonie, qu'il a rempli ses temples de musique, inventé l'orgue et donné des soupirs à l'airain même.

La nature publie sans cesse les louanges du Créateur, et il n'y a rien de plus religieux que ces cantiques que chantent avec les vents les chênes et les roseaux du désert.

1. Voyez le même chapitre dans le t. II, p. 281.

Ainsi le musicien qui veut suivre la religion dans tous ses rapports est obligé d'apprendre l'imitation des symphonies de la solitude. Il faut qu'il connoisse ces notes mélancoliques que rendent les eaux et les arbres ; il faut qu'il ait étudié le bruit des vents dans les cloîtres, et ces murmures qui règnent dans l'herbe des cimetières, dans les souterrains des morts et dans les temples gothiques. Il ne doit pas ignorer les grandes harmonies des mers, celles des globes dans les espaces, et celles des séraphins dans les cieux ; car ces harmonies sont essentiellement du ressort de la religion. Nous ne parlerons point de la mélodie intérieure de l'âme, et, pour ainsi dire, de la musique des pensées. Heureux l'artiste qui pourra faire éclater au dehors cette mélodie inconnue, que le juste entend dans son cœur !

Au reste, si le christianisme étoit ennemi des concerts, eût-il dès son berceau pris tant de soins de s'en entourer ? Ignore-t-on que c'est lui qui a sauvé le chant dans les siècles barbares ? Là où il a placé son trône, là s'est formé le peuple le plus mélodieux de la terre. Les anciens Romains étoient sans génie pour la musique, et en vérité il n'est guère probable qu'en mêlant leur sang au sang des Huns et des Goths ils aient acquis ce génie. Le même phénomène se remarque chez les Allemands, qui ne semblent pas formés pour les arts, et qui cependant sont musiciens. Il faut donc qu'une cause morale et secrète ait déterminé ce talent ; cette cause n'est autre que la religion. Partout où elle s'est montrée, elle a fait naître l'harmonie, et l'on voit que cela devoit être ainsi : le chant est fils des prières, et les prières sont les compagnes de la religion. Réunit-elle trois hommes, au désert ou dans un temple, elle entonne aussitôt les louanges du Créateur. Quand elle a civilisé les sauvages, ce n'a été que par des cantiques, et l'Iroquois, qui n'avoit point cédé à ses dogmes, a cédé à ses concerts. O religion de paix et de mélodie ! vous n'avez pas, comme les autres cultes, dicté aux humains des préceptes de haine et de discorde ; vous leur avez seulement appris à aimer et à chanter.

Que si de ces idées générales sur l'influence du christianisme dans la musique nous descendons à l'effet immédiat de la religion sur cet art, nous trouverons des choses intéressantes, tant pour l'antiquité des souvenirs que pour la valeur intrinsèque du chant d'église. Pénétrons un peu à la source.

Les Grecs distinguèrent dans leur musique quatre modes principaux qu'ils appelèrent *chants authentiques*. Le *dorien* renfermoit les airs graves ; on s'en servoit pour louer les dieux, et c'étoit le seul que Platon voulût conserver dans sa république.

Ces quatre chants authentiques, subdivisés en plusieurs classes, donnèrent naissance à la mélopée. Cette mélopée se partage elle-même en trois branches; la seconde de ces branches fut affectée au récitatif de la tragédie et aux harmonies funèbres.

Les Romains n'apportèrent aucun changement au génie de la musique : ce ne fut que vers l'an 415 de la fondation de la cité que cet art parut à Rome. Il fut introduit dans les jeux scéniques par des mimes et des joueurs de flûte, que le sénat avoit envoyé chercher en Toscane. Nous ignorons quel étoit le caractère de cette musique. Si les Étrusques étoient Égyptiens d'origine, comme il y a quelque lieu de le croire, il est vraisemblable qu'ils ne connoissoient que le premier système d'Hermès ou Mercure.

Mais Polymnie, avec les autres Muses, envahit dans la suite l'empire des vainqueurs de la Grèce. La seule altération que les Romains se permirent dans l'art d'Olympe fut de substituer l'alphabet latin à l'alphabet grec pour faciliter la lecture de l'échelle musicale.

Ce fut dans cet état que le christianisme trouva la musique sur la terre. Les premiers fidèles, s'apercevant combien l'âme attendrie par les sons s'ouvre plus facilement aux influences religieuses, célébrèrent les louanges de Dieu sur les plus beaux airs de la Grèce. Saint Ambroise et le pape Damase réformèrent dans la suite l'harmonie, que le temps avoit corrompue. Boèce, au retour de ses voyages, l'an 502 de notre ère, fit part à l'Église latine des chants qu'il avoit recueillis à Athènes. Enfin, saint Grégoire le Grand, corrigeant le troisième système des Grecs et des Latins, c'est-à-dire le système d'Olympe, fixa pour toujours la musique sacrée; musique que l'ignorance et l'esprit d'irréligion se sont plu à ravaler, mais qui n'en fait pas moins les délices de tous ceux qui goûtent encore la simplicité, la mélancolie, la majesté, la grandeur, et qui aiment à égarer leur pensée dans la nuit des temps et dans le vague des souvenirs.

S'il y a quelque chose de médiocre dans la musique sacrée, ce sont en général les chants d'allégresse. Le christianisme est sérieux comme l'homme, et son sourire même est mélancolique. L'*O filii et filiæ*, les divers *alleluia*, sont bien inférieurs aux soupirs et aux prières que nos maux arrachent à la religion : tout l'office des morts est un chef-d'œuvre ; les artistes conviennent qu'il est du style le plus sublime, et qu'il fait entendre les sourds retentissements du tombeau. Il reste une tradition dans l'Église, que le chant *qui délivre les morts,* comme l'appelle un de nos plus grands poëtes, est celui-là même qui servoit aux pompes funèbres des Athéniens, vers le temps de Périclès.

On remarque aussi quelquefois dans les hymnes d'église je ne sais quel génie à la fois religieux et sauvage. Composées par des solitaires qui vivoient au milieu des bois, ces hymnes ont des silences, des renflements et des dimensions graduelles de sons; vous croiriez reconnoître dans leur murmure monotone le bourdonnement des ifs et des vieux pins qui ombrageoient les cimetières et les cloîtres des abbayes.

Presque tous les chants de la semaine sainte sont parfaits dans le style de la douleur; la passion de saint Matthieu est encore aujourd'hui le désespoir des maîtres; le récitatif de l'historien, les cris de la populace juive, la noblesse des réponses de Jésus, forment un drame pathétique dont la musique moderne n'a point approché. Et quelle est donc cette religion qui, représentant sans cesse une sublime tragédie, compose son culte de la réunion de tous les arts?

FRAGMENT D'UN ÉPISODE [1].

L'étranger étoit assis sous un papaya, au bord du lac de Tindaé. Le jour approchoit de sa fin, et tout étoit calme, superbe, solitaire et mélancolique au désert. Les montagnes de Jore, les forêts de cèdres des Chéroquois, les nuages dans les cieux, les roseaux dans les savanes, les fleuves dans les vallées, se rougissoient des feux du couchant. Par delà les rivages du lac, le soleil s'enfonçoit avec majesté derrière les montagnes. On le voyoit encore suspendu à l'horizon entre la fracture de deux hauts rochers : son globe élargi, d'un rouge pourpre mouvant et environné d'une auréole glorieuse, sembloit osciller lentement dans un fluide d'or, comme le pendule de la grande horloge des siècles [2].

Prête à se livrer au silence, la solitude exécutoit un dernier concert: les forêts, les eaux, les brises, les quadrupèdes, les oiseaux, les monstres, faisoient les diverses parties de ce chœur unique. La nompareille chantoit dans le copalme, l'oiseau moqueur gazouilloit dans le tulipier : on entendoit à la fois et les flots expirants sur leurs grèves et les crocodiles qui rugissoient sourdement. Nichées dans les feuillages des tamarins, des grenouilles d'un vert de porphyre imitoient par un cri singulier le tintement d'une petite cloche; et de beaux serpents, qui vivent sur les arbres, siffloient suspendus aux dômes des

1. Ce morceau rappelle quelques pages des *Natchez* et d'*Atala*.
2. Cette phrase se trouve dans *René*.

bois, en se balançant dans les airs comme des festons de lianes. Enfin, de longues bandes de cariboux, d'orignaux, de buffles sauvages, venoient en bramant, en mugissant, se baigner dans les eaux du lac. Toutes ces bêtes défiloient sous l'œil de l'universel Pasteur, qui conduit la chevrette de la montagne avec la même houlette dont il gouverne dans les plaines du ciel l'innombrable troupeau des astres.

Tandis que l'étranger contemploit ce rare spectacle, et les forêts autour de lui, et le soleil dans l'ouest, et le lac à ses pieds, il entendit marcher dans le bois : c'étoit le vieux sauvage son hôte. Outalissi s'avançoit en s'appuyant sur son arc détendu, et ses cheveux, noués sur le sommet de sa tête avec des plumes d'aigle, ressembloient à une touffe de filasse argentée ; il salua le jeune Européen selon la coutume du désert en l'agitant légèrement par l'épaule, il lui souhaita *un ciel bleu, beaucoup de chevreuils, un manteau de castor et l'espérance*. Il poussa la fumée du calumet de paix vers le soleil couchant et vers la terre : cela étant fait, il s'assit sous le papaya.

L'homme des forêts et l'homme des cités s'entretinrent des choses de la solitude ; ils louèrent le dieu des fleuves, le dieu des rochers, le dieu des hommes justes ; leurs pensées remontèrent vers le berceau du monde, vers ces temps où l'homme de trente années suçoit encore le lait de sa mère, c'est-à-dire qu'il se nourrissoit d'innocence, et l'étranger pria son hôte de lui raconter ce qu'il savoit de l'*ancienne parole*[1]. — « Fils de l'étranger, enfant des mille cabanes, répondit le sauvage, je te parlerai dans toute la sincérité de mon cœur ; mais je ne pourrai mettre dans ma *chanson*[2] la cadence que j'y aurois mise autrefois, dans ce temps où nos cheveux ne comptoient encore que deux fois dix chutes de feuilles. J'ai bien changé depuis ces jours : les jarrets du vieux cerf se sont roidis, il a pris sa parure d'hiver, son poil est devenu blanc, et il va bientôt se retirer dans l'étroite caverne. O mon fils ! si je fleuris encore aujourd'hui, ce n'est plus que par la mémoire : un vieillard avec ses souvenirs ressemble à l'arbre décrépit de nos bois, qui ne se décore plus de son propre feuillage, mais qui couvre quelquefois sa nudité de la verdure des plantes qui ont végété sur ses antiques rameaux. »

L'ancien des hommes ayant ainsi fait l'apologie de son grand âge, avec cette douce prolixité si naturelle aux vieillards, commença son chant religieux. Son chef caduc se balançoit sur ses épaules arrondies, comme cette étoile du soir qui paroît trembler sur le dos des mers où elle est prête à s'éteindre.

1. La tradition.   2. La tradition est chantée.

D'abord il raconta les guerres du *Grand Esprit* contre le cruel *Kitchimanitou*, dieu du mal. Ensuite il célébra le jour fameux qui commence les temps, jour où le *Grand Lièvre*, au milieu des quadrupèdes de sa cour, se plut à former l'univers d'un grain de sable, qu'il tira du fond de l'abîme, et à transformer en homme les corps des animaux noyés. Il dit le premier homme et la belle *Atahensie*, la première de toutes les femmes, précipités pour avoir perdu l'innocence ; la terre rougie du sang fraternel ; *Jouskeka* l'impie immolant le juste *Tahouitsavon* ; le déluge descendant à la voix du *Grand Esprit* pour punir la race de Jouskeka ; Massou sauvé seul, dans son canot d'écorce, du naufrage du genre humain ; le corbeau envoyé à la découverte de la terre, et ce même corbeau revenant à son maître sans avoir trouvé où se reposer. Plus heureux que le volatile, le rat musqué rapporta à *Massou* un peu de terre pétrie dont *Massou* forma le nouvel univers. Ses flèches, lancées contre le tronc des arbres dépouillés, se changèrent en branches verdoyantes. *Massou*, par reconnoissance, épousa la femelle du rat musqué, et de cet étrange hyménée sortit la nouvelle race des hommes, qui tiennent de leur mère terrestre l'instinct et les passions animales, et se rapprochent de la divinité par l'âme et la raison qu'ils tiennent de leur père.

Tel fut le chant du vieux sauvage, qui remplit d'étonnement l'Européen en retrouvant dans le plus profond des déserts, dans un monde séparé des trois autres parties de la terre, les traditions de notre sainte religion. Cependant la nuit américaine sortant de l'orient s'avançoit sur les forêts du Nouveau Monde, dans toute la pompe de son costume sauvage, et l'on n'entendoit plus que le roucoulement de la colombe de la Virginie. L'Indien et le voyageur se levèrent pour retourner à la cabane ; ils passèrent près d'un tombeau qui formoit la limite de deux nations dans la solitude : c'étoit celui d'un enfant ! On l'avoit placé au bord du sentier public, afin que les jeunes femmes, en allant à la fontaine, pussent recevoir dans leur sein l'âme de l'innocente créature, et la rendre à la patrie. Il s'y trouvoit alors une mère, toute semblable à Niobé, qui, à la clarté des étoiles, arrosoit de son lait le gazon sacré et y déposoit une gerbe de maïs et des fleurs de lis blanc. On y voyoit aussi des épouses nouvelles, qui, désirant les douceurs de la maternité, venoient puiser les semences de la vie à un tombeau, et cherchoient, en entr'ouvrant leurs lèvres, à recueillir l'âme du petit enfant, qu'elles croyoient voir errer sur les fleurs.

J'admirai avec des pleurs dans les yeux ces mœurs très-merveilleuses et ces dogmes attendrissants d'une religion qui sembloit avoir été inventée par des mères...

Humbles monuments de l'art des Indiens, vous n'invitez point une science fastueuse à vos tombes inconnues. Vous n'avez d'autres portiques que ceux des forêts, d'autres pilastres que le granit des rochers, d'autres ciselures que les guirlandes des vignes et des scolopendres. L'Ohio, silencieux et rapide, coule nuit et jour à votre base; un bois de sapins conduit à vos sépulcres, et ses colonnes, marbrées de vert et de feu, forment le péristyle de ce temple de la mort. Dans ce bois règne sans cesse un bruit solennel, comme le sourd mugissement de l'orgue; mais lorsqu'on pénètre au fond du sanctuaire, on n'entend plus que le chant des oiseaux, qui célèbrent à la mémoire des morts une fête éternelle.

ESQUISSE [1].

Au jour de nos calamités, la patrie en travail de la révolution jeta un cri de douleur, comme une femme qui enfante un fruit mort-né dans son sein. En ce temps-là l'exil s'avança au-devant de ses nouvelles tribus, et les absorba dans sa dévorante solitude. L'esprit de Dieu s'étant retiré du milieu du peuple, il ne resta de force que dans la tache originelle, qui reprit tout son empire comme aux jours de Caïn et de sa race. Quiconque vouloit être raisonnable sentoit en lui je ne sais quelle impuissance du bien; quiconque étendoit une main pacifique voyoit cette main subitement séchée. Le drapeau rouge flotte aux remparts de toutes les cités; la guerre est déclarée à tous les potentats de la terre; les os des rois de Juda, les os des prêtres, les os des habitants de Jérusalem sont jetés hors de leurs sépulcres, le sang ruisselle de toutes parts, les âmes deviennent dures, les yeux secs et arides. Sacrilége envers les souvenirs, on efface toutes les institutions antiques; sacrilége envers les espérances, on ne fonde rien pour la postérité : les tombeaux et les enfants sont également profanés. Dans cette ligne de vie, qui nous fut transmise par nos ancêtres, et que nous devons prolonger au delà de nous, on ne saisit que le point présent, et chacun se consacrant au débordement de ses mœurs, comme à un sacerdoce abominable, vit comme si rien ne l'eût précédé et que rien ne le dût suivre!

1. Variante du chap. I, livre III, troisième partie, t. II, p. 219.

DÉFENSE [1].

On nous impose aujourd'hui une tâche que nous nous sentons fort peu capable de remplir avec la dignité de style et la sainteté de mœurs qu'elle demande. Il s'agit de défendre le christianisme contre les sarcasmes et les blasphèmes des philosophes ; de montrer que ses dogmes, sa doctrine et son culte, loin d'être ridicules, froids, barbares et ennuyeux, se prêtent, au contraire, merveilleusement aux choses de l'âme, et peuvent enchanter l'esprit plus divinement encore par leur nature que tous ces dieux de Virgile et d'Homère, que l'impiété voudroit faire revivre.

En effet, il faut avoir vécu comme nous au milieu des gens de lettres pour savoir combien cette fausse idée, que le christianisme est dépouillé de charme et de poésie, a fait d'incrédules. On s'est persuadé peu à peu, sans examen, qu'une religion qui n'avoit ni beaux noms à reproduire ni rites sublimes ou gracieux à offrir devoit être une religion de moines et de Vandales. De là la conjuration de tous les hommes qui prétendent au bel esprit, de tous les artistes, de tous les talents contre elle. Les trois divines personnes, leurs mystères profonds, les saints et les anges sont devenus un sujet éternel de railleries aussi cruelles que dégoûtantes. Le roseau et la couronne d'épines ont meurtri de nouveau la tête du Fils de l'Homme, et les gardes des tyrans se sont écriés comme autrefois : « Salut, Roi des Juifs. » *Salve, Rex Judæorum.*

LE TEMPS [2].

Le temps écoulé est une profonde solitude où apparoissent çà et là quelques ruines imposantes ; les hommes sont déjà vieux sur la terre, et cependant on voit à peine s'élever cinq ou six grands législateurs dans l'histoire. Il est bien humiliant pour notre orgueil de penser que toutes les maximes de la sagesse humaine peuvent se renfermer dans

---

1. Extrait d'une préface inédite.
2. Voyez t. II, chapitre des *Lois morales*, p. 51.

quelques pages. Et dans ces pages, encore, combien d'erreurs et d'absurdités! Que trouve-t-on dans le bel édifice des lois des Lycurgue et des Pythagore, sinon la cendre même de ces sociétés dont elles devoient éterniser la vie? Ces lois n'ont survécu aux peuples pour lesquels elles furent faites que comme les pyramides des déserts, immortels palais de la mort!

AUTRES FRAGMENTS.

GILBERT.

Lorsqu'on voit Gilbert[1], pauvre et sans nom, attaquer la puissante faction des gens de lettres qui dans le dernier siècle dispensoit la fortune et la renommée; lorsqu'on le voit, dans ce combat inégal, lutter presque seul contre les opinions les plus à la mode et les réputations les plus hautes, on ne peut s'empêcher de reconnoître dans ses succès le prodigieux empire du talent.

Un recueil d'héroïdes, de traductions et de pièces fugitives, intitulé *Début poétique*, annonça Gilbert au monde littéraire. Un jeune homme qui cherche son talent est sujet à se méprendre; le Juvénal du xviiie siècle se trompa sur le sien. L'épître d'*Héloïse à Abélard* avoit fait renaître un genre de poésie presque oublié depuis Ovide. L'*héroïde*, poëme moitié historique, moitié élégiaque, a le grand inconvénient d'appeler la déclamation et les lieux communs de l'amour. Le poëte, faisant parler le personnage lui-même, ne peut ni s'élever au mode inspiré de la lyre, ni cependant descendre au ton familier d'une lettre. Le sujet d'Héloïse seul permettoit à la fois toute la naïveté de la passion et tout l'art de la muse, parce que la religion prête de la pompe au langage sans en détruire la simplicité. L'amour prend alors quelque chose de sublime et de formidable, *lorsque les occupations les plus sérieuses, le temple saint lui-même, les autels sacrés, les mystères terribles en rappellent le souvenir*[2].

---

1. Mort en 1780. Voyez les *Mém. hist., litt. et anecd.* du baron de Grimm, année 1780.
2. Massillon, *Enfant prodigue*.

L'histoire de madame de Gange ne présentoit pas à Gilbert ce ressort puissant de la religion. Cependant l'amitié fraternelle en contraste avec la jalousie lui pouvoit fournir des situations très-pathétiques. Dans l'héroïde de Didon, le poëte a traduit heureusement quelques vers de l'Énéide, en particulier le *non ignara mali*.

> Malheureuse, j'appris à plaindre le malheur.

Je ne sais si ce sentiment est aussi juste qu'il est aimable; du moins est-il vrai qu'il y a des hommes que l'adversité semble endurcir : ils ont versé sur eux toutes leurs larmes.

La nature avoit donné à Gilbert de la verve et de l'audace; aussi réussit-il mieux dans l'ode que dans l'héroïde. Le début de son *Jugement dernier* est fort beau.

> Quels biens vous ont produits vos sauvages vertus,
> Justes?... Vous avez dit : Dieu nous protège en père;
> Et, partout opprimés, vous rampez abattus
> Sous les pieds du méchant dont l'audace prospère...
> . . . .
> Qu'il vienne donc ce Dieu, s'il a jamais été.
> Depuis que du malheur les vertus sont sujettes,
> L'infortuné l'appelle et n'est point écouté.
> Il dort au fond du ciel sur ses foudres muettes.
> Quel bruit s'est élevé? etc.

Le son de la trompette qui réveille les morts au tombeau répond seul à cette question des méchants. On trouveroit difficilement un tour plus vif et plus lyrique.

Tout le monde connoît les vers qui terminent cette ode :

> L'Éternel a brisé son tonnerre inutile,
> Et, d'ailes et de faux dépouillé désormais,
> Sur les mondes détruits le Temps dort immobile.

La belle expression *veuve d'un peuple-roi*, en parlant de Rome, se trouve dans l'ode adressée à *Monsieur*, sur son voyage en Piémont.

Après l'apostrophe des Impies au Christ, dans l'ode sur le *Jubilé* :

> Nous t'avons sans retour convaincu d'imposture,
> O Christ!

le poëte, reprenant tout à coup la parole :

> Ainsi parloit hier un peuple de faux sages.

La foudre personnifiée qui *choisiroit* parmi nous le blasphémateur, si le temps des miséricordes n'étoit venu ; tout le peuple marchant sur les pas de la croix ; ces vieux guerriers qui pour calmer les vengeances du Seigneur vont offrir

> Et les lauriers et les souffrances
> D'un corps dont le tombeau possède la moitié :

tout cela nous paroît de la vraie nature de l'ode, qui,

> Élevant jusqu'au ciel son vol ambitieux,
> Entretient dans ses vers commerce avec les dieux.

Mais pourquoi Gilbert, qui joint la hardiesse de l'expression au mouvement lyrique, ne peut-il être placé au rang de Malherbe, de Racine et de Rousseau ? C'est qu'il a souvent manqué de cette harmonie sans laquelle il n'y a point de vers. La poésie d'images et de pensées ne suffit pas au poëte, il faut encore qu'il ait la poésie du langage ou la mélodie des sons ; il faut qu'on entende frémir les cordes de la lyre : malheureusement on ne peut enseigner le secret de cette musique divine ; une oreille heureuse est un don de la nature.

Gilbert a donc trop peu connu *ces changements de ton qui s'entrechoquent les uns les autres, et par le mélange de leurs accords causent à l'âme un transport et un ravissement admirables*[1]. Dans quelques strophes néanmoins il a saisi cette harmonie, si nécessaire au genre lyrique. En parlant du combat d'Ouessant, il s'écrie :

> Vengeons-nous ; il est temps que ce voisin parjure
> Expie et son orgueil et ses longs attentats ;
> D'une servile paix, prescrite à nos États,
>   C'est trop laisser vieillir l'injure.
> Dunkerque vous implore ; entendez-vous sa voix
> Redemander les tours qui gardoient son rivage,
>   Et de son port dans l'esclavage
> Les débris indignés d'obéir à deux rois ?

Gilbert a quelquefois déposé la lyre pour faire entendre la voix de l'orateur.

« Il fut un pays, dit-il (dans la péroraison de son éloge de Léopold, duc de Lorraine), il fut un pays où les sujets avoient le droit de juger leur maître au moment où la Providence rappelle les monarques, pour leur demander compte de leurs actions. Ils s'assembloient en foule

---

1. Longin, cap. 32.

autour de son corps exposé sur les bords du tombeau. Celui-ci insultoit à ce cadavre malheureux, en disant : *Ma famille fut empoisonnée par tes ordres*; celui-là s'écrioit : *Il m'a ravi mon bien.* Cet autre : *Les hommes étoient à ses yeux de vils troupeaux.* Tous le condamnoient à devenir la proie des oiseaux dévorants. Mais s'il avoit été juste, alors toute la nation, les cheveux épars, jetant des cris affreux, se réunissoit pour le pleurer et lui dresser de superbes mausolées; les orateurs faisoient retentir les temples du bruit de sa gloire. Eh bien, le temps qui s'est écoulé depuis la mort de Léopold nous donne le privilége dont jouissoient ces peuples. Nous n'avons point à craindre le ressentiment de ses fils. Son sceptre est brisé, son trône anéanti. Il est ici des citoyens de tous les ordres ; les uns ont vécu sous ses lois, les autres ont appris de leurs pères l'histoire de son règne. Qu'ils se lèvent. Et vous, ombre de Léopold, sortez de la tombe, venez recevoir le tribut de malédiction ou de louange que vous doit cette auguste assemblée. Parlez, citoyens; parlez, cette grande ombre est ici présente. Qu'avez-vous à reprocher à Léopold? Aucun de vous n'élève la voix? Qu'avez-vous à reprocher à Léopold? Partout où je porte mes regards, je vois des visages interdits, de vaines larmes couler. Ingrats! vous osez outrager votre bienfaiteur par ce silence injurieux. Parlez, qu'avez-vous à reprocher à Léopold? Hélas! je vous entends! Vous n'avez rien à reprocher qu'au ciel, qui moissonna trop tôt ses jours. Pleurons donc. »

Ce n'est pas là l'éloquence de l'évêque de Meaux; mais si ce passage se trouvoit dans Fléchier, il y a longtemps qu'il eût été cité avec honneur.

Dans plusieurs endroits de ses ouvrages, Gilbert se plaint amèrement de sa destinée.

« Quelle folie, a dit une femme, d'ouvrir notre cœur au monde : il rit de nos foiblesses, ne croit point à nos vertus, et ne plaint point nos douleurs. »

Les vers suivants, échappés à un homme malheureux, ne sont remarquables que par l'accent de la vérité qui s'y fait entendre. Le poëte se montre luttant tour à tour contre le noble besoin de la renommée et les chagrins inséparables de la carrière des lettres.

Dieu plaça mon berceau dans la poudre des champs ;
Je n'en ai point rougi; maître du diadème,
De mon dernier sujet j'eusse envié le rang,
Et, honteux de devoir quelque chose à mon sang,
Voulu renaître obscur pour m'élever moi-même.

Voilà bien le cri du jeune homme qui sent pour la première fois la généreuse passion de la gloire. Mais bientôt il est réduit à regretter son obscurité première. Il fait la peinture du bonheur d'un ami qu'il a laissé dans les champs :

> La justice, la paix, tout rit à Philémon.
> Oh! combien j'eusse aimé cette beauté naïve
> Qui, d'un époux absent pressentant le retour,
> Rassemble tous les fruits de son fertile amour,
> Dirige des aînés la marche encore tardive,
> Et, portant dans ses bras le plus jeune de tous,
> Vole au bout du sentier par où descend leur père!

L'attendrissement du malheur a passé dans les accents du poëte; on ne reconnoît plus le satirique armé du *vers sanglant*.

On est fâché que Gilbert parle si souvent de *sa faim*. La société, que l'indigence importune, pour éviter de nous secourir dit qu'il est noble de cacher notre misère. L'homme de génie luttant contre l'adversité est un gladiateur qui combat, pour le plaisir du monde, dans l'arène de la vie; on veut qu'il meure avec grâce.

Gilbert ne fut point ingrat, et quiconque eut le bonheur d'adoucir ses maux reçut un tribut de sa muse, si foible d'ailleurs qu'eût été le secours. Homère, qui avoit senti l'indigence, comme notre jeune poëte, dit que *les dons légers ne laissent pas de soulager et de réjouir*.

Dans la pièce intitulée *Les Plaintes du Malheureux*, on remarque un mouvement pathétique.

> . . . . . Malheur à ceux dont je suis né!
> Père aveugle et barbare! impitoyable mère!
> Pauvres, vous falloit-il mettre au jour un enfant
> Qui n'hérita de vous qu'une affreuse indigence?
> Encor si vous m'eussiez laissé mon ignorance,
> J'aurois vécu paisible en cultivant mon champ :
> Mais vous avez nourri les feux de mon génie!

Le dernier reproche que l'infortuné Gilbert adresse aux auteurs de ses jours retombe bien tristement sur les mœurs de son siècle. C'est ainsi que nous avons tous voulu sortir du rang où la nature nous avoit placés. Entraîné par l'erreur commune, l'honnête ouvrier retranchoit du pain de sa misère pour donner une éducation littéraire à ses enfants, éducation qui ne les conduisoit trop souvent qu'à mépriser leur famille. D'ailleurs le génie est fort rare. Vous pouvez rencontrer sans doute un homme supérieur dans les conditions obscures de la vie; mais combien d'estimables artisans arrachés à leurs travaux ne seront que de méchants auteurs. La société se trouve alors surchargée de citoyens inutiles, qui, tourmentés par leur amour-propre, fatiguent de leurs vains systèmes les peuples et les gouvernements. Rien n'est dangereux comme un homme médiocre dont l'unique métier est de faire des livres.

Et quand un père seroit convaincu que son fils est né pour les lettres, est-il certain qu'il fait le bonheur de ce fils en lui ouvrant cette aride carrière? Ah! qu'il se rappelle ce vers de Gilbert :

> La faim mit au tombeau Malfilâtre ignoré.

Qu'il voie Gilbert lui-même étendu sur son lit de mort, et laissant tomber de sa bouche mourante ses stances plaintives :

> Au banquet de la vie infortuné convive,
> J'apparus un jour, et je meurs ;
> Je meurs, et sur ma tombe, où lentement j'arrive,
> Nul ne viendra verser des pleurs.

Gilbert simple laboureur, chéri de ses voisins, aimé de son épouse, et mourant plein de jours, entouré de ses enfants sous le toit rustique de ses pères, n'eût-il pas été plus heureux que Gilbert, haï des hommes, abandonné de ses amis, exhalant à trente ans son dernier soupir sur un grabat à l'hôpital, et ayant perdu par le chagrin jusqu'à cette raison supérieure, foible compensation que le ciel accorde aux hommes de talent, pour les maux dont ils sont accablés. On m'objectera sans doute que si Gilbert fut malheureux, il ne dut s'en prendre qu'à lui-même. La satire, il est vrai, n'est pas propre à nous faire des amis et à nous concilier la bienveillance universelle ; mais notre siècle a trop décrié ce genre de poésie. Tandis que la faction régnante dans la littérature prodiguoit les noms de *cuistres*, de *sycophantes*, de *sots*, de *gredins*, etc., etc., à tout ce qui ne partageoit pas ses opinions, elle regardoit comme un crime les plus légères représailles, elle s'en plaignoit aux échos, elle en fatiguoit l'oreille des rois; elle vouloit qu'ils poursuivissent les *libellistes* qui osoient attaquer les apôtres de la nouvelle doctrine. « Ah! mon bon d'Alembert, dit le roi de Prusse, consolant le philosophe, si vous étiez roi d'Angleterre, vous essuieriez bien d'autres brocards, que vos très-fidèles sujets vous fourniroient pour exercer votre patience. »

« Vous me chargez, dit-il dans une autre lettre, d'une commission d'autant plus embarrassante pour moi, que je ne suis ni correcteur d'imprimerie, ni censeur de gazettes.... Pour le gazetier du Bas-Rhin, la famille de Mauléon trouvera bon qu'il ne soit point inquiété, vu que sans la liberté d'écrire les esprits restent dans les ténèbres, et que tous les encyclopédistes (dont je suis disciple zélé), en se récriant contre toute censure, insistent sur ce que la presse soit libre, et que chacun puisse écrire ce que lui dicte sa façon de penser. »

On ne peut dire tout ce qu'il y a d'esprit, d'ironie et de bon sens dans les lettres de Frédéric. La satire n'est point un crime; elle peut être très-utile pour corriger les sots et les fripons, quand elle reste dans une juste mesure : *Ride, si sapis*. Mais il faut avouer que les poëtes vont quelquefois trop loin, et qu'au lieu du ridicule ils prodiguent l'offense. La satire est une lice où le champion, comme dans les jeux de la chevalerie, devroit porter des coups fermes à son adversaire, mais éviter de frapper à la tête et au cœur.

Si jamais le sujet peut justifier la satire, c'est sans doute celui que Gilbert avoit choisi. Les malheurs où nous ont entraînés les vices et les opinions que le poëte reproche au xviiie siècle font voir combien il avoit raison de jeter le cri d'alarme. Il nous a prédit nos malheurs; et dans des vers où nous trouvions autrefois *l'exagération*, nous sommes obligés de reconnoître aujourd'hui la *simple vérité*.

> Un monstre dans Paris croît et se fortifie,
> Qui, paré du manteau de la philosophie,
> Que dis-je! de son nom faussement revêtu,
> Étouffe les talents et détruit la vertu :
> Dangereux novateur, par son cruel système
> Il veut du ciel désert chasser l'Être suprême,
> Et du corps *expiré* l'âme éprouvant le sort,
> L'homme arrive au néant par une double mort.
> Ce monstre toutefois n'a point un air farouche,
> Et le nom des vertus est toujours à sa bouche.

Ce sera sans doute une chose bien remarquable pour l'histoire qu'on ait voulu introduire l'athéisme chez un peuple au nom de la vertu. Le mot de liberté étoit sans cesse à la bouche de ces hommes qui rampoient aux pieds des grands, et qui, non satisfaits des mépris d'une première cour, boiroient encore à longs traits les mépris d'une seconde;

> Fanatiques criant contre le fanatisme!

hommes triplement méchants, car ils joignoient aux vices de l'athée l'intolérance du sectaire et l'amour-propre de l'auteur.

Gilbert fut d'autant plus courageux dans cette attaque contre le *philosophisme*, que, sans ménager aucun parti, il peignit avec énergie les vices des grands et du clergé, qui servoient d'excuse aux novateurs et justifioient leurs principes.

> Sur les pas de nos grands, énervés de mollesse,
> Ils se traînent à peine.

Pouvions-nous échapper à une destruction épouvantable? Depuis les jours du régent jusqu'à la fin du règne de Louis XV l'intrigue faisoit et défaisoit chaque jour des hommes d'État. De là ce changement continuel de systèmes, de projets, de vues. Ces ministres éphémères étoient suivis d'une nuée de flatteurs, de commis, d'histrions, de maîtresses; tous ces êtres d'un moment se hâtoient de sucer le sang du misérable, et s'abîmoient bientôt devant une autre génération de favoris, aussi fugitive et aussi dévorante que la première.

Tandis que les imbécillités et les folies du gouvernement irritoient l'esprit des peuples, les désordres de l'ordre moral étoient montés à leur comble. L'homme qui ne trouvoit plus son bonheur dans l'union d'une famille s'accoutumoit à se faire une félicité indépendante des autres hommes. Repoussé du sein de la nature par les mœurs de son siècle, il se renfermoit dans un dur égoïsme, qui flétrit la vertu jusque dans son germe.

Pour comble de maux, en perdant le bonheur sur la terre, des sophistes lui avoient enlevé l'espérance d'une meilleure vie. Dans cette position, seuls au milieu de l'univers, n'ayant à dévorer que les ennuis d'un cœur vide et solitaire, qui n'avoit jamais senti battre un autre cœur, faut-il s'étonner que beaucoup de François fussent prêts à saisir le premier fantôme qui leur montroit un monde nouveau? Au reste, Gilbert étoit-il le seul homme qui connût les novateurs de son siècle? Falloit-il crier à l'atrocité parce qu'il les avoit si bien peints dans ses vers? Il fait parler ainsi Psaphon, chef de la secte :

> Lorsqu'on médit de Dieu, sans crime on peut médire;
> Mais toujours critiquer en vers pieux et froids.
> Sans daigner seulement endoctriner les rois,
> Sans qu'une fois au moins votre muse en extase
> Du mot de tolérance attendrisse une phrase!
> Blasphémer la vertu des sages de Paris,
> De la chute des mœurs accuser leurs écrits;
> Tant de fiel corrompt-il un cœur si jeune encore!

Lorsque le satirique lance quelques traits malins contre cette fureur de *penser* et cette manie de *géométrie* qui avoit saisi toute la France, a-t-il été plus loin que Frédéric II, dont les paroles serviront ici de commentaire et d'excuse à notre poëte?

Dans un dialogue des morts, où le roi de Prusse met en scène les trois généraux Lichtenstein, le prince Eugène et Marlborough, il fait ce portrait des encyclopédistes :

« Les encyclopédistes sont une secte de soi-disant philosophes de nos jours. A l'effronterie des cyniques ils joignent la noble impudence de débiter tous les paradoxes qui leur tombent dans l'esprit; ils se targuent de géométrie, et soutiennent que ceux qui n'ont pas étudié cette science ont l'esprit faux; que par conséquent ils ont seuls le don de bien raisonner. Si quelque folliculaire a l'audace de les attaquer, ils le noient dans un déluge d'encre et d'injures; ce crime de lèse-philosophie est irrémissible. Ils dénigrent toutes les sciences hors celle de leurs calculs : les poésies sont des frivolités dont il faut exclure les fables; un poëte ne doit rimer avec énergie que des équations algébriques. Pour l'histoire, ils veulent qu'on l'étudie à rebours, à commencer de nos temps pour remonter avant le déluge. Les gouvernements, ils les réforment tous. La France doit devenir un État démocratique, dont un géomètre sera le législateur, et que des géomètres gouverneront en soumettant toutes les opérations de la nouvelle république au calcul infinitésimal. Cette république conservera une paix constante, et se soutiendra sans armée, etc.[1] »

Il entroit surtout dans les vues de la littérature de ces temps de rabaisser les grands hommes du xviie siècle, pour diminuer le poids de leur exemple et de leur autorité. C'est ce qui avoit fait dire au satirique :

> De nos pères fameux les ombres insultées.

Il faut encore entendre le roi de Prusse à ce sujet. Voici comme il parle dans l'examen du *Système de la Nature* :

« C'est une grande erreur de croire que dans les choses humaines il puisse se rencontrer des perfections : l'imagination peut se former de telles chimères, mais elles ne seront jamais réalisées. Depuis que le monde dure, les nations ont essayé de toutes les formes de gouvernement, mais il n'en est aucun qui ne soit sujet à des inconvénients... De tous les paradoxes que les soi-disant philosophes de nos jours soutiennent avec le plus de complaisance, celui d'avilir les grands hommes du siècle passé paroît leur tenir le plus à cœur. Quelle réputation leur reviendra-t-il d'exagérer les fautes d'un roi qui les a effacées à force de gloire et de grandeur? Les fautes de Louis XIV sont

---

1. OEuvres posthumes de Frédéric II, t. VI, p. 100 et suivantes.

connues ; et ces soi-disant philosophes n'ont pas seulement le petit avantage d'être les premiers à les découvrir. Un prince qui ne régnera que huit jours en commettra sans doute ; à plus forte raison un monarque qui a passé soixante années de sa vie sur le trône¹. »

Ce morceau est suivi d'un magnifique éloge de Louis XIV. Frédéric revient plusieurs fois sur ce sujet, dans sa correspondance avec D'Alembert : « Notre pauvre siècle, s'écrie-t-il, est d'une stérilité affreuse en grands hommes comme en bons ouvrages. Du siècle de Louis XIV, qui fait honneur à l'esprit humain, il ne nous est resté que la lie, et dans peu il n'y aura plus rien du tout. »

L'éloge de Louis le Grand dans la bouche du grand Frédéric, un roi de Prusse défendant la gloire françoise contre les littérateurs françois, est un de ces traits précieux qu'un écrivain doit s'empresser de recueillir.

J'ai déjà remarqué que si Gilbert avoit seulement attaqué les sophistes, on eût pu le soupçonner de partialité : mais il s'éleva contre l'homme vicieux, quel que fût son rang, son état et sa puissance ; sans craindre d'outrager la religion, il sacrifie au mépris ces ecclésiastiques la honte éternelle de leur ordre...

. . . . . . La religion, mère désespérée,
Par ses propres enfants sans cesse déchirée,
Dans ses temples déserts pleurant leurs attentats,
Le pardon sur la bouche en vain leur tend les bras.
Son culte est avili, ses lois sont profanées.
Dans un cercle brillant de nymphes fortunées,
Entends ce jeune abbé, sophiste bel esprit :
Monsieur fait le procès au Dieu qui le nourrit.

Je ne sais s'il est un caractère plus vil que celui d'un prêtre qui, regardant le christianisme comme un abus, consent à se nourrir du pain de l'autel, et ment à la fois à Dieu et aux hommes. Mais nous voulions jouir des honneurs de la philosophie sans perdre les richesses de la religion : les premiers étoient nécessaires à notre amour-propre, et les secondes à nos mœurs.

Tels étoient les déplorables succès de l'incrédulité, qu'il n'étoit pas rare d'entendre un sermon où le nom de Jésus-Christ étoit, comme un écueil, évité avec soin par le prédicateur. Qu'avoit donc ce nom de si ridicule ou de si funeste pour un orateur chrétien ? Bossuet avoit-il trouvé que ce nom déshonorât son éloquence ? Vous prêchiez devant des pauvres, et vous n'osiez nommer Jésus-Christ ! devant des infortunés, et le nom de leur père ne pouvoit venir sur vos lèvres ! devant

---

1. Œuvres posthumes de Frédéric II, t. XI.

des enfants, et vous ne pouviez leur apprendre quel fut celui qui bénit leur innocence! Vous parliez de morale, et vous rougissiez de nommer l'auteur de l'Évangile! On ne remplacera jamais les préceptes touchants de la religion par les lieux communs de la philosophie. La religion est un sentiment, la philosophie un raisonnement; et supposé que l'une et l'autre voie conduisent aux mêmes vertus, il seroit toujours plus sûr de prendre la première. Mais il y a plus : toutes les vertus de la philosophie sont accessibles à la religion, et toutes les vertus religieuses ne sont pas à la portée de la philosophie. Est-ce le philosophe qui a été s'établir sur le sommet des Alpes pour secourir le voyageur? Est-ce lui qui assiste l'esclave pestiféré dans les bagnes de Constantinople, ou qui s'exile dans les déserts du Nouveau Monde pour civiliser des sauvages? La philosophie peut porter le sacrifice jusqu'à donner ses soins aux malades; mais en appliquant le remède elle détourne les yeux, mais son cœur et ses sens se soulèvent, car tel est le mouvement de la nature. Voyez la religion soulager l'infirme! avec quelle tendresse elle contemple ces plaies dégoûtantes! elle découvre une vie sans fin, une beauté ineffable sur ce visage moribond, où la philosophie ne voit que la laideur de la mort. Entre les services que la philosophie et la religion peuvent rendre à l'humanité, il y a toute la différence qui existe entre le devoir et l'amour.

Pour justifier Gilbert d'avoir défendu le christianisme, je ne saurois trop m'appuyer de l'autorité du grand roi que j'ai si souvent cité dans cet article. Les philosophes eux-mêmes le regardent comme un philosophe. Certes on ne l'accusera pas de superstition religieuse; mais il avoit une longue habitude du gouvernement des hommes, et il savoit qu'on ne mène pas les peuples avec des principes abstraits de métaphysique. En continuant de réfuter le *Système de la Nature*, il dit :

« Comment l'auteur peut-il soutenir avec vérité que cette religion (la religion chrétienne) est cause de tous les malheurs du genre humain? Pour s'exprimer avec justesse, il auroit pu dire simplement que l'ambition et l'intérêt des hommes se servent du prétexte de cette religion pour troubler le monde et contenter les passions. Que peut-on reprendre de bonne foi dans la morale contenue dans le Décalogue? n'y eût-il dans l'Évangile que ce seul précepte : *Ne faites pas aux autres ce que vous ne voulez pas qu'on vous fasse,* on seroit obligé de convenir que ce peu de mots renferme la quintessence de toute morale. Et le pardon des offenses, et la charité et l'humanité ne furent-elles pas prêchées par Jésus, dans son excellent sermon de la montagne? Il ne falloit donc pas confondre la loi avec l'abus, les choses écrites et les choses qui se pratiquent. »

Mûri par l'âge et l'expérience, et peut-être averti par cette voix qui sort du tombeau, Frédéric, sur la fin de sa vie, étoit revenu de tous ces vains systèmes qui n'enfantent que des erreurs. Il commençoit à sentir trembler sous lui les fondements de la société et à y découvrir la mine profonde que l'athéisme y creusoit en silence. La religion est surtout faite pour ceux qui s'élèvent entre les hommes. Elle est placée auprès des trônes, comme ces vulnéraires qui croissent sur le sommet des Alpes, là où les chutes sont plus terribles.

Il est probable que les deux satires de Gilbert et quelques strophes de ses odes resteront à notre littérature. Ce jeune poëte, mort avant d'avoir perfectionné son talent, n'a ni la grâce et la légèreté d'Horace ni la belle poésie et l'excellent goût de Boileau. Il tourmente sa langue, il force l'inversion, il tire ses métaphores de trop loin, son talent est capricieux et sa muse quinteuse ; mais il a des mots piquants, des expressions créées, des vers bien frappés, et souvent la verve de Juvénal. Grâce au héros qui gouverne aujourd'hui la France[1], nous n'avons plus besoin de nouveaux Gilbert pour décrire les maux de la religion, mais de poëtes pour chanter ses triomphes. Déjà nos littérateurs les plus distingués, les Delille, les Laharpe, les Fontanes, les Bernardin de Saint-Pierre ont consacré leurs veilles à des sujets religieux. Un nouveau défenseur, M. de Bonald, par la profondeur de ses idées et la puissance de son raisonnement, développe la haute et prévoyante sagesse des institutions chrétiennes. Tout ce qui annonce quelque talent parmi la jeunesse revient à ces principes sacrés qui ont fait dire à Quintilien : « Si tu crois, tu seras bientôt instruit des devoirs d'une bonne et heureuse vie. » *Brevis est institutio vitæ honestæ beatæque, si credas.*

Ceux qui ne peuvent se consoler d'être rentrés dans l'obscurité, dont, pour notre bonheur, ils n'auroient jamais dû sortir, s'efforcent en vain de rabaisser les travaux du chef du gouvernement. La paix générale, l'amnistie, et surtout le rétablissement du culte, placent le consul si haut et si loin de tous ces hommes qui ont paru à la tête des affaires dans nos temps orageux, que désormais les traits de l'envie ne peuvent plus l'atteindre. Que l'on considère ce que la France étoit avant brumaire, et ce qu'elle est aujourd'hui. Un jeune militaire, qui n'a connu que les combats, se trouve tout à coup placé à la tête du gouvernement. Il faut qu'il lutte presque seul contre toutes sortes d'opinions, d'hommes et de maux. À sa vue, entre mille ruines, se présentent mille chemins, où chaque parti cherche à l'entraîner : la guerre au

---

1. Époque du concordat conclu entre le premier consul et le saint-père.

dehors, les factions au dedans, des haines partout. S'il parle de religion, le fanatisme révolutionnaire le menace; s'il veut rester ferme au timon de l'État, la mine éclate sous ses pas ; enfin la malveillance, ne pouvant étouffer sa gloire, et oubliant que ce n'est pas lui qui a fait les maux de la France, va jusqu'à l'accuser ne n'avoir pas guéri dans un jour une plaie qu'un demi-siècle aura bien de la peine à cicatriser.

Si l'on ne peut ternir l'éclat de ses bienfaits, on cherche du moins à diminuer le nombre des cœurs reconnoissants. Vous croit-on quelque influence sur l'opinion publique, on vous fait entendre qu'on vous *traiteroit bien mieux* si l'on étoit à la première place. Qu'on ne s'y trompe pas : une persécution nouvelle, et peut-être la mort, voilà tout ce qui attend les hommes de bien si les rênes de l'État retomboient dans ces mains sanglantes auxquelles la Providence a permis qu'elles fussent arrachées. Vous trouve-t-on inébranlable dans votre opinion, on vous accuse alors d'être un *lâche flatteur*, parce que vous admirez des actions admirables. Mais les plus fiers républicains n'ont-ils jamais loué personne? n'ont-ils jamais vanté l'homme en place? n'ont-il jamais rampé dans l'antichambre de Marat ou du Directoire? Ne prendroient-ils point les secrets dépits du pouvoir perdu pour les généreux mouvements du patriotisme?

Ah! si vous ne régnez, vous vous plaignez toujours!

Voilà la plaie secrète. Ils ne pardonneront jamais à un héros d'avoir relevé l'édifice de la religion, d'avoir fait cesser le scandale de leur pouvoir, de les avoir empêchés d'établir dans la France déserte leur affreuse démocratie, comme la Patience de Shakespeare, *assise sur un tombeau et souriant à la Douleur.*

DE LA RÉVOLUTION DE FERNAMBOURG [1].

Les derniers événements du Brésil, bien qu'ils aient été sans doute exagérés dans les premiers rapports, ont fixé les yeux de tous les hommes qui jugent de l'avenir par le présent, comme ils avoient cherché à deviner le présent par le passé.

[1]. Juin 1817.

Il ne faut pas croire que la révolution de Fernambourg soit un fait isolé; il est placé dans une chaîne de principes et de conséquences qui enveloppe aujourd'hui l'ordre social.

Il sera utile de réveiller un peu l'attention sur l'état actuel des choses. Il est toujours bon de savoir d'où l'on vient et où l'on va.

Toute révolution a des conséquences inévitables. Ces conséquences sont plus ou moins grandes, plus ou moins heureuses, plus ou moins funestes, selon qu'elle a lieu chez un peuple plus ou moins puissant, plus ou moins civilisé, plus ou moins influent sur tous les autres peuples par son génie, plus ou moins en rapport avec eux par sa position géographique.

Nous prêtâmes, en 1778, nos bras à l'Amérique républicaine. Nous revînmes de Boston la tête remplie de chimères républicaines.

A peine notre révolution étoit-elle commencée, qu'elle agita l'Angleterre. Il ne fallut rien moins que l'inflexibilité de Pitt, le génie de Burke, une position insulaire et une guerre de vingt-trois ans, pour préserver la Grande-Bretagne. La religion, la morale, la vraie liberté tirèrent un cordon autour de l'Angleterre contre notre athéisme, notre démoralisation, notre fausse liberté. On mit les principes françois au lazaret, et la peste n'entra point pour cette fois à Londres.

L'Europe continentale fut moins heureuse. Elle prit, il est vrai, les armes contre notre révolution, mais elle fut battue. L'énergie de la France révolutionnaire, habilement détournée de sa direction, se changea en force conquérante. Buonaparte, qui craignoit l'impiété, la liberté, l'égalité, mêla, dénatura, écrasa, broya tout cela : il en fit de la gloire. L'Europe tomba, la France se tut.

Dans cette nouvelle position, il y avoit plus de danger moral. Les principes révolutionnaires dormoient en France au bruit de la victoire : ce que la patrie avoit perdu en liberté elle le retrouvoit en puissance. L'esprit d'égalité s'arrangeoit même du despotisme : tous les hommes y sont égaux, avec cette différence que dans la première ils sont tous également grands, et sous le dernier tous également petits.

De ceci il résultoit pourtant des institutions fortes et monarchiques. La populacerie de la révolution disparoissoit; et comme, après tout, les principes d'une sage liberté sont éternels, ils se seroient sauvés à travers une tyrannie passagère.

Le bon sens et la modération manquoient à Buonaparte : par ces défauts il perdit ce qu'il avoit fait. Vaincus avec lui, nous cessâmes d'être les compagnons de ses triomphes, pour n'être plus que les flatteurs de sa gloire : comme tels nous avons été punis.

La magnanimité des alliés fut réelle pourtant. Elle écouta la France qui redemandoit son roi. En nous rendant le premier des biens, l'Europe fit dans ses intérêts une chose habile : consacrer le principe de la légitimité, c'étoit pour les souverains consacrer leurs droits.

Mais ce n'est pas tout qu'une déclaration de droits; il faut encore prendre les mesures qui les soutiennent, connoître le mal qui reste, prévenir celui qui peut renaître.

Tout n'a pas été fini lorsque le joug de l'usurpateur a été brisé : les triomphes disparus en France ont laissé voir la révolution cachée derrière eux. Buonaparte pendant les Cent Jours a rappelé cette révolution, son ancienne alliée; elle seroit redevenue son esclave après la victoire. Buonaparte a fui, la révolution est restée. Hâtons-nous de la renvoyer à son maître.

L'Europe à son tour délivrée de la guerre, et n'étant plus obligée de penser à sa sûreté, a vu reparoître les symptômes du mal que nous lui avons inoculé.

Que les gouvernements connoissent donc leur situation politique; que de petits détails ne les empêchent pas de voir l'ensemble des objets; qu'il n'y ait parmi nous ni *ultra* ni ministériels divisés, mais des François étroitement unis, lorsqu'il s'agit du roi et de la patrie.

Il n'existe aujourd'hui qu'une grande chose : le combat de l'incrédulité contre la religion, de l'esprit républicain contre l'esprit monarchique.

Les idées irréligieuses et républicaines sont plus actives dans cette lutte, parce qu'elles sont plus jeunes et qu'elles ont l'attaque.

Elles trouveroient encore un puissant appui en Amérique. L'insurrection du Brésil et des colonies espagnoles doit faire trembler tout homme sage. Une moitié du globe républicaine va se trouver en face de l'autre moitié restée monarchique. Ne vous rassurez pas sur l'étendue de la mer qui sépare les deux hémisphères : les malheurs et les passions volent plus vite que les vaisseaux. L'Europe descendit sur les rivages de l'Amérique; elle extermina les rois de ce monde nouveau. Il faudroit craindre pour les rois de l'ancien monde, si jamais l'Amérique venoit à son tour aborder en Europe, l'épée dans une main, les droits de l'homme dans l'autre.

« Mais le Mexique, le Pérou, le Brésil seront libres et heureux comme l'Amérique septentrionale; ils ne seront plus régis par des lois tyranniques surannées? »

D'abord, c'est une ignorance d'avancer que toutes les lois qui régissoient ces grandes colonies étoient tyranniques; et en fait de lois, les lois surannées, les *vieilles* lois sont ordinairement les meilleures.

Ensuite, sur cent révolutions qui arrivent chez de vieux peuples, quatre-vingt-dix-neuf sont funestes et finissent par le despotisme.

« Mais une révolution en Brésil ouvriroit une porte au commerce? » Vraiment! consolons-nous donc du sang qui va couler. Que le monde soit bouleversé: tout va bien, pourvu que des marchands s'enrichissent. Portons à Fernambourg des pacotilles de bottes et de souliers, nous en rapporterons des bonnets rouges ; il y a tout à gagner pour la société à cet échange.

Je me demande souvent si l'ancien monde peut éviter une révolution générale. La chute de la religion, qui entraîne celle des lois et des mœurs, a toujours été suivie, chez les peuples, d'un bouleversement politique. Quand le polythéisme tomba, l'empire romain, c'est-à-dire le monde, fut renversé.

La religion chrétienne, à qui la parole de Dieu assure une éternelle durée, s'établira chez des nations où elle n'existe pas encore ; mais elle menace de quitter l'Europe. Or, c'est depuis que le principe chrétien est affoibli, que la France a été bouleversée, que tant de gouvernements semblent menacer ruine.

Je crois donc à des modifications politiques assez générales; mais je pense qu'avec de la raison et de la sagesse on peut éviter les maux qui résulteroient d'une chute violente. Je pense qu'avec de l'habileté on peut arriver au but par une progression insensible : on s'y reposera si l'on y descend, on s'y brisera si l'on y tombe.

On ne s'arrête pas, dit-on, sur une pente rapide. Cela est vrai pour le foible, cela n'est pas vrai pour le fort. L'homme robuste s'accroche aux rochers, s'assied, reprend haleine ; il attend que ses forces soient réparées : par un vigoureux effort, il peut quelquefois remonter la pente, regagner le terrain perdu.

Voici les ressources :

L'esprit du siècle est républicain ; mais les mœurs sont en contradiction avec l'esprit du siècle. On peut avoir les goûts républicains, mais on n'a pas les vertus républicaines lorsqu'on a besoin de luxe, de jeux, de théâtres, en un mot de tous les plaisirs nécessaires aux peuples corrompus par une longue civilisation.

De cet esprit indépendant, de ces mœurs qui tendent à l'obéissance, se forme le caractère du siècle.

Ainsi, dans notre révolution on nous a vus passer de la licence la plus effrénée à la plus lâche servitude, selon que notre esprit et nos mœurs l'emportoient dans la lutte où nous étions engagés.

Voilà ce que les gouvernements monarchiques doivent connaître : l'esprit du siècle est contre eux, les mœurs du siècle sont pour eux.

Ce contre-poids sciemment employé doit faire pencher la balance du côté des trônes. Mais il faut savoir comment on manie cet esprit et ces mœurs : une erreur perdroit tout. Si l'Europe ne peut être républicaine à cause de ses mœurs, elle peut toutefois tenter de le devenir. Cet essai amèneroit des malheurs épouvantables.

Il y a deux moyens sûrs, quoique opposés, de produire une révolution :

Le premier pèche par excès : il consiste à contrarier en tout l'esprit de son siècle. On prévient cet excès en donnant au peuple les libertés politiques que le siècle réclame..

Le second moyen de révolution pèche par défaut. Il résulte d'une condescendance funeste pour les hommes qui font le plus de mal à la société.

Ainsi, soyez généreux pour les choses, précautionnés pour les hommes. Accordez à la raison, au progrès des lumières, à l'esprit du siècle tout ce qu'il faut lui accorder ; mais ne cédez jamais sur les principes de morale et de religion qui doivent se trouver dans les agents que vous employez. Faites la part au temps, à l'invincible nécessité. Par delà cette part, tout doit être donné à la justice, non à cette justice rigoureuse qui élève des échafauds et passe partout où le crime a passé, mais de cette justice morale qui consiste à préférer le bon au méchant, le sujet fidèle au traître, l'homme qui a tenu ses serments à celui qui les a violés tous.

C'est ainsi que l'Europe pourra devenir constitutionnelle sans devenir gothique ou républicaine, deux sortes d'états qu'elle ne supporteroit pas ; le premier est repoussé par son esprit, le second par ses mœurs. C'est ainsi que les monarchies pourront subsister avec des chartes, si en même temps on ne confie l'exécution de ces chartes qu'à des mains fidèles.

Il faudra fortifier aussi le côté aristocratique des institutions pour mieux défendre la royauté contre l'invasion populaire.

L'Angleterre, selon moi, vient de faire une chose bonne et une chose nuisible pour elle.

Le parlement a repoussé le bill d'élection, et en cela a bien combattu l'esprit républicain du siècle ; mais il a rejeté le bill des catholiques, et par là il me semble avoir contrarié les mœurs du siècle qui inclinent à la tolérance.

Enfin, pour maintenir les monarchies, il faut surtout que les rois consentent à être rois ; il faut qu'ils croient en leur propre pouvoir, s'ils veulent que leurs sujets y croient. C'est la foi qui sauve.

J'entends dire : « Les rois étrangers s'embarrassent peu des révolutionnaires de leur pays ; ils ont de bonnes armées, qui mettroient les rebelles à la raison. »

Louis XVI, en 1789, avoit aussi de bons soldats.

J'entends dire encore : « L'Europe ne craint nullement les jacobins de France. S'il y avoit un mouvement, dans huit jours les alliés seroient à Paris. »

La Russie, la Prusse, l'Autriche, l'Espagne, qui ont si noblement secoué le joug de l'oppresseur de l'Europe, savent, par ce qu'elles ont fait elles-mêmes, qu'on ne prive pas pour longtemps une grande nation de son indépendance. C'est avec les honnêtes gens de la France que les alliés veulent et doivent combattre les révolutionnaires françois.

La France, de toutes façons, n'a donc rien à redouter, pourvu que l'on sache profiter de ses ressources et que l'on connoisse son génie.

Cette France est un singulier pays ! Vous semble-t-elle abattue, soyez tranquilles : un mot la relèvera ; quelques gouttes de pluie y sèmeront des trésors, un coup de canon la couvriroit de soldats. Aimons donc la France, et le roi qui est toute la France.

LETTRE SUR LES TUILERIES.

AU RÉDACTEUR DE L'ARTISTE.

12 avril 1831.

J'ai lu dans votre journal un judicieux article au sujet des changements que l'on prétend opérer dans le château des Tuileries. Des réclamations se sont élevées de toutes parts. Chacun a cru pouvoir proposer son plan. Voici, monsieur, sans autre préambule, quel seroit le mien, si j'étois architecte ou roi.

J'abattrois les deux adjonctions massives qui lient le pavillon Marsan et le pavillon de Flore au palais de Philibert Delorme. J'isolerois ce charmant palais et j'étendrois le jardin à l'entour jusqu'à la huitième arcade au delà de la grille qui ferme la cour sur la place du Carrousel. Lorsque les deux adjonctions seroient démolies, il resteroit nécessairement au château des Tuileries deux façades nues, l'une au midi et l'autre au nord. Je les ornerois dans le style de l'édifice primitif ; je raserois les toits de cet édifice, qui se couronneroit de ses balustrades en diminuant la hauteur du pavillon du milieu, surchargé de constructions postœuvres.

Cela fait, monsieur, je jetterois par terre le pavillon Marsan et le pavillon de Flore ; je couperois de la galerie du Louvre et de la galerie correspondante sur la rue de Rivoli trois arcades pour élever en leur place deux pavillons harmoniés avec le palais isolé des Tuileries, pavillons auxquels viendroient s'appuyer et se terminer les deux longues galeries parallèles. Si ces pavillons étoient bâtis sur l'emplacement des masses carrées que je veux extirper, ils masqueroient latéralement le chef-d'œuvre de Philibert Delorme, et l'on viendroit toujours, en passant le Pont-Royal, se casser le nez contre un mur. Les deux nouveaux pavillons bâtis en retrait découvriroient un ensemble d'architecture se jouant au milieu des arbres.

Lorsque je porte le jardin des Tuileries jusqu'à la huitième arcade au delà de la grille du Carrousel, c'est que je veux faire entrer l'Arc de Triomphe dans le jardin même ; trop petit comme monument dans un immense forum, il seroit charmant comme fabrique dans un jardin. Ce jardin seroit clos sur le Carrousel par une grille de fer dorée.

A partir de la porte bâtie qui sépare la nouvelle et l'ancienne galerie du Louvre, je planterois un autre jardin en faisant disparoître l'amas de maisons qui encombrent le reste de la place. Ainsi, quand on iroit d'une rive de la Seine à l'autre, du quartier Saint-Germain au quartier Saint-Honoré, on passeroit entre deux magnifiques palais et deux superbes jardins. L'espace entre les deux grilles seroit d'environ trois cent soixante-quinze pieds, ce qui permettroit d'établir de larges trottoirs à l'orée des deux grilles.

Il ne m'en coûte pas davantage, monsieur, puisque j'ai le marteau, la truelle et la bêche à la main, d'achever mon ouvrage.

A l'est, en face de la colonnade du Louvre, je renverse ces laides habitations qui cachent la rivière et le Pont-Neuf et qui font la moue au chef-d'œuvre de Perrault ; j'arrache les masures accolées dans les angles et aux murs de Saint-Germain-l'Auxerrois ; j'entoure d'arbres cette basilique, et je la laisse subsister comme mesure et échelle de l'art et des siècles en face de la colonnade du Louvre.

A l'ouest, au delà du jardin des Tuileries, j'exécute bien autre chose, monsieur ; au milieu de la place Louis XV je fais jaillir une grande fontaine dont les eaux perpétuelles, reçues dans un bassin de marbre noir, indiqueront assez ce que je veux laver. Quatre autres fontaines plus petites, aux quatre angles de la place, accompagneront cette fontaine centrale. J'appliquerai sur les deux massifs d'arbres des Champs-Élysées, à droite et à gauche, deux colonnades doubles à jour pour donner une limite à la place. J'achève la Madeleine, cela va sans dire; je prends sur le pont Louis XVI les colosses qui l'écrasent, et je les aligne en avenue le long de la voie publique qui traverse les Champs-Élysées. Au point rond j'élève un des deux obélisques qui nous viennent d'Égypte, et je termine l'Arc de Triomphe de l'Étoile. Eh bien, monsieur, je prétends que de cet Arc de Triomphe à l'église Saint-Germain-l'Auxerrois, cette foule de monuments, de statues, de jardins, de fontaines, n'auroit rien de pareil dans le monde; et comme d'après ce plan il s'agit moins d'édifier que d'abattre, c'est le plus économique de tous ceux que l'on pourroit adopter. Déjà des fonds ont été faits pour les embellissements de la place Louis XV, et je crois, sauf erreur, qu'un grand nombre des hôtels et des maisons qui obstruent la partie supérieure de la place du Carrousel appartiennent au gouvernement. Les matériaux des démolitions, ou vendus ou employés, serviroient à diminuer les frais des constructions nouvelles.

Je n'ai pas besoin de faire remarquer que les inégalités de niveau et de terrain, les défauts de symétrie et de parallélisme des monuments du Louvre et des Tuileries, s'évanouissent dans les décorations de mes jardins. Celui qui occuperoit la cour actuelle du château des Tuileries devroit être planté en arbres verts; ces arbres se marient bien à l'architecture par leur port pyramidal, et formeroient une promenade d'hiver au centre de Paris.

Vous allez me demander, monsieur, ce que je fais du palais de Philibert Delorme? Un musée de choix, où je dépose nos plus belles statues antiques et les tableaux de l'école italienne. Nous n'aurions plus rien à envier aux Villa-Borghèse et Albani.

Et moi, qui suis architecte ou roi, où me loge-t-on? Architecte, dans une attique de Philibert Delorme; roi, au Louvre.

J'ai l'honneur d'être, etc.

FRAGMENTS.

LETTRE SUR LA DÉMOLITION

DE SAINT-GERMAIN-L'AUXERRIOS.

A MADAME ***.

Genève, 11 juillet 1831.

Je vous ai écrit hier, et voici encore une lettre. De quoi s'agit-il? *De Saint-Germain-l'Auxerrois*. A qui conterois-je mes peines et mes idées, si ce n'est à vous?

On va donc commencer, disent les journaux, la démolition de ce monument, le 14 juillet [1]. Noble manière d'inaugurer la monarchie élective par la destruction d'une église, d'exécuter de sang-froid, et à tête reposée, ce que le vandalisme révolutionnaire faisoit jadis dans la fièvre et les convulsions! Le chapitre des comparaisons et des considérations seroit ici trop long à parcourir; un mot seulement à ce sujet. La révolution de juillet ignore-t-elle que ce qui lui a le plus nui en Europe a été la dévastation de Saint-Germain-l'Auxerrois? que les peuples, qui tous, sans exception alors, sympathisoient avec nous, ont reculé, et que leurs dispositions favorables ont changé? La *non-intervention*, si bien gardée, a achevé l'affaire. Une stupide manie de quelques François, depuis quarante ans, est de compter pour rien les idées religieuses et de les croire éteintes partout, comme elles le sont dans leur étroit cerveau. Ils oublient que tous les peuples libres, ou tous ceux qui veulent l'être et qui sont en rapport avec nous, sont religieux. Aux États-Unis, la loi vous *force* d'être chrétiens. Dans les républiques espagnoles, la religion catholique est la seule reconnue, excepté, je crois, au Mexique, où l'on vient d'essayer quelque chose pour la tolérance. Les cortès d'Espagne avoient décrété *le seul exercice de la religion catholique*. Si l'Italie s'émancipoit, elle resteroit chrétienne. La Belgique a fait sa révolution pour chasser un roi protestant. Il est vrai que par un merveilleux choix on veut lui donner pour maître un préfet anglois protestant. L'Allemagne, si philosophique, est chrétienne, et les Polonois, que sont-ils? Ils vont au combat ou à la mort en invoquant la sainte Vierge. Skrejinecki porte un scapulaire et

---

1. Quelques journaux avoient en effet conseillé cette œuvre de destruction : conseil resté heureusement sans effet.

fait des pèlerinages. Nos démolitions religieuses sont donc à la fois une ignorance historique et un contre-sens politique.

Sous le rapport des arts la chose n'est pas moins déplorable. Quoi! renouveler le vandalisme de 93! Que ne fait-on ce que j'ai proposé? Que ne masque-t-on l'église par des arbres, en la laissant subsister en face du Louvre, comme échelle et témoin de la marche de l'art? Saint-Germain-l'Auxerrois est un des plus vieux monuments de Paris; il est d'une époque dont il ne reste presque rien. Que sont donc devenus vos romantiques? On porte le marteau dans une église, et ils se taisent! O mes fils! combien vous êtes dégénérés? faut-il que votre grand-père élève seul sa voix cassée en faveur de vos temples? Vous ferez une ode, mais durera-t-elle autant qu'une ogive de Saint-Germain-l'Auxerrois? Et les artistes ne présentent point de pétitions contre cette barbarie! Comme le plus humble de leurs camarades, je suis prêt à mettre ma signature à la suite de leurs noms. Détruire est facile, on l'a dit mille fois; et je ne connois pas au monde d'ouvriers qui aillent plus vite en cette besogne que les François; mais reconstruire! qu'ont-ils bâti depuis quarante ans?

On veut percer une rue! très-bien : commencez les abatis par le côté opposé au Louvre, par la place de Grève, cela vous donnera du temps; vous serez deux ou trois ans, peut-être davantage, à tracer votre voie, alors, quand vous arriverez à Saint-Germain, vous aurez mûri vos réflexions, vous jugerez mieux de l'effet même du monument à l'extrémité de l'ouverture. S'il gêne trop, s'il ne peut être conservé, vous l'abattrez en connoissance de cause et sans remords; voilà ce que la raison conseille. Pourquoi se hâter de raser un édifice qu'un jour on pourra regretter? Si vous n'achevez pas votre ouvrage, s'il survient des changements, des révolutions, même de simples variations de place, vous en serez pour la perte d'une architecture séculaire, sans compensation aucune. Vous laisserez des décombres contre lesquels s'amasseront des immondices ou des échoppes. On a abattu la Bastille et l'on a bien fait. La Bastille étoit une prison. Je ne sache pas qu'on ait enfermé personne à Saint-Germain-l'Auxerrois ; mais même sur l'emplacement de la Bastille, qu'a-t-on élevé? D'abord un arbre de la liberté que le sabre de Buonaparte a coupé, pour faire place à un éléphant d'argile : et puis après l'éléphant que va-t-il survenir? Et tout cela, vous le savez, étoit à *toujours*, pour *les siècles*, pour *l'éternité*, comme nos serments. Quand Napoléon ordonna les travaux du Carrousel et de la rue de Rivoli, il croyoit bien voir la fin de son entreprise; la rue de Rivoli a vu passer l'empire et la restauration sans être achevée. Qui vous répond que la nouvelle monarchie ira jusqu'au bout de la rue qu'elle va ouvrir par une ruine? Nous autres François, nous sommes trop conséquents dans le mal et pas assez logiques dans le bien : parce qu'une imprudence taquine a produit à Saint-Germain une vengeance sacrilége, est-il de toute nécessité de continuer la dernière? Les Parisiens ne peuvent-ils s'amuser sans jeter les meubles par les fenêtres ou sans abattre les monuments publics? On honoreroit mieux les héros de juillet en leur donnant à enlever les places fortes bâties contre nous avec notre argent qu'en livrant à leur courage une église ravagée où ils ne trouveront pas même le curé pour la défendre. N'enfoncerons-nous plus notre chapeau sur notre tête que pour marcher contre un vicaire ou pour monter à l'assaut d'un clocher, et aurons-nous encore longtemps le chapeau bas devant l'insolence étrangère? Il seroit triste qu'on apprît l'entrée des Russes à Varsovie le jour où notre gouvernement entreroit à Saint-Germain-l'Auxerrois.

Vous rirez de ma grande colère, vous me direz : « Qu'est-ce que cela vous fait, vous, exilé, qui ne reverrez peut-être jamais la France? » Ne le prenez pas là, je suis François jusque dans la moelle des os. Que la France entre dans un système politique généreux, et si la guerre survient, vous me verrez accourir pour partager le sort de ma patrie. J'aurois cent ans que mon cœur battroit encore pour la gloire, l'honneur et l'indépendance de mon pays. Déchiffrez, si vous pouvez, ce griffonnage écrit *ab irato,* une heure avant le départ du courrier.

FIN DES FRAGMENTS.

TABLE.

POLÉMIQUE.

	Pages.
Paris, 7 août 1819. De l'esprit public	3
15 août. Des fautes du ministère	12
31 août. Des fraudes électorales	25
24 septembre. Des intrigues politiques et littéraires	26
15 octobre. Des entraves de la presse	32
30 novembre. De la variété des systèmes politiques	38
14 janvier 1820. De la nouvelle dictature ministérielle	43
20 janvier. De l'administration	47
18 février. De la mort du duc de Berry	50
3 mars. Des lois d'exception	54
21 juin 1824. Des journaux	55
28 juin. Du procès de *La Quotidienne*	57
5 juillet. De la rédaction actuelle des lois	61
29 juin 1825. Du sacre de Charles X	70
13 juillet. Des trois pour cent	74
29 juillet. De la liberté de penser et d'écrire	75
8 août. De la conversion des rentes	78
14 août. De la mission de M. de Mackau	89
16 août. Ordonnance relative à Saint-Domingue	96
25 août. De la fête de la Saint-Louis	100
4 septembre. De la mort de Bessières	102
17 septembre. Du crédit public	107
6 octobre. Reproches aux ministres	110
17 octobre. De l'isolement du ministère de toutes les opinions	112
23 octobre. De la cause des Hellènes	117
24 octobre. Du discours d'adieux du président des États-Unis au général La Fayette	119
28 octobre. Des républiques d'Amérique et de France	128
3 novembre. De la Saint-Charles	132
7 décembre. Sur les lettres de deux Grecs	134
31 décembre. Revue de l'année	139

Paris, 11 janvier 1826. Des événements de Saint-Pétersbourg........ 141
 19 juillet. De la clôture de la session de la chambre des pairs.. 144
 11 octobre. Des négociations relatives à la Grèce............. 150
 20 octobre. Du séjour de M. Canning à Paris............. 151
  3 novembre. De l'occupation de Lisbonne par les Anglois..... 156
  18 décembre De la présence de nos soldats en Espagne....... 159

OPINIONS ET DISCOURS.

Préface........,....................................... 165
Discours prononcé à Orléans..................................... 173
Opinion sur l'inamovibilité des juges............................. 177
— sur le deuil du 21 janvier................................ 197
— sur la résolution relative au clergé....................... 201
Discours à l'occasion des communications faites à la chambre des pairs
 par M. le duc de Richelieu................................ 214
Opinion sur les pensions des prêtres mariés....................... 217
— sur la loi d'élections................................... 228
Proposition relative aux puissances barbaresques................... 237
— faite à la chambre des pairs sur ce qui s'est passé aux élections de 1816. — Avertissement........................ 239
Analyse des pièces justificatives annoncées dans la proposition précédente... 242
Opinion sur le projet de loi relatif aux journaux.................... 257
— sur le budget des finances (vente des forêts)............... 271
— sur la liberté de la presse........................... 289
— sur la loi de recrutement de l'armée..................... 303
Discours sur une proposition de M. le comte de Castellane.......... 318
Opinion sur la suspension de la liberté individuelle................. 325
— sur les journaux et écrits périodiques..................... 331
Discours sur l'emprunt de cent millions (chambre des députés)....... 335
— sur l'emprunt de cent millions (chambre des pairs)......... 351
— sur le budget du département des affaires étrangères........ 358
Opinion sur l'article 4 de la loi du sacrilége (chambre des pairs)...... 366
— sur la loi d'indemnité des propriétaires de biens-fonds confisqués. 371
— sur l'amendement du comte Roy........................ 400
Développements d'un amendement à la loi d'indemnité............. 408
Opinion sur le projet de loi relatif à la dette publique et à l'amortissement,
 prononcée à la chambre des pairs dans la séance du 26 avril 1826.. 410
Discours sur l'intervention en Espagne, prononcé à la chambre des pairs
 en mai 1823 429
— sur les débats du parlement d'Angleterre, prononcé à la
 chambre des pairs le 26 décembre 1821................ 437

TABLE. 627

Pages.
Discours sur la loi des postes, prononcé à la chambre des pairs dans la session de 1827.. 444
— contre le budget de 1828, prononcé à la chambre des pairs.. 449
Réponse à un amendement relatif au budget de 1828................ 469
Discours prononcé le 10 mars 1829 devant le conclave............. 471
— sur la déclaration faite par la chambre des députés le 7 août 1830, prononcé à la chambre des pairs le même jour, à la séance du soir.. 474
De la Restauration et de la monarchie élective (1ᵉʳ mars 1831)........ 481

DOCUMENTS GÉNÉRAUX.

Extrait des instructions envoyées au ministre de la police............ 499
Ministère de la police générale.................................... 500
Copie de la lettre du ministre des finances aux divers agents de son ministère, sous la date du 18 septembre........................ 501
Lettre du marquis de Clermont Mont-Saint-Jean à M. T............. 503
Écrit dénoncé dans la lettre précédente........................... 505
Préfecture du Pas-de-Calais.— Colléges électoraux.................. 508
Copie de la lettre écrite par M. de Forbin aux ministres de l'intérieur, de la police et de la justice................................. 508
Mémoire sur les élections du département du Lot, à la chambre des députés.. 510
Instructions sur les élections..................................... 513
Lettre d'un électeur du département de... à M..., député de la dernière chambre... 515
Désaveu de la pièce intitulée : *Instruction sur les élections*............ 517
Désaveu de la lettre d'un électeur du département de..., à M.......... 518

FRAGMENTS.

Avis des Éditeurs.. 525
Variante du chapitre de l'Incarnation.............................. 527
De la Virginité.. 528
Du Divorce... 528
L'Extrême-Onction... 530
L'Orgueil... 532
La Charité.. 533
Le Décalogue... 533
La Genèse.. 534
Histoire naturelle.. 536
Le Serpent... 541
Bailly.. 542

	Pages.
Le Sinaï...	542
Le Déluge...	543
Spectacle général de l'univers...	544
La Création...	544
Le Dimanche...	546
Des plantes et de leurs migrations...	548
Spectacle d'une nuit...	554
Désir de bonheur dans l'homme...	555
Objections contre la Providence...	559
Le Riche athée...	561
Les Rois athées...	562
La Femme athée...	566
Corruption du goût...	567
Résurrection et Jugement dernier...	569
Paradis chrétien...	571
La Henriade...	578
Chrysès, ou le Prêtre...	583
Le Guerrier athée...	584
L'Amour...	585
Paul et Virginie...	587
Songe d'Énée...	588
Enfer du Dante...	589
M. Bodmer...	591
Architecture...	593
Musique...	594
Fragment d'un épisode...	597
Esquisse...	600
Défense...	601
Le Temps...	601

AUTRES FRAGMENTS.

Gilbert...	602
De la révolution de Fernambourg...	614
Lettre sur les Tuileries...	619
Lettre sur la démolition de Saint-Germain-l'Auxerrois...	622

FIN.

www.ingramcontent.com/pod-product-compliance
Lightning Source LLC
Chambersburg PA
CBHW051318230426
43668CB00010B/1064